山東省煙臺圖書館等十六家收藏單位

古籍普查登記目録

全國古籍普查登記目録

國家圖書館出版社

National Library of China Publishing House

圖書在版編目(CIP)數據

山東省煙臺圖書館等十六家收藏單位古籍普查登記目録/本書編委會編. --北京:國家圖書館出版社,2015.8
(全國古籍普查登記目録)
ISBN 978 - 7 - 5013 - 5595 - 2

Ⅰ.①山… Ⅱ.①本… Ⅲ.①公共圖書館—古籍—圖書館目録—煙臺市 Ⅳ.①Z838

中國版本圖書館 CIP 數據核字(2015)第 103394 號

書 名	山東省煙臺圖書館等十六家收藏單位古籍普查登記目録
編 者	本書編委會 編
索引編製	趙 嫄 張珂卿
責任編輯	

出 版 國家圖書館出版社(100034 北京市西城區文津街 7 號)
 (原書目文獻出版社 北京圖書館出版社)
發 行 發行 010 - 66114536 66126153 66151313 66175620
 66121706(傳真),66126156(門市部)
E-mail btsfxb@ nlc. gov. cn(郵購)
Website www. nlcpress. com ──→投稿中心
經 銷 新華書店
印 裝 河北三河弘翰印務有限公司
版 次 2015 年 8 月第 1 版第 1 次印刷

開 本 787 × 1092 毫米 1/16
印 張 37.5
字 數 780 千字

書 號 ISBN 978 - 7 - 5013 - 5595 - 2
定 價 330.00 圓

《全國古籍普查登記目錄》
工作委員會

主　任：周和平

副主任：張永新　詹福瑞　劉小琴　李致忠　張志清

委　員(按姓氏筆畫排序)：

于立仁　王水喬　王　沛　王紅蕾　王筱雯

方自今　尹壽松　包菊香　任　競　全　勤

李西寧　李　彤　李忠昊　李春來　李　培

李曉秋　吳建中　宋志英　努　木　林世田

易向軍　周建文　洪　琰　倪曉建　徐欣禄

徐　蜀　高文華　郭向東　陳荔京　陳紅彥

張　勇　湯旭巖　楊　揚　賈貴榮　趙　嬿

鄭智明　劉洪輝　歷　力　鮑盛華　韓　彬

魏存慶　鍾海珍　謝冬榮　謝　林　應長興

《全國古籍普查登記目録》

序　言

　　全國古籍普查登記工作是"中華古籍保護計劃"的首要任務,是全面開展古籍搶救、保護和利用工作的基礎,也是有史以來第一次由政府組織、參加收藏單位最多的全國性古籍普查登記工作。

　　2007 年國務院辦公廳發佈《關於進一步加强古籍保護工作的意見》(國辦發〔2007〕6 號),明確了古籍保護工作的首要任務是對全國公共圖書館、博物館和教育、宗教、民族、文物等系統的古籍收藏和保護狀况進行全面普查,建立中華古籍聯合目録和古籍數字資源庫。2011 年 12 月,文化部下發《文化部辦公廳關於加快推進全國古籍普查登記工作的通知》(文辦發〔2011〕518 號),進一步落實了全國古籍普查登記工作。根據文化部 2011 年 518 號文件精神,國家古籍保護中心擬訂了《全國古籍普查登記工作方案》,進一步規範了古籍普查登記工作的範圍、内容、原則、步驟、辦法、成果和經費。目前進行的全國古籍普查登記工作的中心任務是通過每部古籍的身份證——"古籍普查登記編號"和相關信息,建立古籍總臺賬,全面瞭解全國古籍存藏情况,開展全國古籍保護的基礎性工作,加强各級政府對古籍的管理、保護和利用。

　　《全國古籍普查登記工作方案》規定了全國古籍普查登記工作的三個主要步驟:一、開展古籍普查登記工作;二、在古籍普查登記基礎上,編纂出版館藏古籍普查登記目録,形成《全國古籍普查登記目録》;三、在古籍普查登記工作基本完成的前提下,由省級古籍保護中心負責編纂出版本省古籍分類聯合目録《中華古籍總目》分省卷,由國家古籍保護中心負責編纂出版《中華古籍總目》統編卷。

　　在党和政府領導下,在各地區、各有關部門和全社會共同努力下,古籍普查登記工作得以扎實推進。古籍普查已在除臺灣、港澳之外的全國各省級行政區域開展,普查内容除漢文古籍外,還包括各少數民族文字古籍,特別是於 2010 年分別啓動了新疆古籍保護和西藏古籍保護專項,因地制宜,開展古籍普查登記工作;國家古籍保護中心研製的"全國古籍普查登記平臺"已覆蓋到全國各省級古籍保護中心,並進一步研發了"中華古籍索引庫",爲及時展現古籍普查成果提供有力支持;截至目前,已有11375 部古籍進入《國家珍貴古籍名録》,浙江、江蘇、山東、河北等省公佈了省級《珍貴古籍名録》,古籍分級保護機制初步形成。

　　《全國古籍普查登記目録》是古籍普查工作的階段性成果,旨在摸清家底,揭示館藏,反映古籍的基本信息。原則上每申報單位獨立成册,館藏量少不能獨立成册者,則在本省範圍内幾個館目合併成册。無論獨立成册還是合併成册,均編製獨立的書名筆畫索引附於書後。著録的必填基本項目有:古籍普查登記編號、索書號、題名卷數、著者(含著作方式)、版本、册數及存缺卷數。其他擴展項目有:分類號、批校題跋、版式、裝幀形式、叢書子目、書影、破損狀況等。有條件的收藏單位多著録的一些擴展項目,也反映在《全國古籍普查登記目録》上。目録編排按古籍普查登記編號排序,内在順序給予各古籍收藏單位較大自由度,可按分類排列古籍普查登記編號,也可按排架號、按同書名等排列古籍普查登記編號,以反映各館特色。

　　此次全國古籍普查登記工作,克服了古籍數量多、普查人員少、普查難度大等各種困難,也得到了全國古籍保護工作者的極大支持。在古籍普查登記過程中,國家古籍保護中心、各省古籍保護中心爲此舉辦了多期古籍普查、古籍鑒定、古籍普查目録審校等培訓班,全國共1600餘家單位參加了培訓,爲古籍普查登記工作培養了大量人才。同時在古籍普查登記工作中,也鍛煉了普查員的實踐能力,爲將來古籍保護事業發展奠定了良好的基礎。

　　《全國古籍普查登記目録》的出版,將摸清我國古籍家底,爲古籍保護和利用工作提供依據,也將是古籍保護長期工作的一個里程碑。

國家古籍保護中心

2013 年 10 月

《全國古籍普查登記目録》

編纂凡例

一、收録範圍爲我國境内各收藏機構或個人所藏，產生於 1912 年以前，具有文物價值、學術價值和藝術價值的文獻典籍，包括漢文古籍和少數民族文字古籍以及甲骨、簡帛、敦煌遺書、碑帖拓本、古地圖等文獻。其中，部分文獻的收録年限適當延伸。

二、以各收藏機構爲分册依據，篇幅較小者，適當合併出版。

三、一部古籍一條款目，複本亦單獨著録。

四、著録基本要求爲客觀登記、規範描述。

五、著録款目包括古籍普查登記編號、索書號、題名卷數、著者、版本、册數、存缺卷等。古籍普查登記編號的組成方式是：省級行政區劃代碼—單位代碼—古籍普查登記順序號。

六、以古籍普查登記編號順序排序。

七、編製各館藏目録書名筆畫索引附於書後，以便檢索。

《山東省古籍普查登記目錄》

工作委員會

主　任：徐向紅

副主任：李國琳　杜澤遜　劉顯世　馮慶東　李勇慧

委　員(按姓氏筆畫排序)：

于　婧	王　珂	王之厚	王東波	王恒柱	王彭蘭
王曉兵	孔祥軍	包曉東	杜保國	杜雲虹	李付興
李劍峰	李關勇	辛鏡之	苗永威	金曉東	周　晶
周洪才	周傳臣	封愛田	柳建新	姜艷平	馬　偉
馬文遠	畢曉樂	徐玉謙	高　青	高新華	郭秀海
郭思克	唐　麗	唐桂艷	陸　健	張亞賓	張海燕
張偉勝	張逸潔	張曉輝	隋永琦	黃銀萍	普武勝
楊愛娟	鄭曉光	劉玉湘	劉景東	劉樹偉	賴大邃
鞠建林					

《山東省煙臺圖書館等十六家收藏單位古籍普查登記目録》編委會

《山東省煙臺圖書館等十六家收藏單位古籍普查登記目錄》

前　言

　　煙臺市是古籍收藏大市。目前,全市各類圖書館、博物館,共存藏古籍文獻十萬餘冊。其中,17 部古籍已入選《國家珍貴古籍名録》,596 部入選《山東省珍貴古籍名録》,603 部入選《煙臺市珍貴古籍名録》。煙臺圖書館、慕湘藏書館先後被評爲全國古籍重點保護單位、山東省古籍重點保護單位。

　　煙臺市於 2008 年 3 月啓動全國古籍普查工作。幾年來,在國家古籍保護中心、山東省古籍保護中心的幫助下,在煙臺市文化廣電新聞出版局指導下,在煙臺市古籍保護中心組織下,在全市古籍工作者努力下,煙臺市的古籍普查工作,得以有序進行。2010 年 12 月,《煙臺市珍貴古籍名録圖録》出版,標志着煙臺市成爲國内較早建立全國、省級、市級三級珍貴古籍名録的城市。因工作突出,煙臺圖書館於 2014 年 10 月被文化部授予"全國古籍保護工作先進單位"稱號,煙臺圖書館、慕湘藏書館、萊陽市圖書館、煙臺市博物館、煙臺職業學院圖書館等先後被評爲"山東省古籍保護工作先進單位"。

　　全國古籍普查工作的開展,使得古籍保護工作越來越受到全社會的重視,在此背景下,煙臺市各級財政普遍加大對古籍保護的投入,各館在古籍保護條件、人員配置等方面,都有了顯著改善。其中,煙臺圖書館投入資金改造古籍書庫、升級消防系統、建立古籍修復室、製作古籍函套,慕湘藏書館升級消防系統、製作古籍函套等,較爲突出。

　　通過古籍普查工作,我們發現,捐贈藏書是煙臺市古籍收藏單位的一個重要文獻來源,也是煙臺市古籍收藏的一個顯著特色。如煙臺圖書館的館藏主體,即是民國時期煙臺著名收藏家彭紫符先生的藏品。彭紫符,河北安平人。年輕時曾爲國民黨軍醫,中年在煙臺掛牌行醫,喜藏金石書畫,藏書萬卷,後捐與煙臺圖書館。慕湘藏書館,是國内屈指可數的以藏書家名字命名的古籍圖書館。慕湘(1916—1988),山東蓬萊人,中國人民解放軍少將、作家、收藏家。其藏書善本雲集,富甲海内。慕湘去世後,家人遵其遺囑,把其藏書悉數捐與家鄉蓬萊市。蓬萊市政府爲紀念慕湘,在蓬萊閣下建立了慕湘藏書館。煙臺職業學院的古籍藏書,則譜寫了一曲感人肺腑的師生誼、母校情。該館藏書原爲張鴻欽先生藏書。張鴻欽先生喜好藏書,1948 年燕京大學畢業後,任教於煙臺職業學院(時爲山東省輕工業經濟管理學校)。張鴻欽先生去世後,把藏書贈與九位自己在煙臺職業學院教過的學生。2008年,這九名學生,爲感念師恩、報答母校,把張鴻欽先生所贈藏書,又捐贈與母校煙臺職業學院。

近年來,煙臺市古籍保護中心圍繞全國古籍普查工作,開展了系列創新性工作。爲更好地宣傳古籍保護工作,我們多次舉辦了"煙臺市珍貴古籍聯展""古籍版本鑒定""古籍拓印體驗日"等活動,並與膠東書院網站聯合舉辦了"民間古籍藏書網絡曬書""膠東文獻拾遺徵文"等活動。這些活動,因互動性強,充分調動了讀者的參與積極性,加之媒體廣爲宣傳,收到了良好的社會效果。爲挖掘古典文獻資源、加大地方鄉邦文化的整理,我們與《煙臺晚報》合作,設立了《文獻裏的煙臺》專欄;與《煙臺日報》合作,設立了《古籍中的膠東》專欄。這兩個專欄,均由煙臺市古籍保護中心的專家定期撰稿,目前已刊發有關文章五十餘篇。

爲有效保護珍貴古籍,煙臺市古籍保護中心已數字化十餘種古籍。煙臺圖書館於2011年影印出版清光緒王守訓稿本《晚出書目記略》四卷。慕湘藏書館正擬影印入選第一批《國家珍貴古籍名錄》的元至正二年(1342)日新書堂刻本《四書輯釋》三十六卷。

我們還注重加強古籍版本學術研究,以此提高古籍版本研究能力。我們先後參加了山東大學《山東文獻集成》、煙臺大學《膠東通史》等重大文化工作。所主持的"國家珍貴古籍《欽定國史忠義傳》研究""王守訓《晚出書目記略》研究""牟平孔氏著述考""《墨譜》版本研究"等課題先後被立項爲山東省文化藝術重點課題。萊州市圖書館對館藏珍貴膠東文獻《平叛記》《識小錄》進行數字化,並展開研究。這些工作,大大提高了工作人員的古籍整理能力,爲古籍普查工作的深入開展創造了條件。

《山東省煙臺圖書館等十六家收藏單位古籍普查登記目錄》一書的出版,是煙臺市自2008年啓動古籍普查工作以來的一個總結,也是部分成果的直接體現。此書彙集了煙臺市16家古籍收藏單位的7147條古籍數據。其中,煙臺圖書館3603條、慕湘藏書館1797條、萊陽市圖書館670條、棲霞市圖書館350條、蓬萊市圖書館209條、海陽市圖書館145條、魯東大學圖書館108條、萊州市圖書館107條、龍口市圖書館57條、煙臺市博物館45條、煙臺市牟平區博物館17條、煙臺職業學院圖書館12條、招遠市圖書館11條、煙臺市福山區圖書館7條、海陽市博物館5條、煙臺市牟平區圖書館4條。這些存藏單位,既有煙臺圖書館、慕湘藏書館、萊陽市圖書館等公共圖書館,又有煙臺市博物館、煙臺市牟平區博物館、海陽市博物館等公共博物館,還有魯東大學圖書館、煙臺職業學院圖書館等高校圖書館。由於專業人員缺乏等原因,煙臺市博物館、魯東大學圖書館兩單位未能全面完成古籍普查工作,因此此書祇是收錄了兩館部分數據。

儘管我市的古籍保護工作仍存在經費緊張、人員缺乏等諸多問題，但我們相信，隨着我市經濟的不斷發展和財力不斷增强，古籍保護的條件會越來越好。加之人才培养的加强，我們有理由、有信心，也有責任把古籍保護工作做好。

煙臺市古籍保護中心

2014 年 12 月

目　　録

山東省煙臺圖書館
古籍普查登記目録

全國古籍普查登記目録

國家圖書館出版社
National Library of China Publishing House

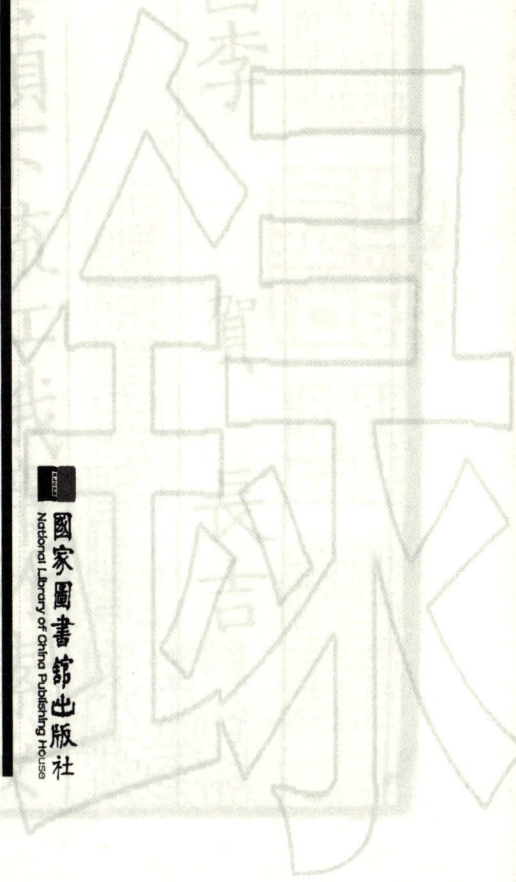

370000－1506－0000001　善001

易傳十七卷　（唐）李鼎祚集解　清乾隆二十一年(1756)盧見曾刻雅雨堂叢書本　六冊

370000－1506－0000002　善002

易說二卷　（清）伴梅居士撰　清抄本　二冊

370000－1506－0000003　善004

御纂周易折中二十二卷首一卷　（清）李光地等撰　清康熙五十四年(1715)内府刻本　十冊

370000－1506－0000004　善005

周會魁校正易經大全二十卷首一卷　（明）胡廣等撰　（清）周士顯校正　（清）黃際飛校訂　清康熙五十六年(1717)三畏堂刻本　十二冊

370000－1506－0000005　善006

周易十二卷易圖一卷五贊一卷筮儀一卷（宋）朱熹本義　清康熙内府刻本　四冊

370000－1506－0000006　善008

石齋先生經傳九種□□卷　（明）黃道周撰　清康熙刻本　十五冊　存四種二十八卷(易象正十二卷初二卷終二卷、洪範明義四卷、月令明義四卷、緇衣集傳四卷)

370000－1506－0000007　善007

周易函書約存十八卷約注十八卷別集十六卷　（清）胡煦撰　清乾隆胡氏葆璞堂刻本　二十六冊

370000－1506－0000008　善010

尚書註疏二十卷　（漢）孔安國傳　（唐）孔穎達疏　明萬曆十五年(1587)北京國子監刻十三經註疏本　八冊

370000－1506－0000009　善011

書經體註大全合纂六卷　（清）錢希祥纂輯　清致和堂刻本　四冊

370000－1506－0000010　善012

毛詩稽古編三十卷　（清）陳啟源撰　附考一卷　（清）費雲倬輯　清嘉慶十八年(1813)刻二十年(1815)補刻本　六冊

370000－1506－0000011　善013

詩經體註娜嬛說約大全合纂八卷　（清）范翔重訂　（清）黃維章纂輯　清乾隆二十四年(1759)刻本　四冊

370000－1506－0000012　善014

詩外傳十卷　（漢）韓嬰撰　明崇禎毛氏汲古閣刻津逮秘書本　五冊

370000－1506－0000013　善015

詩傳名物集覽十二卷　（清）陳大章撰　清康熙刻本　六冊

370000－1506－0000014　善016

詩傳述蘊四卷　（宋）朱熹集傳　（清）姜兆錫述　清乾隆九年(1744)刻本　佚名批校　三冊　存三卷(國風、大雅、頌)

370000－1506－0000015　善017

詩經四卷　（明）鍾惺評點　明淩杜若刻朱墨套印本　四冊

370000－1506－0000016　善018

禮樂合編三十卷　（明）黃廣撰　明崇禎六年(1633)玉磬齋刻本　五冊　存二十九卷(一至二十九)

370000－1506－0000017　善020

四書左國輯要四卷　（清）周龍官輯　清乾隆三十九年(1774)兩衡堂刻本　四冊

370000－1506－0000018　善021

春秋繁露十七卷　（漢）董仲舒撰　（明）王道焜閱　明萬曆二十年(1592)刻漢魏叢書本　四冊

370000－1506－0000019　善022

春秋四傳三十八卷綱領一卷提要一卷列國東坡圖說一卷春秋二十國年表一卷諸國興廢說一卷　明刻本　清鄒與枚批校　十冊

370000－1506－0000020　善023

春秋增訂旁訓四卷　（清）徐立綱撰　清刻本　二冊

370000－1506－0000021　善024

春秋左傳評林三十卷　（明）穆文熙撰　明刻

本 十二冊

370000－1506－0000022 善025
春秋左傳注疏六十卷末一卷附考證 （晉）杜
預注 （唐）陸德明音義 （唐）孔穎達疏 清
刻本 十一冊 存三十二卷（一至三十二）

370000－1506－0000023 善026
左繡三十卷首一卷 （清）馮李驊 （清）陸浩
輯 清康熙刻本 八冊 缺十四卷（一至十
四）

370000－1506－0000024 善027
左傳拾遺二卷 （清）朱元英撰 清康熙刻本
一冊

370000－1506－0000025 善028
左傳義法舉要一卷 （清）方苞撰 （清）王兆
符 （清）程崟錄 清康熙、嘉慶桐城方氏抗
希堂刻抗希堂十六種本 一冊

370000－1506－0000026 善029
六書正譌五卷 （元）周伯琦撰 明刻本
五冊

370000－1506－0000027 善030
呂晚邨先生四書講義四十三卷 （清）呂留良
撰 （清）陳鏦編次 清康熙刻本 二十冊

370000－1506－0000028 善031
日講四書解義二十六卷 （清）喇沙里 （清）
陳廷敬撰 清初刻本 五冊

370000－1506－0000029 善032
四書注疏□□卷 （□）□□撰 清抄本 七
冊 存五卷（大學白文衍一卷、中庸二卷、論
語二卷）

370000－1506－0000030 善033
四書集註大全四十二卷 （明）胡廣等輯 明
內府刻本 十二冊 存二十八卷（論語集註
大全六至二十、孟子集註大全一至十二、序說
一卷）

370000－1506－0000031 善034
**四書釋地一卷續一卷又續一卷三續一卷孟子
生卒年月考一卷** （清）閻若璩撰 清乾隆五

十二年(1787)東浯王氏刻本 六冊

370000－1506－0000032 善035
**四書釋地一卷續一卷又續一卷三續一卷孟子
生卒年月考一卷** （清）閻若璩撰 清乾隆五
十二年(1787)東浯王氏刻本 四冊

370000－1506－0000033 善036
天蓋樓四書語錄四十六卷 （清）呂留良撰
（清）周在延編 清康熙刻本 七冊 存二十
三卷（三至十五、二十三至二十五、三十三至
三十五、四十三至四十六）

370000－1506－0000034 善037
**大明成化丁亥重刊改併五音類聚四聲篇十五
卷** （金）韓道昭撰 明成化七年(1471)金臺
釋文儒募刻本 四冊 存十二卷（一至六、十
至十五）

370000－1506－0000035 善038
大明成化庚寅重刊改併五音集韻十五卷
（金）韓道昭撰 明成化六年至七年(1470－
1471)刻本 四冊 存十二卷（一至九、十三
至十五）

370000－1506－0000036 善039
爾雅註疏十一卷 （晉）郭璞註 （宋）邢昺疏
明崇禎元年(1628)毛氏汲古閣刻本 四冊

370000－1506－0000037 善040
爾雅註疏十一卷 （晉）郭璞註 （宋）邢昺疏
清嘉慶十六年(1811)刻本 六冊

370000－1506－0000038 善041
古今韻略五卷 （清）邵長蘅撰 清康熙三十
五年(1696)刻本 五冊

370000－1506－0000039 善042
音學五書三十八卷 （清）顧炎武撰 清康熙
六年(1667)張弨符山堂刻後印本 十四冊

370000－1506－0000040 善043
洪武正韻十六卷 （明）樂韶鳳 （明）宋濂等
撰 明刻本 十冊

370000－1506－0000041 善044
匡謬正俗八卷 （唐）顏師古撰 清乾隆二十

一年(1756)盧見曾刻雅雨堂叢書本　一冊

370000－1506－0000042　善045(1)
隸辨八卷　（清）顧藹吉撰　清乾隆八年
(1743)刻本　八冊

370000－1506－0000043　善045(2)
隸辨八卷　（清）顧藹吉撰　清刻本　八冊

370000－1506－0000044　善045(3)
隸辨八卷　（清）顧藹吉撰　清刻本　二冊
存二卷(二、五)

370000－1506－0000045　善046
說文解字十五卷　（漢）許慎撰　（宋）徐鉉校
定　清初毛氏汲古閣刻本　八冊　存十二卷
(一、三至七、十至十五)

370000－1506－0000046　善047
說文解字斠詮十四卷　（清）錢坫撰　清嘉慶
十二年(1807)錢氏吉金樂石齋刻本　十四冊

370000－1506－0000047　善048
說文解字斠詮十四卷　（清）錢坫撰　清道光
刻本　六冊

370000－1506－0000048　善049
說文解字通釋四十卷　（宋）徐鍇撰　清道光
十九年(1839)刻本　八冊

370000－1506－0000049　善050
說文解字十二卷　（漢）許慎撰　（宋）徐鉉校
定　明萬曆二十六年(1598)陳大科刻本
六冊

370000－1506－0000050　善051
說文解字十二卷　（漢）許慎撰　（宋）徐鉉校
定　明萬曆二十六年(1598)陳大科刻本　十
四冊

370000－1506－0000051　善052
五方元音二卷　（清）樊騰鳳撰　（清）年希堯
增補　清光緒九年(1883)埽葉山房刻本
四冊

370000－1506－0000052　善053
新增說文韻府羣玉二十卷　（元）陰時夫輯
（元）陰中夫注　元至正二十八年(1368)春東

山秀岩書堂刻本　八冊　存八卷(一至三、
五、八、十一至十二、十四)

370000－1506－0000053　善054
澤存堂五種　（清）張士俊輯　清康熙四十三
年(1704)張士俊澤存堂刻澤存堂五種本
八冊

370000－1506－0000054　善055
韻府羣玉二十卷　（元）陰時夫輯　明刻本
九冊　存十卷(二至六、九至十三)

370000－1506－0000055　善056
字彙十二卷首一卷末一卷韻法直圖一卷韻法
橫圖一卷　（明）梅膺祚撰　明竹素園刻本
十四冊

370000－1506－0000056　善057
北齊書五十卷　（唐）李百藥撰　宋刻宋元明
遞修本　一冊　存十八卷(二十三至四十)

370000－1506－0000057　善058
北史一百卷　（唐）李延壽撰　清古吳書業趙
氏刻本　十八冊

370000－1506－0000058　善059
陳書三十六卷　（唐）姚思廉撰　清古吳書業
趙氏刻本　三冊

370000－1506－0000059　善060
後漢書九十卷　（南朝宋）范曄撰　（唐）李賢
注　志三十卷　（晉）司馬彪撰　（南朝梁）劉
昭注補　明崇禎十六年(1643)毛氏汲古閣刻
本　二十冊

370000－1506－0000060　善061
後漢書一百二十卷　（南朝宋）范曄撰　（唐）
李賢注　（南朝梁）劉昭注補　清同治八年
(1869)金溪三讓刻本　二十四冊

370000－1506－0000061　善062
金史一百三十五卷目錄二卷　（元）脫脫撰
明嘉靖八年(1529)刻明清遞修本　四冊　存
三十卷(四十六至五十一、一百十二至一百三
十五)

370000－1506－0000062　善063

晉書一百三十卷　（唐）房玄齡等撰　清古吳
書業趙氏刻本　二十四冊

370000－1506－0000063　善064

梁書五十六卷　（唐）姚思廉撰　清古吳書業
趙氏刻本　六冊

370000－1506－0000064　善065

南齊書五十九卷　（南朝梁）蕭子顯撰　清古
吳書業趙氏刻本　六冊

370000－1506－0000065　善066

南唐書合刻四十九卷　（清）蔣國祥等輯　清
蔣國祥刻本　四冊

370000－1506－0000066　善067

漢書一百二十卷　（漢）班固撰　（唐）顏師古
注　明崇禎十五年（1642）毛氏汲古閣刻本
二十三冊

370000－1506－0000067　善070

三國志六十五卷　（晉）陳壽撰　（南朝宋）裴
松之注　明萬曆二十四年（1596）南京國子監
刻明清遞修本　二冊　存十一卷（十六至二
十六）

370000－1506－0000068　善071

三國志六十五卷　（晉）陳壽撰　（南朝宋）裴
松之注　清古吳書業趙氏刻本　八冊

370000－1506－0000069　善072

三國志六十五卷　（晉）陳壽撰　（南朝宋）裴
松之注　明萬曆二十四年（1596）南京國子監
刻明清遞修本　十一冊　存五十九卷（魏書
一至十九、二十六至三十，蜀書一至十五，吳
書一至二十）

370000－1506－0000070　善073

史記一百三十卷　（漢）司馬遷撰　（南朝宋）
裴駰集解　清古吳書業趙氏刻本　十六冊

370000－1506－0000071　善074

宋書一百卷　（南朝梁）沈約撰　清刻本　十
六冊

370000－1506－0000072　善075

隋書八十五卷　（唐）魏徵等撰　清古吳書業

趙氏刻本　十二冊

370000－1506－0000073　善076

唐書二百二十五卷　（宋）歐陽修　（宋）宋祁
等撰　元刻明成化、嘉靖遞修本　二冊　存
四卷（一百八十六至一百八十七、二百二十二
至二百二十三）

370000－1506－0000074　善078

唐書二百二十五卷　（宋）歐陽修　（宋）宋祁
等撰　清古吳書業趙氏刻本　四十冊

370000－1506－0000075　善080

五代史七十四卷　（宋）歐陽修撰　（宋）徐無
黨注　明崇禎三年（1630）毛氏汲古閣刻本
八冊

370000－1506－0000076　善081

續弘簡錄元史類編四十二卷　（清）邵遠平撰
　清乾隆刻本　十四冊

370000－1506－0000077　善82

周書五十卷　（唐）令狐德棻等撰　明萬曆十
六年（1588）南京國子監刻明清遞修本　八冊

370000－1506－0000078　善083

重訂王鳳洲先生綱鑑會纂四十六卷續宋元二
十三卷　（明）王世貞撰　（明）陳仁錫訂　明
末刻本　三十二冊

370000－1506－0000079　善084

皇明世法錄九十二卷　（明）陳仁錫撰　明崇
禎刻本　二十八冊　存六十一卷（一至四、八
至十五、十八至十九、二十二至四十六、六十
五至七十四、七十七至七十九、八十二至八十
七、九十至九十二）

370000－1506－0000080　善85

新刻王鳳洲先生通鑑會纂二十八卷　（明）諸
燮撰　明末刻清順治十二年（1655）印本　三
冊　存七卷（一至四、十九至二十、二十三）

370000－1506－0000081　善86

資治通鑑綱目五十九卷首一卷前編二十五卷續
編二十七卷末一卷　（宋）朱熹等撰　（明）陳仁
錫評閱　清刻本　一百六十冊

370000－1506－0000082 善87

繹史一百六十卷 （清）馬驌撰 清康熙刻本
四十冊

370000－1506－0000083 善88

契丹國志二十七卷 （宋）葉隆禮撰 清嘉慶
二年（1797）掃葉山房刻本 三冊

370000－1506－0000084 善089

古香齋鑒賞袖珍春明夢餘録七十卷 （清）孫
承澤撰 清末刻本 六冊 存九卷（三十九
至四十七）

370000－1506－0000085 善090

皇清誥授通議大夫兵部督捕右侍郎顯考望石
府君行述不分卷 （清）李本涵撰 清乾隆抄
本 一冊

370000－1506－0000086 善091

欽定國史忠義傳六十卷 （清）國史館撰 清
光緒國史館黃綾定本 四十八冊 存四十八
卷（一至四十八）

370000－1506－0000087 善092

人壽金鑑二十二卷 （清）程得齡輯 清嘉慶
二十五年（1820）刻本 八冊

370000－1506－0000088 善093

史記鈎玄四卷 （明）錢普撰 明刻本 二冊
存二卷（二至三）

370000－1506－0000089 善094

[山東煙臺所城]張氏家譜六卷 （清）張雲漢
等纂修 清同治三年（1864）稿本 七冊

370000－1506－0000090 善095

歷代史纂左編一百四十二卷 （明）唐順之輯
明嘉靖四十年（1561）胡宗憲刻本 一百冊

370000－1506－0000091 善096

十六國春秋一百卷 （北魏）崔鴻撰 清乾隆
四十六年（1781）汪日桂刻本 二十冊

370000－1506－0000092 善097

[嘉慶]安陽縣志二十八卷首一卷金石録十二
卷 （清）貴泰撰 （清）武穆淳撰 清嘉慶二
十四年（1819）刻本 十冊 存二十九卷（一

至二十八、首一卷）

370000－1506－0000093 善98

新鐫海內奇觀十卷 （明）楊爾曾撰 明萬曆
三十七年（1609）夷白堂刻本 一冊 存一卷
（七）

370000－1506－0000094 善99

彙輯輿圖備攷全書十八卷 （明）潘光祖撰
明崇禎六年（1633）傅昌辰版築居刻本 十
六冊

370000－1506－0000095 善100

[康熙]濟南府志五十四卷首一卷 （清）蔣焜
修 （清）唐夢賚撰 清康熙三十一年（1692）
刻本 九冊 存十八卷（一至二、四至十五、
二十一至二十三,首一卷）

370000－1506－0000096 善101

齊乘六卷釋音一卷考證六卷 （元）于欽纂修
清乾隆四十六年（1781）胡德琳、周嘉猷刻
本 一冊 存三卷（一至三）

370000－1506－0000097 善102

日下舊聞四十二卷 （清）朱彝尊撰 清康熙
二十七年（1688）秀水朱氏六峰閣刻本 十五
冊 存三十九卷（一至三十九）

370000－1506－0000098 善103

[康熙]紹興府志五十八卷 （清）李鐸等纂修
清康熙三十年（1691）刻本 八冊 存十九
卷（六至七、十三至十四、十六至十七、三十一
至三十三、三十六至三十七、四十一至四十
三、四十六至五十）

370000－1506－0000099 善107

本朝政治全書前集十二卷後集六卷 （清）朱
植仁輯 清雍正刻本 十九冊 缺三卷（前
集工部一至二、後集兵部一）

370000－1506－0000100 善108

大清律集解附例三十卷圖一卷服制一卷律例
總類六卷 （清）朱軾 （清）常鼎撰 清雍正
刻本 十冊 缺六卷（律例總類六卷）

370000－1506－0000101 善109

福惠全書三十二卷　（清）黃六鴻撰　清康熙刻本　十冊

370000－1506－0000102　善110

礐山裒貞錄不分卷　（清）李德林撰　清刻本　一冊

370000－1506－0000103　善111

文獻通考纂二十二卷　（元）馬端臨撰　（清）郎星輯　清康熙刻本　十五冊　存十九卷（一至十五、十八至十九、二十一至二十二）

370000－1506－0000104　善112

資治新書初集十四卷首一卷二集二十卷　（清）李漁輯　清康熙刻本　二十六冊　缺二卷（二集一、十四）

370000－1506－0000105　善113

泊如齋重修宣和博古圖錄三十卷　（宋）王黼等撰　明萬曆十六年（1588）泊如齋刻本　八冊　存十五卷（一至十五）

370000－1506－0000106　善114

歷代帝王法帖釋文考異十卷　（明）顧從義編　（明）王常校　明顧從義刻本　二冊

370000－1506－0000107　善115

古印偶存不分卷　（清）王石經　（清）田鏞叡等輯　清光緒十六年（1890）鈐印本　四冊

370000－1506－0000108　善116

廣金石韻府五卷字畧一卷　（清）林尚葵撰　清康熙九年（1670）周亮工賴古堂刻朱墨套印本　清方功惠跋　六冊

370000－1506－0000109　善117(1)

兩漢金石記二十二卷　（清）翁方綱撰　清乾隆五十四年（1789）南昌使院刻蘇齋叢書本　十六冊

370000－1506－0000110　善118

墨池編二十卷　（宋）朱長文撰　印典八卷　（清）朱象賢編　清雍正十一年（1733）就閒堂刻本　十冊

370000－1506－0000111　善104

蜀輶日記四卷　（清）陶澍撰　清道光七年（1827）刻本　二冊

370000－1506－0000112　善105

水經四十卷　（漢）桑欽撰　（北魏）酈道元注　清乾隆十八年（1753）天都黃晟槐蔭草堂刻本　十冊

370000－1506－0000113　善106

月令廣義二十四卷首一卷附錄一卷　（明）馮應京輯　（明）戴任增釋　明萬曆陳邦泰刻清康熙公文紙印本　十四冊　存十六卷（九至二十四）

370000－1506－0000114　善119

山居石友四卷　（清）友石子輯　清嘉慶、道光鈐印本　四冊

370000－1506－0000115　善122

楹書隅錄五卷續編四卷　（清）楊紹和撰　清抄本　八冊

370000－1506－0000116　善123

竹雲題跋四卷虛舟題跋十卷虛舟題跋原三卷　（清）王澍撰　清乾隆三十六年（1771）輯里墨妙樓刻本　六冊

370000－1506－0000117　善124

史記論文一百三十卷　（清）吳見思評點　清康熙二十六年（1687）刻本　清胡德琳批校　十五冊　存一百二十七卷（一至五、九至一百三十）

370000－1506－0000118　善150

名醫方案不分卷　（□）□□撰　清抄本　一冊

370000－1506－0000119　善151

名醫方論三卷　（□）□□撰　清抄本　三冊

370000－1506－0000120　善152

難經經釋二卷　（戰國）秦越人撰　（清）徐大椿釋　清刻本　一冊

370000－1506－0000121　善153

奇效良方六十九卷　（明）方賢等撰　明刻清康熙印本　一冊　存二卷（五十七至五十八）

370000－1506－0000122　善154

慎柔五書五卷　（明）釋住想撰　（明）石震訂
（明）顧元交編次　清乾隆刻本　二冊

370000－1506－0000123　善155
食物本草會纂十二卷　（清）沈李龍纂輯　清
道光元年（1821）刻本　四冊　存九卷（一至
九）

370000－1506－0000124　善156
陶節菴傷寒全生集四卷　（明）陶華撰　明刻
本　一冊　存一卷（一）

370000－1506－0000125　善157
圖註八十一難經辨眞四卷　（戰國）秦越人撰
（明）張世賢註　清乾隆十六年（1751）玉樹
堂刻本　四冊

370000－1506－0000126　善183
家寶全集四集三十二卷　（清）石成金撰　清
刻本　八冊　存八卷（初集一至八）

370000－1506－0000127　善184
困學紀聞二十卷　（宋）王應麟撰　（清）閻若
璩箋　清乾隆三年（1738）馬氏叢書樓刻本
八冊

370000－1506－0000128　善185
蠹海集一卷　（宋）王逵撰　明刻本　二冊

370000－1506－0000129　善186
齊東野語二十卷　（宋）周密撰　明萬曆會稽
商氏刻清康熙振鷺堂補刻稗海本　二冊　存
四卷（一至四）

370000－1506－0000130　善187
渠丘耳夢錄四卷　（清）張貞撰　清康熙刻本
一冊

370000－1506－0000131　善188
通雅五十二卷首三卷　（明）方以智撰　（清）
姚文燮校訂　清康熙刻本　三十一冊

370000－1506－0000132　善189
畜德錄二十卷　（清）席啟圖撰　清康熙二十
五年（1686）席氏繩武堂刻本　七冊　存十四
卷（一至二、五至十二、十五至十六、十九至二
十）

370000－1506－0000133　善190
初學記三十卷　（唐）徐堅等撰　明嘉靖十三
年（1534）晉府虛益堂刻本　二十二冊

370000－1506－0000134　善191
廣事類賦四十卷　（清）華希閔撰　清刻本
十冊

370000－1506－0000135　善192
劉氏鴻書一百〇八卷　（明）劉仲達撰　明萬
曆刻本　二十四冊　存七十一卷（四至十六、
十九至二十五、二十七至四十七、五十七至五
十九、七十六至九十三、一百至一百〇八）

370000－1506－0000136　善193(1)
事類賦三十卷　（宋）吳淑撰並注　清康熙刻
本　六冊

370000－1506－0000137　善194
事類賦三十卷　（宋）吳淑撰並注　清乾隆二
十九年（1764）刻本　六冊

370000－1506－0000138　善195
事類賦三十卷　（宋）吳淑撰並注　清乾隆五
十四年（1789）刻本　六冊

370000－1506－0000139　善196
事類賦三十卷　（宋）吳淑撰並注　清刻本
六冊

370000－1506－0000140　善197
四書典林三十卷　（清）江永編　清刻本　六
冊　存十七卷（一至十七）

370000－1506－0000141　善198
太平御覽一千卷目錄十卷　（宋）李昉等撰
明刻本　六冊　存三十卷（四十一至四十五、
六十一至七十、四百二十一至四百二十五、四
百七十一至四百七十五、五百〇六至五百十）

370000－1506－0000142　善199
唐類函二百卷目錄二卷　（明）俞安期輯　明
萬曆三十一年（1603）自刻本　四十冊

370000－1506－0000143　善200
玉海二百卷辭學指南四卷詩攷一卷詩地理攷
六卷漢藝文志攷證十卷通鑑地理通釋十四卷

漢制攷四卷踐阼篇集解一卷周易鄭康成注一
卷姓氏急就篇二卷急就篇補注四卷周書王會
補注一卷小學紺珠十卷六經天文篇二卷通鑑
答問五卷　（宋）王應麟撰　元至元六年
(1340)慶元路儒學刻元明清遞修本　一百〇
九冊　缺二十五卷(一至二十五)

370000－1506－0000144　善201

玉海二百卷辭學指南四卷詩攷一卷詩地理攷
六卷漢藝文志攷證十卷通鑑地理通釋十四卷
漢制攷四卷踐阼篇集解一卷周易鄭康成注一
卷姓氏急就篇二卷急就篇補注四卷周書王會
補注一卷小學紺珠十卷六經天文篇二卷通鑑
答問五卷　（宋）王應麟撰　元至元六年
(1340)慶元路儒學刻元明清遞修本　四十三
冊　存一百二十卷(玉海四至二十、二十五至
二十八、三十二至三十九、四十七至四十九、
六十九至七十、七十五至八十一、九十三至一
百〇四、一百〇七至一百〇九、一百十四至一
百二十一、一百二十四至一百二十六、一百三
十至一百三十二、一百七十一至一百七十五、
一百八十一至一百八十二,辭學指南四卷,漢
藝文志攷證十卷,通鑑地理通釋一至八、十三
至十四,踐阼篇集解一卷,周易鄭康成注一
卷,姓氏急就篇二卷,急就篇補注四卷,周書
王會補注一卷,小學紺珠一至三、七至八,通
鑑答問五卷)

370000－1506－0000145　善202

淵鑑類函四百五十卷目錄四卷　（清）張英
(清)王士禎等撰　清刻本　一百〇五冊　缺
一百十四卷(一至十九、二十七至二十九、四
十四至六十三、二百五十至二百七十、三百十
二至三百三十二、四百二十五至四百五十,目
錄四卷)

370000－1506－0000146　善203

世說新語補二十卷　（南朝宋）劉義慶撰　清
乾隆二十七年(1762)茂清書屋刻本　五冊
存十七卷(一至十七)

370000－1506－0000147　善204

墨客揮犀十卷　（宋）彭乘撰　明刻本　二冊

370000－1506－0000148　善205

四大奇書第一種六十卷一百二十回　（明）羅
貫中撰　（清）毛宗崗　（清）金人瑞評　清刻
本　二十九冊　缺二卷(二十一至二十二)

370000－1506－0000149　善206

香祖筆記十二卷　（清）王士禎撰　清康熙刻
本　四冊

370000－1506－0000150　善207

四大奇書第一種三國志一百二十回　（明）羅
貫中撰　（清）毛宗崗評　清刻本　二十二冊
存一百〇九回(一至三十九、四十六至五十
五、六十一至一百二十)

370000－1506－0000151　善208

四大奇書第一種三國志十九卷一百二十回首
一卷　（明）羅貫中撰　（清）毛宗崗評　清刻
本　九冊　存八卷(十二至十九)

370000－1506－0000152　善209

晨鐘錄不分卷　（清）江文瀾編　清乾隆三十
七年(1772)刻本　四冊

370000－1506－0000153　善210

南華發覆八卷　（戰國）莊周撰　（明）釋性通
注　明末文秀堂刻本　六冊

370000－1506－0000154　善211

新刊道書全集羣仙要語二卷　（元）董漢醇編
明弘治十七年(1504)劉達刻本　一冊

370000－1506－0000155　善212

楚辭集註八卷辯證二卷後語六卷　（宋）朱熹
集註　明萬曆楊鶴刻本　一冊　存二卷(楚
辭集註一至二)

370000－1506－0000156　善213

楚辭集注八卷　（宋）朱熹撰　清乾隆五十三
年(1788)聽雨齋刻朱墨套印本　六冊

370000－1506－0000157　善214

楚辭箋註十七卷　（戰國）屈原等撰　（漢）王
逸章句　清初刻本　六冊

370000－1506－0000158　善215

楚騷五卷　（戰國）屈原撰　明正德十五年

(1520)熊宇刻篆字本　二冊　存二卷（二、四）

370000－1506－0000159　善216

安雅堂拾遺文集二卷詩話二卷酬贈詩二卷墓誌銘一卷拾遺詩三卷　（清）宋琬撰　清康熙、乾隆刻本　五冊

370000－1506－0000160　善217

安雅堂詩八卷文集二卷重刻安雅堂文集二卷安雅堂書啓一卷安雅堂未刻稿八卷入蜀集二卷二鄉亭詞三卷祭皋陶一卷　（清）宋琬撰　清康熙、乾隆刻本　九冊　缺二卷（安雅堂書啓一卷、祭皋陶一卷）

370000－1506－0000161　善218

安雅堂拾遺文集二卷詩話二卷酬贈詩二卷墓志銘一卷拾遺詩三卷　（清）宋琬撰　清康熙、乾隆刻本　六冊

370000－1506－0000162　善219

板橋集六卷　（清）鄭燮撰　清清暉書屋刻本　四冊

370000－1506－0000163　善220

昌黎先生詩集注十一卷　（唐）韓愈撰　（清）朱彝尊　（清）何焯評　（清）顧嗣立刪補　年譜一卷　清康熙三十八年（1699）顧氏秀野艸堂刻本　四冊

370000－1506－0000164　善221

重刊校正笠澤叢書四卷補遺一卷續補遺一卷　（唐）陸龜蒙撰　清刻本　二冊

370000－1506－0000165　善222

重刻黃文節山谷先生外集十四卷　（宋）黃庭堅撰　清抄本　四冊

370000－1506－0000166　善223

翠岩偶集六卷　（清）李雍熙撰　清康熙四十二年（1703）湛恩堂刻本　二冊

370000－1506－0000167　善224

東坡全集一百十五卷目錄七卷　（宋）蘇軾撰　年譜一卷　（宋）王宗稷撰　明刻本　二十七冊　存一百〇二卷（一至十一、十七至六十二、六十七至七十五、八十至一百十五）

370000－1506－0000168　善225

東坡先生全集七十五卷　（宋）蘇軾撰　宋史本傳一卷　（元）脫脫撰　東坡先生墓志銘一卷　（宋）蘇轍撰　東坡先生年譜一卷　（宋）王宗稷撰　明刻本　二十九冊　缺三卷（一至三）

370000－1506－0000169　善226

杜工部集二十卷　（唐）杜甫撰　（清）錢謙益箋注　諸家詩話一卷唱酬題詠附錄一卷附錄一卷　清康熙六年（1667）季氏靜思堂刻本　五冊　存十八卷（杜工部集一至十六、詩話一卷、唱酬題詠附錄一卷）

370000－1506－0000170　善227

葛端肅公文集十八卷　（明）葛守禮撰　明萬曆十年（1582）刻本　三冊　存十卷（五至十二、十七至十八）

370000－1506－0000171　善228

二十四泉草堂集十二卷　（清）王蘋撰　清康熙五十六年（1717）文登于熙學刻本　一冊　存六卷（一至六）

370000－1506－0000172　善229

沈歸愚詩文全集七十四卷　（清）沈德潛撰　清乾隆教忠堂遞刻本　二十四冊　存十五種六十九卷（歸愚詩鈔二十卷、詩鈔餘集一至八、歸愚文鈔二十卷、文鈔餘集一至七、說詩晬語二卷、浙江通省志圖說一卷、歸田集一卷、矢音集四卷、八秩壽序壽詩一卷、九秩壽序壽詩一卷、黃山遊草一卷、台山遊草一卷、南巡詩一卷、自訂年譜一卷）

370000－1506－0000173　善230

韓昌黎詩集編年箋注十二卷　（清）方世舉撰　清刻本　六冊

370000－1506－0000174　善231

箋註陶淵明集六卷　（晉）陶潛撰　（明）張自烈評閱　總論一卷　（明）張自烈輯　律陶一卷　題（明）謔庵居士撰　敦好齋律陶纂一卷　（明）黃槐開撰　和陶一卷　（宋）蘇軾撰

明末敦化堂刻本　四冊

370000－1506－0000175　善232
江湖閒吟八卷　（清）王道撰　清乾隆學詩堂
刻本　八冊

370000－1506－0000176　善233
姜白石集九卷附錄一卷　（宋）姜夔撰　清鮑
氏知不足齋刻本　四冊

370000－1506－0000177　善234
宋六十名家詞　明毛氏汲古閣刻本　一冊
存三種三卷（近體樂府一卷、竹垞詩餘一卷、
金谷遺音一卷）

370000－1506－0000178　善235
鏡山庵集二十五卷　（明）高出撰　明天啟高
若騋等刻本　十一冊　存十二卷（十四至二
十五）

370000－1506－0000179　善236
卷施閣詩二十卷　（清）洪亮吉撰　清刻本
八冊

370000－1506－0000180　善237
蘭雪堂詩文集十三卷　（清）岳禮撰　清乾隆
五十九年(1794)岳先福刻本　四冊　存九種
十三卷（種竹山房稿五卷、奉使遼東集一卷、
蘭雪堂稿一卷、甘泉集一卷、淨香方丈稿一
卷、湟中詩草一卷、漢南詩草一卷、蘭雪堂文
集一卷、閒情率筆一卷）

370000－1506－0000181　善238
四品稿九卷　（明）李若納撰　清光緒二十二
年(1896)刻本　十二冊

370000－1506－0000182　善239
李氏焚書六卷　（明）李贄撰　明刻本　一冊
存一卷（四）

370000－1506－0000183　善240
李太白詩集二十二卷　（唐）李白撰　（宋）嚴
羽評點　明崇禎二年(1629)聞啓祥刻李杜全
集本　六冊

370000－1506－0000184　善241
夢堂詩稿十五卷　（清）英廉撰　清乾隆延福

刻本　四冊

370000－1506－0000185　善242
牧齋初學集詩註二十卷有學集詩註十四卷
（清）錢謙益撰　（清）錢曾箋註　清春暉堂刻
本　十二冊　存十四卷（有學集詩註十四卷）

370000－1506－0000186　善243
南豐先生元豐類稿五十三卷　（宋）曾鞏撰
清刻本　十二冊

370000－1506－0000187　善244
歐陽文忠公全集一百五十三卷附錄五卷
（宋）歐陽修撰　清乾隆五十七年(1792)刻本
十八冊　存一百十六卷（居士集一至四十
七、表奏書啓四六集七卷、奏議十八卷、雜著
述十九卷、集古錄跋尾十卷、書簡十卷,附錄
五卷）

370000－1506－0000188　善245
坡仙集十六卷　（宋）蘇軾撰　（明）李贄評輯
明末刻本　六冊

370000－1506－0000189　善246
曝書亭集八十卷附錄一卷　（清）朱彝尊撰
笛漁小藁十卷　（清）朱昆田撰　曝書亭集詞
注七卷　（清）李富孫撰　清刻本　二十冊

370000－1506－0000190　善247
曝書亭集八十卷附錄一卷　（清）朱彝尊撰
笛漁小藁十卷　（清）朱昆田撰　清光緒十五
年(1889)會稽陶闇刻本　四冊　存二十六卷
（曝書亭集六十五至八十、笛漁小藁十卷）

370000－1506－0000191　善248
栖雲閣文集十五卷詩十六卷拾遺三卷　（清）
高珩撰　清乾隆三年(1738)、四十四年
(1779)刻合印本　十三冊

370000－1506－0000192　善249
栖雲閣詩十六卷　（清）高珩撰　清乾隆三年
(1738)刻本　五冊

370000－1506－0000193　善250
青邱高季迪先生詩集十八卷遺詩一卷　（明）
高啟撰　（清）金檀輯注　清雍正金氏文瑞樓

刻本　三冊　存十一卷（一至七、十一至十四）

370000－1506－0000194　善251
秋崖先生小藁三十八卷　（宋）方岳撰　清活字印本　六冊

370000－1506－0000195　善252
三魚堂文集十二卷外集六卷　（清）陸隴其撰　清康熙嘉會堂刻本　五冊

370000－1506－0000196　善253
施註蘇詩四十二卷總目二卷　（宋）蘇軾撰（宋）施元之　（宋）顧禧註　（清）邵長蘅（清）顧嗣立　（清）宋至刪補　**蘇詩續補遺二卷**　（宋）蘇軾撰　（清）馮景補註　**王註正譌一卷**　（清）邵長蘅撰　**東坡先生年譜一卷**（宋）王宗稷撰　清康熙三十八年（1699）宋犖刻本　十冊

370000－1506－0000197　善254
世宗憲皇帝御製文集三十卷目錄四卷　（清）世宗胤禛撰　**交輝園遺稿一卷**　（清）允祥撰清乾隆三年（1738）內府刻本　八冊

370000－1506－0000198　善255
思綺堂文集十卷　（清）章藻功撰並注　清康熙六十一年（1722）刻本　佚名批校　十冊

370000－1506－0000199　善256
松柏堂詩集一卷草堂詩餘一卷　（明）常秉仁（明）常康撰　清抄本　一冊

370000－1506－0000200　善257
唐宋八大家文鈔一百六十六卷　（明）茅坤輯明崇禎四年（1631）歸安茅著刻本　五冊存一種十卷（宋大家蘇文公文鈔十卷）

370000－1506－0000201　善258
宋學士全集三十二卷　（明）宋濂撰　清康熙四十八年（1709）彭始搏刻本　十六冊

370000－1506－0000202　善259
蘇東坡詩集注三十二卷　（宋）蘇軾撰　題（宋）呂祖謙分編　題（宋）王十朋纂輯　**年譜一卷**　（宋）王宗稷撰　清康熙三十七年

（1698）朱從延文蔚堂刻本　二十冊

370000－1506－0000203　善260
蘇學士文集十六卷　（宋）蘇舜欽撰　清康熙三十七年（1698）徐惇孝、徐惇復白華書屋刻本　二冊

370000－1506－0000204　善261
太史升菴文集八十一卷目錄四卷　（明）楊慎撰　明萬曆十年（1582）張士佩等刻本　八冊

370000－1506－0000205　善262
唐韓昌黎集四十卷外集十卷遺文一卷　（唐）韓愈撰　（明）蔣之翹輯注　明崇禎六年（1633）蔣氏三徑草堂刻韓柳全集本　十四冊

370000－1506－0000206　善263
陶石簣精選蘇長公合作二卷　（宋）蘇軾撰（明）陶望齡輯　明萬曆閶門常春堂刻本　一冊　存一卷（一）

370000－1506－0000207　善264
王氏漁洋詩鈔十二卷　（清）王士禎撰　清康熙三十四年（1695）刻二家詩鈔本　六冊

370000－1506－0000208　善265
韋齋集十二卷首一卷　（宋）朱松撰　**玉瀾集一卷**　（宋）朱槔撰　清刻本　四冊

370000－1506－0000209　善266
衛陽先生集十四卷　（明）周世選撰　明崇禎五年（1632）周承芳刻本　一冊　存二卷（三至四）

370000－1506－0000210　善267
溫飛卿詩集七卷別集一卷集外詩一卷　（唐）溫庭筠撰　（明）曾益注　（清）顧予咸補注（清）顧嗣立續注　清康熙三十六年（1697）顧氏秀野草堂刻本　二冊

370000－1506－0000211　善268
溫飛卿詩集七卷別集一卷集外詩一卷　（唐）溫庭筠撰　（明）曾益注　（清）顧予咸補注（清）顧嗣立續注　清刻本　二冊

370000－1506－0000212　善269
文貞公集十二卷　（清）張玉書撰　清乾隆五

十七年(1792)張氏松蔭堂刻本　六冊

370000－1506－0000213　善270(1)
西澗草堂集四卷詩集四卷　(清)閻循觀撰
清乾隆三十八年(1773)樹滋堂刻本　二冊

370000－1506－0000214　善271
西堂全集一百三十三卷　(清)尤侗撰　清康
熙華文堂刻本　十二冊　存五十七卷(西堂
雜組一集八卷二集八卷三集八卷、西堂剩稿
二卷、西堂秋夢錄一卷、西堂小草一卷、看雲
草堂集八卷、述祖詩一卷、于京集一至二、百
末詞六卷、西堂小草一卷、論語詩一卷、右北
平集一卷、看雲草堂集八卷、哀絃集一卷)

370000－1506－0000215　善272
西堂全集一百三十三卷　(清)尤侗撰　清刻
本　五冊　存十二卷(西堂小草一卷、論語詩
一卷、右北平集一卷、看雲草堂集八卷、哀絃
集一卷)

370000－1506－0000216　善273
閒青堂詩集十卷　(清)朱倫瀚撰　清道光十
五年(1835)刻本　二冊

370000－1506－0000217　善274
新刻臨川王介甫先生集一百卷目錄二卷
(宋)王安石撰　明萬曆四十年(1612)王鳳翔
光啟堂刻本　十八冊

370000－1506－0000218　善275
新刻張太岳先生文集四十七卷　(明)張居正
撰　清刻本　十六冊

370000－1506－0000219　善276
恕齋吟草□□卷　(清)孔繼堂撰　稿本　清
宮卜萬等批注　一冊　存五卷(二十七至三
十一)

370000－1506－0000220　善277
雪堂詩賦四卷　(清)傅作楫撰　清乾隆五十
九年(1794)刻本　二冊

370000－1506－0000221　善278
燕邸詩抄一卷雜詩偶錄一卷　(清)□□輯
清康熙五十五年(1716)抄本　一冊

370000－1506－0000222　善279
楊龜山先生集四十二卷首一卷　(宋)楊時撰
清康熙四十六年(1707)楊氏刻本　民國元
年(1912)久翁題跋　十六冊

370000－1506－0000223　善280
楊椒山先生集四卷年譜一卷　(明)楊繼盛撰
清康熙刻本　二冊

370000－1506－0000224　善281
仰節堂集十四卷　(明)曹于汴撰　明天啟四
年(1624)劉在庭刻本　八冊

370000－1506－0000225　善282
養木齋詩文選三卷　(清)蕭文蔚撰　清康熙
刻本　二冊　存二卷(一至二)

370000－1506－0000226　善283
漁洋山人精華錄十卷　(清)王士禎撰　(清)
林佶編　清康熙三十九年(1700)林佶寫刻本
四冊

370000－1506－0000227　善284
玉谿生詩箋註三卷樊南文集箋註八卷　(唐)
李商隱撰　(清)馮浩箋註　**首一卷**　清乾隆
四十五年(1780)馮浩刻嘉慶元年(1796)增刻
本　八冊

370000－1506－0000228　善285
御製詩初集四十四卷目錄四卷　(清)高宗弘
曆撰　(清)蔣溥等編　清刻本　十六冊

370000－1506－0000229　善286
御製詩二集九十卷目錄十卷　(清)高宗弘曆
撰　(清)蔣溥等編　清刻本　三十二冊

370000－1506－0000230　善287
袁中郎全集四十卷　(明)袁宏道撰　(明)鍾
惺增定　明崇禎二年(1629)武林佩蘭居刻本
六冊　存三十卷(一至七、十八至四十)

370000－1506－0000231　善288
約山亭詩稿四卷　(清)李永紹撰　稿本
四冊

370000－1506－0000232　善289
震川先生集三十卷別集十卷　(明)歸有光撰

附錄一卷　清康熙十年至十四年(1671-
1675)歸莊、歸珎等刻本　十冊

370000－1506－0000233　善290
整菴先生存稿二十卷　(明)羅欽順撰　明萬
曆二十三年(1595)劉憲寵刻本　一冊　存二
卷(一至二)

370000－1506－0000234　善291
朱文公校昌黎先生文集四十卷外集十卷遺文
一卷　(唐)韓愈撰　(宋)朱熹考異　(宋)
王伯大音釋　傳一卷　明刻本　十三冊　存
四十卷(一至四十)

370000－1506－0000235　善292
才調集十卷　(五代)韋縠輯　清康熙四十三
年(1704)汪氏垂雲堂刻本　六冊

370000－1506－0000236　善293
車書樓選注名公新語滿紙千金八卷　(明)李
自榮輯　(明)王世茂注　明天啟七年(1627)
刻映旭齋印本　四冊

370000－1506－0000237　善294
感舊集十六卷　(清)王士禛輯　(清)盧見曾
補傳　清乾隆十七年(1752)德州盧見曾雅雨
堂刻本　八冊

370000－1506－0000238　善295
庚辰集五卷唐人試律說一卷　(清)紀昀輯
清致和堂刻本　六冊

370000－1506－0000239　善296
詩歸五十一卷　(明)鍾惺　(明)譚元春輯
(明)劉敳重訂　明末刻本　二十二冊　存四
十七卷(古詩歸十五卷,唐詩歸一至十、十三
至三十四)

370000－1506－0000240　善297
詩歸五十一卷　(明)鍾惺　(明)譚元春輯
明萬曆刻本　四冊　存十七卷(古詩歸十一
至十五、唐詩歸九至二十)

370000－1506－0000241　善298
古詩箋三十二卷　(清)王士禛輯　(清)聞人
倓箋　清乾隆三十一年(1766)芷蘭堂刻本

八冊　存十二卷(七言詩四至十五)

370000－1506－0000242　善299
古詩源十四卷　(清)沈德潛撰　清康熙刻本
四冊

370000－1506－0000243　善300
古文辭類纂七十五卷　(清)姚鼐輯　清道光
五年(1825)刻本　十二冊

370000－1506－0000244　善301
古文辭類纂七十四卷　(清)姚鼐輯　清道光
合河康氏刻本　十冊

370000－1506－0000245　善302(1)
古文淵鑒六十四卷　(清)徐乾學等編注　清
刻五色套印本　三十一冊　缺三卷(三十六
至三十八)

370000－1506－0000246　善302(2)
古文淵鑒六十四卷　(清)徐乾學等編注　清
康熙內府刻五色套印本　二十三冊　缺四卷
(五至八)

370000－1506－0000247　善303
歸餘鈔四卷　(清)高塘集評　清乾隆五十三
年(1788)刻本　八冊

370000－1506－0000248　善304
國朝名公翰藻五十二卷氏名爵里一卷　(明)
凌迪知輯　明萬曆十年(1582)刻本　二冊
存三卷(十六、三十二、四十三)

370000－1506－0000249　善305(1)
國朝山左詩鈔六十卷　(清)盧見曾撰　清乾
隆二十三年(1758)盧氏雅雨堂刻本　二十冊

370000－1506－0000250　善305(2)
國朝山左詩鈔六十卷　(清)盧見曾撰　清乾
隆二十三年(1758)雅雨堂刻本　十冊　存二
十九卷(一至二十九)

370000－1506－0000251　善306
新雕宋朝文鑑一百五十卷目錄三卷　(宋)呂
祖謙輯　明天順八年(1464)嚴州府刻弘治十
七年(1504)胡韶重修本　佚名批校　四十八冊

370000－1506－0000252　善307

皇明詩選十三卷　（明）陳子龍　（明）李雯
（明）宋徵輿輯　明崇禎十六年(1643)刻本
四冊　存十卷（四至十三）

370000－1506－0000253　善308

積翠山莊吟鈔□□卷　（清）□□輯　清鈔本
　一冊　存一卷（二）

370000－1506－0000254　善309

江左三大家詩鈔九卷　（清）顧有孝　（清）趙
澐輯　清刻本　八冊

370000－1506－0000255　善310

歷朝閨雅十二卷　（清）揆敘輯　清康熙刻本
　一冊　存三卷（一至三）

370000－1506－0000256　善311

六臣註文選六十卷　（南朝梁）蕭統輯　（唐）
李善　（唐）呂延濟　（唐）劉良　（唐）張銑
（唐）呂向　（唐）李周翰註　明刻本　一冊
存二卷（二十七至二十八）

370000－1506－0000257　善312

明人詩鈔正集十四卷續集十四卷　（清）朱琰
輯　清乾隆二十五年(1760)樊桐山房刻本
十二冊

370000－1506－0000258　善313

明詩別裁集十二卷　（清）沈德潛　（清）周準
輯　清乾隆四年(1739)刻本　四冊

370000－1506－0000259　善314

明詩綜一百卷　（清）朱彝尊輯　（清）汪森等
輯評　清康熙刻乾隆西泠清來堂吳氏印本
二十九冊　缺十一卷（二十三至二十五、二十
九至三十六）

370000－1506－0000260　善315

憑山閣雷青二集選十卷　（清）陳枚輯　清康
熙刻本　十九冊　缺一卷（三）

370000－1506－0000261　善316

憑山閣增輯留青新集三十卷　（清）陳枚輯
清康熙四十七年(1708)大觀堂刻本　十冊
存九卷（一至二、四、六至九、十三至十四）

370000－1506－0000262　善317

青浦詩傳三十四卷　（清）王昶輯　清乾隆五
十九年(1794)刻本　五冊　缺四卷（三十一
至三十四）

370000－1506－0000263　善318

全唐詩九百卷目錄十二卷　（清）曹寅　（清）
彭定求等輯　清康熙四十四年至四十六年
(1705－1707)揚州詩局刻本　一百十冊　缺
十冊（函五）

370000－1506－0000264　善319

全唐詩九百卷目錄十二卷　（清）曹寅　（清）
彭定求等輯　清刻本　十八冊　存十八冊
（函一冊一至三、七至十，函六冊一、四至五，
函十一冊一至二、四至五、七至十，目錄）

370000－1506－0000265　善320

三蘇先生文粹七十卷　（宋）蘇洵　（宋）蘇軾
　（宋）蘇轍撰　明刻本　十二冊　缺十五卷
（三十至三十四、六十一至七十）

370000－1506－0000266　善321

述本堂詩集十八卷續集五卷　（清）方登嶧
（清）方式濟　（清）方觀承撰　清乾隆二十年
(1755)刻嘉慶十四年(1809)刻續集本　三冊
　存八種八卷（東閣剩稿一卷、入塞詩一卷、
懷南草一卷、陸塘初稿一卷、出關詩一卷、龍
沙紀略一卷、看蠶詞一卷、松漠草一卷）

370000－1506－0000267　善322

宋文鑑一百五十卷　（宋）呂祖謙等編　明嘉
靖五年(1526)晉藩養德書院刻本　十二冊
存八十九卷（八至十五、二十四至五十四、六
十三至七十二、八十至九十六、一百十三至一
百二十、一百二十九至一百四十三）

370000－1506－0000268　善323

唐詩別裁集十卷　（清）沈德潛　（清）陳培脈
輯　清刻本　八冊

370000－1506－0000269　善324

唐詩歸三十六卷　（明）鍾惺　（明）譚元春輯
　明崇禎十四年(1641)陸朗刻古唐詩歸合刻
本　八冊

370000－1506－0000270　善325

唐詩解五十卷　（明）唐汝詢撰　明萬曆四十三年(1615)大業堂刻本　七冊　存四十卷（十一至五十）

370000－1506－0000271　善326

唐詩三百首六卷　（清）孫洙輯　清乾隆刻本　一冊　存二卷（五言古詩一卷、七言古詩一卷）

370000－1506－0000272　善327

中唐十二家詩集七十八卷　（明）蔣孝編　明嘉靖二十九年(1550)蔣孝刻本　十冊　存十種六十四卷（唐儲光羲詩集五卷、毘陵集三卷、唐劉隨州詩集十一卷外集一卷、唐錢起詩集十卷、唐盧戶部詩集十卷、唐孫集賢詩集一卷、唐崔補闕詩集一卷、唐劉賓客詩集六卷、唐張司業詩集六卷、唐賈浪仙長江集十卷）

370000－1506－0000273　善328

唐宋八家鈔八卷　（清）高塘集評　清乾隆五十三年(1788)刻本　八冊

370000－1506－0000274　善329

唐文粹一百卷　（宋）姚鉉輯　明嘉靖八年(1529)晉府養德書院刻本　二十四冊

370000－1506－0000275　善330

唐中興閒氣集二卷　（唐）高仲武輯　清光緒十九年(1893)武進費氏影宋刻本　二冊

370000－1506－0000276　善331

王荊公唐百家詩選二十卷　（宋）王安石輯　清康熙四十三年(1704)丘犖、丘迥刻本　三冊　存十五卷（六至二十）

370000－1506－0000277　善332

八代文鈔一百〇六卷　（明）李賓編　明末刻本　六冊　存七種七卷（王允寧文抄一卷、何仲默文抄一卷、徐昌穀文抄一卷、楊用修文抄一卷、王子充文抄一卷、汪伯玉文抄一卷、鍾伯敬文抄一卷）

370000－1506－0000278　善333

文選六十卷　（南朝梁）蕭統輯　（唐）李善注　明嘉靖六年(1527)晉藩養德書院刻本　一冊　存三卷（五十八至六十）

370000－1506－0000279　善334

文選六十卷　（南朝梁）蕭統輯　明末清初汲古閣刻本　三冊　存十八卷（十至十五、三十三至三十八、五十五至六十）

370000－1506－0000280　善335

文選六十卷　（南朝梁）蕭統輯　（唐）李善注　（清）葉樹藩參訂　清乾隆三十七年(1772)海錄軒刻朱墨套印本　十二冊

370000－1506－0000281　善336

文選六十卷　（南朝梁）蕭統輯　（唐）李善注　（清）葉樹藩參訂　清翰墨園刻朱墨套印本　十六冊　缺五卷（三十五至三十八、五十）

370000－1506－0000282　善337

文選章句二十八卷　（南朝梁）蕭統選　（明）陳與郊編　明萬曆二十五年(1597)刻本　民國元年(1912)久翁跋　二十二冊

370000－1506－0000283　善338

文選章句二十八卷　（南朝梁）蕭統選　（明）陳與郊編　明萬曆二十五年(1597)刻本　五冊　存十一卷（十三至十四、十六至十七、二十二至二十八）

370000－1506－0000284　善339

文苑英華一千卷　（宋）李昉等撰　明隆慶元年(1567)胡維新、戚繼光刻本　一冊　存十卷（九十一至一百）

370000－1506－0000285　善340

五品稿十八卷　（明）李若納撰　清光緒二十二年(1896)刻本　十冊

370000－1506－0000286　善341

新刊古今名賢品彙注釋玉堂詩選八卷　（明）舒芬輯　（明）舒琛增補　（明）楊淙注　明萬曆七年(1579)富春堂刻本　一冊　存一卷（一）

370000－1506－0000287　善342

御定歷代賦彙一百四十卷外集二十卷逸句二卷補遺二十二卷目錄三卷　（清）陳元龍輯　清康熙四十五年(1706)內府刻本　五十九冊　存一百七十六卷（一至十一、十四至二十

六、三十二至一百四十,外集二十卷,逸句二卷,補遺一至四、七至二十二,目録三卷)

370000－1506－0000288　善343
悦心集四卷　(清)世宗胤禛輯　清雍正四年(1726)武英殿刻本　二册

370000－1506－0000289　善344
昭明文選四卷　(南朝梁)蕭統撰　(唐)李善注　清抄本　四册

370000－1506－0000290　善345
本事詩十二卷　(清)徐鈵輯　清康熙刻本　六册

370000－1506－0000291　善346
東嵒艸堂評訂唐詩鼓吹十卷　(金)元好問輯　(元)郝天挺注　(明)廖文炳解　(清)朱三錫評　清康熙刻本　十册

370000－1506－0000292　善347
詞律二十卷　(清)萬樹撰　清康熙二十六年(1687)萬氏堆絮園刻本　八册

370000－1506－0000293　善348
覺世名言三十八回　(清)李漁撰　清刻本　六册

370000－1506－0000294　善349
吳吳山三婦合評牡丹亭還魂記二卷　(明)湯顯祖撰　(清)陳同　(清)談則　(清)錢宜評點　或問一卷　(清)吳儀一撰　清康熙夢園刻本　四册

370000－1506－0000295　善350
易圖存是二卷　(清)辛紹業撰　清嘉慶刻本　一册

370000－1506－0000296　善351
韓非子二十卷識誤三卷　(戰國)韓非撰　晏子春秋八卷　(春秋)晏嬰撰　清嘉慶、道光刻本　六册

370000－1506－0000297　善352
雅雨堂叢書　(清)盧見曾輯　清乾隆二十一年(1756)德州盧氏刻本　七册　存四種二十三卷(易傳十七卷、鄭氏周易三卷圖一卷、周易音義一卷、鄭司農集一卷)

370000－1506－0000298　善353
范文正公忠宣公全集七十三卷　(宋)范仲淹(宋)范純仁撰　清道光翻刻康熙四十六年(1707)范氏歲寒堂本　十六册

370000－1506－0000299　善355
顧亭林先生遺書十種二十七卷　(清)顧炎武撰　清蓬瀛閣刻本　十二册

370000－1506－0000300　善356
顧亭林先生遺書十種二十七卷　(清)顧炎武撰　清刻本　四册　存六種十八卷(昌平山水記二卷、譎觚十事一卷、顧氏譜系考一卷、亭林文集六卷、亭林詩集五卷、金石文字記三卷)

370000－1506－0000301　善357
施愚山先生全集九十六卷　(清)施閏章撰　清康熙四十七年(1708)棟亭刻乾隆施企曾等續刻本　十九册

370000－1506－0000302　善358
唐宋叢書九十種三百二十一卷　(明)鍾人傑(明)張遂辰編　明刻本(配明鈔本)　六册　存六種三十二卷(桂海虞衡志十三卷、學古編一卷、洞天清録一卷、世範三卷、異苑十卷、異林四卷)

370000－1506－0000303　善359
笠翁傳奇十種二十卷　(清)李漁編次　清康熙刻本　六册　存三種六卷(慎鸞交傳奇二卷、比目魚傳奇二卷、玉搔頭二卷)

370000－1506－0000304　善360
莊騷讀本　(清)方人傑評輯　清乾隆三十七年(1772)刻本　二册　存十八卷(莊子十八卷)

370000－1506－0000305　善361
太史升菴文集八十一卷目録四卷　(明)楊慎撰　清乾隆六十年(1795)養拙山房刻本　二十册

370000－1506－0000306　善125

史記評林一百三十卷 （明）淩稚隆輯 明萬
曆二年至四年(1574－1576)淩稚隆刻本 三
十七冊 存一百十八卷(一至二十五、二十八
至七十八、八十三至一百〇九、一百十六至一
百三十)

370000－1506－0000307 善126

蔡氏九儒書九卷首一卷 （明）蔡有鷁輯
（清）蔡重增輯 清雍正十一年(1733)刻乾隆
增補本 八冊

370000－1506－0000308 善127

大學衍義補一百六十卷 （明）丘濬撰 明刻
本 一冊 存七卷(六至八、十一至十三、十
六)

370000－1506－0000309 善128

讀書錄十一卷續錄十二卷 （明）薛瑄撰 清
刻本 六冊 存十五卷(讀書錄十一卷、續錄
一至四)

370000－1506－0000310 善129

格致易簡錄九卷首一卷 （清）王德瑛撰 清
抄本 六冊

370000－1506－0000311 善130

淮南鴻烈解輯略二卷 （明）張榜輯 明刻本
二冊

370000－1506－0000312 善131

孔聖家語圖十一卷 （明）吳嘉謨輯 明萬曆
刻本 三冊 存六卷(六至十一)

370000－1506－0000313 善132

孔聖全書三十五卷 （明）蔡復賞編 明刻本
一冊 存一卷(十一)

370000－1506－0000314 善133

濂洛關閩書十九卷 （清）張伯行集解 清康
熙正誼堂刻本 五冊 存十七卷(程子十卷、
朱子七卷)

370000－1506－0000315 善134

聖諭廣訓衍說十六條 （清）王又樸撰 清雍
正刻本 二冊

370000－1506－0000316 善135

性理大全書七十卷 （明）胡廣等撰 明永樂
十三年(1415)內府刻本 三十冊

370000－1506－0000317 善136

薛文清公讀書錄四卷 （明）薛瑄撰 清刻本
一冊 存二卷(一至二)

370000－1506－0000318 善137

御纂性理精義十二卷 （清）李光地等編 清
刻本 六冊

370000－1506－0000319 善138

朱子論定文抄二十卷 （清）吳震方輯 清康
熙刻本 六冊

370000－1506－0000320 善139

養蠶成法不分卷 （清）韓夢周撰 清抄本
一冊

370000－1506－0000321 善140

本草問答不分卷 （清）唐宗海撰 清抄本
一冊

370000－1506－0000322 善142

訂補明醫指掌十卷附刻診家樞要一卷 （明）
皇甫中撰 明刻本 二冊 存二卷(訂補明
醫指掌一、附刻診家樞要一卷)

370000－1506－0000323 善144

高士宗先生手授醫學真傳一卷 （清）高世栻
授 清乾隆刻本 一冊

370000－1506－0000324 善145

黃帝內經靈樞注證發微十卷 （明）馬蒔注
（明）馬存正校正 清刻本 四冊 存四卷
(一至二、六、九)

370000－1506－0000325 善146

急救危症簡便驗方二卷續集二卷 （清）胡其
重編 清抄本 三冊 存三卷(急救危症簡
便驗方二卷、續集一)

370000－1506－0000326 善147

經驗單方彙編不分卷 （清）錢峻編輯 清刻
本 一冊

370000－1506－0000327 善148

臨證指南醫案十卷 （清）葉桂撰 清刻本

清盛百二批注　十冊

370000 – 1506 – 0000328　善 149
脈學指南不分卷　（清）□□輯　清抄本
一冊

370000 – 1506 – 0000329　善 158
則為軒外科春和集　（清）錢鬥保輯　清抄本
四冊

370000 – 1506 – 0000330　善 159
曾滌伯纂正太乙仙推拏秘書不分卷　（清）
□□輯　清抄本　清咸豐元年(1851)佚名跋
一冊

370000 – 1506 – 0000331　善 160
種福堂公選良方四卷　（清）葉桂論　（清）華
南田等輯校　清刻本　二冊

370000 – 1506 – 0000332　善 161
御纂歷代三元甲子編年一卷御定萬年書一卷
清乾隆刻本　一冊

370000 – 1506 – 0000333　善 162
卜法詳考四卷　（清）胡煦輯　清葆璞堂刻本
三冊

370000 – 1506 – 0000334　善 163
甘氏奇門一得二卷　（明）甘霖撰　明刻本
一冊　存一卷(二)

370000 – 1506 – 0000335　善 164
皇極經世緒言九卷首一卷　　（宋）邵雍撰
（明）黃畹洲注釋　（清）劉斯組述　清嘉慶四
年(1799)錢塘徐樹堂刻本　七冊　缺二卷
(八至九)

370000 – 1506 – 0000336　善 165
焦氏易林四卷　（漢）焦贛撰　（明）鍾惺評閱
清抄本　二冊

370000 – 1506 – 0000337　善 166
欽定協紀辨方書三十六卷　（清）允祿等纂
清刻本　二十七冊　存三十五卷(一至三十
五)

370000 – 1506 – 0000338　善 167
水鏡集四卷　（清）右髻道人撰　清刻本　四冊

370000 – 1506 – 0000339　善 168
太乙統宗寶鑑二十卷　題(元)曉山老人撰
明抄清增補本　六冊

370000 – 1506 – 0000340　善 169
陽宅三要四卷地理五訣八卷　（清）趙廷棟撰
清刻本　六冊

370000 – 1506 – 0000341　善 170
欽定協紀辨方書三十六卷　（清）允祿等纂
清刻本　十五冊

370000 – 1506 – 0000342　善 171
增補地理直指原真三卷首一卷　（清）釋如玉
撰　清刻本　四冊

370000 – 1506 – 0000343　善 172
增刪卜易六卷　（清）野鶴老人撰　清乾隆五
十九年(1794)刻本　六冊

370000 – 1506 – 0000344　善 174(1)
庚子銷夏記八卷　（清）孫承澤撰　清乾隆二
十六年(1761)刻本　四冊

370000 – 1506 – 0000345　善 174(2)
庚子銷夏記八卷　（清）孫承澤撰　清刻本
四冊

370000 – 1506 – 0000346　善 175
墨譜三卷　（宋）李孝美撰　明潘方凱刻本
一冊

370000 – 1506 – 0000347　善 176
佩文齋書畫譜一百卷首一卷　（清）孫岳頒等
纂輯　清刻本　六十三冊　缺一卷(八十八)

370000 – 1506 – 0000348　善 177
佩文齋書畫譜一百卷首一卷　（清）孫岳頒等
纂輯　清康熙內府刻本　五十八冊　存七十
卷(一至十二、十七至四十九、五十三至七十
一、七十四至七十九)

370000 – 1506 – 0000349　善 178
松壺畫贅二卷　（清）錢杜撰　清抄本　一冊

370000 – 1506 – 0000350　善 179
蘇米齋蘭亭考八卷　（清）翁方綱撰　清嘉慶
八年(1803)刻本　一冊

370000 – 1506 – 0000351　善180

五知齋琴譜八卷　(清)徐祺撰　(清)周魯封
彙纂　清乾隆二年(1737)刻本　八冊

370000 – 1506 – 0000352　善181

二如亭群芳譜三十卷　(明)王象晉輯　清刻
本　一冊　存二卷(三至四)

370000 – 1506 – 0000353　善182

百家類纂四十卷　(明)沈津輯　明翻刻明隆
慶元年(1567)含山縣儒學本　三十一冊　存
三十一卷(一至二、五至十三、十五至十九、二
十二至三十四、三十九至四十)

370000 – 1506 – 0000354　集0001

楚辭十七卷　(漢)王逸章句　(宋)洪興祖補
注　清光緒九年(1883)長沙書堂山館刻本
六冊

370000 – 1506 – 0000355　集0002

楚辭集註八卷　(宋)朱熹撰　清初古與堂刻
本　三冊

370000 – 1506 – 0000356　集0007

楚辭燈四卷　(清)林雲銘撰　清康熙刻本
三冊　存三卷(一至三)

370000 – 1506 – 0000357　集0010

安吳四種　(清)包世臣撰　清同治十一年
(1872)注經堂刻本　二十冊

370000 – 1506 – 0000358　集0011

安陽集五十卷　(宋)韓琦撰　**別錄三卷**
(宋)王巖叟撰　**遺事一卷**　(宋)強至撰　**家
傳十卷**　清刻本　二冊　存十三卷(安陽集
四十至四十六、家傳四至九)

370000 – 1506 – 0000359　集0016

**柏梘山房文集十六卷續集一卷詩集十卷續集
二卷駢體文二卷**　(清)梅曾亮撰　清光緒二
十七年(1901)排印本　六冊

370000 – 1506 – 0000360　集0017

瓣香齋詩鈔六卷　(清)王明尊撰　清光緒刻
本　六冊

370000 – 1506 – 0000361　集0019

變雅堂詩文集合刻十四卷　(清)杜濬撰　清
同治九年(1870)黃岡劉維楨刻本　七冊

370000 – 1506 – 0000362　集0021

炳燭齋文集初刻一卷續刻一卷　(明)顧大韶
撰　清宣統元年(1909)國學扶輪社排印本
二冊

370000 – 1506 – 0000363　集0022

蠶尾集十卷蠶尾續集二卷蠶尾後集二卷
(清)王士禛撰　清康熙刻雍正印本　六冊

370000 – 1506 – 0000364　集0023

滄溟先生集三十卷附錄一卷　(明)李攀龍撰
清道光二十七年(1847)李獻方刻本　八冊

370000 – 1506 – 0000365　集0024

曹子建集十卷　(三國魏)曹植撰　清鈔本
四冊

370000 – 1506 – 0000366　集0025(1)

昌黎先生集四十卷外集十卷遺文一卷　(唐)
韓愈撰　清宣統二年(1910)上海掃葉山房石
印本　十二冊

370000 – 1506 – 0000367　集0026

昌黎先生集四十卷外集十卷遺文一卷　(唐)
韓愈撰　清宣統三年(1911)石印本　十冊

370000 – 1506 – 0000368　集0029

昌黎先生詩增注證訛十一卷　(唐)韓愈撰
(清)顧嗣立刪補　(清)黃鉞增注證訛　清咸
豐七年(1857)四明鮑氏刻本　四冊

370000 – 1506 – 0000369　集0030

陳伯玉文集三卷詩集二卷附錄一卷　(唐)陳
子昂撰　清咸豐四年(1854)刻本　四冊

370000 – 1506 – 0000370　集0032

重訂梅庵詩鈔五卷　(清)鐵保撰　清嘉慶十
年(1805)刻二十年(1815)印本　二冊

370000 – 1506 – 0000371　集0033

重刻黃文節山谷先生文集三十卷　(宋)黃庭
堅撰　明王鳳翔光啟堂刻本　十冊

370000 – 1506 – 0000372　集0035

春在堂尺牘五卷　(清)俞樾撰　清刻本　二冊

370000－1506－0000373　集0036

存悔齋集鈔存十二卷　（清）劉鳳誥撰　清道
光二十七年（1847）刻本　二冊　存四卷（一
至四）

370000－1506－0000374　集0037

大雲山房文槀初集四卷二集四卷　（清）惲敬
撰　清嘉慶刻本　四冊

370000－1506－0000375　集0039

澹靜齋全集　（清）龔景瀚撰　清同治八年
（1869）閩中龔氏濟南郡署刻本　八冊

370000－1506－0000376　集0040

點蒼山人詩鈔八卷附錄一卷　（清）沙琛撰
清嘉慶二十三年（1818）刻本　四冊　存七卷
（一至七）

370000－1506－0000377　集0041

定盦全集　（清）龔自珍撰　清宣統元年
（1909）國學扶輪社排印本　六冊

370000－1506－0000378　集0043

東萊集注類編觀瀾文集三集七十卷　（宋）林
之奇輯　清刻本　十二冊

370000－1506－0000379　集0045

重刊明成化本東坡七集一百十卷　（宋）蘇軾
撰　清光緒寶華盦刻本　四十八冊

370000－1506－0000380　集0046

東坡先生全集七十五卷　（宋）蘇軾撰　明末
刻本　三十二冊

370000－1506－0000381　集0047

冬心先生集四卷　（清）金農撰　清末影印本
四冊

370000－1506－0000382　集0049（1）

杜工部集二十卷首一卷　（唐）杜甫撰　（明）
王世貞　（明）王慎中　（清）王士禎　（清）
邵長蘅　（清）宋犖校　清道光十四年（1834）
芸葉盦刻六色套印本　八冊

370000－1506－0000383　集0052

杜詩鏡銓二十卷附錄一卷　（唐）杜甫撰　（清）
楊倫輯注　清光緒十八年（1892）排印本　六冊

370000－1506－0000384　集0055

多歲堂詩集四卷載賡集二卷賦集一卷試律
詩集一卷　（清）成書撰　清道光刻本
四冊

370000－1506－0000385　集0056

二林居集二十四卷　（清）彭紹升撰　清光緒
七年（1881）長洲彭祖賢刻本　六冊

370000－1506－0000386　集0057

二南文集二卷救世苦口吟一卷二南制義一卷
二南試律擬一卷　（清）周樂撰　清道光刻本
四冊

370000－1506－0000387　集0058

二曲集二十六卷　（清）李顒撰　清咸豐元年
（1851）刻本　六冊

370000－1506－0000388　集0061

樊川文集二十卷外集一卷別集一卷　（唐）杜
牧撰　清光緒二十二年（1896）景蘇園刻本
六冊

370000－1506－0000389　集0063

高季迪先生大全集十八卷　（明）高啟撰　清
光緒十四年（1888）木活字印本　六冊

370000－1506－0000390　集0064

觀我亭集一卷　（明）劉必紹撰　明刻清遞修
本　一冊

370000－1506－0000391　集0068

郭康介公遺集二卷　（明）郭宗皋撰　（清）丁
守存輯　清光緒元年（1875）日照丁守存刻本
二冊

370000－1506－0000392　集0069

海秋詩集二十六卷評跋附錄一卷　（清）湯鵬
撰　清道光十八年（1838）刻本　八冊

370000－1506－0000393　集0070

寒松堂全集十二卷寒松老人年譜一卷　（清）
魏象樞撰　清嘉慶十六年（1811）刻本　十二
冊　存十一卷（一至六、八至十二）

370000－1506－0000394　集0071

河東先生文集六卷　（唐）柳宗元撰　清宣統

二年(1910)上海會文堂書局影印本　六册

370000－1506－0000395　集0072
河南先生文集二十七卷附錄一卷　(宋)尹洙撰　清宣統二年(1910)守政書局木活字印本　四册

370000－1506－0000396　集0073
後山先生集二十四卷首一卷　(宋)陳師道撰　清光緒十一年(1885)番禺陶福祥愛廬刻本　四册

370000－1506－0000397　集0074
淮海集四十卷後集六卷長短句三卷附錄一卷　(宋)秦觀撰　(明)徐渭評　**詩餘一卷**　(明)鄧章漢輯　清同治十二年(1873)秦氏家塾刻本　八册

370000－1506－0000398　集0075
宦蜀草三卷　(清)張香海撰　清咸豐二年(1852)刻本　一册

370000－1506－0000399　集0076(1)
浣亭詩畧二卷浣亭歸來吟一卷山疆花埡長短句一卷　(清)林堯華撰　清康熙刻本　四册

370000－1506－0000400　集0076(2)
涑亭詩畧一卷　(清)林堯光撰　清康熙刻本　一册　存三十八葉(九至四十六)

370000－1506－0000401　集0078
悔餘菴詩稿十三卷悔餘菴文稿九卷悔餘菴樂府四卷餘辛集三卷衲蘇集二卷　(清)何栻撰　清同治刻本　十二册

370000－1506－0000402　集0079
集涪翁文一百四十喜籛序目　(清)徐琪撰　清光緒二十八年(1902)刻本　一册

370000－1506－0000403　集0080
寄庵詩鈔十卷　(清)劉大紳撰　清嘉慶六年(1801)歷城朱寧紅蕉館刻本　四册

370000－1506－0000404　集0081
寄庵詩鈔十八卷　(清)劉大紳撰　清嘉慶刻道光補修本　六册

370000－1506－0000405　集0082
家蔭堂詩鈔一卷　(清)周際華輯　清道光十九年(1839)貴築周際華刻家蔭堂存稿本　一册

370000－1506－0000406　集0083
兼濟堂文集選十六卷詩集選三卷　(清)魏裔介撰　(清)魏荔彤輯　**魏貞庵先生年譜**　(清)魏荔彤編　清康熙五十年(1711)龍江書院刻本　十册　缺一卷(詩集選三)

370000－1506－0000407　集0085
簡莊綴文六卷　(清)陳鱣撰　清光緒蔣氏心矩齋刻民國十五年(1926)杭州抱經堂書局補刻本　四册

370000－1506－0000408　集0086
鮚埼亭集三十八卷經史問答十卷　(清)全祖望撰　**年譜一卷全氏世譜一卷**　清嘉慶九年(1804)史夢蛟刻本　十六册

370000－1506－0000409　集0087
金粟影菴存稿十三卷　(清)顧澍撰　清嘉慶二十二年(1817)刻本　四册

370000－1506－0000410　集0088
敬亭集十卷補遺一卷附錄一卷　(明)姜埰撰　清光緒十五年(1889)山東書局刻本　四册

370000－1506－0000411　集0089
靖節先生集十卷首一卷末一卷　(晉)陶潛撰　(清)陶澍集注　清道光二十年(1840)刻本　八册

370000－1506－0000412　集0090
靜齋遺稿不分卷　(清)李爾立撰　清乾隆刻本　一册

370000－1506－0000413　集0092
花雨樓叢鈔　(清)張壽榮輯　清光緒張氏花雨樓刻本　二册　存二種六卷(茗柯文初編一卷二編二卷三編一卷四編一卷、茗柯詞一卷)

370000－1506－0000414　集0093
來禽館集二十九卷　(明)邢侗撰　清光緒十

七年(1891)刻本　六冊　存十二卷(一至十二)

370000－1506－0000415　集0094

李長吉昌谷集句解定本四卷　(唐)李賀撰
(清)姚佺箋　(清)丘象隨辯注　清初丘象隨
西軒刻梅村書屋印本　四冊

370000－1506－0000416　集0095

李太白文集三十卷　(唐)李白撰　(宋)宋敏
求編　清光緒元年(1875)湖北崇文書局刻本
四冊

370000－1506－0000417　集0096

李太白文集三十卷　(唐)李白撰　(宋)宋敏
求編　清光緒元年(1875)湖北崇文書局刻民
國元年(1912年)印本　三冊　存二十二卷
(一至五、十四至三十)

370000－1506－0000418　集0101

留春山房集古詩鈔初集二卷二集三卷三集二
卷四集二卷　(清)龔璁撰　清道光刻本
四冊

370000－1506－0000419　集0104

螾廬詩鈔八卷　(清)王蔭槐撰　清道光二十
二年(1842)刻本　二冊

370000－1506－0000420　集0105

螾廬詩鈔十卷　(清)王蔭槐撰　清光緒七年
(1881)刻本　二冊

370000－1506－0000421　集0106

唐陸宣公集二十二卷　(唐)陸贄撰　(清)年
羹堯重訂　清光緒二十年(1894)石印本
六冊

370000－1506－0000422　集部107

金華叢書　(清)胡鳳丹輯　清同治、光緒永
康胡氏退補齋刻本　九冊　存二種二十三卷
(東萊先生左氏博議十二至二十,呂東萊先生
文集一至八、十五至二十)

370000－1506－0000423　集0108

曼陀羅花室詩三卷詞一卷文三卷遯盦言事
集二卷　(清)吳翊寅撰　清光緒廣雅書局

刻本　五冊

370000－1506－0000424　集0110

勉行堂詩集二十四卷首一卷　(清)程晉芳撰
清嘉慶二十二年(1817)刻本　六冊

370000－1506－0000425　集0111

南園詩存二卷補遺一卷　(清)錢灃撰　清嘉
慶八年(1803)刻本　一冊

370000－1506－0000426　集0112

歐陽文忠公全集一百五十三卷　(宋)歐陽修
撰　首一卷附錄五卷　清嘉慶二十四年
(1819)歐陽衡刻本　二十四冊

370000－1506－0000427　集0114

佩蘅詩鈔八卷　(清)寶鋆撰　清咸豐九年
(1859)刻本　四冊

370000－1506－0000428　集0115

松風閣詩鈔二十六卷　(清)彭蘊章撰　清同
治刻長洲彭氏家集本　八冊

370000－1506－0000429　集0120

屺思堂全集　(清)劉子壯撰　清道光二十八
年(1848)刻本　八冊

370000－1506－0000430　集0121

青湖先生文集十四卷首一卷末一卷　(明)汪
應軫撰　清同治十三年(1874)廣州刻本
六冊

370000－1506－0000431　集0122

青箱堂詩集三十三卷青箱堂文集十二卷遺稿
續刻一卷年譜一卷　(清)王崇簡撰　清刻本
五冊　缺十二卷(青箱堂文集三至十二、遺
稿續刻一卷、年譜一卷)

370000－1506－0000432　集0123

隨緣雜錄不分卷　(清)□□撰　清光緒抄本
七冊

370000－1506－0000433　集0124

慶芝堂詩集十八卷　(清)戴亨撰　清道光十
五年(1835)荊道復刻本　四冊

370000－1506－0000434　集0125

秋江集註六卷　(清)黃任撰　(清)王元麟註

清道光二十三年(1843)刻本　六冊

370000 – 1506 – 0000435　集0126

山谷詩集注二十卷　(宋)黃庭堅撰　(宋)任淵注　**外集詩注十七卷**　(宋)黃庭堅撰
(宋)史容注　**別集詩注二卷**　(宋)黃庭堅撰
(宋)史季溫補注　清光緒二十一年至二十
五年(1895 – 1899)陳三立刻宣統二年(1910)
傅春官印本　二十冊

370000 – 1506 – 0000436　集0127

觴月山房草一卷　(清)謝光經撰　清乾隆刻
本　一冊

370000 – 1506 – 0000437　集0128

賞雨茅屋詩集二十二卷　(清)曾燠撰　清嘉
慶二十四年至道光三年(1819 – 1823)刻本
六冊

370000 – 1506 – 0000438　集0129

省齋全集十二卷　(清)牛樹梅撰　清同治十
三年(1874)刻本　八冊

370000 – 1506 – 0000439　集0130

盛世危言六卷　(清)鄭觀應輯　**盛世危言二
編四卷**　(清)杞憂生輯　**盛世危言三編六卷**
(清)鄭觀應輯　清光緒二十四年(1898)圖
書集成局排印本　六冊

370000 – 1506 – 0000440　集0131

施註蘇詩四十二卷總目二卷　(宋)蘇軾撰
(宋)施元之　(宋)顧禧註　(清)邵長蘅
(清)顧嗣立　(清)宋至刪補　**蘇詩續補遺二
卷**　(清)馮景補註　清康熙三十八年(1699)
宋犖刻本　十二冊　缺九卷(施註蘇詩五至
八、二十六至二十八,蘇詩續補遺二卷)

370000 – 1506 – 0000441　集0132

石林詩稿三卷　(清)李潤撰　清嘉慶刻本
三冊

370000 – 1506 – 0000442　集0133

石笥山房文集六卷詩集十二卷　(清)胡天游
撰　清道光二十六年(1846)刻本　八冊

370000 – 1506 – 0000443　集0134

史忠正公集四卷首一卷末一卷　(明)史可法
撰　清同治十年(1871)木活字印本　四冊

370000 – 1506 – 0000444　集0135

授堂遺書　(清)武億撰　清乾隆、嘉慶武穆
淳刻本　七冊　存二種二十一卷(經讀考異
八卷補一卷句讀敘述二卷補一卷翟晴江四書
攷異内句讀一卷、授堂文鈔八卷)

370000 – 1506 – 0000445　集0136

雙藤書屋詩集十二卷試帖二卷　(清)何道生
撰　清道光元年(1821)刻本　四冊

370000 – 1506 – 0000446　集0138

司馬文正公集八十二卷首一卷目錄二卷
(宋)司馬光撰　(清)喬人傑等重訂　清乾隆
九年(1744)臨汾劉組曾刻五十五年(1790)重
修本　十六冊

370000 – 1506 – 0000447　集0139

思不辱齋全集　(清)萬承風撰　清嘉慶二十
一年(1816)分甯萬承風古瓦山房刻本　十
二冊

370000 – 1506 – 0000448　集0140

四塞紀略賦不分卷　(清)文守元撰　清嘉慶
刻本　一冊

370000 – 1506 – 0000449　集0141

誦芬堂詩鈔十卷首一卷二集六卷首一卷
(清)郭儀霄撰　清道光刻本　四冊

370000 – 1506 – 0000450　集0146

蘇文忠詩合注五十卷首一卷　(宋)蘇軾撰
(清)馮應榴輯訂　清刻本　十八冊　存四十
三卷(八至五十)

370000 – 1506 – 0000451　集0147

隨園隨筆二十八卷　(清)袁枚撰　清嘉慶十
三年(1808)刻本　五冊

370000 – 1506 – 0000452　集0148

隨園三十種　(清)袁枚撰　清刻本　四冊
存三種十一卷(隨園續同人集二至三、隨園八
十壽言三至六、隨園詩話補遺六至十)

370000 – 1506 – 0000453　集0149

太師誠意伯劉文成公集二十卷首一卷　（明）劉基撰　清康熙四十六年（1707）劉孤嶼刻雍正八年（1730）補刻乾隆十一年（1746）劉氏印本　十二冊

370000－1506－0000454　集0151
陶淵明集八卷首一卷末一卷　（晉）陶潛撰　清光緒六年（1880）刻四色套印本　四冊

370000－1506－0000455　集0152
陶淵明文集十卷　（晉）陶潛撰　清光緒十四年（1888）刻本　二冊

370000－1506－0000456　集0154
天根詩鈔二卷文鈔四卷文鈔續集一卷　（清）何家琪撰　清光緒三十二年（1906）大梁封邱何氏刻本　六冊

370000－1506－0000457　集0156
桐城吳先生全書　（清）吳汝綸撰　清光緒三十年（1904）王恩綬等刻本　四冊　存三種六卷（桐城吳先生文集四卷、詩集一卷、吳先生行狀一卷）

370000－1506－0000458　集0158
王臨川全集一百卷目錄二卷　（宋）王安石撰　清光緒九年（1883）刻本　十六冊

370000－1506－0000459　集0166
王文簡公五七言詩鈔三十二卷　（清）王士禎撰　清嘉慶十年（1805）刻本　十冊

370000－1506－0000460　集0167
王子安集註二十卷首一卷末一卷　（唐）王勃撰　（清）蔣清翊註　清光緒九年（1883）吳縣蔣氏雙唐碑館刻本　六冊

370000－1506－0000461　集0168
王子安集註二十卷首一卷末一卷　（唐）王勃撰　（清）蔣清翊註　清末上海鑄記書局石印本　十二冊

370000－1506－0000462　集169
抗希堂十六種　（清）方苞撰　清康熙、嘉慶桐城方氏抗希堂刻本　十冊　存二種（望溪先生文不分卷、望溪先生文外集不分卷）

370000－1506－0000463　集0171
危言四卷　（清）湯震撰　清光緒二十一年（1895）石印本　二冊

370000－1506－0000464　集0173
煨芋巖居詩集二十卷　（清）王善寶撰　清嘉慶十八年（1813）福山王餘英湖南寧鄉刻本　四冊

370000－1506－0000465　集0174
魏季子文集十六卷　（清）魏禮撰　清康熙易堂刻寧都三魏全集本　四冊

370000－1506－0000466　集0175
溫飛卿詩集七卷別集一卷集外詩一卷　（唐）溫庭筠撰　（明）曾益注　（清）顧予咸補注　（清）顧嗣立續注　清宣統二年（1910）廣益書局影印本　四冊

370000－1506－0000467　集0176
文恭集四十卷　（宋）胡宿撰　清刻本　二十冊

370000－1506－0000468　集0178
文信國公集二十卷首一卷　（宋）文天祥撰　清同治七年（1868）楚醴景萊書室刻本　十四冊

370000－1506－0000469　集0179
吳學士文集四卷詩集五卷　（清）吳鼎撰　（清）梁肇煌　（清）薛時雨編訂　清光緒八年（1882）江寧藩署刻本　六冊

370000－1506－0000470　集0180
五百四峯堂詩鈔二十五卷　（清）黎簡撰　清同治十三年（1874）南海陳氏刻本　八冊

370000－1506－0000471　集0181
西山先生真文忠公文集五十五卷目錄二卷心經一卷正經一卷　（宋）眞德秀撰　清同治刻本　三十冊

370000－1506－0000472　集187
隨園三十種　（清）袁枚撰　清刻本　三十四冊　存二十五種一百四十五卷（筱雲詩集二卷、南園詩選二卷、隨園詩話七至十六、紅豆村人詩稿十四卷、隨園食單一卷、碧腴齋詩存八卷、討春合唱一卷、䕫花軒詩稾二卷、隨園女弟子詩選四至六、松壺畫贅二卷、樓居小草一卷、繡餘吟稿一卷、盈書閣遺稾一卷、捧月樓詞二卷、碧梧山館詞二卷、箏船詞一卷、綠秋草堂詞一卷、崇睦山房詞一卷、過雲精舍詞二卷、玉山堂詞一卷、飲水詞鈔二卷、小倉山房文集三十五卷、詩集三十七卷續補詩集二卷、小倉山房尺牘十卷、牘外餘言一卷)

370000－1506－0000473　集0190

隨園三十種　(清)袁枚撰　清刻本　三十五冊　存三種八十二卷(小倉山房文集三十五卷、小倉山房外集八卷、小倉山房詩集三十七卷補遺二卷)

370000－1506－0000474　集0191

歗雲詩鈔八卷　(清)林樹梅撰　清刻本一冊

370000－1506－0000475　集0194(1)

徐孝穆全集六卷　(南朝宋)徐陵撰　(清)吳兆宜箋注　清光緒二年(1876)廣東翰墨園刻本　三冊

370000－1506－0000476　集0195

續尤西堂擬明史樂府不分卷　(清)張晉撰(清)楊履道注　清嘉慶十七年(1812)湘潭周系英甯武試院刻本　一冊

370000－1506－0000477　集0197

粟香室叢書六十四種　金武祥輯　清光緒、民國江陰金氏刻本　二冊　存三種八卷(冰泉唱和集一卷續和一卷再續和一卷附錄一卷冰泉唱和閨集一卷、赤溪雜誌二卷、霞城唱和集一卷)

370000－1506－0000478　集0198

揅經室詩錄五卷　(清)阮元撰　清道光十三年(1833)刻文選樓叢書本　二冊

370000－1506－0000479　集0199

揅經室外集五卷　(清)阮元撰　清刻本二冊

370000－1506－0000480　集0200(1)

顏魯公文集十四卷　(唐)顏真卿撰　清宣統三年(1911)影印本　二冊

370000－1506－0000481　集0201

楊椒山先生集四卷年譜一卷　(明)楊繼盛撰清刻本　四冊　缺一卷(一)

370000－1506－0000482　集0202

楊忠湣公全集四卷　(明)楊繼盛撰　(清)章鈺輯　清道光八年(1828)刻本　三冊　存三卷(一、三至四)

370000－1506－0000483　集0203

柈華館駢體文四卷　(清)董基誠　(清)董祐誠撰　清光緒十四年(1888)木活字印本二冊

370000－1506－0000484　集0205

遺山集四十卷附錄一卷　(金)元好問撰　清道光二十七年(1847)李鎔經刻本　六冊

370000－1506－0000485　集0211

庸庵全集六種　(清)薛福成撰　清光緒二十七年(1901)上海書局影印本　五冊　存八卷(庸庵文編一至四、庸庵文外編一至四)

370000－1506－0000486　集0212

尤西堂全集　(清)尤侗撰　清末上海文瑞樓影印本　二十四冊

370000－1506－0000487　集0213

有正味齋駢體文二十四卷首一卷　(清)吳錫麒撰　(清)王廣業箋　(清)葉聯芬注　清光緒十五年(1889)上海蜚英館影印本　四冊

370000－1506－0000488　集0214

餘姚黃忠端公集六卷　(明)黃尊素撰　清光緒十三年(1887)刻本　二冊

370000－1506－0000489　集0215

漁洋山人精華錄箋註十二卷　(清)王士禛撰(清)金榮箋註　清末影印本　八冊　存九卷(三至十一)

370000－1506－0000490　集0217

庚子山集十六卷庚子山年譜一卷總釋一卷(北周)庚信撰　(清)倪璠注　清道光十九年

(1839)刻本　八冊

370000－1506－0000491　集0218
玉磬山房詩集八卷文集一卷　（清）劉大觀撰
清嘉慶刻本　二冊　存六卷(詩集一至六)

370000－1506－0000492　集0220
玉芝堂文集六卷　（清）邵齊燾撰　清光緒八
年(1882)甯波罩玉山房刻本　二冊

370000－1506－0000493　集0221
淵雅堂編年詩藁十六卷　（清）王芑孫撰　清
嘉慶八年(1803)刻本　三冊　存十二卷(詩
稿一至十二)

370000－1506－0000494　集0222
元遺山詩集箋注十四卷補載一卷　（金）元好
問撰　（清）施國祁箋注　**年譜一卷附錄一卷**
（清）施國祁輯　清道光二年(1822)南潯蔣
氏瑞松堂刻民國印本　六冊

370000－1506－0000495　集0224
元遺山詩集箋注十四卷附錄一卷補載一卷
(金)元好問撰　（元）張德輝類次　（清）施
國祁箋注　清宣統三年(1911)掃葉山房石印
本　七冊　存十四卷(詩集箋注十四卷)

370000－1506－0000496　集0225
袁文箋正十六卷　（清）袁枚撰　**補注一卷**
(清)石韞玉箋　清嘉慶十七年(1812)鶴壽山
堂刻本　六冊

370000－1506－0000497　集0226
袁文箋正十六卷　（清）袁枚撰　**補注一卷**
(清)石韞玉箋　清末石印本　二冊

370000－1506－0000498　集0229(1)
曾文正公家書十卷　（清）曾國藩撰　清光緒
二十九年(1903)上海錦章圖書局石印本
六冊

370000－1506－0000499　集0238
船山詩草二十卷　（清）張問陶撰　清嘉慶二
十年(1815)刻本　八冊

370000－1506－0000500　集0240
張氏家傳詩文集不分卷　（明）張光遠撰　清

刻本　一冊

370000－1506－0000501　集0241
章雲李四書文稿不分卷　（清）章金牧撰　清
光緒福山王氏家塾刻本　一冊

370000－1506－0000502　集0248
忠雅堂集三十卷　（清）蔣士銓撰　清刻本
十二冊　存二十八卷(一至二十八)

370000－1506－0000503　集0249
諸葛武侯集四卷首一卷　（三國蜀）諸葛亮撰
（清）朱璘編　清同治七年(1868)楚醴景萊
書室刻本　四冊

370000－1506－0000504　集0253I(5)
曾文正公家書十卷家訓二卷　（清）曾國藩撰
大事記四卷　（清）王定安撰　**榮哀錄一卷**
清光緒三十一年(1905)上海商務印書館排
印本　五冊　存九卷(家書一至八、榮哀錄一
卷)

370000－1506－0000505　集0253I(9)
中國文學指南二卷　（清）邵伯棠撰　清宣統
二年(1910)上海會文堂石印本　二冊

370000－1506－0000506　集253I(10)
浣亭歸來吟一卷山疆花埡長短句一卷　（清）
林堯華撰　清康熙刻本　二冊

370000－1506－0000507　集0253J
胡文忠公遺集八十六卷首一卷　（清）胡林翼
撰　（清）鄭敦謹　（清）曾國荃編輯　清同治
六年(1867)刻本　三十二冊

370000－1506－0000508　集0253
胡文忠公遺集八十六卷首一卷　（清）胡林翼
撰　（清）鄭敦謹　（清）曾國荃編輯　清光緒
元年(1875)湖北崇文書局刻本　十六冊　存
四十一卷(一至二十二、五十一至六十八,首
一卷)

370000－1506－0000509　集0253L
胡文忠公遺集八十六卷首一卷　（清）胡林翼
撰　（清）鄭敦謹　（清）曾國荃編輯　清光緒
元年(1875)湖北崇文書局刻本　三十二冊

370000－1506－0000510　　集0253M

胡文忠公遺集十卷首一卷　（清）胡林翼撰
（清）閻敬銘　（清）厲雲官　（清）盛康輯
清同治三年(1864)刻本　三冊　存五卷(撫
鄂書牘六至七、撫鄂批牘八至十)

370000－1506－0000511　　集0254

八銘堂塾鈔二集　（清）吳懋政輯　清光緒二
十年(1894)湖南書局刻本　八冊

370000－1506－0000512　　集0255

潛園友朋書問十二卷　（清）李鴻章等撰　清
光緒三十三年(1907)醉二室影印本　六冊

370000－1506－0000513　　集0257

重訂古文釋義新編八卷　（清）余誠評注　清
光緒三年(1877)刻本　三冊　存六卷(一至
二、五至八)

370000－1506－0000514　　集0258(1)

重訂古文釋義新編八卷　（清）余誠評注　清
光緒二十二年(1896)刻本　八冊

370000－1506－0000515　　集0259

重訂古文釋義新編八卷　（清）余誠評注　清
光緒二十四年(1898)文雅堂刻本　七冊　存
七卷(一至六、八)

370000－1506－0000516　　集0260

重訂古文釋義新編八卷　（清）余誠評注　清
光緒二十四年(1898)刻本　八冊

370000－1506－0000517　　集0261

重訂古文釋義新編八卷　（清）余誠評注　清
光緒二十八年(1902)刻本　四冊

370000－1506－0000518　　集0262

重訂古文釋義新編八卷　（清）余誠評注　清
末掃葉山房石印本　七冊　存七卷(一至七)

370000－1506－0000519　　集0272

重訂文選集評十五卷首一卷末一卷　（南朝
梁）蕭統輯　（清）于光華編　清刻本　十
六冊

370000－1506－0000520　　集0273

重訂文選集評十五卷首一卷末一卷　（南朝
梁）蕭統輯　（清）于光華編　清刻本　十三
冊　缺三卷(四至六)

370000－1506－0000521　　集0274

重訂文選集評十五卷首一卷末一卷　（南朝
梁）蕭統輯　（清）于光華編　清嘉慶八年
(1803)刻本　十六冊

370000－1506－0000522　　集0275

重訂文選集評十五卷首一卷末一卷　（南朝
梁）蕭統輯　（清）于光華編　清同治九年
(1870)刻本　十一冊　存十一卷(二、五至十
三,首一卷)

370000－1506－0000523　　集0276

重較唐詩類苑選三十四卷　（清）戴明說等輯
　清順治十六年(1659)武林紀元刻康熙初汪
爌施修補本　二十三冊　缺一卷(二)

370000－1506－0000524　　集0277

劉註七家詩七種　（清）劉培棠　（清）劉鍾英
輯註　（清）張熙宇評　清光緒十五年(1889)
刻本　十二冊

370000－1506－0000525　　集0278

大文堂重訂古文釋義新編八卷　（清）余誠評
注　清刻本　四冊

370000－1506－0000526　　集0281

道咸同光四朝詩史甲集八卷首一卷　（清）孫
雄輯　清宣統二年(1910)昭文孫雄刻本
十冊

370000－1506－0000527　　集0284

分韻試帖青雲集合註四卷　（清）楊逢春輯
清光緒六年(1880)刻本　四冊

370000－1506－0000528　　集0285(1)

分韻試帖青雲集合註四卷　（清）楊逢春輯
清光緒十四年(1888)刻本　四冊

370000－1506－0000529　　集0287

李氏三先生詩鈔　（清）李楹輯　清光緒十二
年(1886)李楹西安郡齋刻本　四冊

370000－1506－0000530　　集0288

各省課藝匯海　（清）□□輯　清光緒十一年

(1885)選青書屋銅版印本　四冊

370000－1506－0000531　集0290
漁洋山人古詩選三十二卷　（清）王士禛選
清同治五年（1866）金陵書局刻本　八冊

370000－1506－0000532　集0291
古詩源十四卷　（清）沈德潛輯　清刻本
六冊

370000－1506－0000533　集0292
古詩源十四卷　（清）沈德潛輯　清光緒十七
年（1891）湖南思賢書局刻本　四冊　存十三
卷（一至十三）

370000－1506－0000534　集0293（1）
古唐詩合解十二卷古詩四卷　（清）王堯衢注
　　清光緒二年（1876）掃葉山房刻本　一冊
存二卷（古唐詩合解一至二）

370000－1506－0000535　集0293（2）
古唐詩合解十二卷古詩四卷　（清）王堯衢注
　　清光緒十一年（1885）掃葉山房刻本　一冊
存二卷（古唐詩合解一至二）

370000－1506－0000536　集0293（3）
古唐詩合解十二卷古詩四卷　（清）王堯衢注
　　清刻本　二冊　存四卷（古唐詩合解一至
四）

370000－1506－0000537　集0293（4）
古唐詩合解十二卷古詩四卷　（清）王堯衢注
　　清刻本　二冊　存四卷（古唐詩合解九至
十二）

370000－1506－0000538　集0293（5）
古唐詩合解十二卷古詩四卷　（清）王堯衢注
　　清刻本　一冊　存四卷（古詩四卷）

370000－1506－0000539　集0293（6）
古唐詩合解十二卷古詩四卷　（清）王堯衢注
　　清刻本　一冊　存二卷（古唐詩合解三至
四）

370000－1506－0000540　集0294
古唐詩合解十二卷古詩四卷　（清）王堯衢注
　　清紫文閣刻本　八冊

370000－1506－0000541　集0295（1）
古唐詩合解十二卷古詩四卷　（清）王堯衢注
　　清刻本　四冊　存十二卷（古唐詩合解五
至十二、古詩四卷）

370000－1506－0000542　集0295（2）
古唐詩合解十二卷古詩四卷　（清）王堯衢注
　　清刻本　一冊　存三卷（古唐詩合解七至
九）

370000－1506－0000543　集0298
古唐詩合解十二卷古詩四卷　（清）王堯衢注
　　清光緒二十四年（1898）煙臺成文信刻本
六冊

370000－1506－0000544　集0299
古唐詩合解十二卷古詩四卷　（清）王堯衢注
　　清光緒十二年（1886）刻本　五冊　缺三卷
（古唐詩合解五至七）

370000－1506－0000545　集0300（1）
古唐詩合解十二卷古詩四卷　（清）王堯衢注
　　清光緒二十四年（1898）煙臺成文信刻本
六冊　缺二卷（古唐詩合解三至四）

370000－1506－0000546　集0300（4）
古唐詩合解十二卷古詩四卷　（清）王堯衢注
　　清寶興堂刻本　六冊

370000－1506－0000547　集0301
古唐詩合解十二卷古詩四卷　（清）王堯衢注
　　清光緒二十一年（1895）刻本　六冊

370000－1506－0000548　集0302
古文辭類纂七十四卷　（清）姚鼐輯　清同治
八年（1869）江蘇書局刻本　清光緒佚名、民
國彭紫符批註　十冊

370000－1506－0000549　集0303
古文辭類纂十五卷　（清）姚鼐輯　續古文辭
類纂十卷　王先謙輯　清光緒二十年（1894）
上海圖書集成印書局排印本　八冊

370000－1506－0000550　集0311
古文觀止十二卷　（清）吳乘權　（清）吳大職
輯並評　清道光二十二年（1842）刻本　五冊

存十卷（一至四、七至十二）

370000－1506－0000551　集 0312
古文觀止十二卷　（清）吳乘權　（清）吳大職
輯並評　清末刻本　六冊

370000－1506－0000552　集 0318B
丹山堂古文觀止十二卷　（清）吳乘權　（清）
吳大職輯並評　清乾隆四十八年（1783）刻本
六冊

370000－1506－0000553　集 0318C
古文觀止十二卷　（清）吳乘權　（清）吳大職
輯並評　清光緒九年（1883）刻本　六冊

370000－1506－0000554　集 0318D
古文觀止十二卷　（清）吳乘權　（清）吳大職
輯並評　清刻本　六冊

370000－1506－0000555　集 0318E（1）
古文觀止十二卷　（清）吳乘權　（清）吳大職
輯並評　清光緒十二年（1886）刻本　六冊

370000－1506－0000556　集 0318E（3）
古文觀止十二卷　（清）吳乘權　（清）吳大職
輯並評　清刻本　六冊

370000－1506－0000557　集 0318E（5）
桐石山房古文觀止十二卷　（清）吳乘權
（清）吳大職輯並評　清道光十九年（1839）刻
本　六冊

370000－1506－0000558　集 0320
古文析義十六卷　（清）林雲銘評注　清刻本
七冊　存七卷（八至九、十一至十二、十四
至十六）

370000－1506－0000559　集 0321
古文析義六卷　（清）林雲銘評注　清經元堂
刻本　六冊

370000－1506－0000560　集 0322
古文析義十四卷　（清）林雲銘評注　清嘉慶
六年（1801）刻本　八冊

370000－1506－0000561　集 0323
古文析義十四卷　（清）林雲銘評注　清道光
六年（1826）刻本　六冊

370000－1506－0000562　集 0324
古文析義十六卷　（清）林雲銘評注　清光緒
二十七年（1901）刻本　十六冊

370000－1506－0000563　集 0325A
古文析義十六卷　（清）林雲銘評注　清光緒
二十七年（1901）刻本　十六冊

370000－1506－0000564　集 0327
古文翼八卷　（清）唐德宜編　清刻本　八冊
缺二卷（一、七）

370000－1506－0000565　集 0328
古文淵鑒六十四卷　（清）徐乾學等編注　清
刻五色套印本　三十六冊

370000－1506－0000566　集 0329
古文淵鑒六十四卷　（清）徐乾學等編注　清
刻五色套印本　二十一冊　存四十七卷（四
至十一、十四至二十二、二十五至三十一、三
十五至四十、四十三至四十六、四十九至六十
一）

370000－1506－0000567　集 0330
古文淵鑒六十四卷　（清）徐乾學等編注　清
刻四色套印本　六冊　存六卷（四十四至四
十九）

370000－1506－0000568　集 0331
國朝古文正的五卷附錄二卷　（清）楊彝珍輯
清光緒六年（1880）獨山莫氏排印本　六冊

370000－1506－0000569　集 0332
國朝駢體正宗評本十二卷補編一卷　（清）曾
燠輯　（清）姚燮評　清光緒十年（1884）刻朱
墨套印本　六冊

370000－1506－0000570　集 0333
國朝山左詩續鈔三十二卷　（清）張鵬展輯
清嘉慶十八年（1813）刻本　八冊

370000－1506－0000571　集 0338
湖海詩傳四十六卷　（清）王昶輯　清嘉慶八
年（1803）刻本　八冊　存二十六卷（一至二
十六）

370000－1506－0000572　集 0340

繪圖增批古文觀止十二卷 （清）吳乘權
（清）吳大職輯並評 清宣統元年（1909）排印
本 四冊 存八卷（一至八）

370000－1506－0000573 集 0341
江漢炳靈集二卷 （清）張之洞輯 清同治刻
本 六冊

370000－1506－0000574 集 0346
歷朝名媛詩詞十二卷 （清）陸昶輯並評 清
末上海掃葉山房影印本 四冊

370000－1506－0000575 集 0347
歷朝名媛詩詞十二卷 （清）陸昶輯並評 清
末上海掃葉山房影印本 三冊 存八卷（一
至八）

370000－1506－0000576 集 0349
律賦珊瑚鉤合集八卷首一卷 （清）種竹山莊
校 清道光二十五年（1845）刻本 七冊 存
八卷（初集一至二、四，二集四卷，首一卷）

370000－1506－0000577 集 0350
名賢手札不分卷 （清）郭慶藩輯 清光緒十
年（1884）湘陰郭氏岵瞻堂刻本 四冊

370000－1506－0000578 集 0354
聞式堂明文小題傳薪八卷 （清）臧岳評釋
清刻本 八冊

370000－1506－0000579 集 0357
擬兩晉南北史樂府二卷 （清）洪亮吉撰 清
刻本 二冊

370000－1506－0000580 集 0359
駢體文鈔三十一卷 （清）李兆洛輯 清末刻
本 十冊

370000－1506－0000581 集 0361
評選古詩源四卷 （清）沈德潛選 清光緒二
十年（1894）上海圖書集成印書局排印本
四冊

370000－1506－0000582 集 0363
評註才子古文二十八卷 （清）金人瑞原選
（清）王之績評註 （清）譚文昭 （清）汪灃
參訂 清文源堂書坊刻本 十冊 存二十六

卷（評註才子古文大家一至十七、評註才子古
文歷朝一至九）

370000－1506－0000583 集 0366
坡門酬唱二十三卷 （宋）邵浩輯 清宣統二
年（1910）貴池劉世珩刻本 八冊

370000－1506－0000584 集 0367
七家試帖輯註彙鈔九卷 （清）張熙宇輯評
（清）王植桂輯註 清刻本 七冊 缺一種一
卷（澹香齋試帖合註一卷）

370000－1506－0000585 集 0368
七家試帖輯註彙鈔九卷 （清）張熙宇輯評
（清）王植桂輯註 清光緒十一年（1885）刻本
八冊

370000－1506－0000586 集 0369
新鐫五言千家詩箋註二卷附增補重訂千家
詩註解二卷 （清）謝枋得選 （清）王相註
清光緒二十四年（1898）煙臺文勝堂刻本
二冊

370000－1506－0000587 集 0370
欽定隆萬四書文選十二卷 （清）方苞等撰
清刻本 三冊

370000－1506－0000588 集 0371
欽定啟禎四書文不分卷 （清）方苞等輯 清
刻本 八冊

370000－1506－0000589 集 0372
欽定啟禎四書文不分卷 （清）方苞等輯 清
刻本 七冊

370000－1506－0000590 集 0373
欽定化治四書文選不分卷 （清）方苞等輯
清刻本 一冊

370000－1506－0000591 集 0374（1）
欽定本朝四書文不分卷 （清）方苞等輯 清
刻本 十冊

370000－1506－0000592 集 0374（2）
欽定本朝四書文不分卷 （清）方苞等輯 清
刻本 六冊

370000－1506－0000593 集 0375（1）

欽定正嘉四書文不分卷　（清）方苞等輯　清刻本　三冊

370000－1506－0000594　集0376（1）

青雲集分韻試帖詳註四卷　（清）楊逢春輯　清光緒十年（1884）掃葉山房刻本　四冊

370000－1506－0000595　集0380

全唐詩九百卷目錄十二卷　（清）曹寅　（清）彭定求等輯　清光緒十三年（1887）上海同文書局石印本　三十二冊　存四函（一至四）

370000－1506－0000596　集0381

瑞芝山房文鈔八卷詩鈔八卷　（清）戴燮元輯　清光緒刻本　十冊

370000－1506－0000597　集0383

三十家詩鈔六卷首一卷末一卷　（清）曾國藩纂　（清）王定安增輯　清同治十三年（1874）傳忠書局刻本　六冊

370000－1506－0000598　集0384

三蘇策論十二卷　（清）張紹齡輯　清光緒二十九年（1903）澄衷學堂排印本　四冊

370000－1506－0000599　集0385

三蘇策論十二卷　（清）張紹齡輯　清光緒二十四年（1898）石印本　四冊　存八卷（五至十二）

370000－1506－0000600　集0387

陳太僕批選八家文鈔　（清）陳兆崙輯　清光緒二十六年（1900）天津文美齋影印本　一冊　存三種（老蘇文選不分卷、大蘇文選不分卷、小蘇文選不分卷）

370000－1506－0000601　集0393

縮本精選經藝淵海十卷　題（清）常安室主人輯　清光緒十一年（1885）上海點石齋石印本　十冊

370000－1506－0000602　集0394

縮本增選多寶船不分卷　題（清）點石齋主人輯　清光緒八年（1882）上海點石齋石印本　八冊

370000－1506－0000603　集0398

唐詩合選詳解十二卷　（清）劉文蔚注釋　清咸豐四年（1854）刻本　六冊

370000－1506－0000604　集0399

唐詩箋注七卷目錄七卷　（明）李攀龍　（明）鍾惺選評　（清）錢謙益箋釋　清康熙刻本　六冊

370000－1506－0000605　集0401

唐詩三百首註疏六卷　（清）孫洙編　（清）章燮註　清道光十五年（1835）掃葉山房刻本　六冊

370000－1506－0000606　集0404

唐四家詩集　（清）胡鳳丹輯　清刻本　四冊　存四種十七卷（孟襄陽集二卷、韋蘇州集十卷、抱經堂群書拾補附錄一卷、柳柳州集四卷）

370000－1506－0000607　集0405

唐宋八大家文鈔十九卷首一卷　（清）張伯行輯　清同治八年（1869）福州正誼書院刻本　八冊

370000－1506－0000608　集0406

唐宋八家文讀本三十卷　（清）沈德潛評選　清嘉慶十八年（1813）刻本　十六冊

370000－1506－0000609　集0407

唐宋八家文讀本三十卷　（清）沈德潛評選　清光緒二十四年（1898）煥文書局石印本　六冊

370000－1506－0000610　集0410

聽嚶堂新選四六全書十八卷　（清）黃始輯　清康熙二十三年（1684）金閶綠蔭堂、文雅堂、寶翰樓刻本　十二冊　存二種九卷（聽嚶堂仕林啓雋一至二、四至五、七至十,聽嚶堂翰苑英華三之三十八至七十九葉）

370000－1506－0000611　集0412

文成堂重訂古文釋義新編八卷　（清）余誠評注　清光緒十七年（1891）京都文成堂刻本　八冊

370000－1506－0000612　集0413

文選六十卷　（南朝梁）蕭統輯　（唐）李善等注　**考異十卷**　（清）胡克家撰　清同治八年（1869）湖北崇文書局刻本　十二冊　存三十六卷（文選一至十七、三十六至五十四）

370000－1506－0000613　集0414(1)

文選六十卷　（南朝梁）蕭統輯　（唐）李善等注　**考異十卷**　（清）胡克家撰　清宣統三年（1911）上海會文堂粹記石印本　十六冊

370000－1506－0000614　集0419(1)

文選六十卷　（南朝梁）蕭統撰　（唐）李善等注　清刻本　六冊　存十八卷（十八至三十五）

370000－1506－0000615　集0419(2)

文選六十卷　（南朝梁）蕭統輯　（唐）李善等注　**考異十卷**　（清）胡克家撰　清同治八年（1869）湖北崇文書局刻本　六冊　存十六卷（文選五十五至六十、考異十卷）

370000－1506－0000616　集0420

文選十二卷　（南朝梁）蕭統選　（明）張鳳翼纂注　明刻本　三冊　存三卷（三、五至六）

370000－1506－0000617　集0422

文章正宗復刻三十卷續十二卷　（宋）真德秀輯　清乾隆三十三年（1768）楊仲興刻本　二十二冊

370000－1506－0000618　集0428

續古文苑二十卷　（清）孫星衍輯　清嘉慶十七年（1812）刻平津館叢書本　六冊

370000－1506－0000619　集0429

續古文苑二十卷　（清）孫星衍輯　清光緒九年（1883）江蘇書局刻本　六冊

370000－1506－0000620　集0431

揚芬集十卷　（清）陶欽輯　清嘉慶十四年（1809）刻本　四冊

370000－1506－0000621　集0434

瀛奎律髓刊誤四十九卷　（元）方回選　（清）紀昀批點　清光緒六年（1880）懺花盦刻本　十二冊

370000－1506－0000622　集0437

玉臺新詠十卷　（南朝陳）徐陵輯　（清）吳兆宜注　（清）程琰刪補　清乾隆三十九年（1774）程琰稻香樓刻本　六冊

370000－1506－0000623　集0439

御選唐宋詩醇四十七卷目錄二卷　（清）高宗弘曆選　清光緒七年（1881）浙江書局刻本　十冊　存二十卷（一至八、三十八至四十七，目錄二卷）

370000－1506－0000624　集0440

御選唐宋詩醇四十七卷目錄二卷　（清）高宗弘曆選　清宣統二年（1910）上海書局石印本　十冊

370000－1506－0000625　集0445

芸館試律鈔一卷續鈔二卷補鈔一卷　（清）潘世恩輯　清刻本　三冊

370000－1506－0000626　集0446(1)

韻對五七言千家詩輯鈔四卷　（清）成文信書坊輯　清光緒二十年（1894）成文信刻本　二冊

370000－1506－0000627　集0446(2)

韻對五七言千家詩輯鈔四卷　（清）成文信書林輯　清刻本　一冊

370000－1506－0000628　集0449

增廣留青新集二十四卷　清光緒二十五年（1899）石印本　十二冊

370000－1506－0000629　集0451

增註八銘塾鈔初集　（清）吳懋政輯　清光緒二年（1876）善成堂刻本　六冊　缺十九葉（中庸一至十九）

370000－1506－0000630　集0452

增註八銘塾鈔二集　（清）吳懋政輯　清刻本　四冊　存二種四卷（論語二卷、孟子二卷）

370000－1506－0000631　集0453

增註七家詩彙鈔七卷　（清）王植桂輯註　清光緒十八年（1892）上海圖書集成印書局排印本　四冊

370000－1506－0000632　集0454

[河北景縣]張氏詩集合編八卷　（清）張昀輯
　　清咸豐十年(1860)中立堂刻本　四冊

370000－1506－0000633　集0455

文選六十卷　（南朝梁）蕭統撰　（唐）李善等
注　清乾隆二十四年(1759)雲林周氏懷德堂
刻本　十六冊

370000－1506－0000634　集0456A

文選六十卷　（南朝梁）蕭統撰　（唐）李善等
注　清翻刻海錄軒刻本　十六冊

370000－1506－0000635　集0456B

文選六十卷　（南朝梁）蕭統撰　（唐）李善等
注　清翻刻海錄軒刻朱墨套印本　十六冊

370000－1506－0000636　集0457A

文選六十卷　（南朝梁）蕭統撰　（唐）李善等
注　清乾隆三十七年(1772)海錄軒刻朱墨套
印本　十二冊

370000－1506－0000637　集0457B

文選六十卷　（南朝梁）蕭統撰　（唐）李善等
注　清刻本　十六冊

370000－1506－0000638　集0458A

文選六十卷　（南朝梁）蕭統撰　（唐）李善等
注　清刻本　二十七冊　缺十卷(一至二、九
至十四、四十一至四十二)

370000－1506－0000639　集0458B

文選六十卷　（南朝梁）蕭統撰　（唐）李善注
　　考異十卷　（清）胡克家撰　清宣統三年
(1911)上海會文堂書局影印本　十六冊

370000－1506－0000640　集0458E

文選六十卷　（南朝梁）蕭統撰　（唐）李善注
　　考異十卷　（清）胡克家撰　清末影印本
五冊　缺十一卷(文選一至十一)

370000－1506－0000641　集0459

昭明文選六臣彙註疏解三十九卷　（清）顧施
禎纂輯　清六經堂刻本　二十三冊　缺二卷
(二十一至二十二)

370000－1506－0000642　集0461

硃批七家詩選箋註七卷　（清）張熙宇輯評
（清）張昶註釋　清刻朱墨套印本　四冊

370000－1506－0000643　集0462

註釋目耕齋初集不分卷二集不分卷三集不分
卷　（清）徐楷評註　（清）沈叔眉選刊　清光
緒二十三年(1897)圖書集成局排印本　六冊

370000－1506－0000644　集0464(3)

滄江餘韻八卷　（清）周煜輯　清道光二十一
年(1841)刻本　三冊

370000－1506－0000645　集0465(2)

帶經堂詩話三十卷首一卷　（清）王士禎撰
（清）張宗柟輯　清同治十二年(1873)廣州藏
脩堂刻本　十八冊

370000－1506－0000646　集0475

批點七家詩合註七卷　（清）張熙宇輯評　清
光緒九年(1883)刻本　八冊

370000－1506－0000647　集0476(1)

批點七家詩合註七卷　（清）張熙宇輯評　清
光緒二十四年(1898)刻本　八冊

370000－1506－0000648　集0476(2)

批點七家詩合註七卷　（清）張熙宇輯評　清
光緒六年(1880)刻本　八冊

370000－1506－0000649　集0477

批點增註七家詩選七卷　（清）張熙宇輯評
清光緒六年(1880)刻本　四冊

370000－1506－0000650　集0478

全唐詩話六卷　（宋）尤袤撰　（明）毛晉訂
清宣統三年(1911)三樂堂影印本　六冊

370000－1506－0000651　集0481

文心雕龍十卷　（南朝梁）劉勰撰　（清）黃叔
琳注　（清）紀昀評　清道光十三年(1833)兩
廣節署刻朱墨套印本　四冊

370000－1506－0000652　集0482(1)

文心雕龍十卷　（南朝梁）劉勰撰　（清）黃叔
琳注　（清）紀昀評　清道光十三年(1833)兩
廣節署刻朱墨套印本　四冊

370000－1506－0000653　集0483(1)

文心雕龍十卷　（南朝梁）劉勰撰　（清）黃叔琳注　（清）紀昀評　清末排印本　四冊

370000－1506－0000654　集0486
制義綱目一卷制義文統類編十二體　（清）趙國麟撰　清乾隆五年(1740)刻本　十一冊　缺二體(八至九)

370000－1506－0000655　集0491(1)
第六才子書八卷六才子西廂文一卷　（元）王實甫撰　（清）金人瑞評　清乾隆五十六年(1791)金閶書業堂刻本　一冊　缺六卷(第六才子書三至八)

370000－1506－0000656　集0491(2)
吳山三婦評箋註釋聖歎第六才子書八卷末一卷　（元）王實甫撰　（清）金人瑞評　（清）吳山三婦合解　清大業堂刻致和堂印本　三冊　存五卷(一至四、六)

370000－1506－0000657　集0493
槐蔭堂第六才子書八卷西廂文一卷　（元）王實甫撰　（清）金人瑞評點　清槐蔭堂刻本　六冊

370000－1506－0000658　集0496
鈞天樂二卷　（清）尤侗撰　清康熙刻本　二冊

370000－1506－0000659　集0499
牡丹亭還魂記二卷　（明）湯顯祖撰　清光緒十二年(1886)同文書局石印本　四冊

370000－1506－0000660　集0501
納書楹曲譜正集四卷續集四卷外集二卷補遺四卷納書楹玉茗堂四夢曲譜八卷　（清）葉堂撰　清道光二十八年(1848)刻本　十一冊　缺十一卷(續集二至四、外集二卷、補遺四卷、邯鄲夢二卷)

370000－1506－0000661　集0503
清綺軒詞選十三卷　（清）夏秉衡選　清光緒刻本　三冊　缺三卷(十一至十三)

370000－1506－0000662　集0506
桃花扇傳奇四卷　（清）孔尚任撰　清刻本　四冊

370000－1506－0000663　集0512
綴白裘新集合編十二編四十八卷　（清）玩花主人輯　（清）錢德蒼增輯　清乾隆四十七年(1782)金閶學耕堂刻本　十冊　存十二卷(共樂升平四卷、清歌妙舞四卷、彩鳴四卷)

370000－1506－0000664　集0513
綴白裘新集合編十二編四十八卷　（清）玩花主人輯　（清）錢德蒼增輯　清乾隆五十二年(1787)嘉興增利堂刻本　十冊　存二十卷(初編四卷、三編二卷、四編二卷、六編四卷、七編二卷、八編四卷、九編二卷)

370000－1506－0000665　史0002
北齊書五十卷　（唐）李百藥撰　清古吳書業趙氏刻本　四冊

370000－1506－0000666　史0003
北齊書五十卷　（唐）李百藥撰　明萬曆十六年(1588)南京國子監刻清順治十六年(1659)遞修本　八冊

370000－1506－0000667　史0004
北齊書五十卷附考證　（唐）李百藥撰　清道光十六年(1836)刻本　八冊

370000－1506－0000668　史0006
北齊書五十卷　（唐）李百藥撰　清同治十三年(1874)金陵書局刻本　六冊

370000－1506－0000669　史0008
北史一百卷　（唐）李延壽撰　明崇禎十二年(1639)毛氏汲古閣刻本　二十冊

370000－1506－0000670　史0010
北史一百卷　（唐）李延壽撰　明萬曆十九年(1591)南京國子監刻清順治十六年(1659)遞修本　三十冊

370000－1506－0000671　史0011
北史一百卷　（唐）李延壽撰　附北史目錄考證　清道光十六年(1836)刻本　二十四冊

370000－1506－0000672　史0012
北史一百卷　（唐）李延壽撰　清同治十一年

（1872）金陵書局刻本　二十冊

370000－1506－0000673　史0013

北史一百卷　（唐）李延壽撰　清同治十一年
（1872）金陵書局刻本　十五冊　存七十卷
（一至七十）

370000－1506－0000674　史0014

北史一百卷　（唐）李延壽撰　清古吳書業趙
氏刻本　二十二冊

370000－1506－0000675　史0015

陳書三十六卷　（唐）姚思廉撰　明崇禎四年
（1631）毛氏汲古閣刻本　六冊

370000－1506－0000676　史0016

陳書三十六卷　（唐）姚思廉撰　清古吳書業
趙氏刻本　二冊　存二十八卷（九至三十六）

370000－1506－0000677　史0017

陳書三十六卷　（唐）姚思廉撰　明萬曆刻清
順治遞修本　六冊

370000－1506－0000678　史0018

陳書三十六卷附考證　（唐）姚思廉撰　清道
光十六年（1836）刻本　六冊

370000－1506－0000679　史0019

陳書三十六卷　（唐）姚思廉撰　清古吳書業
趙氏刻本　四冊

370000－1506－0000680　史0021

漢書一百卷　（漢）班固撰　（唐）顏師古注
明崇禎十五年（1642）毛氏汲古閣刻本　十六
冊　存五十七卷（二十八至二十九、四十六至
一百）

370000－1506－0000681　史0022

後漢書一百二十卷　（南朝宋）范曄撰　（唐）
李賢注　（南朝梁）劉昭補注　明崇禎十六年
（1643）毛氏汲古閣刻本　十六冊　存七十五
卷（一至七十五）

370000－1506－0000682　史0023

後漢書一百二十卷附考證　（南朝宋）范曄撰
　（唐）李賢注　（南朝梁）劉昭補注　清道光
十六年（1836）刻本　二十八冊

370000－1506－0000683　史0024

後漢書一百二十卷　（南朝宋）范曄撰　（唐）
李賢注　（晉）司馬彪續志　（南朝梁）劉昭注
續志　清同治八年（1869）金陵書局刻本　十
六冊

370000－1506－0000684　史0025

後漢書一百二十卷　（南朝宋）范曄撰　（唐）
李賢注　（南朝梁）劉昭補注　清光緒十四年
（1888）上海蜚英館石印本　四冊　存四十五
卷（一至四十五）

370000－1506－0000685　史0026

後漢書九十卷續漢書八志三十卷　（南朝宋）
范曄撰　（唐）李賢注　（晉）司馬彪續志
（南朝梁）劉昭注續志　清光緒十三年（1887）
金陵書局刻本　十六冊

370000－1506－0000686　史0034

後漢書一百二十卷　（南朝宋）范曄撰　（唐）
李賢注　（南朝梁）劉昭補注　明崇禎十六年
（1643）毛氏汲古閣刻本　二十冊

370000－1506－0000687　史0036

後漢書一百二十卷　（南朝宋）范曄撰　（唐）
李賢注　（晉）司馬彪續志　（南朝梁）劉昭注
續志　清同治八年（1869）金陵書局刻本　五
冊　存三十五卷（十一至二十五、四十至四十
五、六十一至七十四）

370000－1506－0000688　史0037

紀元編三卷末一卷　（清）六承如撰　清末上
海同文書局石印本　三冊

370000－1506－0000689　史0038

校刊史記集解索隱正義札記五卷　（清）張文
虎撰　清同治十一年（1872）金陵書局刻本
二冊

370000－1506－0000690　史0039

**金史一百三十五卷考證不分卷欽定金國語解
一卷**　（元）脫脫等撰　清道光四年（1824）刻
本　三十一冊

370000－1506－0000691　史0040

金史一百三十五卷考證不分卷欽定金國語解

一卷　（元）脱脱等撰　清同治十三年(1874)
江蘇書局刻本　三十一冊

370000－1506－0000692　史0041
**金史一百三十五卷考證不分卷欽定金國語解
一卷**　（元）脱脱等撰　清同治十三年(1874)
江蘇書局刻本　十冊　存六十二卷(一至二
十五、四十九至六十五、七十四至九十三)

370000－1506－0000693　史0042
**金史一百三十五卷考證不分卷欽定金國語解
一卷**　（元）脱脱等撰　清光緒二十九年
(1903)五洲同文局石印本　十一冊

370000－1506－0000694　史0043
**金史一百三十五卷考證不分卷欽定金國語解
一卷**　（元）脱脱等撰　清光緒二十九年
(1903)上海點石齋石印本　八冊

370000－1506－0000695　史0044
晉書一百三十卷　（唐）房玄齡等撰　明崇禎
元年(1628)毛氏汲古閣刻本　二十四冊　存
九十二卷(一至九十二)

370000－1506－0000696　史0045
晉書一百三十卷　（唐）房玄齡等撰　清古吳
書業趙氏刻本　二十冊

370000－1506－0000697　史0046
晉書一百三十卷　（唐）房玄齡等撰　清古吳
書業趙氏刻本　七冊　存四十三卷(五至十、
二十九至四十六、八十九至九十九、一百十四
至一百二十一)

370000－1506－0000698　史0047
晉書一百三十卷附考證　（唐）房玄齡等撰
附音義三卷　（唐）何超撰　清道光十六年
(1836)刻本　二十二冊　存一百〇三卷(二
十八至一百三十)

370000－1506－0000699　史0048
晉書一百三十卷　（唐）房玄齡等撰　**附音義
三卷**　（唐）何超撰　清同治十年(1871)金陵
書局刻本　二十冊

370000－1506－0000700　史0050
晉書一百三十卷　（唐）房玄齡等撰　**附音義
三卷**　（唐）何超撰　清光緒二十八年(1902)
武林竹簡齋石印本　八冊

370000－1506－0000701　史0051
晉書一百三十卷附考證　（唐）房玄齡等撰
清光緒二十二年(1896)上海華商集成圖書公
司排印本　八冊　存六十卷(一至六十)

370000－1506－0000702　史0052
晉書一百三十卷　（唐）房玄齡等撰　清古吳
書業趙氏刻本　二十四冊

370000－1506－0000703　史0053
舊唐書二百卷附考證　（五代）劉昫撰　清道
光十六年(1836)刻本　六十四冊

370000－1506－0000704　史0054
舊唐書二百卷　（五代）劉昫撰　清同治十一
年(1872)浙江書局刻本　三十九冊　存一百
九十六卷(一至三十三、三十八至二百)

370000－1506－0000705　史0055
舊唐書二百卷附考證　（五代）劉昫撰　清光
緒二十八年(1902)武林竹簡齋石印本　十五
冊　存一百八十卷(一至一百五十、一百七十
一至二百)

370000－1506－0000706　史0056
舊唐書二百卷附考證　（五代）劉昫撰　清光
緒三十三年(1907)上海華商集成圖書公司排
印本　五冊　存二十二卷(一至二十二)

370000－1506－0000707　史0057
舊五代史一百五十卷目錄二卷附考證　（宋）
薛居正等撰　清同治十一年(1872)湖北崇文
書局刻本　十六冊

370000－1506－0000708　史0058
舊五代史一百五十卷目錄二卷附考證　（宋）
薛居正等撰　清同治十一年(1872)湖北崇文
書局刻本　十五冊　存一百三十八卷(一至
一百三十八)

370000－1506－0000709　史0059
舊五代史一百五十卷附考證　（宋）薛居正等

撰 清光緒十八年(1892)武林竹簡齋石印本 六冊

370000－1506－0000710　史0060
舊五代史一百五十卷附考證 （宋）薛居正等撰 清末掃葉山房刻本 九冊 存八十五卷（七至十六、二十七至一百〇一）

370000－1506－0000711　史0061
舊五代史一百五十卷附考證 （宋）薛居正等撰 清末掃葉山房刻本 七冊 存五十二卷（二十六至三十、四十六至六十一、八十七至一百十、一百二十八至一百三十四）

370000－1506－0000712　史0062
梁書五十六卷 （唐）姚思廉撰 明崇禎六年(1633)毛氏汲古閣刻本 八冊

370000－1506－0000713　史0063
梁書五十六卷 （唐）姚思廉撰 明崇禎六年(1633)毛氏汲古閣刻本 二冊 存十四卷（十三至二十一、五十二至五十六）

370000－1506－0000714　史0064
梁書五十六卷 （唐）姚思廉撰 清古吳書業趙氏刻本 六冊

370000－1506－0000715　史0065
梁書五十六卷附考證 （唐）姚思廉撰 清道光十六年(1836)刻本 八冊

370000－1506－0000716　史0066
梁書五十六卷 （唐）姚思廉撰 清同治十三年(1874)金陵書局刻本 一冊 存五卷（一至五）

370000－1506－0000717　史0069
遼史一百十五卷考證不分卷語解十卷 （元）脫脫等撰 清道光四年(1824)刻本 十六冊

370000－1506－0000718　史0070
遼史一百十五卷 （元）脫脫等撰 清同治十二年(1873)江蘇書局刻本 二十七冊

370000－1506－0000719　史0071
遼史一百十五卷 （元）脫脫等撰 清同治十二年(1873)江蘇書局刻本 十一冊 缺十一卷(三十一至四十一)

370000－1506－0000720　史0072
遼史一百十五卷附考證 （元）脫脫等撰 清光緒二十九年(1903)上海點石齋石印本 六冊

370000－1506－0000721　史0073
明史三百三十二卷目錄四卷 （清）張廷玉等撰 清道光十六年(1836)刻本 一百十二冊

370000－1506－0000722　史0074
明史三百三十二卷目錄四卷 （清）張廷玉等撰 清光緒三年(1877)湖北崇文書局刻本 八十冊

370000－1506－0000723　史0075
明史三百三十二卷目錄四卷 （清）張廷玉等撰 清光緒二十九年(1903)五洲同文局石印本 六十九冊 缺一百二十八卷(五至十四、二十五至二十七、三十八至三十九、四十六、五十四至七十九、八十九至九十、一百〇九至一百十五、二百三十一至三百〇七)

370000－1506－0000724　史0076
明史三百三十二卷目錄四卷 （清）張廷玉等撰 清刻本 一百冊

370000－1506－0000725　史0077
明史三百三十二卷目錄四卷 （清）張廷玉等撰 清刻本 十四冊 存七十卷(五十六至六十二、七十九至八十八、一百〇五至一百〇七、一百十二至一百十七、一百二十四至一百三十七、一百七十二至一百八十、一百八十六至一百八十九、二百至二百〇三、二百二十二至二百二十五、二百五十一至二百五十五、二百七十五至二百七十八)

370000－1506－0000726　史0078
南齊書五十九卷 （南朝梁）蕭子顯撰 清古吳書業趙氏刻本 六冊

370000－1506－0000727　史0079
南齊書五十九卷 （南朝梁）蕭子顯撰 明萬曆十六年至十七年(1588－1589)南京國子監刻明清遞修本 十冊

370000 – 1506 – 0000728　史 0080

南齊書五十九卷附考證　（南朝梁）蕭子顯撰
　清道光十六年（1836）刻本　八冊

370000 – 1506 – 0000729　史 0083

南史八十卷　（唐）李延壽撰　明崇禎十三年
（1640）毛氏汲古閣刻本　八冊　存四十卷
（一至四十）

370000 – 1506 – 0000730　史 0084

南史八十卷　（唐）李延壽撰　明萬曆十六年
至十九年（1588 – 1591）南京國子監刻明清遞
修本　二十冊

370000 – 1506 – 0000731　史 0085

南史八十卷附考證　（唐）李延壽撰　清道光
十六年（1836）刻本　二十冊　缺二葉（目錄
一至二）

370000 – 1506 – 0000732　史 0086

南史八十卷　（唐）李延壽撰　清同治十一年
（1872）金陵書局刻本　十二冊

370000 – 1506 – 0000733　史 0087

南史八十卷　（唐）李延壽撰　清同治十一年
（1872）金陵書局刻本　九冊　存六十卷（一
至四十八、六十三至七十四）

370000 – 1506 – 0000734　史 0088

南史八十卷　（唐）李延壽撰　（明）張溥評點
　明張溥刻本　十八冊　存七十二卷（帝紀
一至八，列傳三至四十五、五十至七十）

370000 – 1506 – 0000735　史 0089

南史八十卷　（唐）李延壽撰　清古吳書業趙
氏刻本　十二冊

370000 – 1506 – 0000736　史 0091

前漢書一百卷　（漢）班固撰　（唐）顏師古注
　清刻本　二十二冊　存八十七卷（十四至
一百）

370000 – 1506 – 0000737　史 0092

前漢書一百卷附考證　（漢）班固撰　（唐）顏
師古注　清道光十六年（1836）刻本　三十
二冊

370000 – 1506 – 0000738　史 0093

前漢書一百二十卷　（漢）班固撰　（漢）班昭
續　（唐）顏師古注　清同治八年（1869）金陵
書局刻本　十一冊　缺五十三卷（二十一至
二十五、七十三至一百二十）

370000 – 1506 – 0000739　史 0094（1）

前漢書一百卷　（漢）班固撰　（唐）顏師古注
　清光緒九年（1883）上海點石齋石印本
六冊

370000 – 1506 – 0000740　史 0094（2）

後漢書九十卷　（南朝宋）范曄撰　（唐）李賢
注　**續志三十卷**　（晉）司馬彪撰　（南朝梁）
劉昭注　清光緒九年（1883）上海點石齋石印
本　四冊

370000 – 1506 – 0000741　史 0095

前漢書一百卷　（漢）班固撰　（唐）顏師古注
　清光緒十三年（1887）金陵書局刻本　十
六冊

370000 – 1506 – 0000742　史 0102（1）

前漢書一百卷附考證　（漢）班固撰　（唐）顏
師古注　清末石印本　五冊　存三十一卷
（二十四下至二十七上、五十一至七十七）

370000 – 1506 – 0000743　史 0102（2）

前漢書一百卷附考證　（漢）班固撰　（唐）顏
師古注　清末石印本　三冊　存二十三卷
（七十五至九十七）

370000 – 1506 – 0000744　史 0103

前漢書一百卷　（漢）班固撰　（唐）顏師古注
　清同治八年（1869）金陵書局刻本　七冊
存五十五卷（八至十四、二十一至二十五、四
十五至七十二、八十三至九十七）

370000 – 1506 – 0000745　史 0104

前漢書一百卷　（漢）班固撰　（唐）顏師古注
　清刻本　十三冊　存四十卷（六至十、十五
至二十、二十四至三十、七十三至九十一、九
十八至一百）

370000 – 1506 – 0000746　史 0105

三國志六十五卷　（晉）陳壽撰　（南朝宋）裴

松之注　明崇禎十七年(1644)毛氏汲古閣刻本　十冊　存四十八卷(一至十、二十八至六十五)

370000－1506－0000747　史0106
三國志六十五卷附考證　(晉)陳壽撰　(南朝宋)裴松之注　清同治十年(1871)成都書局刻本　二十二冊

370000－1506－0000748　史0107
三國志六十五卷附考證　(晉)陳壽撰　(南朝宋)裴松之注　清光緒十一年(1885)上海同文書局石印本　二十一冊　缺四卷(蜀志六至九)

370000－1506－0000749　史0108
三國志六十五卷　(晉)陳壽撰　(南朝宋)裴松之注　清光緒十三年(1887)江南書局刻二十九年(1903)重校本　十六冊

370000－1506－0000750　史0109
三國志六十五卷　(晉)陳壽撰　(南朝宋)裴松之注　清光緒十三年(1887)江南書局刻本　八冊　存四十八卷(一至三十五、五十三至六十五)

370000－1506－0000751　史0110
三國志六十五卷　(晉)陳壽撰　(南朝宋)裴松之注　清光緒十三年(1887)江南書局刻本　八冊

370000－1506－0000752　史0111
三國志六十五卷附考證　(晉)陳壽撰　(南朝宋)裴松之注　清光緒十四年(1888)上海圖書集成印書局排印本　八冊

370000－1506－0000753　史0112
三國志六十五卷附考證　(晉)陳壽撰　(南朝宋)裴松之注　清同治十年(1871)成都書局刻本　十四冊

370000－1506－0000754　史0113
三國志六十五卷附考證　(晉)陳壽撰　(南朝宋)裴松之注　清光緒二十五年(1899)慎記書莊石印本　四冊

370000－1506－0000755　史0115
三國志六十五卷附考證　(晉)陳壽撰　(南朝宋)裴松之注　清末刻本　四冊　存二十七卷(蜀志一至十五、吳志九至二十)

370000－1506－0000756　史0116
三國志六十五卷　(晉)陳壽撰　(南朝宋)裴松之注　清光緒十三年(1887)江南書局刻本　四冊　存四十一卷(魏志二十五至三十、蜀志十五卷、吳志二十卷)

370000－1506－0000757　史0117
三國志六十五卷附考證　(晉)陳壽撰　(南朝宋)裴松之注　清末影印本　六冊　存五十卷(魏志一至六、十四至三十,蜀志九至十五,吳志一至二十)

370000－1506－0000758　史0119
史記一百三十卷　(漢)司馬遷撰　(南朝宋)裴駰集解　清古吳書業趙氏刻本　十二冊

370000－1506－0000759　史0120
史記一百三十卷附考證　(漢)司馬遷撰　(南朝宋)裴駰集解　清刻本　二十四冊

370000－1506－0000760　史0121
史記一百三十卷　(漢)司馬遷撰　(南朝宋)裴駰集解　清光緒四年(1878)金陵書局刻本　十六冊

370000－1506－0000761　史0123(1)
史記一百三十卷附考證　(漢)司馬遷撰　(南朝宋)裴駰集解　(唐)司馬貞索隱　(宋)張守節正義　清光緒十四年(1888)上海圖書集成印書局影印本　十六冊

370000－1506－0000762　史0123(2)
史記一百三十卷附考證　(漢)司馬遷撰　(南朝宋)裴駰集解　(唐)司馬貞索隱　(宋)張守節正義　清光緒十四年(1888)上海圖書集成印書局影印本　八冊　存三十二卷(一至三十二)

370000－1506－0000763　史0124
史記一百三十卷附考證　(漢)司馬遷撰　(南朝宋)裴駰集解　(唐)司馬貞索隱

（宋）張守節正義　清光緒二十八年（1902）竢實齋石印本　四冊　存五十八卷（一至十八、九十一至一百三十）

370000－1506－0000764　史0130
史記一百三十卷　（漢）司馬遷撰　（南朝宋）裴駰集解　清末排印本　十一冊　存一百二十二卷（九至一百三十）

370000－1506－0000765　史0131
史記一百三十卷　（漢）司馬遷撰　（南朝宋）裴駰集解　清末刻本　七冊　存四十三卷（七至八、四十五至六十七、一百十至一百二十七）

370000－1506－0000766　史0132
史記一百三十卷　（漢）司馬遷撰　（南朝宋）裴駰集解　明刻本　十六冊　存六十七卷（十七至三十九、八十七至一百三十）

370000－1506－0000767　史0133
史記注補正一卷　（清）方苞撰　清刻本　一冊

370000－1506－0000768　史0134
四史四種　清同治十一年（1872）成都書局刻本　一百冊

370000－1506－0000769　史0135
二十四史附考證　（□）□□編　清光緒二十年（1894）上海同文書局石印本　一百冊　缺五十三卷（後漢書三十三至八十五）

370000－1506－0000770　史0136
二十四史附考證　（□）□□編　清光緒三十一年（1905）武林竹簡齋石印本　一百冊　缺六十七卷（前漢書八十一至九十四、後漢書三十三至八十五）

370000－1506－0000771　史0140
宋史四百九十六卷目錄三卷　（元）脫脫等撰　清道光十六年（1836）刻本　一百冊

370000－1506－0000772　史0141
宋史四百九十六卷目錄三卷　（元）脫脫等撰　清光緒元年（1875）浙江書局刻本　一百冊

370000－1506－0000773　史0142
宋史四百九十六卷目錄三卷附考證　（元）脫脫等撰　清光緒三十三年（1907）上海華商集成圖書公司排印本　十二冊　存一百十卷（一至五十四、二百六十三至三百十八）

370000－1506－0000774　史0143
宋史四百九十六卷目錄三卷　（元）脫脫等撰　清刻本　一百冊　存一百四十四卷（七至五十五、七十四至八十四、九十一至九十五、一百四十六至一百五十七、二百二十一至二百二十二、二百二十七至二百三十一、三百○二至三百○六、三百二十七至三百四十七、三百五十四至三百六十五、四百十三至四百十七、四百三十至四百三十四、四百五十三至四百五十八、四百八十至四百八十五）

370000－1506－0000775　史0144
宋書一百卷　（南朝梁）沈約撰　明崇禎七年（1634）毛氏汲古閣刻本　十六冊　存五十七卷（一至五十七）

370000－1506－0000776　史0145
宋書一百卷　（南朝梁）沈約撰　清刻本　十六冊

370000－1506－0000777　史0146
宋書一百卷　（南朝梁）沈約撰　清刻本　四冊　存二十五卷（三十至四十六、九十三至一百）

370000－1506－0000778　史0147
宋書一百卷　（南朝梁）沈約撰　明萬曆二十六年（1598）北京國子監刻本　二十冊　存九十七卷（一至三十、三十三至七十三、七十五至一百）

370000－1506－0000779　史0148
宋書一百卷附考證　（南朝梁）沈約撰　清道光十六年（1836）刻本　二十四冊

370000－1506－0000780　史0151
隋書八十五卷　（唐）魏徵等撰　清刻本　十二冊

370000－1506－0000781　史0152

隋書八十五卷 （唐）魏徵等撰 明崇禎八年(1635)毛氏汲古閣刻本 十六冊

370000－1506－0000782 史0154
隋書八十五卷 （唐）魏徵等撰 明崇禎八年(1635)毛氏汲古閣刻本 三冊 存二十卷(八至十三、二十七至三十一、六十八至七十六)

370000－1506－0000783 史0155
隋書八十五卷附考證 （唐）魏徵等撰 清道光十六年(1836)刻本 二十三冊 存八十三卷(一至三十三、三十六至八十五)

370000－1506－0000784 史0156
隋書八十五卷 （唐）魏徵等撰 清同治十年(1871)淮南書局刻本 十二冊

370000－1506－0000785 史0158
隋書八十五卷附考證 （唐）魏徵等撰 清光緒二十九年(1903)五洲同文局石印本 二十四冊

370000－1506－0000786 史0159
魏書一百十四卷 （北齊）魏收撰 明崇禎九年(1636)毛氏汲古閣刻本 十二冊 存九十二卷(一至六十一、六十八至七十三、八十至八十七、九十五至一百〇八、一百十二至一百十四)

370000－1506－0000787 史0160
魏書一百十四卷 （北齊）魏收撰 清古吳書業趙氏刻本 二十冊

370000－1506－0000788 史0161
魏書一百十四卷 （北齊）魏收撰 明崇禎九年(1636)毛氏汲古閣刻本 八冊 存十四卷(一百〇一至一百十四)

370000－1506－0000789 史0163(2)
魏書一百十四卷 （北齊）魏收撰 清道光十六年(1836)刻本 二十四冊

370000－1506－0000790 史0164
唐書二百二十五卷 （宋）歐陽修 （宋）宋祁等撰 清古吳書業趙氏刻本 六十四冊

370000－1506－0000791 史0165
唐書二百二十五卷 （宋）歐陽修 （宋）宋祁等撰 明崇禎二年(1629)毛氏汲古閣刻本 三十冊 存一百三十五卷(一至七十五、一百三十二至一百九十一)

370000－1506－0000792 史0166
唐書二百二十五卷 （宋）歐陽修 （宋）宋祁等撰 明崇禎二年(1629)毛氏汲古閣刻本 十四冊 存一百十卷(一至四十三、一百四十四至一百九十六、二百〇二至二百十五)

370000－1506－0000793 史0167
唐書二百二十五卷 （宋）歐陽修 （宋）宋祁等撰 唐書釋音二十五卷 （宋）董衝撰 清道光十六年(1836)刻本 五十冊

370000－1506－0000794 史0168
唐書二百二十五卷 （宋）歐陽修 （宋）宋祁等撰 清同治十二年(1873)浙江書局刻本 四十冊

370000－1506－0000795 史0169
唐書二百二十五卷 （宋）歐陽修 （宋）宋祁等撰 唐書釋音二十五卷 （宋）董衝撰 清光緒十四年(1888)上海圖書集成印書局排印本 三十二冊

370000－1506－0000796 史0172(1)
五代史七十四卷 （宋）歐陽修撰 （宋）徐無黨注 明崇禎三年(1630)毛氏汲古閣刻本 八冊

370000－1506－0000797 史0173(1)
五代史七十四卷 （宋）歐陽修撰 （宋）徐無黨注 明崇禎三年(1630)毛氏汲古閣刻本 一冊 存十二卷(一至十二)

370000－1506－0000798 史0173(2)
五代史七十四卷 （宋）歐陽修撰 （宋）徐無黨注 清同治十一年(1872)湖北崇文書局刻本 二冊 存八卷(四十四至五十一)

370000－1506－0000799 史0174(1)
五代史七十四卷 （宋）歐陽修撰 （宋）徐無黨注 清同治十一年(1872)湖北崇文書局刻

本　十六冊

370000－1506－0000800　史0175

五代史七十四卷附考證　（宋）歐陽修撰
（宋）徐無黨注　清光緒十八年(1892)武林竹
簡齋石印本　二冊

370000－1506－0000801　史0176

五代史七十四卷附考證　（宋）歐陽修撰
（宋）徐無黨注　清光緒二十九年(1903)五洲
同文局石印本　九冊　存六十四卷(一至七、
十八至七十四)

370000－1506－0000802　史0177

五代史七十四卷附考證　（宋）歐陽修撰
（宋）徐無黨注　清大同書局刻本　十二冊

370000－1506－0000803　史0179

元史二百十卷目錄二卷附考證　（明）宋濂
（明）王禕等撰　清道光四年(1824)刻本　六
十四冊

370000－1506－0000804　史0180

元史二百十卷目錄二卷附考證　（明）宋濂
（明）王禕等撰　清同治十三年(1874)江蘇書
局刻本　二十三冊

370000－1506－0000805　史0181

元史二百十卷附考證　（明）宋濂　（明）王禕
等撰　清光緒二十九年(1903)上海點石齋石
印本　十四冊

370000－1506－0000806　史0182

元史二百十卷目錄二卷附考證　（明）宋濂
（明）王禕等撰　清同治十三年(1874)江蘇書
局刻本　二十一冊　存一百十七卷(十七至
二十一、六十二至六十五、八十二至八十九、
九十七至一百○五、一百二十至二百十)

370000－1506－0000807　史0183

元史二百十卷附考證　（明）宋濂　（明）王禕
等撰　清末影印本　三十一冊　存一百三十
六卷(四十八至五十三、五十七至七十二、九
十三至二百○六)

370000－1506－0000808　史0184

周書五十卷　（唐）令狐德棻等撰　明崇禎五
年(1632)毛氏汲古閣刊本　八冊

370000－1506－0000809　史0185

周書五十卷　（唐）令狐德棻等撰　清古吳書
業趙氏刻本　六冊

370000－1506－0000810　史0186

周書五十卷　（唐）令狐德棻等撰　清同治十
三年(1874)金陵書局刻本　六冊

370000－1506－0000811　史0188

尺木堂綱鑑易知錄九十二卷　（清）吳乘權等
輯　御撰資治通鑑綱目三編二十卷　（清）張
廷玉等輯　清刻本　四十八冊

370000－1506－0000812　史0189

**尺木堂綱鑑易知錄九十二卷明鑑易知錄十五
卷**　（清）吳乘權等輯　清末排印本　十六冊

370000－1506－0000813　史0190

**尺木堂綱鑑易知錄九十二卷明鑑易知錄十五
卷**　（清）吳乘權等輯　清光緒十三年(1887)
廣百宋齋排印本　十六冊

370000－1506－0000814　史0191

尺木堂綱鑑易知錄九十二卷　（清）吳乘權等
輯　清刻本　八冊　存十八卷(十九至三十
六)

370000－1506－0000815　史0198

**重訂王鳳洲先生綱鑑會纂四十六卷續宋元二
十三卷**　（明）王世貞撰　（明）陳仁錫訂　**御
撰資治通鑑綱目三編四卷**　（清）張廷玉等編
　清光緒十八年(1892)上海點石齋影印本
十六冊

370000－1506－0000816　史0199

**重訂王鳳洲先生綱鑑會纂四十六卷續宋元二
十三卷**　（明）王世貞撰　（明）陳仁錫訂　清
善成堂刻本　四十二冊

370000－1506－0000817　史0200

東華全錄四百二十五卷　王先謙等編　清光
緒十三年(1887)刻本　一百六十四冊

370000－1506－0000818　史0201

東華錄三十二卷 （清）蔣良騏撰 清刻本
八冊 存十六卷（一至十六）

370000－1506－0000819 史0202

東華錄三十二卷 （清）蔣良騏撰 清刻本
六冊 存二十四卷（五至二十八）

370000－1506－0000820 史0203

東華錄詳節二十四卷 鄔樹庭撰 清光緒二
十六年（1900）上海東文學堂影印本 七冊
存十二卷（一至六、八至十三）

370000－1506－0000821 史0204

東華續錄乾隆朝一百二十卷嘉慶朝五十卷
王先謙等編 清光緒刻本 六十八冊

370000－1506－0000822 史0206

綱鑑合纂三十九卷首一卷御批資治通鑑綱目
三編六卷 （明）王世貞等撰 清光緒三十一
年（1905）敦本堂石印本 十二冊

370000－1506－0000823 史0207

綱鑑會通明紀十五卷 （清）陳志襄輯 清書
業德刻本 八冊 存十四卷（一至十四）

370000－1506－0000824 史0208

綱鑑會纂三十九卷首一卷御撰資治通鑑綱目
三編五卷 （明）王世貞撰 清光緒二十八年
（1902）煥文書局石印本 十二冊

370000－1506－0000825 史0209

綱鑑會纂三十九卷首一卷御撰資治通鑑綱目
三編二十卷 （明）王世貞撰 清刻本 四十
八冊

370000－1506－0000826 史0212

歷代世系紀年編一卷 （清）沈炳震撰 清光
緒十四年（1888）翠琅玕館刻本 一冊

370000－1506－0000827 史0215

兩朝御批通鑑輯覽一百二十卷 （清）傅恒等
撰 清光緒上海廣益書局影印本 三十一冊
存一百十七卷（一至一百〇二、一百〇六至
一百二十）

370000－1506－0000828 史0219

欽定明鑑二十四卷首一卷 （清）托津等纂

清嘉慶二十三年（1818）刻本 二十三冊 存
二十三卷（一至六、八至二十四）

370000－1506－0000829 史0221

十一朝東華錄分類輯要二十四卷 （清）何良
棟輯 清光緒二十九年（1903）鴻寶書局石印
本 六冊 存六卷（一至二、四至六、十六）

370000－1506－0000830 史0222

緯文堂綱鑑易知錄一百〇七卷 （清）吳乘權
等輯 清刻本 八冊 存十九卷（二十至三
十八）

370000－1506－0000831 史0223

續資治通鑑二百二十卷 （清）畢沅撰 清刻
本 二十冊 存七十卷（一百五十一至二百
二十）

370000－1506－0000832 史0224

續資治通鑑二百二十卷 （清）畢沅撰 清光
緒二十五年（1899）上海蜚英館石印本 三
十冊

370000－1506－0000833 史0226

御批歷代通鑑輯覽一百二十卷 （清）傅恒等
撰 清光緒五年（1879）刻朱墨套印本 五十
八冊

370000－1506－0000834 史0227

御批歷代通鑑輯覽一百二十卷 （清）傅恒等
撰 清光緒二十年（1894）湖南澹雅書局刻本
六十四冊

370000－1506－0000835 史0228

御批歷代通鑑輯覽一百二十卷 （清）傅恒等
撰 清光緒二十九年（1903）上海文瀾書局石
印本 二十冊

370000－1506－0000836 史0229

御批歷代通鑑輯覽一百二十卷 （清）傅恒等
撰 清光緒二十九年（1903）山東慶裕書局刻
本 七十二冊

370000－1506－0000837 史0230

御批歷代通鑑輯覽一百二十卷 （清）傅恒等
撰 清光緒三十年（1904）上海通元書局影印

本 二十四册

370000－1506－0000838 史0231
御批歷代通鑑輯覽一百二十卷 （清）傅恒等撰 清光緒三十年（1904）上海商務印書館排印本 二十四册

370000－1506－0000839 史0232
御批歷代通鑑輯覽一百二十卷 （清）傅恒等撰 清光緒三十年（1904）上海商務印書館排印本 十二册 存六十卷（一至六十）

370000－1506－0000840 史0233
御批歷代通鑑輯覽一百二十卷 （清）傅恒等撰 清光緒三十年（1904）上海商務印書館排印本 十八册 存九十卷（一至九十）

370000－1506－0000841 史0234
御批歷代通鑑輯覽一百二十卷 （清）傅恒等撰 清光緒三十年（1904）上海商務印書館排印本 二十二册 存九十卷（一至九十）

370000－1506－0000842 史0235
御批歷代通鑑輯覽一百二十卷 （清）傅恒等撰 清光緒三十二年（1906）上海商務印書館排印本 三十册 存九十二卷（一至六十二、九十一至一百二十）

370000－1506－0000843 史0236
御批歷代通鑑輯覽一百二十卷 （清）傅恒等撰 清末刻本 二十七册 存二十七卷（二十九、三十六至四十、四十三、四十六至五十、五十三至五十四、五十六至五十七、五十九、八十、八十一、九十六、九十九至一百、一百〇二至一百〇三、一百〇九至一百十、一百十二）

370000－1506－0000844 史0238
御批資治通鑑綱目五十九卷首一卷外紀一卷前編十八卷舉要三卷續編二十七卷 （清）宋犖等撰 清乾隆武英殿刻本 十二册 存十八卷（綱目一、十二、十四至二十，首一卷，前編九至十、十三至十八）

370000－1506－0000845 史0239
御批資治通鑑綱目正編五十九卷外紀一卷前編十八卷舉要三卷續編二十七卷 （清）宋犖

等撰 清末影印本 五册 存二十一卷（正編三十四至五十、五十六至五十九）

370000－1506－0000846 史0240
御撰歷代通鑑綱目三編二十卷 （清）張廷玉等撰 清光緒八年（1882）掃葉山房刻本 八册

370000－1506－0000847 史0241（1）
御批歷代通鑑綱目三編二十卷 （清）張廷玉等撰 清光緒二十五年（1899）上海掃葉山房排印本 二册

370000－1506－0000848 史0241（2）
御批歷代通鑑綱目三編二十卷 （清）張廷玉等撰 清光緒二十五年（1899）上海掃葉山房排印本 一册 存九卷（一至九）

370000－1506－0000849 史0242（1）
袁王綱鑑合編三十九卷首一卷 （明）袁黃（明）王世貞編 **御撰明紀綱目二十卷** 清光緒三十年（1904）上海商務印書館排印本 十六册

370000－1506－0000850 史0244（1）
袁王加批綱鑑彙纂三十九卷首一卷福唐桂三王本末一卷 （宋）司馬光通鑑 （宋）朱熹綱目 （明）王世貞 （明）袁黃撰 清末上海掃葉山房石印本 十八册 存三十一卷（一至三十一）

370000－1506－0000851 史0253（1）
竹書紀年校正十四卷通考一卷 （南朝梁）沈約注 （清）郝懿行撰 清光緒五年（1879）東路廳署刻本 二册

370000－1506－0000852 史0254
資治通鑑二百九十四卷 （宋）司馬光撰 （元）胡三省音注 **通鑑釋文辯誤十二卷** （元）胡三省撰 清嘉慶二十一年（1816）鄱陽胡氏刻本 一百册

370000－1506－0000853 史0256
資治通鑑二百九十四卷目錄三十卷 （宋）司馬光撰 清光緒二十五年（1899）上海蜚英館石印本 四十八册 存二百六十一卷（一至

八十、八十八至一百六十一、一百六十八至二百七十四）

370000－1506－0000854　史0260
資治通鑑綱目五十九卷續編二十七卷　（宋）朱熹撰　清康熙刻本　三十冊　存三十八卷（資治通鑑綱目一、十三至十五、二十五、三十八至三十九、五十二至五十九,續資治通鑑綱目三、九、十七）

370000－1506－0000855　史0261
資治通鑑外紀十卷目錄五卷　（宋）劉恕撰　清嘉慶刻本　六冊　缺一卷（目錄五）

370000－1506－0000856　史0262
歷朝紀事本末　（清）陳如升　（清）朱記榮輯　（清）慎記主人增輯　清光緒十四年（1888）上海書業公所崇德堂排印本　十冊　存四種一百五十九卷（元史紀事本末二十七卷、西夏紀事本末三十六卷首二卷、遼史紀事本末四十卷首一卷、金史紀事本末五十二卷首一卷）

370000－1506－0000857　史0263
明史紀事本末八十卷　（清）谷應泰撰　清光緒二十四年（1898）湖南思賢書局刻本　二十冊

370000－1506－0000858　史0264
三藩紀事本末四卷　（清）楊陸榮撰　清刻本　二冊

370000－1506－0000859　史0265
宋史紀事本末一百〇九卷　（明）馮琦撰（明）陳邦瞻增訂　（明）張溥論正　清光緒十四年（1888）上海書業公所崇德堂排印歷朝紀事本末本　八冊

370000－1506－0000860　史0266
宋史紀事本末一百〇九卷　（明）馮琦撰（明）陳邦瞻增訂　（明）張溥論正　清光緒二十四年（1898）湖南思賢書局刻本　二十冊

370000－1506－0000861　史0267
通鑑紀事本末二百三十九卷　（宋）袁樞編次（明）張溥論正　清末刻本　九冊　存三十卷（六十四至八十、八十六至九十八）

370000－1506－0000862　史0269
繹史一百六十卷世系圖一卷年表一卷　（清）馬驌撰　清同治七年（1868）刻本　四十八冊

370000－1506－0000863　史0270
繹史一百六十卷　（清）馬驌撰　清同治七年（1868）刻本　十冊　存四十一卷（八十六至一百二十六）

370000－1506－0000864　史0271
繹史一百六十卷世系圖一卷年表一卷　（清）馬驌撰　清同治七年（1868）刻本　四十冊

370000－1506－0000865　史0272
元史紀事本末二十七卷　（明）陳邦瞻編輯（明）張溥論證　清光緒二十四年（1898）湖南思賢書局刻紀事本末五種本　四冊

370000－1506－0000866　史0273
中東戰紀本末八卷續編四卷三編四卷　（美國）林樂知譯撰　蔡爾康纂輯　清光緒二十二年至二十三年（1896－1897）上海廣學會圖書集成局排印本　十四冊

370000－1506－0000867　史0274（1）
中東戰紀本末八卷首一卷附開廣學會書目（美國）林樂知著譯　蔡爾康纂輯　清光緒二十二年（1896）上海廣學會圖書集成局排印本　七冊　存七卷（本末一至二、四至八）

370000－1506－0000868　史0274（2）
中東戰紀本末八卷首一卷附開廣學會書目（美國）林樂知著譯　蔡爾康纂輯　清光緒二十二年（1896）上海廣學會圖書集成局排印本　二冊　存二卷（本末六至七）

370000－1506－0000869　史0275
大金國志四十卷金國九主年譜一卷　（宋）宇文懋昭撰　清嘉慶二年（1797）掃葉山房刻宋遼金元別史本　四冊

370000－1506－0000870　史0276
東都事略一百三十卷　（宋）王稱撰　清嘉慶三年（1798）掃葉山房刻本　十六冊

370000－1506－0000871　史0277

重訂路史全本前紀九卷後紀十四卷國名紀八卷發揮六卷餘論十卷　（宋）羅泌撰　（宋）羅苹注　（明）吳弘基訂　清嘉慶六年（1801）刻本　二十四冊

370000－1506－0000872　史0278
路史四十七卷　（宋）羅泌撰　清光緒二年（1876）紅杏山房趙承恩刻本　十五冊　存二十六卷（前紀一至四、國名紀二至七、發揮六卷、餘論十卷）

370000－1506－0000873　史0279
路史四十七卷　（宋）羅泌撰　清光緒二年（1876）紅杏山房趙承恩刻本　二十四冊　存四十二卷（前紀五至九、後紀十三卷、國姓衍慶紀原一卷、國名紀七卷、發揮六卷、餘論十卷）

370000－1506－0000874　史0284
南宋書六十八卷　（明）錢士升撰　清嘉慶二年（1797）掃葉山房刻本　十二冊

370000－1506－0000875　史0285
契丹國志二十七卷　（宋）葉隆禮撰　清嘉慶二年（1797）掃葉山房刻本　二冊

370000－1506－0000876　史0286
元史類編四十二卷　（清）邵遠平撰　清乾隆六十年（1795）掃葉山房刻本　十六冊

370000－1506－0000877　史0289
國語二十一卷劄記一卷考異四卷　（春秋）左丘明撰　（三國吳）韋昭注　（清）黃丕烈劄記　（清）汪遠孫考異　清光緒三年（1877）永康退補齋刻本　四冊

370000－1506－0000878　史0290（1）
國語校注本三種　（清）汪遠孫撰　清道光二十六年（1846）汪氏振綺堂刻本　六冊

370000－1506－0000879　史0290（2）
國語校注本三種　（清）汪遠孫撰　清道光二十六年（1846）汪氏振綺堂刻本　八冊　存二十九卷（國語三君注輯一至四、國語發正一至二十一、國語明道本攷異一至四）

370000－1506－0000880　史0292
國語選四卷　（清）儲欣撰　清嘉慶十八年（1813）靜遠堂刻本　二冊

370000－1506－0000881　史0295
明季稗史彙編十六種二十七卷　（清）留雲居士輯　清光緒二十二年（1896）上海圖書集成印書局影印本　六冊　缺一卷（幸存錄一）

370000－1506－0000882　史0296
明季稗史彙編十六種二十七卷　（清）留雲居士輯　清都城琉璃廠刻本　十六冊　缺一卷（幸存錄一）

370000－1506－0000883　史0297
明季稗史正編十六種二十七卷　（清）留雲居士輯　清光緒二十九年（1903）排印本　六冊　缺一卷（幸存錄一）

370000－1506－0000884　史0301
宋瑣語不分卷　（清）郝懿行撰　清嘉慶二十一年（1816）曬書堂刻本　三冊

370000－1506－0000885　史0302
泰西新史攬要二十四卷　（英國）馬懇西撰　蔡爾康述　清末排印本　四冊　存十五卷（四至九、十六至二十四）

370000－1506－0000886　史0304
小腆紀年坿攷二十卷　（清）徐鼒撰　清光緒四年（1878）京郡龍威閣書坊刻本　十冊

370000－1506－0000887　史0305
戰國策三十三卷　（漢）高誘注　札記三卷　（清）黃丕烈撰　清同治八年（1869）湖北崇文書局刻本　二冊　存十八卷（一至九、二十五至三十三）

370000－1506－0000888　史0311
李文忠公奏議二十卷　（清）李鴻章撰　（清）章洪鈞　（清）吳汝綸編輯　清末石印本　十冊　存十卷（十一至二十）

370000－1506－0000889　史0312（1）
唐陸宣公奏議讀本四卷首一卷　（唐）陸贄撰　（清）汪銘謙編　（清）馬傳庚評點　清光緒

二十六年(1900)會稽馬氏影印本　二冊

370000－1506－0000890　史0313
駱文忠公奏議十六卷續刻四川奏議十一卷
(清)駱秉章撰　清光緒四年(1878)刻本　二十四冊　缺一卷(駱文忠公奏議十六)

370000－1506－0000891　史0314
駱文忠公奏議十六卷續刻四川奏議十一卷
(清)駱秉章撰　清光緒四年(1878)刻本　十四冊

370000－1506－0000892　史0315
諭摺彙存不分卷　(清)佚名編　清末排印本　五十八冊　存(光緒丁酉年正月初一至二十八日、二月初一至三十日、三月十二至三十日、五月初七至二十五日、七月初一至三十日、九月初一至二十九日,光緒戊戌年正月初九至十二、十七至三十日,光緒己亥年正月初一至三十日、三月初三至三十日、四月初一至二十九日、五月初一至三十日、六月初一至十二日)

370000－1506－0000893　史0318
奏摺譜一卷　(清)饒旬宣撰　清光緒九年(1883)刻本　一冊

370000－1506－0000894　史0322
北學編四卷　(清)魏一鼇輯　(清)尹會一訂　清道光二十四年(1844)刻本　二冊

370000－1506－0000895　史0323
疇人傳四十六卷續傳六卷　(清)阮元撰　清光緒八年(1882)海鹽張氏常惺齋刻本　十二冊

370000－1506－0000896　史0325
楚寶四十卷外篇五卷　(明)周聖楷撰　清道光九年(1829)刻本　二十六冊

370000－1506－0000897　史0326
詞科掌錄十七卷餘話七卷　(清)杭世駿編輯　清乾隆道古堂刻本　八冊

370000－1506－0000898　史0329
貳臣傳十二卷　(清)國史館編　清刻本　十

一冊　缺一卷(四)

370000－1506－0000899　史0330
福山縣節孝錄不分卷　(□)□□撰　清末刻本　二冊

370000－1506－0000900　史0332
高士傳三卷附錄一卷　(晉)皇甫謐撰　清刻本　一冊

370000－1506－0000901　史0334
古今楹聯彙刻小傳十二卷首集一卷外集一卷　(清)吳隱輯　清光緒三十二年(1906)西泠印社刻本　二冊

370000－1506－0000902　史0335
新編古列女傳八卷　(漢)劉向纂　(晉)顧愷之圖畫　清道光五年(1825)揚州阮氏影刻本　二冊

370000－1506－0000903　史0337
關聖帝君全書十四卷總目一卷　(清)張鎮輯　(清)甘雨施增輯　清咸豐六年(1856)錢塘濮詒孫刻本　八冊

370000－1506－0000904　史0339
國朝先正事略六十卷　(清)李元度撰　清同治五年(1866)循陔草堂刻八年(1869)補刻本　二十三冊　缺四卷(四十八至五十一)

370000－1506－0000905　史0340
國朝先正事略六十卷　(清)李元度撰　清同治五年(1866)循陔草堂刻本　二十四冊

370000－1506－0000906　史0341
國朝先正事略六十卷首一卷　(清)李元度撰　清光緒十二年(1886)排印本　八冊　存三十七卷(一至三十六、首一卷)

370000－1506－0000907　史0342
國朝先正事略六十卷首一卷　(清)李元度撰　清光緒十二年(1886)排印本　十冊

370000－1506－0000908　史0343
國朝先正事略六十卷　(清)李元度撰　清光緒二十五年(1899)上海圖書集成書局排印本　八冊

370000－1506－0000909　史0344

國朝先正事略六十卷　（清）李元度撰　清末排印本　五冊　存三十六卷（十五至二十二、三十三至六十）

370000－1506－0000910　史0345

國朝先正事略六十卷　（清）李元度撰　清末排印本　八冊　存五十三卷（四至七、十二至六十）

370000－1506－0000911　史0347

合肥相國七十賜壽圖不分卷壽言不分卷（清）陳文琪繪　（清）羅豐祿等輯　清光緒石印本　六冊

370000－1506－0000912　史0348

[安徽石埭陳艾]皇清誥贈榮祿大夫陳公非珩府君暨淑配欽旌節孝蘇夫人墓表一卷石埭陳太公墓表一卷　陳澹然撰　皇清誥授中憲大夫贈道員資政大夫賞戴花翎直隸補用知府陳君墓誌銘一卷　（清）洪良品撰　贈道員直隸知府陳公墓碑一卷　（清）吳汝綸撰　皇贈榮祿大夫道員候補知府陳君墓表一卷　馬其昶撰　石埭陳公序賓家傳一卷　陳澹然撰　皇清誥授中憲大夫贈道員榮祿大夫賞戴花翎直隸補用知府顯考序賓府君行述一卷　（清）陳惟彥謹述　誥封夫人石埭陳夫人劉氏墓表一卷　陳澹然撰　皇清誥封夫人顯妣劉夫人行述一卷　（清）陳汝熙述　誥贈一品夫人陳夫人楊氏墓誌銘一卷　（清）王源瀚撰　清末石印本　一冊

370000－1506－0000913　史0349

黃梨洲先生年譜三卷　（清）黃炳垕撰　清同治十二年（1873）餘姚黃氏刻本　一冊

370000－1506－0000914　史0350

黃忠端公年譜二卷　（清）黃炳垕撰　清同治、光緒餘姚黃氏留書種閣刻黃氏七種本一冊

370000－1506－0000915　史0351

繪圖典故列女全傳四卷　（漢）劉向撰　清宣統三年（1911）上海掃葉山房石印本　四冊

370000－1506－0000916　史0353

甲辰大挑年譜不分卷　（清）□□撰　清道光二十四年（1844）刻本　四冊

370000－1506－0000917　史0354

劍俠傳四卷　（清）王齡校　清咸豐八年（1858）王氏養穌堂刻本　二冊

370000－1506－0000918　史0357

福山縣通伸村姜氏族譜不分卷　（清）姜希塏錄　（清）姜延鏻訂　清咸豐九年（1859）抄本一冊

370000－1506－0000919　史0358

姜氏居址宗祠記一卷　（清）姜廷鈿錄　清同治八年（1869）抄本　一冊

370000－1506－0000920　史0360

爵秩全覽不分卷　清光緒十七年（1891）刻本三冊　存三冊

370000－1506－0000921　史0361

孔子年譜輯註一卷　（清）江永撰　（清）黃定宜輯註　清道光二十七年（1847）刻本　一冊

370000－1506－0000922　史0366

理學宗傳二十六卷　（清）孫奇逢輯　（清）魏一鼇等編　清康熙六年（1667）刻本　十一冊存二十四卷（一至二十三、二十六）

370000－1506－0000923　史0367

歷代名臣言行錄二十四卷　（清）朱桓輯　清光緒二十九年（1903）上海醉六堂石印本五冊

370000－1506－0000924　史0373

歷代名臣傳節錄三十卷　（清）蕭培元輯（清）崇厚增輯　清同治九年（1870）刻本十冊

370000－1506－0000925　史0374

歷代名賢烈女氏姓譜一百五十七卷　（清）蕭智漢撰　清乾隆五十七年（1792）刻嘉慶二十年（1815）印本　一百二十冊

370000－1506－0000926　史0375

歷代名媛圖說二卷　（漢）劉向撰　（明）汪氏

增輯 （明）仇英繪圖 清光緒五年（1879）上海點石齋石印本 二冊

370000－1506－0000927 史0376
歷科殿試策 （清）王仁堪等撰 清光緒刻本 二冊 存十科（咸豐己未科、癸丑科、同治壬戌科、乙丑科、癸亥科、甲戌科、辛未科、戊辰科,光緒丁丑科、丙子恩科）

370000－1506－0000928 史0380（1）
[河南周口]鹿邑徐氏家乘一卷 （清）徐氏修 清光緒二十七年（1901）刻本 一冊

370000－1506－0000929 史0380（2）
仲升自訂年譜一卷 （清）徐廣縉編 清光緒十八年（1892）鹿邑徐氏刻本 一冊

370000－1506－0000930 史0383（1）
逆臣傳四卷 （清）國史館編 清末都城琉璃廠半松居士刻本 四冊

370000－1506－0000931 史0383（2）
逆臣傳四卷 （清）國史館編 清末都城琉璃廠半松居士刻本 二冊

370000－1506－0000932 史0389
繪像列仙傳四卷 題（明）還初道人輯 清光緒十三年（1887）掃葉山房刻本 四冊

370000－1506－0000933 史0390
山東武義士興學始末記一卷 （清）提學司輯 清宣統元年（1909）石印本 一冊

370000－1506－0000934 史0391
尚友錄二十二卷 （明）廖用賢編纂 （清）張伯琮補輯 清刻本 二十二冊

370000－1506－0000935 史0392
尚友錄二十二卷 （明）廖用賢編纂 （清）張伯琮補輯 清刻本 九冊 存二十卷（三至二十二）

370000－1506－0000936 史0395
史姓韻編六十四卷 （清）汪輝祖輯 清光緒十年（1884）慈溪耕餘樓排印本 八冊 存三十卷（一至三十）

370000－1506－0000937 史0396

史姓韻編六十四卷 （清）汪輝祖輯 清光緒上海中西書局石印本 四冊

370000－1506－0000938 史0401
[山東蓬萊]孫氏宗譜一卷 （清）孫用暹纂 清嘉慶二十一年（1816）刻本 一冊

370000－1506－0000939 史0405
[山東福山]王氏家譜十七卷 （清）王兆琛等重修 清道光二十六年（1846）刻本 六冊

370000－1506－0000940 史0408
新纂氏族箋釋八卷 （清）熊峻運撰 （清）楊煌義編 清刻本 八冊

370000－1506－0000941 史0409
姓觿十卷附錄一卷劄記一卷刊誤一卷 （明）陳士元撰 清光緒十七年（1891）三餘艸堂刻湖北叢書本 二冊 存七卷（一至三、八至十,刊誤一卷）

370000－1506－0000942 史0410
姓氏辯誤三十卷 （清）張澍纂 清道光刻本 六冊

370000－1506－0000943 史0411
姓氏詳註四卷 （清）周魯輯 清刻類書纂要本 六冊

370000－1506－0000944 史0412
姓氏尋源四十五卷 （清）張澍纂 清刻本 十二冊

370000－1506－0000945 史0417
曾太傅毅勇侯傳略一卷 （清）黎庶昌撰 清光緒刻本 一冊

370000－1506－0000946 史0418
曾文正公手書日記不分卷 （清）曾國藩撰 清宣統元年（1909）上海中國圖書公司石印本 四十冊

370000－1506－0000947 史0420
增廣尚友錄統編二十二卷 （清）應祖錫輯 清光緒二十八年（1902）鴻寶齋石印本 十冊 存十八卷（一至四、七至十八、二十一至二十二）

370000－1506－0000948　史0423（1）

[山東煙臺奇山所]張氏譜書不分卷　（清）張氏闔族同修　清宣統三年（1911）石印本九冊

370000－1506－0000949　史0425

徵君孫先生年譜二卷　（清）趙御眾等編（清）方苞訂正　清光緒十三年（1887）成都高繼善堂刻本　二冊

370000－1506－0000950　史0427

中興將帥別傳三十卷　朱孔彰撰　清光緒二十三年（1897）江寧刻本　八冊

370000－1506－0000951　史0428（1）

中興名臣事略八卷　朱孔彰撰　清光緒山東官印書局排印本　二冊　存四卷（一至四）

370000－1506－0000952　史0428（2）

中興名臣事略八卷　朱孔彰撰　清光緒二十四年（1898）上海書局石印本　四冊

370000－1506－0000953　史0429

中州人物考八卷　（清）孫奇逢輯　（清）王元鑣　（清）孫立雅編　清道光二十四年（1844）刻本　八冊

370000－1506－0000954　史0432

廿一史約編八卷首一卷　（清）鄭元慶撰　清末刻本　七冊　缺二卷（一、首一卷）

370000－1506－0000955　史0433

綱鑑擇言十卷　（清）司徒修選輯　清光緒十六年（1890）東昌書業德刻本　六冊

370000－1506－0000956　史0434（1）

綱鑑擇言十卷　（清）司徒修選輯　清光緒二十九年（1903）濰陽承文信刻本　六冊

370000－1506－0000957　史0435

廿一史約編八卷首一卷　（清）鄭元慶撰　清光緒十三年（1887）上海積山書局石印本八冊

370000－1506－0000958　史0437

聖門十六子書十六種　（清）馮雲鵷輯　清道光十二年（1832）刻本　六冊

370000－1506－0000959　史0438（1）

史記菁華錄六卷　（清）姚苧田撰　清道光四年（1824）扶荔山房刻朱墨套印本　六冊

370000－1506－0000960　史0439

史記菁華錄六卷　（清）姚苧田撰　清光緒二十二年（1896）上海掃葉山房石印本　三冊存五卷（一至五）

370000－1506－0000961　史0440

史記菁華錄六卷　（清）姚苧田撰　清光緒二十二年（1896）上海書局石印本　六冊

370000－1506－0000962　史0444

史記選六卷西漢文選四卷　（清）儲欣評　清刻本　四冊

370000－1506－0000963　史0449

萬國通鑑四卷地圖一卷　（美國）謝衛樓撰（清）趙如光譯　清光緒八年（1882）刻本六冊

370000－1506－0000964　史0451

[光緒]保定府志七十九卷首一卷　（清）李培祐等修　（清）張豫墢纂　清光緒刻本　八冊存十六卷（四十三、六十五至七十九）

370000－1506－0000965　史0455

[道光]長清縣志十六卷首四卷末二卷　（清）舒化民修　（清）徐德城纂　清道光十五年（1835）刻本　六冊

370000－1506－0000966　史0456

宸垣識略十六卷　（清）吳長元輯　清乾隆五十三年（1788）池北草堂刻本　八冊

370000－1506－0000967　史0457（1）

[同治]重修甯海州志二十六卷　（清）舒孔安（清）王厚階等纂修　清同治三年（1864）牟平書院刻本　六冊

370000－1506－0000968　史0458

[道光]重修平度縣志二十七卷　（清）保忠等修纂　清道光二十八年（1848）刻本　八冊

370000－1506－0000969　史0460

[雍正]崇明縣志二十卷首一卷　（清）張文英

修　（清）沈龍翔纂　清雍正刻本　一冊　存
二卷(十六至十七)

370000－1506－0000970　　史0461
出使英法意比四國日記六卷　（清）薛福成撰
　　清光緒十八年(1892)石印本　三冊

370000－1506－0000971　　史0463
大唐西域記十二卷　（唐）釋玄奘譯　（唐）辯
機撰　清刻本　三冊　存九卷(一至九)

370000－1506－0000972　　史0465(1)
[順治]登州府志二十二卷　（清）施閏章等修
　　（清）楊奇烈等纂　（清）任浚續纂修　清康
熙三十三年(1694)刻本　八冊

370000－1506－0000973　　史0465(2)
[乾隆]續登州府志十二卷　（清）永泰纂修
清乾隆七年(1742)刻本　四冊

370000－1506－0000974　　史0466
滇繫十二卷　（清）師範纂輯　清末刻本　十
二冊　存三卷(五、七至八)

370000－1506－0000975　　史0472
[光緒]順天府志一百三十卷附錄一卷　（清）
萬青黎　（清）周家楣修　（清）張之洞　繆荃
孫纂　清光緒十年(1884)刻本　六十四冊

370000－1506－0000976　　史0473
廣西通志□□卷　（清）□□等纂修　清刻本
　　一冊　存一卷(三十九)

370000－1506－0000977　　史0474
[光緒]海陽縣續志十卷首一卷　（清）王敬勳
修　（清）李爾梅等纂　清光緒六年(1880)刻
本　三冊　存六卷(二至七)

370000－1506－0000978　　史0475
[光緒]海陽縣續志十卷首一卷　（清）王敬勳
修　（清）李爾梅等纂　清光緒六年(1880)刻
本　六冊

370000－1506－0000979　　史0476
[乾隆]杭州府志一百十卷首五卷　（清）邵齊
然修　（清）汪沆等纂　清乾隆四十四年
(1779)刻本　二十四冊　存五十九卷(一至

二十二、七十九至一百十,首五卷)

370000－1506－0000980　　史0477
皇朝一統輿地全圖不分卷五大洲圖說簡明萬
國公法不分卷　（□）□□撰　清光緒影印本
　　三冊

370000－1506－0000981　　史0478
皇朝中外壹統輿圖南十卷北二十卷中一卷首
一卷　（清）嚴樹森等輯　清同治二年(1863)
刻本　十二冊

370000－1506－0000982　　史0479(1)
[同治]黃縣志十四卷首一卷末一卷　（清）尹
繼美纂修　清同治十年(1871)刻本　四冊

370000－1506－0000983　　史0480
[雍正]畿輔通志一百二十卷　（清）唐執玉
（清）李衛修　（清）陳儀纂　清雍正十三年
(1735)刻乾隆印本　三十七冊　存七十二卷
(二十三至五十七、六十三至九十九)

370000－1506－0000984　　史0481
[同治]即墨縣志十二卷首一卷　（清）林溥修
　　（清）周翕鐄　（清）黃念昀纂　清同治十二
年(1873)刻本　八冊

370000－1506－0000985　　史0489
漓江雜記一卷漓江遊草一卷　金武祥撰　清
光緒二十三年(1897)江陰金武祥粟香室刻本
　　一冊

370000－1506－0000986　　史0491
[山東濟南]歷城縣志五十卷首一卷　（清）胡
德琳修　（清）李文藻等纂　清乾隆三十八年
(1773)刻本　十三冊　存四十一卷(四至十
一、十八至五十)

370000－1506－0000987　　史0493
羅景山臺灣海防並開山日記不分卷　（清）羅
大春撰　清末影印本　一冊

370000－1506－0000988　　史0494
名山勝概記四十六卷首一卷　（明）何鏜輯
明末刻本　十五冊　存十七卷(二至十二、十
四至十六、十九、二十二至二十三)

370000－1506－0000989　史0495

莫愁湖志六卷首一卷　（清）馬士圖編纂　清光緒刻本　一冊　存二卷（五至六）

370000－1506－0000990　史0498

［康熙］重修蒲臺縣志十卷　（清）嚴曾業修（清）李枏纂　清康熙三十二年（1693）刻本　二冊

370000－1506－0000991　史0499（2）

［乾隆］棲霞縣志十卷　（清）衛萇纂修　續志十卷圖一卷　（清）黃麗中　（清）于如川等纂修　清乾隆十九年（1754）刻光緒五年（1879）續刻合印本　十冊

370000－1506－0000992　史0500

［同治］饒州府志三十二卷首一卷　（清）錫德修　（清）石景芬等纂　清同治刻本　三冊　存八卷（十二至十七、二十至二十一）

370000－1506－0000993　史0501

［道光］榮成縣志十卷　（清）李天驥纂修　清道光二十年（1840）刻本　四冊

370000－1506－0000994　史0503（1）

［雍正］山東通志三十六卷首一卷　（清）岳濬（清）法敏修　（清）杜詔　（清）顧瀛纂　清乾隆元年（1736）刻道光十七年（1837）補修本　四十一冊　缺一卷（十二）

370000－1506－0000995　史0503（2）

［雍正］山東通志三十六卷首一卷　（清）岳濬（清）法敏修　（清）杜詔　（清）顧瀛纂　清乾隆元年（1736）刻道光十七年（1837）補修本　四十二冊

370000－1506－0000996　史0506

［雍正］陝西通志一百卷首一卷　（清）劉於義等修　（清）沈青崖纂　清雍正十三年（1735）刻本　八十三冊　存八十三卷（一至三、五至三十、三十三至四十四、四十七至八十一、八十三至八十六、八十八至九十）

370000－1506－0000997　史0507

水經注四十卷　（北魏）酈道元撰　清光緒三年（1877）湖北崇文書局刻本　十二冊

370000－1506－0000998　史0509

說嵩三十二卷例目一卷　（清）景日昣撰　清康熙嶽生堂刻本　九冊　存二十九卷（一至十三、十七至三十二）

370000－1506－0000999　史0510

［道光］蘇州府志一百五十卷首十卷　（清）宋如林等修　（清）石韞玉纂　清道光四年（1824）刻本　七冊　存十七卷（一至十一，首一至二、七至十）

370000－1506－0001000　史0511

泰山道里記一卷　（清）聶鈫撰　清道光六年（1826）刻本　一冊

370000－1506－0001001　史0513

天下郡國利病書一百二十卷　（清）顧炎武輯　清道光十一年（1831）錦里龍萬育敷文閣刻本　四冊　存九卷（七十二至七十八、一百十九至一百二十）

370000－1506－0001002　史0516

［乾隆］濰縣志六卷首一卷末一卷　（清）張耀璧修　（清）王誦芬纂　清乾隆二十五年（1760）刻本　一冊　存二卷（六、末一卷）

370000－1506－0001003　史0518

［雍正］文登縣志十卷　（清）王一夔等纂修　清雍正刻本　四冊

370000－1506－0001004　史0521

五洲述略四卷　（清）蕭應椿輯　清光緒二十八年（1902）紫藤花館刻本　六冊

370000－1506－0001005　史0522（1）

五洲圖考不分卷　（清）龔柴　（清）許彬撰　清光緒二十八年（1902）上海徐家匯印書館排印本　四冊

370000－1506－0001006　史0522（2）

五洲圖考不分卷　（清）龔柴　（清）許彬撰　清光緒二十四年（1898）上海徐家匯印書館排印本　三冊　存（地體渾圓說、歐羅巴洲部分）

370000－1506－0001007　史0523

武夷山志二十四卷首一卷　（清）董天工撰
清道光二十六年（1846）五夫尺木軒刻本
八冊

370000－1506－0001008　史0524
西湖志四十八卷　（清）李衛修　（清）傅王露
等纂　清光緒四年（1878）浙江書局刻本　二
十冊

370000－1506－0001009　史0525
西湖志纂十五卷首一卷　（清）沈德潛　（清）
傅王露輯　（清）梁詩正纂　清乾隆二十七年
（1762）刻本　八冊

370000－1506－0001010　史0534
［光緒］益都縣圖志五十四卷首一卷　（清）張
承燮修　（清）法偉堂等纂　清光緒三十三年
（1907）益都官舍刻本　十六冊

370000－1506－0001011　史0535
瀛環志畧十卷　（清）徐繼畬撰　清道光三十
年（1850）紅杏山房刻本　六冊

370000－1506－0001012　史0537
［乾隆］永順府志十二卷首一卷　（清）張天如
纂修　清乾隆二十八年（1763）刻本　六冊

370000－1506－0001013　史0538（1）
［光緒］增修登州府志六十九卷首一卷　（清）
方汝翼等修　（清）周悅讓等纂　清光緒七年
（1881）刻本　十九冊　存六十三卷（七至六
十九）

370000－1506－0001014　史0538（2）
［光緒］增修登州府志六十九卷首一卷　（清）
方汝翼等修　（清）周悅讓等纂　清光緒七年
（1881）刻本　十四冊　存五十七卷（一至三、
十一至十九、二十五至六十九）

370000－1506－0001015　史0539
［道光］招遠縣續志四卷　（清）陳國器
（清）李蔭等纂　清道光二十六年（1846）刻本
三冊　存三卷（二至四）

370000－1506－0001016　史0545
潮牘偶存二卷　（清）冒澄撰　清光緒五年

（1879）刻本　二冊

370000－1506－0001017　史0546
重刊補註洗冤錄集證六卷　（宋）宋慈纂
（清）王又槐　（清）李觀瀾增輯　（清）阮其
新等補註　清道光二十四年（1844）刻四色套
印本　五冊

370000－1506－0001018　史0547
籌濟編三十二卷首一卷　（清）楊景仁輯　清
道光刻本　八冊

370000－1506－0001019　史0548
大清搢紳全書四卷　（清）□□撰　清道光二
十年（1840）刻本　四冊

370000－1506－0001020　史0549
大清搢紳全書四卷大清中樞備覽二卷　（清）
□□撰　清光緒十三年（1887）榮華堂刻本
六冊

370000－1506－0001021　史0550
大清搢紳全書四卷　（清）□□撰　清光緒刻
本　二冊　存二卷（一、三）

370000－1506－0001022　史0551
大清律例彙輯便覽四十卷　（清）刑部制訂
清同治十二年（1873）京都琉璃廠刻本　三十
二冊

370000－1506－0001023　史0552（1）
大清律例增修統纂集成四十卷督捕則例附纂
二卷　（清）刑部制訂　清末刻本　十三冊
存二十二卷（四至五、八、十一至二十二、二十
四、三十一至三十二、三十五至三十七,督捕
則例附纂一）

370000－1506－0001024　史0552（2）
大清律例新增統纂集成四十卷督捕則例附纂
二卷　（清）刑部制訂　清末刻本　十二冊
存二十二卷（九至三十）

370000－1506－0001025　史0553
大清律例通考四十卷　（清）吳壇纂　清光緒
十二年（1886）刻本　十三冊　存十四卷（一
至四、十六至二十五）

370000－1506－0001026　史 0554（1）

大清律例增修統纂集成四十卷督捕則例二卷
（清）刑部制訂　清光緒十七年（1891）上洋
珍藝書局排印本　二十五冊

370000－1506－0001027　史 0555

大清律例增修統纂集成四十卷　（清）刑部制
訂　清末石印本　六冊　存十四卷（九至二
十二）

370000－1506－0001028　史 0556（1）

樊山批判十四卷　樊增祥撰　清光緒二十三
年（1897）刻本　九冊

370000－1506－0001029　史 0556（2）

樊山公牘三卷　樊增祥撰　清光緒二十年
（1894）刻本　三冊

370000－1506－0001030　史 0558

皇朝經世文編一百二十卷　（清）賀長齡輯
清光緒二十二年（1896）上海掃葉山房排印本
十二冊　存五十九卷（一至二十六、八十八
至一百二十）

370000－1506－0001031　史 0559

皇朝經世文編一百二十卷　（清）賀長齡輯
清光緒二十八年（1902）上海久敬齋石印本
十四冊　存六十九卷（一至四十八、五十三至
五十六、九十至一百、一百〇六至一百十一）

370000－1506－0001032　史 0560

皇朝經世文編一百二十卷　（清）賀長齡輯
清刻本　八冊　存十七卷（八十八至一百〇
四）

370000－1506－0001033　史 0561

皇朝經世文編一百二十卷　（清）賀長齡輯
清刻本　二十一冊　存三十三卷（二十一至
二十九、五十至五十六、七十至七十一、八十
八至九十六、九十九、一百十四至一百十八）

370000－1506－0001034　史 0563

皇朝經世文統編一百二十卷　（清）□□撰
清光緒二十七年（1901）上海慎記石印本　五
十三冊　存一百〇八卷（一至二十七、三十七
至八十四、八十八至一百二十）

370000－1506－0001035　史 0564

皇朝經世文統編一百〇七卷　（清）□□撰
清光緒二十七年（1901）上海寶善齋石印本
五十二冊

370000－1506－0001036　史 0566

**皇朝經世文新增續編一百二十卷時務續編四
十卷洋務續編八卷**　（清）葛士濬輯　清光緒
二十三年（1897）掃葉山房排印本　二十九冊
缺七卷（新增續編五十五至六十一）

370000－1506－0001037　史 0567（1）

皇朝經世文續編一百二十卷　（清）葛士濬輯
清光緒二十七年（1901）上海久敬齋排印本
十二冊　存六十一卷（一至六十一）

370000－1506－0001038　史 0568

皇清名臣奏議六十八卷首一卷　（清）琴川居
士輯　清光緒二十八年（1902）麗澤學會石印
本　七冊　存六十卷（一至十四、二十三至六
十八）

370000－1506－0001039　史 0569

經略洪承疇奏對筆記二卷　（清）洪承疇撰
清末刻本　一冊

370000－1506－0001040　史 0571

律例便覽八卷處分則例圖要六卷　（清）蔡高
年　（清）蔡逢年撰　清同治十三年（1874）刻
本　六冊

370000－1506－0001041　史 0572

牧令須知七卷　（清）剛毅撰　清光緒十一年
（1885）刻本　二冊

370000－1506－0001042　史 0573

南巡盛典一百二十卷　（清）高晉等纂　清光
緒八年（1882）上海點石齋石印本　八冊

370000－1506－0001043　史 0574

欽定大清會典一百卷　（清）崑岡等纂修　清
光緒十九年（1893）上海圖書集成印書局排印
本　八冊

370000－1506－0001044　史 0575

欽定工部軍器則例六十卷　（清）劉權之等修

（清）宋道勳等纂　清嘉慶十七年（1812）工部刻本　四十冊

370000－1506－0001045　史 0576

欽定續文獻通考二百五十卷　（清）嵇璜等撰　清光緒十三年（1887）浙江書局刻本　十冊　存二十卷（一百十五至一百三十四）

370000－1506－0001046　史 0578（1）

三通考輯要七十六卷　湯壽潛輯　清光緒二十五年（1899）圖書集成局排印本　三十冊

370000－1506－0001047　史 0578（2）

三通考輯要七十六卷　湯壽潛編　清光緒二十五年（1899）圖書集成局排印本　二十四冊　存六十四卷（文獻通考輯要一、五至八、十至十一上、十三至十六、十九至二十二，欽定續文獻通考輯要一至十七、二十至二十六，皇朝文獻通考輯要一至十八、二十下至二十六）

370000－1506－0001048　史 0579

沈文肅公政書七卷首一卷　（清）沈葆楨撰　清光緒六年（1880）吳門節署排印本　七冊

370000－1506－0001049　史 0580

聖廟祀典圖考三卷首一卷　（清）顧沅撰　清光緒上海同文書局影印本　四冊

370000－1506－0001050　史 0581

聖諭廣訓十六條　（清）聖祖玄燁撰　（清）世宗胤禛廣訓　清光緒二十八年（1902）刻本　四冊

370000－1506－0001051　史 0582

實政錄七卷　（明）呂坤撰　清道光七年（1827）開封府署刻本　三冊　存四卷（一至四）

370000－1506－0001052　史 0584

通志二百卷　（宋）鄭樵撰　清光緒二十七年（1901）上海圖書集成局排印本　六十冊

370000－1506－0001053　史 0587

文獻通考三百四十八卷　（元）馬端臨撰　清光緒二十八年（1902）上海鴻寶書局石印本　二十七冊　存三百卷（一至三十七、四十八至一百四十五、一百五十七至一百六十六、一百七十七至二百五十八、二百六十九至三百四十一）

370000－1506－0001054　史 0588

文獻通考三百四十八卷　（元）馬端臨撰　清咸豐九年（1859）崇仁謝氏刻本　八十冊　存二百四十八卷（一百〇一至三百四十八）

370000－1506－0001055　史 0589

文獻通考紀要四卷　（□）□□撰　清光緒二十八年（1902）石印本　四冊

370000－1506－0001056　史 0590

文獻通考詳節二十四卷　（元）馬端臨纂　（清）嚴虞惇節錄　清光緒二十五年（1899）上海書局石印本　六冊

370000－1506－0001057　史 0591（1）

文獻通考纂二十二卷　（元）馬端臨撰　（清）郎星輯　清刻本　十三冊　存二十一卷（一至十四、十六至二十二）

370000－1506－0001058　史 0591（2）

續文獻通考纂二十二卷　（明）王圻撰　（清）郎星等纂定　清刻本　五冊　存十八卷（一至十八）

370000－1506－0001059　史 0592

吾學錄二十四卷　（清）吳榮光撰　清同治十三年（1874）刻本　六冊

370000－1506－0001060　史 0593

洗冤錄詳義四卷首一卷　（宋）宋慈撰　（清）許槤編校　清光緒二年（1876）潘氏滂喜齋刻本　四冊

370000－1506－0001061　史 0594

咸豐壬子恩科癸丑恩科丙辰恩科金榜題名錄一卷歷科會試題名錄一卷歷科鄉試題名錄一卷　（清）□□輯　清光緒抄本　一冊

370000－1506－0001062　史 0595

最新職官全錄四卷　（清）榮寶齋編　清宣統三年（1911）京都榮寶齋刻本　八冊

370000－1506－0001063　史 0597

新刻校正音釋詞家便覽蕭曹遺筆四卷　（清）
閻閻子訂注　清刻本　二冊

370000－1506－0001064　史0598
星軺指掌三卷續一卷　（清）聯芳　（清）慶常
譯　清光緒三年(1877)同文館聚珍堂刻本
二冊

370000－1506－0001065　史0599
刑案匯覽六十卷首一卷末一卷拾遺備考一卷
新增刑案匯覽十六卷續增刑案匯覽十六卷
(清)鮑書芸　(清)祝慶祺等編　清光緒上海
圖書集成局排印本　三十九冊　缺二卷(刑
案匯覽五十九至六十)

370000－1506－0001066　史0601
約章成案滙覽甲編十卷乙編四十二卷　（清）
北洋洋務局纂輯　清末石印本　十冊　存十
一卷(乙編三十二至四十二)

370000－1506－0001067　史0602
直省釋奠禮樂記六卷首一卷末一卷　（清）應
寶時等輯　清光緒十七年（1891）廣東藩署刻
本　四冊

370000－1506－0001068　史0603
硃批諭旨不分卷　（清）世宗胤禛批　（清）允
祿　（清）鄂爾泰等編　清雍正元年至乾隆三
年(1723－1738)武英殿刻朱墨套印本　五冊
　　存十四人奏摺(張大有、武格、鄂爾泰、陳世
倌、岳超龍、馬紀勳、張起雲、邊士偉、張元佐、
齊元輔、趙坤、藍廷珍、張耀祖、紀成斌)

370000－1506－0001069　史0605
碑版文廣例十卷　（清）王芑孫撰　清道光二
十一年(1841)刻本　四冊

370000－1506－0001070　史0608
藏書紀事詩六卷　葉昌熾撰　清光緒二十三
年(1897)元和江標長沙學使署刻本　二冊

370000－1506－0001071　史0609
藏書紀事詩六卷　葉昌熾撰　清光緒二十三
年(1897)元和江標長沙學使署刻蘇州察院塲
振新書社印本　十二冊

370000－1506－0001072　史0610
藏書紀事詩七卷　葉昌熾撰　清宣統二年
(1910)葉氏自刻本　六冊

370000－1506－0001073　史0611
長安獲古編二卷補一卷　（清）劉燕庭撰　清
刻本　二冊

370000－1506－0001074　史0613
敦煌石室真蹟錄五卷附錄一卷　王仁俊錄
清宣統元年(1909)影印本　二冊

370000－1506－0001075　史0614(1)
二銘草堂金石聚十六卷　（清）張德容輯　清
同治刻本　十六冊

370000－1506－0001076　史0616
江刻書目三種　（清）江標輯　清光緒刻本
四冊

370000－1506－0001077　史0618
古今偽書考不分卷　（清）姚際恒撰　清光緒
三年(1877)蘇州文學山房活字本　二冊

370000－1506－0001078　史0621(1)
古玉圖考不分卷　（清）吳大澂編　清光緒十
五年(1889)上海同文書局石印本　四冊

370000－1506－0001079　史0625
漢延熹西嶽華山碑考四卷　（清）阮元編　清
嘉慶十八年(1813)刻文選樓叢書本　二冊

370000－1506－0001080　史0628(1)
吉金所見錄十六卷首一卷末一卷　（清）初尚
齡纂輯　清嘉慶二十四年(1819)萊陽初氏古
香書屋刻道光七年(1827)續刻本　清初尚齡
批注　四冊

370000－1506－0001081　史0628(2)
吉金所見錄十六卷首一卷末一卷　（清）初尚
齡纂輯　清嘉慶二十四年(1819)萊陽初氏古
香書屋刻道光七年(1827)續刻本　清初尚齡
批注　四冊

370000－1506－0001082　史0629(1)
吉金所見錄十六卷首一卷末一卷　（清）初尚
齡纂輯　清嘉慶二十四年(1819)萊陽初氏古

香書屋刻道光七年(1827)續刻道光二十一年(1841)補刻本　四冊

370000－1506－0001083　史0630

濟南金石志四卷　(清)馮雲鵷撰　清道光二十年(1840)刻本　四冊

370000－1506－0001084　史0631

積古齋鐘鼎彝器款識十卷　(清)朱為弼編　清嘉慶九年(1804)揚州阮氏刻本　八冊

370000－1506－0001085　史0632

積古齋鐘鼎彝器款識十卷　(清)朱為弼編　清末刻本　四冊　缺十六葉(一至十六)

370000－1506－0001086　史0649

金石三例三種　(清)盧見曾輯　清嘉慶十六年(1811)孝岡饒向榮雙峰閣刻本　四冊

370000－1506－0001087　史0650

金石錄三十卷　(宋)趙明誠撰　清光緒吳縣朱記榮刻行素草堂金石叢書本　四冊

370000－1506－0001088　史0652

金石索十二卷首一卷　(清)馮雲鵬　(清)馮雲鵷輯　清道光元年(1821)滋陽紫琅馮氏邃古齋刻本　十二冊

370000－1506－0001089　史0655

金石索十二卷首一卷　(清)馮雲鵬　(清)馮雲鵷輯　清光緒三十三年(1907)上海文新書局石印本　二十四冊

370000－1506－0001090　史0657(1)

楷法溯源十四卷楷法溯源所采古碑目錄一卷　(清)潘存孺輯　楊守敬編　清光緒三年(1877)刻本　十五冊

370000－1506－0001091　史0664(1)

隸篇十五卷續十五卷再續十五卷　(清)翟云升撰　清道光十七年至十八年(1837－1838)刻本　十三冊

370000－1506－0001092　史0666

隸釋二十七卷　(宋)洪适撰　清乾隆四十二年至四十三年(1777－1778)汪氏樓松書屋刻本　八冊

370000－1506－0001093　史0667

隸釋二十七卷隸續二十一卷　(宋)洪适撰　汪本隸釋刊誤一卷　(清)黃丕烈撰　清同治十一年(1872)皖南洪氏晦木齋刻洪氏晦木齋叢書本　八冊

370000－1506－0001094　史0668

兩罍軒彝器圖釋十二卷　(清)吳雲撰　清同治十一年(1872)刻本　三冊　存六卷(一至六)

370000－1506－0001095　史0676

欽定四庫全書附存目錄十卷　(清)胡虔撰　清刻本　六冊

370000－1506－0001096　史0677

欽定四庫全書簡明目錄二十卷首一卷　(清)紀昀等編　清刻本　十二冊

370000－1506－0001097　史0678

欽定四庫全書簡明目錄二十卷首一卷　(清)紀昀等編　清同治七年(1868)廣東書局刻本　十二冊

370000－1506－0001098　史0680

善本書室藏書志四十卷附錄一卷　(清)丁丙輯　清光緒二十七年(1901)錢塘丁氏刻本　一冊

370000－1506－0001099　史0682

貸園叢書初集十二種　(清)周永年輯　清乾隆歷城周氏刻本　一冊　存二種四卷(石刻鋪敘二卷、鳳墅殘帖釋文二卷)

370000－1506－0001100　史0685

士禮居藏書題跋記六卷　(清)黃丕烈撰　清光緒刻本　四冊

370000－1506－0001101　史0689(1)

宋元舊本書經眼錄三卷附錄二卷　(清)莫友芝輯　清光緒十年(1884)上海還讀樓刻本　四冊

370000－1506－0001102　史0690

授堂遺書　(清)武億撰　清乾隆、嘉慶武穆淳刻本　七冊　存二種二十二卷(授堂金石

文字續跋十四卷、群經義證八卷）

370000－1506－0001103　史 0691
匋齋藏石記四十四卷首一卷匋齋藏甎記二卷
（清）端方輯　清宣統元年（1909）上海商務
印書館石印本　十二冊

370000－1506－0001104　史 0692（1）
陶齋吉金續錄二卷補遺一卷　（清）端方輯
清宣統元年（1909）金陵影印本　二冊

370000－1506－0001105　史 0693
鐵琴銅劍樓藏書目錄二十四卷　（清）瞿鏞編
清光緒二十三年（1897）武進董康刻本
十冊

370000－1506－0001106　史 0696
晚出書目記略四卷　（清）王守訓撰　稿本
四冊

370000－1506－0001107　史 0700
小蓬萊閣金石文字不分卷　（清）黃易輯　清
嘉慶石墨軒刻本　四冊　存四冊（二至五）

370000－1506－0001108　史 0701
小蓬萊閣金石文字不分卷　（清）黃易輯　清
道光十四年（1834）刻本　五冊

370000－1506－0001109　史 0702（1）
行素堂目睹書錄十卷汲古閣珍藏秘本書目
（清）朱記榮輯訂　清光緒十年（1884）吳縣朱
記榮槐廬刻本　十冊

370000－1506－0001110　史 0707
雍州金石記十卷記餘一卷　（清）朱楓撰　清
刻本　二冊

370000－1506－0001111　史 0709
直齋書錄解題二十二卷　（宋）陳振孫撰　清
攷儁堂校刻本　十冊

370000－1506－0001112　史 0712
中州金石目四卷補遺一卷　（清）姚晏撰　清
光緒九年（1883）歸安姚氏刻咫進齋叢書本
二冊

370000－1506－0001113　史 0715
讀史大畧六十卷首一卷小沙子史畧一卷

（清）沙張白撰　清刻本　六冊　存三十卷
（讀史大畧十五至二十、二十九至四十四、五
十三至五十七中、五十九至六十，小沙子史畧
一卷）

370000－1506－0001114　史 0717
二十四史論贊七十八卷　（清）陳闓輯　清光
緒二十八年（1902）文淵山房石印本　十二冊

370000－1506－0001115　史 0723
歷代史論二十二卷　（明）張溥等撰　清光緒
刻朱墨套印本　十二冊

370000－1506－0001116　史 0726
史記論文一百三十卷　（清）吳見思評點　清
刻本　十二冊　存六十三卷（三十二至六十、
九十七至一百三十）

370000－1506－0001117　史 0727
史記評林一百三十卷首一卷　（明）凌稚隆輯
清光緒二十七年（1901）上海天章書局石印
本　十二冊

370000－1506－0001118　史 0728
史事論十卷乙編六卷丙編四卷丁編四卷　雷
瑨編輯　清光緒掃葉山房石印本　十六冊

370000－1506－0001119　史 0731（1）
史通削繁四卷　（唐）劉知幾撰　（清）浦起龍
注　（清）紀昀刪並評　清光緒元年（1875）湖
北崇文書局刻本　四冊

370000－1506－0001120　史 0733
通鑑論三卷稽古錄論一卷　（宋）司馬光撰
（清）伍耀光輯錄　清光緒二十七年（1901）上
海文淵山房石印本　四冊

370000－1506－0001121　S2
加批增補四書味根錄三十七卷首二卷　（清）
金灃撰　清光緒十五年（1889）上海蜚英館石
印本　六冊

370000－1506－0001122　S4
痘證慈航一卷補遺一卷　（明）歐陽調律撰
（清）郭士珩輯　清同治四年（1865）刻本
一冊

370000－1506－0001123　S5

施愚山先生別集四卷　（清）施閏章撰　清刻本　一冊

370000－1506－0001124　S6

郭康介公遺集二卷　（明）郭宗皋撰　（清）丁守存輯　清光緒元年（1875）日照丁守存刻本　一冊　存一卷（二）

370000－1506－0001125　S7

西堂全集一百三十八卷　（清）尤侗撰　清康熙刻本　一冊　存二卷（擬明史樂府一、外國竹枝詞一）

370000－1506－0001126　S8

脈理求眞三卷　（清）黃宮繡撰　清乾隆三十九年（1774）綠圃齋刻本　一冊

370000－1506－0001127　S9

香雪文鈔十二卷　（清）曹學詩撰　清刻本　一冊　存一卷（十一）

370000－1506－0001128　S10

文房肆攷圖說八卷　（清）唐秉鈞纂　（清）康愷繪圖　清乾隆四十年（1775）刻本　一冊　存一卷（一）

370000－1506－0001129　S11

文堂集驗方四卷　（清）何京輯　清乾隆四十年（1775）刻本　一冊　存二卷（一至二）

370000－1506－0001130　S13

七家試帖輯註彙鈔九卷　（清）張熙宇輯評（清）王植桂輯註　清刻本　一冊　存二卷（西漚試帖輯註二卷）

370000－1506－0001131　S14

歷朝捷錄不分卷　（清）□□撰　清抄本　二冊

370000－1506－0001132　S15

順正編□□卷　（清）王德瑛撰　清道光十年（1830）刻本　一冊　存五卷（女誡一、女論語一、内訓一、呂氏閨範一、呂氏女小兒語一）

370000－1506－0001133　S16

天壤閣叢書　（清）王懿榮輯　清同治、光緒福山王氏刻本　二冊　存三種四卷（古今韻考四、切韻一、王布政集一至二）

370000－1506－0001134　S17

醫方不分卷　（清）□□撰　清光緒抄本　一冊

370000－1506－0001135　S18

叩缽齋纂行廚集十七卷　（清）李之澎　（清）汪建封輯　清抄本　一冊

370000－1506－0001136　S19

拙存翁自敘一卷　（清）曲永文撰　清嘉慶刻本　一冊

370000－1506－0001137　S20

圭塘倡和詩一卷　袁克文撰　清宣統二年（1910）影印本　一冊

370000－1506－0001138　S22

傷寒六經摘要不分卷　（清）□□撰　清抄本　一冊

370000－1506－0001139　S23

湯頭歌訣不分卷　（清）□□撰　清抄本　一冊

370000－1506－0001140　S24

摘錄新方八陣不分卷　（清）□□撰　清抄本　一冊

370000－1506－0001141　S25

得意卽抄不分卷　（清）□□撰　清抄本　一冊

370000－1506－0001142　S26

抄錄褉癎□□卷　（清）□□撰　清抄本　一冊　存一卷（二）

370000－1506－0001143　S27

靈驗藥方不分卷　（清）□□撰　清抄本　一冊

370000－1506－0001144　S28

診脈初步歌不分卷湯頭擇要集不分卷　（清）□□撰　清抄本　一冊

370000－1506－0001145　S29

泉志不分卷 （宋）洪遵撰 清抄本 一冊

370000－1506－0001146 S30

錢譜二卷 （清）□□撰 清抄本 二冊

370000－1506－0001147 S31

平樂府屬辦理棲流所章程不分卷 （清）□□撰 清光緒刻本 一冊

370000－1506－0001148 S32

節本泰西新史攬要八卷 （英國）李提摩太譯 （清）周慶雲節錄 清光緒二十七年（1901）夢坡室刻本 二冊

370000－1506－0001149 S33

鑑撮四卷 （清）曠敏本撰 清刻本 一冊 存一卷（一）

370000－1506－0001150 S34

鑑略四字書一卷 （清）王仕雲撰 清乾隆六年（1741）京都老二酉堂刻本 一冊

370000－1506－0001151 S35

格致彙編 （英國）傅蘭雅輯 清末刻本 四冊 存四種三十八卷（御風要術四卷、航海簡法四卷、輪船布陣十二卷、防海新論十八卷）

370000－1506－0001152 S36

重刻養生經驗合集 （清）□□撰 清刻本 一冊

370000－1506－0001153 S37

結水滸全傳七十卷末一卷 （清）俞萬春撰 清末排印本 一冊 存四卷（二十至二十三）

370000－1506－0001154 S38

經驗良方一卷 （清）□□撰 清抄本 一冊

370000－1506－0001155 S39

經驗良方一卷 （清）□□撰 清抄本 一冊

370000－1506－0001156 S40

經驗良方一卷 （清）□□撰 清抄本 一冊

370000－1506－0001157 S41

經驗良方一卷 （清）□□撰 清抄本 一冊

370000－1506－0001158 S42

經驗良方一卷 （清）□□撰 清刻本 一冊

370000－1506－0001159 S43

詩韻類錦十一卷 （清）□□撰 清刻本 一冊 存三卷（二、五至六）

370000－1506－0001160 S44

詩韻合璧五卷 （清）湯文潞輯 清末刻本 一冊 存一卷（五）

370000－1506－0001161 S45

詩韻集成十卷 （清）余照輯 清刻本 二冊 存六卷（五至十）

370000－1506－0001162 S46

詩韻集成十卷 （清）余照輯 清光緒六年（1880）萊州泰和裕刻本 二冊 存五卷（一至二、八至十）

370000－1506－0001163 S47

典韻易簡四卷 （清）曲景範撰 清刻本 一冊 存二卷（三至四）

370000－1506－0001164 S48

韻畧匯通二卷 （明）蘭芳編次 清刻本 一冊 存一卷（二）

370000－1506－0001165 S49

佩文韻府提綱二卷 （清）王士瑗輯 清道光十二年（1832）刻本 一冊 存一卷（一）

370000－1506－0001166 S50

聲律啟蒙撮要二卷 （清）車萬育撰 清光緒十三年（1887）刻本 一冊

370000－1506－0001167 S51

韻字鑑四卷 （清）翟云升撰 清刻本 一冊 存一卷（二）

370000－1506－0001168 S52

字彙十二卷首一卷末一卷 （明）梅膺祚撰 清刻本 一冊 存一卷（五）

370000－1506－0001169 S53

康熙字典十二集三十六卷檢字一卷辨似一卷等韻一卷總目一卷備考一卷補遺一卷 （清）張玉書等纂 清刻本 二冊 存四卷（戌中、亥上中,總目一卷,備考一卷）

370000－1506－0001170 S54

康熙字典十二集三十六卷檢字一卷辨似一卷
等韻一卷總目一卷備考一卷補遺一卷 （清）
張玉書等纂 清刻本 四冊 存四種（丑下、
戌中、亥上中,總目一卷,備考一卷）

370000－1506－0001171 S57

尺木堂綱鑑易知錄九十二卷明鑑易知錄十五
卷 （清）吳乘權等輯 清刻本 九冊 存二
十一卷（綱鑑易知錄八至九、四十六至四十
七、五十一至五十六,明鑑易知錄三至四、七
至十五）

370000－1506－0001172 S58

緯文堂明鑑易知錄十五卷 （清）吳乘權等輯
清刻本 一冊 存二卷（十四至十五）

370000－1506－0001173 S59

芸居樓綱鑑易知錄九十二卷 （清）吳乘權等
輯 清刻本 一冊 存二卷（二十至二十一）

370000－1506－0001174 S60

桃花扇傳奇四卷 （清）孔尚任撰 清刻本
一冊 存一卷（三）

370000－1506－0001175 S61

四書人物類典串珠四十卷 （清）臧志仁輯
清刻本 六冊 存十八卷（一至十八）

370000－1506－0001176 S62

國朝畫識十七卷墨香居畫識十卷 （清）馮金
伯撰 清刻本 七冊 存十五卷（國朝畫識
三至四、七至八、十一至十四,墨香居畫識一
至七）

370000－1506－0001177 S63

增像第六才子書五卷首一卷 （元）王實甫撰
（清）金人瑞評 清光緒十五年（1889）上海
鴻寶齋石印本 三冊 存三卷（二至三、首一
卷）

370000－1506－0001178 S64

懷永堂繪像第六才子書八卷 （元）王實甫撰
（清）金人瑞評 清味蘭軒刻本 一冊 存
三卷（一至三）

370000－1506－0001179 S65

懷永堂繪像第六才子書八卷 （元）王實甫撰
（清）金人瑞評 清刻本 一冊 存一卷
（六）

370000－1506－0001180 S66

禮記十卷 （元）陳澔集說 清刻本 四冊
存四卷（二至五）

370000－1506－0001181 S67

禮記十卷 （元）陳澔集說 清刻本 二冊
存二卷（一、七）

370000－1506－0001182 S68

禮記十卷 （元）陳澔集說 清刻本 二冊
存二卷（六、九）

370000－1506－0001183 S69

禮記十卷 （元）陳澔集說 清刻本 一冊
存一卷（七）

370000－1506－0001184 S70

禮記十卷 （元）陳澔集說 清刻本 一冊
存一卷（六）

370000－1506－0001185 S71

會稽王氏清芬録不分卷 （清）王繼香撰 清
光緒二十五年（1899）鴻文書局石印本 一冊

370000－1506－0001186 S72

貳臣傳十二卷 （清）國史館編 清末刻本
一冊 存一卷（四）

370000－1506－0001187 S73

新鎸後續繡像五虎平南狄青演義六卷四十二
回 （□）□□撰 清刻本 二冊 存二卷
（二、四）

370000－1506－0001188 S74

李義山詩集三卷 （唐）李商隱撰 （清）朱鶴
齡箋注 清刻本 二冊 存二卷（一至二）

370000－1506－0001189 S75

古詩約選不分卷 （清）□□撰 清末抄本
一冊

370000－1506－0001190 S76

乃肯堂文不分卷 （清）□□撰 清抄本
一冊

370000－1506－0001191　S77

痘疹集驗方不分卷　（清）□□撰　清師善堂
刻本　一冊

370000－1506－0001192　S78

國朝畫徵錄三卷續錄二卷　（清）張庚撰　清
刻本　二冊

370000－1506－0001193　S79

遂生福幼合編　（清）莊一夔撰　清嘉慶六年
(1801)刻本　一冊

370000－1506－0001194　S81

歷代泉志不分卷　（宋）洪邁撰　（明）震亨
（明）毛晉同訂　清抄本　一冊

370000－1506－0001195　S82

張太史塾課八卷　（清）張江撰　清刻本
四冊

370000－1506－0001196　S83

古硯拓片　（□）□□撰　清拓本　一冊

370000－1506－0001197　S84

清人雜錄不分卷　（清）□□撰　清抄本
四冊

370000－1506－0001198　S85

尺木堂綱鑑易知錄九十二卷　（清）吳乘權等
輯　清刻本　一冊　存二卷(一至二)

370000－1506－0001199　S86

尺木堂綱鑑易知錄九十二卷　（清）吳乘權等
輯　清刻本　十五冊　存三十五卷(十四至
二十八、六十七至八十六)

370000－1506－0001200　S87

聊齋志異新評十六卷　（清）蒲松齡撰　（清）
王士禎評　（清）但明倫新評　（清）呂湛恩注
　清刻本　八冊　存八卷(四、八至十、十三
至十六)

370000－1506－0001201　S88

聊齋志異新評十六卷　（清）蒲松齡撰　（清）
王士禎評　（清）但明倫新評　（清）呂湛恩注
　清刻本　二冊　存二卷(四至五)

370000－1506－0001202　S89

聊齋志異新評十六卷　（清）蒲松齡撰　（清）
王士禎評　（清）但明倫新評　（清）呂湛恩注
清刻三色套印本　一冊　存一卷(三)

370000－1506－0001203　S90

月令粹編二十四卷圖說一卷　（清）秦嘉謨撰
清光緒九年(1883)皖省聚文書坊活字印本
五冊　存十四卷(七至九、十四至二十四)

370000－1506－0001204　S91

事類賦三十卷　（宋）吳淑撰並注　清嘉慶四
年(1799)刻本　五冊　存二十卷(一至十五、
二十一至二十五)

370000－1506－0001205　S92

事類賦三十卷　（宋）吳淑撰並注　清刻本
四冊　存十九卷(五至二十三)

370000－1506－0001206　S93

事類賦三十卷　（宋）吳淑撰並注　清刻本
二冊　存十卷(五至九、二十一至二十五)

370000－1506－0001207　S94

廣廣事類賦三十二卷　（清）吳世旃撰　清刻
本　五冊　存二十卷(一至八、十七至二十
四、二十九至三十二)

370000－1506－0001208　S95

廣事類賦四十卷　（清）華希閔撰　清刻本
八冊　存三十三(四至二十六、三十一至四
十)

370000－1506－0001209　S96

重訂廣事類賦四十卷　（清）華希閔撰　清刻
本　二冊　存五卷(一至五)

370000－1506－0001210　S97

西遊真詮十卷一百回　（明）吳承恩撰　（清）
陳士斌詮解　清刻本　一冊　存一卷(四)

370000－1506－0001211　S98

四書題鏡三十六卷總論二十則　（清）汪鯉翔
撰　清乾隆五十一年(1786)刻本　十六冊

370000－1506－0001212　S99

四書題鏡三十六卷總論二十則　（清）汪鯉翔
撰　清刻本　三冊　存三種五卷(中庸一,上

孟一,上論二、六、十二)

370000－1506－0001213　S100(1)
增補四書近言正解　(清)吳荃撰　清刻本
三冊

370000－1506－0001214　S100(2)
新鐫合參全旨四書近言正解　(清)吳荃撰
清刻本　四冊　存二種六卷(上孟三、下孟一
至四,下論二)

370000－1506－0001215　S101
**康熙字典十二集三十六卷檢字一卷辨似一卷
等韻一卷總目一卷備考一卷補遺一卷**　(清)
張玉書等纂　清刻本　六冊　存二集(辰、
巳)

370000－1506－0001216　S102
四書題鏡三十六卷總論二十則　(清)汪鯉翔
撰　清刻本　五冊　存五卷(上論一至二、下
論四至六)

370000－1506－0001217　S103
四書題鏡三十六卷總論二十則　(清)汪鯉翔
撰　清刻本　十二冊　存十卷(大學一卷、中
庸一卷、論語四卷、孟子四卷)

370000－1506－0001218　S104
小學六卷　(清)高愈纂注　清光緒二十八年
(1902)煙臺成文信記刻本　四冊

370000－1506－0001219　S105
小學六卷　(清)高愈纂注　清光緒八年
(1882)刻本　四冊

370000－1506－0001220　S106
小學六卷　(清)高愈纂注　清刻本　二冊
缺二卷(一至二)

370000－1506－0001221　S107
小學集註六卷　(明)陳選撰　**忠經集註一卷**
(漢)馬融撰　(漢)鄭玄集註　**孝經集註一
卷**　(明)陳選集註　清刻本　一冊　存三卷
(小學集註五、忠經一、孝經一)

370000－1506－0001222　S108
四子書十九卷　(宋)朱熹集注　清光緒刻本

一冊　缺十七卷(論語一至十、孟子一至
七)

370000－1506－0001223　S109
增訂四書析疑二十三卷　(清)張權時輯　清
刻本　一冊　存一卷(中庸一)

370000－1506－0001224　S110
孟子七卷　(宋)朱熹集注　清刻本　一冊
存三卷(一至三)

370000－1506－0001225　S111
字學舉隅二卷　(清)龍啟瑞撰　清刻本
一冊

370000－1506－0001226　S112
簡明詩韻一卷　清刻本　一冊

370000－1506－0001227　S113
十三經不貳字一卷　(清)李鴻藻撰　清刻本
一冊

370000－1506－0001228　S114
四書會解二十七卷　(清)綦灃輯　清刻本
一冊　存一卷(十三)

370000－1506－0001229　S115
欽定禮記義疏八十二卷首一卷　(清)允祿等
撰　清刻本　二冊　存二卷(二十五、四十
九)

370000－1506－0001230　S116
禮記二十卷　(漢)鄭玄注　清刻本　一冊
存一卷(九)

370000－1506－0001231　S117
小學集解六卷　(宋)朱熹撰　(清)張伯行輯
注　清同治十一年(1872)刻本　五冊　缺一
卷(四)

370000－1506－0001232　S118
小學集解六卷　(宋)朱熹撰　(清)張伯行輯
注　清刻本　一冊　存三卷(三至五)

370000－1506－0001233　S119(1)
全本禮記體註十卷　(清)范翔訂　(清)徐瑄
補輯　清刻本　五冊　存七卷(二至八)

370000 – 1506 – 0001234 S119（3）

全本禮記體註十卷 （清）范翔訂 （清）徐旦輯 （清）徐瑄補輯 清刻本 一冊 存二卷（三至四）

370000 – 1506 – 0001235 S120

爾雅三卷 （晉）郭璞注 清刻本 一冊 存一卷（三）

370000 – 1506 – 0001236 S122

應制五經題解□□卷 （清）馮夔颺撰 清刻本 三冊

370000 – 1506 – 0001237 S123

增補事類統編九十三卷 （清）黃葆真增輯 清刻本 四冊 存九卷（七至九、二十六、三十五至三十七、五十三至五十四）

370000 – 1506 – 0001238 S124

忠孝節義二度梅全傳六卷四十回 （清）惜陰堂主人撰 （清）繡虎堂主人評 清刻本 一冊 存一卷（四）

370000 – 1506 – 0001239 S125

兩般秋雨盦隨筆八卷 （清）梁紹壬撰 清刻本 一冊 存一卷（一）

370000 – 1506 – 0001240 S126

三家醫案合刻 （清）吳金壽輯 清道光姑蘇綠慎堂刻本 二冊 存二卷（葉氏醫案一、溫熱贅言一）

370000 – 1506 – 0001241 S127

彙刻書目二十卷 （清）顧修撰 （清）朱學勤補輯 清刻本 一冊 存一卷（十九）

370000 – 1506 – 0001242 S128

古文觀止十二卷 （清）吳乘權 （清）吳大職輯並評 清光緒二十一年（1895）退補齋刻本 五冊 存十卷（一至六、九至十二）

370000 – 1506 – 0001243 S129（1）

三家醫案合刻 （清）吳金壽輯 清光緒三十三年（1907）上洋海左書局石印本 一冊

370000 – 1506 – 0001244 S130

地理正宗十二卷 （清）蔣國輯注 清刻本

二冊 存二卷（三、五）

370000 – 1506 – 0001245 S131

仙傳白喉治法忌表抉微一卷 （清）耐修子錄 清光緒二十六年（1900）煙臺廣仁善堂刻本 一冊

370000 – 1506 – 0001246 S132

李芝巖先生治瘟疫三方一卷 （清）李芝巖撰 清光緒十年（1884）刻本 一冊

370000 – 1506 – 0001247 S134（3）

治喉症神效方不分卷 （清）張紹修撰 清光緒二十七年（1901）刻本 一冊

370000 – 1506 – 0001248 Z1

宣講拾遺六卷 （清）冷德馨 （清）莊跛仙輯 清光緒三十年（1904）上海文海書局石印本 三冊

370000 – 1506 – 0001249 Z2

宣講拾遺六卷 （清）冷德馨 （清）莊跛仙輯 清光緒三十一年（1905）煙臺誠文信記書坊刻本 六冊

370000 – 1506 – 0001250 Z3 – 5

驗方新編十六卷 （清）鮑相璈編 清光緒十六年（1890）成文信刻本 九冊 缺一卷（九）

370000 – 1506 – 0001251 Z4

驗方新編十六卷 （清）鮑相璈撰 清光緒十六年（1890）成文信刻本 五冊 缺七卷（五至九、十五至十六，痧癥全書一卷，咽喉秘集一卷）

370000 – 1506 – 0001252 Z5

驗方新編十六卷 （清）鮑相璈撰 清刻本 四冊 存六卷（十至十四、痧癥全書一卷）

370000 – 1506 – 0001253 Z6

驗方新編十六卷 （清）鮑相璈編 清刻本 一冊 存一卷（五）

370000 – 1506 – 0001254 Z7

楊忠湣公家訓一卷 （明）楊繼盛撰 清光緒七年（1881）毛鳳麟刻本 一冊

370000 – 1506 – 0001255 Z8

楊忠湣公家訓一卷 （明）楊繼盛撰 清光緒

九年(1883)武進朱文熙刻本　一冊

370000－1506－0001256　Z9
幼科類萃不分卷　（□）□□撰　清抄本
一冊

370000－1506－0001257　Z10
醫方集解二十三卷　（清）汪昂撰　清光緒十
七年(1891)上洋珍藝書局排印本　三冊　存
十七卷(一至四、十一至二十三)

370000－1506－0001258　Z11
醫方集解二十三卷　（清）汪昂撰　清光緒三
十年(1904)刻本　一冊　存一卷(一)

370000－1506－0001259　Z12
釋迦如來應化事蹟不分卷　（清）釋永珊編繪
清末石印本　二冊

370000－1506－0001260　Z13
事務分類與國策八卷　（清）李鳳儀編輯　清
光緒二十三年(1897)上海書局石印本　十四
冊　缺一卷(三)

370000－1506－0001261　Z14
醫方彙集不分卷　（清）□□撰　清末抄本
一冊

370000－1506－0001262　Z15
醫方彙集不分卷　（清）□□撰　清末抄本
一冊

370000－1506－0001263　Z16
醫方彙集不分卷　（清）□□撰　清抄本
八冊

370000－1506－0001264　Z17
醫方彙集不分卷　（清）□□撰　清末抄本
一冊

370000－1506－0001265　Z18
醫方彙集不分卷　（清）□□撰　清末抄本
一冊

370000－1506－0001266　Z19
醫方彙集不分卷　（清）□□撰　清末抄本
一冊

370000－1506－0001267　Z20
醫方彙集不分卷　（清）□□撰　清末抄本
一冊

370000－1506－0001268　Z21
醫方彙集不分卷　（清）□□撰　清嘉慶抄本
一冊

370000－1506－0001269　Z22
醫方彙集不分卷　（清）□□撰　清抄本
一冊

370000－1506－0001270　Z23
醫效秘傳三卷　（清）葉桂撰　（清）吳金壽校
清道光十一年(1831)刻本　一冊　存一卷
(一)

370000－1506－0001271　Z24
陳修園醫書五十種　（清）陳念祖撰　清光緒
三十一年(1905)上海商務印書館排印本　二
冊　存六卷(醫學三字經一至二、醫學從衆錄
五至八)

370000－1506－0001272　Z25
徐氏襍箸四種五卷　（清）徐大椿撰　清光緒
十九年(1893)上海圖書集成局排印　一冊

370000－1506－0001273　Z26
續廣事類賦三十卷　（清）王鳳喈撰　清刻本
一冊　存一卷(十二)

370000－1506－0001274　Z27
繡像續香蓮帕四卷　（□）□□撰　清光緒三
十四年(1908)上海書局石印本　二冊　存二
卷(一、三)

370000－1506－0001275　Z28
軒轅碑記醫學祝由十三科二卷增補一卷
(清)涵穀山人撰　清抄本　一冊

370000－1506－0001276　Z29
學疆恕齋筆算十卷　（清）梅啟照撰　清刻本
一冊　存一卷(二)

370000－1506－0001277　Z30
古文雜鈔不分卷　清抄本　一冊

370000－1506－0001278　Z31

雪心賦正解四卷 （唐）卜應天撰 （清）孟浩注 辯論三十篇一卷 （清）孟浩撰 清掃葉山房刻本 二冊 存二卷（雪心賦正解二、辯論三十篇一卷）

370000－1506－0001279 Z32

胭肢烏傳奇二卷 （清）李文瀚撰 （清）周廣盛正譜 （清）張籛評點 清道光二十二年（1842）刻本 一冊 存一卷（二）

370000－1506－0001280 Z33

光緒乙酉科拔貢同年錄存不分卷 （清）□□撰 清光緒刻本 存一冊（四川廣東廣西雲南貴州五省）

370000－1506－0001281 Z34

研究藥方不分卷 （清）張雲卿輯抄 清抄本 一冊

370000－1506－0001282 Z37

眼科七十二症不分卷 （清）□□撰 清抄本 一冊

370000－1506－0001283 Z39

揚芬錄二卷 （清）徐世光撰 清宣統元年（1909）天津徐氏學劍室排印本 一冊

370000－1506－0001284 Z40

楊國師天機秘訣二卷 （唐）楊益撰 清光緒二十八年（1902）福山尚志堂主人抄本 一冊 存一卷（一）

370000－1506－0001285 Z41

楊忠湣公全集四卷 （明）楊繼盛撰 （清）章鈺輯 清刻本 一冊

370000－1506－0001286 Z42

養蒙針度五卷 （清）潘子聲撰 清光緒六年（1880）掃葉山房刻本 二冊

370000－1506－0001287 Z43

重訂王鳳洲先生綱鑑會纂四十六卷續宋元二十三卷 （明）王世貞撰 （明）陳仁錫訂 清刻本 七冊 存十三卷（綱鑑會纂三十二至三十九、四十二至四十六）

370000－1506－0001288 Z44

重訂王鳳洲先生綱鑑會纂四十六卷續宋元二十三卷 （明）王世貞撰 （明）陳仁錫訂 清刻本 七冊 存十二卷（綱鑑會纂十八至二十九）

370000－1506－0001289 Z45

重訂王鳳洲先生綱鑑會纂四十六卷續宋元二十三卷 （明）王世貞撰 （明）陳仁錫訂 清緯文堂刻本 八冊 存十八卷（綱鑑會纂一至十七、四十一）

370000－1506－0001290 Z46

重訂王鳳洲先生綱鑑會纂四十六卷續宋元二十三卷 （明）王世貞撰 （明）陳仁錫訂 清刻本 二十四冊 存二十九卷（綱鑑會纂八至三十、三十七、四十二至四十六）

370000－1506－0001291 Z47

緯文堂綱鑑易知錄九十二卷明鑑易知錄十五卷 （清）吳乘權 （清）周之炯 （清）周之燦輯 清雙門底緯文堂刻本 二十冊 存五十卷（綱鑑易知錄一至十五、十九至五十三）

370000－1506－0001292 Z48

重訂王鳳洲先生綱鑑會纂四十六卷續宋元二十三卷 （明）王世貞撰 （明）陳仁錫訂 清刻本 二十六冊 存三十五卷（綱鑑會纂二至三、八至十七，宋元二十三卷）

370000－1506－0001293 Z49

聯業堂綱鑑易知錄九十二卷明鑑易知錄十五卷 （清）吳乘權等輯 清光緒四年（1878）羊城芸居樓刻本 十二冊 存三十四卷（綱鑑易知錄三至四、十一至十五、二十一至二十三、三十九至四十四、六十一至六十三，明鑑易知錄十五卷）

370000－1506－0001294 Z50

玉山堂綱鑑易知錄九十二卷 （清）吳乘權等輯 清刻本 二十八冊 存四十八卷（二十七至三十八、四十五至五十二、五十五至六十、六十六至八十七）

370000－1506－0001295 Z52

富文堂綱鑑易知錄九十二卷 （清）吳乘權等

輯 清刻本 五冊 存十卷(七十九、八十一至八十七、九十一至九十二)

370000－1506－0001296　Z53

重訂王鳳洲先生綱鑑會纂四十六卷續宋元二十三卷 （明）王世貞撰 （明）陳仁錫訂 清刻本 五冊 存五卷(三至四、十八至二十)

370000－1506－0001297　Z54

增補鄧退菴先生家藏遵註四書講意備旨 （明）鄧林撰 清刻本 七冊 存七卷(論語二至四、孟子一至四)

370000－1506－0001298　Z55

詩韻集成十卷 （清）余照輯 清刻本 一冊 存三卷(五至七)

370000－1506－0001299　Z56

戰國策十卷 （宋）鮑彪校注 清刻本 六冊 存七卷(一至四、六至八)

370000－1506－0001300　Z57

李長吉集四卷外集一卷 （唐）李賀撰 （明）黃淳耀 （清）黎簡評點 清光緒十八年(1892)朱墨套印本 二冊

370000－1506－0001301　Z58

周易十二卷 （宋）朱熹本義 清嘉慶二十三年(1818)三益齋刻本 一冊 存一卷(一)

370000－1506－0001302　Z59

周易十二卷 （宋）朱熹本義 清刻本 一冊 存三卷(二至四)

370000－1506－0001303　Z60

四大奇書第一種十九卷一百二十回 （明）羅貫中撰 （清）金人瑞 （清）毛宗崗評 清翠筠山房刻本 六冊 存六卷(一、三、五至七、首一卷)

370000－1506－0001304　Z61

四大奇書第一種五十一卷一百二十回 （明）羅貫中撰 （清）金人瑞 （清）毛宗崗評 清刻本 六冊 存二十三卷(一至十二、十七至二十七)

370000－1506－0001305　Z62

楹書隅錄五卷續編四卷 （清）楊紹和撰 清聊城楊以增海源閣刻民國元年(1912)武進董康補刻本 八冊

370000－1506－0001306　Z63

格言聯璧一卷 （清）金纓編 清光緒四年(1878)刻本 一冊

370000－1506－0001307　Z64(1)

補宋書刑法志一卷食貨志一卷 （清）郝懿行撰 清刻本 一冊

370000－1506－0001308　Z66

九河臆說一卷 （清）王寶堅撰 清光緒二十二年(1896)刻本 一冊

370000－1506－0001309　Z67

太傅孫文正公手書遺摺稿不分卷 （清）孫家鼐撰 清宣統元年(1909)影印本 一冊

370000－1506－0001310　Z68

韻略滙通二卷 （明）蘭芳編次 清宣統三年(1911)濰陽承文信刻本 一冊

370000－1506－0001311　Z69

重校十三經不貳字不分卷 （清）李鴻藻撰 清光緒二年(1876)刻本 一冊

370000－1506－0001312　Z70

釋字百韻一卷 （清）陳勘撰 清光緒二年(1876)刻本 一冊

370000－1506－0001313　Z71

字學舉隅一卷 （清）黃本驥 （清）龍啟瑞撰 清宣統元年(1909)上海掃葉山房石印本 一冊

370000－1506－0001314　Z72

字學舉隅續編二卷 （清）龍光甸撰 清宣統三年(1911)文淵閣石印本 一冊

370000－1506－0001315　Z73

克復要言不分卷 （清）張與齡 （清）張益齡選 清刻本 存一冊(葉三十七至八十九)

370000－1506－0001316　Z74

論策合鈔簡編一卷首一卷 （清）孫葆田撰 清刻本 一冊

370000 – 1506 – 0001317　Z75

增廣達生編　（清）亟齋居士撰　清同治十三年（1874）刻本　一冊　存二種（達生編、保嬰編）

370000 – 1506 – 0001318　Z76

龍文鞭影四卷　（明）蕭良有撰　（明）楊臣諍增訂　（清）李恩綬校補　清光緒十一年（1885）李光明家刻本　四冊

370000 – 1506 – 0001319　Z77

龍文鞭影四卷　（明）蕭良有撰　（清）楊臣諍增訂　（清）李恩綬校補　清光緒十三年（1887）掃葉山房刻本　二冊

370000 – 1506 – 0001320　Z78

訓蒙四字經讀本二卷龍文鞭影二卷　（明）蕭良有纂輯　（清）楊臣諍增訂　清光緒十一年（1885）刻本　二冊

370000 – 1506 – 0001321　Z79

訓蒙四字經二集讀本二卷龍文鞭影二集二卷　（清）李暉吉　（清）徐灒輯　清光緒三年（1877）刻本　二冊

370000 – 1506 – 0001322　Z80

新增龍文鞭影全集　（明）蕭良有纂輯　（清）楊臣諍增訂　清光緒十一年（1885）成文信刻本　四冊

370000 – 1506 – 0001323　Z81

鈔幣論一卷　（清）許楣撰　清道光二十六年（1846）古均閣刻本　一冊

370000 – 1506 – 0001324　Z82

痧症全書三卷　（清）王凱輯　清光緒九年（1883）刻本　一冊

370000 – 1506 – 0001325　Z83

新編簡易良方二卷　（清）□□撰　清咸豐十一年（1861）刻本　一冊

370000 – 1506 – 0001326　Z84

驗方輯要一卷　（清）趙城輯　清刻本　一冊

370000 – 1506 – 0001327　Z85

驗方輯要一卷　（清）趙城輯　清刻本　一冊

370000 – 1506 – 0001328　Z86

新輯對聯從新二卷　（清）崇文軒主人選輯　清光緒三十三年（1907）石印本　一冊

370000 – 1506 – 0001329　Z87

詩韻含英十八卷　（清）劉文蔚輯　清刻本　二冊

370000 – 1506 – 0001330　Z88

詩韻集成十卷　（清）余照輯　清刻本　四冊

370000 – 1506 – 0001331　Z89

對聯集雅四卷　（清）華文彬等輯　清道光三年（1823）刻本　四冊

370000 – 1506 – 0001332　Z90

忠孝節義二度梅全傳六卷四十回　（清）惜陰堂主人撰　（清）繡虎堂主人評　清光緒六年（1880）刻本　六冊

370000 – 1506 – 0001333　Z91

霤樓逸志六卷　（清）歐蘇撰　清嘉慶三年（1798）刻本　三冊

370000 – 1506 – 0001334　Z92

詞林墨妙一卷詞林二妙一卷詞林三妙一卷　（三國魏）曹植等撰　清光緒十八年（1892）石印本　三冊

370000 – 1506 – 0001335　Z93

楹帖採腴七卷　（清）羅昌基撰　清同治八年（1869）刻本　四冊

370000 – 1506 – 0001336　Z94

達生編二卷　（清）亟齋居士編　清同治五年（1866）刻本　一冊

370000 – 1506 – 0001337　Z95

醫學三字經四卷　（清）陳念祖撰　清光緒十五年（1889）刻本　二冊

370000 – 1506 – 0001338　Z96

紫金鈿□□卷　清刻本　一冊　存三卷（四至六）

370000 – 1506 – 0001339　Z97

金粟影菴續存稿四卷　（清）顧澍撰　清道光元年（1821）刻本　二冊

370000－1506－0001340　Z98

培遠堂手劄節存三卷　（清）陳宏謀撰　清光
緒五年(1879)刻本　一冊

370000－1506－0001341　Z99

衛生要術一卷　（清）潘霨輯　清光緒五年
(1879)上海積山書局石印本　一冊

370000－1506－0001342　Z100

應制五經題解四卷　（清）劉廷琨等纂　清刻
本　一冊

370000－1506－0001343　Z102

王太常集二卷　（清）王□撰　清光緒八年
(1882)成都府署刻本　一冊

370000－1506－0001344　Z103

恥言二卷　（明）徐禎稷撰　清光緒三十二年
(1906)南扶山房刻本　一冊

370000－1506－0001345　Z104

蜀道聯轡集一卷　（清）王培荀　（清）王者政
撰　蜀道停驂草一卷　（清）陳寶四撰　清道
光刻本　一冊

370000－1506－0001346　Z105

文靖公詩鈔八卷　（清）寶鋆撰　清刻本　一
冊　存二卷(自怡悅齋試帖詩一至二)

370000－1506－0001347　Z106

吳爲治理黃河奏議一卷　（清）吳爲撰　清刻
本　一冊

370000－1506－0001348　Z107

醫方湯頭歌訣一卷　（清）汪昂撰　清刻本
一冊

370000－1506－0001349　Z108

聖諭廣訓二卷　（清）聖祖玄燁撰　（清）世宗
胤禛廣訓　清尹銘綬刻本　一冊

370000－1506－0001350　Z109

宦蜀草六卷　（清）張香海撰　清刻本　一冊
　存三卷(四至六)

370000－1506－0001351　Z110

金匱心典三卷　（漢）張仲景撰　（清）尤怡集
注　清刻本　一冊　存一卷(三)

370000－1506－0001352　Z111

新刊良朋彙集五卷　（清）孫偉輯　清刻本
一冊　存一卷(三)

370000－1506－0001353　Z112

四體書法不分卷　（□）□□撰　清刻本
二冊

370000－1506－0001354　Z113

小題文府不分卷續集不分卷　（清）梁章鉅輯
　清光緒十六年(1890)石印本　二十五冊
缺四冊(上論公冶長、雍也,孟子梁惠王,續集
大學、中庸、上論)

370000－1506－0001355　Z114

聊齋志異評註十六卷　（清）蒲松齡撰　（清）
王士禎評　（清）呂湛恩註　清道光二十六年
(1846)刻本　十四冊　存十四卷(一至八、十
一至十六)

370000－1506－0001356　Z115

新刻牌譜一卷　（清）胡德甫校輯　清光緒九
年(1883)刻本　一冊

370000－1506－0001357　Z116

西湖佳話古今遺蹟十六卷　（清）墨浪子輯
清金閶綠蔭堂刻本　三冊　存八卷(一至二、
十一至十六)

370000－1506－0001358　Z117

黃帝内經素問九卷黃帝内經素問靈樞九卷
（清）張志聰集注　清刻本　一冊　存八卷
(黃帝内經素問一至八)

370000－1506－0001359　Z118

寄傲山房塾課新增幼學故事瓊林四卷首一卷
　（清）程允升撰　（清）鄒聖脈增補　清光緒
二十七年(1901)德盛堂刻本　四冊

370000－1506－0001360　Z119

寄傲山房塾課新增幼學故事瓊林四卷首一卷
　（清）程允升撰　（清）鄒聖脈增補　清光緒
二十四年(1898)刻本　四冊

370000－1506－0001361　Z120

寄傲山房塾課新增幼學故事瓊林四卷首一卷

（清）程允升撰 （清）鄒聖脈增補 清光緒
六年(1880)刻本 四冊

370000－1506－0001362 Z121

育正堂重訂幼學須知句解四卷首一卷 （清）
程允升撰 （清）黃汪若注 清咸豐十一年
(1861)刻本 四冊

370000－1506－0001363 Z122

禮記省度四卷 （清）彭頤撰 清乾隆四十五
年(1780)朱墨套印本 二冊 存二卷(一、
四)

370000－1506－0001364 Z123

周禮經傳撮要三卷 （清）潘雲撰 清刻本
一冊

370000－1506－0001365 Z124

御批歷代通鑑輯覽一百二十卷 （清）傅恒等
撰 清刻三色套印本 七冊 存十四卷(四
十七至五十八、一百〇五至一百〇六)

370000－1506－0001366 Z125

痘疹正宗二卷 （清）宋麟祥撰 清刻本
二冊

370000－1506－0001367 Z127

世補齋醫書六種三十三卷 （清）陸懋修撰
清光緒十年(1884)刻本 十三冊

370000－1506－0001368 Z128

秘傳花鏡六卷 （清）陳淏子撰 清同治八年
(1869)刻本 六冊

370000－1506－0001369 Z129

秘傳花鏡六卷 （清）陳淏子撰 清同治八年
(1869)刻本 五冊 存五卷(一至五)

370000－1506－0001370 Z130

龍文鞭影二卷 （明）蕭良有撰 （明）楊臣諍
增訂 （清）李恩綬校補 清光緒十一年
(1885)刻本 二冊

370000－1506－0001371 Z131

官話合聲字母一卷 （清）王照撰 清光緒三
十年(1904)刻本 一冊

370000－1506－0001372 Z132

增像全圖東周列國志二十七卷一百八回
（清）蔡昇評點 清光緒二十二年(1896)石印
本 二冊

370000－1506－0001373 Z133

子史輯要詩賦題解四卷 （清）胡本淵輯
（清）胡肇昕重編 清刻本 一冊

370000－1506－0001374 Z134

戞玉敲金不分卷 （清）□□撰 清抄本
一冊

370000－1506－0001375 Z135

御定萬年書一卷 （清）欽天監編 清道光刻
本 一冊

370000－1506－0001376 Z136

齊魯講學編四卷 （清）尹銘綬輯 清光緒三
十年(1904)承文信刻本 四冊

370000－1506－0001377 Z137

麗廔叢書 葉德輝輯 清光緒葉德輝刻本
一冊 存三種四卷(古局象棋圖一,投壺新格
一,譜雙五、附錄一卷)

370000－1506－0001378 Z138

益智圖二卷 （清）童葉庚撰 清光緒四年
(1878)刻本 二冊

370000－1506－0001379 Z139

格言聯璧一卷 （清）金纓編 清光緒四年
(1878)刻本 一冊

370000－1506－0001380 Z140

京畿金石考二卷 （清）孫星衍撰 清刻本
一冊

370000－1506－0001381 Z141

滂喜齋叢書 （清）潘祖蔭輯 清光緒四年
(1878)刻本 一冊

370000－1506－0001382 Z142

四書文翼□□卷 （清）羅荊璧纂 清刻本
一冊 存二卷(三至四)

370000－1506－0001383 Z143

重訂增修安樂銘箴一卷 （清）裴鐵珊輯 清
光緒九年(1883)刻本 一冊

370000－1506－0001384　Z144(1)

呂書四種合刻　（明）呂坤撰　清道光七年(1827)開封府署刻本　一冊

370000－1506－0001385　Z146

庚戌年官商快覽不分卷　（清）上海書業公所編　清宣統二年(1910)石印本　一冊

370000－1506－0001386　Z147

二十二子　（清）□□撰　清光緒二十二年(1896)上海積山書局石印本　一冊　存二卷(賈誼新書十、春秋繁露十七)

370000－1506－0001387　Z148

欽定萬年書一卷星命須知一卷　（清）欽天監編　清李光明莊刻本　一冊

370000－1506－0001388　Z149

秘書二十一種　（清）汪士漢輯　清刻本　八冊　存十種十卷(博物志十、桂海虞衡志一、續博物志十、博異記一、高士傳三、晉史乘一、古今注三、三墳一、風俗通義四、續齊諧記一)

370000－1506－0001389　Z150

繪圖增像第五才子書水滸全傳十卷七十回　（元）施耐庵撰　（清）金人瑞評釋　清光緒二十二年(1896)上海圖書集成局石印本　十冊

370000－1506－0001390　Z151

明本釋三卷　（宋）劉荀撰　**鄭中記一卷**　（晉）陸翽撰　清刻本　二冊

370000－1506－0001391　Z152

周易四卷　（宋）朱熹本義　清光緒五年(1879)上洋紫文閣刻本　一冊　存一卷(一)

370000－1506－0001392　Z153

史記一百三十卷　（漢）司馬遷撰　（南朝宋）裴駰集解　明毛氏汲古閣刻本　一冊　存十七卷(五十至六十六)

370000－1506－0001393　Z154

古文淵鑒六十四卷　（清）徐乾學等編注　清刻五色套印本　一冊　存一卷(一)

370000－1506－0001394　Z155

野客叢談三十卷　（宋）王楙撰　明刻本　一冊　存三卷(十至十二)

370000－1506－0001395　Z156

古文淵鑒六十四卷　（清）徐乾學等編注　清刻四色套印本　一冊　存四卷(五至八)

370000－1506－0001396　Z157

重刊補注洗冤錄集證五卷　（宋）宋慈輯　（清）王又槐等增輯　清道光二十四年(1844)刻五色套印本　二冊　存二卷(二、五)

370000－1506－0001397　Z158

裘曰修奏摺不分卷　（清）裘曰修撰　清寫本　一冊

370000－1506－0001398　Z159

醫書雜錄不分卷　（清）□□撰　清抄本　一冊

370000－1506－0001399　Z160

經絡摘要不分卷　（清）□□撰　清抄本　一冊

370000－1506－0001400　Z161

評論出像水滸傳二十卷七十回　（明）施耐庵撰　（清）金人瑞評　清刻本　十冊　存十卷(一、十二至二十)

370000－1506－0001401　Z162

評論出像水滸傳二十卷七十回　（明）施耐庵撰　（清）金人瑞評　清刻本　九冊　存九卷(一至九)

370000－1506－0001402　Z163

西遊真詮一百回　（明）吳承恩撰　（清）陳士斌詮解　清刻本　二冊　存十回(一至五、八十六至九十)

370000－1506－0001403　Z164

精抄名文選不分卷　（清）□□抄　清抄本　一冊

370000－1506－0001404　Z165

韻幅二卷　（清）□□撰　清刻本　二冊

370000－1506－0001405　Z166

新刻京本列國志傳八卷　（明）余邵魚撰　（明）李贄評點　清文錦堂刻本　八冊

370000－1506－0001406　Z167

御撰資治通鑑綱目三編二十卷　（清）張廷玉
等撰　清刻本　八冊

370000－1506－0001407　Z168

證治準繩　（明）王肯堂輯　清刻本　一冊
存一冊（二）

370000－1506－0001408　Z169

醫學心悟五卷外科十法一卷　（清）程國彭撰
清刻本　一冊　存一卷（外科十法一卷）

370000－1506－0001409　Z170

幼科鐵鏡六卷　（清）夏鼎撰　清刻本　一冊
存三卷（四至六）

370000－1506－0001410　Z171

郁郁齋古文析義詳解八卷　（清）林雲銘原輯
清乾隆三十一年（1766）刻本　三冊　存三
卷（一、七至八）

370000－1506－0001411　Z172

曾文正公家書十卷家訓二卷　（清）曾國藩撰
大事記四卷　（清）王定安撰　榮哀錄一卷
清光緒十九年（1893）上海圖書集成局排印
本　八冊

370000－1506－0001412　Z173

知愧軒尺牘十六卷　（清）管士駿撰　清刻本
四冊

370000－1506－0001413　Z174

新刻書柬活套四卷　（清）汪文芳輯　清同治
三年（1864）刻本　四冊

370000－1506－0001414　Z175

先正讀書訣一卷　（清）周永年輯　清光緒四
年（1878）刻本　一冊

370000－1506－0001415　Z176

敬竈全書一卷　（清）□□撰　清光緒五年
（1879）刻本　一冊

370000－1506－0001416　Z177

關聖帝君萬應靈籤二卷　（□）□□撰　清刻
本　一冊　存一卷（二）

370000－1506－0001417　Z179

尺木堂綱鑑易知錄九十二卷　（清）吳乘權等
輯　清刻本　三十六冊　存八十六卷（三至
三十、三十二至四十一、四十四至八十、八十
二至九十二）

370000－1506－0001418　Z180

圖像三國志演義第一才子書六十卷一百二十
回　（明）羅貫中撰　（清）金人瑞外書
（清）毛宗崗評　清光緒二十一年（1895）排印
本　十二冊

370000－1506－0001419　Z181

韞山堂時文全集　（清）管世銘撰　清光緒十
四年（1888）排印本　三冊

370000－1506－0001420　Z182

尺木堂綱鑑易知錄二十卷　（清）吳乘權等輯
御撰資治通鑑綱目三編四卷　（清）張廷玉
等輯　清光緒二十一年（1895）上海文盛堂石
印本　十冊

370000－1506－0001421　Z183

增補事類統編九十三卷首一卷　（清）黃葆真
增輯　清光緒十四年（1888）上海積山書局石
印本　十二冊

370000－1506－0001422　Z184

佛說梵網經二卷　（後秦）釋鳩摩羅什譯　清
光緒十年（1884）金陵刻經處刻本　一冊

370000－1506－0001423　Z185

呂祖註講金剛經一卷　（唐）呂洞賓撰　清宣
統元年（1909）刻本　一冊

370000－1506－0001424　Z186

二十五子彙函　（清）鴻文書局輯　清光緒十
九年（1893）上海鴻文書局石印本　一冊　存二
種（鬼谷子、孫子十家註）

370000－1506－0001425　Z187

守城要覽節要四卷　（明）宋祖舜撰　清咸豐
四年（1854）刻本　一冊

370000－1506－0001426　Z188

片玉山房花箋錄二十卷　（清）孫兆溎輯　清
同治四年（1865）刻本　十六冊

370000－1506－0001427　Z189

讀史論略一卷　（清）杜詔撰　清刻本　一冊

370000－1506－0001428　Z190

畫譜采新一卷　（清）張熊等繪　清光緒十六
年(1890)石印本　二冊

370000－1506－0001429　Z191

崑陽子龍門心法二卷　（清）王常月傳　清同
治十年(1871)刻本　二冊

370000－1506－0001430　Z192

佛說阿彌陀經二卷　（三國吳）支謙譯　佛說
無量壽經二卷　（三國魏）康僧鎧譯　清光緒
刻本　一冊

370000－1506－0001431　Z193

長春祖師語錄一卷　（元）丘處機撰　清光緒
二十九年(1903)刻本　一冊

370000－1506－0001432　Z193(2)

關帝明聖真經不分卷　（□）□□撰　清刻本
一冊

370000－1506－0001433　Z194

觀音靈籤一百籤　（□）□□撰　清刻本
一冊

370000－1506－0001434　Z195

周易四卷　（宋）朱熹本義　清刻本　一冊
存三卷(二至四)

370000－1506－0001435　Z196

易經十二卷首一卷末一卷　（宋）朱熹本義
清光緒十九年(1893)刻本　一冊　存四卷
(一至三、首一卷)

370000－1506－0001436　Z197

金剛經三十二相　（□）孚祐帝君注　清咸豐
十一年(1861)刻本　一冊

370000－1506－0001437　Z198(1)

尺木堂綱鑑易知錄九十二卷明紀十五卷
（清）吳乘權等輯　清光緒二十八年(1902)上
海經香閣石印本　八冊

370000－1506－0001438　Z200

時方集萃不分卷　（清）□□撰　清抄本　二冊

370000－1506－0001439　Z201

新鐫校正詳註分類百子金丹全書十卷　（明）
郭偉選註　清光緒二十一年(1895)上海煥文
書局石印本　六冊

370000－1506－0001440　Z203

節錄石屋秘錄三卷　（清）陳士鐸撰　清抄本
三冊

370000－1506－0001441　Z204

［乾隆］棲霞縣志十卷　（清）衛萇纂修　［光
緒］棲霞縣續志十卷　（清）黃麗中纂輯　清
乾隆十九年(1754)刻光緒五年(1879)重修合
印本　二冊　存六卷(棲霞縣志一至二、七，
續志一至二、七)

370000－1506－0001442　Z205

寶鐵齋金石文跋尾三卷　（清）韓崇撰　清吳
縣潘氏刻滂喜齋叢書本　一冊

370000－1506－0001443　Z206

恒軒所見所藏吉金錄一卷　（清）吳大澂撰
清光緒十一年(1885)刻本　一冊

370000－1506－0001444　Z207

歷代畫像傳不分卷　（清）丁善長繪　清光緒
二十二年(1896)影印本　一冊

370000－1506－0001445　Z208

孔子聖蹟圖一卷　（□）□□撰　清刻本
一冊

370000－1506－0001446　Z209

古唐詩合解十二卷古詩四卷　（清）王堯衢注
清刻本　三冊

370000－1506－0001447　Z211

唐詩三百首四卷　（清）孫洙輯　清刻本
一冊

370000－1506－0001448　Z212

幼學操身圖說一卷　（英國）慶丕　（清）翟汝
舟撰　清光緒十六年(1890)上海墨海書局排
印本　一冊

370000－1506－0001449　Z213

東萊博議四卷　（清）呂祖謙撰　清光緒三十

一年(1905)上海商務印書館排印本　一冊
存二卷(一至二)

370000 – 1506 – 0001450　Z214

唐詩三百首補註八卷　(清)孫洙輯　(清)陳
婉俊補註　清刻本　四冊

370000 – 1506 – 0001451　Z215

引善金針四卷　(清)宏教真君等撰　清光緒
二十四年(1898)刻本　三冊　存三卷(二至
四)

370000 – 1506 – 0001452　Z216

英話註解不分卷　(清)馮祖憲等撰　清光緒
二十年(1894)上海六先書局石印本　一冊

370000 – 1506 – 0001453　Z217

竹窗三筆一卷　(明)釋袾宏撰　清光緒二十
四年(1898)金陵刻經處刻本　一冊

370000 – 1506 – 0001454　Z218

中國最新仕商尺牘教科書二卷　(清)周天鵬
撰　清光緒三十三年(1907)石印本　二冊

370000 – 1506 – 0001455　Z219

孟子七卷　(清)盧允通彙評　清刻本　一冊

370000 – 1506 – 0001456　Z220

禮記十卷　(元)陳澔集說　清刻本　七冊
存七卷(三、五至十)

370000 – 1506 – 0001457　Z221

禮記十卷　(元)陳澔集說　清刻本　二冊
存二卷(二、四)

370000 – 1506 – 0001458　Z222

禮記十卷　(元)陳澔集說　清刻本　一冊
存一卷(一)

370000 – 1506 – 0001459　Z223

全本禮記體註十卷　(清)范翔訂　(清)徐瑄
補輯　清刻本　八冊　存九卷(二至十)

370000 – 1506 – 0001460　Z224

全本禮記體註大全合弁十卷　(清)范翔訂
(清)徐瑄補輯　清三讓堂刻本　一冊　存一
卷(一)

370000 – 1506 – 0001461　Z225

增補如面談新集十卷首一卷　(清)李光祚輯
清刻本　六冊

370000 – 1506 – 0001462　Z226

增補玉匣記通書二卷　(□)□□撰　清刻本
一冊　存一卷(二)

370000 – 1506 – 0001463　Z227

詩經八卷　(宋)朱熹集傳　清刻本　一冊
存一卷(三)

370000 – 1506 – 0001464　Z228

論語十卷　(宋)朱熹集注　清刻本　二冊

370000 – 1506 – 0001465　Z229

水道提綱二十八卷　(清)齊召南撰　清刻本
三冊　存十二卷(十四至十七、二十一至二
十八)

370000 – 1506 – 0001466　Z230

重訂王鳳洲先生綱鑑會纂四十六卷　(明)王
世貞撰　清刻本　一冊　存二卷(十至十一)

370000 – 1506 – 0001467　Z231

子史輯要題解續編四卷　(清)胡本淵輯　清
刻本　二冊

370000 – 1506 – 0001468　Z232

蜀僚問答二卷　(清)劉衡撰　清道光十六年
(1836)刻本　一冊

370000 – 1506 – 0001469　Z233

歷代名臣言行錄二十四卷　(清)朱桓輯　清
光緒二十八年(1902)石印本　八冊

370000 – 1506 – 0001470　Z234

卜硯集二卷　(清)畢沅輯　清道光元年
(1821)刻本　一冊

370000 – 1506 – 0001471　Z236

禮記十卷　(元)陳澔集說　清刻本　十冊

370000 – 1506 – 0001472　Z237

禮記十卷　(元)陳澔集說　清刻本　八冊
存八卷(三至十)

370000 – 1506 – 0001473　Z238

字學舉隅不分卷 （清）黃本驥 （清）龍啟瑞
撰 清道光二十六年(1846)刻本 一冊

370000－1506－0001474　Z239
竹書紀年二卷 （南朝梁）沈約注 清刻本
一冊

370000－1506－0001475　Z240
袁太史稿一卷 （清）袁枚撰 清光緒十八年
(1892)上海圖書集成印書局排印本 一冊

370000－1506－0001476　Z241
增補分部書法正傳四卷 （清）蔣和撰 清光
緒十年(1884)上洋校經山房刻本 一冊

370000－1506－0001477　Z242
孝經一卷 （唐）玄宗李隆基注 清杭城文光
堂刻本 一冊

370000－1506－0001478　Z243
禹貢正字一卷 （清）王筠撰 清刻本 一冊

370000－1506－0001479　Z244
陸稼書先生真稿不分卷 （清）陸隴其撰 清
刻本 三冊 存一百八十二葉（六十七至二
百四十八）

370000－1506－0001480　Z245
狀元閣十三經集字不分卷 （清）李鴻藻撰
清刻朱墨套印本 一冊

370000－1506－0001481　Z246
唐陸宣公集二十二卷 （唐）陸贄撰 （清）年
羹堯重訂 清光緒二十年(1894)上海鴻寶齋
石印本 六冊

370000－1506－0001482　Z247
五方元音十二卷 （清）樊騰鳳撰 （清）年希
堯增補 清光緒二十三年(1897)源記書莊石
印本 四冊

370000－1506－0001483　Z248
詩品摘豔試律百篇二卷 （清）馬大魁撰 清
道光元年(1821)刻本 一冊

370000－1506－0001484　Z249
子史輯要詩賦題解四卷續編四卷 （清）胡本
淵輯 清道光九年(1829)刻本 四冊

370000－1506－0001485　Z250
論語講義不分卷 （□）□□撰 清抄本
一冊

370000－1506－0001486　Z251
中國文學指南二卷 （清）邵伯棠撰 清宣統
二年(1910)上海會文堂石印本 二冊

370000－1506－0001487　Z252
重編留青新集二十四卷 （清）馮善長編 清
光緒三十四年(1908)排印本 十二冊

370000－1506－0001488　Z253
重訂王鳳洲先生綱鑑會纂四十六卷續宋元二
十三卷 （明）王世貞撰 （明）陳仁錫訂 清
刻本 五十冊 存六十五卷（綱鑑會纂一至
三十七、四十二至四十六,續宋元二十三卷）

370000－1506－0001489　Z254
重訂王鳳洲先生綱鑑會纂四十六卷續宋元二
十三卷 （明）王世貞撰 （明）陳仁錫訂 清
刻本 九冊 存十一卷（綱鑑會纂三十八至
四十一、續宋元七）

370000－1506－0001490　Z255
字彙十二卷首一卷末一卷 （明）梅膺祚撰
清光緒十年(1884)刻本 十三冊

370000－1506－0001491　Z256
新刻書經體註六卷 （清）范翔參訂 清同治
二年(1863)善美堂刻本 九冊

370000－1506－0001492　Z257
御纂詩義折中二十卷 （清）傅恒等撰 清刻
本 六冊

370000－1506－0001493　Z258
孝經注疏九卷 （唐）玄宗李隆基注 （唐）陸
德明音義 （宋）邢昺疏 清刻本 一冊

370000－1506－0001494　Z259
光學揭要二卷 （美國）赫士譯 （清）朱葆琛
述 清光緒二十八年(1902)排印本 一冊

370000－1506－0001495　Z260
詩八卷 （宋）朱熹集傳 清光緒二十四年
(1898)成文信刻本 二冊 存五卷（一至

二、六至八）

370000－1506－0001496　　Z261

詩經八卷　（宋）朱熹集傳　清刻本　二冊
存三卷（三至五）

370000－1506－0001497　　Z262

詩八卷　（宋）朱熹集傳　清刻本　二冊　存
四卷（五至八）

370000－1506－0001498　　Z263

詩經八卷　（宋）朱熹集傳　清刻本　一冊
存二卷（三至四）

370000－1506－0001499　　Z264

詩八卷　（宋）朱熹集傳　清光緒十八年
（1892）成文信記刻本　一冊　存二卷（一至
二）

370000－1506－0001500　　Z265

毗尼日用切要一卷　（清）釋讀體輯　**沙彌律
儀要略一卷**　（明）釋袾宏輯　清光緒十八年
（1892）刻本　一冊

370000－1506－0001501　　Z266

龍舒淨土文十卷首一卷末一卷　　（宋）王日休
選　清光緒九年（1883）刻本　一冊

370000－1506－0001502　　Z267(1)

韻對五七言千家詩輯鈔四卷　（清）誠文信書
林輯　清光緒三十三年（1907）煙臺誠文信石
印本　二冊

370000－1506－0001503　　Z269(1)

韻對五七言千家詩輯鈔四卷　（清）成文信書
坊輯　清光緒三十二年（1906）成文信書坊刻
本　二冊

370000－1506－0001504　　Z271

校刊資治通鑑全書　（清）胡元常輯並校　清
光緒十四年至十七年（1888－1891）長沙楊氏
刻本　二十二冊　存六種六卷（新校資治通
鑑敘錄三、資治通鑑攷異三十、資治通鑑釋例
一、資治通鑑問疑一、資治通鑑釋文三十、資
治通鑑釋文辯誤十二）

370000－1506－0001505　　Z272

御撰資治通鑑明紀綱目三編二十卷　（清）張
廷玉等撰　清刻本　八冊

370000－1506－0001506　　Z273

監本四書十九卷　（宋）朱熹集注　清光緒五
年（1879）紫文閣刻本　六冊

370000－1506－0001507　　Z274(1)

微積學十五章　（美國）路密司編　（清）劉光
照譯　清光緒三十一年（1905）上海美華書館
排印本　一冊

370000－1506－0001508　　Z276

重訂古文釋義新編八卷　（清）余誠評注　清
光緒二十四年（1898）刻本　八冊

370000－1506－0001509　　Z277

形學備旨十卷開端一卷　（美國）狄考文選譯
　清光緒十年（1884）排印本　一冊　存五卷
（形學備旨一至四、開端一卷）

370000－1506－0001510　　Z278(1)

八線拾級二卷　（美國）溫德鄂輯　（清）劉光
照譯　清光緒三十年（1904）上海美華書館排
印本　一冊

370000－1506－0001511　　Z280

八線備旨四卷八線學總習問一卷　（美國）羅
密士撰　（美國）潘慎文譯　清光緒三十年
（1904）上海美華書館排印本　一冊

370000－1506－0001512　　Z281

代形合參三卷　（美國）羅密士撰　（美國）潘
慎文譯　（清）謝洪賁筆述　清光緒二十九年
（1903）排印本　一冊

370000－1506－0001513　　Z282

本草分經　（清）姚瀾編　清刻本　一冊

370000－1506－0001514　　Z283

廣嗣五種備要　（清）王實穎輯　清刻本
二冊

370000－1506－0001515　　Z284

幼科銕鏡六卷　　（清）夏鼎撰　清道光十年
（1830）刻本　二冊

370000－1506－0001516　　Z285

新註韻對千家詩四卷　（□）□□撰　清光緒
十二年(1886)刻本　一冊

370000－1506－0001517　Z286

新註韻對千家詩四卷　（□）□□撰　清光緒
十五年(1889)萊州和興堂刻本　一冊

370000－1506－0001518　Z287

新註韻對千家詩四卷　（□）□□撰　清刻本
一冊

370000－1506－0001519　Z288

韻對五七言千家詩輯鈔四卷　（□）□□撰
清光緒三十三年(1907)石印本　二冊

370000－1506－0001520　Z289

新鐫五言千家詩箋註二卷諸名家百花詩一卷
百花詩引一卷　（清）王相選註　清光緒十七
年(1891)刻本　一冊

370000－1506－0001521　Z290

醫鏡備案不分卷　（清）□□輯　清抄本
一冊

370000－1506－0001522　Z291

鼠疫妙方一卷　（清）□□輯　清抄本　一冊

370000－1506－0001523　Z292

醫學集要二卷　（清）□□輯　清抄本　一冊
存一卷(二)

370000－1506－0001524　Z293

韻史二卷　（清）許邂翁撰　清光緒二十六年
(1900)石印本　一冊

370000－1506－0001525　Z294

韻字略十二卷　（清）毛謨撰　清光緒元年
(1875)刻本　二冊

370000－1506－0001526　Z295

專治時疫白喉嚨症論一卷　（清）張紹修撰
清抄本　一冊

370000－1506－0001527　Z296

南雅堂醫書全集三十種　（清）陳念祖撰　清
光緒十八年(1892)石印本　一冊　存二種二
卷(傷寒眞方歌括六、傷寒醫訣串解六)

370000－1506－0001528　Z297

總輯外科心法要訣一卷　（清）□□輯　清抄
本　一冊

370000－1506－0001529　Z298

集驗良方不分卷　（清）□□輯　清抄本
一冊

370000－1506－0001530　Z299

古方八陣摘抄不分卷　（清）□□輯　清抄本
一冊

370000－1506－0001531　Z300

集驗良方不分卷　（清）□□輯　清抄本
一冊

370000－1506－0001532　Z302

脈訣故證一卷　（晉）王叔和撰　清刻本
一冊

370000－1506－0001533　Z303

醫方論四卷　（清）費伯雄撰　清刻本　二冊

370000－1506－0001534　Z304

普濟應驗良方八卷末一卷　（清）德軒氏輯
清道光七年(1827)刻本　一冊

370000－1506－0001535　Z305

脈訣攷證一卷奇經八脈攷一卷瀕湖脈學一卷
附釋音　（明）李時珍撰輯　四言舉要一卷
(宋)崔嘉彥撰　清刻本　一冊

370000－1506－0001536　Z306

增廣大生要旨五卷　（清）唐千頃撰　清咸豐
九年(1859)刻本　二冊

370000－1506－0001537　Z307(1)

國朝畫徵錄三卷續錄二卷　（清）張庚撰　清
光緒十三年(1887)掃葉山房刻本　二冊

370000－1506－0001538　Z309

國朝畫徵錄續錄二卷　（清）張庚撰　清刻本
一冊

370000－1506－0001539　Z310

鑑略四字書一卷　（清）王仕雲撰　清光緒二
十八年(1902)刻本　一冊

370000－1506－0001540　Z311
女科二卷　(清)傅山撰　清刻本　一冊　存一卷(一)

370000－1506－0001541　Z312
女科二卷　(清)傅山撰　清刻本　一冊　存一卷(一)

370000－1506－0001542　Z313
敦復堂四書朱子本義滙叅四十七卷　(清)王步青輯　清刻本　三十冊　存三十六卷(大學二,論語一至五、七至二十、首一卷,孟子一至十四、首一卷)

370000－1506－0001543　Z315
振雅堂彙編詩最二集　(清)倪匡世選　清刻本　三冊　存三卷(二、八至九)

370000－1506－0001544　Z316
鑄史鎔經不分卷　(清)□□輯　清抄本　一冊

370000－1506－0001545　Z317
回生集二卷續回生集二卷　(清)陳傑輯　清刻本　二冊

370000－1506－0001546　Z318
桐華竹實之軒詩草二卷　(清)謙福撰　清同治二年(1863)刻本　一冊　存一卷(一)

370000－1506－0001547　Z319
垩室錄感一卷　(清)李顒撰　清同治八年(1869)刻本　一冊

370000－1506－0001548　Z320
庸閒齋筆記十二卷　(清)陳其元撰　清宣統三年(1911)掃葉山房石印本　四冊

370000－1506－0001549　Z321
春在堂尺牘五卷　(清)俞樾撰　清刻本　二冊

370000－1506－0001550　Z322
韞芬室詞甲稿四卷　(清)何震彝撰　**拾香小集卻扇詞一卷**　(清)李家瑨撰　清光緒二十七年(1901)排印本　一冊

370000－1506－0001551　Z323
道光二十六年丙午科十八省鄉試同年錄一卷　(□)□□撰　清抄本　一冊

370000－1506－0001552　Z324
孫明復小集三卷攷異一卷　(宋)孫復撰　清光緒十五年(1889)刻本　一冊

370000－1506－0001553　Z325
季弟幼元行略一卷　(清)洪調笙撰　清刻本　一冊

370000－1506－0001554　Z326
請業錄二卷　(清)文守元撰　清刻本　一冊

370000－1506－0001555　Z327
滂喜齋叢書　(清)潘祖蔭輯　清同治、光緒潘氏京師刻本　一冊　存二種二卷(小草庵詩鈔一、日本金石年表一)

370000－1506－0001556　Z328
謁岱記一卷　(清)輔廷撰　清光緒八年(1882)金衢嚴道署刻本　一冊

370000－1506－0001557　Z329
王守訓書劄一冊　(清)王守訓書　清光緒寫本　一冊

370000－1506－0001558　Z330
二州山房遺集二卷　(清)柯劭憼撰　清刻本　一冊

370000－1506－0001559　Z331
作文家法一卷　(清)吳自肅撰　清光緒七年(1881)刻本　一冊

370000－1506－0001560　Z332
涽孝錄一卷　(清)王繼香輯　清光緒十年(1884)刻本　二冊

370000－1506－0001561　Z333
憶存齋文鈔一卷　(清)姜城撰　清刻本　一冊

370000－1506－0001562　Z334
幼科鐵鏡六卷　(清)夏鼎撰　清康熙三十四年(1695)刻本　一冊　存三卷(一至三)

370000－1506－0001563　Z335

[牟平孔尚先家族奉天敕命]二卷 （□）□□□
撰 清康熙刻本 一冊

370000－1506－0001564 Z336

西清古鑑四十卷 （清）梁詩正 （清）蔣溥等
纂 清末石印本 十六冊 存三十三卷（一
至四、七至八、十至二十三、二十六至二十八、
三十一至四十）

370000－1506－0001565 Z337

書目答問不分卷 （清）張之洞撰 清光緒元
年（1875）石印本 一冊

370000－1506－0001566 Z338

桃花扇傳奇四卷 （清）孔尚任撰 清西園刻
本 一冊 存一卷（一）

370000－1506－0001567 Z339

寫信必讀十卷 （清）唐藝洲撰 清宣統三年
（1911）上海會文堂石印本 一冊 存六卷
（一至六）

370000－1506－0001568 Z340

御選唐宋詩醇四十七卷目錄二卷 （清）高宗
弘曆選 清刻本 一冊 存二卷（七至八）

370000－1506－0001569 Z341

繡虎軒尺牘續集八卷 （清）曹煜撰 清刻本
一冊 存一卷（七）

370000－1506－0001570 Z342

清綺軒詞選十三卷 （清）夏秉衡撰 清光緒
二十一年（1895）刻本 一冊 存三卷（十一
至十三）

370000－1506－0001571 Z343

古文範四卷 （清）吳闓生纂 清刻本 二冊
存二卷（二、四）

370000－1506－0001572 Z344

監本四書十九卷 （宋）朱熹集注 清光緒四
年（1878）刻本 一冊 存二卷（大學一、中庸
一）

370000－1506－0001573 Z345

周易傳義音訓八卷首一卷末一卷 （宋）程頤
傳 （宋）朱熹本義 （宋）呂祖謙音訓 清光

緒八年（1882）山西濬文書局刻本 一冊 存
一卷（首一卷）

370000－1506－0001574 Z346

詩八卷 （宋）朱熹集傳 清刻本 一冊 存
二卷（三至四）

370000－1506－0001575 Z347

重訂文選集評十五卷首一卷末一卷 （清）于
光華編 清刻本 一冊 存一卷（四）

370000－1506－0001576 Z348

重訂文選集評十五卷首一卷末一卷 （清）于
光華編 清刻本 一冊 存二卷（十五、末一
卷）

370000－1506－0001577 Z349

新刊增補萬病回春原本八卷 （明）龔廷賢編
清刻本 五冊 存六卷（一至二、五至八）

370000－1506－0001578 Z350

聖武記十四卷 （清）魏源撰 清刻本 一冊
存二卷（二至三）

370000－1506－0001579 Z351

[蓬山塾課四書小題]□□卷 （清）劉星橋撰
清咸豐四年（1854）刻本 三冊 存三卷
（大學一、中庸一、下論一）

370000－1506－0001580 Z352

周官精義十二卷 （清）連斗山編 清嘉慶元
年（1796）刻本 一冊 存二卷（一至二）

370000－1506－0001581 Z353

文信國公集二十卷首一卷 （宋）文天祥撰
清刻本 二冊 存三卷（十一至十三）

370000－1506－0001582 Z354

秋燈叢話十八卷 （清）王椷撰 清刻本 一
冊 存三卷（七至九）

370000－1506－0001583 Z355

敦拙堂詩集十三卷 （清）陳奉茲撰 清刻本
一冊 存六卷（八至十三）

370000－1506－0001584 Z356

[光緒]陵縣誌二十二卷首一卷 （清）沈淮修
（清）李圖等纂 （清）戴傑續纂修 清光緒

元年(1875)刻本　一冊　存三卷(十七至十九)

370000－1506－0001585　Z357
隨園詩話十六卷補遺十卷　(清)袁枚撰　清刻本　六冊　存十四卷(隨園詩話三至十,補遺三至四、七至十)

370000－1506－0001586　Z358
御定歷代題畫詩類一百二十卷　(清)陳邦彥編　清刻本　一冊　存五卷(一百〇九至一百十三)

370000－1506－0001587　Z359
古唐詩合解十二卷古詩四卷　(清)王堯衢注　清刻本　一冊　存二卷(八至九)

370000－1506－0001588　Z360
文選理學權輿八卷　(清)汪師韓撰　清刻本　一冊　存二卷(五至六)

370000－1506－0001589　Z361
趙註孫子十三篇四卷　(春秋)孫武撰　(明)趙本學校解　清北洋陸軍編譯局排印本　一冊　存一卷(三)

370000－1506－0001590　Z362
第一才子書一百二十回卷首一卷　(明)羅貫中撰　(清)金人瑞　(清)毛宗崗評　清宣統三年(1911)上海時中書局排印本　一冊　存一卷(首一卷)

370000－1506－0001591　Z363
緯文堂明鑑易知錄十五卷　(清)吳乘權等輯　清抄本　二冊　存二卷(一、五)

370000－1506－0001592　Z364
御纂七經　(清)□□撰　清光緒二十八年(1902)上海寶文書局石印本　五冊　存三種四十一卷(欽定禮記義疏一至九、二十一至三十、首一卷,欽定周官義疏四十一至四十八,欽定儀禮義疏一至六、四十四至四十八、首一至二)

370000－1506－0001593　Z365
古文翼八卷　(清)唐德宜編　清光緒二十七

年(1901)石印本　四冊　存六卷(一至六)

370000－1506－0001594　Z366
重編留青新集二十四卷　(清)馮善長編　清光緒排印本　五冊　存十卷(九至十三、十五、十七至二十)

370000－1506－0001595　Z367
雲川閣集十四卷　(清)杜詔撰　清同治元年(1862)濟南雙和堂刻本　一冊　存一卷(三)

370000－1506－0001596　Z368
石室秘籙六卷　(清)陳士鐸撰　清刻本　二冊　存二卷(四至五)

370000－1506－0001597　Z369
引痘題詠三卷　(清)邱熺撰　清道光元年(1821)刻本　二冊　存二卷(二至三)

370000－1506－0001598　Z371
隨園詩話十六卷補遺十卷　(清)袁枚撰　清刻本　六冊　存十卷(隨園詩話十至十六、補遺一至三)

370000－1506－0001599　Z372
策學備纂三十二卷首一卷　(清)吳潁炎輯　清光緒十三年(1887)點石齋石印本　八冊　存十三卷(十四至二十六)

370000－1506－0001600　Z373
緯文堂綱鑑易知錄九十二卷明鑑易知錄十五卷　(清)吳乘權　(清)周之炯　(清)周之燦輯　清刻本　二十一冊　存四十五卷(綱鑑易知錄二十二至四十七、五十至五十七,明鑑易知錄三至十三)

370000－1506－0001601　Z3741
萬國藥方八卷　(美國)洪士提譯　清光緒二十四年(1898)石印本　七冊　存七卷(一至六、八)

370000－1506－0001602　Z3742
萬國藥方八卷　(美國)洪士提譯　清光緒二十四年(1898)石印本　三冊　存三卷(一、三、六)

370000－1506－0001603　Z375

尺木堂綱鑑易知錄九十二卷明鑑易知錄十五卷 （清）吳乘權等輯　清刻本　十五冊　存三十二卷（綱鑑易知錄十四至三十九、五十七至六十、六十四至六十五）

370000－1506－0001604　Z376
經餘必讀八卷續編八卷三編四卷 （清）錢樹棠 （清）雷琳 （清）錢樹立同輯　清刻本　五冊　存九卷（經餘必讀三至四、七至八，續編一至二、五至六，三編一）

370000－1506－0001605　Z377
初學行文語類四卷 （清）孫埏編輯　清刻本　一冊

370000－1506－0001606　Z378
周官精義十二卷 （清）連斗山輯　清刻本　一冊　存一卷（三）

370000－1506－0001607　Z379
喪禮或問二卷 （清）方苞撰　清刻本　一冊

370000－1506－0001608　Z380
敦拙堂詩集十三卷 （清）陳奉茲撰　清刻本　一冊　存三卷（十一至十三）

370000－1506－0001609　Z381
文選六十卷 （南朝梁）蕭統輯 （唐）李善等注　明毛氏汲古閣刻本　一冊　存五卷（三十九至四十三）

370000－1506－0001610　Z382
重刻文選六十卷 （南朝梁）蕭統輯 （唐）李善等注　清刻朱墨套印本　一冊　存二卷（一至二）

370000－1506－0001611　Z383
浦城遺書 （清）祝昌泰輯　清嘉慶祝氏留香室刻本　一冊　存目錄部分

370000－1506－0001612　Z384
四庫全書字體辨正四卷首一卷 （清）黃培芳重訂　清道光六年（1826）刻本　一冊

370000－1506－0001613　Z385
周禮節訓六卷 （清）黃叔琳輯 （清）姚培謙重訂　清刻本　一冊　存四卷（三至六）

370000－1506－0001614　Z386
有堂書鈔不分卷 （清）□□撰　清刻本　一冊

370000－1506－0001615　Z387
增廣達生篇不分卷 （清）□□撰　清刻本　一冊

370000－1506－0001616　Z388
爾雅註疏十一卷 （晉）郭璞註 （宋）邢昺疏　清刻本　一冊　存三卷（六至八）

370000－1506－0001617　Z389
唐書二百二十五卷 （宋）歐陽修 （宋）宋祁等撰　清光緒十四年（1888）上海圖書集成印書局排印本　一冊　存四卷（一至四）

370000－1506－0001618　Z390
章石亭封公家傳一卷 （清）邵晉涵撰　清刻本　一冊

370000－1506－0001619　Z391
昭代叢書 （清）張潮 （清）張漸輯 （清）沈楙德校　清刻本　三冊　存二十七卷（甲集三十二至四十一、乙集十九至三十五）

370000－1506－0001620　Z392
崇祀鄉賢錄二卷 （清）李爲淦撰　清雍正刻本　一冊　存十六葉（一至十六）

370000－1506－0001621　Z393
四子譜二卷 （清）過文年撰　清乾隆五十一年（1786）刻本　二冊

370000－1506－0001622　Z394
泰山志二十卷 （清）金棨撰　清刻本　二冊　存二卷（十六至十七）

370000－1506－0001623　Z395
嚳文書屋集略八卷 （清）潘相撰　清刻本　一冊　存二卷（一至二）

370000－1506－0001624　Z396
永世錄□□卷 （明）沈棟輯　明刻本　一冊　存四卷（七至十）

370000－1506－0001625　Z398
花間草堂雜綴不分卷 （明）李日華撰 （清）

東皋荷夫摘抄　清抄本　一冊

370000－1506－0001626　Z399
入洛集不分卷　（清）何家琪等輯　清光緒刻本　一冊

370000－1506－0001627　Z402
詩經八卷　（宋）朱熹集傳　清刻本　一冊　存一卷（五）

370000－1506－0001628　Z403
全本禮記體註十卷　（清）范翔訂　（清）徐旦輯　（清）徐瑄補輯　清刻本　一冊　存一卷（四）

370000－1506－0001629　Z404
剔弊廣增分韻五方元音二卷　（清）樊騰鳳撰　（清）趙培梓輯　清刻本　一冊　存一卷（一）

370000－1506－0001630　R80
說唐薛家府傳六卷三十四回首二卷　（清）如蓮居士撰　清末刻本　一冊　存一卷（六）

370000－1506－0001631　R81
五子近思錄輯要十五卷　（清）孫嘉淦輯　清刻本　一冊　存七卷（一至七）

370000－1506－0001632　R82
唐人萬首絕句選七卷　（宋）洪邁輯　（清）王士禎選　清康熙洪氏松花屋刻同治九年（1870）金陵書局重修本　一冊　存三卷（一至三）

370000－1506－0001633　R83
唐詩三百首續選一卷　（清）于慶元編　清光緒十九年（1893）書業德刻本　一冊

370000－1506－0001634　R84
古唐詩合解十二卷古詩四卷　（清）王堯衢注　清光緒十一年（1885）刻本　一冊　存七卷（古唐詩一至二、七至八、十至十二）

370000－1506－0001635　R85
周禮節訓六卷　（清）黃叔琳撰　（清）姚培謙重訂　清刻本　一冊　存二卷（一至二）

370000－1506－0001636　R86
東萊博議四卷　（清）呂祖謙撰　清刻本　一

冊　存一卷（三）

370000－1506－0001637　R87
周禮精華六卷　（清）陳龍標輯　清刻本　四冊　存四卷（二至五）

370000－1506－0001638　R88
儀禮十七卷　（漢）鄭玄注　（唐）陸德明音義　清刻本　一冊　存五卷（九至十三）

370000－1506－0001639　R89
太史張天如詳節春秋綱目左傳句解六卷　（清）韓菼重訂　清刻本　四冊　存四卷（二至五）

370000－1506－0001640　R90
救生船四卷末一卷　題（清）握瑜子等輯　清光緒二年（1876）刻本　二冊　存二卷（一、三）

370000－1506－0001641　R91
佛說阿彌陀經疏鈔四卷　（明）釋袾宏述　清刻本　二冊　存二卷（二至三）

370000－1506－0001642　R92
各州縣來信一卷　（清）黃紹薪　（清）楊大年等撰　清寫本　一冊

370000－1506－0001643　R93
推羿仙術一卷　（清）□□輯　清抄本　一冊

370000－1506－0001644　R94
推拿秘書一卷　（清）駱如龍撰　清抄本　一冊

370000－1506－0001645　R95
山谷題跋三卷　（宋）黃庭堅撰　清同治十一年（1872）又賞齋刻本　二冊　存二卷（一至二）

370000－1506－0001646　R96
淵鑒齋御纂朱子全書六十六卷　（宋）朱熹撰　（清）李光地等纂　清刻本　三冊　存六卷（四至八、十四）

370000－1506－0001647　R97
狀元閣女四書　（清）王相箋注　清刻本　一冊　存二卷（宋若昭女論語一、王節婦女範捷錄一）

370000－1506－0001648　R98

橘中秘四卷　（明）朱晉楨輯　清刻本　四冊

370000－1506－0001649　R99

增補字學舉隅三卷　（清）龍啟瑞撰　清光緒
二年(1876)刻本　一冊

370000－1506－0001650　R100

道統大成四集　（清）汪啟濩輯　清刻本　三
冊　存一種(坎集)

370000－1506－0001651　R101

熟讀精思不分卷　（清）□□輯　清抄本
六冊

370000－1506－0001652　R102

郝氏遺書十三種　（清）郝懿行撰　清刻本
一冊　存二種二卷(蜂衙小記一卷、燕子春秋
一卷)

370000－1506－0001653　R103

五朝小說　（清）□□輯　明刻本　一冊　存
七種(快雪堂漫錄、天爵堂筆餘、遁徇編、擁絮
迂談、女俠傳、西征記、醫閒漫記)

370000－1506－0001654　R104

朱子家禮十卷首一卷　（宋）朱熹撰　（明）丘
濬輯　清刻本　二冊　存三卷(四、七至八)

370000－1506－0001655　R105

御定歷代題畫詩類一百二十卷　（清）陳邦彥
編　清抄本　二冊　存二卷(七十六、八十
二)

370000－1506－0001656　R106

芥子園畫譜二集　（清）王槩等輯　清抄本
一冊　存三卷(青在堂畫竹淺說一卷、青在堂
畫菊淺說一卷、青在堂畫梅淺說一卷)

370000－1506－0001657　R107

麟角集一卷　（唐）王棨撰　清刻本　一冊

370000－1506－0001658　R108

大六壬奇門遁甲一卷　（□）□□撰　清抄本
一冊

370000－1506－0001659　R109

禮記十卷　（元）陳澔集說　清光緒四年

(1878)刻本　一冊　存一卷(一)

370000－1506－0001660　R110

春秋左傳五十卷　（晉）杜預注　（宋）林堯叟
補注　（唐）陸德明音義　清刻本　一冊　存
三卷(十五至十七)

370000－1506－0001661　R111

唐詩三百首補註八卷　（清）孫洙輯　（清）陳
婉俊補註　清光緒十九年(1893)書業德刻本
三冊　存六卷(一至四、七至八)

370000－1506－0001662　R112

評點春秋綱目左傳句解彙雋六卷　（清）韓菼
重訂　清刻本　一冊　存一卷(一)

370000－1506－0001663　R113

唐詩三百首註釋六卷　（清）孫洙編　（清）章
燮註　清刻本　一冊　存一卷(二)

370000－1506－0001664　R114

文選李注補正四卷　（清）孫志祖撰　清光緒
刻本　一冊　存二卷(一至二)

370000－1506－0001665　R115

陳檢討集二十卷　（清）陳維崧撰　清康熙刻
本　四冊　存十四卷(四至十七)

370000－1506－0001666　R116

綱鑑會纂三十九卷首一卷　（明）王世貞撰
清末書業德刻本　十六冊　存十五卷(一至
十五)

370000－1506－0001667　R118

靖康要錄十六卷　（宋）汪藻撰　清刻本　一
冊　存三卷(十三至十五)

370000－1506－0001668　R119

左傳選十四卷　（清）儲欣評選　（清）董南紀
等輯　清刻本　一冊　存三卷(七至九)

370000－1506－0001669　R120

七家詩選註釋七卷　（清）張熙宇評　（清）張
昶註釋　清刻本　二冊　存三卷(五至七)

370000－1506－0001670　R121

御批歷代通鑑輯覽一百二十卷　（清）傅恒等
撰　清光緒三十年(1904)排印本　二十冊

存六十二卷(一至六十二)

370000－1506－0001671　R122

詩經喈鳳詳解八卷　（清）陳抒孝撰　（清）汪基增訂　清刻本　八冊

370000－1506－0001672　R123

周鑾詒墨蹟帖一卷　（清）周鑾詒撰　清寫本　一冊

370000－1506－0001673　R124

道藏雜鈔　（□）□□撰　清抄本　十一冊
存五十二卷(元始天尊說北方真武妙經一卷、太上老君說五門金章受生經一卷、太上三元賜福赦罪解厄消災延生保命妙經一卷、太上元始天尊說三官寶號一卷、三元三官寶誥一卷、太上老君說常清靜經一卷、太上洞玄靈寶昇玄消災護命妙經一卷、太上靈寶天尊說禳災度厄真經一卷、太上三光注齡資福延壽經一卷、元始天尊說十一曜大消災神咒經一卷、太上太清皇老帝君運雷天童隱焚仙經一卷、無上赤文洞古經一卷、太上洞玄靈寶天尊說大通經一卷、太上老君說解釋咒詛經一卷、太上元始天尊說三官寶號一卷、太上大聖朗靈上將勅封護國協天大帝妙經一卷、太上一朝天百拜謝罪寶懺一卷、太上說九蓮應化度世滅罪永壽寶懺一卷、元始天尊說文昌消災滅罪賜福永壽寶懺一卷、太上瑤臺益算寶籍延年寶懺一卷、太上玄司滅罪紫符消災法懺一卷、太上洞真三界伏魔神功滅罪法懺一卷、九天應元雷聲普化天尊玉樞寶懺一卷、太上說天仙玉女碧霞宏德靈應元君消愆滅罪益算寶懺一卷、元始天尊說三官消災滅罪懺三卷、真武靈應護世消災滅罪寶懺一卷、元始天尊說東嶽解冤謝罪法懺一卷、太乙慈尊救苦寶懺一卷、太上慈悲道塲滅罪水懺法三卷、太上消滅地獄昇陟天堂法懺一卷、太上元始天尊說北陰酆都滅罪寶懺一卷、靈寶天尊說祿庫受生經一卷、九天應元雷聲普化天尊玉樞寶經一卷、太上玄靈北鬥本命延生真經一卷、太上洞淵說請雨龍王經一卷、太上洞玄靈寶無量度人上品妙經一卷、太上護國祈雨消魔大功經一卷、太上

元始天尊說大雨龍王經一卷、四溟大神咒一卷、大木郎神咒一卷、小木郎神咒一卷、洞玄靈寶自然九天生神章經一卷、太上說東門主算護命妙經一卷、太上說西門記名護身妙經一卷、太上說中門大魁保命妙經一卷、太上說南門六司延壽度人妙經一卷、太上洞真三界伏魔神功廣濟真經一卷）

370000－1506－0001674　R125

道藏雜鈔　（□）□□撰　清抄本　十一冊
存五十五卷(太上玄靈北鬥本命延生真經一卷、太上說南門六司延壽度人妙經一卷、太上說東門主算護命妙經一卷、太上說西門記名護身妙經一卷、太上說中門大魁保命妙經一卷、太上洞真三界伏魔神功廣濟真經一卷、太上洞淵說請雨龍王經一卷、太上老君說常清淨經一卷、太上洞玄靈寶昇玄消災護命妙經一卷、太上靈寶天尊說禳災度厄真經一卷、太上太清天童護命妙經一卷、太上三光注齡資福延壽經一卷、元始天尊說十一曜大消災神咒經一卷、元始天尊說北方真武妙經一卷、太上泰清皇老帝君運雷天童隱梵仙經一卷、無上赤文洞古經一卷、太上洞玄靈寶天尊說大通經一卷、太上老君說五門金章受生經一卷、太上老君說解釋咒詛經一卷、太上三元賜福赦罪解厄消災延生保命妙經一卷、太上元始天尊說三官寶號一卷、太上大聖朗靈上將勅封護國協天大帝妙經一卷、太上正一朝天百拜謝罪寶懺一卷、九天應元雷聲普化天尊玉樞寶懺一卷、太上說天仙玉女碧霞宏德靈應元君消愆滅罪益算寶懺一卷、太上說九蓮應化度世滅罪永壽寶懺一卷、太乙慈尊救苦寶懺一卷、太上慈悲道塲滅罪水懺三卷、太上消滅地獄昇陟天堂法懺一卷、太上元始天尊說北陰酆都滅罪寶懺一卷、元始天尊說文昌消災滅罪賜福永壽寶懺一卷、太上瑤臺益算寶籍延年寶懺一卷、太上玄司滅罪紫府消災法懺一卷、太上洞真三界伏魔神功滅罪法懺一卷、雷霆玉樞宥罪法懺一卷、北鬥延生消度厄寶懺一卷、星主紫微寶懺一卷、太乙救苦天尊拔度血湖寶懺一卷、元始天尊說三官消災滅罪懺三卷、真武靈應護世消災滅罪寶懺一卷、

元始天尊說東嶽解冤謝罪法懺一卷、九天應
元雷聲普化天尊玉樞寶經一卷、太上護國祈
雨消魔大功經一卷、太上洞玄靈寶無量度人
上品妙經一卷、太上元始天尊說大雨龍王經
一卷、四溟大神咒一卷、大木郎神咒一卷、小
木郎神咒一卷、太上三元賜禮福赦罪解厄消
災延生保命妙經一卷、太上元始天尊說三官
寶號一卷、洞玄靈寶自然九天生神章經一卷)

370000－1506－0001675　R127
金剛般若波羅蜜經一卷　(後秦)釋鳩摩羅什
譯　(明)姚子莊集解　清抄本　一冊

370000－1506－0001676　R130
集虛齋四書口義十卷　(清)方楘如撰　清刻
本　三冊　存四卷(七至十)

370000－1506－0001677　R131
新訂四書補註備旨十卷　(明)鄧林撰　(清)
杜定基增訂　清刻本　六冊　存六卷(下論
三至四、孟子四卷)

370000－1506－0001678　R132
新訂四書補註備旨十卷　(明)鄧林撰　(清)
杜定基增訂　清刻本　一冊　存二卷(下論
三至四)

370000－1506－0001679　R133
詩八卷　(宋)朱熹集傳　清刻本　一冊　存
一卷(五)

370000－1506－0001680　L134
金匱懸解二十二卷　(清)黃元御撰　清刻本
一冊　存五卷(七至十一)

370000－1506－0001681　R135
山公醫旨食物類六卷　(明)施永圖輯　明刻
本　一冊　存二卷(四至五)

370000－1506－0001682　R136
本草備要八卷　(清)汪昂撰　清刻本　二冊
存四種(木部、果部、穀菜部、草部)

370000－1506－0001683　R139
推拿秘訣二卷　(清)□□輯　清抄本　一冊
存一卷(一)

370000－1506－0001684　R140
瘍醫大全擇抄不分卷　(清)□□輯　清抄本
一冊

370000－1506－0001685　R141
禮記十卷　(元)陳澔集說　清刻本　一冊
存一卷(十)

370000－1506－0001686　R142
禮記提綱二卷　(清)齊之宸撰　清刻本　一
冊　存三十九葉(一至三十九)

370000－1506－0001687　R143
新刻合併官板音義評註淵海子平五卷　(宋)
徐升編　清刻本　一冊　存三卷(三至五)

370000－1506－0001688　R144
讀論語劄記二卷　(清)李光地撰　清刻本
一冊

370000－1506－0001689　R145
新詞正韻二卷　(清)袁太華撰　(清)袁平燿
校韻　清同治六年(1867)刻本　一冊　存一
卷(一)

370000－1506－0001690　R146
黃帝內經素問十二卷黃帝內經靈樞十二卷
(宋)史崧音譯　清刻本　二冊　存八卷(一
至八)

370000－1506－0001691　R147
補注黃帝內經素問二十四卷黃帝內經靈樞十
二卷附素問遺篇　(唐)啟玄子注　(宋)林億
等校正　(宋)孫兆重改誤　(宋)劉溫舒撰遺
篇　清刻本　一冊　存二種(靈樞一至二、素
問遺篇)

370000－1506－0001692　R148
竹書紀年統箋十二卷前編一卷雜述一卷
(清)徐文靖撰　清光緒三年(1877)刻　一
冊　存三卷(一至三)

370000－1506－0001693　R149
御批歷代通鑑輯覽一百二十卷　(清)傅恒等
撰　清末刻本　十四冊　存二十一卷(七十
八、八十三至八十八、九十一至一百○四)

370000－1506－0001694　R150

四書五經義正鵠不分卷　（清）俞樾撰　清光緒二十八年（1902）上海書局石印本　四冊

370000－1506－0001695　R151

增廣詩句題解彙編四卷姓氏考一卷　（□）□□撰　清光緒二十年（1894）上海寶文書局石印本　一冊　存一卷（一）

370000－1506－0001696　R152

增廣詩句題解彙編四卷姓氏考一卷　（□）□□撰　清光緒石印本　一冊　存一卷（一）

370000－1506－0001697　R153

經驗外科準繩一卷　（清）□□輯　清抄本　一冊

370000－1506－0001698　R154

新刻旋風案十六卷　（□）□□撰　清刻本　一冊　存二卷（三至四）

370000－1506－0001699　R155

海北金州仙藝法不分卷　（清）□□輯　清抄本　一冊

370000－1506－0001700　R157

禮記十卷　（元）陳澔集說　清刻本　五冊　存五卷（二至三、五至六、九）

370000－1506－0001701　R158

禮記十卷　（元）陳澔集說　清末刻本　三冊　存三卷（四、七至八）

370000－1506－0001702　R159

新刻昇仙傳演義八卷五十六回　（清）倚雲氏撰　清刻本　一冊　存一卷（七）

370000－1506－0001703　R160

俠義傳二十四卷一百二十回　（清）石玉崑撰　清刻本　一冊　存一卷（十）

370000－1506－0001704　R161

五經鴻裁　（清）□□輯　清刻本　三冊　存三卷（詩經一、四，禮記三）

370000－1506－0001705　R162

五美緣全傳八十回　（清）寄生氏撰　清刻本　三冊　存三十卷（三十至五十一、七十三至八十）

370000－1506－0001706　R163

重訂王鳳洲先生綱鑑會纂四十六卷　（明）王世貞撰　（明）陳仁錫訂　清刻本　二十一冊　存二十七卷（一至二十一、三十一至三十六）

370000－1506－0001707　R164

福山科名錄一卷　（清）□□輯　清抄本　一冊

370000－1506－0001708　R165

春曹儀式一卷　（清）王士禛編　清抄本　一冊

370000－1506－0001709　R166（1）

朱子治家格言淺說一卷　（清）孔傳莘撰　稿本　一冊

370000－1506－0001710　R166（2）

笠園詩草一卷　（清）孔傳莘撰　稿本　三冊

370000－1506－0001711　R166（3）

讀詩得閒錄一卷　（清）孔傳莘撰　稿本　三冊

370000－1506－0001712　R167

聖諭廣訓一卷　（清）聖祖玄燁撰　（清）世宗胤禛廣訓　清雍正內府刻本　一冊

370000－1506－0001713　R168

守正堂詩草一卷　（清）王紹曾撰　稿本　孫文卿題跋　一冊

370000－1506－0001714　R169

呂祖醒心真經一卷　（清）孔繼堂撰　稿本　一冊

370000－1506－0001715　R170（1）

太上感應篇日悔錄一卷　（清）孔繼堂撰　稿本　一冊

370000－1506－0001716　R170（2）

太上感應篇日悔錄一卷　（清）孔繼堂撰　稿本　一冊

370000－1506－0001717　R171

獨秀峯題壁三十首一卷　（□）□□輯　清抄本　一冊

370000－1506－0001718　R172
詩均指晷一卷　（清）孔繼型撰　稿本　一冊

370000－1506－0001719　R173
歷代詩鈔一卷　（清）孔廣金輯　稿本　一冊

370000－1506－0001720　R174
手到病除一卷　（清）□□輯　清抄本　一冊

370000－1506－0001721　R175
文學興國策二卷　（美國）林樂知譯　蔡爾康
校　清光緒二十二年(1896)圖書集成鉛印本
二冊

370000－1506－0001722　R176
分韻試帖青雲集合註四卷　（清）楊逢春輯
清光緒十四年(1888)刻本　三冊　存三卷
(一至三)

370000－1506－0001723　R178
銅版四書集註十九卷　（宋）朱熹章句　清光
緒三十二年(1906)煙臺誠文信排印本　一冊
存二卷(孟子集註六至七)

370000－1506－0001724　R180
四書集註十九卷　（宋）朱熹撰　清刻本　一
冊　存二卷(孟子集註四至五)

370000－1506－0001725　R181
中庸一卷　（宋）朱熹章句　清刻本　一冊

370000－1506－0001726　R182
論語十卷　（宋）朱熹集注　清刻本　二冊

370000－1506－0001727　R183
論語十卷　（宋）朱熹集注　清刻本　一冊
存五卷(六至十)

370000－1506－0001728　R184
四書章句集註二十一卷　（宋）朱熹撰　清刻
本　一冊　存一卷(大學章句一)

370000－1506－0001729　R186
化學初階四卷　（美國）嘉約翰口譯　（清）何
瞭然筆述　清末刻本　二冊　存二卷(二、
四)

370000－1506－0001730　R187

370000－1506－0001731　R188
水學拾級不分卷　（清）劉光照校　清光緒三
十三年(1907)上海美華書館排印本　一冊

370000－1506－0001731　R188
航海拾級二卷　（美國）溫德鄂輯　（清）劉光
照譯　清光緒三十一年(1905)排印本　一冊

370000－1506－0001732　R189
詩學含英十四卷　（清）劉文蔚輯　清刻本
一冊　存三卷(一至三)

370000－1506－0001733　R190
類賦玉盆珠□□卷　（清）梁樹輯　清末刻本
一冊　存一卷(二)

370000－1506－0001734　R191
詩料集錦詳註□□卷　題(清)伴鶴居士輯
清刻本　一冊　存一卷(二)

370000－1506－0001735　R192
隨園詩話十六卷補遺十卷　（清）袁枚撰　清
刻本　三冊　存八卷(隨園詩話十二至十六、
補遺一至三)

370000－1506－0001736　R193
試律大觀三十二卷　（清）竹屏居士輯　清刻
本　一冊　存一卷(一)

370000－1506－0001737　R194
新增策料廣治平略正集三十六卷續集八卷
（清）蔡方炳撰　清光緒十六年(1890)排印本
二冊　存十三卷(一至八、三十二至三十
六)

370000－1506－0001738　R195
五經備解十卷　（清）周封魯輯　清刻本　一
冊　存一卷(春秋備解二)

370000－1506－0001739　R196
俄國新志八卷　（英國）陔勒低撰　（英國）傅
蘭雅　（清）潘松譯　清光緒二十七年(1901)
上海書局石印本　四冊

370000－1506－0001740　R197
萬國史記二十卷　（日本）岡本監輔撰　清光
緒二十八年(1902)上海經香閣石印本　八冊

370000－1506－0001741　R198

重訂王鳳洲先生綱鑑會纂四十六卷　（明）王
世貞撰　清刻本　八冊　存十五卷（六至七、
九至二十一）

370000－1506－0001742　R199
重訂王鳳洲先生綱鑑會纂四十六卷　（明）王
世貞撰　清刻本　二冊　存三卷（十五至十
六、三十七）

370000－1506－0001743　R200
重訂王鳳洲先生綱鑑會纂四十六卷　（明）王
世貞撰　清刻本　四冊　存七卷（七至八、十
一至十二、十四、二十二至二十三）

370000－1506－0001744　R201
重訂王鳳洲先生綱鑑會纂四十六卷　（明）王
世貞撰　清刻本　三冊　存六卷（十二至十
七）

370000－1506－0001745　R202
重訂王鳳洲先生綱鑑會纂四十六卷　（明）王
世貞撰　清刻本　一冊　存二卷（十至十一）

370000－1506－0001746　R203
大六壬晬斯二卷　（清）葉悔亭輯　清光緒十
五年（1889）刻本　一冊　存一卷（一）

370000－1506－0001747　R204
卜筮正宗十四卷　（清）王維德輯　清刻本
二冊　存四卷（五至六、十三至十四）

370000－1506－0001748　R205
御批歷代通鑑輯覽一百二十卷　（清）傅恒等
撰　清光緒三十年（1904）上海通元書局影印
本　二十二冊　存一百○八卷（一至七十九、
八十六至一百○二、一百○九至一百二十）

370000－1506－0001749　R206
御批歷代通鑑輯覽一百二十卷　（清）傅恒等
撰　清光緒三十年（1904）上海通元書局影印
本　一冊　存七卷（一百十四至一百二十）

370000－1506－0001750　R208
陳大年字册　（清）陳大年撰　寫本　一冊

370000－1506－0001751　L1
暗室燈註解二卷　題（清）深山居士輯　清光

緒三十年（1904）刻本　一冊　存一卷（一）

370000－1506－0001752　L2
暗室燈二卷　題（清）深山居士輯　（清）沈惇
復重校　清光緒二十年（1894）刻本　一冊

370000－1506－0001753　L3
白喉治法忌表抉微一卷　（清）耐修子撰　清
末影印本　一冊

370000－1506－0001754　L5
洞主仙師白喉治法忌表抉微一卷附文昌帝君
戒淫寶訓　（清）耐修子輯　清末石印本
一冊

370000－1506－0001755　L6
洞主仙師白喉治法忌表抉微一卷附文昌帝君
戒淫寶訓　（清）耐修子輯　清末影印本
一冊

370000－1506－0001756　L7
本草綱目五十二卷　（明）李時珍撰　清刻本
二冊　存三卷（三、五十至五十一）

370000－1506－0001757　L11
本草綱目五十二卷圖三卷瀕湖脈學一卷奇經
八脈考一卷脈訣考證一卷　（明）李時珍撰
清末影印本　四冊　存十卷（本草綱目一至
四、圖三卷、瀕湖脈學一卷、奇經八脈考一卷、
脈訣考證一卷）

370000－1506－0001758　L13
本草綱目五十二卷圖三卷瀕湖脈學一卷奇經
八脈考一卷脈訣考證一卷　（明）李時珍撰
清末影印本　二冊　存六卷（圖三卷、瀕湖脈
學一卷、奇經八脈考一卷、脈訣考證一卷）

370000－1506－0001759　L16
筆花醫鏡四卷　（清）江涵暾撰　清末石印本
一冊

370000－1506－0001760　L19
筆花醫鏡二卷　（清）江涵暾撰　清光緒三十
三年（1907）刻本　二冊

370000－1506－0001761　L20
產後編二卷　（清）傅山撰　清刻本　一冊

370000－1506－0001762　L21

產後編二卷 （清）傅山撰　清刻本　一冊
存一卷（一）

370000－1506－0001763　L24

藏書記要一卷 （清）孫從添撰　清刻本
一冊

370000－1506－0001764　L25

藏書紀事詩七卷 葉昌熾撰　清宣統二年
（1910）葉氏刻朱印本　六冊

370000－1506－0001765　L26

澄衷蒙學堂字課圖說四卷檢字一卷類字一卷
（清）澄衷蒙學堂輯　清光緒二十七年
（1901）澄衷蒙學堂初次石印本　一冊

370000－1506－0001766　L27

澄衷蒙學堂字課圖說四卷檢字一卷類字一卷
（清）澄衷蒙學堂輯　清光緒二十九年
（1903）澄衷學堂印書處第八次石印本　一冊

370000－1506－0001767　L28

澄衷蒙學堂字課圖說四卷檢字一卷類字一卷
（清）澄衷蒙學堂輯　清光緒三十一年
（1905）澄衷蒙學堂第十三次石印本　七冊

370000－1506－0001768　L30

字彙十二卷 （明）梅膺祚撰　清刻本　六冊
存七卷（六至十二）

370000－1506－0001769　L31

字彙十二卷 （明）梅膺祚撰　清刻本　六冊
存七卷（六至十二）

370000－1506－0001770　L33

御批歷代通鑑輯覽一百二十卷 （清）傅恒等
撰　清光緒三十年（1904）上海通元書局影印
本　十八冊　存九十卷（一至九十）

370000－1506－0001771　L34

全本禮記體註大全合參十卷 （清）范翔訂
（清）徐瑄補輯　清刻本　六冊　存五卷（六
至十）

370000－1506－0001772　L35

全本禮記體註大全合參十卷 （清）范翔訂

（清）徐瑄補輯　清刻本　六冊　存五卷（六
至十）

370000－1506－0001773　L36

新增願體集四卷 （清）李仲麟輯　清同治上
海翼化堂善書坊刻本　一冊　存二卷（一至
二）

370000－1506－0001774　L37

巾經纂二十卷 （清）宋宗元撰　清刻本　一
冊　存四卷（十三至十六）

370000－1506－0001775　L38

四大奇書第一種十九卷一百二十回首一卷
（明）羅貫中撰　（清）金人瑞　（清）毛宗崗
評　清書業德刻本　七冊　存二十四卷（二
十八至五十一）

370000－1506－0001776　L39

東周列國全志二十三卷一百八回 （清）蔡昪
評點　清刻本　二十一冊　存二十卷（一至
十一、十三至二十、二十二）

370000－1506－0001777　L40

東周列國全志二十三卷一百八回 （清）蔡昪
評點　清刻本　三冊　存三卷（十二至十四）

370000－1506－0001778　L41

紅樓夢影二十四回 （清）西湖散人撰　清光
緒三年（1877）活字本　四冊　存十八回（一
至十二、十九至二十四）

370000－1506－0001779　L42

御批歷代通鑑輯覽一百二十卷 （清）傅恒等
撰　清光緒石印本　四十冊　存二十一卷
（六十四至八十四）

370000－1506－0001780　L44

御批歷代通鑑輯覽一百二十卷 （清）傅恒等
撰　清光緒三十年（1904）上海錦章書局石印
本　五冊　存二十五卷（一至十一、十七至三
十）

370000－1506－0001781　L45

分類歷代通鑑輯覽六十四卷終一卷 （清）陳
善纂　清光緒二十九年（1903）上海文瀾書局

石印本　十九册　存五十三卷（九至十、十四至六十四）

370000－1506－0001782　L46
御批歷代通鑑輯覽一百二十卷　（清）傅恒等撰　清刻本　八册　存十四卷（六十二至七十五）

370000－1506－0001783　L47
御批歷代通鑑輯覽一百二十卷　（清）傅恒等撰　清刻本　六册　存十卷（八十一至九十）

370000－1506－0001784　L48
御批歷代通鑑輯覽一百二十卷　（清）傅恒等撰　清刻朱墨套印本　七册　存二十四卷（二十四至四十七）

370000－1506－0001785　L49(1)
國朝畫徵錄三卷續錄二卷　（清）張庚撰　清光緒十三年（1887）刻本　三册　存四卷（國朝畫徵錄一至二、續錄二卷）

370000－1506－0001786　L49(2)
國朝畫徵錄三卷續錄二卷　（清）張庚撰　清光緒十三年（1887）刻本　一册　存二卷（國朝畫徵錄一至二）

370000－1506－0001787　L51
等不等觀雜錄八卷　（清）楊文會撰　清光緒刻本　一册　存二卷（三至四）

370000－1506－0001788　L52
梵網經心地品菩薩戒義疏發隱五卷事義五卷問辯一卷　（明）釋袾宏撰　清刻本　一册　存二卷（二至三）

370000－1506－0001789　L53
新約註釋□□卷　（□）杜布西等註　清光緒三十三年（1907）排印本　一册　存一卷（三）

370000－1506－0001790　L55
俞樓雜纂五十卷　（清）俞樾撰　清末刻本　一册　存五卷（三十七至四十一）

370000－1506－0001791　L56(1)
訓蒙四字經龍文鞭影初集二卷二集二卷　（清）李暉吉　（清）徐灒輯　清末刻本　一册

存一卷（初集一）

370000－1506－0001792　L58
韻對五七言千家詩輯鈔四卷　（清）成文信書坊輯　清光緒二十六年（1900）刻本　一册　存一卷（一）

370000－1506－0001793　L59
韻對五七言千家詩輯鈔四卷　（清）成文信書坊輯　清刻本　一册　存一卷（一）

370000－1506－0001794　L60
韻對五七言千家詩輯鈔四卷　（清）□□輯　清宣統元年（1909）刻本　一册　存一卷（一）

370000－1506－0001795　L61
增補重訂千家詩註解四卷　（清）任來吉選　（清）王相註　清末東郡文苑閣刻本　一册　存二卷（三至四）

370000－1506－0001796　L62
文光堂重訂古文釋義新編八卷　（清）余誠撰　清刻本　七册　存七卷（一至七）

370000－1506－0001797　L63
重訂古文釋義新編八卷　（清）余誠評　清光緒二十四年（1898）刻本　三册　存六卷（一至六）

370000－1506－0001798　L64
東周列國全志二十三卷一百八回　（清）蔡昇評點　清刻本　十二册　存十二卷（一至十二）

370000－1506－0001799　L65
景龍觀鐘銘　（唐）睿宗李旦撰並正書　清朱拓本　一册

370000－1506－0001800　L66
麗廎叢書　葉德輝輯　清光緒長沙葉氏刻本　一册　存二種二卷（打馬圖經一卷、除紅譜一卷）

370000－1506－0001801　L67
澡身亭遺稿一卷　（明）郭天錫撰　澡訓堂遺稿一卷　（明）郭宗皋　（清）郭如核等撰　清乾隆三十五年（1770）刻本　一册

370000 – 1506 – 0001802　L69（1）

桐雲閣試帖集註二卷 （清）楊庚撰 （清）張
熙玉輯評 清刻本 一冊 存一卷（二）

370000 – 1506 – 0001803　L69（2）

桐雲閣試帖集註二卷 （清）楊庚撰 （清）張
熙玉輯評 清刻本 一冊 存一卷（二）

370000 – 1506 – 0001804　L70

忠雅堂詩集二十七卷補遺二卷 （清）蔣士銓
撰 清刻本 一冊 存十卷（十八至二十七）

370000 – 1506 – 0001805　L74

孔興筠詩稿一卷 （清）孔興筠撰 稿本
一冊

370000 – 1506 – 0001806　L75

栞舫吟草一卷 （清）郭友霖撰 稿本 一冊

370000 – 1506 – 0001807　L76

庚寅學詩一卷 （清）蕭燕梅撰 清抄本
一冊

370000 – 1506 – 0001808　L77

綠雪山房詩稿□□卷 （清）孔毓璠撰 清抄
本 清王叔如批校 二冊 存一卷（二）

370000 – 1506 – 0001809　L78

蘿月山房草一卷 （清）孔興筠撰 清抄本
一冊

370000 – 1506 – 0001810　L79

趙田在詩稿不分卷 （清）趙田在撰 稿本
六冊

370000 – 1506 – 0001811　L80（1）

入閩存草一卷 （清）孔繼堂撰 稿本 二冊

370000 – 1506 – 0001812　L80（2）

孔繼堂詩稿不分卷 （清）孔繼堂撰 稿本
十冊

370000 – 1506 – 0001813　L81

孔繼型詩稿不分卷 （清）孔繼型撰 稿本
清閔玉樵等批校 六冊

370000 – 1506 – 0001814　L82

郭康介公遺集不分卷 （明）郭宗皋撰 稿
本 一冊

370000 – 1506 – 0001815　L83

所南翁一百二十圖詩集一卷 （宋）鄭思肖撰
清末抄本 一冊

370000 – 1506 – 0001816　L84

福山鹿氏祭文集一卷 （清）□□撰 清抄本
一冊

370000 – 1506 – 0001817　L86

詩音重鈔一卷 （清）□□撰 清抄本 一冊

370000 – 1506 – 0001818　L87

靜遠軒詩集偶錄一卷 （清）魏述祖撰 稿本
一冊

370000 – 1506 – 0001819　L88

詩述凡例一卷 （清）□□撰 清抄本 一冊

370000 – 1506 – 0001820　L89

棋經雜鈔 （清）□□撰 清抄本 一冊

370000 – 1506 – 0001821　L90

[寧海州孔氏詩鈔]一卷 （清）孔衍似等撰
清抄本 一冊

370000 – 1506 – 0001822　L91

牟平孔衍似詩草一卷 （清）孔衍似撰 稿本
一冊

370000 – 1506 – 0001823　L92

王錫珍文集一卷 （清）王錫珍撰 清抄本
王奎甲批註 一冊

370000 – 1506 – 0001824　L93

孔繼培詩草一卷 （清）孔繼培撰 清抄本
一冊

370000 – 1506 – 0001825　L95

癸酉擬判一卷 （清）魏希徵撰 清抄本
一冊

370000 – 1506 – 0001826　L96

文昌孝經一卷 （□）□□撰 清抄本 一冊

370000 – 1506 – 0001827　L97

藝苑卮言八卷 （明）王世貞撰 清抄本
一冊

370000－1506－0001828　L99

車書樓纂註四六逢源六卷首一卷　（明）曾汝魯纂註　明末周四達刻本　四冊　缺二卷（四至五）

370000－1506－0001829　L100

書法離鈎十卷　（明）潘之淙撰　清抄本一冊

370000－1506－0001830　L101

履霜集三卷　（清）臧達德撰　清抄本　一冊

370000－1506－0001831　L102

禮斗玄科一卷　（清）□□撰　清乾隆四十七年（1782）抄本　一冊

370000－1506－0001832　L103

福山人雜作一卷　（清）□□撰　清抄本一冊

370000－1506－0001833　L104

豸岩集四十二卷　（清）□□撰　清康熙五十四年至五十九年（1715－1720）稿本　三十六冊　存三十六卷（一、四至五、七至九、十二至三十四、三十六至四十二）

370000－1506－0001834　L105

隸辨八卷　（清）顧藹吉撰　清刻本　一冊存一卷（一）

370000－1506－0001835　L106

無欲齋詩鈔一卷　（明）鹿善繼撰　清乾隆五十五年（1790）刻本　一冊

370000－1506－0001836　L107

白猿風西圖三卷　（明）劉基撰　清抄本一冊

370000－1506－0001837　L108

宋詩鈔初集九十五卷　（清）呂留良　（清）吳之振　（清）吳爾堯輯　清康熙十年（1671）刻本　二冊　存三卷（水心詩鈔一卷、艾軒詩鈔一卷、攻媿集鈔一卷）

370000－1506－0001838　L109

宋百家詩存　（清）曹庭棟輯　清乾隆六年（1741）刻本　二冊

370000－1506－0001839　L110

綱鑑會纂三十九卷首一卷　（明）王世貞撰清刻本　六冊　存十卷（一至九、首一卷）

370000－1506－0001840　L111

靈嶽山房重訂四書淺說十三卷　（明）陳琛撰明刻本　九冊　存十二卷（二至十三）

370000－1506－0001841　L112

秘書二十一種　（清）汪士漢輯　清康熙汪士漢刻本　二冊　存四種六卷（三墳一卷、楚史檮杌一卷、晉史乘一卷、吳越春秋一至三）

370000－1506－0001842　L113

唐人五言長律清麗集六卷　（清）徐日璉（清）沈士駿輯　清乾隆刻本　二冊

370000－1506－0001843　L114

周禮二十卷　（明）陳深批點　明凌杜若刻朱墨套印本　三冊　存十三卷（一至四、八至十一、十六至二十）

370000－1506－0001844　L115

五種遺規　（清）陳弘謀輯　清刻本　一冊存一卷（訓俗遺規三）

370000－1506－0001845　L116

書業堂重訂古文釋義新編八卷　（清）余誠評選　清乾隆五十四年（1789）書業堂刻本　一冊　存一卷（一）

370000－1506－0001846　L117

古唐詩合解十二卷古詩四卷　（清）王堯衢注清刻本　一冊　存三卷（五至七）

370000－1506－0001847　L118

鄉黨圖考十卷　（清）江永撰　清刻本　一冊存一卷（四）

370000－1506－0001848　L119

王菉友四種　（清）王筠撰　清咸豐二年（1852）刻本　二冊

370000－1506－0001849　L120

御纂周易折中二十二卷首一卷　（清）李光地等撰　清刻本　四冊　存七卷（十六至二十二）

370000－1506－0001850　L122

監本禮記十卷　（元）陳澔集說　清刻本　一
冊　存二卷（七至八）

370000－1506－0001851　L123

禮記十卷　（元）陳澔集說　清刻本　一冊
存一卷（九）

370000－1506－0001852　L124

左繡三十卷首一卷　（清）馮李驊　（清）陸浩
輯　清光緒二十五年（1899）刻本　一冊　存
一卷（一）

370000－1506－0001853　L125

爾雅十一卷　（晉）郭璞注　（明）金蟠校訂
清刻本　一冊　存三卷（九至十一）

370000－1506－0001854　L126

詩經體註圖考大全八卷　（清）高朝瓔撰
（清）沈世楷輯　清刻本　二冊　存四卷（五
至八）

370000－1506－0001855　L127

古文觀止十二卷　（清）吳乘權　（清）吳大職
輯並評　清末上海鴻寶齋影印本　一冊　存
二卷（三至四）

370000－1506－0001856　L128

太醫院增補青囊藥性賦直解二卷　（明）羅必
煒參訂　（清）楊能儒梓行　清刻本　一冊
存一卷（一）

370000－1506－0001857　L129

四書衷一不分卷　（清）王基昌編輯　清刻本
四冊　存十四卷（大學一卷、中庸一卷、論
語一至十、孟子四至五）

370000－1506－0001858　L130

增補四書精繡圖像人物備考十二卷　（明）薛
應旂撰　（明）陳仁錫增訂　清乾隆二十一年
（1756）雲林四美堂刻本　二冊　存四卷（一
至四）

370000－1506－0001859　L131

增補四書精繡圖像人物備考十二卷　（明）薛
應旂撰　（明）陳仁錫增訂　清刻本　三冊

存六卷（三至四、七至十）

370000－1506－0001860　L132

詩經八卷　（宋）朱熹集傳　清刻本　二冊
存五卷（四至八）

370000－1506－0001861　L133

振雅堂彙編詩最二集　（清）倪匡世選　清康
熙刻本　三冊　存三卷（三、五、九）

370000－1506－0001862　L134

陌巷志八卷　（明）呂兆祥撰　明萬曆刻本
二冊　缺三卷（二至三、七）

370000－1506－0001863　L135

管子二十四卷　（春秋）管仲撰　（唐）房玄齡
注　明天啟五年（1625）刻本　三冊　存十一
卷（三至六、十三至十九）

370000－1506－0001864　L136

困勉齋私記四卷　（清）閻循觀撰　清乾隆三
十八年（1773）刻本　一冊

370000－1506－0001865　L137

小學六卷　（清）高愈纂注　清乾隆四十三年
（1778）金閶進道堂刻本　四冊

370000－1506－0001866　L138

詩經古韻四卷　（清）孔繼堂撰　稿本　三冊

370000－1506－0001867　L139

梅花屋詩草一卷　（明）左懋第撰　清乾隆十
八年（1753）刻本　一冊

370000－1506－0001868　L140

後漢書九十卷　（南朝宋）范曄撰　（唐）李賢
注　續志三十卷附考證　（晉）司馬彪撰
（南朝梁）劉昭注補　清末金陵書局刻本　一
冊　存六卷（後漢書四十三至四十八）

370000－1506－0001869　L141

白香山詩後集十七卷　（唐）白居易撰　（清）
汪立名編　清刻本　二冊　存五卷（三至七）

370000－1506－0001870　L142

莊子南華真經四卷音義一卷　（唐）陸德明音
義　明末刻朱墨套印本　二冊　存二卷（二
至三）

370000－1506－0001871　L143

南華經十六卷　（晉）郭象注　（宋）林希逸口義　（宋）劉辰翁點校　（明）王世貞評點（明）陳明卿批注　明刻四色套印本　二冊存五卷（十至十四）

370000－1506－0001872　L144

大六壬大全十三卷　（清）郭載騋輯　清初刻本　一冊　存一卷（十三）

370000－1506－0001873　L145

見山亭集一卷　（清）李光墺輯　清乾隆刻本一冊

370000－1506－0001874　L146

古文辭類纂七十四卷　（清）姚鼐輯　清同治八年（1869）江蘇書局刻本　一冊　存七卷（五十三至五十九）

370000－1506－0001875　L147

古泉匯首集四卷元集十四卷亨集十四卷利集十八卷貞集十四卷　（清）李佐賢撰　清刻本一冊　存七卷（利集一至七）

370000－1506－0001876　L148

全本禮記體註十卷　（清）范翔訂　（清）徐瑄補輯　清刻本　二冊　存二卷（八至九）

370000－1506－0001877　L149

禮記省度四卷　（清）彭頤編　清刻朱墨套印本　一冊　存一卷（三）

370000－1506－0001878　L150

月令粹編二十四卷圖說一卷　（清）秦嘉謨撰清嘉慶十七年（1812）秦嘉謨琳琅仙館刻本三冊　存九卷（六至十一、十九至二十一）

370000－1506－0001879　L151(1)

大清最新搢紳錄四卷　（清）榮錄堂輯　清宣統二年（1910）榮錄堂刻本　四冊

370000－1506－0001880　L151(2)

大清中樞備覽二卷　（清）榮錄堂輯　清光緒三十四年（1908）榮錄堂刻本　二冊

370000－1506－0001881　L151(3)

大清搢紳全書四卷　（清）榮錄堂輯　清光緒

三十四年（1908）榮錄堂刻本　二冊　存二卷（二、四）

370000－1506－0001882　L151(4)

大清搢紳全書四卷　（清）榮錄堂輯　清光緒三十三年（1907）榮錄堂刻本　十二冊

370000－1506－0001883　L152

古文析義十六卷　（清）林雲銘評注　清刻本七冊　存九卷（二至四、六至九、十二至十三）

370000－1506－0001884　L153

詩八卷　（宋）朱熹集傳　清光緒二十四年（1898）成文信刻本　二冊　存五卷（一至二、六至八）

370000－1506－0001885　L154

御纂詩義折中二十卷　（清）傅恒等撰　清刻本　三冊　存十卷（一至四、八至十、十八至二十）

370000－1506－0001886　L155

增訂本草備要四卷　（清）汪昂撰　清刻本三冊　存三卷（二至四）

370000－1506－0001887　L157

四書集益六卷首一卷　（清）于光華編次（清）吳應達等校訂　清刻本　一冊　存一卷（孟子一）

370000－1506－0001888　L158

分韻子史題解二十卷　（清）費卿庭輯　清嘉慶十九年（1814）刻本　五冊　存十七卷（一至三、七至二十）

370000－1506－0001889　L159

詩賦駢字類珠續集二十四卷　（清）蕭培晼清道光十六年（1836）刻本　一冊

370000－1506－0001890　L160

仁在堂時藝課一卷　（清）路德輯　清道光二十五年（1845）刻本　一冊

370000－1506－0001891　L161

滇黔土司婚禮記一卷　（清）陳鼎撰　清刻本一冊

370000－1506－0001892　L162
古文覺斯八卷　（清）過珙評選　清乾隆刻本
　　一冊　存一卷（八）

370000－1506－0001893　L163
應酬名聯彙選八卷　（清）陸九如撰　清刻本
　　一冊　存二卷（五至六）

370000－1506－0001894　L164（1）
應酬名聯彙選八卷　（清）陸九如撰　清刻本
　　一冊　存二卷（五至六）

370000－1506－0001895　L165
應酬名聯彙選八卷　（清）陸九如撰　清刻本
　　一冊　存二卷（五至六）

370000－1506－0001896　L166
應酬名聯彙選八卷　（清）陸九如撰　清刻本
　　一冊　存二卷（五至六）

370000－1506－0001897　L168
增補萬寶全書二十卷　（明）陳繼儒纂輯
（清）毛煥文補輯　清刻本　二冊　存十一卷
（三至九、十三至十六）

370000－1506－0001898　L169
詩韻含英十八卷　（清）劉文蔚輯　清刻本
二冊　存五卷（二至六）

370000－1506－0001899　L170
詩學含英十四卷　（清）劉文蔚輯　清刻本
　　一冊　存三卷（十二至十四）

370000－1506－0001900　L171
新編吏治懸鏡八卷　（清）徐文弼輯　清刻本
　　三冊　存三卷（二至三、六）

370000－1506－0001901　L172
夷堅志二十卷　（宋）洪邁撰　清刻本　二冊
　　存二卷（四至五）

370000－1506－0001902　L173
重訂增補陶朱公致富奇書八卷　（明）陳繼儒
纂輯　清康熙三十六年（1697）郁郁堂刻本
　　一冊　存二卷（六至七）

370000－1506－0001903　L174
分韻試帖青雲集合註四卷　（清）楊逢春輯

清書業德刻本　一冊　存一卷（四）

370000－1506－0001904　L175
皇極經世緒言九卷首二卷　（宋）邵雍撰
（清）劉斯組輯　（清）包燿復增圖注　**雜著一
卷**　（清）包燿撰　清刻本　一冊　存二卷
（八至九）

370000－1506－0001905　L176
三才畧四卷　（清）蔣德鈞輯　清刻本　一冊
　　存三卷（步天歌一卷、輿地畧一卷、括地畧
一卷）

370000－1506－0001906　L177
三才畧四卷　（清）蔣德鈞輯　清光緒二十八
年（1902）刻本　一冊　存二卷（步天歌一卷、
括地畧一卷）

370000－1506－0001907　L178
錢塘遺事十卷　（元）劉一清撰　清刻本　一
冊　存五卷（一至五）

370000－1506－0001908　L179
五子近思錄輯要十四卷　（清）孫嘉淦輯　清
刻本　一冊　存八卷（八至十五）

370000－1506－0001909　L180
尚論篇四卷首一卷後篇四卷　（清）喻昌撰
清乾隆七年（1742）刻本　一冊　存一卷（首
一卷）

370000－1506－0001910　L181
合省國記三卷　（清）梁廷枏撰　清刻本
一冊

370000－1506－0001911　L182
太上感應篇圖說八卷　（宋）李昌齡撰　（清）
黃正元圖注　清刻本　一冊　存二卷（二至
三）

370000－1506－0001912　L183
增注類證活人書二十二卷　（宋）朱肱撰　明
刻本　一冊　存八卷（五至十二）

370000－1506－0001913　L184
聊齋志異評註十六卷　（清）蒲松齡撰　（清）
王士禎評　（清）呂湛恩註　清刻本　一冊

存一卷（十六）

370000－1506－0001914　L185
女科二卷　（清）傅山撰　清刻本　一冊　存
一卷（二）

370000－1506－0001915　L186
男科二卷　（清）傅山撰　清光緒刻本　一冊
存一卷（一）

370000－1506－0001916　L187
五美緣全傳八十回　（清）寄生氏撰　清光緒
六年（1880）文奎堂刻本　七冊　存七十回
（一至五十、六十一至八十）

370000－1506－0001917　L188（1）
周易四卷　（宋）朱熹本義　清成文堂刻本
三冊

370000－1506－0001918　L190
新鐫分類評註文武合編百子金丹十卷　（明）
郭偉選註　（明）郭中吉編次　（明）王星聚校
訂　清光緒二十年（1894）刻本　一冊　存一
卷（一）

370000－1506－0001919　L192
雷峯塔傳奇四卷　（清）方成培編撰　清刻本
一冊　存一卷（二）

370000－1506－0001920　L193
**山海經箋疏十八卷圖讚一卷訂譌一卷敘錄一
卷**　（晉）郭璞傳　（清）郝懿行箋疏　清光緒
二十三年（1897）影印本　一冊　存三卷（圖
讚一卷、訂譌一卷、敘錄一卷）

370000－1506－0001921　L194
養兒寶六卷　（清）王兆瑞輯　清抄本　一冊
存二卷（五至六）

370000－1506－0001922　L195
幼科發揮二卷　（清）□□撰　清抄本　一冊

370000－1506－0001923　L196
保赤錄推拏訣一卷　（清）□□撰　清抄本
一冊

370000－1506－0001924　L199
推拏指掌一卷　（清）□□撰　清抄本　一冊

370000－1506－0001925　L200
推拏小兒全部經一卷　（清）□□撰　清抄本
一冊

370000－1506－0001926　L201
論語課藝二卷　題（清）劉清源撰　清刻本
二冊

370000－1506－0001927　L202
素文女子遺稾一卷　（清）袁機撰　**捧月樓綺
語八卷**　（清）袁通撰　清刻本　一冊

370000－1506－0001928　L203
會稽三賦一卷　（宋）王十朋撰　清嘉慶十七
年（1812）湖海樓刻本　一冊

370000－1506－0001929　L204
**新刻來瞿唐先生易註十五卷首一卷末一卷圖
一卷**　（明）來知德撰　清刻本　五冊　存七
卷（一至三、七至八，首一卷，圖一卷）

370000－1506－0001930　L205
曾文正公雜著四卷楹聯一卷輓聯一卷　（清）
曾國藩撰　清末刻本　一冊　存四卷（曾文
正公雜著三至四、楹聯一卷、輓聯一卷）

370000－1506－0001931　L206
生產合纂一卷　（清）□□撰　清刻本　一冊

370000－1506－0001932　L207
閱微草堂筆記二十四卷　（清）紀昀撰　清刻
本　一冊　存三卷（二至四）

370000－1506－0001933　L208
閱微草堂筆記二十四卷　（清）紀昀撰　清刻
本　一冊　存三卷（二十二至二十四）

370000－1506－0001934　L209
王府君暨辛太君行述一卷　（清）□□撰　清
刻本　一冊　存十一葉（一至三、七、十一、十
三至十四、十七至二十）

370000－1506－0001935　L210
國朝畫徵錄三卷續錄二卷　（清）張庚撰　清
刻本　一冊　存三卷（國朝畫徵錄二、續錄二
卷）

370000－1506－0001936　L211

瘍瘰經驗全書十三卷　（宋）竇傑撰　（明）竇夢麟續增　清刻本　一冊　存一卷(八)

370000－1506－0001937　L212
兩般秋雨盦隨筆八卷　（清）梁紹壬撰　清刻本　二冊　存二卷(三至四)

370000－1506－0001938　L213
增註字類標韻六卷　（清）華綱撰　（清）范多玨重訂　清光緒十六年(1890)排印本　一冊　存三卷(一至三)

370000－1506－0001939　L214
詩韻合璧五卷　（清）劉文蔚輯　清刻本　一冊　存一卷(五)

370000－1506－0001940　L215
欽定協紀辨方書三十六卷　（清）允祿等纂　清末影印本　一冊　存四卷(八至十一)

370000－1506－0001941　L216
御纂醫宗金鑑九十卷　（清）吳謙等編纂　清光緒二十三年(1897)刻本　六冊　存二十一卷(三十一至三十五、四十四至四十九、五十三至五十八、六十三至六十六)

370000－1506－0001942　L217(1)
御纂醫宗金鑑九十卷　（清）吳謙等編纂　清刻本　五冊　存五卷(七十五、七十七至八十)

370000－1506－0001943　L217(2)
御纂醫宗金鑑九十卷　（清）吳謙等編纂　清刻本　十一冊　存十四卷(七十五至八十五、八十八至九十)

370000－1506－0001944　L218
增訂精忠演義說本全傳二十卷八十回　（清）錢彩編　（清）金豐增訂　清刻本　三冊　存三卷(二、六、十)

370000－1506－0001945　L219
應酬尺牘彙選八卷　（清）陸九如撰　清光緒十五年(1889)刻本　二冊　存三卷(一至三)

370000－1506－0001946　L220
雲林別墅纂輯酬世錦囊續編五卷　（清）鄒景揚輯　清刻本　二冊

370000－1506－0001947　L222
少岳賦草四卷　（清）夏思沺撰　清刻本　一冊　存一卷(二)

370000－1506－0001948　L223
御纂醫宗金鑑九十卷　（清）吳謙等編纂　清刻本　六冊　存八卷(三至六、九至十、十二至十三)

370000－1506－0001949　L224
山東鄉試硃卷嘉慶戊寅恩科一卷　（清）□□輯　清刻本　一冊

370000－1506－0001950　L225
順天鄉試硃卷道光丙午科一卷　（清）□□輯　清刻本　一冊

370000－1506－0001951　L226
鄉試硃卷同治癸酉科一卷　（清）□□輯　清刻本　一冊

370000－1506－0001952　L227
順天鄉試硃卷同治癸酉科一卷　（清）□□輯　清刻本　一冊

370000－1506－0001953　L228
福建鄉試硃卷光緒乙亥恩科一卷　（清）□□輯　清刻本　一冊

370000－1506－0001954　L229
順天鄉試硃卷光緒乙亥恩科一卷　（清）□□輯　清刻本　一冊

370000－1506－0001955　L230
會試硃卷光緒丙子恩科一卷　（清）□□輯　清刻本　一冊

370000－1506－0001956　L231
江南鄉試硃卷光緒戊子科一卷　（清）□□輯　清刻本　一冊

370000－1506－0001957　L232
順天鄉試硃卷光緒辛卯科一卷　（清）□□輯　清刻本　一冊

370000－1506－0001958　L233

山東選拔貢卷光緒丁酉科一卷　（清）□□輯
　　山東鄉試硃卷光緒丁酉科一卷　（清）□□
輯　清刻本　一冊

370000－1506－0001959　L234

[陳遹聲]光緒丁亥科保和殿御試硃卷一卷
（清）陳遹聲撰　清刻本　一冊

370000－1506－0001960　L235

[于鍾霖]光緒四年保和殿御試硃卷一卷
（清）于鍾霖撰　清刻本　一冊

370000－1506－0001961　L236

監本四書十九卷　（宋）朱熹集注　清光緒六
年(1880)掃葉山房刻本　一冊　存二卷(大
學一卷、中庸一卷)

370000－1506－0001962　L237

監本四書十九卷　（宋）朱熹集注　清刻本
一冊　存三卷(孟子一至三)

370000－1506－0001963　L238

監本四書十九卷　（宋）朱熹集注　清刻本
一冊　存六卷(論語六至十一)

370000－1506－0001964　L239

監本四書十九卷　（宋）朱熹集注　清刻本
五冊　存十七卷(論語一至十、孟子一至七)

370000－1506－0001965　L240

水經四十卷　（漢）桑欽撰　（北魏）酈道元注
　清康熙項氏群玉書堂刻本　一冊　存三卷
(一至三)

370000－1506－0001966　L241

[道光]重修蓬萊縣志十四卷首一卷　（清）王
文燾修　（清）張本等纂　清道光十九年
(1839)刻本　一冊　存二卷(四至五)

370000－1506－0001967　L242

絜齋集二十四卷　（宋）袁燮撰　清刻本　一
冊　存三卷(十五至十七)

370000－1506－0001968　L243

新刻千裏駒四卷　（□）□□撰　清刻本　一
冊　存二卷(三至四)

370000－1506－0001969　L244

三國志六十五卷　（晉）陳壽撰　（南朝宋）裴
松之注　清光緒十三年(1887)江南書局刻本
　一冊　存五卷(一至五)

370000－1506－0001970　L245

廿二史攷異一百卷　（清）錢大昕撰　清刻本
　一冊　存八卷(十五至二十二)

370000－1506－0001971　L246

明史三百三十二卷　（清）張廷玉等纂　清刻
本　一冊　存三卷(六十三至六十五)

370000－1506－0001972　L247

瓶花齋集十卷　（明）袁宏道撰　清宣統三年
(1911)石印本　二冊　存三卷(一、九至十)

370000－1506－0001973　L248

寄傲山房塾課新增幼學故事瓊林四卷首一卷
　（清）程允升撰　（清）鄒聖脈增補　清刻本
　二冊　存二卷(二、四)

370000－1506－0001974　L249

寄傲山房塾課新增幼學故事瓊林四卷首一卷
　（清）程允升撰　（清）鄒聖脈增補　清刻本
　一冊　存二卷(一、首一卷)

370000－1506－0001975　L250

寄傲山房塾課新增幼學故事瓊林四卷首一卷
　（清）程允升撰　（清）鄒聖脈增補　清光緒
十一年(1885)刻本　三冊　存四卷(一至三、
首一卷)

370000－1506－0001976　L252

青囊回春四集　（清）□□撰　清抄本　二冊
　存二集(二至三)

370000－1506－0001977　L253

西遊真詮一百回　（明）吳承恩撰　（清）陳士
斌詮解　清刻本　八冊　存四十一回(五十
五至七十四、八十至一百)

370000－1506－0001978　L254

唐詩便讀四卷　（清）□□撰　清同治七年
(1868)刻本　一冊

370000－1506－0001979　L255

小學韻語一卷　（清）羅澤南撰　清光緒二十

九年(1903)甯海州署刻本　一冊

370000－1506－0001980　L256
訓蒙四字經二卷龍文鞭影二卷　（明）蕭良有
纂輯　（明）楊臣諍增訂　清光緒七年(1881)
刻本　二冊

370000－1506－0001981　L257
前漢書一百卷　（漢）班固撰　（唐）顔師古注
　　清末掃葉山房影印本　一冊　存七卷(二
十七、八十二至八十七)

370000－1506－0001982　L259
增異說唐秘本全傳十卷六十八回　（清）鴛湖
漁叟訂　清刻本　十冊

370000－1506－0001983　L260
新鐫重訂出像通俗演義東晉志傳八卷西晉志
傳四卷　（明）陳氏尺蠖齋評釋　清刻本　八
冊　存八卷(東晉志傳二至四、六至八，西晉
志傳一、三)

370000－1506－0001984　L261
代數術二十五卷首一卷　（英國）華里司撰
(英國)傅蘭雅口譯　（清）華蘅芳筆述　清末
刻本　六冊

370000－1506－0001985　L262
算式集要四卷　（英國）哈司韋輯　（英國）傅
蘭雅口譯　（清）江衡筆述　清末刻本　一冊
　　存三卷(二至四)

370000－1506－0001986　L263
運規約指三卷　（英國）白起德輯　（英國）傅
蘭雅口譯　（清）徐建寅筆述　清末刻本
一冊

370000－1506－0001987　L264
三角數理十二卷　（英國）海麻士輯　（英國）
傅蘭雅口譯　（清）華蘅芳筆述　清末刻本
四冊　存八卷(五至十二)

370000－1506－0001988　L265
勾股六術一卷勾股拾遺一卷　（清）項名達撰
　　清末刻本　一冊

370000－1506－0001989　L266

器象顯真四卷　（英國）白力蓋輯　（英國）傅
蘭雅口譯　（清）徐建寅筆述　清末刻本
二冊

370000－1506－0001990　L267
新編算學啟蒙三卷總括一卷後記一卷識誤一
卷望海島術一卷　（元）朱世傑撰　清同治十
年(1871)江南機器製造總局刻本　三冊

370000－1506－0001991　L268
原本直指算法統宗十二卷首篇一卷　（清）程
大位撰　清同治三年(1864)刻本　四冊

370000－1506－0001992　L269
重訂王鳳洲先生綱鑑會纂四十六卷續宋元二
十三卷　（明）王世貞撰　編目三編二十卷
(清)張廷玉撰　清光緒二十五年(1899)上海
萃文齋石印本　十二冊

370000－1506－0001993　L270
字彙四卷　（明）梅膺祚撰　清光緒五年
(1879)刻本　四冊

370000－1506－0001994　L271
字彙四卷　（明）梅膺祚撰　清光緒十二年
(1886)刻本　四冊

370000－1506－0001995　L272
攷正字彙二卷　（清）陳渼子撰　清光緒三十
一年(1905)影印本　一冊

370000－1506－0001996　L273
加註重校石印攷正字彙二卷　（清）陳渼子撰
　　清光緒三十三年(1907)石印本　一冊

370000－1506－0001997　L275
佩文詩韻五卷　（清）張玉書　（清）蔡升元等
輯　清同治九年(1870)刻本　一冊

370000－1506－0001998　L276
註釋水竹居賦不分卷　（清）盛觀潮撰　清道
光二十八年(1848)刻本　二冊

370000－1506－0001999　L277
詩八卷　（宋）朱熹集傳　清光緒二十四年
(1898)成文信刻本　四冊

370000－1506－0002000　L278

光緒癸卯科優貢同年全錄一卷 （清）□□輯
清光緒排印本 一冊

370000－1506－0002001 L279

書經體註大全合纂六卷 （清）錢希祥纂輯
清道光十六年(1836)姑蘇老桐石山房刻本
四冊

370000－1506－0002002 L281

律賦蕊珠新編不分卷 （清）顧德馨 （清）蕭
應樾撰 律賦蕊珠二編不分卷 （清）蕭應樾
等撰 清嘉慶二十四年(1819)刻本 八冊

370000－1506－0002003 L282

幼科推拏一卷 （清）□□輯 清抄本 一冊

370000－1506－0002004 L283

幼科推拏一卷 （清）□□輯 清抄本 一冊

370000－1506－0002005 L284

小兒推拏秘訣一卷 （明）周于蕃輯錄 清抄
本 一冊

370000－1506－0002006 L285

詩韻集成十卷詞林典腋一卷 （清）余照輯
清道光二十九年(1849)桐石山房刻本 四冊

370000－1506－0002007 L286

七家詩選七卷 （清）張熙宇輯評 清道光十
二年(1832)刻本 一冊

370000－1506－0002008 L287

律賦韻蘭集註釋六卷 （清）陸雲槎輯 清刻
本 四冊

370000－1506－0002009 L288

白礁志略二卷首一卷附刻一卷 （清）楊浚輯
清光緒十三年(1887)冠悔堂募刻本 一冊

370000－1506－0002010 L289

子史輯要題解續編四卷 （清）胡本淵編輯
清刻本 一冊

370000－1506－0002011 L290

山海經十八卷 （晉）郭璞傳 清刻本 二冊

370000－1506－0002012 L291

金匱要畧淺註十卷 （清）陳念祖撰 清刻本

三冊 存六卷(三至四、七至十)

370000－1506－0002013 L292

金匱要畧淺註十卷 （清）陳念祖撰 清刻本
一冊 存二卷(四至五)

370000－1506－0002014 L293

福幼編一卷遂生編一卷經驗良方一卷 （清）
莊一夔撰 清刻本 一冊

370000－1506－0002015 L294

鼠疫抉微四卷 （清）余德壎輯 清宣統二年
(1910)排印本 一冊

370000－1506－0002016 L295

同仁堂藥目一卷 （清）同仁堂輯 清光緒十
五年(1889)刻民國十二年(1923)增補本
一冊

370000－1506－0002017 L297

曾文正公家訓二卷 （清）曾國藩撰 清光緒
三十二年(1906)上海商務印書館排印本
一冊

370000－1506－0002018 L298

周易四卷 （宋）朱熹本義 清光緒十八年
(1892)煙臺成文信刻本 二冊

370000－1506－0002019 L299

尚書離句六卷 （清）錢在培輯注 清上海掃
葉山房刻本 四冊

370000－1506－0002020 L300

字學七種二卷 （清）李祕園撰 清刻本 一
冊 存一卷(二)

370000－1506－0002021 L301

五方元音二卷 （清）樊騰鳳撰 （清）年希堯
增補 清同治八年(1869)刻本 一冊 存一
卷(一)

370000－1506－0002022 L302

紀效新書十八卷首一卷 （明）戚繼光撰 清
光緒二十一年(1895)影印本 二冊 存十卷
(一至七、十七至十八,首一卷)

370000－1506－0002023 L303

醫學心悟五卷 （清）程國彭撰 清刻本 一

冊 存二卷(三至四)

370000－1506－0002024　L304
增補痘疹玉髓金鏡錄真本三卷首一卷圖像一卷　(明)翁仲仁撰　清道光七年(1827)刻本　一冊　存二卷(一、首一卷)

370000－1506－0002025　L305
景岳新方砭四卷　(清)陳念祖撰　清刻本　一冊　存二卷(三至四)

370000－1506－0002026　L306
景岳全書六十四卷　(明)張介賓撰　(清)魯超訂　清刻本　五冊　存十二卷(二十八至三十、三十三至三十九、四十四至四十五)

370000－1506－0002027　L307
景岳全書六十四卷　(明)張介賓撰　(清)魯超訂　清刻本　一冊　存二卷(六至七)

370000－1506－0002028　R1
史記一百三十卷　(漢)司馬遷撰　(南朝宋)裴駰集解　清末點石齋影印本　一冊　存三十卷(七十一至一百)

370000－1506－0002029　R4
周易四卷　(宋)朱熹本義　清末刻本　一冊　存三卷(二至四)

370000－1506－0002030　R7
史鑑節要便讀六卷末一卷　(清)鮑東里撰　清刻本　一冊　存三卷(四至六)

370000－1506－0002031　R8
史鑑節要便讀六卷末一卷　(清)鮑東里撰　清刻本　一冊

370000－1506－0002032　R9
史鑑節要便讀六卷末一卷　(清)鮑東里撰　清光緒三十年(1904)煙臺誠文信書坊刻本　二冊

370000－1506－0002033　R10
史事論新編十卷　雷瑨輯　清光緒影印本　四冊

370000－1506－0002034　R12
書六卷　(宋)蔡沈集傳　清刻本　一冊　存二卷(五至六)

370000－1506－0002035　R13
書六卷　(宋)蔡沈集傳　清同治三年(1864)刻本　一冊　存二(一至二)

370000－1506－0002036　R14
書六卷　(宋)蔡沈集傳　清刻本　一冊　存三卷(四至六)

370000－1506－0002037　R15
書六卷　(宋)蔡沈集傳　清刻本　一冊　存一卷(四)

370000－1506－0002038　R16
書六卷　(宋)蔡沈集傳　清刻本　一冊　存一卷(四)

370000－1506－0002039　R17
書經六卷　(宋)蔡沈集傳　清刻本　一冊　存二卷(二至三)

370000－1506－0002040　R18
書經六卷　(宋)蔡沈集傳　清末刻本　一冊　存一卷(四)

370000－1506－0002041　R20
書經六卷　(宋)蔡沈集傳　清光緒刻本　一冊

370000－1506－0002042　R21
書經六卷　(宋)蔡沈集傳　清刻本　三冊　存五卷(二至六)

370000－1506－0002043　R22
書經詮義十二卷首二卷　(清)汪烜撰　清刻本　一冊　存一卷(三)

370000－1506－0002044　R23(1)
書經體註大全合㕚六卷　(清)錢希祥纂輯　清道光三十年(1850)姑蘇老桐石山房刻本　二冊　存三卷(一至三)

370000－1506－0002045　R23(2)
書經體註大全合㕚六卷　(清)錢希祥纂輯　清道光三十年(1850)姑蘇老桐石山房刻本　三冊　存四卷(一、四至六)

370000－1506－0002046　　R24
書經體註大全合纂六卷　（清）錢希祥纂輯
清聚錦堂刻本　四冊

370000－1506－0002047　　R26
書經體註大全合纂六卷　（清）錢希祥纂輯
清同治八年（1869）刻本　四冊

370000－1506－0002048　　R27
書經體註大全合纂六卷　（清）錢希祥纂輯
清同治九年（1870）刻本　二冊　存三卷（一、
五至六）

370000－1506－0002049　　R28
評註圖像水滸傳七十五卷七十回　（元）施耐
庵撰　（清）金人瑞評　清末影印本　四冊
存二十卷（五十六至七十五）

370000－1506－0002050　　R30
掃葉山房四書體註合講十九卷圖考一卷
（清）翁復撰　清光緒十四年（1888）刻本　一
冊　存三卷（大學一卷、中庸一卷、圖考一卷）

370000－1506－0002051　　R31
銅板四書體注合講十九卷四書人物備考四卷
（清）翁復撰　清刻本　二冊　存十卷（論
語一至十）

370000－1506－0002052　　R32
銅板四書體注合講十九卷四書人物備考四卷
（清）翁復撰　清刻本　一冊　存五卷（論
語六至十）

370000－1506－0002053　　R33
鄉黨圖考十卷　（清）江永撰　清刻本　四冊
存八卷（三至十）

370000－1506－0002054　　R34
四書體註合講十九卷圖考一卷　（清）翁復輯
清刻本　二冊　存七卷（論語一至五、孟子
六至七）

370000－1506－0002055　　R35
四書體註合講十九卷圖考一卷　（清）翁復輯
清刻本　二冊　存七卷（論語一至五、孟子
六至七）

370000－1506－0002056　　R36
御批歷代通鑑輯覽一百二十卷　（清）傅恒等
撰　清刻本　一冊　存四卷（一百十七至一
百二十）

370000－1506－0002057　　R37
鄉黨圖考十卷　（清）江永撰　清咸豐十一年
（1861）刻本　一冊　存二卷（一至二）

370000－1506－0002058　　R38
鄉黨圖考十卷　（清）江永撰　清刻本　二冊
存三卷（三、七至八）

370000－1506－0002059　　R39
御批歷代通鑑輯覽一百二十卷　（清）傅恒等
撰　清末影印本　六冊　存三十卷（三十一
至六十）

370000－1506－0002060　　R40
御批歷代通鑑輯覽一百二十卷　（清）傅恒等
撰　清光緒二十八年（1902）天章書局石印本
十七冊

370000－1506－0002061　　R41
禮記十卷　（元）陳澔集說　清刻本　六冊
存六卷（二至三、五至七、九）

370000－1506－0002062　　R42
禮記十卷　（元）陳澔集說　清刻本　三冊
存三卷（三、五至六）

370000－1506－0002063　　R43
監本禮記十卷　（元）陳澔集說　清刻本　二
冊　存二卷（三、五）

370000－1506－0002064　　R44
禮記十卷　（元）陳澔集說　清刻本　二冊
存二卷（二、八）

370000－1506－0002065　　R45
禮記十卷　（元）陳澔集說　清刻本　一冊
存一卷（二）

370000－1506－0002066　　R46
禮記十卷　（元）陳澔集說　清刻本　一冊
存一卷（二）

370000－1506－0002067　　R47(1)

禮記十卷 （元）陳澔集說 清道光二十四年(1844)桐石山房刻本 五冊 存四卷(三、五至七)

370000－1506－0002068 R47(2)

禮記十卷 （元）陳澔集說 清道光二十四年(1844)桐石山房刻本 七冊 存七卷(一、三至五、七至九)

370000－1506－0002069 R49

禮記十卷 （元）陳澔集說 清刻本 一冊 存一卷(六)

370000－1506－0002070 R50

全本禮記體注十卷 （清）范翔訂 （清）徐瑄補輯 清刻本 一冊 存一卷(六)

370000－1506－0002071 R52

聊齋志異新評十六卷 （清）蒲松齡撰 （清）王士禎評 （清）但明倫新評 （清）呂湛恩注 清光緒十年(1884)上海著易堂排印本 六冊 存十二卷(一至十二)

370000－1506－0002072 R54

論語最豁集四卷 劉珍輯 清末鴻寶齋書局影印本 二冊 存二卷(二至三)

370000－1506－0002073 R57

聊齋志異評註十六卷 （清）蒲松齡撰 （清）王士禎評 （清）呂湛恩註 清道光二十六年(1846)刻本 十四冊 存十四卷(一至十三、十五)

370000－1506－0002074 R58

尚書離句六卷 （清）錢在培輯注 清英華堂刻本 一冊 存三卷(一至三)

370000－1506－0002075 R59

尚書離句六卷 （清）錢在培輯注 清刻本 一冊 存一卷(五)

370000－1506－0002076 R60

合纂四書彙通二十七卷 （清）李載禮輯 清刻本 二冊 存八卷(十六至十九、二十二至二十五)

370000－1506－0002077 R61

韻蘭集賦鈔不分卷 （清）陸雲槎輯 清道光七年(1827)刻本 四冊

370000－1506－0002078 R62

廣廣事類賦三十二卷 （清）吳世旃撰 清刻本 一冊 存四卷(九至十二)

370000－1506－0002079 R64

同館賦鈔二十四卷 （清）法式善編 清刻本 七冊 存四卷(十九至二十、二十三至二十四)

370000－1506－0002080 R65

豫園賦鈔不分卷 （清）章第榮編次 清道光二十三年(1843)刻本 二冊

370000－1506－0002081 R66

歷朝賦楷八卷首一卷 （清）王修玉選輯 清刻本 五冊 存五卷(一、四至五、七至八)

370000－1506－0002082 R67

欽定書經傳說彙纂二十一卷首二卷書序一卷 （清）王鴻緒等纂 清刻本 三冊 存五卷(四至六、八至九)

370000－1506－0002083 R68

欽定書經傳說彙纂二十一卷首二卷書序一卷 （清）王鴻緒等纂 清刻本 五冊 存五卷(十至十一、十三、十八、二十一)

370000－1506－0002084 R69

禮記十卷 （元）陳澔集說 清刻本 六冊 存五卷(四至七、十)

370000－1506－0002085 R70

禮記箋四十九卷 （清）郝懿行撰 清光緒八年(1882)東路廳署刻郝氏遺書本 九冊 缺五卷(十五至十九)

370000－1506－0002086 R71

評點春秋左傳綱目句解彙雋六卷 （清）韓菼重訂 清宣統元年(1909)石印本 一冊 存一卷(四)

370000－1506－0002087 R72(1)

太史張天如詳節春秋綱目句解左傳六卷 （清）韓菼重訂 清刻本 一冊 存二卷(二、五)

370000－1506－0002088　R72（2）

太史張天如詳節春秋綱目句解左傳六卷

（清）韓菼重訂　清刻本　一冊　存一卷（五）

370000－1506－0002089　R74

字彙十二卷首一卷末一卷韻法直圖一卷韻法

橫圖一卷　（明）梅膺祚撰　清刻本　四冊

存四卷（九至十二）

370000－1506－0002090　R75

字彙十二卷首一卷末一卷韻法直圖一卷韻法

橫圖一卷　（明）梅膺祚撰　清刻本　五冊

存七卷（六至八、十至十一，韻法直圖一卷，韻

法橫圖一卷）

370000－1506－0002091　R76

字彙十二卷首一卷末一卷韻法直圖一卷韻法

橫圖一卷　（明）梅膺祚撰　清刻本　四冊

存七卷（一、四、八，首一卷，末一卷，韻法直圖

一卷，韻法橫圖一卷）

370000－1506－0002092　R77

緯文堂綱鑑易知錄九十二卷明鑑易知錄十五

卷　（清）吳乘權　（清）周之炯　（清）周之

燦輯　清刻本　十七冊　存三十四卷（五十

四至八十七）

370000－1506－0002093　R78

增補字彙十二卷首一卷切韻指掌一卷　（明）

梅膺祚撰　清梅墅石渠閣刻本　十七冊　存

十二卷（二至十二、首一卷）

370000－1506－0002094　經001

新鐫增補周易備旨一見能解六卷　（明）黃淳

耀撰　（清）嚴而寬增補　清刻本　六冊

370000－1506－0002095　經002

來瞿唐先生易註十五卷首一卷末一卷　（明）

來知德撰　清刻本　九冊　存十五卷（一至

六、九至十五，首一卷，末一卷）

370000－1506－0002096　經003

寄傲山房塾課纂輯御案易經備旨七卷　（清）

鄒聖脈輯　清光緒六年（1880）刻本　六冊

370000－1506－0002097　經004

易經大全會解四卷　（清）來爾繩纂輯　清善

美堂刻本　四冊

370000－1506－0002098　經005

易經大全會解四卷　（清）來爾繩纂輯　清光

緒十年（1884）刻本　四冊

370000－1506－0002099　經006

易經體注四卷　（清）來爾繩輯　清刻本

二冊

370000－1506－0002100　經007

御纂周易折中二十二卷首一卷　（清）李光地

等撰　清刻本　十二冊

370000－1506－0002101　經008

周易本義四卷圖說一卷卦歌一卷筮儀一卷

（宋）朱熹撰　清光緒六年（1880）蘇州綠蔭堂

刻本　二冊

370000－1506－0002102　經009A

周易四卷　（宋）朱熹本義　清光緒六年

（1880）刻本　四冊

370000－1506－0002103　經009B

周易四卷　（宋）朱熹本義　清光緒二十一年

（1895）刻本　四冊

370000－1506－0002104　經009C

周易本義四卷首一卷　（宋）朱熹撰　清光緒

二十一年（1895）文成堂刻本　四冊

370000－1506－0002105　經010A（1）

周易本義四卷圖說一卷卦歌一卷筮儀一卷

（宋）朱熹撰　清光緒二十八年（1902）煙臺成

文信刻本　四冊

370000－1506－0002106　經010B（1）

周易本義四卷圖說一卷卦歌一卷筮儀一卷

（宋）朱熹撰　清光緒十二年（1886）埽葉山房

刻本　二冊

370000－1506－0002107　經010C

周易本義四卷圖說一卷卦歌一卷筮儀一卷

（宋）朱熹撰　清光緒十三年（1887）京都聚珍

堂刻本　二冊

370000－1506－0002108　經011

周易本義四卷圖說一卷卦歌一卷筮儀一卷
（宋）朱熹撰　清光緒十八年（1892）刻本
二冊

370000－1506－0002109　經012（1）

易經八卷卦歌一卷上下篇義一卷　（宋）程頤
傳　清光緒九年（1883）江南書局刻本　三冊

370000－1506－0002110　經014

寄傲山房塾課纂輯書經備旨蔡註捷録七卷
（清）鄒聖脉纂輯　（清）鄒廷猷編次　清刻本
六冊

370000－1506－0002111　經016

欽定書經圖說五十卷　（清）孫家鼐等輯　清
光緒三十一年（1905）武英殿石印本　十五冊

370000－1506－0002112　經017A（1）

尚書離句六卷　（清）錢在培輯注　清光緒四
年（1878）刻本　四冊

370000－1506－0002113　經017B

尚書離句六卷　（清）錢在培輯注　清刻本
四冊

370000－1506－0002114　經017C

尚書離句六卷　（清）錢在培輯注　清光緒十
八年（1892）成文信刻本　四冊

370000－1506－0002115　經017D

尚書離句六卷　（清）錢在培輯注　清末上海
埽葉山房刻本　四冊

370000－1506－0002116　經017E

尚書句解六卷　（清）錢在培輯注　清刻本
四冊

370000－1506－0002117　經019

尚書註疏二十卷　（漢）孔安國傳　（唐）孔穎
達疏　明崇禎五年（1632）毛氏汲古閣刻本
八冊

370000－1506－0002118　經021

書經六卷　（宋）蔡沈集傳　清光緒二十一年
（1895）湖北官書處刻本　四冊

370000－1506－0002119　經022

書經六卷　（宋）蔡沈集傳　清光緒十七年

（1891）埽葉山房刻本　四冊

370000－1506－0002120　經023A

書經六卷　（宋）蔡沈集傳　清道光元年
（1821）金閶書業堂刻本　四冊

370000－1506－0002121　經023B

書經六卷　（宋）蔡沈集傳　清刻本　四冊

370000－1506－0002122　經024

寄傲山房塾課纂輯書經備旨蔡註捷録七卷
（清）鄒聖脉纂輯　（清）鄒廷猷編次　清光緒
十二年（1886）刻本　四冊

370000－1506－0002123　經025A（1）

書經六卷首一卷末一卷　（宋）蔡沈集傳　清
光緒七年（1881）金陵書局刻本　四冊

370000－1506－0002124　經025B（1）

書六卷　（宋）蔡沈集傳　清光緒二十六年
（1900）刻本　四冊

370000－1506－0002125　經026

書經精華六卷　（清）薛嘉穎輯　清光緒九年
（1883）上洋掃葉山房刻本　六冊

370000－1506－0002126　經027A

書經體註大全合叅六卷　（清）錢希祥纂輯
清刻本　四冊

370000－1506－0002127　經027B

書經體註大全合叅六卷　（清）錢希祥纂輯
清道光二十四年（1844）刻本　三冊　存四卷
（一至四）

370000－1506－0002128　經027C

書經體註大全合叅六卷　（清）錢希祥纂輯
清同治九年（1870）刻本　四冊

370000－1506－0002129　經027D

書經體註大全合叅六卷　（清）錢希祥纂輯
清光緒六年（1880）刻本　四冊

370000－1506－0002130　經027E

書經體註大全合叅六卷　（清）錢希祥纂輯
清光緒五年（1879）上洋紫文閣刻本　四冊

370000－1506－0002131　經027F（1）

書經體註大全合纂六卷 （清）錢希祥纂輯
清光緒二十五年（1899）成文信刻本　四冊

370000－1506－0002132　經029
寫定尚書不分卷 （清）吳汝綸編　清光緒十
八年（1892）桐城吳氏家塾影印本　一冊

370000－1506－0002133　經030
周官精義十二卷 （清）連斗山編　清道光十
四年（1834）同德堂刻本　六冊

370000－1506－0002134　經031
周官精義十二卷 （清）連斗山輯　清同治六
年（1867）掃葉山房刻本　六冊

370000－1506－0002135　經032A
書六卷 （宋）蔡沈集傳　清光緒二十八年
（1902）翰文齋刻本　四冊

370000－1506－0002136　經032B
書六卷 （宋）蔡沈集傳　清光緒三十一年
（1905）成文堂刻本　四冊

370000－1506－0002137　經033B
書六卷 （宋）蔡沈集傳　清光緒十六年
（1890）宛委山莊刻本　四冊

370000－1506－0002138　經033C
書六卷 （宋）蔡沈集傳　清芥子園刻本
四冊

370000－1506－0002139　經033D
書六卷 （宋）蔡沈集傳　清刻本　四冊

370000－1506－0002140　經033E
書經體註大全六卷 （清）錢希祥纂輯　清刻
本　四冊

370000－1506－0002141　經033F
書六卷 （宋）蔡沈集傳　清光緒五年（1879）
刻本　四冊

370000－1506－0002142　經033G
書經六卷 （宋）蔡沈集傳　清光緒二年
（1876）上洋大魁楨記刻本　四冊

370000－1506－0002143　經033H
書經六卷 （宋）蔡沈集傳　清光緒刻本　四冊

370000－1506－0002144　經033I
書六卷 （宋）蔡沈集傳　清煙臺文勝堂刻本
四冊

370000－1506－0002145　經033J
書六卷 （宋）蔡沈集傳　清刻本　四冊

370000－1506－0002146　經033K
書經六卷 （宋）蔡沈集傳　清文盛堂刻本
四冊

370000－1506－0002147　經035A
欽定詩經傳說彙纂二十一卷首二卷詩序二卷
（清）王鴻緒等纂　清刻本　二十冊

370000－1506－0002148　經035B
欽定詩經傳說彙纂二十一卷首二卷詩序二卷
（清）王鴻緒等纂　清刻本　二十冊　缺二
卷（詩序二卷）

370000－1506－0002149　經035C
欽定詩經傳說彙纂二十一卷首二卷詩序二卷
（清）王鴻緒等纂　清刻本　六冊　存六卷
（十八至二十一、詩序二卷）

370000－1506－0002150　經036
詩經八卷 （宋）朱熹集傳　清光緒六年
（1880）京都聚珍堂書坊刻本　四冊

370000－1506－0002151　經037
詩經八卷 （宋）朱熹集傳　清光緒二十二年
（1896）金陵書局刻本　四冊

370000－1506－0002152　經038A（1）
詩八卷 （宋）朱熹集傳　清光緒三十年
（1904）刻本　四冊

370000－1506－0002153　經038B
詩八卷 （宋）朱熹集傳　清光緒五年（1879）
成文堂記刻本　四冊

370000－1506－0002154　經038C
詩八卷 （宋）朱熹集傳　清光緒十八年
（1892）成文信記刻本　四冊

370000－1506－0002155　經038C（3）
詩八卷 （宋）朱熹集傳　清光緒二十四年
（1898）成文信刻本　四冊

370000－1506－0002156　經039B

詩經八卷　（宋）朱熹集傳　清光緒三年（1877）上洋大魁楨記刻本　四冊

370000－1506－0002157　經039C

詩經八卷　（宋）朱熹集傳　清光緒三年（1877）刻本　四冊

370000－1506－0002158　經039D

詩經八卷　（宋）朱熹集傳　清宣統元年（1909）上海廣益書局排印本　四冊

370000－1506－0002159　經039G

詩經八卷　（宋）朱熹集傳　清宣統三年（1911）上海校經山房石印本　四冊

370000－1506－0002160　經041A

御案詩經備旨八卷　（清）鄒聖脈輯　（清）鄒廷猷編　清光緒二十二年（1896）刻本　八冊

370000－1506－0002161　經041B

御案詩經備旨八卷　（清）鄒聖脈輯　（清）鄒廷猷編　清光緒六年（1880）刻本　八冊

370000－1506－0002162　經041C

新增詩經補註附考備旨八卷　（清）鄒聖脈輯（清）鄒廷猷編　清光緒元年（1875）刻本四冊

370000－1506－0002163　經041D

御案詩經備旨八卷　（清）鄒聖脈輯　（清）鄒廷猷編　清刻本　七冊　存七卷(二至八)

370000－1506－0002164　經042B

御案詩經備旨八卷　（清）鄒聖脈輯　（清）鄒廷猷編　清末上海文匯書局影印本　四冊

370000－1506－0002165　經043(1)

詩經集解二十卷　（清）陳宗舜輯　清末排印本　六冊

370000－1506－0002166　經044

詩經喈鳳詳解八卷　（清）陳抒孝撰　（清）汪基增訂　清乾隆四十一年（1776）三樂堂刻本八冊

370000－1506－0002167　經045A

詩經精華十卷　（清）薛嘉穎撰　清光緒十五

年(1889)刻本　六冊

370000－1506－0002168　經045B

詩經精華十卷　（清）薛嘉穎撰　清咸豐元年（1851）刻本　六冊

370000－1506－0002169　經045C

詩經精華十卷　（清）薛嘉穎撰　清道光十八年(1838)刻本　七冊　存八卷(一至八)

370000－1506－0002170　經046(1)

初刻黃維章先生詩經琅嬛體註八卷　（明）黃文煥撰　（清）范翔重訂　清光緒十六年（1890）成文信刻本　四冊

370000－1506－0002171　經047A

詩經體註大全體要八卷　（清）高朝瓔撰（清）沈世楷輯　清錦雲閣刻本　四冊

370000－1506－0002172　經047B(1)

詩經體註大全體要八卷　（清）高朝瓔撰（清）沈世楷輯　清光緒十七年（1891）成文信刻本　四冊

370000－1506－0002173　經047C

詩經體註大全體要八卷　（清）高朝瓔撰（清）沈世楷輯　清光緒六年（1880）成文信刻本　四冊

370000－1506－0002174　經047D

詩經體註大全體要八卷　（清）高朝瓔撰（清）沈世楷輯　清光緒九年（1883）文盛堂刻本　四冊

370000－1506－0002175　經047E

詩經體註大全體要八卷　（清）高朝瓔撰（清）沈世楷輯　清光緒二十九年（1903）煙臺成文信刻本　四冊

370000－1506－0002176　經047F

詩經體註大全體要八卷　（清）高朝瓔撰（清）沈世楷輯　清同治六年（1867）刻本四冊

370000－1506－0002177　經048A

詩經正義八卷　（清）周廷華纂　清四美堂刻本　四冊

370000－1506－0002178　　經 048B

詩經八卷　（宋）朱熹集傳　清嘉慶二十年
(1815)金閶書業堂刻本　四冊

370000－1506－0002179　　經 048C

詩經八卷　（宋）朱熹集傳　清光緒二十五年
(1899)溧陽聚寶齋刻本　四冊

370000－1506－0002180　　經 048D

詩八卷　（宋）朱熹集傳　清光緒二十九年
(1903)烟台誠文信記刻本　四冊

370000－1506－0002181　　經 048E

詩經八卷　（宋）朱熹集傳　清大文堂刻本
四冊

370000－1506－0002182　　經 049

御纂詩義折中二十卷　（清）傅恒等撰　清刻
本　六冊

370000－1506－0002183　　經 049B

御纂詩義折中二十卷　（清）傅恒等撰　清刻
本　六冊

370000－1506－0002184　　經 049C

御纂詩義折中二十卷　（清）傅恒等撰　清刻
本(配補抄)　六冊

370000－1506－0002185　　經 049D

御纂詩義折中二十卷　（清）傅恒等撰　清東
昌書業德刻本　六冊

370000－1506－0002186　　經 051

禮記十卷　（元）陳澔集說　清康熙三十七年
(1698)刻本　十冊

370000－1506－0002187　　經 052

禮記十卷　（元）陳澔集說　清嘉慶七年
(1802)刻本　十冊

370000－1506－0002188　　經 053

禮記十卷　（元）陳澔集說　清咸豐元年
(1851)刻本　十冊

370000－1506－0002189　　經 054

禮記十卷　（元）陳澔集說　清光緒二年
(1876)刻本　十冊

370000－1506－0002190　　經 055

禮記十卷　（元）陳澔集說　清光緒四年
(1878)刻本　十冊

370000－1506－0002191　　經 056

禮記十卷　（元）陳澔集說　清光緒五年
(1879)上洋紫文閣刻本　十冊

370000－1506－0002192　　經 057(1)

禮記十卷　（元）陳澔集說　清光緒八年
(1882)上洋江左書林刻本　十冊

370000－1506－0002193　　經 058

禮記十卷　（元）陳澔集說　清光緒十九年
(1893)江南書局刻本　九冊

370000－1506－0002194　　經 059

禮記十卷　（元）陳澔集說　清成文信刻本
十冊

370000－1506－0002195　　經 060

全本禮記體注十卷　（清）范翔訂　（清）徐瑄
補輯　清刻本　十二冊

370000－1506－0002196　　經 061

禮記十卷　（元）陳澔集說　清刻本　十冊

370000－1506－0002197　　經 065

禮記十卷　（元）陳澔集說　清刻本　十冊

370000－1506－0002198　　經 066

禮記十卷　（元）陳澔集說　清李光明莊刻本
十冊

370000－1506－0002199　　經 067A

禮記二十卷附考證　（漢）鄭玄注　（唐）陸德
明音義　清刻本　十二冊

370000－1506－0002200　　經 067B

禮記二十卷附考證　（漢）鄭玄注　（唐）陸德
明音義　清刻本　九冊

370000－1506－0002201　　經 069A(1)

漱芳軒合纂禮記體註四卷　（清）范翔參訂
清光緒十年(1884)刻本　四冊

370000－1506－0002202　　經 069B(1)

漱芳軒合纂禮記體註四卷　（清）范翔參訂

清成文堂刻本 四册

370000－1506－0002203 經070A
禮記心典傳本三卷 （清）胡瑤光撰 清光緒
六年(1880)刻本 四册

370000－1506－0002204 經070B
漱芳軒合纂禮記體註四卷 （清）范翔參訂
清光緒六年(1880)刻本 四册

370000－1506－0002205 經071(1)
禮記增訂旁訓六卷 清墨潤堂刻本 六册

370000－1506－0002206 經072
欽定禮記義疏八十二卷首一卷 （清）允祿等
撰 清刻本 二十六册 存三十四卷(一至
八、二十九至四十、五十二至五十四、五十七
至五十八、六十三至七十,首一卷)

370000－1506－0002207 經073
欽定禮記義疏八十二卷首一卷 （清）允祿等
撰 清刻本 七十七册 存八十卷(一至九、
十一至二十四、二十六至四十九、五十一至八
十二,首一卷)

370000－1506－0002208 經074
欽定禮記義疏八十二卷首一卷 （清）允祿等
撰 清刻本 六十三册 存八十二卷(一至
四十八、五十至八十二,首一卷)

370000－1506－0002209 經075
欽定禮記義疏八十二卷首一卷 （清）允祿等
撰 清刻本 四册 存四卷(四十五至四十
八)

370000－1506－0002210 經076
文公家禮儀節八卷 （明）丘濬撰 清光緒十
三年(1887)刻本 六册

370000－1506－0002211 經077B
全本禮記體註十卷 （清）范翔訂 （清）徐瑄
補輯 清刻本 十一册

370000－1506－0002212 經077C
禮記易讀二卷 （清）志遠堂主人輯 清光緒
七年(1881)刻本 四册

370000－1506－0002213 經077D

禮記易讀二卷 （清）志遠堂主人輯 清光緒
十八年(1892)成文堂刻本 二册

370000－1506－0002214 經078
新定三禮圖二十卷 （宋）聶崇義集注 清刻
本 二册

370000－1506－0002215 經079
新定三禮圖二十卷 （宋）聶崇義集注 清光
緒上海同文書局石印本 二册

370000－1506－0002216 經080
儀禮鄭注句讀十七卷 （漢）鄭玄注 （清）張
爾岐句讀 清乾隆八年(1743)刻本 五册

370000－1506－0002217 經081
儀禮章句十七卷 （清）吳廷華章句 清乾隆
五十九年(1794)刻本 四册

370000－1506－0002218 經085
周禮十二卷 （漢）鄭玄注 （唐）陸德明音義
清同治七年(1868)湖北崇文書局刻本
六册

370000－1506－0002219 經086
周禮六卷 （清）鄧愷纂訂 清末敬文堂刻本
二册

370000－1506－0002220 經087
周禮節訓六卷 （清）黃叔琳撰 （清）姚培謙
重訂 清刻本 二册

370000－1506－0002221 經088
周禮節訓六卷 （清）黃叔琳撰 （清）姚培謙
重訂 清乾隆四十四年(1779)刻本 二册

370000－1506－0002222 經089
周禮節訓六卷 （清）黃叔琳撰 （清）姚培謙
重訂 清嘉慶十七年(1812)刻本 二册

370000－1506－0002223 經090
周禮精華六卷 （清）陳龍標輯 清同治三年
(1864)寶文堂刻本 六册

370000－1506－0002224 經091A
周禮精華六卷 （清）陳龍標輯 清刻本
六册

370000－1506－0002225　經091B（1）

周禮精華六卷　（清）陳龍標輯　清嘉慶十六年（1811）刻本　六冊

370000－1506－0002226　經092

周禮折衷六卷　（漢）鄭玄注　（唐）賈公彥疏　（清）胡興□重訂　清三讓堂刻本　六冊

370000－1506－0002227　經093

周禮政要二卷　（清）孫詒讓撰　清末排印本　二冊

370000－1506－0002228　經095

周禮註疏刪翼三十卷　（明）王志長輯　明崇禎十二年（1639）天德堂刻本　十九冊　存二十八卷（一至二十八）

370000－1506－0002229　經096（1）

朱子家禮十卷首一卷　（宋）朱熹撰　（明）丘濬輯　清嘉慶十四年（1809）麟經閣刻本　六冊

370000－1506－0002230　經097

朱子家禮八卷首一卷　（宋）朱熹撰　（明）丘浚輯　（明）楊廷筠補　**四禮初稿四卷**　（明）宋纁輯　**四禮約言四卷**　（明）呂維祺撰　清刻本　八冊

370000－1506－0002231　經098

朱子禮纂五卷　（清）李光地編　清刻本　三冊

370000－1506－0002232　經099

春秋大事表五十卷輿圖一卷附錄一卷　（清）顧棟高輯纂　清同治十二年（1873）平遠丁寶楨刻本　十冊　存十三卷（春秋大事表一至九、四十九至五十，輿圖一卷，附錄一卷）

370000－1506－0002233　經101

春秋公羊傳十二卷考一卷　（戰國）公羊高撰　（明）閔齊伋注　**春秋穀梁傳十二卷考一卷**　（戰國）穀梁赤撰　（明）閔齊伋注　清刻本　八冊

370000－1506－0002234　經102

春秋公羊傳十二卷考一卷　（戰國）公羊高撰

（明）閔齊伋注　明刻本　四冊

370000－1506－0002235　經103

春秋公羊傳十二卷考一卷　（戰國）公羊高撰　（明）閔齊伋注　明末文林閣唐錦池刻本　八冊

370000－1506－0002236　經106

春秋穀梁傳注疏二十卷　（晉）范甯集解　（唐）楊士勳疏　清刻本　五冊　存十七卷（一至十七）

370000－1506－0002237　經108

春秋穀梁傳注疏二十卷　（晉）范甯集解　（唐）楊士勳疏　明崇禎八年（1635）毛氏汲古閣刻本　四冊

370000－1506－0002238　經109

春秋穀梁傳十二卷考一卷　（戰國）穀梁赤撰　（明）閔齊伋注　明刻本　四冊

370000－1506－0002239　經110

春秋穀梁傳十二卷考一卷　（戰國）穀梁赤撰　（明）閔齊伋注　明刻本　四冊

370000－1506－0002240　經111（1）

春秋穀梁傳十二卷考一卷　（戰國）穀梁赤撰　（明）閔齊伋注　明末文林閣唐錦池刻本　四冊

370000－1506－0002241　經113

春秋穀梁傳十二卷　（晉）范甯集解　（唐）陸德明音義　清同治十一年（1872）山東書局刻民國十四年（1925）重印本　四冊

370000－1506－0002242　經115

春秋公羊傳註疏二十八卷　（漢）何休註（唐）陸德明音義　清刻本　八冊

370000－1506－0002243　經117

左繡三十卷首一卷　（清）馮李驊　（清）陸浩輯　清嘉慶十六年（1811）刻本　十二冊

370000－1506－0002244　經118

左繡三十卷首一卷　（清）馮李驊　（清）陸浩輯　清宣統三年（1911）上海會文堂影印本　十六冊

370000－1506－0002245　　經119

春秋經傳集解三十卷　（晉）杜預撰　**春秋名號歸一圖二卷**　（五代）馮繼先撰　**春秋年表一卷**　（宋）岳珂刊補　清刻本　十四冊

370000－1506－0002246　　經121

春秋精義四卷首一卷　（清）黃淦纂　清刻本　一冊　存二卷(三至四)

370000－1506－0002247　　經122

春秋三傳大全纂旨三十卷　（清）湯傳楷纂輯　清康熙四十二年(1703)刻本　六冊

370000－1506－0002248　　經123

春秋體註四卷　（清）周燨纂　清乾隆五十四年(1789)刻本　四冊

370000－1506－0002249　　經124

春秋五傳十七卷首一卷　（明）張岐然撰　（清）張璞重編　清乾隆六年(1741)華文堂刻本　六冊　存六卷(一至五、首一卷)

370000－1506－0002250　　經125

春秋增訂旁訓四卷　（清）徐立綱撰　清乾隆二十一年(1756)刻本　二冊

370000－1506－0002251　　經126

春秋左傳五十卷　（晉）杜預注　（宋）林堯叟補注　（唐）陸德明音義　清乾隆四十三年(1778)三餘堂刻本　十六冊

370000－1506－0002252　　經127A

春秋左傳五十卷　（晉）杜預注　（宋）林堯叟補注　（唐）陸德明音義　清光緒十一年(1885)江藘掃葉山房刻本　十冊　存二十八卷(一、十八至二十三、三十至五十)

370000－1506－0002253　　經127B

左繡三十卷首一卷　（清）馮李驊　（清）陸浩輯　清刻本　六冊　存十一卷(一至四、十至十一、十六至十八、二十二至二十三)

370000－1506－0002254　　經128

春秋左傳五十卷　（晉）杜預注　（宋）林堯叟補注　（唐）陸德明音義　清光緒三十年(1904)京都鴻文齋影印本　十二冊

370000－1506－0002255　　經129(1)

春秋左傳五十卷　（晉）杜預注　（宋）林堯叟補注　（唐）陸德明音義　清光緒三十一年(1905)校經山房書局石印本　十六冊

370000－1506－0002256　　經129(2)

春秋左傳五十卷　（晉）杜預注　（宋）林堯叟補注　（唐）陸德明音義　清末校經山房石印本　六冊　存二十五卷(二十六至五十)

370000－1506－0002257　　經130

春秋左傳五十卷　（晉）杜預注　（宋）林堯叟補注　（唐）陸德明音義　清芥子園刻本　八冊　存三十二卷(一至三、十三至二十一、二十六至四十、四十六至五十)

370000－1506－0002258　　經131B

春秋左傳五十卷　（晉）杜預注　（宋）林堯叟補注　（唐）陸德明音義　清刻本　十六冊

370000－1506－0002259　　經135

春秋左傳五十卷　（晉）杜預注　（宋）林堯叟補注　（唐）陸德明音義　清刻本　九冊　存二十七卷(十八至二十九、三十三至四十七)

370000－1506－0002260　　經136

春秋左傳五十卷　（晉）杜預注　（宋）林堯叟補注　（唐）陸德明音義　清刻本　十三冊　存四十一卷(七至九、十三至五十)

370000－1506－0002261　　經137

春秋左傳五十卷　（晉）杜預注　（宋）林堯叟補注　（唐）陸德明音義　清末刻本　七冊　存二十一卷(二十七至二十九、三十三至五十)

370000－1506－0002262　　經138

春秋左傳五十卷　（晉）杜預注　（宋）林堯叟補注　（唐）陸德明音義　清末刻本　八冊　存二十四卷(二十七至五十)

370000－1506－0002263　　經139

春秋左傳五十卷　（晉）杜預注　（宋）林堯叟補注　（唐）陸德明音義　清刻本　四冊　存二十五卷(二十六至五十)

370000－1506－0002264　經140

春秋左傳五十卷　（晉）杜預注　（宋）林堯叟
補注　（唐）陸德明音義　清刻本　八冊　存
二十四卷（二十七至五十）

370000－1506－0002265　經142

春秋左傳註疏六十卷　（晉）杜預註　（唐）陸
德明音義　（唐）孔穎達疏　清刻本　九冊
存二十九卷（一至二十九）

370000－1506－0002266　經143

春秋左傳註疏六十卷　（晉）杜預註　（唐）陸
德明音義　（唐）孔穎達疏　清刻本　六冊
存十五卷（五至七、二十至二十二、三十五至
三十七、四十一至四十三、五十一至五十三）

370000－1506－0002267　經145（1）

東萊博議四卷　（宋）呂祖謙撰　清光緒八年
（1882）刻本　一冊　存一卷（一）

370000－1506－0002268　經145（2）

東萊先生左氏博議二十五卷　（宋）呂祖謙撰
　清刻本　四冊　存十七卷（四至十六、二十
二至二十五）

370000－1506－0002269　經146A

東萊先生左氏博議二十五卷　（宋）呂祖謙撰
　清刻本　六冊

370000－1506－0002270　經146B

東萊先生左氏博議二十五卷　（宋）呂祖謙撰
　清光緒二十四年（1898）刻本　六冊

370000－1506－0002271　經147B

東萊先生左氏博議二十五卷　（宋）呂祖謙撰
　清光緒二十三年（1897）掃葉山房刻本
六冊

370000－1506－0002272　經149

公羊傳選不分卷穀梁傳選不分卷　（清）儲欣
選評　清嘉慶十八年（1813）靜遠堂刻本
二冊

370000－1506－0002273　經155

評點春秋綱目左傳句解彙雋六卷　（清）韓菼重
訂　清光緒二十一年（1895）成文堂刻本　六冊

370000－1506－0002274　經156

評點春秋綱目左傳句解彙雋六卷　（清）韓菼
重訂　清宣統元年（1909）排印本　六冊

370000－1506－0002275　經159B（1）

欽定春秋左傳讀本三十卷　（清）英和等撰
清刻民國十四年（1925）重印本　六冊

370000－1506－0002276　經160

欽定春秋傳說彙纂三十八卷首二卷　（清）王
掞等撰　清刻本　十八冊　存三十一卷（八
至三十八）

370000－1506－0002277　經161

欽定春秋傳說彙纂三十八卷首二卷　（清）王
掞等撰　清刻本　十八冊　存三十卷（九至
三十八）

370000－1506－0002278　經162

曲江書屋新訂批註左傳快讀十八卷首一卷
（清）李紹崧輯　清刻本　十四冊

370000－1506－0002279　經163

曲江書屋新訂批註左傳快讀十八卷首一卷
（清）李紹崧輯　清成文信刻本　十六冊

370000－1506－0002280　經164

曲江書屋新訂批註左傳快讀十八卷首一卷
（清）李紹崧輯　清京都書業堂刻本　十六冊

370000－1506－0002281　經169

曲江書屋新訂批註左傳快讀十八卷首一卷
（清）李紹崧輯　清刻本　八冊　存八卷（十
一至十八）

370000－1506－0002282　經170

如酉所刻諸名家評點春秋綱目左傳句解六卷
　（清）韓菼重訂　清刻本　六冊

370000－1506－0002283　經171

漱芳軒合纂春秋體註四卷　（清）范翔參訂
清康熙五十三年（1714）雲林大盛堂刻本
四冊

370000－1506－0002284　經172

太史張天如詳節春秋綱目左傳句解六卷　（清）
韓菼重訂　清光緒五年（1879）刻本　六冊

370000－1506－0002285　經173

太史張天如詳節春秋綱目左傳句解六卷
（清）韓葵重訂　清濰陽成文信刻本　六冊

370000－1506－0002286　經175A

左繡三十卷首一卷　（清）馮李驊　（清）陸浩
輯　清光緒十四年(1888)刻本　十六冊

370000－1506－0002287　經175B

左繡三十卷首一卷　（清）馮李驊　（清）陸浩
輯　清刻本　十六冊

370000－1506－0002288　經176

左繡三十卷首一卷　（清）馮李驊　（清）陸浩
輯　清光緒九年(1883)刻本　十二冊

370000－1506－0002289　經177

左繡三十卷首一卷　（清）馮李驊　（清）陸浩
輯　清光緒十年(1884)刻本　十六冊　存二
卷(十四至十五)

370000－1506－0002290　經178A(1)

左繡三十卷首一卷　（清）馮李驊　（清）陸浩
輯　清光緒二十五年(1899)刻本　十六冊

370000－1506－0002291　經178A(2)

左繡三十卷首一卷　（清）馮李驊　（清）陸浩
輯　清光緒二十五年(1899)刻本　十六冊

370000－1506－0002292　經178B(1)

左繡三十卷首一卷　（清）馮李驊　（清）陸浩
輯　清光緒二十二年(1896)刻本　十六冊

370000－1506－0002293　經180

左繡三十卷首一卷　（清）馮李驊　（清）陸浩
輯　清上洋江左書林刻本　六冊　存十三卷
(一至五、七至十三,首一卷)

370000－1506－0002294　經181

左繡三十卷首一卷　（清）馮李驊　（清）陸浩
輯　清末章福記書局影印本　四冊　存八卷
(二至五、八至九、十三至十四)

370000－1506－0002295　經182

左繡三十卷首一卷　（清）馮李驊　（清）陸浩
輯　清刻本　八冊　存十五卷(十六至三十)

370000－1506－0002296　經183

左繡三十卷首一卷　（清）馮李驊　（清）陸浩
輯　清刻本　十二冊　存二十三卷(二至七、
十至二十六)

370000－1506－0002297　經184

左繡三十卷首一卷　（清）馮李驊　（清）陸浩
輯　清刻本　三冊　存八卷(十六至十八、二
十一至二十五)

370000－1506－0002298　經185

左繡三十卷首一卷　（清）馮李驊　（清）陸浩
輯　清光緒六年(1880)刻本　十五冊　存二
十八卷(一至十三、十六至三十)

370000－1506－0002299　經186

左傳事緯十二卷前書八卷　（清）馬驌撰　清
康熙刻本　十六冊

370000－1506－0002300　經187

左傳選十四卷　（清）儲欣評選　（清）董南紀
等輯　清道光五年(1825)刻本　六冊

370000－1506－0002301　經188(1)

左傳選十四卷　（清）儲欣評選　（清）董南紀
等輯　清同治十三年(1874)刻本　八冊

370000－1506－0002302　經189(1)

左傳選十四卷　（清）儲欣評選　（清）董南紀
等輯　清光緒二年(1876)刻本　六冊

370000－1506－0002303　經190

左傳選十四卷　（清）儲欣評選　（清）董南紀
等輯　清維經堂刻本　八冊

370000－1506－0002304　經191

左傳易讀六卷　（清）司徒修輯注　清光緒十
八年(1892)成文信刻本　六冊

370000－1506－0002305　經192

左傳易讀六卷　（清）司徒修輯注　清光緒十
九年(1893)成文堂記刻本　六冊

370000－1506－0002306　經193

左傳翼三十八卷　（清）周大璋輯評　清刻本
　十二冊　存二十八卷(一至二十一、二十四
至二十五、二十八至三十、三十五至三十六)

370000－1506－0002307　經195

115

重訂七經精義 （清）黃淦輯 清嘉慶十三年
(1808)刻本 七冊

370000－1506－0002308 經196

重栞宋本十三經注疏附校勘記四百十六卷
（清）阮元校撰 （清）盧宣旬摘錄 清嘉慶江
西南昌府學刻道光六年(1826)重校本 一百
四十四冊 缺八十二卷（春秋左傳一至四十
一、校勘記一至四十一）

370000－1506－0002309 經197

御定仿宋相臺岳氏本五經九十六卷附考證
（元）岳浚編 清乾隆四十八年(1783)武英殿
刻本 五十九冊 缺一卷（春秋經傳集解二
十）

370000－1506－0002310 經198

古經解彙函附小學彙函 （清）鍾謙鈞等輯
清光緒十五年(1889)湘南書局刻本 五十
七冊

370000－1506－0002311 經199

皇清經解一百九十卷首一卷 （清）阮元輯
清光緒十一年(1885)上海點石斎石印本 十
一冊 存九十五卷（一至十二、十七至三十
二、九十七至一百〇四、一百三十二至一百九
十）

370000－1506－0002312 經202

經義述聞三十二卷 （清）王引之撰 清刻本
二十四冊

370000－1506－0002313 經203

經義述聞三十二卷 （清）王引之撰 清刻本
二十冊

370000－1506－0002314 經204

六經讀 （清）陳大士撰 （清）王洪序校訂
清刻本 六冊 存十一卷（四書讀六卷、易經
讀一卷、書經讀一卷、詩經讀一卷、禮記讀一
卷、春秋讀一卷）

370000－1506－0002315 經205

欽定篆文六經四書 （清）李光地等編 清康
熙內府刻本 十四冊

370000－1506－0002316 經206(1)

十三經讀本附校刊記 （清）丁寶楨等校並撰
校刊記 清同治十一年(1872)山東書局尚志
堂刻本 六十七冊

370000－1506－0002317 經208

十三經注疏 清嘉慶三年(1798)金閶書業堂
刻本 三十一冊 存六十一卷（周易兼義九
卷,周易略例一卷,春秋左傳注疏一至四十、
四十五至四十六、五十至五十八）

370000－1506－0002318 經209

十三經注疏 清嘉慶三年(1798)金閶書業堂
刻本 三十八冊 存一百六十四卷（周易兼
義九卷,周易略例一卷,尚書注疏卷二十卷,
毛詩注疏七十卷,周禮注疏一至三、十三至十
五、十九至二十一,儀禮注疏一至六、八至十
一,爾雅注疏十一卷,論語注疏解經二十卷,
孟子注疏十四卷）

370000－1506－0002319 經210

十三經註疏附校勘記 （清）阮元撰 （清）盧
宣旬摘錄 清光緒十三年(1887)點石齋石印
本 二十一冊 缺九卷（毛詩並校勘記四至
六、左傳並校勘記一至六）

370000－1506－0002320 經211

十一經音訓十一種 （清）楊國楨撰 清末刻
本 二十冊

370000－1506－0002321 經212(1)

宋本十三經注疏附校勘記十三種四百十六卷
（清）阮元撰校勘記 （清）盧宣旬摘錄校勘
記 清光緒十三年(1887)脈望仙館石印本
三十三冊

370000－1506－0002322 經214

五經揭要 （清）許寶善編 清末刻本 十
二冊

370000－1506－0002323 經215

五經類編二十八卷 （清）周世樟編 清刻本
八冊 存十五卷（一至十三、二十六至二十
七）

370000－1506－0002324 經216(1)

五經讀本五種　（清）徐立綱撰　清刻本　十六冊

370000－1506－0002325　　經216(2)

五經讀本五種　（清）徐立綱撰　清刻本　八冊　存十一卷（易經旁訓三卷、書經旁訓四卷、詩經旁訓四卷）

370000－1506－0002326　　經217

五經旁訓五種　（清）徐立綱撰　清光緒六年(1880)墨潤堂刻本　八冊　存十五卷（易經增訂旁訓三卷、書經增訂旁訓四卷、詩經增訂旁訓四卷、春秋增訂旁訓四卷）

370000－1506－0002327　　經218

五經四書讀本八十卷　清道光十六年(1836)楊郡二郎廟片善堂惜字局刻本　四十二冊

370000－1506－0002328　　經219

御纂七經二百九十四卷　（清）□□撰　清光緒二十年(1894)上海書局石印本　二十四冊

370000－1506－0002329　　經221

周官精義十二卷　（清）連斗山輯　清刻本　六冊　存九卷（四至十二）

370000－1506－0002330　　經224

四書章句集註十九卷　（宋）朱熹撰　清乾隆五十八年(1793)刻本　六冊

370000－1506－0002331　　經225

四書章句集註十九卷　（宋）朱熹撰　清道光十年(1830)刻本　六冊

370000－1506－0002332　　經226

大學衍義四十三卷　（宋）眞德秀撰　清同治十一年(1872)浙江書局刻本　九冊　存四十一卷（一至三十八、四十一至四十三）

370000－1506－0002333　　經228

集虛齋四書口義十卷　（清）方煒如撰　清乾隆五十三年(1788)刻本　八冊

370000－1506－0002334　　經229

寄傲山房塾課纂輯書經備旨蔡註捷錄七卷　（清）鄒聖脉纂輯　（清）鄒廷猷編次　清末刻本　四冊　存四卷（三至六）

370000－1506－0002335　　經230

四書章句集註十九卷　（宋）朱熹撰　清光緒五年(1879)上海紫文閣刻本　六冊

370000－1506－0002336　　經231

四書章句集註十九卷　（宋）朱熹撰　清光緒十九年(1893)刻本　六冊

370000－1506－0002337　　經233

論語意原四卷　（宋）鄭汝諧撰　清同治刻本　二冊

370000－1506－0002338　　經243

刪訂四書體註合解十九卷　（清）陳國盛輯　清乾隆三十五年(1770)刻本　六冊

370000－1506－0002339　　經246

四書闡註附考不分卷　（清）浦泰撰　清大文堂刻本　六冊

370000－1506－0002340　　經247

四書大全四種四十卷附錄一卷　（明）胡廣等撰　（清）汪份增訂　清寶翰樓刻本　三十五冊　存三十六卷（大學章句大全三卷，中庸章句大全三卷，論語集注大全一至十二、十四至十八，孟子集注大全一至十三）

370000－1506－0002341　　經248(1)

四書讀本十九卷　（宋）朱熹集注　清大梁馮氏刻本　五冊　存十四卷（大學一卷、中庸一卷，論語六至十、孟子七卷）

370000－1506－0002342　　經248(2)

四書讀本十九卷　（宋）朱熹集注　清大梁馮氏刻本　七冊

370000－1506－0002343　　經250

四書反身錄八卷　（清）李顒撰　清道光四年(1824)刻本　二冊

370000－1506－0002344　　經251

掃葉山房四書體註合講十九卷圖考一卷　(清)翁復撰　清光緒十三年(1887)成文堂書坊刻本　六冊

370000－1506－0002345　　經252

四書會解二十七卷　（清）綦澧輯　清同治八

年(1869)刻本 十五册 存十八卷(大學會解一,中庸會解一至二,論語會解一至九,孟子會解二至四、八至十)

370000－1506－0002346 經253
四書會解二十七卷 (清)綦澧輯 清刻本 七册 存八卷(論語六、孟子一至七)

370000－1506－0002347 經254
四書集益六卷首一卷 (清)于光華編次 (清)吳應達等校訂 清嘉慶四年(1799)刻本 十册

370000－1506－0002348 經255
監本四書十九卷 (宋)朱熹集注 清同治十三年(1874)上海埽葉山房刻本 六册

370000－1506－0002349 經256
四書集注正蒙十九卷音義辨一卷 (宋)朱熹撰 清光緒十四年(1888)八旗官學刻本 五册

370000－1506－0002350 經259
四書集註十九卷 (宋)朱熹撰 清光緒三十一年(1905)上海埽葉山房排印本 六册

370000－1506－0002351 經264(1)
四書章句集註十九卷 (宋)朱熹撰 清末成文盛刻本 六册

370000－1506－0002352 經265
四書朱子本義匯參四十三卷首四卷 (清)王步青輯 清末刻本 八册 存十一卷(論語十四至二十、孟子一至四)

370000－1506－0002353 經266(1)
四書朱子本義匯參四十三卷首四卷 (清)王步青輯 清末刻本 九册 存八卷(孟子七至十四)

370000－1506－0002354 經268
四書考輯要二十卷 (清)陳宏謀輯 (清)陳蘭森編校 清刻本 八册

370000－1506－0002355 經269
四書釋地一卷續一卷又續一卷三續一卷 (清)閻若璩撰 清刻本 六册

370000－1506－0002356 經270
四書疏註撮言大全三十七卷 (清)胡蓉芝輯 清刻本 二十四册

370000－1506－0002357 經271(1)
四書疏註撮言大全三十七卷 (清)胡蓉芝輯 清光緒十三年(1887)刻本 十册 存十九卷(大學一卷,中庸二卷,論語一至二、五至八、十一至二十)

370000－1506－0002358 經271(2)
四書疏註撮言大全三十七卷 (清)胡蓉芝輯 清刻本 八册 存十四卷(孟子一至十四)

370000－1506－0002359 經272
四書說苑十一卷首一卷補遺一卷續遺一卷 (清)孫應科輯 清刻本 四册

370000－1506－0002360 經273
鹿孫兩先生說約近指合鈔不分卷 (明)鹿忠節說約 (清)孫徵君近指 清刻本 八册

370000－1506－0002361 經274
四書題鏡三十六卷總論二十則 (清)汪鯉翔撰 清刻本 十六册

370000－1506－0002362 經275
四書題鏡三十六卷總論二十則 (清)汪鯉翔撰 清刻本 六册 存十一卷(下論六至八、孟子八卷)

370000－1506－0002363 經276
桐石山房四書體註合講十九卷人物備考一卷圖說一卷 (清)翁復編次 清道光二十七年(1847)桐石山房刻本 六册

370000－1506－0002364 經278
漱芳軒合纂四書體註十九卷 (清)范翔參訂 清成文信刻本 六册

370000－1506－0002365 經279B
十三經讀本 清同治十一年(1872)尚志堂刻 民國十四年(1925)重印本 六册

370000－1506－0002366 經20
十三經讀本附校刊記 (清)丁寶楨等校併撰 校刊記 清同治十一年(1872)山東書局刻民

國十四年(1925)重印本　八十三冊

370000－1506－0002367　經13

重刊宋本十三經註疏附校勘記　（清）阮元撰
　　（清）盧宣旬摘錄　清同治十年(1871)廣東
書局刻本　一百〇九冊　存十一種六百四十
九卷(周易註疏十三卷考證十三卷、周易略例
一卷考證一卷、尚書註疏十九卷考證十九卷、
毛詩註疏三十卷考證三十卷、毛詩譜一卷附
考證、周禮註疏四十二卷考證四十二卷、儀禮
註疏十七卷考證十七卷、禮記註疏六十三卷
考證六十三卷、春秋左傳註疏六十卷考證六
十卷、春秋公羊傳註疏二十八卷考證二十八
卷、春秋穀梁註疏二十卷考證二十卷、論語註
疏二十卷考證二十卷、爾雅註疏十一卷考證
十一卷)

370000－1506－0002368　經206

十三經讀本附校刊記　（清）丁寶楨等校併撰
校刊記　清同治十一年(1872)山東書局尚志
堂刻本　三十六冊

370000－1506－0002369　經280

四書味根錄三十七卷　（清）金澂撰　清光緒
十一年(1885)刻本　八冊　存二十三卷(大
學一卷、中庸二卷、論語二十卷)

370000－1506－0002370　經282

四書約旨十九卷孟子考略一卷　（清）任啟運
撰　清乾隆三十六年(1771)刻本　十冊

370000－1506－0002371　經283

四書朱子本義匯參四十三卷首四卷　（清）王
步青輯　清光緒十七年(1891)上海廣百宋齋
排印本　十二冊

370000－1506－0002372　經284

四書衷一不分卷　（清）王基昌編輯　清同治
七年(1868)刻本　六冊　缺二卷(孟子四至
五)

370000－1506－0002373　經285

四書衷一不分卷　（清）王基昌編輯　清光緒
十年(1884)刻本　六冊

370000－1506－0002374　經286

四書朱子本義匯參四十三卷首四卷　（清）王
步青撰　清乾隆十年(1745)敦復堂刻本　三
十一冊　缺二卷(中庸六、孟子十三)

370000－1506－0002375　經287

掃葉山房四書體註合講十九卷圖說一卷
（清）翁復撰　清光緒十三年(1887)成文堂書
坊刻本　五冊

370000－1506－0002376　經290

新訂四書補註備旨十卷　（明）鄧林撰　（清）
杜定基增訂　清光緒十二年(1886)刻本
六冊

370000－1506－0002377　經291A

新訂四書補註備旨十卷　（明）鄧林撰　（清）
杜定基增訂　清光緒二十年(1894)刻本
八冊

370000－1506－0002378　經291B

新訂四書補註備旨十卷　（明）鄧林撰　（清）
杜定基增訂　清刻本　七冊

370000－1506－0002379　經292(1)

新訂四書補註備旨十卷　（明）鄧林撰　（清）
杜定基增訂　清光緒三十一年(1905)刻本
八冊

370000－1506－0002380　經293

新訂四書補註備旨十卷　（明）鄧林撰　（清）
杜定基增訂　清光緒三十二年(1906)上海掃
葉山房石印本　八冊

370000－1506－0002381　經294

新訂四書補註備旨十卷　（明）鄧林撰　（清）
杜定基增訂　清宣統元年(1909)上海久敬齋
書局石印本　六冊　存八卷(大學一卷、中庸
一卷、論語四卷、孟子一至二)

370000－1506－0002382　經295

新訂四書補註備旨十卷　（明）鄧林撰　（清）
杜定基增訂　清末石印本　七冊　存八卷
(論語四卷、孟子四卷)

370000－1506－0002383　經296

新訂四書補註備旨十卷　（明）鄧林撰　（清）

杜定基增訂　清末刻本　六冊　存七卷(論語四卷、孟子一至三)

370000－1506－0002384　經308

增補四書精繡圖像人物備考十二卷　（明）薛應旂撰　（明）陳仁錫增訂　清刻本　六冊

370000－1506－0002385　經310

增註四書合講十九卷　（清）翁復撰　清末石印本　四冊　存十二卷(論語六至十、孟子一至七)

370000－1506－0002386　經317

重校字典四書十九卷　（宋）朱熹章句　清光緒二十四年(1898)刻本　六冊

370000－1506－0002387　經318(1)

重校字典四書十九卷　（宋）朱熹章句　清光緒二十四年(1898)刻本　六冊

370000－1506－0002388　經319A(1)

重校字典四書十九卷　（宋）朱熹章句　清宣統三年(1911)刻本　六冊

370000－1506－0002389　經319B

重校字典四書十九卷　（宋）朱熹章句　清宣統三年(1911)刻本　五冊　存十六卷(大學一卷、中庸一卷、論語十卷、孟子四至七)

370000－1506－0002390　經319C(1)

重校字典四書十九卷　（宋）朱熹章句　清宣統三年(1911)刻本　六冊

370000－1506－0002391　經319C(2)

重校字典四書十九卷　（宋）朱熹章句　清光緒十八年(1892)刻本　六冊

370000－1506－0002392　經320

班馬字類二卷　（宋）婁機撰　清光緒九年(1883)長塘鮑廷爵刻後知不足齋叢書本　二冊

370000－1506－0002393　經321

重編五經文字三卷　（唐）張參撰　（清）孫侃編　重編九經字樣一卷　（唐）唐玄度撰　（清）孫侃編　清刻本　二冊

370000－1506－0002394　經322

初學檢韻袖珍十二卷　（清）姚文登撰　佩文詩韻一卷　清刻本　四冊

370000－1506－0002395　經324

說文解字注三十卷六書音均表二卷　（清）段玉裁撰　清光緒十二年(1886)上海點石齋石印本　八冊

370000－1506－0002396　經327

爾雅二卷　（晉）郭璞注　小爾雅一卷　（漢）孔鮒撰　清康熙刻本　一冊

370000－1506－0002397　經328

爾雅郭注義疏二十卷　（清）郝懿行撰　清咸豐六年(1856)楊以增、胡珽刻本　八冊

370000－1506－0002398　經329(1)

爾雅郭注義疏二十卷　（清）郝懿行撰　清同治四年(1865)沛上刻本　八冊

370000－1506－0002399　經331

爾雅直音二卷　（清）孫侃撰　（清）王祖源校正　清光緒六年(1880)福山王氏天壤閣刻天壤閣叢書本　二冊

370000－1506－0002400　經332

爾雅註疏十一卷　（晉）郭璞註　（宋）邢昺疏　清乾隆五十一年(1786)刻本　六冊

370000－1506－0002401　經334(1)

爾雅註疏十一卷　（晉）郭璞註　（宋）邢昺疏　清光緒八年(1882)崇德書院刻本　六冊

370000－1506－0002402　經335(1)

爾雅註疏十一卷　（晉）郭璞註　（宋）邢昺疏　清光緒十三年(1887)刻本　四冊

370000－1506－0002403　經336

爾雅註疏十一卷　（晉）郭璞註　（宋）邢昺疏　清光緒十七年(1891)刻本　六冊

370000－1506－0002404　經340

廣雅疏證十卷　（清）王念孫撰　（清）王引之述　清光緒十四年(1888)上海鴻文書局石印本　四冊

370000－1506－0002405　經341

漢隸字源五卷碑目一卷　（宋）婁機輯　清光

緒姚靚元思進齋刻本　　六冊

370000－1506－0002406　　經343

汗簡七卷　（宋）郭忠恕撰　清光緒十年
（1884）吳縣朱記榮刻本　　二冊

370000－1506－0002407　　經344

急就篇四卷正文一卷　（漢）史游撰　（唐）顏
師古注　（宋）王應麟補注　清光緒五年
（1879）福山王氏刻天壤閣叢書本　　二冊

370000－1506－0002408　　經346

經籍籑詁一百〇六卷補遺一百〇六卷首一卷
　（清）阮元撰　清嘉慶十七年（1812）揚州阮
氏琅嬛仙館刻本　　四十八冊

370000－1506－0002409　　經347

**康熙字典十二集三十六卷檢字一卷辨似一卷
等韻一卷總目一卷備考一卷補遺一卷**　（清）
張玉書等纂　清刻本　　四十冊　　缺一卷（巳
上）

370000－1506－0002410　　經348

**康熙字典十二集三十六卷檢字一卷辨似一卷
等韻一卷總目一卷備考一卷補遺一卷**　（清）
張玉書等纂　清刻本　　四十冊

370000－1506－0002411　　經349（1）

**康熙字典十二集三十六卷檢字一卷辨似一卷
等韻一卷總目一卷備考一卷補遺一卷**　（清）
張玉書等纂　清道光七年（1827）刻本　　四
十冊

370000－1506－0002412　　經349（2）

**康熙字典十二集三十六卷檢字一卷辨似一卷
等韻一卷總目一卷備考一卷補遺一卷**　（清）
張玉書等纂　清刻本　　四十冊

370000－1506－0002413　　經349（3）

**康熙字典十二集三十六卷檢字一卷辨似一卷
等韻一卷總目一卷備考一卷補遺一卷**　（清）
張玉書等纂　清刻本　　四十冊

370000－1506－0002414　　經349（4）

**康熙字典十二集三十六卷檢字一卷辨似一卷
等韻一卷總目一卷備考一卷補遺一卷**　（清）

張玉書等纂　清刻本　　四十冊

370000－1506－0002415　　經349（5）

**康熙字典十二集三十六卷檢字一卷辨似一卷
等韻一卷總目一卷備考一卷補遺一卷**　（清）
張玉書等纂　清刻本　　四十冊　　缺一卷（備
考一卷）

370000－1506－0002416　　經350（1）

**康熙字典十二集三十六卷檢字一卷辨似一卷
等韻一卷總目一卷備考一卷補遺一卷**　（清）
張玉書等纂　清末刻本　　三十七冊　　缺三卷
（午上、戌下，補遺一卷）

370000－1506－0002417　　經350（2）

**康熙字典十二集三十六卷檢字一卷辨似一卷
等韻一卷總目一卷備考一卷補遺一卷**　（清）
張玉書等纂　清末刻本　　三十七冊　　缺三卷
（未上中、亥上，等韻一卷）

370000－1506－0002418　　經351

**康熙字典十二集三十六卷檢字一卷辨似一卷
等韻一卷總目一卷備考一卷補遺一卷**　（清）
張玉書等纂　清道光七年（1827）刻本　　十八
冊　　存二十二卷（子至丑、辰至未，檢字一卷，
辨似一卷，等韻一卷，總目一卷）

370000－1506－0002419　　經352（1）

**康熙字典十二集三十六卷檢字一卷辨似一卷
等韻一卷總目一卷備考一卷補遺一卷**　（清）
張玉書等纂　清刻本　　七冊　　存三集（申至
戌）

370000－1506－0002420　　經352（2）

**康熙字典十二集三十六卷檢字一卷辨似一卷
等韻一卷總目一卷備考一卷補遺一卷**　（清）
張玉書等纂　清刻本　　二冊　　存四卷（檢字
一卷、辨似一卷、等韻一卷、總目一卷）

370000－1506－0002421　　經352（3）

**康熙字典十二集三十六卷檢字一卷辨似一卷
等韻一卷總目一卷備考一卷補遺一卷**　（清）
張玉書等纂　清刻本　　二十六冊　　缺五集
（辰至午、戌至亥）

370000－1506－0002422　　經353

康熙字典十二集三十六卷檢字一卷辨似一卷
等韻一卷總目一卷備考一卷補遺一卷　（清）
張玉書等纂　清道光七年（1827）刻本　四十
四冊

370000－1506－0002423　經354
康熙字典十二集三十六卷檢字一卷辨似一卷
等韻一卷總目一卷備考一卷補遺一卷　（清）
張玉書等纂　清刻本　四十冊

370000－1506－0002424　經355
康熙字典十二集三十六卷檢字一卷辨似一卷
等韻一卷總目一卷備考一卷補遺一卷　（清）
張玉書等纂　清道光七年（1827）刻本　四
十冊

370000－1506－0002425　經356
康熙字典十二集三十六卷檢字一卷辨似一卷
等韻一卷總目一卷備考一卷補遺一卷　（清）
張玉書等纂　清道光七年（1827）刻本　三十
九冊　缺一卷（等韻一卷）

370000－1506－0002426　經357
康熙字典十二集三十六卷檢字一卷辨似一卷
等韻一卷總目一卷備考一卷補遺一卷　（清）
張玉書等纂　清道光七年（1827）刻本　三十
四冊　缺六卷（辰上、巳中、未下、申上中、酉
下）

370000－1506－0002427　經358（1）
康熙字典十二集三十六卷檢字一卷辨似一卷
等韻一卷總目一卷備考一卷補遺一卷　（清）
張玉書等纂　清道光七年（1827）刻本　三十
三冊　缺七卷（子上中、丑上、卯上、巳中、備
考一卷,補遺一卷）

370000－1506－0002428　經358（2）
康熙字典十二集三十六卷檢字一卷辨似一卷
等韻一卷總目一卷備考一卷補遺一卷　（清）
張玉書等纂　清刻本　三十三冊　缺七卷
（辰中、午上下、未、亥下）

370000－1506－0002429　經359
康熙字典十二集三十六卷檢字一卷辨似一卷
等韻一卷總目一卷備考一卷補遺一卷　（清）

張玉書等纂　清刻本　二十四冊　存二十二
卷(寅下、卯、辰中、巳上中、午中、申至亥,備
考一卷,補遺一卷)

370000－1506－0002430　經360
康熙字典十二集三十六卷檢字一卷辨似一卷
等韻一卷總目一卷備考一卷補遺一卷　（清）
張玉書等纂　清道光七年（1827）刻本　十八
冊　存十八卷(寅至未)

370000－1506－0002431　經361
康熙字典十二集三十六卷檢字一卷辨似一卷
等韻一卷總目一卷備考一卷補遺一卷　（清）
張玉書等纂　清刻本　十八冊　存十八卷
(寅中下、卯至巳、未中、申至酉)

370000－1506－0002432　經362
康熙字典十二集三十六卷檢字一卷辨似一卷
等韻一卷總目一卷備考一卷補遺一卷　（清）
張玉書等纂　清光緒十一年（1885）上海同文
書局石印本　六冊

370000－1506－0002433　經363
康熙字典十二集三十六卷檢字一卷辨似一卷
等韻一卷總目一卷備考一卷補遺一卷　（清）
張玉書等纂　清光緒十三年（1887）上海積山
書局石印本　六冊

370000－1506－0002434　經364
康熙字典十二集三十六卷檢字一卷辨似一卷
等韻一卷總目一卷備考一卷補遺一卷　（清）
張玉書等纂　清光緒十三年（1887）上海文玉
山房影印本　三冊　存二十二卷(子至丑、巳
至午、酉至戌,總目一卷,檢字一卷,辨似一
卷,等韻一卷)

370000－1506－0002435　經365
康熙字典十二集三十六卷檢字一卷辨似一卷
等韻一卷總目一卷備考一卷補遺一卷　（清）
張玉書等纂　清光緒十四年（1888）上海圖書
集成印書局排印本　十二冊

370000－1506－0002436　經366
康熙字典十二集三十六卷檢字一卷辨似一卷
等韻一卷總目一卷備考一卷補遺一卷　（清）

張玉書等纂　清光緒十六年(1890)上海鴻文
書局石印本　六冊

370000－1506－0002437　經367
康熙字典十二集三十六卷檢字一卷辨似一卷
等韻一卷總目一卷備考一卷補遺一卷　（清）
張玉書等纂　清光緒十六年(1890)上洋鴻寶
齋石印本　六冊

370000－1506－0002438　經368
康熙字典十二集三十六卷檢字一卷辨似一卷
等韻一卷總目一卷備考一卷補遺一卷　（清）
張玉書等纂　清光緒十八年(1892)上洋點石
齋石印本　六冊

370000－1506－0002439　經369
康熙字典十二集三十六卷檢字一卷辨似一卷
等韻一卷總目一卷備考一卷補遺一卷　（清）
張玉書等纂　清光緒十九年(1893)上海同文
書局石印本　六冊

370000－1506－0002440　經370
康熙字典十二集三十六卷檢字一卷辨似一卷
等韻一卷總目一卷備考一卷補遺一卷　（清）
張玉書等纂　清光緒十九年(1893)上海久敬
齋復合書局石印本　六冊

370000－1506－0002441　經371(1)
康熙字典十二集三十六卷檢字一卷辨似一卷
等韻一卷總目一卷備考一卷補遺一卷　（清）
張玉書等纂　清光緒十九年(1893)上海寶文
書局石印本　六冊

370000－1506－0002442　經371(2)
康熙字典十二集三十六卷檢字一卷辨似一卷
等韻一卷總目一卷備考一卷補遺一卷　（清）
張玉書等纂　清光緒十九年(1893)上海寶文
書局石印本　六冊

370000－1506－0002443　經372
康熙字典十二集三十六卷檢字一卷辨似一卷
等韻一卷總目一卷備考一卷補遺一卷　（清）
張玉書等纂　清光緒二十年(1894)上海同文
書局石印本　十二冊

370000－1506－0002444　經373
康熙字典十二集三十六卷檢字一卷辨似一卷
等韻一卷總目一卷備考一卷補遺一卷
等韻一卷總目一卷備考一卷補遺一卷
張玉書等纂　清光緒二十年(1894)上洋鴻寶
齋石印本　六冊

370000－1506－0002445　經374
康熙字典十二集三十六卷檢字一卷辨似一卷
等韻一卷總目一卷備考一卷補遺一卷　（清）
張玉書等纂　清光緒二十年(1894)上海同文
書局石印本　六冊

370000－1506－0002446　經375(1)
康熙字典十二集三十六卷檢字一卷辨似一卷
等韻一卷總目一卷備考一卷補遺一卷　（清）
張玉書等纂　清光緒三十年(1904)上海商務
印書館銅板本　三冊　存五集(子至辰)

370000－1506－0002447　經376
康熙字典十二集三十六卷檢字一卷辨似一卷
等韻一卷總目一卷備考一卷補遺一卷　（清）
張玉書等纂　清光緒三十年(1904)上海錦章
書局石印本　六冊

370000－1506－0002448　經377
康熙字典十二集三十六卷檢字一卷辨似一卷
等韻一卷總目一卷備考一卷補遺一卷　（清）
張玉書等纂　清光緒三十二年(1906)上海澄
衷學堂石印本　六冊

370000－1506－0002449　經378(1)
康熙字典十二集三十六卷檢字一卷辨似一
卷等韻一卷總目一卷備考一卷補遺一卷
（清）張玉書等纂　清光緒三十二年(1906)
上海商務印書館石印本　一冊　存二集(巳
至午)

370000－1506－0002450　經378(2)
康熙字典十二集三十六卷檢字一卷辨似一卷
等韻一卷總目一卷備考一卷補遺一卷　（清）
張玉書等纂　清末影印本　一冊　存十一卷
(未至申、亥,備考一卷,補遺一卷)

370000－1506－0002451　經378(3)
康熙字典十二集三十六卷檢字一卷辨似一卷
等韻一卷總目一卷備考一卷補遺一卷　（清）

張玉書等纂　清末影印本　二冊　存十五卷
（寅至辰、酉至戌）

370000－1506－0002452　經378（4）
康熙字典十二集三十六卷檢字一卷辨似一卷
等韻一卷總目一卷備考一卷補遺一卷　（清）
張玉書等纂　清光緒三十二年（1906）上海商
務印書館石印本　一冊　存八卷（子至丑、檢
字一卷、等韻一卷）

370000－1506－0002453　經379
康熙字典十二集三十六卷檢字一卷辨似一卷
等韻一卷總目一卷備考一卷補遺一卷　（清）
張玉書等纂　清光緒三十三年（1907）上海鴻
文書局石印本　六冊

370000－1506－0002454　經380
康熙字典十二集三十六卷檢字一卷辨似一卷
等韻一卷總目一卷備考一卷補遺一卷　（清）
張玉書等纂　清宣統元年（1909）上海集成圖
書公司石印本　六冊

370000－1506－0002455　經381
康熙字典十二集三十六卷檢字一卷辨似一卷
等韻一卷總目一卷備考一卷補遺一卷　（清）
張玉書等纂　清末刻本　四十八冊

370000－1506－0002456　經386（1）
康熙字典十二集三十六卷檢字一卷辨似一卷
等韻一卷總目一卷備考一卷補遺一卷　（清）
張玉書等纂　清末上海鴻寶齋石印本　六冊

370000－1506－0002457　經387
康熙字典十二集三十六卷檢字一卷辨似一卷
等韻一卷總目一卷備考一卷補遺一卷　（清）
張玉書等纂　清宣統元年（1909）商務印書館
影印本　一冊　存七卷（子、檢字一卷、辨似
一卷、等韻一卷、總目一卷）

370000－1506－0002458　經391
康熙字典十二集三十六卷檢字一卷辨似一卷
等韻一卷總目一卷備考一卷補遺一卷　（清）
張玉書等纂　清末刻本　三十五冊　缺四卷
（檢字一卷、辨似一卷、等韻一卷、總目一卷）

370000－1506－0002459　經392（1）

康熙字典十二集三十六卷檢字一卷辨似一卷
等韻一卷總目一卷備考一卷補遺一卷　（清）
張玉書等纂　清末刻本　十二冊　存十四卷
（申上中、酉上中、戌至亥，備考一卷,補遺一
卷）

370000－1506－0002460　經392（2）
康熙字典十二集三十六卷檢字一卷辨似一卷
等韻一卷總目一卷備考一卷補遺一卷　（清）
張玉書等纂　清刻本　九冊　存十卷（丑中
下、寅中下、巳中下、酉中下、戌中、等韻一卷）

370000－1506－0002461　經392（3）
康熙字典十二集三十六卷檢字一卷辨似一卷
等韻一卷總目一卷備考一卷補遺一卷　（清）
張玉書等纂　清末刻本　十一冊　存十一卷
（子中下、丑、戌上中、亥，補遺一卷）

370000－1506－0002462　經393（1）
康熙字典十二集三十六卷檢字一卷辨似一卷
等韻一卷總目一卷備考一卷補遺一卷　（清）
張玉書等纂　清末刻本　五冊　存五卷（酉
下、戌、亥下）

370000－1506－0002463　經393（2）
康熙字典十二集三十六卷檢字一卷辨似一卷
等韻一卷總目一卷備考一卷補遺一卷　（清）
張玉書等纂　清末石印本　四冊　存二十四
卷（寅至辰、巳下、午至申、亥，備考一卷,補遺
一卷）

370000－1506－0002464　經393（3）
康熙字典十二集三十六卷檢字一卷辨似一卷
等韻一卷總目一卷備考一卷補遺一卷　（清）
張玉書等纂　清末刻本　八冊　存八卷（戌
至亥、備考一卷、補遺一卷）

370000－1506－0002465　經394
康熙字典十二集三十六卷檢字一卷辨似一卷
等韻一卷總目一卷備考一卷補遺一卷　（清）
張玉書等纂　清末刻本　十冊　存十三卷
（寅中、卯上、辰上、午中、未中、申中下,檢字
一卷,辨似一卷,等韻一卷,總目一卷,備考一
卷,補遺一卷）

370000－1506－0002466　經 397

康熙字典十二集三十六卷檢字一卷辨似一卷
等韻一卷總目一卷備考一卷補遺一卷 （清）
張玉書等纂　清末石印本　七冊　存一集
（子）

370000－1506－0002467　經 399（1）

六書分類十二卷首一卷 （清）傅世垚撰　清
嘉慶元年(1796)刻本　十三冊

370000－1506－0002468　經 401（1）

六書通十卷首一卷 （明）閔齊伋撰　（清）畢
弘述篆訂　清光緒十九年(1893)上海校經山
房石印本　五冊

370000－1506－0002469　經 403

佩文詩韻釋要五卷 （清）周兆基撰　清宣統
三年(1911)上海商務印書館影印本　二冊

370000－1506－0002470　經 405

群經音辨七卷 （宋）賈昌朝撰　清康熙吳郡
張氏刻本　二冊

370000－1506－0002471　經 406

詩韻集成十卷 （清）余照輯　清道光二十一
年(1841)刻本　四冊

370000－1506－0002472　經 407

詩學含英十四卷 （清）劉文蔚輯　清道光十
一年(1831)刻本　四冊

370000－1506－0002473　經 408

詩韻含英十八卷 （清）劉文蔚輯　清刻本
四冊

370000－1506－0002474　經 409（1）

詩韻含英十八卷 （清）劉文蔚輯　清刻本
四冊　缺一卷（八）

370000－1506－0002475　經 410

詩韻合璧五卷 （清）劉文蔚輯　清末排印本
五冊

370000－1506－0002476　經 411

詩韻合璧五卷 （明）劉文蔚輯　清光緒十一
年(1885)文英堂書坊刻本　四冊　存四卷
（一至三、五）

370000－1506－0002477　經 413（1）

詩韻集成十卷 （清）余照輯　清光緒刻本
四冊

370000－1506－0002478　經 414

詩韻集成十卷 （清）余照輯　清光緒刻本
四冊

370000－1506－0002479　經 415（1）

詩韻集成十卷 （清）余照輯　清光緒二十五
年(1899)成文信刻本　四冊

370000－1506－0002480　經 415（2）

詩韻集成十卷 （清）余照輯　清咸豐二年
(1852)刻本　四冊

370000－1506－0002481　經 415（3）

詩韻集成十卷 （清）余照輯　清光緒七年
(1881)刻本　三冊　缺八卷（一至二、五至
十）

370000－1506－0002482　經 416

詩韻類錦十一卷 （清）□□輯　清末刻本
七冊　存十卷(二至十一)

370000－1506－0002483　經 417

詩韻類錦十一卷 （清）□□輯　清末刻本
六冊　存五卷(七至十一)

370000－1506－0002484　經 418（1）

詩韻合璧五卷 （清）劉文蔚輯　清宣統二年
(1910)上海暢懷書屋石印本　六冊

370000－1506－0002485　經 419

詩韻珠璣五卷 （清）余照輯　清嘉慶五年
(1800)刻本　四冊

370000－1506－0002486　經 424

說文古籀疏證六卷原目一卷 （清）莊述祖撰
　清光緒二十年(1894)武進莊殿華刻本
四冊

370000－1506－0002487　經 425

說文繫傳校錄三十卷 （清）王筠撰　清咸豐
七年(1857)王彥桐刻本　二冊

370000－1506－0002488　經 426

說文解字十五卷 （漢）許慎撰　（宋）徐鉉校

定　清同治十二年(1873)番禺陳昌治刻本
六冊

370000－1506－0002489　經427(1)
說文解字十五卷　(漢)許慎撰　(宋)徐鉉校
定　清末影印本　二冊　存八卷(四至八、十
三至十五)

370000－1506－0002490　經427(2)
說文解字十五卷　(漢)許慎撰　(宋)徐鉉校
定　清刻本　三冊　存七卷(九至十五)

370000－1506－0002491　經428
說文解字十五卷　(漢)許慎撰　(宋)徐鉉校
定　清光緒十二年(1886)吳縣朱氏家塾刻本
三冊

370000－1506－0002492　經429
說文解字注十五卷六書音均表五卷　(清)段
玉裁撰　清光緒十二年(1886)上海點石齋石
印本　六冊　存十五卷(四至九、十二至十
五,六書音均表五卷)

370000－1506－0002493　經430
說文解字三十卷六書音韻表二卷　(清)段玉
裁撰　清宣統二年(1910)影印本　八冊

370000－1506－0002494　經436(1)
說文解字句讀三十卷　(清)王筠撰　清同治
四年(1865)刻本　十六冊

370000－1506－0002495　經436(2)
說文解字句讀三十卷　(清)王筠撰　清同治
四年(1865)刻本　十四冊

370000－1506－0002496　經439
說文解字通釋四十卷　(宋)徐鍇撰　清刻本
一冊　存四卷(五至八)

370000－1506－0002497　經440(1)
說文聲讀表七卷　(清)苗夔撰　清光緒福山
王氏刻天壤閣叢書本　二冊

370000－1506－0002498　經440(2)
說文聲讀表七卷　(清)苗夔撰　清光緒福山
王氏刻天壤閣叢書本　一冊　存三卷(一至
三)

370000－1506－0002499　經441(1)
說文釋例二十卷附補正　(清)王筠撰　清同
治四年(1865)刻本　十冊

370000－1506－0002500　經441(2)
說文釋例二十卷附補正　(清)王筠撰　清同
治四年(1865)刻本　九冊　缺二卷(十三至
十四)

370000－1506－0002501　經443
說文通檢十四卷首一卷末一卷　(清)黎永椿
編　清光緒五年(1879)刻本　二冊

370000－1506－0002502　經444
說文通檢十四卷首一卷末一卷　(清)黎永椿
編　清光緒十四年(1888)刻本　四冊

370000－1506－0002503　經445(1)
說文通訓定聲十八卷柬韻一卷　(清)朱駿聲
撰　清道光三十年(1850)臨嘯閣刻同治九年
(1870)補刻本　二十冊

370000－1506－0002504　經445(2)
朱氏羣書　(清)朱駿聲撰　清光緒八年
(1882)臨嘯閣刻本　二冊

370000－1506－0002505　經446(1)
說文通訓定聲十八卷柬韻一卷　(清)朱駿聲
撰　清道光三十年(1850)臨嘯閣刻同治九年
(1870)補刻本　二十三冊　缺一卷(十)

370000－1506－0002506　經446(2)
說文通訓定聲十八卷柬韻一卷　(清)朱駿聲
撰　清道光二十九年(1849)臨嘯閣刻同治九
年(1870)補刻本　一冊　存一卷(古今韻準
一卷)

370000－1506－0002507　經447(1)
說文韻譜校五卷　(清)王筠撰　清光緒十六
年(1890)濰縣劉嘉禾刻本　二冊

370000－1506－0002508　經448
剔弊廣增分韻五方元音三卷首一卷　(清)樊
騰鳳撰　(清)趙培梓輯　清光緒二十四年
(1898)燕台文勝堂刻本　四冊

370000－1506－0002509　經449

剔弊廣增分韻五方元音三卷首一卷 （清）樊
騰鳳撰 （清）趙培梓輯 清光緒三十年
（1904）刻本 五冊

370000－1506－0002510 經450

剔弊廣增分韻五方元音三卷首一卷 （清）樊
騰鳳撰 （清）趙培梓輯 清末刻本 四冊

370000－1506－0002511 經451

五方元音二卷 （清）樊騰鳳撰 （清）年希堯
增補 清光緒九年（1883）掃葉山房刻本
四冊

370000－1506－0002512 經453

小兒書輯八種女兒書輯八種 （清）張承燮輯
清光緒二十七年（1901）膠州聽雨何時軒刻
本 三冊 存五種（敘古千文、女誡、女孝經、
女論語、張氏母訓一至二）

370000－1506－0002513 經454

埶文備覽十二集一百二十卷補詳字義十四卷
（清）沙木撰 清嘉慶刻本 三十三冊 缺
九卷（一集一至五、二集一至四）

370000－1506－0002514 經455A

攷正玉堂字彙四卷 （明）梅膺祚輯 （清）知
足子攷正 清光緒三十一年（1905）上海塌葉
山房石印本 四冊

370000－1506－0002515 經455B

攷正玉堂字彙四卷 （明）梅膺祚輯 （清）知
足子攷正 清末排印本 四冊

370000－1506－0002516 經458（1）

增訂臨文便覽 （清）張啟泰輯 （清）怡雲僊
館主人重訂 清光緒二年（1876）怡雲僊館刻
本 四冊

370000－1506－0002517 經458（2）

增訂臨文便覽 （清）張啟泰輯 （清）怡雲僊
館主人重訂 清光緒二年（1876）怡雲僊館刻
本 存一冊（三）

370000－1506－0002518 經465

字彙四卷 （明）梅膺祚輯 （清）知足子增補
清刻本 四冊

370000－1506－0002519 經466

字彙十二卷首一卷末一卷 （明）梅膺祚輯
清貴文堂刻本 十四冊

370000－1506－0002520 經467

字彙十二卷首一卷末一卷韻法直圖一卷韻法
橫圖一卷 （明）梅膺祚輯 清末刻本 七冊
存九卷（七至十二、末一卷、韻法直圖一卷、
韻法橫圖一卷）

370000－1506－0002521 經468

字彙十二卷首一卷末一卷韻法直圖一卷韻法
橫圖一卷 （明）梅膺祚輯 清末刻本 六冊
存九卷（一至六、末一卷、韻法直圖一卷、韻
法橫圖一卷）

370000－1506－0002522 經470（3）

詩韻合璧大全五卷 （清）湯文璐輯 清光緒
四年（1878）上海淞隱閣排印本 五冊

370000－1506－0002523 經471

詩韻集成十卷 （清）余照輯 清末影印本
三冊 存三卷（上平聲一卷、下平聲一卷、上
聲一卷）

370000－1506－0002524 子02

葆真齋遵言初編二卷續編四卷補遺一卷
（清）王遂焌撰 清光緒三十三年（1907）排印
本 六冊

370000－1506－0002525 子03

弟子箴言十六卷 （清）胡達源輯 清光緒二
十八年（1902）精宏書局排印本 四冊

370000－1506－0002526 子04

法言十卷 （漢）揚雄撰 清刻本 二冊

370000－1506－0002527 子5（1）

教諭語四卷 （清）謝金鑾撰 清道光刻本
二冊

370000－1506－0002528 子6

近思錄十四卷校勘記一卷 （宋）朱熹 （宋）
呂祖謙編 （清）江永集注 **考訂朱子世家一
卷** （清）江永撰 清同治八年（1869）江蘇書
局刻本 六冊

370000－1506－0002529　子7

孔叢子二卷　（漢）孔鮒撰　清光緒元年（1875）湖北崇文書局刻百子全書本　一冊

370000－1506－0002530　子9

孔氏家語十卷　（三國魏）王肅注　清乾隆四十五年（1780）刻本　四冊

370000－1506－0002531　子10（1）

孔氏家語十卷孔子家語札記一卷　（三國魏）王肅注　清光緒二十四年（1898）貴池劉氏刻本　四冊

370000－1506－0002532　子16（1）

呂子節錄四卷呂新吾先生身家盛衰循環圖說一卷呂新吾先生理欲生長極至圖說一卷　（明）呂坤撰　（清）陳宏謀評輯　清道光四年（1824）刻本　一冊

370000－1506－0002533　子19（1）

人範須知六卷　（清）盛隆輯　清同治二年（1863）石竹山房刻本　八冊

370000－1506－0002534　子20

人譜類記增訂六卷　（明）劉宗周撰　清光緒三年（1877）湖北崇文書局刻本　二冊

370000－1506－0002535　子22

未了緣初集二卷續集二卷補續未了緣五卷　（清）杜宗嶽撰　清咸豐元年（1851）刻本　五冊

370000－1506－0002536　子23（1）

鄉黨圖考十卷　（清）江永撰　清乾隆三十九年（1774）刻本　四冊

370000－1506－0002537　子24

小學集解六卷　（宋）朱熹撰　（清）張伯行輯注　清同治六年（1867）楚北崇文書局刻本　三冊

370000－1506－0002538　子25

小學集註六卷　（明）陳選集註　清乾隆山東濼源書院刻本　四冊

370000－1506－0002539　子26

小學集註六卷忠經一卷孝經一卷　（宋）朱熹

輯　清光緒三十二年（1906）鴻寶齋石印本　四冊

370000－1506－0002540　子27

小學直解六卷　（清）張仕可撰　清康熙三十八年（1699）紹聞堂刻本　四冊

370000－1506－0002541　子28（1）

小學纂註六卷文公朱夫子年譜一卷朱子小學總論一卷　（清）高愈撰　清光緒二十八年（1902）煙臺成文信刻本　四冊

370000－1506－0002542　子30

孝譜類編二十卷補五卷文昌帝孝經四卷　（清）王德瑛撰　清道光元年（1821）刻本　四冊

370000－1506－0002543　子32

新刊性理大全八卷　（宋）周濂溪撰　（清）朱紫陽注　（清）張道升纂輯　清咸豐二年（1852）刻本　四冊

370000－1506－0002544　子34

新纂門目五臣音註揚子法言十卷　（漢）揚雄撰　（晉）李軌　（唐）柳宗元　（宋）宋咸等註　清嘉慶九年（1804）刻本　四冊

370000－1506－0002545　子35（1）

宣講拾遺六卷首一卷　（清）冷德馨　（清）莊跋僎輯　清光緒二十三年（1897）煙臺成文信刻本　六冊

370000－1506－0002546　子36

荀子二十卷校勘補遺一卷　（唐）楊倞注　清嘉慶九年（1804）刻本　五冊

370000－1506－0002547　子41

揚子法言十三卷　（漢）揚雄撰　（晉）李軌注　清嘉慶二十三年（1818）秦氏石研齋刻本　二冊

370000－1506－0002548　子42

御纂性理精義十二卷　（清）李光地等編　清刻本　五冊

370000－1506－0002549　子43

御纂性理精義十二卷　（清）李光地等編　清

刻本　六冊

370000－1506－0002550　子44
御纂性理精義十二卷　（清）李光地等編　清刻本　六冊

370000－1506－0002551　子46
曾子十篇十卷首一卷　（清）阮元注並釋　清揚州阮氏學經室刻本　一冊　存五卷（一至四、首一卷）

370000－1506－0002552　子47
曾子家語六卷　（清）曾國荃撰　清光緒十六年（1890）金陵刻本　二冊

370000－1506－0002553　子48
志學編二卷　（清）余寅止撰　清刻本　二冊

370000－1506－0002554　子49
中說十卷　（隋）王通撰　（宋）阮逸注　清嘉慶九年（1804）刻本　一冊

370000－1506－0002555　子50
忠經一卷　（漢）馬融撰　（漢）鄭玄集注　**孝經一卷**　（明）陳選集注　清光緒二十四年（1898）成文信刻本　一冊

370000－1506－0002556　子51
兵學新書十六卷　（清）徐建寅輯　清光緒二十四年（1898）刻本　八冊

370000－1506－0002557　子52
讀史兵略四十六卷　（清）胡林翼纂　清咸豐十一年（1861）武昌節署刻本　八冊　存二十四卷（一至二十四）

370000－1506－0002558　子53
克虜伯礮說四卷克虜伯礮操法四卷　（美國）金楷理口譯　（清）李鳳苞筆述　**水師操練十八卷首一卷附一卷**　（英國）傅蘭雅口譯　（清）徐建寅筆述　**克虜伯礮表八卷**　（布國）軍政局撰　（清）李鳳苞筆述　**行軍測繪五卷首一卷**　（英國）連提撰　（英國）傅蘭雅口述　（清）趙元益筆述　**防海新論十四卷**　（布國）希理哈撰　（英國）傅蘭雅口述　（清）華蘅芳筆述　清刻本　七冊　缺十一卷（防海

新論一至十一）

370000－1506－0002559　子54
練兵實紀雜集六卷　（明）戚繼光撰　清刻本　二冊　存四卷（一至四）

370000－1506－0002560　子55
陸操新義四卷附錄四卷弁言一卷　（德國）康貝撰　清光緒上海同文書局影印本　二冊

370000－1506－0002561　子56
孫子十家註十三卷叙錄一卷遺說一卷　（宋）吉天保輯　（清）孫星衍校　清光緒二十三年（1897）上海圖書集成局影印子書二十二種本　四冊

370000－1506－0002562　子58
管子二十四卷　（春秋）管仲撰　（唐）房玄齡注　清嘉慶九年（1804）刻本　八冊

370000－1506－0002563　子59
管子二十四卷　（春秋）管仲撰　（唐）房玄齡注　清光緒元年（1875）湖北崇文書局刻本　四冊

370000－1506－0002564　子60
刪定管子一卷　（清）方苞刪定　清刻本　三冊

370000－1506－0002565　子63
韓非子二十卷　（清）王先慎撰　清嘉慶九年（1804）姑蘇聚文堂刻十子全書本　四冊

370000－1506－0002566　子66
韓非子集解二十卷首一卷　（清）王先慎集解　清光緒二十二年（1896）刻本　六冊

370000－1506－0002567　子67
韓非子集解二十卷首一卷　（清）王先慎集解　清末上海埽葉山房石印本　六冊

370000－1506－0002568　子69
新刻法筆天油二卷　（□）□□撰　清刻本　二冊

370000－1506－0002569　子70
樗繭譜一卷　（清）鄭珍撰　（清）莫友芝注　清光緒八年（1882）河南臬署刻本　一冊

370000－1506－0002570　子71

農桑輯要七卷　（元）司農司撰　清刻本
七冊

370000－1506－0002571　子73

野蠶錄四卷　（清）王元綎輯　清宣統元年
（1909）安慶同文官印書館排印本　一冊　存
二卷（一至二）

370000－1506－0002572　子74

御製耕織圖四十六幅　（清）聖祖玄燁撰　清
光緒十二年（1886）上海點石齋石印本　二冊

370000－1506－0002573　子75（1）

白喉治法忌表抉微一卷增刊各方一卷　（清）
耐修子撰　清烟台廣仁善堂刻本　一冊

370000－1506－0002574　子75（2）

白喉治法忌表抉微一卷增刊各方一卷　（清）
耐修子撰　清刻本　一冊

370000－1506－0002575　子77

備急千金要方三十卷　（唐）孫思邈撰　清光
緒刻本　十二冊

370000－1506－0002576　子79

本草備要七卷圖一卷　（清）汪昂撰　清光緒
五年（1879）校經山房刻本　四冊

370000－1506－0002577　子79（1）

醫方湯頭歌訣一卷經絡歌訣一卷　（清）汪昂
撰　清掃葉山房刻本　一冊

370000－1506－0002578　子80

本草從新十八卷　（清）吳儀洛撰　清光緒十
二年（1886）刻本　六冊

370000－1506－0002579　子81

本草綱目五十二卷首一卷藥品總目一卷圖三
卷　（明）李時珍撰　清光緒十一年（1885）合
肥張紹棠味古齋刻本　四十冊

370000－1506－0002580　子86

本草三家合註六卷　（清）郭汝驄集註　**神農
本草經百種錄一卷**　（清）徐大椿撰　（清）陳
念祖鑒定　清末上海鴻寶齋書局石印本
四冊

370000－1506－0002581　子88（1）

本草問答二卷　（清）唐宗海撰　清光緒三十
四年（1908）千頃堂書局石印本　一冊

370000－1506－0002582　子91

本經續疏六卷　（清）鄒澍撰　清末上海千頃
堂影印本　六冊

370000－1506－0002583　子96

產科心法二集　（清）汪喆撰　清道光十四年
（1834）刻本　一冊

370000－1506－0002584　子97

產寶不分卷　（清）倪枝維撰　清道光刻本
一冊

370000－1506－0002585　子103

陳修園醫書二十一種　（清）陳念祖撰　清光
緒十八年（1892）上海圖書集成印書局石印本
二十冊

370000－1506－0002586　子107

陳修園醫書三十種　（清）陳念祖撰　清光緒
三十一年（1905）上海商務印書館排印本　十
冊　存十三種五十卷（神農本草經讀四卷、醫
學三字經四卷、醫學從眾錄八卷、金匱要略淺
註十卷、金匱方歌括六卷、傷寒論淺註六卷、
傷寒醫訣串解六卷、經驗百病內外方一卷、白
喉治法抉微一卷、福幼篇一卷、咽喉脈證通論
一卷、救迷良方一卷、太乙神鍼一卷）

370000－1506－0002587　子108

陳修園醫書三十種　（清）陳念祖撰　清光緒
二十九年（1903）上海書局石印本　十五冊
存二十二種六十七卷（神農本草經讀四卷、醫
學三字經四卷、時方妙用四卷、時方歌括二
卷、女科要旨四卷、金匱要略淺註六至十、長
沙方歌括六卷首一卷、靈素提要淺註一至四、
傷寒醫訣串解六、傷寒真方歌括六卷、張仲景
傷寒論原文箋註六卷、靈素提要箋註一至五、
傷寒醫訣串解六卷、十藥神書註解一卷、救急
經驗良方一卷、霍亂論二卷、太乙神鍼一卷、
救迷良方一卷、福幼編一卷、春溫三字訣一
卷、痢症三字訣一卷）

年(1894)上海圖書集成印書局石印本　五冊
　　存五種二十六卷(四聖心源一至五、玉楸藥
解八卷、素靈微蘊四卷、長沙藥解四卷、傷寒
懸解十一至十四末一卷)

370000－1506－0002609　子152
濟陰綱目十四卷　(明)武之望撰　清上洋江
左書林刻本　彭紫符批註　六冊

370000－1506－0002610　子153
濟陰綱目十四卷　(明)武之望撰　清刻本
八冊

370000－1506－0002611　子157
本草綱目五十二卷圖一卷　(明)李時珍撰
(清)吳毓昌較訂　本草綱目拾遺十卷　(清)
趙學敏撰　本草萬方鍼線八卷　(清)蔡烈先
撰　清宣統元年(1909)上海經香閣石印本
五冊　缺四十九卷(本草綱目四至五十二)

370000－1506－0002612　子160
金匱方歌括六卷　(清)陳念祖撰　清刻本
三冊

370000－1506－0002613　子162
金匱心典三卷　(漢)張仲景撰　清光緒七年
(1881)刻本　三冊

370000－1506－0002614　子165
景岳全書六十四卷　(明)張介賓撰　清嘉慶
二十四年(1819)刻本　三十一冊　缺二卷
(六至七)

370000－1506－0002615　子166
景岳全書發揮四卷　(清)葉桂撰　清光緒五
年(1879)吳氏醉六堂刻本　四冊

370000－1506－0002616　子167
救偏瑣言十卷附備用良方一卷　(清)費啟泰
撰　清嘉慶十二年(1807)刻本　四冊

370000－1506－0002617　子168
玅辨隨筆二卷　(清)黃定宜撰　清道光二十
七年(1847)刻本　一冊

370000－1506－0002618　子169
蘭臺軌範八卷　(清)徐大椿撰　清刻本　四冊

370000－1506－0002619　子171
類證治裁八卷首一卷附卷一卷　(清)林珮琴
撰　清光緒十年(1884)研經堂刻本　七冊
缺一卷(五)

370000－1506－0002620　子172
臨證指南醫案八卷首一卷　(清)葉桂撰　清
光緒三十二年(1906)上海龍文書局石印本
八冊

370000－1506－0002621　子177
女科經綸八卷　(清)蕭壎撰　清光緒十六年
(1890)掃葉山房刻本　四冊

370000－1506－0002622　子182
全體通考十八卷人身全體解剖學誌一卷圖二
卷　(英國)德貞撰　清光緒十二年(1886)排
印本　十二冊

370000－1506－0002623　子184
闕待新編總會大意二卷　(清)孫能遷撰　清
宣統元年(1909)刻本　一冊

370000－1506－0002624　子185
羣玉山房重校醫宗必讀十卷　(明)李中梓撰
　清光緒九年(1883)刻本　六冊

370000－1506－0002625　子186
儒門醫學三卷附卷一卷　(英國)海德蘭撰
(英國)傅蘭雅口譯　(清)趙元益筆述　清刻
本　六冊

370000－1506－0002626　子187
三家醫案合刻三卷　(清)葉桂撰　醫效秘傳
三卷　(清)葉桂撰　温热贅言一卷　(清)寄
瓢子撰　清刻本　六冊

370000－1506－0002627　子188
三刻太醫院補註婦人良方大全二十四卷
(宋)陳自明撰　清竹林堂刻本　八冊

370000－1506－0002628　子191
痧脹玉衡書四卷尾一卷　(清)郭志邃撰　清
刻本　二冊

370000－1506－0002629　子192
傷寒辨證四卷　(清)陳尧道撰　清嘉慶十一

年(1806)刻本　四冊

370000－1506－0002630　子196(1)

傷寒論翼二卷　(清)柯琴撰　清刻本　一冊

370000－1506－0002631　子196(2)

傷寒論翼二卷　(清)柯琴撰　清乾隆二十年(1755)刻本　二冊

370000－1506－0002632　子197

傷寒論註六卷　(漢)張仲景撰　清乾隆二十年(1755)刻本　六冊

370000－1506－0002633　子198

神農本草經讀四卷附錄一卷　(清)陳念祖撰　清同治七年(1868)刻本　一冊　存二卷(一至二)

370000－1506－0002634　子199

神農本草經讀四卷　(清)陳念祖撰　清光緒十五年(1889)刻本　二冊

370000－1506－0002635　子200

沈氏尊生書三十卷首二卷　(清)沈金鼇撰　清宣統元年(1909)石印本　十冊

370000－1506－0002636　子201

石室秘籙六卷　(清)陳士鐸撰　清刻本　六冊

370000－1506－0002637　子204

時方妙用四卷　(清)陳念祖撰　清刻本　一冊　存二卷(一至二)

370000－1506－0002638　子205(1)

白喉丹痧錄要一卷　(清)張紹脩撰　清光緒二十年(1894)鴻術堂刻本　一冊

370000－1506－0002639　子206

食物本草會纂十二卷　(清)沈李龍纂輯　清刻本　二冊　存三卷(十至十二)

370000－1506－0002640　子207

世補齋醫書三十三卷　(清)陸懋修撰　清光緒十年(1884)刻本　十冊

370000－1506－0002641　子210

遂生編福幼編合編二卷　(清)莊一夔撰　清

道光十二年(1832)刻本　一冊

370000－1506－0002642　子214

唐王燾先生外臺秘要方四十卷　(唐)王燾撰　清同治十三年(1874)廣東翰墨園刻本　四十冊

370000－1506－0002643　子215

唐王燾先生外臺秘要方四十卷　(唐)王燾撰　清刻本　三十一冊　缺一卷(三十三)

370000－1506－0002644　子216

圖註八十一難經四卷　(明)張世賢註　**校正圖註脈訣四卷**　(晉)王叔和譔　(明)張世賢註　**校正瀕湖脈學一卷奇經八脈考一卷**(明)李時珍撰　清宣統元年(1909)集成圖書公司排印本　四冊

370000－1506－0002645　子218

圖註八十一難經辨真四卷　(戰國)秦越人撰　(明)張世賢註　清刻本　一冊

370000－1506－0002646　子219

圖註脉訣辨真四卷　(晉)王叔和撰　(明)張世賢註　清掃葉山房刻本　一冊

370000－1506－0002647　子220

推拿廣意三卷　(清)熊應雄輯　(清)陳世凱重訂　清光緒二十三年(1897)經綸元記刻本　二冊

370000－1506－0002648　子223

外科大成四卷　(清)祁坤撰　清康熙四年(1665)古雪堂刻本　六冊

370000－1506－0002649　子227

六科準繩　(明)王肯堂輯　清乾隆十四年(1749)刻本　二十四冊　存五種二十三卷(證治準繩一、六、八,雜病證治類方二、四、六,幼科證治準繩六至九,瘍醫準繩一至三、五至六,傷寒證治準繩八卷)

370000－1506－0002650　子228

潛齋醫書五種　(清)王士雄撰　清光緒三十年(1904)石印本　八冊

370000－1506－0002651　子229

133

瘟疫論二卷 （明）吳有性撰 清刻本 一冊

370000－1506－0002652 子230
問心堂溫病條辨六卷首一卷 （清）吳瑭撰
清嘉慶十八年（1813）刻本 四冊

370000－1506－0002653 子231
問心堂溫病條辨六卷首一卷 （清）吳瑭撰
清光緒四年（1878）河南撫署刻本 四冊

370000－1506－0002654 子232
詳校醫宗必讀十卷 （明）李中梓撰 清光緒
六年（1880）掃葉山房刻本 六冊

370000－1506－0002655 子233
詳校醫宗必讀十卷 （明）李中梓撰 清光緒
六年（1880）掃葉山房刻本 四冊

370000－1506－0002656 子234
新刊良朋彙集五卷 （清）孫偉輯 清道光二
十三年（1843）刻本 四冊

370000－1506－0002657 子236
新刊纂圖元亨療馬集六卷圖像水黃牛經大全
二卷附新刻醫駱駝藥方 （明）喻本元 （明）
喻本亨撰 清光緒十一年（1885）刻本 八冊

370000－1506－0002658 子241
祝由科天醫十三科二卷 題黃帝撰 清刻朱
墨套印本 一冊

370000－1506－0002659 子243
驗方彙集十二卷 （清）戴緒安選注 清光緒
十年（1884）刻本 十二冊

370000－1506－0002660 子244
驗方新編十六卷驗方續編一卷 （清）鮑相璈
編輯 （清）張紹棠增輯 清刻本 五冊 存
七卷（驗方新編一、九至十四）

370000－1506－0002661 子245
驗方新編二十四卷 （清）鮑相璈撰 清光緒
十九年（1893）上海鴻寶齋影印本 六冊

370000－1506－0002662 子246
驗方新編二十四卷驗方續編三卷洞主仙師白
喉治法忌表抉微一卷附白喉症治養陰忌表歌
括 （清）鮑相璈撰 （清）張紹棠增輯 清末

掃葉山房刻本 五冊 存十卷（驗方新編十
一至十六、驗方續編三卷、洞主仙師白喉治法
忌表抉微一卷）

370000－1506－0002663 子247
傷醫大全四十卷 （清）顧世澄撰 清光緒二
十年（1894）刻本 二十九冊 缺十一卷（二、
七、九至十、十四、十八、二十三、二十八、三
十、三十六、四十）

370000－1506－0002664 子249
藥性醫方辨三卷 （清）羅浩撰 清刻本
一冊

370000－1506－0002665 子250
醫案合編 （清）葉桂撰 清光緒三十年
（1904）同馨書局刻本 六冊 存四種七卷
（醫案存真註四卷、樂我齋醫案一卷、瑣說治
驗一卷、養性山房理解一卷）

370000－1506－0002666 子251
醫方集解二十一卷附二卷 （清）汪昂撰 清
光緒五年（1879）掃葉山房刻本 六冊

370000－1506－0002667 子252
醫方集解二十三卷 （清）汪昂撰 清刻本
四冊 存四卷（二、四至六）

370000－1506－0002668 子253
醫方集解本草備要合刻 （清）汪昂撰 清光
緒十七年（1891）上洋珍藝書局排印本 五冊
存二十六卷（醫方集解一至十、十六至二十
三,本草備要八卷）

370000－1506－0002669 子254
醫方集解二十一卷附二卷 （清）汪昂撰 清
刻本 三冊 存十二卷（二至十三）

370000－1506－0002670 子255
醫方湯頭歌訣一卷經絡歌訣一卷 （清）汪昂
撰 清刻本 一冊

370000－1506－0002671 子256
醫書十二種二十三卷 （清）王琢崖輯 清光
緒二十二年（1896）上海圖書集成印書局排印
本 八冊

370000－1506－0002672　子259

醫學心悟五卷外科十法一卷　（清）程國彭撰
清刻本　四冊

370000－1506－0002673　子260

醫學源流論二卷　（清）徐大椿撰　清刻本
二冊

370000－1506－0002674　子263

幼科三種　（明）翁仲仁撰　清宣統元年
(1909)上海廣益書局影印本　二冊　存五卷
(增補秘傳玉髓金鏡録真本四卷首一卷)

370000－1506－0002675　子266

寓意草不分卷　（清）喻昌撰　清末刻本
一冊

370000－1506－0002676　子267

**御纂醫宗金鑑六十卷首一卷續編十四卷首一
卷**　（清）吳謙等編纂　清光緒九年(1883)上
洋掃葉山房刻本　三十二冊

370000－1506－0002677　子268

御纂醫宗金鑑　（清）吳謙等編纂　清光緒十
八年(1892)上海圖書集成印書局排印本　六
冊　存十六卷(外科十六卷)

370000－1506－0002678　子269

**御纂醫宗金鑑内科七十四卷外科十六卷首一
卷**　（清）吳謙等編纂　清宣統元年(1909)上
海章福記影印本　十冊　存四十五卷(内科
一至四十四、首一卷)

370000－1506－0002679　子270

**御纂醫宗金鑑六十卷首一卷續編十四卷首一
卷**　（清）吳謙等編纂　清末刻本　二十四冊
存四十一卷(御纂醫宗金鑑十二至二十二、
三十六至五十,續編十四卷、首一卷)

370000－1506－0002680　子271

御纂醫宗金鑑　（清）吳謙等編纂　清刻本
十二冊　存十六卷(外科十六卷)

370000－1506－0002681　子272

御纂醫宗金鑑　（清）吳謙等編纂　清掃葉山房
刻本　二十四冊　存二十三卷(三、九至三十)

370000－1506－0002682　子273

御纂醫宗金鑑　（清）吳謙等編纂　清掃葉山
房刻本　十四冊　存十四卷(外科二至十五)

370000－1506－0002683　子274

御纂醫宗金鑑外科十六卷　（清）吳謙等編纂
清掃葉山房刻本　八冊　存八卷(九至十
六)

370000－1506－0002684　子278

增補本草原始十二卷　（明）李中立撰　清刻
本　六冊　存十卷(二至七、九至十二)

370000－1506－0002685　子280

傅青主男科二卷女科二卷　（清）傅山撰　清
宣統元年(1909)上海章福記石印本　二冊

370000－1506－0002686　子282

女科二卷女科産後編二卷　（清）傅山撰　清
同治二年(1863)刻本　二冊

370000－1506－0002687　子283

女科二卷女科産後編二卷　（清）傅山撰　清
光緒十一年(1885)文成堂記刻本　三冊　存
三卷(女科二卷、産後編二)

370000－1506－0002688　子284

增補士材三書八卷　（明）李中梓撰　（清）尤
乘增補　清乾隆三十四年(1769)貴文堂刻本
六冊

370000－1506－0002689　子287

有益堂本草醫方合編十四卷　（清）汪昂撰
清有益堂刻本　六冊

370000－1506－0002690　子288

增訂本草附方三十七卷　（□）□□撰　清刻
本　一冊

370000－1506－0002691　子303

鍼灸大成十卷　（明）楊繼洲撰　（清）章廷珪
重修　清光緒六年(1880)埽葉山房刻本　九
冊　存九卷(一至九)

370000－1506－0002692　子304

鍼灸大成十卷　（明）楊繼洲撰　（清）章廷珪重
修　清刻本　九冊　存九卷(一至二、四至十)

370000－1506－0002693　子305

鍼灸大成十卷　（明）楊繼洲撰　清刻本　一冊　存一卷（七）

370000－1506－0002694　子315(1)

中西匯通醫書五種　（漢）張仲景　（清）唐宗海等撰　清光緒三十四年(1908)千頃堂書局影印本　十二冊

370000－1506－0002695　子315(2)

中西匯通醫書五種　（漢）張仲景　（清）唐宗海等撰　清光緒三十四年(1908)千頃堂書局影印本　十冊　存四種二十四卷（中西匯通醫經精義二卷、金匱要略淺註補正四至九、傷寒論淺註補正七卷首一卷、血證論八卷）

370000－1506－0002696　子320

測圓海鏡細草十二卷　（元）李冶撰　清光緒二年(1876)同文館排印本　四冊

370000－1506－0002697　子321(1)

代數備旨十三卷　（美國）狄考文選譯　（清）鄒立文　（清）生福維筆述　清光緒三十三年(1907)上海美華書館排印本　一冊

370000－1506－0002698　子321(2)

代數備旨十三卷　（美國）狄考文選譯　（清）鄒立文　（清）生福維筆述　清光緒三十三年(1907)上海美華書館排印本　一冊

370000－1506－0002699　子322

割圓八綫綴術四卷九章翼句股一卷　（清）徐有壬選　（清）吳嘉善述　清同治十三年(1874)荷花池書局刻本　二冊

370000－1506－0002700　子325

梅氏籑書輯要六十二卷　（清）梅文鼎撰　清同治十三年(1874)梅纘高頤園刻本　二十四冊

370000－1506－0002701　子327(1)

欽定萬年書不分卷　（清）欽天監編　清光緒八年(1882)刻本　三冊

370000－1506－0002702　子328

九章翼　（清）吳嘉善述　清末活字本　一冊　存二卷（九章翼勾股一卷、平三角一卷）

370000－1506－0002703　子330

算迪八卷　（清）何夢瑤撰　清道光二十五年(1845)南海伍氏粵雅堂刻本　八冊

370000－1506－0002704　子331

算經十書　（清）孔繼涵輯　清刻本　十冊

370000－1506－0002705　子333

御製數理精蘊上編五卷下編四十卷表八卷　（清）聖祖玄燁撰　清光緒八年(1882)江寧藩署刻本　三十六冊

370000－1506－0002706　子334

原本直指算法統宗十二卷　（清）程大位撰　清同治三年(1864)文成堂刻本　六冊

370000－1506－0002707　子335

原本直指算法統宗十二卷　（清）程大位撰　清光緒九年(1883)掃葉山房刻本　六冊

370000－1506－0002708　子341

卜筮正宗十四卷　（清）王維德輯　清光緒二十九年(1903)成文信刻本　六冊

370000－1506－0002709　子342

卜筮正宗十四卷　（清）王維德輯　清光緒二十九年(1903)成文信刻本　五冊　存十二卷（一至二、五至十四）

370000－1506－0002710　子343

卜筮正宗十四卷　（清）王維德輯　清光緒二十九年(1903)成文信刻本　一冊　存三卷（五至七）

370000－1506－0002711　子345

重鐫官板地理天機會元正篇體用括要三十五卷　（唐）卜應天撰　（唐）顧乃德輯　（明）徐之鏌刪補　明末書林唐庭揚刻本　十二冊

370000－1506－0002712　子347

地理五訣八卷　（清）趙廷棟撰　清末成文堂刻本　四冊

370000－1506－0002713　子348

地理原本說四卷　（清）曹家甲撰　清嘉慶十六年(1811)刻本　三冊　存三卷（二至四）

370000 – 1506 – 0002714　子 349

鼎鐫欽天監戈先生校訂子平淵海大全六卷
(明)張神峰纂訂　(清)戈豐年校定　清有益
堂刻本　一冊

370000 – 1506 – 0002715　子 352

河洛理數七卷　(宋)陳希夷撰　清末掃葉山
房刻本　七冊

370000 – 1506 – 0002716　子 353

皇極經世書十二卷後一卷遺文一卷　(宋)邵
雍撰　明萬曆刻本　七冊　存六卷(一至六)

370000 – 1506 – 0002717　子 355

金精廖公秘授地學心法正傳畫筴扒砂經五卷
　(宋)廖禹撰　明刻本　五冊　缺五十三葉
(卷一之一至五十三)

370000 – 1506 – 0002718　子 357

六壬神課金口訣三卷　(宋)楊守一閱　清末
書業堂刻本　六冊

370000 – 1506 – 0002719　子 358

羅經解定七卷　(清)胡國楨撰　清末上洋掃
葉山房藏版刻本　四冊

370000 – 1506 – 0002720　子 360

欽定協紀辨方書三十六卷　(清)允祿等纂
清末刻朱墨套印本　五冊　存五卷(二至六)

370000 – 1506 – 0002721　子 361

欽定協紀辨方書三十六卷　(清)允祿等纂
清末刻朱墨套印本　六冊　存七卷(一至七)

370000 – 1506 – 0002722　子 362

欽定協紀辨方書三十六卷　(清)允祿等纂
清刻本　一冊　存一卷(七)

370000 – 1506 – 0002723　子 364

入地眼全書十卷　(宋)釋靜道撰　(清)萬樹
華編次　清光緒十三年(1887)刻本　六冊

370000 – 1506 – 0002724　子 365

入地眼全書十卷　(宋)釋靜道撰　(清)萬樹
華編次　清光緒十三年(1887)刻本　二冊
存四卷(三至六)

370000 – 1506 – 0002725　子 366

新刊合併官板音義評註淵海子平五卷　(宋)
徐升編　清刻本　四冊

370000 – 1506 – 0002726　子 367

新刻增定邵康節先生梅花觀梅拆字數全集五
卷　(宋)邵雍撰　清光緒二十年(1894)刻本
　一冊　存三卷(一至三)

370000 – 1506 – 0002727　子 368

新刻增定邵康節先生梅花觀梅拆字數全集五
卷　(宋)邵雍撰　(明)黃粵洲注釋　(清)
劉斯組述　清末文秀堂梓刻本　三冊　存三
卷(一至三)

370000 – 1506 – 0002728　子 369

星學四要四卷　(清)吳廣德編輯　清咸豐十
年(1860)刻朱墨套印本　四冊

370000 – 1506 – 0002729　子 370

陽宅愛眾篇四卷　(清)張覺正撰　清光緒六
年(1880)刻本　四冊

370000 – 1506 – 0002730　子 371(1)

地理五訣八卷陽宅三要四卷　(清)趙九峰撰
　清末刻本　六冊

370000 – 1506 – 0002731　子 373

增補諸家選擇萬全玉匣記不分卷　(晉)許真
君撰　清光緒八年(1882)刻十七年(1891)素
雲道人劉誠重印本　一冊

370000 – 1506 – 0002732　子 377

秘傳花鏡六卷圖一卷　(清)陳淏子輯　清同
治八年(1869)刻本　六冊

370000 – 1506 – 0002733　子 380

白虎通義四卷　(漢)班固等撰　白虎通闕文
一卷　(清)莊述祖輯　(清)盧文弨訂　白虎
通義攷一卷　(清)莊述祖撰　白虎通校勘補
遺一卷　清嘉慶四年(1799)刻本　四冊

370000 – 1506 – 0002734　子 382

茶香室叢鈔二十三卷續鈔二十五卷三鈔二十
九卷四鈔一百〇六卷　(清)俞樾撰　清刻本
　六冊　存二十五卷(叢鈔十至二十三,續鈔
一至四、十九至二十五)

370000－1506－0002735　子383

丞相魏公譚訓十卷　（宋）蘇象先撰　清道光十年（1830）刻本　二冊

370000－1506－0002736　子384

池北偶談二十六卷　（清）王士禎撰　清宣統二年（1910）上海震東學社石印本　六冊

370000－1506－0002737　子385

冲虛至德真經八卷　（北魏）張湛注　清嘉慶九年（1804）刻本　二冊

370000－1506－0002738　子387

道原精粹七種十五卷　（意大利）艾儒略述　清光緒十三年（1887）上海慈母堂聚珍版排印本　八冊　存七種十五卷（萬物真原一卷、天主降生引義二卷、天主降生言行紀略八卷、宗徒大事錄一卷、聖母傳一卷、宗徒列傳一卷、教皇洪序一卷）

370000－1506－0002739　子390

讀書雜志八十二卷餘編二卷　（清）王念孫撰　清刻本　二十四冊

370000－1506－0002740　子393

返性圖十卷　（□）□□撰　清光緒二十四年（1898）登郡生記書坊雲和子刻本　十冊

370000－1506－0002741　子394

返性圖十卷　（□）□□撰　清光緒二十四年（1898）刻本　十冊

370000－1506－0002742　子395

格物入門七卷　（美國）丁韙良撰　清同治七年（1868）刻本　七冊

370000－1506－0002743　子396

格致彙編十二卷　（英國）傅蘭雅輯　清光緒二年（1876）排印本　四冊

370000－1506－0002744　子398

觀禮堂三教真傳　（□）□□撰　清宣統三年（1911）天津聚文堂刻字鋪刻本　六冊

370000－1506－0002745　子402

鶡冠子三卷　（宋）陸佃　（明）王字評　清嘉慶九年（1804）刻本　一冊

370000－1506－0002746　子404

恒言錄六卷　（清）錢大昕纂　清刻本　一冊　存三卷（四至六）

370000－1506－0002747　子405

淮南子二十一卷　（漢）劉安撰　（漢）高誘注　（清）莊逵吉校刊　清嘉慶九年（1804）刻本　五冊

370000－1506－0002748　子408

經餘必讀八卷續編八卷三編四卷　（清）錢樹棠　（清）雷琳　（清）錢樹立同輯　清光緒二年（1876）刻本　十冊

370000－1506－0002749　子409

經餘必讀八卷續編八卷三編四卷　（清）錢樹棠　（清）雷琳　（清）錢樹立同輯　清光緒二年（1876）刻本　十冊

370000－1506－0002750　子410

經餘必讀初編二卷續編二卷三編二卷　（清）錢樹棠　（清）雷琳　（清）錢樹立同輯　清光緒二十二年（1896）上海圖書集成印書局影印本　四冊　存五卷（初編一、二編二卷、三編二卷）

370000－1506－0002751　子412(1)

龍文鞭影二集二卷訓蒙四字經二集二卷　（清）李暉吉　（清）徐瓚輯　清光緒三年（1877）刻本　二冊

370000－1506－0002752　子412(2)

校補龍文鞭影二卷　（明）蕭良有纂輯　（明）楊臣諍增訂　（明）李恩綬校補　清光緒十三年（1887）刻本　二冊

370000－1506－0002753　子414

呂新吾先生閨範圖說四卷　（明）呂坤注　明刻本　五冊

370000－1506－0002754　子415

菉友蛾術編二卷　（清）王筠撰　清咸豐十年（1860）刻本　一冊

370000－1506－0002755　子416(1)

梅叟閒評四卷　（清）郝培元撰　（清）郝懿行

注　清光緒十年(1884)東路廳署刻本　二冊

370000－1506－0002756　子422

勸善要規十卷末一卷　(清)孚祐帝君等撰
清光緒三年(1877)刻本　五冊

370000－1506－0002757　子424

日知錄集釋三十二卷刊誤二卷續刊誤二卷
(清)顧炎武撰　(清)黃汝成集釋　清刻本
十六冊

370000－1506－0002758　子425

日知錄集釋三十二卷刊誤二卷續刊誤二卷
(清)顧炎武撰　(清)黃汝成集釋　清同治十
一年(1872)湖北崇文書局刻本　十五冊　存
三十四卷(集釋一、四至三十二,刊誤二卷,續
刊誤二卷)

370000－1506－0002759　子426

日知錄集釋三十二卷刊誤二卷續刊誤二卷
(清)顧炎武撰　(清)黃汝成集釋　清光緒元
年(1875)湖北崇文書局刻本　六冊　存十二
卷(集釋一、六至九、二十四至二十八、三十一
至三十二)

370000－1506－0002760　子428

日知錄之餘四卷　(清)顧炎武撰　清宣統二
年(1910)刻本　二冊

370000－1506－0002761　子432

文昌帝君丹桂籍說証不分卷　(□)□□撰
清刻本　存二冊(亨、貞)

370000－1506－0002762　子433

弦雪居重訂遵生八牋十九卷目錄一卷　(明)高
濂撰　(明)鍾惺校閱　清嘉慶刻本　十六冊

370000－1506－0002763　子435

新學彙編四卷　(美國)林樂知撰　蔡爾康編
輯　清光緒二十四年(1898)上海廣學會排印
本　四冊

370000－1506－0002764　子441

龍文鞭影初集二卷　(明)蕭良有撰　(明)楊
臣靜增訂　二集二卷　(清)李暉吉　(清)徐
瓚輯　清光緒三年(1877)刻本　四冊

370000－1506－0002765　子442

顏氏家訓二卷　(北齊)顏之推撰　清乾隆二
十四年(1759)刻本　二冊

370000－1506－0002766　子446

翼教叢編六卷　(清)蘇輿輯　清末石印本
四冊

370000－1506－0002767　子448

新增繪圖幼學故事瓊林四卷首一卷　(清)程
允升撰　(清)鄒聖脉增補　清光緒三十年
(1904)上海鴻寶齋石印本　五冊

370000－1506－0002768　子449

雨牕寄所記四卷　(清)謝墍撰　清光緒六年
(1880)刻本　二冊　存二卷(一至二)

370000－1506－0002769　子455

采眞彙薰四卷　(清)檀萃撰　(清)曾力行箋
注　清嘉慶五年(1800)晴川書院刻本　四冊

370000－1506－0002770　子456

稱謂錄三十二卷　(清)梁章鉅撰　清光緒十
年(1884)景文齋刻本　八冊

370000－1506－0002771　子457

重訂廣事類賦四十卷　(清)華希閔撰　清末
刻本　六冊　存二十九卷(一至二十三、三十
五至四十)

370000－1506－0002772　子458

重訂廣事類賦四十卷　(清)華希閔撰　清末
刻本　八冊　存三十五卷(六至四十)

370000－1506－0002773　子459

重訂事類賦三十卷　(宋)吳淑撰注　(明)華
麟祥校刊　清末刻本　六冊

370000－1506－0002774　子460

格致鏡原一百卷　(清)陳元龍撰　清末影印
本　八冊　存四十六卷(五十五至一百)

370000－1506－0002775　子461

古今圖書集成一萬卷目錄四十卷　(清)陳夢
雷　(清)蔣廷錫等輯　清光緒十年至十四年
(1884－1888)圖書集成印書館排印本　八百
四十六冊　存五千三十四卷(乾像典五至十、

二十八至三十八、四十五至六十四,歲功典二十八至五十五、八十至一百〇九,庶徵典七至二十二、三十三至四十九、八十至九十八、一百〇五至一百二十五、一百三十三至一百三十八、一百四十六至一百五十、一百五十六至一百八十八,職方典九十七至一百〇三、一百五十四至一百六十一、一百七十一至一百九十一、一百九十八至二百〇四、二百十八至二百三十三、二百四十一至二百五十三、二百五十四至二百六十八、二百七十七至二百八十三、三百〇四至三百十一、三百二十五至三百三十一、一千五百〇八至一千五百四十四,山川典七至二十七、三十四至六十二、六十八至一百十三、一百二十二至一百二十九、一百三十八至一百七十、一百七十七至二百十六,皇極典一至五十五、五十六至八十七、九十五至一百九十八、二百十五至二百五十七、二百九十五至三百,宮闈典一至一百四十,宮常典一至六、十八至一百六十九、一百七十八至一百八十九、一百九十六至三百五十九、三百六十七至三百七十三、三百八十一至四百三十、四百三十九至五百三十三、五百四十至五百九十二、五百九十八至六百三十八、六百四十五至八百,家範典一至十二、二十五至三十、三十七至六十六、七十二至一百十,氏族典八至十三、二十一至一百〇七、一百十四至一百三十一、二百〇二至二百四十六、二百七十四至三百四十六、三百六十二至三百六十九、三百八十五至六百四十,人事典七至十六、二十二至二十四、五十二至七十三、七十九至八十八、一百〇一至一百十二,交誼典八至三十一、六十一至六十六、一百十至一百十五,閨媛典一至二十二、二十九至六十四、七十一至七十五、八十一至一百七十、二百〇三至二百〇八,藝術典七至六十五、七十一至八十三、一百十六至一百二十、一百二十六至一百三十五、一百四十六至一百六十一、一百六十五至一百九十六、二百三十九至二百八十六、三百十一至三百三十三、三百七十六至三百九十六、四百〇二至四百五十三、四百六十六至四百九十二、四百九十九至五百六十四、五百

七十六至五百九十六、六百〇九至六百十九、六百二十七至六百三十三、六百四十七至七百十一、七百六十至七百六十六、七百八十至八百二十四,神異典一至三十四、四十九至一百十八、一百三十至一百五十三、一百六十至二百十二、二百二十至二百八十,禽蟲典一至五、十二至十七、三十至四十、七十三至七十八、八十五至一百八十六,草木典一百五十三至一百五十九,經籍典一至五、二十八至三十九、四十五至七十四、八十至八十九、九十五至九十八、一百十六至一百五十七、一百七十一至一百九十六、四百四十一至四百七十四、四百八十五至五百,學行典一至五十、五十六至八十、九十三至一百六十一、一百七十至一百七十五,文學典三十二至五十、五十五至六十三、八十二至八十五、一百〇二至一百二十九,字學典三十五至五十四、六十一至八十八、九十九至一百十九、一百二十五至一百三十六,選舉典一至一百三十六,銓衡典一至五十一、五十七至六十二、六十九至七十五、九十至九十六、一百〇二至一百十四,食貨典六至七十六、八十三至一百、一百〇六至一百四十九、一百八十至二百六十、二百六十七至二百七十二、二百七十九至三百二十一、三百四十四至三百六十,禮儀典二十三至九十五、一百〇二至一百十四、一百三十四至一百六十七、二百十七至二百二十八、二百三十五至二百八十七、二百九十四至二百九十九,樂律典一至五、十至二十九、三十六至六十六、七十四至八十六、九十三至九十九、一百〇六至一百三十六,戎政典一至十一、二十三至四十五、九十一至一百六十三、一百七十至一百九十二、一百九十八至二百〇二、二百〇八至二百十二、二百十八至二百三十九,祥刑典一至四十六、五十七至八十四、一百三十二至一百八十,考工典一至四十四、二百〇六至二百五十二)

370000-1506-0002776　子463

古事比五十二卷　（清）方中德輯　清光緒三十年（1904）上海點石齋影印本　六冊

370000-1506-0002777　子464

古事比五十二卷 （清）方中德輯 清末石印
本 五冊 存三十一卷（二十二至五十二）

370000－1506－0002778 子466

廣廣事類賦三十二卷 （清）吳世旃撰 清嘉
慶二十二年(1817)山淵堂刻本 八冊

370000－1506－0002779 子467

廣事類賦四十卷 （清）華希閔撰 清乾隆五
十四年(1789)刻本 十冊

370000－1506－0002780 子468

彙事類賦 （清）吳華雲輯 清嘉慶二十一年
(1816)刻本 四十三冊 存五種一百四十六
卷（重訂事類賦三十卷、重訂廣事類賦四十
卷、廣廣事類賦三十二卷、續廣事類賦三十
卷、事類賦補遺十四卷）

370000－1506－0002781 子469

錦字箋四卷 （清）黃澐輯 清光緒六年
(1880)刻本 四冊

370000－1506－0002782 子470

錦字箋四卷 （清）黃澐輯 清光緒九年
(1883)刻本 四冊

370000－1506－0002783 子471

精選黃眉故事十卷 （明）鄧百拙彙編 清光
緒三年(1877)刻本 六冊

370000－1506－0002784 子473

欽定佩文韻府一百〇六卷韻府拾遺一百〇六
卷 （清）張玉書 （清）陳廷敬 （清）李光
地等編纂 清光緒十三年(1887)上海點石齋
石印本 六十冊

370000－1506－0002785 子474

佩文韻府一百〇六卷 （清）張玉書等纂 清
刻本 五十三冊 存五十四卷（十四至二十
六、三十四至三十七、四十三至五十九、六十
三、六十六至七十六、八十二至八十五、九十
至九十三）

370000－1506－0002786 子476(1)

佩文韻府一百〇六卷拾遺一百〇六卷 （清）
張玉書 （清）陳廷敬 （清）李光地等編纂

清光緒十二年(1886)上海同文書局石印本
六十冊

370000－1506－0002787 子476(2)

佩文韻府一百〇六卷拾遺一百〇六卷 （清）
張玉書 （清）陳廷敬 （清）李光地等編纂
清光緒十二年(1886)上海同文書局石印本
五十九冊 存二百〇九卷（佩文韻府一至四
十五、四十九至一百〇六,韻府拾遺一至一百
〇六）

370000－1506－0002788 子477

人鏡集五十四卷 （清）孟雲峰輯 清咸豐元
年(1851)刻本 十五冊 存四十三卷（一至
二、四、八至九、十七至五十四）

370000－1506－0002789 子478

詩材類對纂要四卷 （清）任德裕 （清）申贊
皇箋 清道光四年(1824)刻本 四冊

370000－1506－0002790 子479

事類賦補遺十四卷 （清）張均編選 清道光
五年(1825)刻本 六冊

370000－1506－0002791 子480

事類統編九十三卷首一卷 （清）王鳳喈選注
清末刻本 六冊 存九卷（十七至二十五）

370000－1506－0002792 子482

四書人物類典串珠四十卷 （清）臧志仁輯
清刻本 十二冊

370000－1506－0002793 子483

四書人物類典串珠四十卷 （清）臧志仁輯
清善成堂刻本 六冊 存十七卷（一至十
七）

370000－1506－0002794 子484

四書人物類典串珠四十卷 （清）臧志仁輯
清刻本 六冊 存二十二卷（十九至四十）

370000－1506－0002795 子485

新鐫分類評註文武合編百子金丹十卷 （明）
郭偉選註 清刻本 十二冊

370000－1506－0002796 子487

新刊校正圓機活法詩學全書二十四卷 （明）

141

王世貞校正　明刻本　五冊　存十卷（四至十三）

370000－1506－0002797　子488（1）

楹聯叢話十二卷續話四卷　（清）梁章鉅輯　清道光刻本　六冊

370000－1506－0002798　子488（2）

楹聯叢話十二卷續話四卷　（清）梁章鉅輯　清道光刻本　五冊　存十三卷（楹聯叢話一至六、十至十二,續話四卷）

370000－1506－0002799　子491

淵鑑類函四百五十卷　（清）張英　（清）王士禛等撰　清光緒九年（1883）上海點石齋石印本　十冊

370000－1506－0002800　子492

淵鑑類函四百五十卷　（清）張英　（清）王士禛等撰　清光緒二十三年（1897）上海點石齋石印本　五冊　缺五冊（六至十）

370000－1506－0002801　子495

韻府約編二十四卷　（清）鄧愷輯　清聚學堂刻本　二十四冊

370000－1506－0002802　子496

韻府約編二十四卷　（清）鄧愷輯　清刻本　二十四冊

370000－1506－0002803　子497

增補事類統編九十三卷首一卷　（清）黃葆真增輯　清刻本　十七冊　存四十三卷（五至八、二十二至二十三、二十五至二十六、三十至三十一、三十七至三十八、四十五至四十六、五十五至五十九、六十三至八十三、八十九至九十一）

370000－1506－0002804　子499

鑄史駢言十二卷　（清）孫玉田編定　清光緒二年（1876）刻本　四冊

370000－1506－0002805　子500

子史輯要詩賦題解四卷續編四卷　（清）胡本淵編輯　清刻本　二冊

370000－1506－0002806　子501

子史精華一百六十卷　（清）允祿　（清）允禮　（清）張廷玉等編修　清光緒十年（1884）上海同文書局石印本　八冊

370000－1506－0002807　子502

子史精華一百六十卷　（清）允祿　（清）允禮　（清）張廷玉等編修　清光緒十三年（1887）上海積山書局石印本　八冊

370000－1506－0002808　子503

子史精華一百六十卷　（清）允祿　（清）允禮　（清）張廷玉等編修　清光緒十三年（1887）上海積山書局石印本　九冊　存一百四十四卷（一至三十二、四十九至一百六十）

370000－1506－0002809　子504

子史精華一百六十卷　（清）允祿　（清）允禮　（清）張廷玉等編修　清刻本　八冊　存四十卷（四十一至八十）

370000－1506－0002810　子505

子史精華一百六十卷　（清）允祿　（清）允禮　（清）張廷玉等編修　清刻本　十一冊　存一百卷（三十四至七十一、八十四至一百〇四、一百十三至一百五十三）

370000－1506－0002811　子506

第五才子書水滸傳七十回七十五卷　（元）施耐庵撰　（清）金人瑞續編　清刻本　十一冊　存六十八卷（一至二十二、三十至七十五）

370000－1506－0002812　子507（1）

皋鶴堂批評第一奇書金瓶梅一百回　（明）蘭陵笑笑生撰　（清）金人瑞評　清刻本　一冊　存三回（一至三）

370000－1506－0002813　子507（2）

第一奇書金瓶梅一百回　（明）蘭陵笑笑生撰　（清）金人瑞評　清刻本　六冊　存二十六回（二十七至五十二）

370000－1506－0002814　子508

東周列國全志二十三卷一百八回　（清）蔡昇評點　清刻本　十一冊　存十一卷（十三至二十三）

370000－1506－0002815　子509

東周列國全志二十三卷一百八回　（清）蔡昇
評點　清刻本　八冊　存八卷（一、五至十一）

370000－1506－0002816　子510

東周列國全志二十三卷一百八回　（清）蔡昇
評點　清刻本　二十四冊

370000－1506－0002817　子511

東周列國全志二十三卷一百八回　（清）蔡昇
評點　清刻本　二十三冊

370000－1506－0002818　子512

東周列國全志二十三卷一百八回　（清）蔡昇
評點　清咸豐四年（1854）刻本　二十四冊

370000－1506－0002819　子520

紅樓夢一百二十回　（清）曹雪芹撰　清刻本
十一冊　存五十六回（三十至五十九、九十至一百、一百〇六至一百二十）

370000－1506－0002820　子525

寄園寄所寄十二卷　（清）趙吉士輯　清宣統
三年（1911）文盛書局影印本　七冊　存十一卷（一至四、六至十二）

370000－1506－0002821　子527

客途紀錄六卷首一卷　（清）周竹軒編輯　清
宣統三年（1911）煙臺誠文信排印本　四冊

370000－1506－0002822　子528

兩般秋雨盦隨筆八卷　（清）梁紹壬撰　清宣
統元年（1909）上海掃葉山房石印本　四冊

370000－1506－0002823　子532

聊齋志異新評十六卷　（清）蒲松齡撰　（清）
王士禎評　（清）但明倫新評　（清）呂湛恩注
清刻本　八冊　存八卷（九至十六）

370000－1506－0002824　子534

繪圖騙術奇談四卷　雷瑨輯　清宣統元年
（1909）澄衷學堂印書處石印本　四冊

370000－1506－0002825　子535

評論出像水滸傳二十卷七十回　（元）施耐庵
撰　（清）金人瑞評　清刻本　十冊　存十卷

（十一至二十）

370000－1506－0002826　子537

青泥蓮花記十三卷　（明）梅鼎祚纂輯　清宣
統二年（1910）京都自强書局石印本　四冊

370000－1506－0002827　子538

秋燈叢話十八卷　（清）王棫撰　清道光八年
（1828）刻本　五冊　存十五卷（四至十八）

370000－1506－0002828　子542

**山海經箋疏十八卷圖讚一卷訂譌一卷敍錄一
卷**　（晉）郭璞傳　（清）郝懿行箋疏　清嘉慶
十四年（1809）阮氏琅嬛僊館刻本　四冊

370000－1506－0002829　子543(1)

**山海經箋疏十八卷圖讚一卷訂譌一卷敍錄一
卷**　（晉）郭璞傳　（清）郝懿行箋疏　清光緒
七年（1881）郝聯薇刻本　四冊

370000－1506－0002830　子544

世說新語三卷　（南朝宋）劉義慶撰　（南朝
梁）劉孝標注　清紛欣閣刻本　六冊

370000－1506－0002831　子546

四大奇書第一種十九卷一百二十回　（明）羅
貫中撰　（清）毛宗崗評　清刻本　十冊　存
十卷（十至十九）

370000－1506－0002832　子547

太平廣記五百卷目錄十卷　（宋）李昉等纂修
（清）黃晟校刊　清道光二十六年（1846）刻
本　四十四冊　存四百六十九卷（一至三百
二十五、三百四十七至四百八十,目錄十卷）

370000－1506－0002833　子550

太平廣記五百卷　（宋）李昉等纂修　（清）黃
晟校刊　清刻本　六十冊

370000－1506－0002834　子553

增評補像全圖金玉緣一百二十回　（清）曹雪
芹撰　（清）高鶚續　清光緒上海同文書局石
印本　八冊　存六十回（六十一至一百二十）

370000－1506－0002835　子554

息影偶錄八卷　（清）張埏輯　清咸豐元年
（1851）刻本　七冊　存七卷（一、三至八）

370000－1506－0002836　子555

湘子十二度韓昌黎全傳八卷三十回　（明）雉衡山人編次　清末碧梧山莊影印本　十冊

370000－1506－0002837　子556

詳註聊齋志異圖詠十六卷　（清）蒲松齡撰（清）呂湛恩註　清光緒十二年（1886）上海同文書局石印本　八冊

370000－1506－0002838　子564

續太平廣記八卷　（清）陸壽名集　清光緒八年（1882）刻本　八冊

370000－1506－0002839　子565

宣講拾遺六卷首一卷　（清）冷德馨　（清）莊跋儼輯　清光緒二十三年（1897）煙臺成文信記書坊刻本　六冊

370000－1506－0002840　子566

宣講拾遺六卷首一卷　（清）冷德馨　（清）莊跋儼輯　清光緒三十一年（1905）煙臺成文信記書坊刻本　六冊

370000－1506－0002841　子577

雲仙雜記不分卷　（唐）馮贄撰　清刻本二冊

370000－1506－0002842　子578

增評補像全圖金玉緣一百二十回　（清）曹雪芹撰　（清）高鶚續　清光緒三十四年（1908）求不負齋影印本　四冊

370000－1506－0002843　子585

大方廣佛新華嚴經合論一百二十卷首一卷（唐）釋實叉難陀譯　清同治十一年（1872）金陵刻經處刻本　二十冊　存八十卷（一至四、九至十二、二十一至二十八、三十三至五十二、六十五至九十二、九十七至一百〇八、一百十七至一百二十）

370000－1506－0002844　子586

大方廣圓覺修多羅了義經略疏二卷　（唐）釋宗密述　清光緒三十年（1904）揚州藏經院刻本　二冊

370000－1506－0002845　子587

大佛頂如來密因修證了義諸菩薩萬行首楞嚴經十卷　（唐）釋般刺密諦譯　（明）釋智旭文句　清光緒元年（1875）刻本　九冊

370000－1506－0002846　子588

大佛頂如來密因修證了義諸菩薩萬行首楞嚴經玄義二卷　（唐）釋般刺密諦譯　（明）釋智旭文句　清刻本　一冊

370000－1506－0002847　子589

大佛頂首楞嚴經正脈疏四十卷　（明）釋真鑒述　清光緒二十二年（1896）金陵刻經處刻本　十二冊　存三十五卷（四至十二、十五至四十）

370000－1506－0002848　子590

大明三藏法數五十卷　（明）一如等集注　清末刻本　十四冊　存四十四卷（十至五十、目錄一至三）

370000－1506－0002849　子591

法苑珠林一百卷　（唐）釋道世撰　清道光七年（1827）刻光緒三年（1877）修補本　十八冊　存七十五卷（一至三、七至九、十三至四十、四十六至五十四、五十九至八十二、八十八至九十一、九十七至一百）

370000－1506－0002850　子592

佛說高王觀世音經一卷佛說觀世音菩薩救苦經一卷觀世音菩薩靈咒一卷往生咒一卷（□）□□撰　清光緒十七年（1891）京都琉璃廠文琳堂刻本　一冊

370000－1506－0002851　子597

妙法蓮華經七卷首一卷　（後秦）釋鳩摩羅什譯　（明）一如集注　清同治十一年（1872）刻本　八冊

370000－1506－0002852　子598

妙法蓮華經七卷　（後秦）釋鳩摩羅什譯　清刻本　三冊

370000－1506－0002853　子601

釋迦如來應化事蹟不分卷　（清）釋永珊編繪　清光緒七年（1881）西湖昭慶慧空經房刻本　四冊

370000－1506－0002854 子602
釋迦如來應化事蹟不分卷 （清）釋永珊編繪
清同治八年(1869)刻本 四册

370000－1506－0002855 子605
維摩詰所說經折衷疏六卷 （明）釋大賢述
清金陵刻經處刻本 三册

370000－1506－0002856 子608
宗鏡錄一百卷 （五代）釋延壽集 清刻本
十四册 存六十九卷（十一至二十五、三十一
至三十九、四十一至四十五、五十六至九十五）

370000－1506－0002857 子609
元始天尊濟度血湖真經三卷太上洞淵說請雨
龍王經一卷太上三元賜福赦罪解厄消災延生
保命妙經一卷太上元始天尊說三官寶號太上
元始天尊說北陰酆都滅罪寶懺一卷九天應元
雷聲普化天尊玉樞寶經一卷太上玄靈北斗本
命延生真經一卷太上洞淵說請雨龍王經一卷
太上元始天尊說北陰酆都滅罪寶懺一卷九天
應元雷聲普化天尊玉樞寶經一卷太上玄靈北
斗本命延生真經一卷 （□）□□撰 清抄本
三册

370000－1506－0002858 子610
抱朴子内篇四卷外篇四卷 （晉）葛洪撰 清
光緒元年(1875)湖北崇文書局刻本 四册

370000－1506－0002859 子611
抱朴子内篇二十卷外篇五十卷八篇十卷
（晉）葛洪撰 清光緒十五年(1889)古吳朱記
榮行素堂刻本 八册

370000－1506－0002860 子613
九天開化主宰元皇司祿宏仁文昌帝君陰隲文
註案四卷首一卷末一卷 （明）顏正註釋 清
道光二十四年(1844)刻本 三册

370000－1506－0002861 子614
道德經評註二卷 （漢）河上公章句 （明）歸
有光批閱 清嘉慶九年(1804)刻本 一册

370000－1506－0002862 子615
道德經評註二卷 （漢）河上公章句 （明）歸
有光批閱 清嘉慶九年(1804)刻本 一册

370000－1506－0002863 子617
感應篇圖說四卷 （清）黃正元注 （清）毛金
蘭增補 清道光十四年(1834)王青蓮刻本
四册

370000－1506－0002864 子618
高上玉皇本行集經三卷 （□）□□撰 明萬
曆二十二年(1594)道錄司刻本 三册

370000－1506－0002865 子619
道藏輯要 （清）蔣予蒲輯 清刻本 一册
存昴集十種十卷（規中指南一卷、太玄寶典一
卷、坐忘論一卷、悟玄篇一卷、太虛心淵篇一
卷、丹房奧論一卷、明真破妄章頌一卷、道法
心傳一卷、彙篇子一卷、陰丹内篇一卷）

370000－1506－0002866 子621
太上玄靈北斗本命延生真經一卷太上三元賜
福赦罪解厄消災延生保命妙經一卷北方真武
妙經一卷太上五斗金章受生妙經一卷武當功
課經二卷 （□）□□撰 清宣統元年(1909)
煙臺文英齋刻字處徐梅刻本 五册

370000－1506－0002867 子624
老子道德經二卷 （□）□□撰 明刻本
一册

370000－1506－0002868 子625
老子翼八卷首一卷 （明）焦竑輯 清光緒二
十一年(1895)金陵刻經處刻本 四册

370000－1506－0002869 子626
老子臆注二篇 （清）王定柱注解 清嘉慶十
五年(1810)刻本 二册

370000－1506－0002870 子627
南華真經十卷 （晉）郭象注 （唐）陸德明音
義 清嘉慶九年(1804)刻本 四册

370000－1506－0002871 子630
道藏摘鈔三十八卷 （□）□□撰 清抄本
七册

370000－1506－0002872 子631
道藏摘錄五十一卷 （□）□□撰 清抄本
八册

370000－1506－0002873　子633

太上感應篇圖說八卷　(宋)李昌齡撰　(清)黃正元圖注　清光緒十五年(1889)刻本　八冊

370000－1506－0002874　子639

莊子集解八卷　王先謙輯　清宣統元年(1909)上海掃葉山房石印本　四冊

370000－1506－0002875　子640

莊子集釋十卷　(清)郭慶藩輯　清光緒二十年(1894)思賢講舍刻本　四冊　存五卷(三、五、八至十)

370000－1506－0002876　子641

莊子內篇註四卷　(明)釋德清註　清光緒十四年(1888)金陵刻經處刻本　清繫公跋　二冊

370000－1506－0002877　子642

莊子因六卷　(戰國)莊周撰　(清)林雲銘評述　清嘉慶二年(1797)刻本　六冊

370000－1506－0002878　子藝2

八大家畫扇　(清)王鐸等繪　清繪本　一冊　存七人畫扇(傅山、王鐸、楊晉、梅清、陳洪綬、李寅、邊壽民)

370000－1506－0002879　子藝3

八旗畫錄前編三卷後編三卷　(清)李放撰　清末排印本　一冊

370000－1506－0002880　子藝4

白雲居米帖十二卷　(宋)米芾書　(清)姚學經輯　清拓本　十一冊　存十一卷(一至九、十一至十二)

370000－1506－0002881　子藝5

百尺樓鈎書八卷　(清)汪耀如繪　清末影印本　二冊

370000－1506－0002882　子藝12

趙孟頫小楷太極圖說　(元)趙孟頫書　清拓本　一冊

370000－1506－0002883　子藝13(1)

大宋永興軍新修玄聖文宣王廟大門記　(宋)

孫僅撰　(宋)宗閔正書　清拓本　一冊

370000－1506－0002884　子藝13(2)

大唐故左監門大將軍襄城郡開國公樊府君碑　(□)□□撰　清拓本　一冊

370000－1506－0002885　子藝13(3)

毛詩□□卷　(漢)毛亨撰　(漢)鄭氏箋　清拓本　一冊　存二卷(九至十)

370000－1506－0002886　子藝13(4)

温泉頌碑　(北魏)元萇書　清拓本　一冊

370000－1506－0002887　子藝13(5)

魏魯郡太守張府君清頌之碑　(□)□□撰　清拓本　一冊

370000－1506－0002888　子藝13(8)

趙之謙書法碑拓　(清)趙之謙書　清拓本　一冊

370000－1506－0002889　子藝13(9)

吾車既工拓　(□)□□撰　清拓本　一冊

370000－1506－0002890　子藝14(1)

興福寺碑　(晉)王羲之書　清拓本　一冊

370000－1506－0002891　子藝14(2)

黃庭經　(晉)王羲之書　清拓本　一冊

370000－1506－0002892　子藝14(4)

魏公先廟碑　(唐)崔琯撰　(唐)柳公權正書　清拓本　一冊

370000－1506－0002893　子藝14(5)

故廬江太守范府君碑　(三國魏)曹植詞　(三國魏)梁鵠書　清拓本　一冊

370000－1506－0002894　子藝14(7)

魏故尚書左僕射驃騎大將軍冀州刺史元公墓誌銘　(□)□□撰　清末影印本　一冊

370000－1506－0002895　子藝14(8)

孔子廟堂碑　(唐)虞世南書　清拓本　一冊

370000－1506－0002896　子藝14(10)

魏故勃海太守王府君墓誌銘　(□)□□撰　清拓本　一冊

370000－1506－0002897　子藝14(11)

南皮張氏兩烈女碑　徐世昌撰文　清拓本
一冊

370000－1506－0002898　子藝14(12)

龍門二十品　(□)□□撰　清拓本　一冊
存五種(步輦郎妻一弗爲亡夫造像記、游激校
尉司馬解伯達造彌勒像記、比丘惠感爲亡父
母造彌勒像記、廣川王祖母太妃侯爲幼孫造
彌勒像記、安定王元爕爲亡祖亡考妣造釋迦
像記)

370000－1506－0002899　子藝14(13)

玄秘塔碑　(唐)裴休撰文　(唐)柳公權書
清拓本　一冊

370000－1506－0002900　子藝14(14)

沂州普照禪寺碑　(金)仲汝尚撰並集柳體字
(金)釋覺海立石　清拓本　一冊

370000－1506－0002901　子藝14(15)

篆書目錄偏旁字源碑　(宋)釋夢英書　清拓
本　一冊

370000－1506－0002902　子藝14(16)

句麗古碑　(□)□□撰　清拓本　一冊

370000－1506－0002903　子藝15

御製避暑山莊圓明園圖詠不分卷　(清)聖祖
玄燁撰　清末大同書局石印本　二冊

370000－1506－0002904　子藝16

表忠觀碑　(宋)蘇軾撰并正書　清拓本
四冊

370000－1506－0002905　子藝18

寶賢堂集古法帖十二卷　(晉)王羲之等書
清末影印本　五冊　存二卷(七、九)

370000－1506－0002906　子藝19(1)

淳化閣法帖十二卷　(晉)王羲之等書　清拓
本　二冊　存三卷(二至三、五)

370000－1506－0002907　子藝19(2)

淳化閣法帖二十卷　(晉)王羲之等書　清拓
本　一冊

370000－1506－0002908　子藝19(3)

淳化閣法帖十二卷　(晉)王羲之等書　清拓
本　一冊

370000－1506－0002909　子藝19(4)

淳化閣法帖十二卷　(晉)王羲之等書　清拓
本　一冊

370000－1506－0002910　子藝19(5)

淳化閣法帖十二卷　(晉)王羲之等書　清拓
本　二冊

370000－1506－0002911　子藝19(6)

淳化閣法帖十二卷　(晉)王羲之等書　清拓
本　一冊

370000－1506－0002912　子藝19(7)

淳化閣法帖十二卷　(晉)王羲之等書　清拓
本　二冊

370000－1506－0002913　子藝20

草書狀　(晉)索靖撰　(宋)蔡襄書　清拓本
一冊

370000－1506－0002914　子藝22

陳亦禧書法真跡不分卷　(清)陳亦禧書　寫
本　一冊

370000－1506－0002915　子藝25(1)

重修東海神廟碑　(清)翟云升書　清拓本
一冊

370000－1506－0002916　子藝25(2)

重修東海神廟碑　(清)翟云升書　清拓本
一冊

370000－1506－0002917　子藝26

重修南宮縣學記碑　(清)張裕釗撰　清拓本
一冊

370000－1506－0002918　子藝27

重修玉清宮碑銘　(清)曹鴻勛撰並正書　清
拓本　二冊

370000－1506－0002919　子藝28

重修咸陽縣城碑記　(清)陳堯書撰　(清)郭
均正書　(清)南應選篆額　(清)仇文法刻
清拓本　一冊

370000 – 1506 – 0002920　子藝 29
重修咸陽縣城碑記 （清）陳堯書撰　（清）郭
均正書　（清）南應選篆額　（清）仇文法刻
清拓本　一冊

370000 – 1506 – 0002921　子藝 30
重修咸陽縣城碑記 （清）陳堯書撰　（清）郭
均正書　（清）南應選篆額　（清）仇文法刻
清拓本　一冊

370000 – 1506 – 0002922　子藝 31
重修咸陽縣城碑記 （清）陳堯書撰　（清）郭
均正書　（清）南應選篆額　（清）仇文法刻
清拓本　一冊

370000 – 1506 – 0002923　子藝 32(1)
重修玉清宮碑銘 （清）曹鴻勛撰並正書　清
拓本　一冊

370000 – 1506 – 0002924　子藝 32(2)
重修玉清宮碑銘 （清）曹鴻勛撰並正書　清
拓本　一冊

370000 – 1506 – 0002925　子藝 32(3)
重修玉清宮碑銘 （清）曹鴻勛撰並正書　清
拓本　一冊

370000 – 1506 – 0002926　子藝 33
初拓多寶塔碑 （唐）顏真卿書　清拓本
一冊

370000 – 1506 – 0002927　子藝 35
楚州淮陰縣婆羅樹碑 （唐）李邕文並書　清
拓本　一冊

370000 – 1506 – 0002928　子藝 37
淳化閣帖十卷　清拓本　十冊

370000 – 1506 – 0002929　子藝 38
淳化閣帖十卷　清拓本　十冊

370000 – 1506 – 0002930　子藝 39
淳化閣帖十卷　清拓本　十冊

370000 – 1506 – 0002931　子藝 40
淳化閣帖十卷　清拓本　十冊

370000 – 1506 – 0002932　子藝 41
淳化閣帖十卷　清拓本　十冊

370000 – 1506 – 0002933　子藝 42(1)
淳化閣帖十卷　清拓本　十冊

370000 – 1506 – 0002934　子藝 42(2)
淳化閣帖十卷　清拓本　十冊

370000 – 1506 – 0002935　子藝 43
淳化閣帖十卷　清宣統元年(1909)影印本
六冊　存六卷(一、四、六、八至十)

370000 – 1506 – 0002936　子藝 44
淳化閣帖釋文十卷 （清）羅森 （清）孫際昌
篆訂　清康熙刻本　六冊

370000 – 1506 – 0002937　子藝 45
淳化閣帖釋文十卷 （清）官文鑒定　清同治
四年(1865)官文敦教堂刻本　二冊

370000 – 1506 – 0002938　子藝 46
淳化閣帖釋文十卷 （清）官文鑒定　清同治
四年(1865)官文敦教堂刻本　一冊

370000 – 1506 – 0002939　子藝 47
淳化閣帖釋文十卷 （清）徐朝弼集釋　清嘉
慶十七年(1812)關中書院刻本　一冊

370000 – 1506 – 0002940　子藝 48
淳化秘閣法帖考正十卷附二卷 （清）王澍撰
　淳化閣帖釋文二卷 （清）沈宗騫校　清乾
隆三十三年(1768)刻本　十二冊

370000 – 1506 – 0002941　子藝 49
淳化秘閣法帖考正十卷附二卷 （清）王澍撰
　淳化閣帖釋文二卷 （清）沈宗騫校　清道
光二十八年(1848)海虞俞氏蘊玉山房刻本
十冊

370000 – 1506 – 0002942　子藝 50
淳化秘閣法帖考正十卷附二卷 （清）王澍撰
　淳化閣帖釋文二卷 （清）沈宗騫校　清光
緒十五年(1889)虞山鮑氏後知不足齋刻本
十冊

370000 – 1506 – 0002943　子藝 51(1)
爨龍顏碑 （南朝宋）爨道慶撰　清拓本
一冊

370000－1506－0002944　子藝51(2)

爨龍顏碑　（南朝宋）爨道慶撰　清拓本
一冊

370000－1506－0002945　子藝52

爨龍顏碑　（南朝宋）爨道慶撰　清拓本
一冊

370000－1506－0002946　子藝53

最初精拓爨龍顏碑　（南朝宋）爨道慶撰　清
末影印本　一冊

370000－1506－0002947　子藝54

崔貞公墓志銘　（□）□□撰　清光緒三十二
年(1906)上海有正書局影印本　一冊

370000－1506－0002948　子藝56

大觀帖十卷　（漢）漢章帝等書　清拓本
十冊

370000－1506－0002949　子藝57

大唐紀功頌碑　（唐）高宗李治撰並行書　清
拓本　二冊

370000－1506－0002950　子藝58

大唐三藏聖教序　（晉）王羲之書　（唐）釋懷
仁集字　清拓本　一冊

370000－1506－0002951　子藝59(1)

大唐三藏聖教序　（唐）褚遂良書　清拓本
一冊

370000－1506－0002952　子藝59(2)

大唐三藏聖教序　（晉）王羲之書　（唐）釋懷
仁集字　清拓本　一冊

370000－1506－0002953　子藝60(1)

大唐三藏聖教序　（唐）褚遂良書　清拓本
一冊

370000－1506－0002954　子藝60(2)

大唐三藏聖教序　（唐）褚遂良書　清拓本
一冊

370000－1506－0002955　子藝60(3)

大唐三藏聖教序　（唐）褚遂良書　清拓本
一冊

370000－1506－0002956　子藝65(1)

觀海市詩　（明）袁可立詩　（明）董其昌書
清拓本　一冊

370000－1506－0002957　子藝65(2)

觀海市詩　（明）袁可立詩　（明）董其昌書
清拓本　一冊

370000－1506－0002958　子藝65(3)

觀海市詩　（明）袁可立詩　（明）董其昌書
清拓本　一冊

370000－1506－0002959　子藝70

蘭亭序　（晉）王羲之書　清拓本　一冊

370000－1506－0002960　子藝71

東方先生畫贊碑　（晉）夏侯湛撰　（唐）顏真
卿正書並篆額　清拓本　一冊

370000－1506－0002961　子藝73

董其昌書蘇軾後赤壁賦　（宋）蘇軾賦　（明）
董其昌書　寫本　一冊

370000－1506－0002962　子藝74

多寶塔碑　（唐）顏真卿書　清拓本　一冊

370000－1506－0002963　子藝75

多寶塔碑　（唐）顏真卿書　清拓本　一冊

370000－1506－0002964　子藝76

多寶塔碑　（唐）顏真卿書　清拓本　一冊

370000－1506－0002965　子藝77

故廬江太守范府君碑　（三國魏）曹植詞
(三國魏)梁鵠書　清拓本　一冊

370000－1506－0002966　子藝78

房宣墓志銘一卷周大督陽林伯長孫夫人羅氏
墓志銘一卷　（□）□□撰　清拓本　一冊

370000－1506－0002967　子藝79

飛鴻堂印譜四十卷　（清）汪啟淑輯錄　清末
影印本　二十冊

370000－1506－0002968　子藝80

飛鴻堂印譜四十卷　（清）汪啟淑輯錄　清末
影印本　十二冊　存二十四卷(一至二十四)

370000－1506－0002969　子藝81

汾陰二聖配饗銘 （宋）真宗趙恒書 清拓本
一冊

370000－1506－0002970 子藝82
缶廬印存初集不分卷 （清）吳昌碩治印
（清）吳隱輯 清光緒十五年（1889）西泠印社
鈐印本 四冊

370000－1506－0002971 子藝83
缶廬印存三集四集不分卷 （清）吳昌碩治印
（清）吳隱輯 清光緒十五年（1889）西泠印
社鈐印本 存四冊（三集一至三、四集一）

370000－1506－0002972 子藝85
傅青主墨蹟不分卷 （清）傅山書 清康熙二
十三年（1684）寫本 一冊

370000－1506－0002973 子藝89
古寶賢堂法書四卷 （宋）朱熹等書 （清）李
清鑰集 清拓本 四冊

370000－1506－0002974 子藝91（5）
玄秘塔碑 （唐）裴休撰文 （唐）柳公權書
清拓本 一冊

370000－1506－0002975 子藝92
古銅印彙不分卷 （□）□□撰 清鈐印本
一冊

370000－1506－0002976 子藝93
古香齋寶藏蔡帖七篇 （宋）蔡襄撰文並書
清拓本 一冊

370000－1506－0002977 子藝94
末谷桂公墓表 （清）孔繼珊書 清拓本
一冊

370000－1506－0002978 子藝98
觀月聽琴室印存不分卷 （清）陳晉藩篆輯
清光緒十二年（1886）影印本 二冊 存
二冊（一至二）

370000－1506－0002979 子藝99
詩夢齋初刻歸去來辭碑 （清）永瑆書 清拓
本 一冊

370000－1506－0002980 子藝100
詩夢齋初刻歸去來辭碑 （清）永瑆書 清拓
本 一冊

370000－1506－0002981 子藝101
郭廷翎書法真蹟不分卷 （清）郭廷翎書 清
乾隆郭廷翎寫本 一冊

370000－1506－0002982 子藝102
郭廷翎手札二通 （清）郭廷翎書 清乾隆郭
廷翎寫本 一冊

370000－1506－0002983 子藝103
國朝畫徵錄三卷續錄二卷 （清）張庚撰 清
宣統二年（1910）上海中國書畫會石印本
二冊

370000－1506－0002984 子藝105
國朝書人輯略十一卷首一卷 （清）震鈞輯
清光緒三十四年（1908）金陵刻本 八冊

370000－1506－0002985 子藝106
海上名人畫稿不分卷 （清）張熊等繪 清光
緒十一年（1885）上海同文書局石印本 二冊

370000－1506－0002986 子藝109
黃小松藏漢碑五種 （清）黃小松藏 清光緒
九年（1883）李鴻裔影印本 五冊

370000－1506－0002987 子藝114
漢孔龢碑 （□）□□撰 清拓本 一冊

370000－1506－0002988 子藝117
漢婁壽碑 （□）□□撰 清拓本 一冊

370000－1506－0002989 子藝125
漢乙瑛碑 （□）□□撰 清拓本 一冊

370000－1506－0002990 子藝126
何紹基法帖 （清）何紹基書 清拓本 一冊

370000－1506－0002991 子藝127
涿州藥王廟碑 （清）吳嘉賓撰文 （清）何紹
基書 清拓本 一冊

370000－1506－0002992 子藝132
洪武御製碑 （明）朱元璋書 清拓本 一冊

370000－1506－0002993 子藝133
爨龍顏碑 （南朝宋）爨道慶撰 清拓本
一冊

370000－1506－0002994　子藝 134
岳飛書後出師表碑 （三國蜀）孔明文 （宋）
岳飛書　清拓本　一冊

370000－1506－0002995　子藝 135
畫禪室隨筆四卷 （明）董其昌撰　清宣統三
年(1911)上海掃葉山房石印本　三冊

370000－1506－0002996　子藝 137
東方先生畫贊碑 （唐）顏真卿書　清拓本
一冊

370000－1506－0002997　子藝 138
東方先生畫贊碑 （唐）顏真卿書　清拓本
一冊

370000－1506－0002998　子藝 141
大唐三藏聖教序 （晉）王羲之書 （唐）釋懷
仁集字　清拓本　一冊

370000－1506－0002999　子藝 143
隨柱國左光祿大夫弘義明公皇甫府君之碑
（唐）于志寧撰　（唐）歐陽詢書　清拓本
一冊

370000－1506－0003000　子藝 144
隨柱國左光祿大夫弘義明公皇甫府君之碑
（唐）于志寧撰　（唐）歐陽詢書　清拓本
一冊

370000－1506－0003001　子藝 145
隨柱國左光祿大夫弘義明公皇甫府君之碑
（唐）于志寧撰　（唐）歐陽詢書　清拓本
一冊

370000－1506－0003002　子藝 146
隨柱國左光祿大夫弘義明公皇甫府君之碑
（唐）于志寧撰　（唐）歐陽詢書　清拓本
一冊

370000－1506－0003003　子藝 147
隨柱國左光祿大夫弘義明公皇甫府君之碑
（唐）于志寧撰　（唐）歐陽詢書　清拓本
一冊

370000－1506－0003004　子藝 147
隨柱國左光祿大夫弘義明公皇甫府君之碑

（唐）于志寧撰　（唐）歐陽詢書　清拓本
一冊

370000－1506－0003005　子藝 154(1)
大唐三藏聖教序 （晉）王羲之書 （唐）釋懷
仁集字　清拓本　一冊

370000－1506－0003006　子藝 154(2)
大唐三藏聖教序 （晉）王羲之書 （唐）釋懷
仁集字　清拓本　一冊

370000－1506－0003007　子藝 155(1)
大唐三藏聖教序 （晉）王羲之書 （唐）釋懷
仁集字　清拓本　一冊

370000－1506－0003008　子藝 155(2)
大唐三藏聖教序 （晉）王羲之書 （唐）釋懷
仁集字　清拓本　一冊

370000－1506－0003009　子藝 156
大唐三藏聖教序 （晉）王羲之書 （唐）釋懷
仁集字　清拓本　一冊

370000－1506－0003010　子藝 157
大唐三藏聖教序 （晉）王羲之書 （唐）釋懷
仁集字　清拓本　一冊

370000－1506－0003011　子藝 158(1)
大唐三藏聖教序 （晉）王羲之書 （唐）釋懷
仁集字　清拓本　一冊

370000－1506－0003012　子藝 158(2)
大唐三藏聖教序 （晉）王羲之書 （唐）釋懷
仁集字　清拓本　一冊

370000－1506－0003013　子藝 159
大唐三藏聖教序 （晉）王羲之書 （唐）釋懷
仁集字　清拓本　一冊

370000－1506－0003014　子藝 160
大唐三藏聖教序 （晉）王羲之書 （唐）釋懷
仁集字　清拓本　一冊

370000－1506－0003015　子藝 161
大唐三藏聖教序 （晉）王羲之書 （唐）釋懷
仁集字　清拓本　一冊

370000－1506－0003016　子藝 162

蘭菴老蟬墨跡不分卷 （清）林時對書 清乾
隆四十二年(1777)寫本 一冊

370000－1506－0003017 子藝164
芥子園畫傳一集五卷 （清）王槩等輯 清康
熙十八年(1679)刻五色套印本 四冊

370000－1506－0003018 子藝165(1)
芥子園畫傳初集六卷二集九卷三集六卷
（清）王槩等輯 清光緒十四年(1888)石印本
十二冊

370000－1506－0003019 子藝165(2)
芥子園畫傳二集九卷 （清）王槩等輯 清金
陵文光堂刻五色套印本 二冊 存三卷（梅
譜一卷、竹譜一卷、首一卷）

370000－1506－0003020 子藝166
芥子園畫傳初集六卷二集九卷三集六卷
（清）王槩等輯 清光緒十六年(1890)鴻寶齋
石印本 七冊 存十三卷（初集一至二、四，
二集三至九，三集一至二、五）

370000－1506－0003021 子藝166(1)
芥子園畫傳四集 （清）王槩等輯 清嘉慶二
十三年(1818)小酉山房藏刻本 三冊 存三
卷（一、三至四）

370000－1506－0003022 子藝166(3)
蘭譜不分卷 （清）陳東橋繪 清光緒三十三
年(1907)刻本 一冊

370000－1506－0003023 子藝169
金剛般若波羅密經碑拓 （宋）蘇軾書 清拓
本 一冊

370000－1506－0003024 子藝170
金剛般若波羅蜜經一卷 （後秦）釋鳩摩羅什
譯 （明）姚子莊集解 清抄本 一冊

370000－1506－0003025 子藝179
宋元明人帖 （宋）蔡襄等書 清拓本 一冊
存一冊（詩三）

370000－1506－0003026 子藝180
九成宮醴泉銘 （唐）魏徵撰文 （唐）歐陽詢
正書 清拓本 一冊

370000－1506－0003027 子藝181
九成宮醴泉銘 （唐）魏徵撰文 （唐）歐陽詢
正書 清拓本 一冊

370000－1506－0003028 子藝182
九成宮醴泉銘 （唐）魏徵撰文 （唐）歐陽詢
正書 清拓本 一冊

370000－1506－0003029 子藝183
九成宮醴泉銘 （唐）魏徵撰文 （唐）歐陽詢
正書 清拓本 一冊

370000－1506－0003030 子藝184
九成宮醴泉銘 （唐）魏徵撰文 （唐）歐陽詢
正書 清拓本 一冊

370000－1506－0003031 子藝185
九成宮醴泉銘 （唐）魏徵撰文 （唐）歐陽詢
正書 清拓本 一冊

370000－1506－0003032 子藝186
九成宮醴泉銘 （唐）魏徵撰文 （唐）歐陽詢
正書 清拓本 一冊

370000－1506－0003033 子藝193
康熙御書法帖不分卷 （清）聖祖玄燁書 清
拓本 一冊

370000－1506－0003034 子藝194
枯樹賦 （唐）褚遂良書 （元）趙孟頫臨 清
拓本 一冊

370000－1506－0003035 子藝196
樂毅論 （晉）王羲之書 清拓本 一冊

370000－1506－0003036 子藝197
蘭亭序 （□）□□撰 清拓本 一冊

370000－1506－0003037 子藝199
蘭亭序 （晉）王羲之書 清拓本 一冊

370000－1506－0003038 子藝200
沂州普照禪寺碑 （金）仲汝尚撰並集柳體字
（金）釋覺海立石 清拓本 一冊

370000－1506－0003039 子藝201
顏家廟碑 （唐）顏真卿書 清拓本 四冊

370000－1506－0003040 子藝202

顔家廟碑　(唐)顏真卿書　清拓本　一冊

370000－1506－0003041　子藝205

李衍孫畫蘭真跡不分卷　(清)李衍孫繪　清乾隆繪本　一冊

370000－1506－0003042　子藝206

城隍祠碑　(唐)李陽冰撰並篆書　(宋)周明跋　清拓本　一冊

370000－1506－0003043　子藝207

麓山寺碑　(唐)李邕撰並行書　清拓本　一冊

370000－1506－0003044　子藝208

李元和墓志銘　(□)□□撰　清拓本　一冊

370000－1506－0003045　子藝209

醴泉頌　(清)徐與高撰　(清)趙曾書　清拓本　一冊

370000－1506－0003046　子藝218

歷代畫像傳不分卷　(清)丁善長繪　清光緒二十二年(1896)刻本　三冊

370000－1506－0003047　子藝222

荔青軒墨本四卷　(清)方觀承編輯　清拓本　一冊　存一卷(二)

370000－1506－0003048　子藝225

兩漢儒林印譜不分卷　(清)夏道生治印　清光緒七年(1881)鈐印本　一冊

370000－1506－0003049　子藝226

石菴居士法書碑拓　(清)劉墉書　清末拓本　一冊

370000－1506－0003050　子藝227

劉文清公書法真蹟不分卷　(清)劉墉書　清乾隆寫本　一冊

370000－1506－0003051　子藝228

劉文清公墨寶不分卷　(清)劉墉書　清乾隆寫本　一冊

370000－1506－0003052　子藝229

劉文清公墨蹟不分卷　(清)劉墉書　清乾隆寫本　一冊

370000－1506－0003053　子藝229(1)

玄秘塔碑　(唐)裴休撰文　(唐)柳公權書　清拓本　一冊

370000－1506－0003054　子藝229(2)

玄秘塔碑　(唐)裴休撰文　(唐)柳公權書　清拓本　一冊

370000－1506－0003055　子藝232

寄薛郎中紹彭詩拓　(宋)米芾詩并書　清拓本　一冊

370000－1506－0003056　子藝233

米芾法帖　(宋)米芾書　清拓本　一冊　存二種(千字文法帖、評紙帖法帖)

370000－1506－0003057　子藝234

宋人法書　(宋)米芾　(宋)蔡襄書　清拓本　一冊

370000－1506－0003058　子藝235

米芾法書　(宋)米芾書　清拓本　一冊

370000－1506－0003059　子藝237(10)

米南宮十七帖　(宋)米芾書　清末上海聚古齋影印本　一冊

370000－1506－0003060　子藝239

名人書法真跡不分卷　(清)曹鴻勛　(清)華世奎　丁佛言等書　清寫本　一冊

370000－1506－0003061　子藝240

清人書札六通　(清)劉卤　(清)林周培(清)易良　(清)昭年　(清)陳光漢　(清)彭汝鼎書　清寫本　一冊

370000－1506－0003062　子藝241(1)

宋四家法帖　(宋)蘇軾　(宋)黃山谷(宋)米芾　(宋)蔡襄書　清拓本　一冊

370000－1506－0003063　子藝241(2)

淳化閣帖十卷　(□)□□輯　清末影印本二冊　存二卷(六、八)

370000－1506－0003064　子藝241(3)

金陵雜述三十二絕句帖　(清)何紹基書　清末拓本　一冊

370000－1506－0003065　子藝241(7)
孔子廟堂碑　（唐）虞世南書　清拓本　一冊

370000－1506－0003066　子藝241(11)
米氏父子跋　（宋）米芾　（宋）米友仁書　清拓本　一冊

370000－1506－0003067　子藝241(12)
重建西莊橋碑記　（清）錢泳撰並書　清拓本　一冊

370000－1506－0003068　子藝241(13)
唐興福寺碑　（晉）王羲之字　（唐）釋大雅集　清拓本　一冊

370000－1506－0003069　子藝241(14)
桃花源記　（明）文徵明書　清拓本　一冊

370000－1506－0003070　子藝241(15)
戲鴻堂法書十六卷　（明）董其昌編　清拓本　一冊　存一卷(七)

370000－1506－0003071　子藝241(16)
瘞琴銘　（唐）顏升撰並書　般若波羅蜜多心經　（唐）釋玄奘譯　（唐）莊寧書　清拓本　一冊

370000－1506－0003072　子藝241(17)
秋碧堂法書八卷　（清）梁清標選　（晉）陸機等書　清拓本　一冊　存一卷(一)

370000－1506－0003073　子藝241(18)
晚香堂蘇帖十二卷　（宋）蘇軾書　清拓本　一冊　存一卷(十二)

370000－1506－0003074　子藝241(19)
清愛堂石刻六卷　（清）劉墉書　（清）劉鐶之刻石　清拓本　一冊　存一卷(二)

370000－1506－0003075　子藝243
秣陵旅舍送會稽章生詩帖　（明）董其昌書　清拓本　一冊

370000－1506－0003076　子藝244
墨池堂選帖五卷　（晉）王羲之等書　清拓本　五冊

370000－1506－0003077　子藝245

墨蘭畫冊　（清）李煜南繪　清末繪本　一冊

370000－1506－0003078　子藝247
墨緣彙觀四卷　（清）安岐撰　清宣統元年(1909)刻本　四冊

370000－1506－0003079　子藝249
墨緣小錄不分卷　（清）潘曾瑩撰　清咸豐七年(1857)潘氏家刻本　一冊

370000－1506－0003080　子藝252
唐興福寺碑　（晉）王羲之字　（唐）釋大雅集　清拓本　一冊

370000－1506－0003081　子藝255
能泰二疏不分卷　（清）徐潛書　清康熙徐潛寫本　一冊

370000－1506－0003082　子藝256
皇甫誕碑　（唐）于志寧撰文　（唐）歐陽詢書　清拓本　一冊

370000－1506－0003083　子藝258
甌缽羅室書畫過目攷四卷　（清）李玉棻編輯　王奉常書畫題跋二卷　（清）李玉棻編輯　清光緒、宣統同州李氏甌缽羅室刻本　六冊

370000－1506－0003084　子藝263
欽定三希堂法帖正續集　（三國魏）鍾繇等書　（清）高宗弘曆御製　清宣統元年(1909)陽湖汪洵署檢石印本　三十六冊

370000－1506－0003085　子藝266(1)
琴學入門二卷　（清）張鶴輯　清末中華圖書館石印本　三冊

370000－1506－0003086　子藝268
清河書畫舫十二卷　（清）張丑撰　清乾隆二十八年(1763)池北草堂刻本　十一冊　存十一卷(一至十一)

370000－1506－0003087　子藝269
清河書畫舫十二卷鑒古百一詩一卷　（清）張丑撰　清光緒十四年(1888)孫溪朱氏家塾刻本　十二冊

370000－1506－0003088　子藝270
浙江葉塘郡太守賀壽集　（清）王映青　（清）

池際權等書　清寫本　一册

370000－1506－0003089　子藝271(1)

花卉羽毛畫册　(清)張盘繪　清末繪本
一册

370000－1506－0003090　子藝271(2)

羣芳圖畫册　(清)茂亭繪　清繪本　一册

370000－1506－0003091　子藝271(3)

名人畫扇集　(清)郭廷翕等書　清繪本
一册

370000－1506－0003092　子藝271(4)

光緒間名人書册　(清)王仁堪等書　清光緒
寫本　一册

370000－1506－0003093　子藝271(5)

秋江王庭椿繪畫真蹟　(清)王庭椿繪　清光
緒六年(1880)繪本　一册

370000－1506－0003094　子藝271(6)

楊大任畫册不分卷　(清)楊大任繪畫　清乾
隆繪本　一册

370000－1506－0003095　子藝272(1)

清人手札合册不分卷　(清)靈杰　(清)曾國
荃等書　清咸豐寫本　一册

370000－1506－0003096　子藝272(2－1)

錢維城于邁書法合册不分卷　(清)錢維城
(清)于邁書　清寫本　一册

370000－1506－0003097　子藝272(2－2)

[楊振鍔李鴻藻沈秉鈞等手札合册]　(清)李
鴻藻　沈秉鈞　楊振鍔等書　清寫本　一册

370000－1506－0003098　子藝272(2－3)

王雪舫手札　(清)王雪舫書　寫本　一册

370000－1506－0003099　子藝272(2－4)

清人手札四通　(□)□□撰　清寫本　一册

370000－1506－0003100　子藝272(2－5)

翁師傅真蹟不分卷　(清)翁同龢書　清末翁
同龢寫本　一册

370000－1506－0003101　子藝272(6)

翟文泉先生鐘鼎彝器墨寶不分卷　(清)翟云

升書　清道光十六年(1836)寫本　一册

370000－1506－0003102　子藝273(1)

瓊宮五帝内思上法帖　(唐)玉真長公主寫
清拓本　一册

370000－1506－0003103　子藝273(2)

瓊宮五帝内思上法帖　(唐)玉真長公主寫
清拓本　一册

370000－1506－0003104　善077

唐書二百二十五卷　(宋)歐陽修　(宋)宋祁
等撰　清古吳書業趙氏刻本　二十册　存一
百三十四卷(九十二至二百二十五)

370000－1506－0003105　子藝275

穰梨館過眼錄四十卷目錄一卷續錄十六卷續
目一卷　(清)陸心源編　清光緒十七年
(1891)吳興陸氏家塾刻本　二十册

370000－1506－0003106　子藝276

重建饒州府城隍廟碑記　(清)恒裕撰並書
清拓本　一册

370000－1506－0003107　子藝277

任渭長先生畫傳四種　(清)任渭長繪　清光
緒十二年(1886)上海同文書局石印本　六册

370000－1506－0003108　子藝279

御賜三希堂法帖橅本　(清)勵宗萬　(清)劉
統勳等書　(清)梁詩正等編輯　清拓本　存
一册(二十三)

370000－1506－0003109　子藝283

十竹齋書畫譜八卷　(明)胡正言輯　清刻蝴
蝶裝五色套印本　十六册　存七種(花卉、竹
譜、蘭譜、梅譜、果譜、石譜、翎毛)

370000－1506－0003110　子藝285

式好堂藏帖　(明)董其昌書　清拓本　一册

370000－1506－0003111　子藝286

壽春堂記　(元)趙孟頫書　清拓本　一册

370000－1506－0003112　子藝292

書體篆印譜二十四卷　(清)郝裕衡篆　(清)
王大齡鐫　清道光三年(1823)鈐印本　一册
存十二卷(一至十二)

370000 – 1506 – 0003113　子藝293
攝叔考藏秦漢印存　（清）趙之謙輯　清末鈐印本　二冊

370000 – 1506 – 0003114　子藝294
論印絕句一卷續編一卷　（清）吳騫輯　清光緒五年(1879)刻本　一冊

370000 – 1506 – 0003115　子藝295
宋曹墨蹟真蹟一冊　（清）宋曹書　清初寫本　一冊

370000 – 1506 – 0003116　子藝299
淳熙秘閣續法帖　（三國魏）鍾繇等書　清末影印本　四冊　缺二卷(二、八)

370000 – 1506 – 0003117　子藝311
黃庭堅書赤壁賦　（宋）黃庭堅書　清拓本　一冊

370000 – 1506 – 0003118　子藝313
蘇米齋蘭亭考八卷　（清）翁方綱撰　（清）張凱重校　清道光二十六年(1846)淮陽張氏刻本　二冊

370000 – 1506 – 0003119　子藝314(1)
蘇慈墓誌　（□）□□撰　清拓本　一冊

370000 – 1506 – 0003120　子藝314(2)
蘇慈墓誌　（□）□□撰　清拓本　一冊

370000 – 1506 – 0003121　子藝315
孫過庭書譜　（唐）孫過庭書　清末影印本　三冊　缺一冊(三)

370000 – 1506 – 0003122　子藝316
梅花溪居士縮本唐碑四十種　（清）錢泳縮臨　清末拓本　七冊

370000 – 1506 – 0003123　子藝317
梅花溪居士縮本唐碑四十種　（清）錢泳縮臨　清拓本　三冊　缺十八種(幽州昭仁寺碑、汝南公主墓誌銘、懷仁集心經、上柱國梁府君墓誌銘、中宗賜盧正道勅、涼國公契苾府君碑銘、易州石浮圖頌、香積寺主淨業法師靈塔銘、工部尚書藏公神道碑銘、述聖頌、大德思恆律師誌文、鴻臚少卿張君墓誌銘、河東鹽池

靈慶公神祠碑、楚金禪師碑、雁門郡解府君墓誌銘、保唐寺毗沙門天王燈幢贊、南海神廟神王廟碑、邠國公功德銘)

370000 – 1506 – 0003124　子藝318
太極圖說不分卷　（元）趙孟頫書　清拓本　一冊

370000 – 1506 – 0003125　子藝320
泰興縣襟江書院記　（清）何紹基書並篆額　清拓本　一冊

370000 – 1506 – 0003126　集0194(2)
徐孝穆全集六卷　（南朝宋）徐陵撰　（清）吳兆宜箋注　清光緒二年(1876)廣東翰墨園刻本　三冊

370000 – 1506 – 0003127　子藝322
唐故圭峰定慧禪師傳法碑　（唐）裴休撰並正書　（唐）柳公權篆額　（唐）邵建初刻　清拓本　一冊

370000 – 1506 – 0003128　子藝323
唐故圭峰定慧禪師傳法碑　（唐）裴休撰並正書　（唐）柳公權篆額　（唐）邵建初刻　清拓本　一冊

370000 – 1506 – 0003129　子藝324(1)
隆闡禪師碑　（唐）懷惲撰並書　清拓本　一冊

370000 – 1506 – 0003130　子藝324(2)
隆闡禪師碑　（唐）懷惲撰並書　清拓本　一冊

370000 – 1506 – 0003131　子藝328
李晟墓碑　（唐）裴度撰　（唐）柳公權書　清拓本　二冊

370000 – 1506 – 0003132　子藝332
鐵保行書臨爭座位帖不分卷　（清）鐵保書　清拓本　一冊

370000 – 1506 – 0003133　子藝333
停雲館法帖十卷　（明）文徵明等摹勒上石　清拓本　十一冊

370000 – 1506 – 0003134　子藝335

桐陰論畫二卷首一卷續桐陰論畫一卷桐陰論畫二編二卷桐陰論畫三編二卷　（清）秦祖永撰　清同治三年至光緒八年(1864－1882)刻朱墨套印本　八冊

370000－1506－0003135　子藝336
完白山人印譜二卷　（清）鄧石如篆刻　吳隱輯　清末西泠印社鈐印本　二冊

370000－1506－0003136　子藝338(1)
晚香堂蘇帖十二卷　（宋）蘇軾書　清拓本　十二冊

370000－1506－0003137　子藝338(2)
晚香堂蘇帖十二卷　（宋）蘇軾書　清拓本　八冊

370000－1506－0003138　子藝339
王夢樓書法冊不分卷　（清）王文治書　清乾隆寫本　一冊

370000－1506－0003139　子藝340
王夢樓字冊不分卷　（清）王文治書　清乾隆寫本　一冊

370000－1506－0003140　子藝341
王懿榮與丁翰園手札不分卷　（清）王懿榮書　寫本　二冊

370000－1506－0003141　子藝342
福山王文敏公手札不分卷　（清）王懿榮書　寫本　二冊

370000－1506－0003142　子藝343
右軍六十帖不分卷　（晉）王羲之書　清拓本　一冊　存一卷(一)

370000－1506－0003143　子藝345
王執讓冊頁不分卷　（清）王執讓書　清寫本　一冊

370000－1506－0003144　子藝347
魏高使君碑　（□）□□撰　清拓本　一冊

370000－1506－0003145　子藝348
魏公先廟碑　（唐）崔璵撰　（唐）柳公權書　清拓本　一冊

370000－1506－0003146　子藝349
東魏敬史君碑　（□）□□撰　清拓本　一冊

370000－1506－0003147　子藝350
[魏碑八種]　（□）□□撰　清拓本　一冊

370000－1506－0003148　子藝354
文房肆攷圖說八卷　（清）唐秉鈞纂　（清）康愷繪圖　清乾隆四十三年(1778)竹映山莊刻本　四冊

370000－1506－0003149　子藝358
無聲詩史七卷　（清）姜紹書撰　清末影印本　六冊

370000－1506－0003150　子藝359
章吉老墓表　（宋）米芾書　清拓本　一冊

370000－1506－0003151　子藝362
適園印印二卷　（清）吳咨治印　（清）陳以穌輯　清宣統三年(1911)石印本　一冊

370000－1506－0003152　子藝363
吳友如畫寶十二集　（清）吳嘉猷繪　清宣統元年(1909)上海璧園會社石印本　二十二冊　缺三集(古今人物圖集一、古今談叢圖集八至九)

370000－1506－0003153　子藝365
西平郡王贈太師李公神道碑　（唐）柳公權書　清拓本　一冊

370000－1506－0003154　子藝366
西清劄記四卷南薰殿圖像攷二卷國朝院畫錄二卷　（清）胡敬輯　清道光二十三年(1843)崇雅堂刻本　四冊

370000－1506－0003155　子藝367
西嶽華山廟碑　（漢）郭香察書　清拓本　一冊

370000－1506－0003156　子藝368
熙亭收藏畫扇集　（清）黃熙亭輯　清寫本　一冊

370000－1506－0003157　子藝369
戲魚堂帖十卷　（唐）李邕等書　（宋）劉次庄摹　清拓本　九冊

370000－1506－0003158　子藝370

戲魚堂帖十卷　(唐)李邕等書　(宋)劉次庄摹　清拓本　一冊　存一卷(九)

370000－1506－0003159　子藝372

蕭山縣學重建大成殿記　(元)趙孟頫書　清拓本　一冊

370000－1506－0003160　子藝373

小石山房印譜四卷集名刻一卷集金玉晶石銅牙瓷竹木類印一卷歸去來辭一卷　(清)顧湘　(清)顧浩編輯　清末影印本　六冊

370000－1506－0003161　子藝374

小字九成宮醴泉銘　(唐)魏徵撰　(唐)歐陽詢正書　清拓本　一冊

370000－1506－0003162　子藝375

小字麻姑仙壇記　(唐)顏真卿書　清拓本　一冊

370000－1506－0003163　子藝376

小字玄秘塔碑　(唐)柳公權書　清拓本　一冊

370000－1506－0003164　子藝377

辛丑銷夏記五卷　(清)吳榮光撰　清光緒三十一年(1905)長沙葉氏郎園刻本　五冊

370000－1506－0003165　子藝378

新增格古要論十三卷　(明)曹昭撰　(明)舒敏編　(明)王佐增補　清末刻本　六冊

370000－1506－0003166　子藝379

星鳳樓帖　(晉)王羲之　(唐)釋懷素等書　清拓本　二冊　存二集(卯、亥)

370000－1506－0003167　子藝383

玄秘塔碑　(唐)裴休撰文　(唐)柳公權書　清拓本　一冊

370000－1506－0003168　子藝384

玄秘塔碑　(唐)裴休撰文　(唐)柳公權書　清拓本　二冊

370000－1506－0003169　子藝385

玄秘塔碑　(唐)裴休撰文　(唐)柳公權書　清拓本　一冊

370000－1506－0003170　子藝386

玄秘塔碑　(唐)裴休撰文　(唐)柳公權書　清拓本　一冊

370000－1506－0003171　子藝387

玄秘塔碑　(唐)裴休撰文　(唐)柳公權書　清拓本　一冊

370000－1506－0003172　子藝388(1)

玄秘塔碑　(唐)裴休撰文　(唐)柳公權書　清拓本　一冊

370000－1506－0003173　子藝388(2)

玄秘塔碑　(唐)裴休撰文　(唐)柳公權書　清末影印本　一冊

370000－1506－0003174　子藝389

玄妙觀重修三門記　(元)趙孟頫書並篆額　清拓本　一冊

370000－1506－0003175　子藝391

延古堂印譜四卷　(清)黃家積篆　**延古堂續印譜一卷**　(清)黃鶴篆　清道光十二年(1832)鈐印本　三冊

370000－1506－0003176　子藝392

研露樓琴譜四卷首一卷　(清)崔應階撰　清同治三年(1864)刻本　四冊

370000－1506－0003177　子藝393(1)

顏君廟碑　(唐)顏真卿書　清拓本　一冊　存上部

370000－1506－0003178　子藝393(2)

顏君廟碑　(唐)顏真卿書　清拓本　一冊　存中部

370000－1506－0003179　子藝394

顏君廟碑　(唐)顏真卿書　清拓本　一冊　存下部

370000－1506－0003180　子藝395

顏君廟碑　(唐)顏真卿書　清拓本　一冊　存下部

370000－1506－0003181　子藝398

顏魯公三表真蹟　(唐)顏真卿書　清拓本　一冊

370000－1506－0003182　子藝399

顏魯公三表真蹟　（唐）顏真卿書　清拓本
一冊

370000－1506－0003183　子藝400

顏君廟碑　（唐）顏真卿書　清拓本　一冊
存中部

370000－1506－0003184　子藝401

顏君廟碑　（唐）顏真卿書　清拓本　一冊
存下部

370000－1506－0003185　善079

唐書二百二十五卷　（宋）歐陽修　（宋）宋祁
等撰　清古吳書業趙氏刻本　二十冊

370000－1506－0003186　子藝403

多寶塔碑　（唐）岑勛撰　（唐）顏真卿書
（唐）徐浩題額　（唐）史華刻　清拓本　一冊

370000－1506－0003187　子藝404（2）

馬公廟碑　（唐）顏真卿書　清拓本　一冊

370000－1506－0003188　子藝404（4）

顏君廟碑　（唐）顏真卿書　清拓本　一冊
存中部

370000－1506－0003189　子藝404（5）

顏君廟碑　（唐）顏真卿書　清拓本　一冊
存中部

370000－1506－0003190　子藝404（6）

顏君廟碑　（唐）顏真卿書　清拓本　一冊
存下部

370000－1506－0003191　子藝404（7）

顏君廟碑　（唐）顏真卿書　清拓本　一冊

370000－1506－0003192　子藝404（8）

顏君廟碑　（唐）顏真卿書　清拓本　一冊
存下部

370000－1506－0003193　子藝404（9）

顏君廟碑　（唐）顏真卿書　清拓本　一冊
存中部

370000－1506－0003194　子藝404（10）

勤禮碑　（唐）顏真卿書　清拓本　一冊

370000－1506－0003195　子藝404（11）

顏真卿碑拓　（唐）顏真卿書　清拓本
一冊

370000－1506－0003196　子藝405（1）

有唐撫州南城縣麻姑仙壇記　（唐）顏真卿書
清拓本　一冊

370000－1506－0003197　子藝405（2）

小字黃庭經　（□）□□撰　清拓本　一冊

370000－1506－0003198　子藝405（3）

小字多寶塔碑　（唐）顏真卿書　清拓本
一冊

370000－1506－0003199　子藝405（4）

小字李玄靖君碑　（唐）顏真卿撰並書　清拓
本　一冊

370000－1506－0003200　子藝446（8）

楊龍石印存不分卷　（清）楊澥篆　清末有正
書局鈐印本　一冊　存上部

370000－1506－0003201　子藝409（1）

沂州普照禪寺興造記　（金）仲汝尚撰並集柳
體字　（金）釋覺海立石　清拓本　四冊

370000－1506－0003202　子藝409（2）

沂州普照禪寺興造記　（金）仲汝尚撰並集柳
體字　（金）釋覺海立石　清拓本　一冊

370000－1506－0003203　子藝409（3）

沂州普照禪寺興造記　（金）仲汝尚撰並集柳
體字　（金）釋覺海立石　清拓本　一冊

370000－1506－0003204　子藝409（4）

沂州普照禪寺興造記　（金）仲汝尚撰並集柳
體字　（金）釋覺海立石　清拓本　一冊

370000－1506－0003205　子藝409（5）

沂州普照禪寺興造記　（金）仲汝尚撰並集柳
體字　（金）釋覺海立石　清拓本　一冊

370000－1506－0003206　子藝423（1）

康熙御書法帖　（清）聖祖玄燁書　清拓本
一冊

370000－1506－0003207　子藝423（2）

嘉慶御書法帖 （清）仁宗顒琰書 清拓本
一冊

370000－1506－0003208 子藝424
御刻三希堂石渠寶笈法帖 （清）梁詩正等編
清拓本 三十二冊

370000－1506－0003209 子藝425(1)
御刻三希堂石渠寶笈法帖 （清）梁詩正等編
清末上海天成書局石印本 三十二冊

370000－1506－0003210 子藝425(2)
御刻三希堂石渠寶笈法帖 （清）梁詩正等編
清末上海天成書局石印本 三十二冊

370000－1506－0003211 子藝426
曩龍顏碑 （□）□□撰 清拓本 一冊

370000－1506－0003212 子藝427
停雲館帖十二卷 （元）趙孟頫等書 （明）文
徵明輯 清拓本 一冊 存一卷(元名人書
八)

370000－1506－0003213 子藝430
嶽雪樓鑑真法帖十二卷 （清）孔廣陶輯刻
清拓本 十一冊 缺一卷(六)

370000－1506－0003214 子藝431
嶽雪樓書畫錄五卷 （清）孔廣鏞閱 （清）孔
廣陶編 清光緒十五年(1889)三十三萬卷堂
刻本 五冊

370000－1506－0003215 子藝433(3)
太上感應篇不分卷 （清）蔣陳錫書 清刻本
一冊

370000－1506－0003216 子藝433(4)
思古齋雙鉤漢碑篆額不分卷 （清）何澂輯
清光緒九年(1883)刻本 一冊

370000－1506－0003217 子藝433(6)
隋龍藏寺碑 （□）□□撰 清光緒三十四年
(1908)影印本 一冊

370000－1506－0003218 子藝433(10)
唐故雲麾將軍李府君神道碑 （□）□□撰
清拓本 一冊

370000－1506－0003219 子藝433(16)
錢敏肅公臨坐位論帖 （清）錢鼎銘書並鐫
清拓本 一冊

370000－1506－0003220 子藝433(22)
齊天統四年佛弟子合邑四十人四面天宮造像
（□）□□撰 清拓片 一冊

370000－1506－0003221 子藝433(25)
東坡蘇公帖 （宋）蘇軾書 清末影印本
一冊

370000－1506－0003222 子藝433(27)
黃敬輿臨元秘塔 （清）黃自元書 清末上洋
望平街翰逸齋石印本 一冊

370000－1506－0003223 子藝433(29)
漢熹平石經殘字不分卷 （清）陳宗彝摹 清
末石印本 一冊

370000－1506－0003224 子藝433(31)
李傅相手諭旅順諸將書 （清）李鴻章書 清
末影印本 一冊

370000－1506－0003225 子藝433(32)
[乾隆御書拓片] （清）高宗弘曆書 清拓本
一冊

370000－1506－0003226 子藝433(34－1)
胡大川先生幻想詩不分卷 （清）胡大川詩
（清）潘齡皋書 清宣統二年(1910)北京文成
堂書莊影印本 一冊

370000－1506－0003227 子藝433(34－2)
胡大川先生幻想詩不分卷 （清）胡大川詩
（清）潘齡皋書 清宣統二年(1910)北京文成
堂書莊影印本 一冊

370000－1506－0003228 子藝433(34－3)
胡大川先生幻想詩不分卷 （清）胡大川詩
（清）潘齡皋書 清宣統二年(1910)北京文成
堂書莊影印本 一冊

370000－1506－0003229 子藝433(35)1
蘇秦以連橫說秦 （清）劉春霖書 清末石印
本 一冊

370000－1506－0003230 子藝433(35)2

瓊宮五帝内思上法帖　（清）劉春霖書　清末石印本　一冊

370000－1506－0003231　子藝433(58)

中嶽嵩高靈廟碑　（□）□□撰　清拓本　一冊

370000－1506－0003232　子藝433(61)

龍藏寺碑　（清）陶濬宣書　清末石印本　一冊

370000－1506－0003233　子藝433(62)

法帖七種　（明）董其昌等書　清刻本　一冊

370000－1506－0003234　子藝433B(1)

大齊天統造像題記統帖　（三國魏）□□書　清拓本　一冊

370000－1506－0003235　子藝433B(2)

小楷字帖　（清）□□書　清末影印本　一冊

370000－1506－0003236　子藝433B(3)

孔子廟堂碑　（唐）虞世南書　清拓本　一冊

370000－1506－0003237　子藝433B(4)

潑墨齋法帖　（唐）歐陽詢等書　清拓本　一冊

370000－1506－0003238　子藝433B(5)

[□□印譜]一卷　（清）□□治印　清鈐印本　一冊

370000－1506－0003239　子藝433B(6)

[拓漢瓦當文]　（清）□□拓　清拓本　一冊

370000－1506－0003240　子藝433B(7)

秦漢瓦當文二卷　（清）程敦撰　清抄本　一冊

370000－1506－0003241　子藝433B(8)

隨故左屯衛大將軍左光祿大夫姚恭公墓誌銘　（唐）歐陽詢書　清拓本　一冊

370000－1506－0003242　子藝433B(9)

蕭山縣學重建大成殿記　（元）趙孟頫書　清拓本　一冊

370000－1506－0003243　子藝433B(10)

顏君廟碑　（唐）顏真卿書　清拓本　一冊

370000－1506－0003244　子藝433B(11)

志舒館藏真　（清）西橋輯　清拓本　一冊

370000－1506－0003245　子藝433B(12)

張子東銘　（清）馮譽驥書　清拓本　一冊

370000－1506－0003246　子藝433B(13)

憲宗經文緯武明仁哲孝大王碑　（□）□□撰　清拓本　一冊

370000－1506－0003247　子藝433B(14)

郭公廟碑銘　（唐）顏真卿書　清拓本　一冊

370000－1506－0003248　子藝433B(15)

成德軍節度使開府儀同三司檢校尚書右僕射兼御史大夫恒州刺史充管内度支管田使清河郡王李公紀功載政頌并序　（唐）王士則書　清拓本　一冊

370000－1506－0003249　子藝433B(16)

馬真人琴操歸山操碑帖　（金）馬鈺書　清拓本　一冊

370000－1506－0003250　子藝433C(1)

北魏高貞碑　（北魏）□□書　清拓本　一冊

370000－1506－0003251　子藝433C(2)

董其昌行楷孝經碑拓　（明）董其昌書　清拓本　一冊

370000－1506－0003252　子藝433C(3)

增修中廟碑　（宋）沈政　（宋）鄒義等刻字　清拓本　一冊

370000－1506－0003253　子藝433C(4)

大唐故中書令高唐馬公之碑　（唐）許敬宗撰　（唐）殷仲容書　大唐褚卿之碑　（□）□□撰　唐故右武衛將軍乙速孤公碑　（唐）劉憲撰　（唐）白義咥書　（唐）徐元禮鐫字　清拓本　一冊

370000－1506－0003254　子藝433C(5)

唐房玄齡碑敬德碑張阿難碑大唐紀國故先妃陸氏之碑銘　（□）□□撰　清拓本　一冊

370000－1506－0003255　子藝433C(6)

雲峰山摩崖石刻　（北魏）鄭道昭書　清拓本　一冊

370000－1506－0003256　子藝409（2）
沂州普照寺住持覺海法師碑　（金）仲汝尚撰
並集柳體字　（金）釋覺海立石　清拓本
一冊

370000－1506－0003257　子藝436
張公碑　（元）趙孟頫撰並書丹篆額　清拓本
二冊

370000－1506－0003258　子藝437
張公碑　（元）趙孟頫撰並書丹篆額　清拓本
四冊

370000－1506－0003259　子藝439
張眉翁別駕墨冊　（明）張棟書　寫本　一冊

370000－1506－0003260　子藝440
［張天橋臨王羲之墨蹟］　（清）張天橋臨　清
寫本　一冊

370000－1506－0003261　子藝441
張得天真蹟　（清）張照書　清寫本　一冊

370000－1506－0003262　子藝442
張之萬畫冊　（清）張之萬畫　清末繪本
一冊

370000－1506－0003263　子藝443（1）
昭代名人尺牘二十四卷　（清）吳修輯　清末
上海文寶書局影印本　十二冊　存十二卷
（十三至二十四）

370000－1506－0003264　子藝443（2）
昭代名人尺牘二十四卷　（清）吳修輯　清末
影印海鹽吳氏青霞館石印本　十一冊　存十
一卷（十四至二十四）

370000－1506－0003265　子藝444
趙充國頌　（清）張裕釗書　清末拓本　一冊

370000－1506－0003266　子藝446（8）
楊龍石印存不分卷　（清）楊澥印　清末有正
書局鈐印本　一冊　存上部

370000－1506－0003267　子藝447（1）
壽春堂記不分卷　（元）趙孟頫書　清拓本
一冊

370000－1506－0003268　子藝447（2）
張公碑　（元）趙孟頫撰並書丹篆額　清拓本
一冊

370000－1506－0003269　子藝447（3）
張公碑　（元）趙孟頫撰並書丹篆額　清拓本
一冊

370000－1506－0003270　子藝447（4）
張公碑　（元）趙孟頫撰並書丹篆額　清拓本
三冊

370000－1506－0003271　子藝448
張公碑　（元）趙孟頫撰並書丹篆額　清拓本
一冊

370000－1506－0003272　子藝449
天冠山詩帖不分卷　（元）趙孟頫書　清咸豐
七年（1857）朱氏師卯教室刻本　一冊

370000－1506－0003273　子藝452
枕肱日錄不分卷　（清）李繩武書　清寫本
二冊

370000－1506－0003274　子藝453（1）
爭座位帖　（唐）顏真卿書　清拓本　一冊

370000－1506－0003275　子藝453（2）
爭座位帖　（唐）顏真卿書　清拓本　一冊

370000－1506－0003276　子藝453（3）
爭座位帖　（唐）顏真卿書　清拓本　一冊

370000－1506－0003277　子藝454（1）
欽定三希堂法帖正續集不分卷　（清）梁詩正
等編　清末上海天成書局石印本　三十六冊

370000－1506－0003278　子藝454（2）
欽定三希堂法帖正續集不分卷　（清）梁詩正
等編　清末影印本　三十六冊

370000－1506－0003279　子藝455
欽定三希堂法帖正續集不分卷　（清）梁詩正
等編　清末上海鴻章書局石印本　三十六冊

370000－1506－0003280　子藝456（1）
鄭文公碑　（北魏）鄭道昭書　清拓本　一冊

370000－1506－0003281　子藝456（2）

鄭文公碑　（北魏）鄭道昭書　清拓本　一冊

370000－1506－0003282　子藝457（1）
鄭文公碑　（北魏）鄭道昭書　清拓本　一冊

370000－1506－0003283　子藝457（2）
鄭文公碑　（北魏）鄭道昭書　清拓本　一冊

370000－1506－0003284　子藝457（3）
鄭文公碑　（北魏）鄭道昭書　清拓本　一冊

370000－1506－0003285　子藝457（4）
鄭文公碑　（北魏）鄭道昭書　清拓本　一冊

370000－1506－0003286　子藝458
鄭文公碑　（北魏）鄭道昭書　清拓本　一冊

370000－1506－0003287　子藝459
鄭文公碑　（北魏）鄭道昭書　清拓本　一冊

370000－1506－0003288　子藝460
鄭文公碑　（北魏）鄭道昭書　清拓本　一冊

370000－1506－0003289　子藝461
魏公先廟碑　（唐）崔璵撰　（唐）柳公權書
清拓本　一冊

370000－1506－0003290　子藝462
黃山谷書懷素千字文　（宋）黃庭堅書　清拓
本　一冊

370000－1506－0003291　子藝463
兜沙經　（唐）鍾紹京書　清拓本　一冊

370000－1506－0003292　子藝464
詒晉齋詩不分卷　（清）永瑆書　清寫本
一冊

370000－1506－0003293　子藝470
明徵君碑　（唐）高正臣書　（唐）王知敬篆額
　清拓本　一冊

370000－1506－0003294　子藝471
唐伯虎受業畫師周東邨先生仕女冊不分卷
（明）周臣繪　明繪本　一冊

370000－1506－0003295　子藝472
蜀丞相諸葛武侯祠堂碑　（唐）裴度撰　（唐）
柳公綽書　清拓本　一冊

370000－1506－0003296　子藝473
篆刻鍼度八卷　（清）陳克恕撰　清光緒三年
（1877）葛氏嘯園刻本　二冊

370000－1506－0003297　子藝477
自遠堂琴譜十二卷　（清）吳灯彙輯　清嘉慶
六年（1801）自遠堂刻本　十二冊

370000－1506－0003298　子藝479
習苦齋畫絮十卷　（清）戴熙撰　清光緒十九
年（1893）景文齋刻字舖刻本　四冊

370000－1506－0003299　子藝480
元和墓誌銘　（三國魏）□□書　清拓本
一冊

370000－1506－0003300　子藝481
魏約庵先生畫冊不分卷　（清）魏容畫　清末
繪本　一冊

370000－1506－0003301　子藝483（2）
［洪武御書帖］　（明）朱元璋書　清拓本
一張

370000－1506－0003302　子藝483（3）
懷素自述帖　（唐）懷素書　清拓本　九張

370000－1506－0003303　子藝483（4）
大唐西京千福寺多寶佛塔感應碑文　（唐）岑
勛撰　（唐）顏真卿書　（唐）徐浩題額　清拓
本　一張

370000－1506－0003304　子藝483（6）
乾隆御筆過陋巷顏子祠　（清）高宗弘曆書
清拓本　一張

370000－1506－0003305　子藝483（7）
乾隆御筆復聖顏子贊　（清）高宗弘曆書　清
拓本　一張

370000－1506－0003306　子藝483（8）
重修玉清宮碑銘　（清）曹鴻勛撰並正書　清
拓本　四張

370000－1506－0003307　子藝483（10）
漢武都太守漢陽河陽李翕西狹頌　（漢）仇靖
隸書　清拓本　一張

370000－1506－0003308　子藝483（11）

漢武都太守漢陽河陽李翕西狹頌　（漢）仇靖

隸書　清拓本　一張

370000－1506－0003309　子藝483（12）

秦嶧山碑拓　（秦）李斯書　清拓本　一張

370000－1506－0003310　子藝483（13）

石門頌　（漢）王昇撰文　清拓本　一張

370000－1506－0003311　子藝483（14）

仁靖真人碑　（元）趙孟頫書　清拓本　一張

370000－1506－0003312　子藝483（12－1）

秦嶧山碑拓題記　（宋）劉之美書　清拓本
一張

370000－1506－0003313　子藝483（16）

漢太中大夫東方先生畫賛并序　（晉）夏侯湛
撰　（唐）顏真卿書　清拓本　一張

370000－1506－0003314　子藝483（17）

先師孔子行教像　（唐）吳道子書　清拓本
一張

370000－1506－0003315　子藝483（18）

平東將軍營州刺史元景造像碑　（三國魏）孫
紹書　清拓本　一張

370000－1506－0003316　子藝483（19）

大唐皇帝等慈寺之碑　（唐）顏師古撰　清拓
本　一張

370000－1506－0003317　子藝483（20）

隨柱國左光祿大夫弘義明公皇甫府君之碑
（唐）于志寧撰　（唐）歐陽詢書　清拓本
一張

370000－1506－0003318　子藝483（21）

皇帝吊殷比干文　（北魏）孝文帝元宏撰文
（北魏）崔浩書　清拓本　二張

370000－1506－0003319　叢2

賜硯堂叢書新編四集四十種　（清）顧沅輯
清道光十年（1830）長洲顧氏刻本　六冊　存
二十種二十卷（水西紀略一卷、乙丙紀事一
卷、七頌堂詞繹一卷、花草蒙拾一卷、遠志齋
詞衷一卷、金粟詞話一卷、西河詞話一卷、吳

葺譜一卷、徐園秋花譜一卷、續蟹譜一卷、漢
魏石經考一卷、寧古塔紀略一卷、孟子年譜一
卷、畫筌一卷、天文考異一卷、鍾律陳數一卷、
掃軌閒談一卷、諺說一卷、廣錢譜一卷、川船
記一卷）

370000－1506－0003320　叢3

二酉堂叢書　（清）張澍輯　清道光元年
（1821）武威張氏二酉堂刻本　十二冊　存二
十一種三十一卷（三輔決錄二卷、皇甫司農集
一卷、張太常集一卷、段太尉集一卷、周生烈
子一卷、漢皇德傳一卷、風俗通姓氏篇二卷、
三秦記一卷、三輔舊事一卷、三輔故事一卷、
十三州志一卷、涼州記一卷、涼州異物志一
卷、西河舊事一卷、西河記一卷、沙州記一卷
附錄一卷、陰常侍詩集一卷詩話一卷、李尚書
詩集一卷附李氏事蹟一卷、司馬法一卷逸文
一卷、子夏易傳一卷、世本五卷）

370000－1506－0003321　叢5

古愚老人消夏錄十七種　（清）汪汲撰　清乾
隆、嘉慶古愚山房刻本　十九冊　缺一種一
卷（解毒編一卷）

370000－1506－0003322　叢6

廣漢魏叢書　（明）何允中輯　清嘉慶刻本
四十七冊　存三十五種二百五十三卷（韓詩
外傳十卷、大戴禮記十三卷、春秋繁露一至
九、獨斷一卷、忠經一卷、孝經一卷、方言十三
卷、釋名四卷、博雅十卷、小爾雅一卷、吳越春
秋六卷、越絕書十五卷、十六國春秋十六卷、
新論十卷、淮南鴻烈解二十一卷、孔叢二卷附
詁墨一卷、法言十卷、論衡三十卷、顏氏家訓
二卷附考證一卷、風俗通義十卷、人物志三
卷、文心雕龍十卷、詩品三卷、書品一卷、鹽鐵
論十二卷、三輔黃圖六卷補遺一卷、華陽國志
十四卷、伽藍記五卷、水經二卷、星經二卷、荊
楚歲時記一卷、南方草木狀三卷、竹譜一卷、
古今刀劍錄一卷、鼎錄一卷）

370000－1506－0003323　叢7

武英殿聚珍版叢書　（清）紀昀等編　清刻本
六冊　存三種十三卷（敬齋古今黈八卷、浩
然齋雅談三卷、歲寒堂詩話二卷）

370000－1506－0003324　叢8

平津館叢書十集四十三種二百五十四卷

（清）孫星衍輯　清光緒十一年（1885）吳縣朱氏槐廬家塾刻本　四十八冊

370000－1506－0003325　叢9

平津館叢書十集四十三種二百五十四卷

（清）孫星衍輯　清光緒十一年（1885）吳縣朱氏槐廬家塾刻本　三十一冊　缺八種九十八卷（古刻叢鈔一卷，建立伏博士始末二卷，尚書考異六卷，續古文苑二十卷，抱朴子外篇一至十六、三十八至五十，尚書今古文注疏三十卷，芳茂山人詩錄九卷，長離閣詩集一卷）

370000－1506－0003326　叢25

隨盦徐氏叢書　徐乃昌編　清光緒、民國南陵徐氏刻本　二十四冊

370000－1506－0003327　叢26

唐代叢書六集　（清）王文誥輯　清嘉慶刻本　三十六冊

370000－1506－0003328　叢27

唐代叢書六集　（清）陳世熙輯　清宣統三年（1911）上海天寶書局石印本　七冊　缺七十一種七十四卷（悠閒鼓吹一卷、桂苑叢談一卷、劉賓客嘉話錄一卷、松窗雜記一卷、次柳氏舊聞一卷、大唐傳載一卷、開元天寶遺事一卷、開天傳信記一卷、大唐新語一卷、明皇雜錄一卷、常侍言旨一卷、耳目記一卷、瀟湘錄一卷、小說舊聞記一卷、摭言一卷、記事珠一卷、諧噱錄一卷、義山襍纂一卷、龍城錄一卷、嶺表錄異一卷、來南錄一卷、平泉山居草木記一卷、北戶錄一卷、終南十志一卷、洞天福地記一卷、北里志一卷、迷樓記一卷、海山記一卷、開河記一卷、吳地記一卷、南部煙花記一卷、洛中九老會一卷、教坊記一卷、湘中怨詞一卷、二十四詩品一卷、本事詩一卷、比紅兒詩一卷、貞娘墓詩一卷、書法一卷、畫學秘訣一卷、續畫品錄一卷、貞觀公私畫史一卷、歌者葉記一卷、嘯旨一卷、李謩吹笛記一卷、衛公故物記一卷、茶經三卷、十六湯品一卷、煎茶水記一卷、周秦行紀一卷、梅妃撰一卷、楊太真外傳二卷、長恨歌傳一卷、紅線傳一卷、

劉無雙傳一卷、霍小玉傳一卷、牛應貞傳一卷、謝小娥傳一卷、李娃傳一卷、楊娼傳一卷、章臺柳傳一卷、非煙傳一卷、揚州夢記一卷、杜秋傳一卷、龍女傳一卷、妙女傳一卷、神女傳一卷、雷民傳一卷、會真紀一卷、黑心符一卷、南柯記一卷）

370000－1506－0003329　叢28

鐵華館叢書　（清）蔣鳳藻輯　清光緒十年（1884）長洲蔣氏影刻本　六冊

370000－1506－0003330　叢29A

五種遺規　（清）陳弘謀輯　清道光二年（1822）刻本　八冊

370000－1506－0003331　叢30

西學富彊叢書　（清）張蔭桓輯　清光緒二十二年（1896）鴻文書局石印本　三十六冊　存四十六種二百五十二卷（勾股六術一卷、九數外錄一卷、算式集要四卷、衍元要義一卷、弧田問率一卷、直積回求一卷、割圜連比例術圖解三卷首一卷、橢圜求周術一卷、斜弧三邊求角補術一卷、堆垛求積術一卷、三統術衍補一卷、器象顯真四卷附圖四十二幅、電學綱目一卷、總論源流一卷、摩電氣二卷、論吸鐵氣一卷、論生物電氣一卷、金石識別十二卷附英文表一卷、化學求數十五卷附求數便用表一卷、談天十八卷附表附圖九幅、測候叢談四卷、地學淺釋三十八卷、萬國總說三卷、列國歲計政要十二卷、俄史輯譯四卷、公法總論一卷、各國交涉公法論初集二集三集十六卷附校勘記一卷、佐治芻言一卷、冶金錄三卷、銀礦指南一卷附圖二十一幅、鍊鋼要言一卷、開煤要法十二卷、井礦工程三卷、汽機必以十二卷首一卷附錄一卷、兵船汽機六卷附錄一卷、工程致富論略十三卷附圖十九幅、輪船布陣十二卷首一卷附圖六十七幅、西藝知新四卷、兵船礮法六卷、克虜伯礮準心法一卷附圖二十二幅、克虜伯礮說四卷、克虜伯礮操法四卷、克虜伯礮法表八卷、製火藥法三卷附圖七幅、船塢論略一卷附圖四十幅）

370000－1506－0003332　叢31

雅雨堂藏書　（清）盧見曾輯　清乾隆二十一

年(1756)德州盧氏刻本　十一冊　存六種六十七卷(撝言十五卷、北夢瑣言二十卷、封氏見聞記十卷、文昌雜錄六卷補遺一卷、周易乾鑿度二卷、大戴禮記十三卷)

370000－1506－0003333　叢32
雅雨堂藏書　(清)盧見曾輯　清乾隆二十一年(1756)德州盧氏刻本　五冊　存一種二十卷(北夢瑣言二十卷)

370000－1506－0003334　叢33
正誼堂全書　(清)左宗棠輯　(清)楊浚重輯　清同治五年(1866)福州正誼書院刻八年至九年(1869－1870)增刻本　一百五十冊　缺續刻三種二十三卷(唐宋八大家文鈔十九卷、楊大洪先生文集二卷、海剛峯先生集二卷)

370000－1506－0003335　叢34
知不足齋叢書二十六集　(清)鮑廷博輯
(清)鮑志祖續輯　清刻本　二百四十冊

370000－1506－0003336　叢35
知不足齋叢書二十六集　(清)鮑廷博輯
(清)鮑志祖續輯　清刻本　十三冊　存十五種(讀易別錄三卷、古今偽書考一卷、澠水燕談錄十卷、石湖紀行三錄、北行日錄二卷放翁家訓一卷、庶齋老學叢談三卷、湛淵遺稿三卷墓銘一卷補一卷、趙待制遺稿一卷、灤京雜詠二卷、陽春草一卷、草窗詞二卷補二卷、雲林石譜三卷、夢梁錄二十卷、靜春堂詩集四卷附錄三卷附紅蕙山房吟稿一卷附錄一卷)

370000－1506－0003337　叢35E
小嫏嬛山館彙刊類書十二種　(□)□□撰
清末刻本　七冊　存十一種十八卷(謝華啟秀四卷、歷代史腴二卷、經腴類纂二卷、左氏蒙求注一卷、左傳紺珠二卷、六經蒙求一卷、十七史蒙求一卷、爾雅貫珠一卷、山海經腴詞一卷、竹書紀年雋句一卷、文選集腴二卷)

370000－1506－0003338　叢36
津逮秘書十五集一百四十四種　(明)毛晉輯
明崇禎毛氏汲古閣刻本　一百〇九冊　存一百三十九種七百五十五卷(詩序辨說一卷、詩傳孔氏傳一卷、詩說一卷、詩外傳十卷、毛

詩草木鳥獸蟲魚疏廣要四卷、詩攷一卷、詩地理攷六卷、爾雅三卷、京氏易傳三卷、關氏易傳一卷、蘇氏易傳九卷、焦氏易林四卷、周易集解十七卷、易釋文一卷、周易集解略例一卷、元包經傳五卷、元包數總義二卷、周易舉正三卷、麻衣道者正易心法一卷、通鑑地理通釋十四卷、通鑑問疑一卷、小學紺珠十卷、齊民要術十卷、急就篇四卷、漢制攷四卷、佛說四十二章經一卷、道德指歸論六卷、青烏先生葬經一卷、古本葬經內篇一卷附葬經翼一卷難解二十四篇一卷圖一卷、古文參同契集解三卷箋註集解三卷三相類集解二卷、周髀算經二卷附音義一卷、數術記遺一卷、黃帝授三子玄女經一卷、胎息經一卷、風后握奇經一卷附握奇經續圖一卷八陣總述一卷、耒耜經一卷、五木經一卷、女孝經一卷、丸經二卷、通占大象曆星經二卷忠經一卷、黃帝宅經二卷、墨經一卷、全唐詩話六卷、六一詩話一卷、滄浪詩話一卷、後山詩話一卷、彥周詩話一卷、二老堂詩話一卷、紫薇詩話一卷、石林詩話一卷、中山詩話一卷、竹坡詩話一卷、續詩話一卷、法書要錄十卷、東觀餘論二卷附錄一卷、廣川書跋十卷、宣和書譜二十卷、圖畫見聞誌六卷、歷代名畫記十卷、古畫品錄一卷、續畫品錄一卷、宣和畫譜二十卷、圖繪寶鑑六卷補遺一卷、後畫錄一卷、續畫品一卷、畫繼十卷、畫史一卷、詩品三卷、詩品二十四則一卷、風騷旨格一卷、芥隱筆記一卷、冷齋夜話十卷、西溪叢語二卷、益部方物略記一卷、捫蝨新話十五卷、歲華紀麗四卷、玉蘂辨證一卷、桯史十五卷附錄一卷、泉志十五卷、酉陽雜俎二十卷續集一卷、誠齋襍記二卷、甘澤謠一卷附錄一卷、本事詩一卷、五色線二卷、卻掃編三卷、劇談錄二卷、瑯嬛記三卷、輟耕錄三十卷、洛陽伽藍記五卷、洛陽名園記一卷、靈寶真靈位業圖一卷、東京夢華錄十卷、西京雜記六卷、佛國記一卷、大唐創業起居注三卷、老學菴筆記十卷、漢雜事祕辛一卷、淳熙玉堂雜紀三卷、焚椒錄一卷、唐國史補三卷、搜神記二十卷、搜神後記十卷、錄異記八卷、稽神錄六卷拾遺一卷、周氏冥通記四卷、異苑十卷、東坡

題跋六卷、山谷題跋九卷、無咎題跋一卷、宛丘題跋一卷、淮海題跋一卷、鶴山題跋七卷、放翁題跋六卷、姑溪題跋二卷、石門題跋二卷、西山題跋三卷、六一題跋十一卷、元豐題跋一卷、水心題跋一卷、益公題跋十二卷、後邨題跋四卷、止齋題跋二卷、魏公題跋一卷、晦菴題跋三卷、容齋題跋二卷、海嶽題跋一卷、樂府古題要解二卷、癸辛雜識前集一卷後集一卷續集二卷別集二卷、紹興內府古器評二卷、揮塵前錄四卷後錄十一卷三錄三卷餘話二卷、夢溪筆談二十六卷、湘山野錄三卷續錄一卷、春渚紀聞十卷、齊東野語二十卷、茅亭客話十卷、河南邵氏聞見前錄二十卷、河南邵氏聞見後錄三十卷、錦帶書一卷、避暑錄話二卷、貴耳集三卷）

370000－1506－0003339　叢37
翰苑校對臨文便覽　（□）□□撰　清光緒刻本　十冊　存八種（翰林要訣一卷附鄉會須知一卷、重校十三經不貳字一卷、臨文便覽不分卷、字學舉隅一卷、增補字學舉隅不分卷、聖諭廣訓一卷、科名金鍼一卷、增訂金壺字攷一卷）

370000－1506－0003340　叢38
科考彙輯　（□）□□撰　清刻本或清末石印本　二百十八冊　存三十一種（律賦標準四卷，國朝四十七科同館詩賦解題，四書味根錄三十七卷，評選直省闈藝大全八卷，新政策論講義淵海十三至十六、十九至二十四、三十五至三十六，有正味齋試帖詩註八卷，分體利試法入門十九卷，少嵒賦草四卷續集一卷，少嵒賦草四卷，註釋水竹居賦不分卷，增註分類飲香尺牘四卷首一卷，律賦從新初集四卷，韻蘭集賦鈔六卷，應制詩賦題解四卷，律賦蕊珠二編四卷，律賦蕊珠新編四卷，分類詩腋八卷，四書人物類典串珠四十卷，五經文準，五經鴻裁，鑄史駢言十二卷，道生堂初集不分卷二集不分卷三集不分卷，詩韻海不分卷，分韻試帖五萬選七十四卷，四六類腋不分卷，近科分韻館詩初集二集，新訂四書補註備旨，五經味根錄）

370000－1506－0003341　叢38（1）
詳批律賦標準四卷　（清）葉祺昌評選　清同治十一年（1872）書業德刻本　四冊

370000－1506－0003342　叢38（2）
國朝三十五科同館詩賦解題七卷首一卷國朝十二科同館詩賦解題五卷首一卷　（清）魏茂林輯　清同治三年（1864）文光書屋刻本　八冊

370000－1506－0003343　叢38（3）
四書味根錄三十七卷　（清）金澂撰　清末刻本　八冊　存十九卷（論語十七至二十、孟子一至十四、首一卷）

370000－1506－0003344　叢38（4）
四書味根錄三十七卷　（清）金澂撰　清末刻本　七冊　存十二卷（孟子三至十四）

370000－1506－0003345　叢38（5）
四書味根錄三十七卷　（清）金澂撰　清末刻本　七冊　存十五卷（孟子一至十四、首一卷）

370000－1506－0003346　叢38（6）
評選直省闈藝大全八卷　（清）久敬齋主人輯　清光緒三十年（1904）上海久敬齋石印本　八冊

370000－1506－0003347　叢38（7）
新政策論講義淵海四十八卷　（清）顧少逸輯　清光緒石印本　六冊　存十二卷（十三至十六、十九至二十四、三十五至三十六）

370000－1506－0003348　叢38（8）
有正味齋試帖詩註八卷　（清）吳錫麒撰　清嘉慶二十三年（1818）刻本　八冊

370000－1506－0003349　叢38（9）
分體利試詩法入門十九卷　（清）鄭錫瀛輯評　（清）葉錫麐刪訂　清光緒十二年（1886）成文信刻本　六冊

370000－1506－0003350　叢38（10）
少嵒賦草四卷　（清）夏思沺撰　清道光二十一年（1841）刻本　三冊　存三卷（一、三至四）

370000－1506－0003351　　叢38(11－1)

少岀賦草四卷續集一卷　（清）夏思沺撰　清同治六年(1867)刻本　三冊　存四卷(一、三至四,續集一卷)

370000－1506－0003352　　叢38(11－2)

註釋水竹居賦不分卷　（清）盛觀潮撰　清末刻本　三冊　存八十葉(六十八至一百四十七)

370000－1506－0003353　　叢38(12)

增註分類飲香尺牘四卷首一卷　題(清)飲香居士編　（清）白下慵隱子箋釋　清光緒十八年(1892)上海圖書集成印書局排印本　四冊

370000－1506－0003354　　叢38(13)

律賦從新初集四卷　（清）陸小巖　（清）陸小南輯　清道光十八年(1838)揚州友於堂刻本　四冊

370000－1506－0003355　　叢38(14)

韻蘭集賦鈔六卷　（清）陸雲槎輯　清末刻本　四冊

370000－1506－0003356　　叢38(15)

應制詩賦題解四卷　（清）丁湘錦等選　清嘉慶八年(1803)刻本　四冊

370000－1506－0003357　　叢38(16)

律賦蕊珠二編四卷　（清）蕭應槭等撰　清道光六年(1826)刻本　四冊

370000－1506－0003358　　叢38(17)

律賦蕊珠新編四卷　（清）蕭應槭等撰　清道光元年(1821)刻本　四冊

370000－1506－0003359　　叢38(18)

分類詩腋八卷　（清）李楨編　清光緒五年(1879)掃葉山房刻本　四冊

370000－1506－0003360　　叢38(19)

四書人物類典串珠四十卷　（清）臧志仁輯　清末雲樓刻本　八冊　存十八卷(一至十八)

370000－1506－0003361　　叢38(20)

四書人物類典串珠四十卷　（清）臧志仁輯　清刻本　六冊　存二十二卷(十九至四十)

370000－1506－0003362　　叢38(22)

五經文準　（□）□□撰　清光緒十四年(1888)上海點石齋影印本　十一冊　存十一卷(易一至三、詩一至四、書一至三、禮三)

370000－1506－0003363　　叢38(23)

五經鴻裁□□卷　（□）□□撰　清末刻本　八冊　存八卷(詩經一至四、禮記一至四)

370000－1506－0003364　　叢38(24)

鑄史駢言十二卷　（清）孫玉田編定　清光緒二年(1876)鎮海陳氏刻本　四冊

370000－1506－0003365　　叢38(25)

道生堂初集二集三集　（清）鍾聲撰　清光緒二十一年(1895)上海寶善書局石印本　四冊

370000－1506－0003366　　叢38(26)

詩韻海不分卷　（清）文匯館主人輯　清光緒十四年(1888)上海點石齋影印本　存六冊(一、三至六、八)

370000－1506－0003367　　叢38(27)

四書味根錄題鏡合編　（□）□□撰　清光緒十六年(1890)上海鴻文書局影印本　八冊　存二種七十三卷(四書味根錄三十七卷、四書題鏡三十六卷附總論二十則)

370000－1506－0003368　　叢38(28)

分韻試帖五萬選七十四卷　（清）上海書局輯　清光緒十九年(1893)上海書局石印本　十冊

370000－1506－0003369　　叢38(29)

四六類腋八卷　（□）□□撰　清道光刻本　八冊　存十九種(天文、時令、地理、宮室、君道、臣道、人事、音樂、服用、飲食、草部、花部、書畫、菓部、木部、鳥部、獸部、鱗部、昆蟲)

370000－1506－0003370　　叢38(30)

近科館課分韻詩初集二集　王先謙編　清光緒二十五年(1899)鴻寶書局排印本　六冊

370000－1506－0003371　　叢38(31)

新訂四書補註備旨十卷　（明）鄧林撰　（清）杜定基增訂　清光緒二十三年(1897)點石齋

影印本　五冊　存八卷(大學一卷、中庸一卷、論語一至四、孟子三至四)

370000－1506－0003372　叢38(32)

五經味根錄　(清)關揆生編　清光緒二十六年(1900)上海中西書局石印本　十六冊　存五種四十三卷(周易味根錄四卷首一卷、書經味根錄六卷首一卷、詩經味根錄四卷首一卷、春秋味根錄十四卷首一卷、禮記味根錄十卷首一卷)

370000－1506－0003373　叢39

煙霞小說六卷十種　(明)陸貽孫編　清光緒三十一年(1905)上海育文書局石印本　六冊　缺三種三卷(馬氏日抄一卷、紀善錄一卷、掾曹名臣錄一卷)

370000－1506－0003374　叢40

玉函山房輯佚書　(清)馬國翰輯　清刻本二冊　存七種七卷(聖證論一卷、五經要義一卷、六藝論一卷、五經然否論一卷、五經通論一卷、五經鉤沉一卷、五經大義一卷)

370000－1506－0003375　叢41

郝氏遺書十三種　(清)郝懿行撰　清嘉慶、光緒刻本　十二冊　存七種二十四卷(書說二卷、春秋說略十二卷、春秋比二卷、記海錯一卷、詩說二卷、詩經拾遺一卷、梅叟閒評四卷)

370000－1506－0003376　叢42

郝氏遺書十三種　(清)郝懿行撰　清嘉慶、光緒刻本　三十冊　存十六種(易說十二卷便錄一卷、書說二卷、汲冢周書輯要一卷逸書一卷、春秋說略十二卷、春秋比二卷、荀子補注二卷、晉宋書故一卷、補宋書刑法志一卷、補宋書食貨志一卷、宋瑣語不分卷、寶訓八卷、蜂衙小記一卷、燕子春秋一卷、記海錯一卷、曬書堂文集十二卷外集二卷別集一卷附曬書堂閨中文存一卷、曬書堂筆記二卷)

370000－1506－0003377　叢47

宦海指南五種　(清)許乃普輯　清光緒十二年(1886)京都榮錄堂刻本　五冊　存五種九卷(欽頒州縣事宜一卷、佐治藥言一卷續一卷、學治臆說二卷續說一卷說贅一卷、夢痕錄節鈔一卷、折獄便覽一卷)

370000－1506－0003378　叢48

悔餘菴集五種　(清)何栻撰　清同治四年(1865)刻本　十二冊　存五種三十一卷(悔餘菴文稿九卷、詩稿十三卷、樂府四卷、餘辛集三卷、衲蘇集二卷)

370000－1506－0003379　叢50

十二筆舫雜錄　(清)李兆元撰　(清)韞山氏評　清道光二年(1822)刻本　九冊　存四種十卷(梅影叢談一至三、春暉餘話三卷、中州觚餘一至二、客牕贅語一至二)

370000－1506－0003380　叢51

石泉書屋全集　(清)李佐賢撰　清咸豐、光緒利津李氏刻本　十六冊　存五種四十四卷(石泉書屋類稿八卷、石泉書屋詩鈔八卷、石泉書屋尺牘二卷、武定詩續鈔二十四卷、坦室遺文一卷雜著一卷)

370000－1506－0003381　叢52(1)

隨園三十八種　(清)袁枚撰　清刻本　二十五冊　存五種(袁太史時文不分卷、小倉山房尺牘十卷附牘外餘言一卷、隨園詩話十六卷補遺十卷、續同人集十七卷、隨園八十壽言六卷)

370000－1506－0003382　叢52(2)

小倉山房詩集三十一卷補遺一卷附錄一卷　(清)袁枚撰　清刻本　六冊　存二十七卷(小倉山房詩集一至二十五、補遺一卷、附錄一卷)

370000－1506－0003383　叢52(3)

隨園詩話十六卷補遺十卷　(清)袁枚撰　清道光七年(1827)刻本　十二冊

370000－1506－0003384　叢53

隨園三十八種　(清)袁枚撰　清末刻本　八十冊　缺八種十七卷(隨園圖一卷、閩南雜詠一卷、湘痕閣詩稿二卷詞稿一卷、瑤華閣詩草一卷詞鈔一卷牘遺一卷、隨園瑣記二卷、涉洋管見一卷、紅豆村人續稿四卷、諸子詹詹錄二卷)

370000－1506－0003385　叢54

毋不敬齋全書　（清）方頤撰　清光緒十五年（1889）刻本　八冊　存三種八卷（辨心性書二卷、心述三卷、性述三卷）

370000－1506－0003386　叢55

淵鑒齋御纂朱子全書六十六卷　（宋）朱熹撰　（清）李光地等纂　清刻本　四十八冊

370000－1506－0003387　叢57

曾文正公全集　（清）曾國藩撰　清同治、光緒傳忠書局刻本　一百四十四冊　存十六種一百八十六卷（曾文正公奏稿三十六卷、十八家詩鈔二十八卷、經史百家雜鈔二十六卷、經史百家簡編二卷、鳴原堂論文二卷、曾文正公詩集四卷文集四卷、曾文正公書劄三十三卷、曾文正公批牘六卷、曾文正公雜著二卷、求闕齋讀書錄十卷、求闕齋日記類鈔二卷、曾文正公年譜十二卷、孟子要略五卷附錄一卷、曾文正公家書十卷、曾文正公家訓二卷、首一卷）

370000－1506－0003388　叢58

曾文正公全集十五種　（清）曾國藩撰　清光緒二十九年（1903）上海鴻寶書局石印本　三十六冊　存十四種一百三十五卷（曾文正公奏稿三十卷，經史百家雜鈔二十六卷，經史百家簡編二卷，鳴原堂論文二卷，曾文正公文集三卷，曾文正公書劄一至六、二十五至三十三，曾文正公批牘六卷，曾文正公家訓二卷，曾文正公大事記四卷，孟子要略五卷，曾文正公雜著二卷，求闕齋讀書錄十卷，曾文正公年譜十二卷，曾文正公家書十卷，首一卷）

370000－1506－0003389　叢60

曾忠襄公全集　（清）曾國荃撰　清光緒二十九年（1903）刻本　六十四冊　存六種六十七卷（曾忠襄公文集二卷、曾忠襄公奏議三十二卷、曾忠襄公書劄二十二卷、曾忠襄公批牘五卷、曾忠襄公年譜四卷、曾忠襄公榮哀錄二卷）

370000－1506－0003390　叢61

張楊園先生全集　（清）張履祥撰　（清）李文耕輯　清同治九年（1870）山東刻本　六冊

存十六種二十九卷（經正錄一卷、願學記一卷、聞目一卷、楊園先生備忘四卷錄遺一卷、詩一卷、書四卷、初學備忘一卷、學規一卷、訓子語二卷、答問一卷、門人所記一卷、言行見聞錄二卷、近古錄四卷、近鑑一卷、喪祭雜說一卷、農書二卷）

370000－1506－0003391　叢64

左文襄公全集　（清）左宗棠撰　清光緒刻本　一百○六冊　缺十五卷（張大司馬奏稿四卷、駱文忠公奏稿十卷、首一卷）

370000－1506－0003392　叢65

皇清經解一百九十卷　（清）阮元輯　清末石印本　十冊　存六十七卷（十三至十六、三十三至五十七、五十九至九十六）

370000－1506－0003393　叢66A

今古文孝經彙刻　（清）王德瑛輯　清福山王氏日省吾齋刻本　九冊　存十六種十六卷（孝經一卷、孝經注疏一卷、孝經指解一卷、朱子孝經刊誤一卷、孝經大義一卷、孝經定本一卷、孝經述注一卷、孝經集傳一卷、御注孝經一卷、御纂孝經集注一卷、孝經問一卷、孝經全注一卷、孝經三本管窺一卷、孝經解紛一卷、孝經章句一卷、孝經義疏一卷）

370000－1506－0003394　叢66B

子書百家　（清）湖北崇文書局輯　清光緒元年（1875）湖北崇文書局刻本　五冊　存八種十五卷（尹文子一卷、慎子一卷、公孫龍子一卷、鬼谷子一卷、莊子南華真經三卷劄記一卷、莊子闕誤一卷、老子道德經二卷、道德真經注四卷）

370000－1506－0003395　叢67

澤存堂五種　（清）張士俊輯　清光緒十四年（1888）上海蜚英館石印本　八冊

370000－1506－0003396　叢69

李氏五種合刊　（清）李兆洛撰　清末刻本　十冊　存五種二十六卷（歷代地理志韻編今釋二十卷、皇朝輿地韻編二卷、歷代地理沿革圖一卷、皇朝一統輿圖一卷、紀元編一卷末一卷）

370000－1506－0003397　叢70

李氏五種合刊　（清）李兆洛撰　清光緒二十四年（1898）上海掃葉山房影印本　八冊　存五種二十六卷（歷代地理志韻編今釋二十卷、皇朝輿地韻編二卷、歷代地理沿革圖一卷、皇朝一統輿圖一卷、紀元編一卷末一卷）

370000－1506－0003398　叢77

二程全書　（宋）程顥　（宋）程頤撰　（宋）朱熹輯　清光緒三十四年（1908）澹雅局刻本　二十冊　存六種六十七卷（河南程氏遺書二十五卷附錄一卷、河南程氏外書十二卷、明道文集五卷伊川文集八卷遺文一卷附錄一卷、伊川易傳四卷、伊川經說八卷、二程粹言二卷）

370000－1506－0003399　叢82B

香豔叢書　（清）蟲天子輯　清宣統國學扶輪社排印本　四冊　存三集二十五種二十五卷（敝帚齋餘談節錄一卷、影梅庵憶語一卷、王氏復仇記一卷、紅樓葉戲譜一卷、釵小志一卷、粧臺記一卷、髻鬟品一卷、漢雜事秘辛一卷、大業拾遺記一卷、元氏掖庭記一卷、焚椒錄一卷、美人判一卷、清閒供一卷、看花述異記一卷、新婦譜一卷、新婦譜補一卷、新婦譜補一卷、古豔樂府一卷、比紅兒詩註一卷、某中丞夫人一卷、妖婦齊王氏傳一卷、老狐談歷代麗人記一卷、宮詞一卷、天啟宮詞一卷、啟禎宮詞一卷）

370000－1506－0003400　叢85

古今說海　（明）陸楫輯　清道光元年（1821）苕溪邵氏酉山堂刻本　十四冊　存六十三種七十卷（平夏錄一卷、江南別錄一卷、三楚新錄三卷、溪蠻叢笑一卷、桂海虞衡志一卷、北轅錄一卷、滇載記一卷、星槎勝覽四卷、中山狼傳一卷、崔煒傳一卷、陸顒傳一卷、潤玉傳一卷、李衛公別傳一卷、齊推女傳一卷、魚服記一卷、默記一卷、宣政雜錄一卷、靖康朝野僉言一卷、朝野遺記一卷、墨客揮犀一卷、續墨客揮犀一卷、聞見雜錄一卷、山房隨筆一卷、諧史一卷、昨夢錄一卷、三朝野史一卷、鐵圍山叢談一卷、孔氏雜說一卷、瀟湘錄一卷、

三水小牘一卷、談藪一卷、清尊錄一卷、睽車志一卷、話腴一卷、朝野僉載一卷、古杭雜記一卷、蒙齋筆談一卷、文昌雜錄一卷、就日錄一卷、碧湖雜記一卷、錢氏私誌一卷、遂昌山樵雜錄一卷、高齋漫錄一卷、桐陰舊話一卷、霏雪錄一卷、東園友聞一卷、拊掌錄一卷、漢武故事一卷、艮嶽記一卷、青溪寇軌一卷、煬帝海山記一卷、煬帝迷樓記一卷、煬帝開河記一卷、江行雜錄一卷、行營雜錄一卷、避暑漫抄一卷、養痾漫筆一卷、孫內翰北里誌一卷、青樓集一卷、雜纂三卷、損齋備忘錄一卷）

370000－1506－0003401　叢91

選學彙函八種　（清）張祥齡輯　清嘉慶漢州張祥齡受經堂刻本　五冊　存四種十一卷（文選理學權輿一至四、七至八，文選理學權輿補一卷，文選考異一至二，文選李注補正三至四）

370000－1506－0003402　叢92

海山仙館叢書　（清）潘仕成輯　清道光、咸豐刻本　十冊　存六種三十二卷（詞苑叢談十二卷、竹雲題跋四卷、讀書錄四卷、續三十五舉一卷、茶董補二卷、尺牘新鈔一至九）

370000－1506－0003403　叢93

國朝文錄初編八十二卷　（清）李祖陶輯　清道光十九年（1839）瑞州府鳳儀書院刻本　二十二冊

370000－1506－0003404　叢95

弘正四傑詩集　（清）張祖同輯　清光緒二十一年（1895）長沙張氏湘雨樓刻本　十六冊　存四種七十七卷（李空同詩集三十三卷附錄一卷、何大復詩集二十六卷附錄一卷、徐迪功詩集四卷外集三卷附錄一卷、邊華泉詩集七卷附錄一卷）

370000－1506－0003405　叢96A

唐人三家集　（清）秦恩復輯　清嘉慶二十一年至道光七年（1816－1827）秦氏石研齋刻道光十年（1830）印本　四冊

370000－1506－0003406　叢96B

唐人三家集　（清）秦恩復輯　清宣統三年

（1911）影印本　七冊　缺三卷（李元賓文集外編一至二、續編一卷）

370000－1506－0003407　叢97

金元明八大家文選五十三卷　（清）李祖陶輯
清道光二十五年（1845）刻本　十八冊　存五種三十三卷（元遺山先生文選七卷、姚牧菴先生文選五卷、吳草廬先生文選六卷、虞道園先生文選八卷、唐荊川先生文選七卷）

370000－1506－0003408　叢98A

宋四名家詩　（清）周之鱗　（清）柴升選輯
清康熙刻本　六冊

370000－1506－0003409　叢98B

宋四名家詩　（清）周之鱗　（清）柴升選輯
清康熙刻本　五冊　存三種二十卷（山谷先生詩鈔七卷、石湖先生詩鈔六卷、放翁先生詩鈔七卷）

370000－1506－0003410　叢98C

宋四名家詩　（清）周之鱗　（清）柴升選輯
清刻本　六冊

370000－1506－0003411　善120

西清古鑑四十卷錢錄十六卷　（清）梁詩正（清）蔣溥等纂　清光緒十四年（1888）銅活字印本　三十四冊

370000－1506－0003412　善068

漢書一百二十卷　（漢）班固撰　（唐）顏師古注　明崇禎十五年（1642）毛氏汲古閣刻本九冊　存一百〇八卷（十三至一百二十）

370000－1506－0003413　善069

漢書一百二十卷　（漢）班固撰　（唐）顏師古注　明崇禎十五年（1642）毛氏汲古閣刻本二十冊　存一百十卷（一至二十、三十一至一百二十）

370000－1506－0003414　善117(1)

兩漢金石記二十二卷　（清）翁方綱撰　清乾隆五十四年（1789）南昌使院刻蘇齋叢書本十六冊

370000－1506－0003415　集0229(2)

曾文正公家書十卷　（清）曾國藩撰　清光緒二十九年（1903）上海錦章圖書局石印本六冊

370000－1506－0003416　集0256

潛園友朋書問十二卷　（清）李鴻章等撰　清光緒三十三年（1907）醉二室影印本　六冊

370000－1506－0003417　善270(2)

西澗草堂集四卷詩集四卷　（清）閻循觀撰
清乾隆三十八年（1773）樹滋堂刻本　二冊

370000－1506－0003418　集0025(2)

昌黎先生集四十卷外集十卷遺文一卷　（唐）韓愈撰　清宣統二年（1910）上海掃葉山房石印本　十二冊

370000－1506－0003419　集0025(3)

昌黎先生集四十卷外集十卷遺文一卷　（唐）韓愈撰　清宣統二年（1910）上海掃葉山房石印本　十二冊

370000－1506－0003420　集0049(2)

杜工部集二十卷首一卷　（唐）杜甫撰　（明）王世貞　（明）王慎中　（清）王士禎　（清）邵長蘅　（清）宋犖校　清道光十四年（1834）芸葉盦刻六色套印本　八冊

370000－1506－0003421　集0200(1)

顏魯公文集十四卷　（唐）顏真卿撰　清宣統三年（1911）影印本　四冊

370000－1506－0003422　集0253

胡文忠公遺集八十六卷首一卷　（清）胡林翼撰　（清）鄭敦謹　（清）曾國荃編輯　清光緒元年（1875）湖北崇文書局刻本　十五冊　存四十卷（一至二十二、五十一至六十八）

370000－1506－0003423　集0258(2)

重訂古文釋義新編八卷　（清）余誠評注　清光緒二十二年（1896）刻本　八冊

370000－1506－0003424　善193(2)

事類賦三十卷　（宋）吳淑撰並注　清康熙刻本　六冊

370000－1506－0003425　善193(3)

事類賦三十卷 （宋）吳淑撰並注 清康熙刻本 六冊

370000－1506－0003426 集0285（2）

分韻試帖青雲集合註四卷 （清）楊逢春輯 清光緒十四年（1888）刻本 四冊

370000－1506－0003427 集0300（2）

古唐詩合解十二卷古詩四卷 （清）王堯衢注 清光緒二十四年（1898）煙臺成文信刻本 六冊 缺二卷（三至四）

370000－1506－0003428 集0300（3）

古唐詩合解十二卷古詩四卷 （清）王堯衢注 清光緒二十四年（1898）煙臺成文信刻本 六冊

370000－1506－0003429 集0304

古文辭類纂十五卷 （清）姚鼐輯 續古文辭類纂十卷 王先謙輯 清光緒二十年（1894）上海圖書集成印書局排印本 八冊

370000－1506－0003430 集0318E（7）

古文觀止十二卷 （清）吳乘權 （清）吳大職輯並評 清刻本 六冊

370000－1506－0003431 集0346

歷朝名媛詩詞十二卷 （清）陸昶輯並評 清末上海掃葉山房影印本 四冊

370000－1506－0003432 集0375（2）

欽定隆萬四書文選十二卷 （清）方苞等撰 清刻本 三冊

370000－1506－0003433 集0375（3）

欽定隆萬四書文選十二卷 （清）方苞等撰 清刻本 三冊

370000－1506－0003434 集0376（1）

青雲集分韻試帖詳註四卷 （清）楊逢春輯 清光緒十年（1884）掃葉山房刻本 四冊

370000－1506－0003435 集0465（2）

帶經堂詩話三十卷首一卷 （清）王士禎撰 （清）張宗柟輯 清同治十二年（1873）廣州藏脩堂刻本 十八冊

370000－1506－0003436 集0476（2）

批點七家詩合註七卷 （清）張熙宇輯評 清光緒二十四年（1898）刻本 八冊

370000－1506－0003437 集0482（2）

文心雕龍十卷 （南朝梁）劉勰撰 （清）黃叔琳注 （清）紀昀評 清道光十三年（1833）兩廣節署刻朱墨套印本 四冊

370000－1506－0003438 集0483（2）

文心雕龍十卷 （南朝梁）劉勰撰 （清）黃叔琳注 （清）紀昀評 清末排印本 四冊

370000－1506－0003439 史00005

北齊書五十卷附考證 （唐）李百藥撰 清道光十六年（1836）刻本 八冊

370000－1506－0003440 史0008

北史一百卷 （唐）李延壽撰 明崇禎十二年（1639）毛氏汲古閣刻本 二十冊 存三十八卷（六十三至一百）

370000－1506－0003441 史0013

北史一百卷 （唐）李延壽撰 清同治十一年（1872）金陵書局刻本 十五冊 存七十卷（一至七十）

370000－1506－0003442 史0027

後漢書九十卷續漢書八志三十卷 （南朝宋）范曄撰 （唐）李賢注 （晉）司馬彪續志（南朝梁）劉昭注續志 清光緒十三年（1887）金陵書局刻本 十六冊

370000－1506－0003443 史0028

後漢書九十卷續漢書八志三十卷 （南朝宋）范曄撰 （唐）李賢注 （晉）司馬彪續志（南朝梁）劉昭注續志 清光緒十三年（1887）金陵書局刻本 十六冊

370000－1506－0003444 史0029

後漢書九十卷續漢書八志三十卷 （南朝宋）范曄撰 （唐）李賢注 （晉）司馬彪續志（南朝梁）劉昭注續志 清光緒十三年（1887）金陵書局刻本 十六冊

370000－1506－0003445 史0049

晉書一百三十卷 （唐）房玄齡等撰 附音義

三卷　（唐）何超撰　清同治十年（1871）金陵書局刻本　二十冊

370000－1506－0003446　史0061
舊五代史一百五十卷附考證　（宋）薛居正等撰　清末掃葉山房刻本　七冊　存五十二卷（二十六至三十、四十六至六十一、八十七至一百十、一百二十八至一百三十四）

370000－1506－0003447　史0067
梁書五十六卷　（唐）姚思廉撰　清古吳書業趙氏刻本　六冊

370000－1506－0003448　史0081
南齊書五十九卷　（南朝梁）蕭子顯撰　清古吳書業趙氏刻本　六冊

370000－1506－0003449　史0096
前漢書一百卷　（漢）班固撰　（唐）顏師古注　清光緒十三年（1887）金陵書局刻本　十六冊

370000－1506－0003450　史0097
前漢書一百卷　（漢）班固撰　（唐）顏師古注　清光緒十三年（1887）金陵書局刻本　十六冊

370000－1506－0003451　史0098
前漢書一百卷　（漢）班固撰　（唐）顏師古注　清光緒十三年（1887）金陵書局刻本　十四冊　缺十九卷（二十至二十四、七十四至八十七）

370000－1506－0003452　史0122
史記一百三十卷　（漢）司馬遷撰　（南朝宋）裴駰集解　清光緒四年（1878）金陵書局刻本　十六冊

370000－1506－0003453　史149
宋書一百卷　（南朝梁）沈約撰　清刻本　十二冊

370000－1506－0003454　史0153
隋書八十五卷　（唐）魏徵等撰　明崇禎八年（1635）毛氏汲古閣刻本　十二冊

370000－1506－0003455　史0157

隋書八十五卷　（唐）魏徵等撰　清同治十年（1871）淮南書局刻本　十六冊

370000－1506－0003456　史0163（1）
魏書一百十四卷　（北齊）魏收撰　清古吳書業趙氏刻本　二十四冊

370000－1506－0003457　史0170
唐書二百二十五卷　（宋）歐陽修　（宋）宋祁等撰　清古吳書業趙氏刻本　三十二冊

370000－1506－0003458　史0172（2）
五代史七十四卷　（宋）歐陽修撰　（宋）徐無黨注　明崇禎三年（1630）毛氏汲古閣刻本　八冊　存二十卷（一至十二、四十四至五十一）

370000－1506－0003459　史0174（2）
五代史七十四卷　（宋）歐陽修撰　（宋）徐無黨注　清同治十一年（1872）湖北崇文書局刻本　八冊

370000－1506－0003460　史0242（2）
袁王綱鑑合編三十九卷首一卷　（明）袁黃（明）王世貞編　御撰明紀綱目二十卷　清光緒三十年（1904）上海商務印書館排印本　十六冊

370000－1506－0003461　史0253（2）
竹書紀年校正十四卷通考一卷　（南朝梁）沈約注　（清）郝懿行撰　清光緒五年（1879）東路廳署刻本　二冊

370000－1506－0003462　史0255
資治通鑑二百九十四卷　（宋）司馬光撰（元）胡三省音注　通鑑釋文辯誤十二卷（元）胡三省撰　清嘉慶二十一年（1816）鄱陽胡氏刻本　一百冊

370000－1506－0003463　史0257
資治通鑑二百九十四卷　（宋）司馬光撰（元）胡三省音注　通鑑釋文辯誤十二卷（元）胡三省撰　清嘉慶二十一年（1816）鄱陽胡氏刻本　一百二十冊

370000－1506－0003464　史0270

繹史一百六十卷世系圖一卷年表一卷 （清）
馬驌撰　清同治七年（1868）刻本　八冊　存
四十一卷（八十六至一百二十六）

370000－1506－0003465　史0312（2）
唐陸宣公奏議讀本四卷首一卷　（唐）陸贄撰
　（清）汪銘謙編　（清）馬傳庚評點　清光緒
二十六年（1900）會稽馬氏影印本　二冊

370000－1506－0003466　史0423（2）
[山東煙臺奇山所]張氏譜書不分卷　（清）張
氏闔族同修　清宣統三年（1911）石印本
七冊

370000－1506－0003467　史0423（3）
[山東煙臺奇山所]張氏譜書不分卷　（清）張
氏闔族同修　清宣統三年（1911）石印本
六冊

370000－1506－0003468　史0423（4）
[山東煙臺奇山所]張氏譜書不分卷　（清）張
氏闔族同修　清宣統三年（1911）石印本
六冊

370000－1506－0003469　史0434（2）
綱鑑擇言十卷　（清）司徒修選輯　清光緒二
十九年（1903）濰陽承文信刻本　六冊

370000－1506－0003470　史0438（1）
史記菁華錄六卷　（清）姚苧田撰　清道光四
年（1824）扶荔山房刻朱墨套印本　六冊

370000－1506－0003471　史0457（2）
[同治]重修寗海州志二十六卷　（清）舒孔安
　（清）王厚階等纂修　清同治三年（1864）牟
平書院刻本　六冊　存二十七卷（一至二十
五、二十七至二十八）

370000－1506－0003472　史0479（2）
[同治]黃縣志十四卷首一卷末一卷　（清）尹
繼美纂修　清同治十年（1871）刻本　四冊

370000－1506－0003473　史0482（2）
[同治]即墨縣志十二卷首一卷　（清）林溥修
　（清）周翕鐄　（清）黃念昀纂　清同治十二
年（1873）刻本　八冊

370000－1506－0003474　史0499（2）
[乾隆]棲霞縣志十卷　（清）衛葭纂修　續志
十卷圖一卷　（清）黃麗中　（清）于如川等纂
修　清乾隆十九年（1754）刻光緒五年（1879）
續刻合印本　八冊

370000－1506－0003475　史0554（2）
大清律例增修統纂集成四十卷督捕則例二卷
　（清）刑部制訂　清光緒十七年（1891）上洋
珍藝書局排印本　十六冊　存二十卷（四至
六、九至十、十七至十八、二十至二十二、二十
四、二十六至二十八、三十四至三十六、三十
八至四十）

370000－1506－0003476　史0567（2）
皇朝經世文續編一百二十卷　（清）葛士濬輯
　清光緒二十七年（1901）上海久敬齋排印本
　十二冊　存七十九卷（一至四十四、五十六
至六十一、九十二至一百二十）

370000－1506－0003477　史0614（2）
二銘草堂金石聚十六卷　（清）張德容輯　清
同治刻本　十六冊

370000－1506－0003478　史0621（2）
古玉圖考不分卷　（清）吳大澂編　清光緒十
五年（1889）上海同文書局石印本　四冊

370000－1506－0003479　史0621（3）
古玉圖考不分卷　（清）吳大澂編　清光緒十
五年（1889）上海同文書局石印本　四冊

370000－1506－0003480　史0621（4）
古玉圖考不分卷　（清）吳大澂編　清光緒十
五年（1889）上海同文書局石印本　四冊

370000－1506－0003481　史0629（2）
吉金所見錄十六卷首一卷末一卷　（清）初尚
齡纂輯　清嘉慶二十四年（1819）萊陽初氏古
香書屋刻七年（1827）續刻道光二十一年
（1841）補刻本　四冊

370000－1506－0003482　史0629（3）
吉金所見錄十六卷首一卷末一卷　（清）初尚
齡纂輯　清嘉慶二十四年（1819）萊陽初氏古
香書屋刻七年（1827）續刻道光二十一年

(1841)補刻本　四冊

370000－1506－0003483　史0629(3)
吉金所見錄十六卷首一卷末一卷 （清）初尚齡纂輯　清嘉慶二十四年(1819)萊陽初氏古香書屋刻七年(1827)續刻道光二十一年(1841)補刻本　四冊

370000－1506－0003484　史0657(2)
楷法溯源十四卷楷法溯源所采古碑目錄一卷 （清）潘存輯　楊守敬編　清光緒三年(1877)刻本　十五冊

370000－1506－0003485　史0664(2)
隸篇十五卷續十五卷再續十五卷 （清）翟云升撰　清道光十七年至十八年(1837－1838)刻本　十三冊

370000－1506－0003486　史0664(3)
隸篇十五卷續十五卷再續十五卷 （清）翟云升撰　清道光十七年至十八年(1837－1838)刻本　十三冊

370000－1506－0003487　史0664(4)
隸篇十五卷續十五卷再續十五卷 （清）翟云升撰　清道光十七年至十八年(1837－1838)刻本　十三冊

370000－1506－0003488　史0689(2)
宋元舊本書經眼錄三卷附錄二卷 （清）莫友芝輯　清光緒十年(1884)上海還讀樓刻本四冊

370000－1506－0003489　史0692(2)
陶齋吉金續錄二卷補遺一卷 （清）端方輯清宣統元年(1909)金陵影印本　二冊

370000－1506－0003490　史0702(2)
行素堂目睹書錄十卷汲古閣珍藏秘本書目(清)朱記榮輯訂　清光緒十年(1884)吳縣朱記榮槐廬刻本　十冊

370000－1506－0003491　史0731(2)
史通削繁四卷 （唐）劉知幾撰　（清）浦起龍注　（清）紀昀刪並評　清光緒元年(1875)湖北崇文書局刻本　四冊

370000－1506－0003492　S129(2)
三家醫案合刻 （清）吳金壽輯　清光緒三十三年(1907)上洋海左書局石印本　一冊

370000－1506－0003493　Z64(2)
補宋書刑法志一卷食貨志一卷 （清）郝懿行撰　清刻本　一冊

370000－1506－0003494　Z144(2)
呂書四種合刻 （明）呂坤撰　清道光七年(1827)開封府署刻本　一冊

370000－1506－0003495　Z198(2)
尺木堂綱鑑易知錄九十二卷明紀十五卷(清)吳乘權等輯　清光緒二十八年(1902)上海經香閣石印本　八冊

370000－1506－0003496　Z267(2)
韻對五七言千家詩輯鈔四卷 （清）煙臺誠文信書坊輯　清光緒三十三年(1907)煙臺誠文信石印本　二冊

370000－1506－0003497　Z269(2)
韻對五七言千家詩輯鈔四卷 （清）成文信書坊輯　清光緒三十二年(1906)成文信書坊刻本　二冊

370000－1506－0003498　Z274(2)
微積學十五章 （美國）路密司編　（清）劉光照譯　清光緒三十一年(1905)上海美華書館排印本　一冊

370000－1506－0003499　Z278(2)
八線拾級二卷 （美國）溫德鄂輯　（清）劉光照譯　清光緒三十年(1904)上海美華書館排印本　一冊

370000－1506－0003500　Z307(2)
國朝畫徵錄三卷續錄二卷 （清）張庚撰　清光緒十三年(1887)掃葉山房刻本　二冊

370000－1506－0003501　L56(2)
訓蒙四字經龍文鞭影初集二卷二集二卷(清)李暉吉　（清）徐瀠輯　清末刻本　一冊　存一卷(二集一)

370000－1506－0003502　L164(2)

應酬名聯彙選八卷　(清)陸九如撰　清刻本
　一冊　存二卷(五至六)

370000－1506－0003503　L188(2)
周易四卷　(宋)朱熹本義　清成文堂刻本
一冊　存一卷(一)

370000－1506－0003504　R11
史事論新編十卷　雷瑨輯　清光緒影印本
一冊　存二卷(六至七)

370000－1506－0003505　經012(2)
易經八卷卦歌一卷上下篇義一卷　(宋)程頤
傳　清光緒九年(1883)江南書局刻本　三冊

370000－1506－0003506　經043(2)
詩經集解二十卷　(清)陳宗舜輯　清末排印
本　六冊　存十三卷(一至四、十二至二十)

370000－1506－0003507　經046(2)
初刻黃維章先生詩經琅嬛體註八卷　(明)黃
文煥撰　(清)范翔重訂　清光緒十六年
(1890)成文信刻本　四冊

370000－1506－0003508　經057(2)
禮記十卷　(元)陳澔集說　清光緒八年
(1882)上洋江左書林刻本　十冊

370000－1506－0003509　經069A(2)
漱芳軒合纂禮記體註四卷　(清)范翔參訂
清光緒十年(1884)刻本　四冊

370000－1506－0003510　經069B(2)
漱芳軒合纂禮記體註四卷　(清)范翔參訂
清成文堂刻本　四冊

370000－1506－0003511　經069B(3)
漱芳軒合纂禮記體註四卷　(清)范翔參訂
清成文堂刻本　四冊

370000－1506－0003512　經071(2)
禮記增訂旁訓六卷　清墨潤堂刻本　六冊

370000－1506－0003513　經077
文公家禮儀節八卷　(明)丘濬撰　清光緒十
三年(1887)刻本　五冊　存七卷(一至七)

370000－1506－0003514　經096(2)

朱子家禮十卷首一卷　(宋)朱熹撰　(明)丘
濬輯　清嘉慶十四年(1809)麟經閣刻本
六冊

370000－1506－0003515　經111(2)
春秋穀梁傳十二卷考一卷　(戰國)穀梁赤撰
　(明)閔齊伋注　明末唐錦池文林閣刻本
四冊

370000－1506－0003516　經147A(1)
東萊先生左氏博議二十五卷　(宋)呂祖謙撰
　清光緒二十四年(1898)刻本　六冊

370000－1506－0003517　經147A(2)
東萊先生左氏博議二十五卷　(宋)呂祖謙撰
　清光緒二十四年(1898)刻本　六冊

370000－1506－0003518　經147A(3)
東萊先生左氏博議二十五卷　(宋)呂祖謙撰
　清光緒二十四年(1898)刻本　六冊

370000－1506－0003519　經147A(4)
東萊先生左氏博議二十五卷　(宋)呂祖謙撰
　清光緒二十四年(1898)刻本　六冊

370000－1506－0003520　經147A(5)
東萊先生左氏博議二十五卷　(宋)呂祖謙撰
　清光緒二十四年(1898)刻本　六冊

370000－1506－0003521　經147A(6)
東萊先生左氏博議二十五卷　(宋)呂祖謙撰
　清光緒二十四年(1898)刻本　六冊

370000－1506－0003522　經159B(2)
欽定春秋左傳讀本三十卷　(清)英和等撰
清刻民國十四年(1925)重印本　五冊　存二
十卷(七至十一、十四至十九、二十二至三十)

370000－1506－0003523　經188(7)
左傳選十四卷　(清)儲欣評選　(清)董南紀
等輯　清道光五年(1825)刻本　六冊

370000－1506－0003524　經178A(5)
左繡三十卷首一卷　(清)馮李驊　(清)陸浩
輯　清光緒二十五年(1899)刻本　十六冊

370000－1506－0003525　經178A(2)
左繡三十卷首一卷　(清)馮李驊　(清)陸浩

輯 清光緒二十五年(1899)刻本 十六冊

370000－1506－0003526 經178A(3)

左繡三十卷首一卷 （清）馮李驊 （清）陸浩
輯 清光緒二十五年(1899)刻本 十六冊

370000－1506－0003527 經178A(4)

左繡三十卷首一卷 （清）馮李驊 （清）陸浩
輯 清光緒二十五年(1899)刻本 十六冊

370000－1506－0003528 經178A(6)

左繡三十卷首一卷 （清）馮李驊 （清）陸浩
輯 清光緒二十五年(1899)刻本 十六冊

370000－1506－0003529 經178A(7)

左繡三十卷首一卷 （清）馮李驊 （清）陸浩
輯 清光緒二十五年(1899)刻本 十六冊

370000－1506－0003530 經178B(2)

左繡三十卷首一卷 （清）馮李驊 （清）陸浩
輯 清光緒二十二年(1896)刻本 十六冊

370000－1506－0003531 經188(2)

左傳選十四卷 （清）儲欣評選 （清）董南紀
等輯 清同治十三年(1874)刻本 八冊

370000－1506－0003532 經188(3)

左傳選十四卷 （清）儲欣評選 （清）董南紀
等輯 清同治十三年(1874)刻本 八冊

370000－1506－0003533 經188(4)

左傳選十四卷 （清）儲欣評選 （清）董南紀
等輯 清同治十三年(1874)刻本 八冊

370000－1506－0003534 經188(5)

左傳選十四卷 （清）儲欣評選 （清）董南紀
等輯 清同治十三年(1874)刻本 八冊

370000－1506－0003535 經188(6)

左傳選十四卷 （清）儲欣評選 （清）董南紀
等輯 清同治十三年(1874)刻本 八冊

370000－1506－0003536 經188(6)

左傳選十四卷 （清）儲欣評選 （清）董南紀
等輯 清同治十三年(1874)刻本 八冊

370000－1506－0003537 經189(2)

左傳選十四卷 （清）儲欣評選 （清）董南紀

等輯 清光緒二年(1876)刻本 六冊

370000－1506－0003538 經212(2)

宋本十三經注疏附校勘記十三種四百十六卷
（清）阮元撰校勘記 （清）盧宣旬摘錄校勘
記 清光緒十三年(1887)脈望仙館石印本
三十三冊

370000－1506－0003539 經287

掃葉山房四書體註合講十九卷圖考一卷
（清）翁復撰 清光緒十三年(1887)成文堂書
坊刻本 六冊

370000－1506－0003540 經264(2)

四書章句集註十九卷 （宋）朱熹撰 清末成
文盛刻本 二冊 存七卷(孟子四至五、論語
一至五)

370000－1506－0003541 經266(2)

四書朱子本義匯參四十三卷首四卷 （清）王步
青輯 清末刻本 一冊 存一卷(孟子十三)

370000－1506－0003542 經279A(1)

漱芳軒合纂四書體註十九卷 （清）范翔參訂
清成文信刻本 六冊

370000－1506－0003543 經279A(2)

漱芳軒合纂四書體註十九卷 （清）范翔參訂
清成文信刻本 六冊

370000－1506－0003544 經279A(3)

漱芳軒合纂四書體註十九卷 （清）范翔參訂
清成文信刻本 六冊

370000－1506－0003545 經292(2)

新訂四書補註備旨十卷 （明）鄧林撰 （清）
杜定基增訂 清光緒三十一年(1905)刻本
八冊

370000－1506－0003546 經292(3)

新訂四書補註備旨十卷 （明）鄧林撰 （清）
杜定基增訂 清光緒三十一年(1905)刻本
八冊

370000－1506－0003547 經292(4)

新訂四書補註備旨十卷 （明）鄧林撰 （清）杜
定基增訂 清光緒三十一年(1905)刻本 八冊

370000－1506－0003548　經292（5）

新訂四書補註備旨十卷 （明）鄧林撰 （清）杜定基增訂　清光緒三十一年（1905）刻本　八冊

370000－1506－0003549　經318（2）

重校字典四書十九卷 （宋）朱熹章句　清光緒二十四年（1898）刻本　六冊

370000－1506－0003550　經319A（2）

重校字典四書十九卷 （宋）朱熹章句　清宣統三年（1911）刻本　六冊

370000－1506－0003551　經319A（3）

重校字典四書十九卷 （宋）朱熹章句　清宣統三年（1911）刻本　六冊

370000－1506－0003552　經319A（4）

重校字典四書十九卷 （宋）朱熹章句　清宣統三年（1911）刻本　六冊

370000－1506－0003553　經319A（5）

重校字典四書十九卷 （宋）朱熹章句　清宣統三年（1911）刻本　六冊

370000－1506－0003554　經319A（6）

重校字典四書十九卷 （宋）朱熹章句　清宣統三年（1911）刻本　六冊

370000－1506－0003555　經329（2）

爾雅郭注義疏二十卷 （清）郝懿行撰　清同治四年（1865）沛上刻本　八冊

370000－1506－0003556　經334（2）

爾雅註疏十一卷 （晉）郭璞註 （宋）邢昺疏　清光緒八年（1882）崇德書院刻本　六冊

370000－1506－0003557　經334（3）

爾雅註疏十一卷 （晉）郭璞註 （宋）邢昺疏　清光緒八年（1882）崇德書院刻本　六冊

370000－1506－0003558　經335（2）

爾雅註疏十一卷 （晉）郭璞註 （宋）邢昺疏　清光緒十三年（1887）刻本　四冊

370000－1506－0003559　經335（3）

爾雅註疏十一卷 （晉）郭璞註 （宋）邢昺疏　清光緒十三年（1887）刻本　四冊

370000－1506－0003560　經386（2）

康熙字典十二集三十六卷檢字一卷辨似一卷等韻一卷總目一卷備考一卷補遺一卷 （清）張玉書等纂　清末上海鴻寶齋石印本　六冊

370000－1506－0003561　經386（3）

康熙字典十二集三十六卷檢字一卷辨似一卷等韻一卷總目一卷備考一卷補遺一卷 （清）張玉書等纂　清末上海鴻寶齋石印本　六冊

370000－1506－0003562　經386（4）

康熙字典十二集三十六卷檢字一卷辨似一卷等韻一卷總目一卷備考一卷補遺一卷 （清）張玉書等纂　清末上海鴻寶齋石印本　六冊

370000－1506－0003563　經386（5）

康熙字典十二集三十六卷檢字一卷辨似一卷等韻一卷總目一卷備考一卷補遺一卷 （清）張玉書等纂　清末上海鴻寶齋石印本　六冊

370000－1506－0003564　經399（2）

六書分類十二卷首一卷 （清）傅世垚撰　清嘉慶元年（1796）刻本　十三冊

370000－1506－0003565　經409（2）

詩韻含英十八卷 （清）劉文蔚輯　清刻本　四冊

370000－1506－0003566　經409（3）

詩韻含英十八卷 （清）劉文蔚輯　清刻本　四冊

370000－1506－0003567　經409（4）

詩韻含英十八卷 （清）劉文蔚輯　清刻本　四冊

370000－1506－0003568　經413（2）

詩韻集成十卷 （清）余照輯　清光緒刻本　四冊

370000－1506－0003569　經413（3）

詩韻集成十卷 （清）余照輯　清光緒刻本　四冊

370000－1506－0003570　經413（4）

詩韻集成十卷 （清）余照輯　清光緒刻本　四冊

370000－1506－0003571　子 371(2)

地理五訣八卷陽宅三要四卷　（清）趙九峰撰
清末刻本　六冊

370000－1506－0003572　子 378

秘傳花鏡六卷圖一卷　（清）陳淏子輯　清同
治八年(1869)刻本　六冊

370000－1506－0003573　子 416(2)

梅叟閒評四卷　（清）郝培元撰　（清）郝懿行
注　清光緒十年(1884)東路廳署刻本　二冊

370000－1506－0003574　子 416(3)

梅叟閒評四卷　（清）郝培元撰　（清）郝懿行
注　清光緒十年(1884)東路廳署刻本　二冊

370000－1506－0003575　子 543(2)

**山海經箋疏十八卷圖讚一卷訂譌一卷敘錄一
卷**　（晉）郭璞傳　（清）郝懿行箋疏　清光緒
七年(1881)郝聯薇刻本　四冊

370000－1506－0003576　子 543(3)

**山海經箋疏十八卷圖讚一卷訂譌一卷敘錄一
卷**　（晉）郭璞傳　（清）郝懿行箋疏　清光緒
七年(1881)郝聯薇刻本　四冊

370000－1506－0003577　子 543(4)

**山海經箋疏十八卷圖讚一卷訂譌一卷敘錄一
卷**　（晉）郭璞傳　（清）郝懿行箋疏　清光緒
七年(1881)郝聯薇刻本　四冊

370000－1506－0003578　經 010A(2)

周易本義四卷圖說一卷卦歌一卷筮儀一卷
（宋）朱熹撰　清光緒二十八年(1902)煙臺成
文信刻本　四冊

370000－1506－0003579　經 010A(3)

周易本義四卷圖說一卷卦歌一卷筮儀一卷
（宋）朱熹撰　清光緒二十八年(1902)煙臺成
文信刻本　四冊

370000－1506－0003580　經 010A(4)

周易本義四卷圖說一卷卦歌一卷筮儀一卷
（宋）朱熹撰　清光緒二十八年(1902)煙臺成
文信刻本　四冊

370000－1506－0003581　經 010A(5)

周易本義四卷圖說一卷卦歌一卷筮儀一卷
（宋）朱熹撰　清光緒二十八年(1902)煙臺成
文信刻本　四冊

370000－1506－0003582　經 010A(6)

周易本義四卷圖說一卷卦歌一卷筮儀一卷
（宋）朱熹撰　清光緒二十八年(1902)煙臺成
文信刻本　四冊

370000－1506－0003583　經 010B(2)

周易本義四卷圖說一卷卦歌一卷筮儀一卷
（宋）朱熹撰　清光緒十二年(1886)埽葉山房
刻本　二冊

370000－1506－0003584　經 010B(3)

周易本義四卷圖說一卷卦歌一卷筮儀一卷
（宋）朱熹撰　清光緒十二年(1886)埽葉山房
刻本　二冊

370000－1506－0003585　經 017A(2)

尚書離句六卷　（清）錢在培輯注　清光緒四
年(1878)刻本　四冊

370000－1506－0003586　經 017A(3)

尚書離句六卷　（清）錢在培輯注　清光緒四
年(1878)刻本　四冊

370000－1506－0003587　經 025A(2)

書經六卷首一卷末一卷　（宋）蔡沈集傳　清
光緒七年(1881)金陵書局刻本　四冊

370000－1506－0003588　經 025B(2)

書六卷　（宋）蔡沈集傳　清光緒二十六年
(1900)刻本　四冊

370000－1506－0003589　經 025B(3)

書六卷　（宋）蔡沈集傳　清光緒二十六年
(1900)刻本　四冊

370000－1506－0003590　經 025B(4)

書六卷　（宋）蔡沈集傳　清光緒二十六年
(1900)刻本　四冊

370000－1506－0003591　經 025B(5)

書六卷　（宋）蔡沈集傳　清光緒二十六年
(1900)刻本　四冊

370000－1506－0003592　經 025B(6)

書六卷　（宋）蔡沈集傳　清光緒二十六年
(1900)刻本　四冊

370000－1506－0003593　經025B(7)

書六卷　（宋）蔡沈集傳　清光緒二十六年
(1900)刻本　四冊

370000－1506－0003594　經027F(2)

書經體註大全合參六卷　（清）錢希祥纂輯
清光緒二十五年(1899)成文信刻本　四冊

370000－1506－0003595　經091B(2)

周禮精華六卷　（清）陳龍標輯　清嘉慶十六
年(1811)刻本　六冊

370000－1506－0003596　經027F(3)

書經體註大全合叅六卷　（清）錢希祥纂輯
清光緒二十五年(1899)成文信刻本　四冊

370000－1506－0003597　經027F(4)

書經體註大全合叅六卷　（清）錢希祥纂輯
清光緒二十五年(1899)成文信刻本　四冊

370000－1506－0003598　經038A(2)

詩八卷　（宋）朱熹集傳　清光緒三十年

(1904)刻本　四冊

370000－1506－0003599　經038A(3)

詩八卷　（宋）朱熹集傳　清光緒三十年
(1904)刻本　四冊

370000－1506－0003600　經047B(2)

詩經體註大全體要八卷　（清）高朝瓔撰
（清）沈世楷輯　清光緒十七年(1891)成文信
刻本　四冊

370000－1506－0003601　經047B(3)

詩經體註大全體要八卷　（清）高朝瓔撰
（清）沈世楷輯　清光緒十七年(1891)成文信
刻本　四冊

370000－1506－0003602　經047B(4)

詩經體註大全體要八卷　（清）高朝瓔撰
（清）沈世楷輯　清光緒十七年(1891)成文信
刻本　四冊

370000－1506－0003603　S1

摘方備要一卷　（清）□□撰　清光緒三十一
年(1905)上海書局石印本　一冊

山東省煙臺市慕湘藏書館古籍普查登記目録

全國古籍普查登記目録

國家圖書館出版社
National Library of China Publishing House

全國古籍普查登記目録

370000 - 1537 - 0000001   0001

說文解字十五卷 （漢）許慎撰 （宋）徐鉉等校定 清初毛氏汲古閣刻本 十六冊

370000 - 1537 - 0000002   0002

歐陽文忠公集近體樂府三卷 （宋）歐陽修撰 清宣統三年至民國六年（1911 - 1917）吳氏雙照樓刻本 一冊

370000 - 1537 - 0000003   0005

說文書目不分卷 葉銘編訂 清宣統二年（1910）西泠印社排印葉氏存古叢書本 一冊

370000 - 1537 - 0000004   0009

茅亭客話十卷 （宋）黃休復撰 清光緒江陰繆荃孫刻對雨樓叢書本 一冊

370000 - 1537 - 0000005   0015

芸窗叢話五集續集一卷 （清）郭芳蘭撰 清光緒十年（1884）紫泉郭氏刻本 五冊

370000 - 1537 - 0000006   0018

欠愁集一卷 （清）史震林撰 清光緒二十六年（1900）番禺沈氏刻拜鴛樓校刻四種本 一冊

370000 - 1537 - 0000007   0019

金壺七墨□□卷 （清）黃鈞宰撰 清同治十二年（1873）松江刻本 八冊 存六種十八卷（金壺浪墨八卷、金壺遯墨四卷、金壺逸墨二卷、金壺戲墨一卷、金壺醉墨一卷、金壺淚墨二卷）

370000 - 1537 - 0000008   0022

說文解字十五卷 （漢）許慎撰 （宋）徐鉉等校定 清同治十二年（1873）粵東書局刻古經解匯函本 四冊

370000 - 1537 - 0000009   0023

璿璣碎錦二卷 （清）萬樹撰 清光緒十四年（1888）似靜齋刻本 二冊

370000 - 1537 - 0000010   0024

繆篆分韻五卷補五卷 （清）桂馥撰 清光緒歸安姚覲元咫進齋刻本 一冊

370000 - 1537 - 0000011   0025

汲古閣說文訂不分卷 （清）段玉裁撰 清嘉慶二年（1797）吳縣袁廷檮五硯樓刻本 一冊

370000 - 1537 - 0000012   0026

碧血錄五卷 （清）莊仲方撰 清光緒八年（1882）上海同文書局石印本 五冊

370000 - 1537 - 0000013   0028

彙刻書目二十卷 （清）顧修撰 （清）朱學勤補輯 清光緒十二年至十五年（1886 - 1889）上海福瀛書局刻本 二十冊

370000 - 1537 - 0000014   0030

瓶水齋詩集十七卷別集二卷詩話一卷 （清）舒位撰 清光緒十二年（1886）刻本 八冊

370000 - 1537 - 0000015   0031

情天寶鑑十八卷 （明）馮夢龍撰 清光緒二十年（1894）石印本 六冊

370000 - 1537 - 0000016   0034

無稽讕語五卷 （清）王蘭泚纂 清刻本 五冊

370000 - 1537 - 0000017   0035

陶菴全集二十二卷首一卷末一卷 （明）黃淳燿撰 清乾隆二十六年（1761）刻本 六冊

370000 - 1537 - 0000018   0040

繪圖騙術奇談四卷 雷瑨輯 清宣統元年（1909）上海掃葉山房石印本 四冊

370000 - 1537 - 0000019   0041

新編分門古今類事二十卷 （宋）委心子輯 清光緒歸安陸氏刻十萬卷樓叢書本 五冊

370000 - 1537 - 0000020   0053

[安徽黟縣胡氏]五世傳知錄一卷 （清）胡文鎬輯 清刻本 一冊

370000 - 1537 - 0000021   0054

拍案驚異十八卷 （清）王浩撰 清光緒二十二年（1896）石印本 六冊

370000 - 1537 - 0000022   0055

野叟閒譚 （清）杜鄉漁隱撰 清光緒三十三年（1907）上海書局石印本 四冊

370000 – 1537 – 0000023　0057

覺覺菴筆記七卷　（□）□□撰　清嘉慶二十四年(1819)刻本　七册

370000 – 1537 – 0000024　0058

虞初續志十二卷　（清）鄭澍若輯　清咸豐元年(1851)刻本　四册

370000 – 1537 – 0000025　0059

不用刑審判書六卷　（清）魏息園撰　清光緒三十三年(1907)上海商務印書館排印本　二册

370000 – 1537 – 0000026　0060

齊雲山人文集一卷　（清）洪符孫撰　清光緒江陰繆荃孫刻雲自在龕叢書本　二册

370000 – 1537 – 0000027　0063

泰山道里記一卷　（清）聶鈫撰　清光緒刻本　一册

370000 – 1537 – 0000028　0067

寄傲山房塾課新增幼學故事瓊林四卷首一卷　（清）程允升撰　（清）鄒聖脈增補　清光緒二十七年(1901)有益堂刻本　四册

370000 – 1537 – 0000029　0073

藏園詩鈔不分卷　（清）游智開撰　清光緒刻本　傅增湘跋　一册

370000 – 1537 – 0000030　0079

讀文選日記一卷　（清）陳秉哲撰　清光緒刻學古堂日記本　一册

370000 – 1537 – 0000031　0080

荻華堂詩存二卷附錄一卷　（清）蔡琳撰　清光緒十八年(1892)丹陽束氏刻本　一册

370000 – 1537 – 0000032　0082

忱行錄一卷　（清）邵懿辰撰　清同治錢塘丁氏刻當歸草堂叢書本　一册

370000 – 1537 – 0000033　0083

評月樓遺詩二卷末一卷　（清）陳三陛撰　清嘉慶刻民國九年(1920)補刻本　一册

370000 – 1537 – 0000034　0092

前塵夢影錄二卷　（清）徐康撰　清光緒二十

三年(1897)元和江標刻元和江氏叢書本　一册

370000 – 1537 – 0000035　0095

問琴閣文錄二卷　（清）宋育仁撰　清刻本　一册

370000 – 1537 – 0000036　0099

香雪齋詩鈔四卷　（清）嚴鈖撰　清光緒十八年(1892)刻本　二册

370000 – 1537 – 0000037　0104

明季稗史彙編十六種二十七卷　（清）留雲居士輯　清都城琉璃廠刻本　十二册

370000 – 1537 – 0000038　0105

天一閣書目四卷　（清）范懋柱等撰　**天一閣碑目一卷**　（清）范懋敏撰　清嘉慶十三年(1808)揚州阮元文選樓刻本　十册

370000 – 1537 – 0000039　0107

明季北略二十四卷　（清）計六奇撰　清都城琉璃廠半松居士木活字本　十六册

370000 – 1537 – 0000040　0108

古籀拾遺三卷宋政和禮器文字考一卷　（清）孫詒讓撰　清光緒十六年(1890)刻本　四册

370000 – 1537 – 0000041　0109

熙朝新語十六卷　（清）余金撰　清道光六年(1826)刻本　四册

370000 – 1537 – 0000042　0110

隨安瑣記八卷　（清）沈憙祥撰　清光緒二十五年(1899)上海元記書局排印本　一册

370000 – 1537 – 0000043　0111

西俗雜誌一卷　（清）袁祖志撰　清光緒上海文藝齋刻本　一册

370000 – 1537 – 0000044　0114

柳崖外編八卷　（清）徐昆撰　清乾隆五十八年(1793)刻本　四册

370000 – 1537 – 0000045　0115

靄樓逸志六卷　（清）歐蘇撰　清嘉慶三年(1798)刻本　二册　存四卷(一至二、五至六)

370000－1537－0000046　0116
說文逸字二卷　（清）鄭珍撰　**附錄一卷**
（清）鄭知同撰　清咸豐八年（1858）刻本
二冊

370000－1537－0000047　0118
名原二卷　（清）孫詒讓撰　清光緒三十一年
（1905）刻本　一冊

370000－1537－0000048　0119
韻海鴛鴦十六卷　（清）崔騏編輯　清道光二
十五年（1845）仙源崔氏尋樂軒刻本　八冊

370000－1537－0000049　0120
篆書正四卷　（明）戴明說撰　清順治十四年
（1657）胡正言刻本　四冊

370000－1537－0000050　0121
廣韻五卷　（宋）陳彭年等撰　清康熙六年
（1667）陳上年、張仮刻本　四冊

370000－1537－0000051　0127
北東園筆錄全集四編二十四卷　（清）梁恭辰
撰　清光緒二十一年（1895）刻本　八冊

370000－1537－0000052　0129
石經考文提要十三卷　（清）彭元瑞撰　清刻
本　一冊

370000－1537－0000053　0130
述均十卷　（清）夏燮撰　清咸豐五年（1855）
鄱陽官廨刻本　二冊

370000－1537－0000054　0136
說文通訓定聲十八卷柬韻一卷　（清）朱駿聲
撰　清光緒十三年（1887）上海積山書局石印
本　八冊

370000－1537－0000055　0139
半可集四卷　（清）戴廷栻撰　清刻本　二冊

370000－1537－0000056　0141
石笥山房詩集十一卷詩餘一卷補遺二卷
（清）胡天游撰　清咸豐二年（1852）山陰胡鳴
泰刻本　四冊

370000－1537－0000057　0142
太上三元賜福赦罪解厄延生經誥一卷　（□）

□□撰　清刻本　一冊

370000－1537－0000058　0143
千文六書統要二卷千字文二卷篆灋偏旁正訛
歌一卷　（清）胡正言撰　清康熙十竹齋刻本
四冊

370000－1537－0000059　0144
寒松閣集八卷　（清）張鳴珂撰　清光緒十三
年（1887）刻本　一冊　存六卷（說文佚字攷
四卷、疑年賡錄二卷）

370000－1537－0000060　0145
談古偶錄二卷　（清）陳星瑞撰　清末排印本
一冊　存一卷（二）

370000－1537－0000061　0146
讀書脞錄七卷　（清）孫志祖撰　清光緒十三
年（1887）醉六堂刻本　二冊

370000－1537－0000062　0149
說文逸字二卷　（清）鄭珍撰　清同治、光緒
福山王氏刻天壤閣叢書本　一冊

370000－1537－0000063　0150
日本訪書志十六卷　楊守敬撰　清光緒二十
三年（1897）宜都楊守敬鄰蘇園刻本　八冊

370000－1537－0000064　0151
佛頂心觀世音菩薩大陀羅尼經二卷　明刻本
一冊　存三葉

370000－1537－0000065　0152
大元至元法寶勘同總錄十卷　（元）釋慶吉祥
等集　明刻本　一冊　存一卷（二）

370000－1537－0000066　0153
根本說一切有部毗柰耶五十卷　（唐）釋義淨
譯　明刻本　一冊　存一卷（三十一）

370000－1537－0000067　0154
邵亭詩鈔六卷　（清）莫友芝撰　清咸豐二年
（1852）遵義湘川講舍刻同治五年（1866）江寧
三山客舍補刻本　一冊

370000－1537－0000068　0154－2
邵亭遺詩八卷　（清）莫友芝撰　清光緒元年
（1875）獨山莫繩孫刻本　一冊

370000－1537－0000069　0156

柈湖文集十二卷　（清）吳敏樹撰　清光緒十九年(1893)思賢講舍刻本　四冊

370000－1537－0000070　0164

燕京歲時記一卷　（清）富察敦崇編　清光緒三十二年(1906)刻本　一冊

370000－1537－0000071　0165

與同閣稿一卷　（清）費軒撰　清刻本　一冊

370000－1537－0000072　0166

李氏五種合刊　（清）李兆洛撰　清光緒二十四年(1898)上海掃葉山房影印本　八冊

370000－1537－0000073　0172

歸田瑣記八卷　（清）梁章鉅撰　清道光二十五年(1845)刻本　四冊

370000－1537－0000074　0175

隨園瑣記二卷　（清）袁祖志撰　清光緒五年(1879)葛氏嘯園刻本　二冊

370000－1537－0000075　0177

滬遊雜記四卷　（清）葛元煦撰　清光緒二年(1876)武林葛氏嘯園刻本　四冊

370000－1537－0000076　0178

藤陰雜記十二卷　（清）戴璐撰　清光緒三年(1877)刻本　二冊

370000－1537－0000077　0180

悔翁筆記六卷　（清）汪士鐸撰　清光緒九年(1883)合肥張氏味古齋刻本　二冊

370000－1537－0000078　0181

讀書偶記八卷　（清）趙紹祖撰　清道光四年(1824)刻本　二冊

370000－1537－0000079　0182

熙朝宰輔錄不分卷　（清）潘世恩撰　清光緒三年(1877)刻本　一冊

370000－1537－0000080　0186

京塵雜錄四卷　（清）楊懋建撰　清末排印本　一冊

370000－1537－0000081　0187

370000－1537－0000082　0188

北平偶吟一卷　（清）王璞撰　清同治十年(1871)刻本　一冊

370000－1537－0000082　0188

退菴詩存二十五卷　（清）梁章鉅撰　清道光刻本　八冊

370000－1537－0000083　0189

薑露盦雜記六卷　（清）施山撰　清宣統三年(1911)會稽施煒刻本　二冊

370000－1537－0000084　0194

制義叢話二十四卷題名一卷　（清）梁章鉅撰　清咸豐刻本　八冊

370000－1537－0000085　0196

詞選二卷　（清）張惠言輯　茗柯詞一卷（清）張惠言撰　立山詞一卷　（清）張琦撰　清刻本　一冊

370000－1537－0000086　0197

續詞選二卷　（清）董毅輯　附錄一卷　（清）鄭善長輯　清刻本　一冊

370000－1537－0000087　0198

詞選二卷　（清）張惠言輯　附續詞選二卷（清）董毅輯　附錄一卷　（清）鄭善長輯　清同治六年(1867)刻本　一冊

370000－1537－0000088　0199

詞選二卷　（清）張惠言輯　附續詞選二卷（清）董毅輯　附錄一卷　（清）鄭善長輯　清道光十年(1830)刻本　一冊

370000－1537－0000089　0205

訒齋文鈔二卷詩鈔一卷手劄四卷家訓一卷（清）褚維垕撰　清光緒二十七年(1901)刻本　一冊　缺五卷(手劄四卷、家訓一卷)

370000－1537－0000090　0206

綿津山人詩集二十八卷　（清）宋犖撰　清康熙刻本　四冊

370000－1537－0000091　0207

正誼堂文集十二卷附錄一卷　（清）張伯行撰　清乾隆刻本　六冊

370000－1537－0000092　0208

睫闇詩鈔四卷　（清）裴景福撰　清刻本
二冊

370000－1537－0000093　0209

黃葉邨莊詩集八卷續集一卷後集一卷　（清）
吳之振撰　清光緒四年(1878)吳康壽刻本
四冊

370000－1537－0000094　0210

[即墨]黃宗昌鄉賢記一卷　（□）□□撰　清
康熙刻本　一冊

370000－1537－0000095　0212

曹娥江志八卷　（清）胡鳳丹輯　清光緒三年
(1877)永康胡氏退補齋刻本　一冊

370000－1537－0000096　0215

曹江孝女廟志八卷首一卷末一卷補遺一卷圖
一卷　（清）金廷棟撰　清光緒八年(1882)刻
本　二冊

370000－1537－0000097　0216

雲門顯聖寺志十六卷　（清）趙甸撰　清初刻
本　二冊

370000－1537－0000098　0219

武林元妙觀志四卷　（清）仰蘅撰　清光緒七
年(1881)刻本　一冊

370000－1537－0000099　0222

武林掌故叢編　（清）丁丙輯　清光緒錢塘丁
氏嘉惠堂刻本　一冊　存二種四卷(重陽庵
集一卷附刻一卷附錄一卷、西湖紀述一卷)

370000－1537－0000100　0223

天童寺志十卷　（清）聞性道　（清）釋德介撰
清刻本　四冊

370000－1537－0000101　0226

註釋唐詩三百首六卷　（清）孫洙輯　清李光
明莊刻本　二冊

370000－1537－0000102　0229

福州文廟敬事錄一卷　（□）□□撰　清光緒
刻本　一冊

370000－1537－0000103　0230

文廟思源錄一卷　（清）葉慶褆撰　（清）麻兆

慶考　清光緒五年(1879)梅溪縣署刻本
一冊

370000－1537－0000104　0235

明州阿育王山志十卷　（明）郭子章撰　明萬
曆刻本　五冊

370000－1537－0000105　0239

廣陵通典十卷　（清）汪中撰　清刻本　二冊

370000－1537－0000106　0240

常州賦不分卷　（清）褚邦慶編注　清光緒四
年(1878)刻本　一冊

370000－1537－0000107　0242

[繡像說唱海公奇案傳]　（□）□□撰　清光
緒十八年(1892)刻本　八冊

370000－1537－0000108　0243

詳註聊齋志異圖詠十六卷首一卷　（清）蒲松
齡撰　（清）呂湛恩註　清光緒十二年(1886)
上海同文書局石印本　八冊

370000－1537－0000109　0244

聊齋志異新評十六卷　（清）蒲松齡撰　（清）
王士禛評　（清）但明倫新評　（清）呂湛恩注
清光緒十年(1884)上海著易堂排印本
八冊

370000－1537－0000110　0248

函樓詩鈔十六卷　（清）易佩紳撰　清光緒八
年(1882)刻本　八冊

370000－1537－0000111　0249

四憶堂詩集六卷遺稿一卷　（清）侯方域撰
清同治十三年(1874)刻本　八冊

370000－1537－0000112　0249－2

壯悔堂文集十卷　（清）侯方域撰　（清）賈開
宗等選注　清刻本　四冊

370000－1537－0000113　0250

義門讀書記五十八卷　（清）何焯撰　清乾隆
刻光緒六年(1880)重修本　二十冊

370000－1537－0000114　0251

青芝山館詩集二十二卷　（清）樂鈞撰　清嘉
慶刻本(配補抄)　六冊

370000 - 1537 - 0000115　0252

笠翁一家言全集十六卷　（清）李漁撰　清世德堂刻本　十六冊

370000 - 1537 - 0000116　0256

使陝日記一卷駃征草一卷　（□）□□撰　清紅格抄本　一冊

370000 - 1537 - 0000117　0257

元穆日記三卷　（清）黃陵散人撰　清光緒十二年(1886)成都刻本　一冊

370000 - 1537 - 0000118　0258

乘查筆記二卷　（清）斌椿撰　清同治十年(1871)刻本　一冊

370000 - 1537 - 0000119　0260

節相壯遊日錄二卷　（清）桃溪漁隱　（清）惺新盦主輯　清光緒二十二年(1896)刻本　二冊

370000 - 1537 - 0000120　0265

秦輶日記一卷　（清）潘祖蔭撰　清刻本　一冊

370000 - 1537 - 0000121　0268

嵩嶽遊記四卷　席書錦撰　清光緒二十一年(1895)排印本　二冊

370000 - 1537 - 0000122　0273

東遊日記一卷　（清）黃慶澄撰　清光緒二十年(1894)刻本　一冊

370000 - 1537 - 0000123　0280

禹貢河流地理考一卷　（清）吳燕紹撰　清抄本　一冊

370000 - 1537 - 0000124　0281

呂氏家塾讀詩記三十二卷　（宋）呂祖謙撰　明萬曆四十一年(1613)陳龍光、蘇進等刻本（配補抄）　八冊

370000 - 1537 - 0000125　0282

家寶全集四集三十二卷　（清）石成金撰　清乾隆刻本　三十二冊

370000 - 1537 - 0000126　0286

[道光]重修蓬萊縣志十四卷首一卷　（清）王文燾修　（清）張本等纂　清道光十九年(1839)刻本　八冊

370000 - 1537 - 0000127　0286 - 2

[光緒]蓬萊縣續志十四卷　（清）鄭錫鴻（清）江瑞采修　（清）王爾植等纂　清光緒八年(1882)刻本　四冊

370000 - 1537 - 0000128　0287

[光緒]增修登州府志六十九卷首一卷　（清）方汝翼等修　（清）周悅讓等纂　清光緒七年(1881)刻本　二十冊

370000 - 1537 - 0000129　0288

西湖志四十八卷　（清）李衛修　（清）傅王露等纂　清雍正刻本　二十冊

370000 - 1537 - 0000130　0290

[雍正]重修太原縣志十六卷　（清）龔新（清）沈繼賢修　（清）高若岐等纂　清雍正九年(1731)刻本　四冊

370000 - 1537 - 0000131　0291

[光緒]平遙縣志十二卷　（清）恩端等修（清）武達材　（清）王舒萼纂　清光緒八年(1882)刻本　八冊

370000 - 1537 - 0000132　0293

[嘉定]赤城志四十卷　（宋）陳耆卿撰　清嘉慶二十三年(1818)臨海宋氏刻台州叢書本六冊

370000 - 1537 - 0000133　0305

皇朝諡法表十卷　（清）楊樹纂　清光緒二十八年(1902)刻本　二冊

370000 - 1537 - 0000134　0306

讀書法彙一卷　（清）杜貴墀撰　清光緒刻桐華閣叢書本　一冊

370000 - 1537 - 0000135　0310

新刻繪事指蒙一卷　（明）鄒德中撰　明萬曆胡氏文會堂刻本　一冊

370000 - 1537 - 0000136　0311

處分則例圖要六卷　（清）蔡逢年重修　清咸豐九年(1859)刻本　一冊

370000－1537－0000137　0312

漢鼓吹鐃歌曲句解一卷　（清）莊述祖撰　清道光十四年(1834)武進莊氏刻珍埶宧遺書本　一冊

370000－1537－0000138　0317

思補齋筆記八卷　（清）潘世恩撰　清刻本　一冊

370000－1537－0000139　0318

口頭吟二卷　（清）釋嘯溪撰　清道光刻本　一冊

370000－1537－0000140　0319

經古簃存草四卷　（清）葉廉鍔撰　清宣統三年(1911)刻本　二冊

370000－1537－0000141　0320

梅叟閒評四卷　（清）郝培元撰　（清）郝懿行注　清光緒十年(1884)東路廳署刻本　二冊

370000－1537－0000142　0323

通俗編十五卷　（清）翟灝撰　清嘉慶十四年(1809)李鼎元刻函海本　一冊

370000－1537－0000143　0330

香銷酒醒詞一卷　（清）趙慶熺撰　清同治七年(1868)刻本　二冊

370000－1537－0000144　0331

增補韻對千家詩集註四卷　（元）謝枋得撰　（清）王相註　清光緒五年(1879)刻本　一冊

370000－1537－0000145　0333

後村雜著三卷　（清）王文治撰　清康熙刻本　一冊

370000－1537－0000146　0338

鶴鳴集六卷　（清）方績撰　清光緒刻本　一冊

370000－1537－0000147　0339

水雲欸乃一卷泥爪詞一卷竹窗秋籟一卷悔餘詞一卷　（清）周天麟撰　月樓琴語一卷　（清）蕭恒貞撰　清光緒十七年(1891)石印本　一冊　缺二卷(水雲欸乃一卷、泥爪詞一卷)

370000－1537－0000148　0349

制義科瑣記四卷續制義科瑣記一卷　（清）李調元撰　清乾隆刻本　一冊

370000－1537－0000149　0350

尾蔗叢談四卷　（清）李調元撰　清光緒八年(1882)廣漢鍾登甲樂道齋刻函海本　一冊

370000－1537－0000150　0351

京塵雜錄四卷　（清）楊懋建撰　清光緒十二年(1886)上海同文書局石印本　四冊

370000－1537－0000151　0352

寫心偶存一卷續存一卷再存一卷　（清）張燮承撰　清咸豐八年(1858)刻本　二冊

370000－1537－0000152　0355

增補都門紀略不分卷　（清）楊靜亭編　清光緒九年(1883)刻本　十冊

370000－1537－0000153　0356

譚史志奇八卷　（清）姚崑厓輯　清光緒十四年(1888)五知堂刻本　四冊

370000－1537－0000154　0357

春草堂集　（清）謝堃撰　清光緒六年(1880)刻本　八冊　存三種九卷(書畫所見錄三卷、金玉瑣碎二卷、雨窗記所記四卷)

370000－1537－0000155　0358

鏡花水月八卷　（清）嫛東羽衣客撰　清嘉慶刻本　四冊

370000－1537－0000156　0359

浯溪考二卷　（清）王士禛撰　清康熙刻王漁洋遺書本　一冊

370000－1537－0000157　0366

十七帖疏證不分卷　（清）包世臣撰　清刻本　一冊

370000－1537－0000158　0367

三帖釋文不分卷　（清）雒園輯　清光緒十三年(1887)刻本　一冊

370000－1537－0000159　0374

增補都門紀略不分卷　（清）楊靜亭輯　（清）李靜山增補　清光緒二年(1876)刻本　六冊

370000－1537－0000160　0376

金源紀事詩八卷　（清）湯運泰撰　（清）湯顯業　（清）湯顯幹注　清同治十二年（1873）淮南書局刻本　四冊

370000－1537－0000161　0377

征異錄十二卷　（清）祇園居士校訂　清道光二年（1822）刻本　八冊

370000－1537－0000162　0379

玉如意全傳十六卷　（□）□□撰　清同治十三年（1874）刻本　十冊

370000－1537－0000163　0380

繡像風箏誤傳八卷三十二回　題（清）竹齋主人輯　清刻本　六冊

370000－1537－0000164　0381

繡像馬潛龍走國全傳十二卷　（□）□□撰　清宣統元年（1909）上海茂記書社石印本　十二冊

370000－1537－0000165　0383

真真豈有此理八卷　（清）梁溪瀟湘館輯　清光緒二十年（1894）上海書局石印本　四冊

370000－1537－0000166　0384

增像繪圖雙珠球十二卷四十九回　（清）黃子貞撰　清光緒三年（1877）刻本　六冊

370000－1537－0000167　0385

皆大歡喜四卷　（清）□□撰　清道光元年（1821）刻本　四冊

370000－1537－0000168　0386

重編留青新集二十四卷　（清）馮善長編　清光緒十四年（1888）上海宏文閣錫活字本　十一冊　缺二卷（二十三至二十四）

370000－1537－0000169　0388

更豈有此理四卷　（清）□□撰　清嘉慶五年（1800）刻本　四冊

370000－1537－0000170　0389

蜣階外史四卷　（清）陶樑撰　清咸豐四年（1854）刻本　六冊

370000－1537－0000171　0390

豈有此理四卷　（清）□□撰　清嘉慶四年（1799）刻本　四冊

370000－1537－0000172　0391

繡像荊釵全傳六卷二十回荊釵新詠一卷　（清）黃彥光撰　清光緒二年（1876）古虞喜雨山房刻本　八冊

370000－1537－0000173　0399

鳳凰山七十二卷七十二回　（□）□□撰　清海陵軒刻本　二十四冊

370000－1537－0000174　0400

海上青樓圖記四卷　（清）沁園主人繪圖　（清）惠蘭沅主輯　清光緒十八年（1892）上海華雨小築居石印本　四冊

370000－1537－0000175　0401

儷白妃黃冊八卷　（清）董恂輯　清同治刻本　一冊

370000－1537－0000176　0402

儷白妃黃冊八卷　（清）董恂輯　清同治十二年（1873）同文館排印本　二冊

370000－1537－0000177　0404

新註韻對千家詩四卷　（清）王相選註　（清）任福祐重輯　清同治十三年（1874）京都文成堂刻本　一冊

370000－1537－0000178　0405

龍文鞭影四卷　（明）蕭良有撰　（清）楊臣静增訂　（清）李恩綬校補　清光緒十一年（1885）南京李光明莊刻本　四冊

370000－1537－0000179　0413

嶺南集八卷　（清）杭世駿撰　清光緒七年（1881）學海堂刻本　二冊

370000－1537－0000180　0414

白香亭詩三卷　（清）鄧輔綸撰　清光緒十九年（1893）東河督署刻本　二冊

370000－1537－0000181　0418

抱山集選一卷　（清）王士禧撰　（清）王士禛輯　清康熙刻本　一冊

370000－1537－0000182　0419

古鉢集選一卷　（清）王士祜撰　（清）王士禛輯　清康熙刻後印本　一冊

370000－1537－0000183　0420

雍益集一卷　（清）王士禛撰　清康熙刻本　一冊

370000－1537－0000184　0421

漁洋詩話三卷　（清）王士禛撰　清乾隆二十三年(1758)益都李文藻竹西書屋刻本　朱文批注　三冊

370000－1537－0000185　0422

南海集二卷　（清）王士禛撰　清康熙刻本　一冊

370000－1537－0000186　0423

聽雨山房詩鈔三卷應制賦鈔一卷應制詩鈔一卷頌冊鈔存一卷　（清）秦維嶽撰　清刻本　六冊

370000－1537－0000187　0425

二林居集二卷　（清）彭紹升撰　清光緒刻本　二冊

370000－1537－0000188　0426

西巡回鑾始末記六卷　（日本）吉田良太郎譯　（清）八泳樓主人錄　清光緒三十二年(1906)石印本　六冊

370000－1537－0000189　0427

五大洲述異錄四卷　（清）管斯駿輯　清光緒二十二年(1896)上海書局石印本　四冊

370000－1537－0000190　0428

天涯聞見錄四卷　（清）魏祝亭撰　清光緒二十二年(1896)積山書局石印本　四冊

370000－1537－0000191　0429

二林居集二十四卷　（清）彭紹升撰　清光緒七年(1881)長洲彭祖賢刻本　六冊

370000－1537－0000192　0430

讀書叢錄二十四卷　（清）洪頤煊撰　清光緒十三年(1887)吳氏醉六堂刻本　六冊

370000－1537－0000193　0431

初白菴詩評三卷　（清）查慎行撰　（清）張載華輯　清乾隆四十二年(1777)張氏涉園觀樂堂刻本　三冊

370000－1537－0000194　0432

商芝山館詩鈔四卷　（清）周瀛撰　清道光八年(1828)刻本　二冊

370000－1537－0000195　0433

芙蓉山館詩稿六卷詞稿二卷　（清）楊芳燦撰　清乾隆五十七年(1792)刻本　二冊

370000－1537－0000196　0434

五代詩話十二卷漁洋詩話三卷　（清）王士禛撰　清乾隆十三年(1748)養素堂刻本　五冊

370000－1537－0000197　0435

香祖筆記十二卷　（清）王士禛撰　清康熙刻本　十二冊

370000－1537－0000198　0436

芙蓉山館文鈔不分卷　（清）楊芳燦撰　清嘉慶刻本　一冊

370000－1537－0000199　0437

粵行三志三卷　（清）王士禛撰　清康熙刻本　二冊

370000－1537－0000200　0438

御選唐詩一卷御選宋元明詩一卷　（清）□□輯　清刻本　二冊

370000－1537－0000201　0439

壽藤齋詩三十五卷　（清）鮑倚雲撰　清嘉慶十三年(1808)鮑桂星刻本　八冊　缺三卷（八、十三至十四）

370000－1537－0000202　0440

紫栢老人集二十九卷首一卷　（明）釋真可撰　清刻本　十冊

370000－1537－0000203　0441

印雪軒詩鈔十六卷　（清）俞鴻漸撰　清道光二十七年(1847)德清俞氏刻本　四冊

370000－1537－0000204　0445

古懽錄八卷　（清）王士禛撰　清康熙快宜堂刻本　二冊

370000－1537－0000205　0446

王壯武公遺集二十四卷　（清）王鑫撰　**王壯武公年譜二卷**　（清）羅正鈞撰　清光緒十八年(1892)湘鄉王氏刻本　十二冊

370000－1537－0000206　0447

陪京雜述一卷首一卷　（清）繆東霖撰　清光緒刻本　一冊

370000－1537－0000207　0448

都門贅語一卷　（清）韓又黎撰　清刻本　一冊

370000－1537－0000208　0449

朝市叢載七卷　（清）楊靜亭編　（清）李虹若重編　清光緒刻本　八冊

370000－1537－0000209　0450

新鐫批評繡像玉嬌梨小傳八卷二十四回　（清）荑秋散人編次　清刻本　二冊

370000－1537－0000210　0451

西遊真詮八卷一百回　（明）吳承恩撰　（清）陳士斌詮解　清式文齋刻本　四冊

370000－1537－0000211　0452

元朝秘史十五卷　（元）□□撰　（元）李文田注　清光緒二十九年(1903)石印本　二冊

370000－1537－0000212　0454

大清一統史十一卷　（日本）佐藤楚材輯　清光緒二十八年(1902)排印本　四冊

370000－1537－0000213　0459

天咫偶聞十卷　（清）震鈞撰　清光緒三十三年(1907)甘棠轉舍刻本　墨筆批注　八冊

370000－1537－0000214　0462

新刻呼家後代全本南音五卷新刻後續呼家後代全本南音三卷　（□）□□撰　清佛山芹香閣刻本　二冊

370000－1537－0000215　0464

衛生集三卷　（清）華梧棲輯　清光緒刻本　一冊

370000－1537－0000216　0465

三國佛教畧史三卷　（日本）島地墨雷　（日本）生田得能撰　清宣統三年(1911)京師龍泉孤兒院石印本　一冊

370000－1537－0000217　0468

松風閣詩鈔二十五卷　（清）彭蘊章撰　清同治三年(1864)刻本　八冊

370000－1537－0000218　0469

後甲集二卷　（清）章大來撰　清康熙刻本　二冊

370000－1537－0000219　0471

鷗陂漁話六卷吹網錄六卷　（清）葉廷琯撰　清同治八年(1869)刻本　四冊

370000－1537－0000220　0472

墨花香館詩存八卷　（清）慶康撰　清光緒二十一年(1895)刻本　二冊

370000－1537－0000221　0474

甌北詩鈔十七卷　（清）趙翼撰　清乾隆五十六年(1791)湛貽堂刻本　四冊

370000－1537－0000222　0475

汪氏說鈴一卷　（清）汪琬撰　清雍正十二年(1734)刻本　一冊

370000－1537－0000223　0476

彂甫五嶽集二十卷　（清）桑調元撰　清乾隆修汲堂刻本　六冊

370000－1537－0000224　0477

來雲閣詩六卷　（清）金和撰　清光緒十八年(1892)丹陽束氏刻本　二冊

370000－1537－0000225　0479

獨旦集八卷　（清）高士奇撰　清康熙刻本　二冊

370000－1537－0000226　0480

味眞閣詩鈔十二卷　（清）張安保撰　清道光二十七年(1847)刻本　二冊

370000－1537－0000227　0481

虛受堂詩存十五卷　王先謙撰　清光緒二十八年(1902)刻本　四冊

370000－1537－0000228　0483

增訂今雨堂詩墨注四卷　（清）金甡撰　（清）
洪鐘注　清乾隆三十四年(1769)今雨堂刻本
　二冊

370000 – 1537 – 0000229　0484

劉禮部集十二卷　（清）劉逢祿撰　清道光十
年(1830)思誤齋刻本　六冊

370000 – 1537 – 0000230　0485

寒松閣詩八卷詞四卷駢體文一卷續一卷
（清）張鳴珂撰　清光緒十九年(1893)刻本
四冊

370000 – 1537 – 0000231　0486

知足齋詩集二十卷目錄一卷　（清）朱珪撰
清嘉慶十年(1805)刻本　十冊

370000 – 1537 – 0000232　0487

石林燕語辨十卷　（宋）汪應辰撰　石林燕語
校一卷　葉德輝撰　清光緒三十四年(1908)
葉氏觀古堂刻本　一冊

370000 – 1537 – 0000233　0488

鹿洲公案二卷　（清）藍鼎元撰　清光緒七年
(1881)刻本　二冊

370000 – 1537 – 0000234　0489

宛湄書屋遺詩後集二卷續錄一卷　（清）李光
廷撰　清刻本　一冊

370000 – 1537 – 0000235　0490

歷代古詞一卷　（□）□□撰　清末排印本
一冊

370000 – 1537 – 0000236　0491

瑣事閒錄二卷續編二卷　（清）張昀撰　清咸
豐刻本　二冊　存二卷(續編二卷)

370000 – 1537 – 0000237　0492

歷代史略鼓詞一卷　（明）賈應寵撰　清光緒
三十四年(1908)排印本　一冊

370000 – 1537 – 0000238　0494

消愁集二卷　（清）郭沈蔣英撰　清光緒三十
三年(1907)刻本　一冊

370000 – 1537 – 0000239　0495

哀江南賦不分卷　（北周）庾信撰　清刻本

佚名墨筆批校　一冊

370000 – 1537 – 0000240　0500

十五人傳二十四回　（清）周士珠撰　清刻本
　一冊　存四卷(十三至十六)

370000 – 1537 – 0000241　0505

胡文忠公撫鄂書牘一卷　（清）胡林翼撰　清
抄本　一冊

370000 – 1537 – 0000242　0506

高士傳三卷　（晉）皇甫謐撰　清刻本　一冊

370000 – 1537 – 0000243　0509

返生香一卷　（明）葉小鸞撰　疏香閣附集一
卷　（明）沈自炳等撰　窈聞一卷續一卷
（明）葉紹袁撰　清光緒二十二年(1896)葉衍
蘭羊城刻本　二冊

370000 – 1537 – 0000244　0510

返生香一卷　（明）葉小鸞撰　疏香閣附集一
卷　（明）沈自炳等撰　窈聞一卷續一卷
（明）葉紹袁撰　清光緒二十二年(1896)葉衍
蘭羊城刻本　二冊

370000 – 1537 – 0000245　0513

交翠軒筆記四卷　（清）沈濤撰　清光緒貴池
劉氏刻聚學軒叢書本　二冊

370000 – 1537 – 0000246　0516

悔翁詩鈔十五卷補鈔一卷　（清）汪士鐸撰
清光緒吳氏桐鼓軒刻民國二十四年(1935)燕
京大學圖書館補刻本　四冊

370000 – 1537 – 0000247　0517

二波軒詩選四卷詞選四卷　（清）王嘉福撰
清道光刻本　佚名批注　二冊　存二卷(詩
選一、詞選一)

370000 – 1537 – 0000248　0518

國朝金陵詞鈔八卷附一卷　（清）陳作霖輯
清光緒二十八年(1902)刻本　四冊

370000 – 1537 – 0000249　0527

字學舉隅一卷　（清）黃本驥　（清）龍啟瑞撰
　清刻本　一冊

370000 – 1537 – 0000250　0528

字學舉隅一卷　（清）黃本驥　（清）龍啟瑞撰　清同治十年(1871)刻本　一冊

370000－1537－0000251　0529
重校字學舉隅一卷　（清）黃本驥　（清）龍啟瑞撰　清光緒二年(1876)刻本　一冊

370000－1537－0000252　0531
丹鉛雜錄十卷　（明）楊慎撰　（清）李調元定　清乾隆綿州李調元刻函海本　一冊

370000－1537－0000253　0536
小學韻語一卷　（清）羅澤南撰　清光緒七年(1881)聯雅齋刻本　一冊

370000－1537－0000254　0539
四庫全書辯證通俗文字一卷　（清）陸費墀撰　（清）王朝梧增補　清道光刻本　一冊

370000－1537－0000255　0541
皇象本急就章一卷　（漢）史游撰　（清）鈕樹玉校　清光緒元和江氏湖南使院刻靈鶼閣叢書本　一冊

370000－1537－0000256　0545
說文部首歌一卷　（清）苗夔撰　清宣統三年(1911)刻本　一冊

370000－1537－0000257　0546
文字蒙求四卷　（清）王筠撰　清光緒十三年(1887)刻本　一冊

370000－1537－0000258　0549
山西寧武府忠義孝弟祠觀法錄一卷　（清）吳鴻恩輯　清光緒二十四年(1898)刻本　一冊

370000－1537－0000259　0551
海防事例不分卷　（清）戶部纂　清光緒活字印本　一冊

370000－1537－0000260　0552
劉古愚先生傳一卷　陳三立撰　清刻本　一冊

370000－1537－0000261　0553
[河北]定興鹿氏簡明世表一卷　（清）鹿瀛理纂修　清光緒二十三年(1897)刻本　一冊

370000－1537－0000262　0555
合肥相國壽言一卷　（清）袁昶撰　清光緒桐廬袁昶刻漸西村舍叢刻本　一冊

370000－1537－0000263　0560
國朝書人輯略十一卷首一卷　（清）震鈞輯　清光緒三十四年(1908)金陵刻本　八冊

370000－1537－0000264　0562
題江南曾文正公祠百詠一卷　朱孔彰撰　清光緒十三年(1887)金陵刻民國二十四年(1935)朱師轍補刻本　一冊

370000－1537－0000265　0568
金陵待徵錄十卷　（清）金鰲輯　清光緒二年(1876)金陵刻本　二冊

370000－1537－0000266　0571
隴秦詩鈔三卷　（清）三壽撰　清同治刻本　一冊

370000－1537－0000267　0581
楹聯錄存三卷附錄一卷　（清）俞樾撰　清光緒二十年(1894)刻本　一冊

370000－1537－0000268　0582
格言聯璧一卷　（清）金纓編　清光緒四年(1878)永盛齋刻字鋪刻本　一冊

370000－1537－0000269　0583
莫愁湖楹聯便覽一卷　（清）釋壽安輯　清光緒刻本　一冊

370000－1537－0000270　0584
龍山社謎不分卷　（清）賦筍齋主人輯　清光緒六年(1880)刻本　一冊

370000－1537－0000271　0585
棔鞠錄二卷　（清）朱祖謀編　清宣統元年(1909)南陵徐乃昌排印本　一冊

370000－1537－0000272　0588
隨園瑣記二卷　（清）袁祖志撰　清光緒五年(1879)刻本　一冊

370000－1537－0000273　0589
明湖四客詞鈔四卷　（清）趙國華輯　清同治十三年(1874)刻本　一冊

370000－1537－0000274　0594

荔村草堂詩續鈔一卷　（清）譚宗浚撰　清宣統二年(1910)京師刻本　一冊

370000－1537－0000275　0595

先正讀書訣一卷　（清）周永年輯　清光緒四年(1878)歷城周兆慶刻本　一冊

370000－1537－0000276　0600

眼學偶得一卷　羅振玉撰　清光緒刻本　一冊

370000－1537－0000277　0601

帶經堂詩話三十卷首一卷　（清）王士禛撰　（清）張宗柟輯　清乾隆二十七年(1762)南曲舊業刻本　四冊

370000－1537－0000278　0602

感舊集十六卷　（清）王士禛選　（清）盧見曾補傳　清乾隆十七年(1752)德州盧見曾雅雨堂刻本　佚名批校　八冊

370000－1537－0000279　0603

蒿菴集三卷拾遺一卷附錄一卷蒿菴閒話二卷　（清）張爾岐撰　清光緒十五年(1889)山東書局刻本　三冊

370000－1537－0000280　0604

名賢手札不分卷　（清）郭慶藩輯　清光緒十年(1884)湘陰郭氏岵瞻堂刻本　四冊

370000－1537－0000281　0605

湖南省實缺司道以下及正佐教職簡明官冊一卷　（□）□□撰　清宣統二年(1910)排印本　一冊

370000－1537－0000282　0609

平臺紀略一卷　（清）藍鼎元撰　（清）王者輔評點　清雍正十年(1732)刻鹿洲全集本　一冊

370000－1537－0000283　0610

酌中志餘二卷　（明）劉若愚撰　清光緒七年(1881)刻本　二冊

370000－1537－0000284　0616

五代新樂府不分卷　（清）徐寶善撰　清刻本　一冊

370000－1537－0000285　0618

歷代帝王法帖釋文十卷　（清）徐朝弼集釋　清嘉慶十七年(1812)刻本　一冊

370000－1537－0000286　0619

思痛記二卷　（清）李圭撰　清光緒六年(1880)李氏師一齋刻本　一冊

370000－1537－0000287　0620

曾文正公大事記一卷　王闓運撰　清末石印本　一冊

370000－1537－0000288　0621

宦遊紀略二卷　（清）高廷瑤撰　誥授朝議大夫晉封通奉大夫廣東廣州府知府高公家傳　（清）唐樹義撰　清光緒九年(1883)資中官廨刻本　一冊

370000－1537－0000289　0622

甬上族望表二卷　（清）全祖望撰　清刻本　一冊

370000－1537－0000290　0624

歷屆禁山碑文一卷　（□）□□撰　清光緒三十二年(1906)刻本　一冊

370000－1537－0000291　0625

[籌辦同治大婚典禮冊]一卷　（□）□□撰　清刻本　一冊

370000－1537－0000292　0626

[籌辦光緒大婚典禮冊]一卷　（□）□□撰　清刻本　一冊

370000－1537－0000293　0627

燼餘錄二編　（元）徐大焯撰　清刻本　一冊

370000－1537－0000294　0629

癸辛雜識前集一卷後集一卷續集二卷別集二卷　（宋）周密撰　清初會稽商氏半野堂刻稗海本　一冊　存一卷(前集一卷)

370000－1537－0000295　0630

杜陽雜編三卷　（唐）蘇鶚撰　清初會稽商氏半野堂刻稗海本　一冊

370000－1537－0000296　0632

巖下放言三卷　（宋）葉夢得撰　清光緒三十

年（1904）葉德輝觀古堂刻本　一冊

370000 – 1537 – 0000297　0635

怪吟雜錄二卷　（清）蔡紹周撰　清光緒鄒存
淦師竹友蘭室抄本　一冊

370000 – 1537 – 0000298　0636

弈藏一卷　（□）□□撰　清抄本　一冊

370000 – 1537 – 0000299　0637

五公山人傳一卷　（清）王餘佑撰　（清）李興
祖編　清抄本　二冊

370000 – 1537 – 0000300　0639

翠娛閣評選紀遊一卷　（明）陸雲龍評注　明
崇禎崢霄館刻本　一冊

370000 – 1537 – 0000301　0641

六韜六卷　（周）呂望撰　清抄本　一冊

370000 – 1537 – 0000302　0643

新刻侯美容大鬧賢關鎮絲帶記二卷　（□）
□□撰　清刻本　一冊

370000 – 1537 – 0000303　0644

新刻說唱真本義夫節婦何文秀全傳一卷
（□）□□撰　清刻本　一冊

370000 – 1537 – 0000304　0646

三笑新編十二卷四十八回　（清）吳信天撰
清光緒四年（1878）刻本　十二冊

370000 – 1537 – 0000305　0648

產寶不分卷　（清）倪枝維撰　清光緒三十二
年（1906）拳石山房石印本　一冊

370000 – 1537 – 0000306　0649

繡像文武香球十二卷七十二回　（清）二酉室
主人編　清同治二年（1863）刻本　十二冊

370000 – 1537 – 0000307　0650

繡像雙珠鳳全傳十二卷八十回　（清）一葉主
人撰　清光緒十八年（1892）刻本　十二冊

370000 – 1537 – 0000308　0652

梅花韻全傳十卷四十二回　（□）□□撰　清
刻本　十冊

370000 – 1537 – 0000309　0653

繪真記四十卷　（清）邀月樓主人撰　清刻本
六冊

370000 – 1537 – 0000310　0655

蝴蝶盃鼓詞全部三卷　（□）□□撰　清光緒
三十三年（1907）上海書局石印本　三冊

370000 – 1537 – 0000311　0656

新刻五女興唐傳四卷四十二回　（□）□□撰
清光緒三十二年（1906）萃文齋石印本
四冊

370000 – 1537 – 0000312　0657

新刻繡像回龍傳四卷　（□）□□撰　清宣統
二年（1910）上海章福記石印本　四冊

370000 – 1537 – 0000313　0662

繡像巧連珠四卷二十四回　（□）□□撰　清
宣統二年（1910）茂記書莊影印本　四冊

370000 – 1537 – 0000314　0663

新增全圖蜻蜓奇緣四卷四十回　（□）□□撰
清光緒二十一年（1895）石印本　四冊　缺
一卷（一）

370000 – 1537 – 0000315　0664

新刻燕王掃北四卷二十四回　（□）□□撰
清末上海錦章書局石印本　四冊

370000 – 1537 – 0000316　0666

繪圖續再生緣十六卷十六回　（清）侯芝撰
清末上海錦章書局石印本　八冊

370000 – 1537 – 0000317　0669

新刻孟州八卷　（□）□□撰　清光緒三十一
年（1905）上海書局石印本　八冊

370000 – 1537 – 0000318　0670

繪圖巧奇冤全傳十卷　（□）□□撰　清光緒
二十年（1894）珍藝書局刻本　六冊

370000 – 1537 – 0000319　0672

繡像天門陣四卷三十八回　（□）□□撰　清
末民初石印本　四冊

370000 – 1537 – 0000320　0673

繪圖紅梅閣鼓詞六卷五十六回　（□）□□撰
清末石印本　六冊

370000－1537－0000321　0680

艮居文鈔一卷　（清）蔡壽臻撰　清光緒三十年(1904)刻本　一冊

370000－1537－0000322　0687

匡山叢話五卷　（清）鵲華館主人編集　清道光十一年(1831)刻本　二冊

370000－1537－0000323　0688

白下瑣言十卷　（清）甘熙撰　清光緒十六年(1890)江甯傅氏築野堂刻民國十五年(1926)江甯甘氏印本　四冊

370000－1537－0000324　0691

甌缽羅室書畫過目考四卷首一卷附一卷（清）李玉棻撰　清光緒榮氏三樂堂排印本四冊

370000－1537－0000325　0694

侯鯖新錄五卷　（清）沈飽山輯　清光緒二年(1876)上海機器印書局排印本　五冊

370000－1537－0000326　0695

守愚齋筆存二卷　吳錦章撰　清光緒刻本一冊

370000－1537－0000327　0696

愚荃敝帚二卷　（清）李文安撰　清光緒九年(1883)上海同文書局石印本　一冊

370000－1537－0000328　0702

瓏璠僊館彙輯二十世紀奇書□□卷　（清）陳琰編輯　清宣統三年(1911)上海六藝書局石印本　八冊　存三十卷(藝苑叢話十六卷、塵海妙品十四卷)

370000－1537－0000329　0704

續客窗閒話八卷　（清）吳熾昌撰　清光緒元年(1875)刻本　四冊

370000－1537－0000330　0706

呂氏春秋二十六卷　（漢）高誘注　（清）畢沅校　附考一卷　（清）畢沅輯　清乾隆五十三年(1788)畢氏靈巖山館刻經訓堂叢書本二冊

370000－1537－0000331　0707

娛親雅言六卷　（清）嚴元照撰　清光緒十一年(1885)嘉平弢園王氏活字印本　四冊

370000－1537－0000332　0709

質疑刪存三卷　（清）張宗泰撰　清光緒十八年(1892)聚學軒刻本　一冊

370000－1537－0000333　0717

孫淵如先生全集　（清）孫星衍撰　清光緒二十年(1894)湖南思賢書局刻本　十冊

370000－1537－0000334　0718

孫淵如先生全集　（清）孫星衍撰　清光緒二十年(1894)湖南思賢書局刻本　十冊

370000－1537－0000335　0719

聊齋志異合評十二卷　（清）蒲松齡撰　（清）王士禎等評　清光緒十七年(1891)刻朱墨套印本　十一冊　缺一卷(十二)

370000－1537－0000336　0720

清尊集十六卷　（清）汪遠孫輯　附錄一卷清道光錢塘汪氏振綺堂刻本　八冊

370000－1537－0000337　0721

玲瓏簾詞一卷　（清）吳焯撰　清末刻本一冊

370000－1537－0000338　0724

歷代輿地沿革險要圖不分卷　楊守敬　（清）饒敦秩撰　清光緒三十年(1904)石印本一冊

370000－1537－0000339　0726

長江圖說十二卷首一卷　（清）馬徵麟撰　清同治九年(1870)金陵提署刻本　四冊　存四卷(九至十二)

370000－1537－0000340　0727

江南安徽全圖一卷　（清）劉籌纂修　清光緒二十二年(1896)點石齋石印本　一冊

370000－1537－0000341　0728

尚書釋天六卷　（清）盛百二撰　清乾隆刻本四冊

370000－1537－0000342　0729

尚書後案三十卷尚書後辨一卷　（清）王鳴盛

撰　清乾隆四十五年(1780)刻本　二冊

370000－1537－0000343　0730
四書解義七卷 （清）李光地撰　清康熙刻本
　朱筆批註　四冊

370000－1537－0000344　0731
袁文箋正十六卷 （清）袁枚撰　**補注一卷**
（清）石韞玉箋　清嘉慶十七年(1812)刻本
六冊

370000－1537－0000345　0732
周禮十二卷 （漢）鄭玄注　（唐）陸德明音義
　清光緒十二年(1886)湖北官書處刻本　朱
墨筆批注　六冊

370000－1537－0000346　0733
楚辭新集註八卷 （清）屈復撰　清乾隆三年
(1738)刻本(配補抄)　朱墨筆批註　四冊

370000－1537－0000347　0734
莊子南華真經四卷 （唐）陸德明音義　明閔
齊伋刻三子合刊朱墨套印本　六冊

370000－1537－0000348　0735
孟子二卷 （宋）蘇洵批點　明萬曆閔齊伋刻
三經評註三色套印本　一冊

370000－1537－0000349　0737
莊子獨見三十三卷 （戰國）莊周撰　（清）胡
文英評釋　清乾隆刻本　六冊

370000－1537－0000350　0738
戰國策十卷 （宋）鮑彪校注　清武林二餘堂
刻本　八冊

370000－1537－0000351　0739
儀禮十七卷校錄一卷 （漢）鄭玄注　（清）黃
丕烈校錄　清嘉慶二十年(1815)吳縣黃氏讀
未見書齋刻本　一冊

370000－1537－0000352　0740
盧齋考工記解二卷 （宋）林希逸撰　清康熙
十九年(1680)通志堂刻通志堂經解本　二冊

370000－1537－0000353　0741
呂氏春秋二十六卷 題（宋）陸游評　（明）凌
稚隆批　明萬曆四十八年(1620)凌毓枬刻朱

墨套印本　八冊

370000－1537－0000354　0742
樊山全集 樊增祥撰　清光緒十九年至二十
八年(1893－1902)渭安縣署、西安臬署刻本
　二十四冊

370000－1537－0000355　0743
**鮚埼亭集三十八卷首一卷世譜一卷年譜一卷
外編五十卷經史問答十卷** （清）全祖望撰
清同治十一年(1872)刻本　十冊

370000－1537－0000356　0744
**揅經室集一集十四卷二集八卷三集五卷四集
二卷詩十一卷續集十一卷再續集六卷外集五
卷** （清）阮元撰　清刻本　二十四冊

370000－1537－0000357　0745
潛研堂文集五十卷詩集十卷詩續集十卷
(清)錢大昕撰　清光緒十年(1884)長沙龍氏
家塾刻本　十四冊

370000－1537－0000358　0746
**鮚埼亭集三十八卷首一卷世譜一卷年譜一卷
外編五十卷經史問答十卷** （清）全祖望撰
清同治十一年(1872)刻本　十冊

370000－1537－0000359　0749
何義門先生集十二卷家書四卷附錄一卷
(清)何焯撰　（清）吳蔭培編　清宣統元年
(1909)平江吳氏刻本　二冊　存四卷(家書
四卷)

370000－1537－0000360　0750
白田風雅二十四卷 （清）朱彬輯　清光緒十
二年(1886)金陵刻本　四冊

370000－1537－0000361　0751
鮚埼亭詩集十卷 （清）全祖望撰　清光緒慈
溪童賡年刻本　四冊

370000－1537－0000362　0752
坐花閣詩餘一卷 （清）吳之騄撰　清宣統二
年(1910)吳蔭培刻本　一冊

370000－1537－0000363　0758
七子詩選十四卷 （清）沈德潛選　清乾隆十

八年(1753)刻本　二冊

370000－1537－0000364　0763

天弢閣詩鈔四卷　(清)李寶翰撰　清光緒十四年(1888)武進李氏木活字印本　二冊

370000－1537－0000365　0764

談異八卷　(清)伊園撰　清光緒十九年(1893)刻本(配慕湘補鈔)　四冊

370000－1537－0000366　0768

對山書屋墨餘錄十六卷　(清)毛祥麟撰　清同治九年(1870)刻本　八冊

370000－1537－0000367　0769

見聞錄四卷　(清)徐嶽撰　清乾隆大德堂刻本　四冊

370000－1537－0000368　0771

夢厂雜著七種十卷　(清)俞蛟撰　清道光八年(1828)刻本　十一冊

370000－1537－0000369　0772

忠雅堂文集十二卷詩集二十七卷補遺二卷詞集二卷　(清)蔣士銓撰　清刻本　十八冊

370000－1537－0000370　0773

說冷話一卷　(清)襧襏道人輯　清光緒十年(1884)刻本　一冊

370000－1537－0000371　0774

夢夢錄二卷　(清)亞伶散人撰　清刻本　一冊

370000－1537－0000372　0781

粵東金石略九卷首一卷附二卷　(清)翁方綱撰　清乾隆三十六年(1771)石州草堂刻本　二冊

370000－1537－0000373　0782

金石三例十五卷　(清)盧見曾輯　清光緒四年(1878)南海馮氏讀有用書齋刻朱墨套印本　二冊　存五卷(墓銘舉例四卷、金石要例一卷)

370000－1537－0000374　0783

金石三例十五卷　(清)盧見曾輯　清乾隆二十年(1755)德州盧見曾雅雨堂刻本　二冊

370000－1537－0000375　0787

夢痕錄節鈔不分卷　(清)汪輝祖撰　(清)何士祁節抄　清刻本　一冊

370000－1537－0000376　0788

汪龍莊先生遺書　(清)汪輝祖撰　清光緒山東書局刻本　六冊　存八種十五卷(學治臆說二卷、學治續說一卷、學治說贅一卷、佐治藥言一卷、續佐治藥言一卷、病榻夢痕錄二卷、夢痕錄餘一卷、雙節堂庸訓六卷)

370000－1537－0000377　0789

邵子湘全集三十卷　(清)邵長蘅撰　邵氏家錄二卷　清康熙青門草堂刻本　十冊

370000－1537－0000378　0790

樓山詩集六卷　(清)王恕撰　銅梁山人詞四卷芸籤偶存二卷　(清)王汝璧撰　清光緒二十年(1894)京師刻本　二冊

370000－1537－0000379　0791[1]

延秋吟館詩鈔四卷　(清)張聯桂撰　清光緒十一年(1885)刻本　一冊

370000－1537－0000380　0791[2]

延秋吟館詩續鈔四卷　(清)張聯桂撰　清光緒十八年(1892)江都張聯桂粵西節署刻本　一冊

370000－1537－0000381　0792

平遠山房詩鈔四卷　(清)李廷敬撰　清稿本　二冊

370000－1537－0000382　0793

補學軒詩集八卷　(清)鄭獻甫撰　清咸豐十年(1860)刻本　四冊

370000－1537－0000383　0794

桐華舸詩鈔八卷　(清)鮑瑞駿撰　清同治刻本　四冊

370000－1537－0000384　0795

雅安書屋文集二卷詩集四卷　(清)汪㮚撰　清道光二十四年(1844)刻本　四冊

370000－1537－0000385　0796

韞山堂文集八卷詩集十六卷　(清)管世銘撰

清光緒二十年(1894)刻本　五冊

370000－1537－0000386　0797
芙蓉山館全集二十卷　(清)楊芳燦撰　清光緒十七年(1891)木活字本　八冊

370000－1537－0000387　0798
堯峰文鈔五十卷　(清)汪琬撰　(清)林佶編　清康熙三十二年(1693)林佶寫刻本　六冊

370000－1537－0000388　0799
因寄軒文初集十卷二集六卷補遺一卷　(清)管同撰　清道光十三年(1833)刻本　四冊

370000－1537－0000389　0802
[雍正]朔州志十二卷　(清)汪嗣聖修　(清)王霱纂　清雍正十三年(1735)刻民國二十五年(1936)補刻本　十冊

370000－1537－0000390　0803
[光緒]交城縣志十卷首一卷　(清)夏肇庸修　(清)許惺南纂　清光緒八年(1882)刻本　四冊

370000－1537－0000391　0804
[嘉慶]介休縣志十四卷　(清)徐品山　(清)陸元鏏纂　清嘉慶二十四年(1819)刻本　八冊

370000－1537－0000392　0805
[光緒]清源鄉志十八卷首一卷　(清)王勳祥修　(清)王效尊纂　清光緒八年(1882)刻本　六冊

370000－1537－0000393　0811
畫梅雜詠一卷　(清)余鴻撰　清末刻本　一冊

370000－1537－0000394　0812
黃海紀遊一卷　(清)余鴻撰　清宣統元年(1909)刻本　一冊

370000－1537－0000395　0813
西行紀遊草一卷　(清)朱錕撰　清宣統元年(1909)石印本　一冊

370000－1537－0000396　0815
碧廬簃詞話一卷嶗山紀遊集一卷東海勞歌一

卷　黃孝紓撰　清黃氏碧廬簃稿本　一冊

370000－1537－0000397　0817
雲山日記二卷　(元)郭畀撰　清宣統丹徒陳慶年橫山草堂刻本　一冊

370000－1537－0000398　0818
客杭日記一卷　(元)郭畀撰　**西湖八社詩帖一卷**　(明)祝時泰等輯　**湖山敘遊一卷**　(明)劉遄撰　清光緒七年(1881)錢塘丁氏刻武林掌故叢編本　一冊

370000－1537－0000399　0820
洪廬江祀典徵實二卷　(清)章世溶等輯　清同治八年(1869)刻本　一冊

370000－1537－0000400　0821
培遠堂偶存稿三卷　(清)陳宏謀撰　清同治八年(1869)刻本　一冊

370000－1537－0000401　0822
陳文恭公手劄節要三卷　(清)陳宏謀撰　清光緒十三年(1887)東莞鄧氏江西糧署刻本　一冊

370000－1537－0000402　0823
小隱山房詩十九卷駢體文鈔二卷新樂府一卷　(清)劉溱撰　清光緒十三年(1887)刻本　二冊　存二卷(駢體文鈔二卷)

370000－1537－0000403　0824
吳興記一卷烏程縣境開方圖一卷　(南朝宋)山謙之撰　繆荃孫校輯　清光緒刻本　一冊

370000－1537－0000404　0825
說劍堂著書　潘飛聲撰　清光緒刻本　六冊　存七種七卷(西海紀行卷一卷、天外歸槎錄一卷、海山詞一卷、花語詞一卷、珠江低唱一卷、長相思詞一卷、游樵漫草一卷)

370000－1537－0000405　0826
悅亭詩稿初集二卷　(清)李豫撰　清乾隆刻本　二冊

370000－1537－0000406　0831
南遊記一卷　(清)孫嘉淦撰　清嘉慶十年(1805)刻本　一冊

370000 – 1537 – 0000407　0832

西寧軍務節略不分卷　奎順撰　清末石印本
　一冊

370000 – 1537 – 0000408　0840

大潛山房詩鈔一卷　（清）劉銘傳撰　清同治
七年（1868）刻本　一冊

370000 – 1537 – 0000409　0841

圭盫詩錄一卷　（清）吳觀禮撰　清光緒五年
（1879）刻本　一冊

370000 – 1537 – 0000410　0842

味蔗軒詩鈔不分卷　（清）顧熯世撰　清光緒
十二年（1886）西安刻本　一冊

370000 – 1537 – 0000411　0843

榴陰軒未定詩草一卷　（清）袁清漣撰　（清）
劉承熙等校　清光緒十六年（1890）刻本
一冊

370000 – 1537 – 0000412　0844

劉舍人遺集四卷　（清）劉子雄撰　清光緒刻
本　一冊

370000 – 1537 – 0000413　0845

江上草堂詩存二卷　（清）王詔撰　清光緒二
年（1876）刻本　一冊

370000 – 1537 – 0000414　0846

夢築堂詩初集一卷　（清）單襄棨撰　清乾隆
刻本　一冊

370000 – 1537 – 0000415　0847

醉吟草六卷　（清）劉大容撰　（清）孫鍾選
清咸豐元年（1851）刻本　一冊

370000 – 1537 – 0000416　0848

墨子閒詁十五卷目錄一卷附錄一卷後語二卷
　（清）孫詒讓撰　清光緒二十一年（1895）蘇
州毛上珍木活字本　一冊

370000 – 1537 – 0000417　0850

南華發覆八卷　（戰國）莊周撰　（明）釋性通
注　明懷德堂刻本　二冊

370000 – 1537 – 0000418　0851

春秋公羊經傳解詁十二卷　（漢）何休撰　清

道光四年（1824）揚州汪氏問禮堂刻本　四冊

370000 – 1537 – 0000419　0852

荀子二十卷　（戰國）荀況撰　（唐）楊倞注
校勘補遺一卷　（清）謝墉撰　清乾隆五十一
年（1786）謝墉刻本　四冊

370000 – 1537 – 0000420　0853

莊子因六卷　（戰國）莊周撰　（清）林雲銘評
述　清康熙二年（1663）刻本　四冊

370000 – 1537 – 0000421　0855

書疑九卷　（宋）王柏撰　清刻本　一冊

370000 – 1537 – 0000422　0856

管子校正二十四卷　（清）戴望撰　清同治十
一年（1872）刻本　四冊

370000 – 1537 – 0000423　0857

四子全書九卷　（明）董逢元編　明萬曆二十
三年（1595）董氏秋聲閣刻本　四冊　存二種
三卷（關尹子文始真經一卷、列子沖虛至德真
經二卷）

370000 – 1537 – 0000424　0859

廣陵詩事十卷　（清）阮元撰　清嘉慶六年
（1801）浙江節署刻本　二冊

370000 – 1537 – 0000425　0860

定香亭筆談四卷　（清）阮元記　（清）吳文溥
錄　清光緒二十五年（1899）浙江書局刻本
四冊

370000 – 1537 – 0000426　0861

小滄浪筆談四卷　（清）阮元撰　清嘉慶七年
（1802）浙江節院刻本　四冊

370000 – 1537 – 0000427　0862

知止堂詞錄三卷　（清）朱綬撰　清光緒二十
年（1894）湖南思賢書局刻本　一冊

370000 – 1537 – 0000428　0863

松崖筆記三卷　（清）惠棟撰　清光緒貴池劉
氏刻聚學軒叢書本　一冊

370000 – 1537 – 0000429　0864

畿輔水利議一卷　（清）林則徐撰　清光緒三
山林氏刻林文忠公遺集本　一冊

370000－1537－0000430　0865

瓻縢集一卷　（清）張祥河撰　清咸豐刻本
一冊

370000－1537－0000431　0866

六是堂詩選一卷六是堂文稿略編一卷　（清）
顧如華撰　清光緒十八年（1892）刻本　一冊

370000－1537－0000432　0867

趙氏淵源集十卷　（清）趙紹祖輯　清嘉慶古
墨齋刻本　五冊

370000－1537－0000433　0868

東洲艸堂詩鈔三十卷詩餘一卷　（清）何紹基
撰　清同治六年（1867）長沙無園刻本　十冊

370000－1537－0000434　0869

方言疏正十三卷續方言二卷　（清）戴震撰
輶軒使者絕代語釋別國方言十三卷　（漢）揚
雄撰　（晉）郭璞注　清刻本　二冊

370000－1537－0000435　0870

寫定尚書不分卷　（清）吳汝綸錄　清光緒十
八年（1892）桐城吳氏家塾石印本　一冊

370000－1537－0000436　0871

楚辭約註一卷　（戰國）屈原撰　（清）曹同春
纂述　清康熙文粹樓刻本　一冊

370000－1537－0000437　0872

春秋世族譜一卷補正一卷　（清）陳厚耀撰
（清）葉琪園補抄　清刻本　四冊

370000－1537－0000438　0873

南華春點八卷　（明）劉士璉撰　明崇禎刻本
二冊　存四卷（一至二、七至八）

370000－1537－0000439　0874

妄妄錄十二卷　（清）朱海撰　清道光十年
（1830）刻本　六冊

370000－1537－0000440　0875

在野邇言八卷　（清）王嘉禎撰　清光緒十三
年（1887）本善堂刻本　二冊

370000－1537－0000441　0876

瑣蛣雜記十二卷　（清）竹勿山石道人撰　清
刻本　六冊

370000－1537－0000442　0878

粵西筆述不分卷　（清）張祥河輯　清道光二
十五年（1845）華亭張祥河刻本　四冊

370000－1537－0000443　0879

挑燈新錄六卷　（清）吳荊園撰　清同治二年
（1863）刻本　二冊

370000－1537－0000444　0880

繪圖螢窗異草初編四卷二編四卷三編四卷四
編四卷　（清）慶蘭撰　（清）隨園老人（袁
枚）評　（清）柳橋居士重訂　清光緒二十一
年（1895）石印本　八冊

370000－1537－0000445　0881

里乘十卷　（清）許奉恩撰　清光緒五年
（1879）刻本　十冊

370000－1537－0000446　0882

息影偶錄八卷　（清）張埏輯　清光緒八年
（1882）翠筠山房刻本　八冊

370000－1537－0000447　0883

見聞續筆二十四卷　（清）齊學裘撰　清光緒
二年（1876）刻本　六冊

370000－1537－0000448　0884

對山書屋墨餘錄十六卷　（清）毛祥麟撰　清
同治九年（1870）上海對山毛氏亦可居刻本
八冊

370000－1537－0000449　0885

畿輔明詩十二卷　（清）王崇簡輯　清順治十
七年（1660）刻本　六冊

370000－1537－0000450　0887

詞苑英華　（明）毛晉輯　明末毛氏汲古閣刻
本　五冊　存三種二十二卷（花間集十卷、尊
前集二卷、花庵絕妙好詞選十卷）

370000－1537－0000451　0888

王建詩八卷　（唐）王建撰　明崇禎毛氏汲古
閣刻唐人六集本　二冊

370000－1537－0000452　0889

東堂詞一卷　（宋）毛滂撰　明毛氏汲古閣刻
宋名家詞本　二冊

370000－1537－0000453　0890

寶眞齋法書贊二十八卷　（宋）岳珂撰　清乾隆武英殿聚珍版叢書本　六冊

370000－1537－0000454　0891

六一詞一卷　（宋）歐陽修撰　明毛氏汲古閣刻宋名家詞本　一冊

370000－1537－0000455　0892

癡人說夢十卷　（清）張丙矗輯　稿本　九冊
　缺一卷(三)

370000－1537－0000456　0893

餘墨偶談八卷　（清）孫橒撰　清同治十年(1871)羊城刻本　四冊

370000－1537－0000457　0895

夢厂雜著七種十卷　（清）俞蛟撰　清同治九年(1870)刻本　四冊

370000－1537－0000458　0896

竹居小牘十二卷　（清）張士珩撰　清光緒二十九年(1903)竹居刻本　二冊

370000－1537－0000459　0897

春在堂尺牘四卷　（清）俞樾撰　清刻本　一冊

370000－1537－0000460　0899

古詩源十四卷　（清）沈德潛輯　清康熙刻本　六冊

370000－1537－0000461　0901

桂勝集一卷外集一卷　（清）張祥河撰　清道光二十五年(1845)華亭張祥河刻小重山房叢書本　一冊

370000－1537－0000462　0904

愛餘書屋詩稿二卷　（清）任大椿撰　清乾隆刻本　一冊

370000－1537－0000463　0906

韻山堂詩集七卷補遺一卷　（清）王文誥撰　清光緒十四年(1888)浙江書局刻本　一冊

370000－1537－0000464　0913

枝棲草一卷　（□）□□撰　清末馮雄影岫樓抄本　一冊

370000－1537－0000465　0914

申江篇一卷　（清）馮善徵等撰　清抄本　一冊

370000－1537－0000466　0923

昌武段氏詩義指南一卷　（宋）段昌武撰　清乾隆、道光長塘鮑氏刻知不足齋叢書本　一冊

370000－1537－0000467　0924

通義堂集二卷　（清）劉毓崧撰　清光緒十六年(1890)思賢講舍刻本　一冊

370000－1537－0000468　0933

祥符劉觀察鄉賢名宦錄一卷　（清）劉崇祀撰　清光緒刻本　一冊

370000－1537－0000469　0934

皖詞紀勝一卷　徐乃昌撰　清光緒三十年(1904)南陵徐氏小檀欒室刻本　一冊

370000－1537－0000470　0936

詩餘偶鈔六卷　王先謙撰　清光緒十六年(1890)長沙王氏刻本　一冊

370000－1537－0000471　0944

養素園詩四卷　（清）王德溥輯　清光緒七年(1881)竹書堂刻本　一冊

370000－1537－0000472　0949

翠屏詩社稿十卷　（清）馮譽驄編　清光緒二十三年(1897)刻本　二冊

370000－1537－0000473　0950

紀文達公遺集文十六卷詩十六卷　（清）紀昀撰　清嘉慶十七年(1812)刻本　十冊

370000－1537－0000474　0951

忠雅堂文集三十卷　（清）蔣士銓撰　清嘉慶二十二年(1817)刻本　萬居士跋　十冊

370000－1537－0000475　0952

忠雅堂詩集二卷詞集二卷　（清）蔣士銓撰　清嘉慶刻本　一冊

370000－1537－0000476　0953

說鈴五十四卷　（清）吳震方輯　清康熙刻本　二十冊

370000－1537－0000477　0954

四書通二十六卷　（元）胡炳文撰　清康熙通志堂刻通志堂經解本　十冊

370000－1537－0000478　0955

碧聲唫館談麈四卷　（清）許善長纂　**硯辨一卷**　（清）孫森撰　清光緒四年（1878）仁和許氏刻碧聲唫館叢書本　二冊　存二卷（一至二）

370000－1537－0000479　0957

聽香禪室詩集八卷　（清）釋芳圃撰　清光緒二十二年（1896）刻本　二冊

370000－1537－0000480　0960

經餘必讀八卷　（清）錢樹棠　（清）雷琳（清）錢樹立同輯　清嘉慶八年（1803）刻本　四冊

370000－1537－0000481　0961

續復古編四卷　（元）曹本撰　清光緒十二年（1886）歸安姚氏咫進齋刻遜雅堂全書本　四冊

370000－1537－0000482　0963

說文字原考略六卷　（清）吳照輯　清乾隆五十七年（1792）南城吳氏刻本　二冊

370000－1537－0000483　0964

漁洋山人精華錄十卷　（清）王士禎撰　清康熙三十九年（1700）林佶寫刻本　二冊

370000－1537－0000484　0965

復古編二卷　（宋）張有撰　**校正一卷附錄一卷**　（清）葛鳴陽撰　**曾樂軒稿一卷**　（宋）張維撰　**安陸集一卷**　（宋）張先撰　清乾隆四十六年（1781）葛鳴陽刻本　四冊

370000－1537－0000485　0966

[道光]太原縣志十八卷圖一卷　（清）員佩蘭修　（清）楊國泰纂　清道光六年（1826）刻道光八年（1828）印本　八冊

370000－1537－0000486　0969

[光緒]續太原縣志二卷　（清）薛元釗　（清）王效尊纂　清光緒八年（1882）刻本　一冊

370000－1537－0000487　0990

明史分稿殘編二卷　（清）方象瑛撰　清刻本　二冊

370000－1537－0000488　0998

夜譚隨錄十二卷　（清）和邦額撰　清乾隆五十六年（1791）刻本　十二冊

370000－1537－0000489　0999

少岳賦草四卷　（清）夏思沺撰　清道光十年（1830）刻本　一冊

370000－1537－0000490　1001

新纂門目五臣音註揚子法言十卷　（漢）揚雄撰　（晉）李軌　（唐）柳宗元　（宋）宋咸等註　明刻本　六冊

370000－1537－0000491　1003

四書註疏□□卷　（明）熊九嶽　（明）熊九勑校　明末荷經堂刻本　六冊　存三十七卷（論語註疏解經二十卷,孟子註疏解經十四卷,禮記註疏五十二至五十三、六十）

370000－1537－0000492　1006

周禮六卷　（清）黃叔琳撰　（清）姚培謙重訂　清道光刻本　二冊

370000－1537－0000493　1007

書業堂重訂古文釋義新編八卷　（清）余誠評選　清道光八年（1828）刻本　七冊

370000－1537－0000494　1008

古文分編集評三集二十二卷　（清）于光華輯　清道光刻本　六冊

370000－1537－0000495　1010

野語九卷　（清）伏虎道場行者編　清刻本　六冊

370000－1537－0000496　1014

秋燈叢話十八卷　（清）王棫撰　**剪燈餘話三卷**　（明）李昌期撰　**覓燈因話二卷**　（明）邵景詹撰　清咸豐元年（1851）刻本　五冊

370000－1537－0000497　1015

醉茶誌怪四卷　（清）李慶辰撰　清光緒十八年（1892）津門刻本　四冊

370000 – 1537 – 0000498　1016

宸垣識畧十六卷　（清）吳長元輯　清光緒二年(1876)刻本　八冊

370000 – 1537 – 0000499　1017

異聞總錄四卷　（明）商濬校　集異新抄（清）李鶴林纂　清嘉慶元年(1796)刻本　二冊

370000 – 1537 – 0000500　1018

秋燈叢話十八卷　（清）王槭撰　剪燈新話二卷　（明）瞿佑撰　剪燈餘話三卷　（明）李昌期撰　覓燈因話二卷　（明）邵景詹撰　清嘉慶十七年(1812)刻本　十二冊

370000 – 1537 – 0000501　1022

秋室集十卷　（清）楊鳳苞撰　清光緒九年(1883)湖州陸氏刻本　二冊

370000 – 1537 – 0000502　1027

官書局彙報一卷　（清）官書局輯　清光緒二十三年(1897)刻本　一冊

370000 – 1537 – 0000503　1029

陳定生先生遺書三種　（清）陳貞慧撰　吳中水利書一卷　（宋）單鍔撰　遂初堂書目一卷　（宋）尤袤撰　江陰李氏得月樓書目摘錄一卷　（明）李鶚翀撰　清光緒二十一年(1895)武進盛氏思惠齋刻本　一冊

370000 – 1537 – 0000504　1030

島夷誌略一卷　（元）汪大淵撰　清光緒十八年(1892)順德龍氏刻知服齋叢書本　一冊

370000 – 1537 – 0000505　1032

謝康樂集拾遺一卷校勘記一卷謝康樂詩一卷　（南朝宋）謝靈運撰　清光緒刻如皋冒氏叢書本　一冊

370000 – 1537 – 0000506　1035

秋聲館外集二卷　題（清）歐陽勳撰　清咸豐十年(1860)刻本　一冊

370000 – 1537 – 0000507　1037

信劄一卷　（清）陳祖基輯　清同治原劄本　一冊

370000 – 1537 – 0000508　1043

四家詩詞合刻□□卷　（清）潘鍾瑞輯　清光緒十年(1884)吳郡潘氏香禪精舍刻本　一冊　存二種二卷(息影廬殘蒿一卷、學為福齋詩鈔一卷)

370000 – 1537 – 0000509　1067

談屑四卷　（清）馮晟撰　清同治九年(1870)刻本　四冊

370000 – 1537 – 0000510　1080

荔村草堂詩續鈔一卷　（清）譚宗浚撰　清宣統二年(1910)刻本　一冊

370000 – 1537 – 0000511　1082

樂府補亡一卷　曹元忠撰　清光緒二十七年(1901)刻本　一冊

370000 – 1537 – 0000512　1083

鶴舫詩鈔二卷　（清）張映宿撰　清道光刻本　一冊

370000 – 1537 – 0000513　1090

[清順治三年至光緒二年]吳興科第表九卷　（清）蔡賡颺編　清同治十一年(1872)清遠堂刻光緒續刻本　二冊

370000 – 1537 – 0000514　1093

蜀抱軒文雜鈔不分卷　（清）吳蔭培撰　清宣統三年(1911)排印本　一冊

370000 – 1537 – 0000515　1098

趨庭瑣語八卷　（清）史澄撰　清光緒十一年(1885)繼園刻本　一冊

370000 – 1537 – 0000516　1102

客牕偶筆四卷　（清）金捧閶撰　清嘉慶元年(1796)刻本　一冊

370000 – 1537 – 0000517　1107

翦紅詞草一卷　（清）惲毓巽撰　清宣統二年(1910)刻本　一冊

370000 – 1537 – 0000518　1109

談徵不分卷　（清）外方山人輯　清道光三年(1823)刻本　十二冊

370000 – 1537 – 0000519　1119

唐釋湛然輔行記四十卷　（唐）釋湛然撰
（清）張心泰節錄　清光緒十一年(1885)江都
張心泰潮郡官舍刻本　二冊

370000－1537－0000520　1122

碧奈山房集　（清）保其壽撰　清刻本　一冊

370000－1537－0000521　1124

箏船詞一卷　（清）劉嗣綰撰　綠秋草堂詞一
卷　（清）顧翰撰　清嘉慶刻本　一冊

370000－1537－0000522　1126

坐花誌果八卷　（清）汪道鼎撰　清同治九年
(1870)刻本　四冊

370000－1537－0000523　1136

湖墅小志二卷　（清）高鵬年輯　清光緒二十
二年(1896)石印本　一冊

370000－1537－0000524　1137

西湖百詠一卷　（清）柴傑撰　清光緒七年
(1881)刻本　一冊

370000－1537－0000525　1141

禹貢翼傳便蒙一卷　（清）袁自超撰　清光緒
五年(1879)金陵李光明莊刻本　一冊

370000－1537－0000526　1143

花間笑語五卷　題（清）釀花使者撰　清嘉慶
二十三年(1818)刻本　四冊

370000－1537－0000527　1144

雨韭盫筆記四卷　（清）汪鼎撰　清咸豐刻本
二冊

370000－1537－0000528　1145

冷廬雜識八卷　（清）陸以湉撰　清咸豐六年
(1856)刻本　八冊

370000－1537－0000529　1146

小知錄十二卷　（清）陸鳳藻輯　清嘉慶九年
(1804)琴雅堂刻本　六冊

370000－1537－0000530　1148

豈有此理四卷更豈有此理四卷　（清）□□撰
清道光四年(1824)刻本　八冊

370000－1537－0000531　1149

斠補隅錄十四種　（清）蔣光煦輯校　清光緒
九年(1883)吳門海寧蔣光煦別下齋刻本
二冊

370000－1537－0000532　1151

義和拳教門源流考一卷　勞乃宣撰　清光緒
刻本　一冊

370000－1537－0000533　1152

笙月詞五卷　（清）王詒壽撰　清同治十一年
(1872)刻本　一冊

370000－1537－0000534　1153

師鄭堂駢體文存二卷　孫雄撰　清光緒二十
一年(1895)刻本　一冊

370000－1537－0000535　1154

山中白雲詞八卷附錄一卷詞源二卷　（宋）張
炎撰　清光緒八年(1882)仁和許增娛園刻本
二冊

370000－1537－0000536　1158

荔村草堂詩續鈔一卷　（清）譚宗浚撰　清宣
統二年(1910)刻本　一冊

370000－1537－0000537　1161

簷曝雜記六卷　（清）趙翼撰　清刻本　一冊

370000－1537－0000538　1162

唐中興閒氣集二卷　（唐）高仲武輯　清末武
進費氏刻本　一冊

370000－1537－0000539　1165

三國志裴注述二卷　（清）林國贊撰　清光緒
學海堂刻學海堂叢刻本　二冊

370000－1537－0000540　1170

江楚會奏變法第一摺　（清）劉坤一　（清）張
之洞撰　清末刻本　一冊

370000－1537－0000541　1171

使粵草一卷　（清）史夢琦撰　清刻本　一冊

370000－1537－0000542　1175

鄂宰四稿不分卷　（清）王筠撰　清咸豐二年
(1852)鄉甯賀氏刻本　二冊

370000－1537－0000543　1188

萬卷書屋詩存一卷　（清）朱檷撰　清同治、光緒吳縣潘氏刻滂喜齋叢書本　一冊

370000－1537－0000544　1191

寒松閣集□□卷　（清）張鳴珂撰　清光緒十年(1884)嘉興張氏刻本　二冊　存二種十二卷(寒松閣詞四卷、寒松閣詩八卷)

370000－1537－0000545　1200

曝書亭詞拾遺三卷志異一卷　（清）朱彝尊撰　（清）翁之潤輯錄　清光緒二十二年(1896)常熟翁氏刻本　一冊

370000－1537－0000546　1205

槐窗雜錄二卷　（清）王榮商撰　清刻本　一冊

370000－1537－0000547　1206

本事詞二卷　（清）葉申薌撰　清道光十二年(1832)天籟軒刻本　二冊

370000－1537－0000548　1210

山西米糧歌勸世回心文一卷　（□）□□撰　清光緒刻本　一冊

370000－1537－0000549　1212

談藝珠叢　（清）王啟原輯　清刻本　一冊　存二種三卷(然鐙記聞一卷、說詩晬語二卷)

370000－1537－0000550　1216

楊椒山先生垂範集一卷　（清）章淵輯　清咸豐刻本　一冊

370000－1537－0000551　1220

松花庵韻史一卷　（清）吳鎮編　清光緒刻本　一冊

370000－1537－0000552　1222

潞河白大司空軼事一卷　（清）張炳撰　清咸豐刻本　一冊

370000－1537－0000553　1229

作嫁衣裳齋隱語一卷　（清）楊小湄撰　聽雪書屋瘦詞一卷　（清）唐毅齋撰　臥雲書室隱語一卷　（清）唐溫齋撰　清光緒十九年(1893)刻本　一冊

370000－1537－0000554　1240

繡像孝義真蹟珍珠塔六卷二十四回　（清）周殊士編　（清）居鵬程增補　清同治八年(1869)無錫方來堂刻本　六冊

370000－1537－0000555　1241

新刻珠玉圓四卷四十八回　（清）柳浦散人撰　清同治十一年(1872)刻本　四冊

370000－1537－0000556　1242

繡像一箭緣全傳八卷　（清）環秀主人撰　清嘉慶二十三年(1818)刻本　八冊

370000－1537－0000557　1244

有不為齋隨筆十卷　（清）光聰諧撰　清光緒十四年(1888)蘇州藩署刻本　二冊

370000－1537－0000558　1246

嗇庵隨筆六卷末一卷　（清）陸文衡撰　清光緒二十三年(1897)刻本　二冊

370000－1537－0000559　1249

抱秀山房叢書　（清）朱克敬撰　清光緒刻本　六冊

370000－1537－0000560　1250

異號類編二十卷　（清）史夢蘭輯　清同治四年(1865)刻本　四冊

370000－1537－0000561　1251

椒生隨筆八卷　（清）王之春撰　清光緒七年(1881)刻本　二冊

370000－1537－0000562　1253

鑄鼎餘聞四卷　（清）姚福均輯　清光緒二十五年(1899)刻本　四冊

370000－1537－0000563　1255

止園筆談八卷　（清）史夢蘭撰　清光緒四年(1878)刻本　四冊

370000－1537－0000564　1256

瀛壖雜志六卷　（清）王韜輯　清光緒元年(1875)刻本　二冊

370000－1537－0000565　1257

蕉軒隨錄十二卷　（清）方濬師撰　清同治十一年(1872)退一步齋刻本　十二冊

370000－1537－0000566　1259

牧庵集三十六卷　（元）姚燧撰　清刻本
十冊

370000－1537－0000567　1262

西堂雜組一卷　（清）尤侗撰　清初徐元文刻
本　二冊

370000－1537－0000568　1265

西河合集　（清）毛奇齡撰　清康熙刻本　四
冊　存十一種二十三卷（誥詞一卷、頌一卷、
主客辭二卷、奏疏一卷、議四卷、揭子一卷、劄
子二卷、史館擬判一卷、書八卷、牘札一卷、箋
一卷）

370000－1537－0000569　1267

儀衛軒遺詩二卷　（清）方東樹撰　清刻本
一冊

370000－1537－0000570　1268

孔子家語十卷　（三國魏）王肅注　明末毛氏
汲古閣刻本　四冊

370000－1537－0000571　1269

藏書紀事詩七卷　葉昌熾撰　清宣統二年
（1910）刻本　六冊

370000－1537－0000572　1272

樂府詩集一百卷目錄二卷　（宋）郭茂倩輯
明末毛氏汲古閣刻本　十六冊

370000－1537－0000573　1276

近事叢殘四卷　（明）沈瓚編　清刻本　四冊

370000－1537－0000574　1277

藝餘耳語五卷　題（清）四費軒編　清末刻本
二冊

370000－1537－0000575　1278

新刻永安州英雄起義　（□）□□撰　清同治
三年（1864）刻本　二冊

370000－1537－0000576　1280

山谷詩集注二十卷　（宋）黃庭堅撰　清光緒
二十一年至二十五年（1895－1899）陳三立刻
本　十冊

370000－1537－0000577　1281

山谷外集詩註十七卷　（宋）黃庭堅撰　（宋）
史容註　山谷別集詩註二卷　（宋）史季溫註
清光緒、宣統刻本　十冊

370000－1537－0000578　1283

陶淵明文集十卷　（晉）陶潛撰　清嘉慶十二
年（1807）丹徒魯銓仿宋刻本　周作人跋
四冊

370000－1537－0000579　1284

陶淵明集十卷　（晉）陶潛撰　清康熙三十三
年（1694）毛氏汲古閣毛扆刻本　三冊

370000－1537－0000580　1285

草窗韻語六卷　（宋）周密撰　清末影印本
三冊

370000－1537－0000581　1293

惜抱先生尺牘八卷　（清）姚鼐撰　清宣統元
年（1909）小萬柳堂刻本　四冊

370000－1537－0000582　1294

宋大家蘇文忠公文選十六卷　（宋）蘇軾撰
明末刻本　八冊

370000－1537－0000583　1295

望溪集不分卷　（清）方苞撰　（清）王兆符
（清）程崟輯　清乾隆十一年（1746）程崟刻本
十六冊

370000－1537－0000584　1296

東坡樂府二卷　（宋）蘇軾撰　清光緒十四年
（1888）臨桂王氏四印齋刻本　一冊

370000－1537－0000585　1302

陳伯玉文集三卷詩集二卷附錄一卷　（唐）陳
子昂撰　清咸豐四年（1854）刻本　四冊

370000－1537－0000586　1303

白國因由不分卷　（□）□□撰　清康熙四十
五年（1706）聖元寺住持寂裕刻本　一冊

370000－1537－0000587　1304

陌軒詩續二卷　（清）吳嘉紀撰　清道光刻本
一冊

370000－1537－0000588　1305

白虎通疏證十二卷　（漢）班固撰　（清）陳立

疏證　清光緒元年（1875）淮南書局刻本
四冊

370000－1537－0000589　1306
蒙友蛾術編二卷　（清）王筠撰　清咸豐十年
（1860）刻本　一冊

370000－1537－0000590　1307
雙硯齋筆記六卷　（清）鄧廷楨撰　清光緒刻
本　二冊　存四卷（一至四）

370000－1537－0000591　1308
竹窗隨筆一卷二筆一卷三筆一卷　（明）釋袾
宏撰　清末刻本　三冊

370000－1537－0000592　1309
枝山文集四卷　（明）祝允明撰　清同治十三
年（1874）長洲祝壽眉刻本　二冊

370000－1537－0000593　1310
虞初新志二十卷　（清）張潮輯　清康熙刻本
六冊

370000－1537－0000594　1311
增廣註釋音辯唐柳先生外集二卷附一卷
（唐）柳宗元撰　明刻本　一冊

370000－1537－0000595　1312
小石帆亭著錄六卷　（清）翁方綱撰　清乾隆
五十七年（1792）刻本　二冊

370000－1537－0000596　1314
石湖居士詩集三十四卷　（宋）范成大撰　清
康熙二十七年（1688）顧氏依園刻本　六冊

370000－1537－0000597　1317
黎雲館類定袁中郎先生全集二十四卷　（明）
袁宏道撰　清同治刻本　十五冊

370000－1537－0000598　1318
白虎通德論四卷　（漢）班固撰　（明）王道焜
閱　明萬曆刻本　四冊

370000－1537－0000599　1319
樊南文集補編十二卷附錄一卷　（唐）李商隱
撰　（清）錢振倫箋　（清）錢振常注　清同治
五年（1866）望三益齋刻本　四冊

370000－1537－0000600　1320
綿津山人詩集二十八卷附刻七種十卷　（清）
宋犖撰　清康熙刻本　七冊

370000－1537－0000601　1321
劍南詩鈔六卷　（宋）陸游撰　（清）楊大鶴
輯　清康熙二十四年（1685）楊大鶴刻本
六冊

370000－1537－0000602　1322
趙文敏公松雪齋全集十卷外集一卷續集一卷
（元）趙孟頫撰　附錄一卷　清康熙五十二
年（1713）曹培廉城書室刻本　□芝軒主人炳
漢跋　四冊

370000－1537－0000603　1332
宛鄰書屋古詩錄十二卷　（清）張琦輯　清刻
本　六冊

370000－1537－0000604　1333
阮亭選古詩三十二卷　（清）王士禛輯　清康
熙天藜閣刻本　六冊

370000－1537－0000605　1334
西河合集　（清）毛奇齡撰　清康熙刻本　四
冊　存七種七卷（記事一卷、集課記一卷、說
一卷、錄一卷、制科雜錄一卷、後觀石錄一卷、
越語肯綮錄一卷）

370000－1537－0000606　1335
詩詞雜俎　（明）毛晉編　明末毛氏汲古閣刻
本　二冊　存二種四卷（剪綃集二卷、龍輔女
紅餘志二卷）

370000－1537－0000607　1336
文選六十卷　（南朝梁）蕭統輯　（唐）李善等
注　明末毛氏汲古閣刻本　十冊

370000－1537－0000608　1342
古詩源十四卷　（清）沈德潛輯　清乾隆刻本
一冊

370000－1537－0000609　1343
曹李尺牘合選二卷　（清）曹溶　（清）李年良
撰　清刻本　一冊

370000－1537－0000610　1344

看雲草堂集八卷　（清）尤侗撰　清刻本
一冊

370000－1537－0000611　1345

從政錄一卷　（清）周際華撰　清咸豐八年
(1858)刻家蔭堂匯刊本　一冊

370000－1537－0000612　1346

家蔭堂尺牘一卷　（清）周際華撰　清道光十
九年(1839)刻本　一冊

370000－1537－0000613　1351

夢窗甲乙丙丁稿四卷補遺一卷附劄記一卷
(宋)吳文英撰　清光緒二十五年(1899)臨桂
王鵬運四印齋刻本　一冊

370000－1537－0000614　1352

繡像百花臺四卷　（清）鴛水主人撰　清光緒
元年(1875)刻本　四冊

370000－1537－0000615　1353

夢粱錄二十卷　（宋）吳自牧撰　清刻本
五冊

370000－1537－0000616　1357

憶雲詞四卷補遺一卷　（清）項廷紀撰　清光
緒十九年(1893)刻本　一冊

370000－1537－0000617　1365

雨窗消意錄甲部四卷　（清）牛應之撰　清刻
本　二冊

370000－1537－0000618　1366

繡像九美圖全傳十二卷七十五回　（清）曹春
江撰　清刻本　十二冊

370000－1537－0000619　1367

雲煙過眼錄二卷續集一卷　（宋）周密撰
(元)湯允謨撰續集　（清）陸心源校　清光緒
十三年(1887)湖州陸氏刻十萬卷樓叢書本
一冊

370000－1537－0000620　1369

江邨銷夏錄三卷　（清）高士奇撰　清康熙刻
本　二冊　存二卷(卷一之四十四至八十一
葉、卷二之三十七至六十七葉)

370000－1537－0000621　1370

茗柯詞一卷　（清）張惠言撰　立山詞一卷
（清）張琦撰　清刻本　一冊

370000－1537－0000622　1371

浙西六家詞　（清）龔翔麟輯　清康熙錢塘龔
氏玉玲瓏閣刻本　一冊　存二種四卷(黑蝶
齋詞一卷、紅藕莊詞三卷)

370000－1537－0000623　1372

窺生鐵齋詞　（清）宗山撰　劍虹盦詞　（清）
邊保樞撰　橫山草堂詞　（清）吳唐林撰　清
光緒十一年(1885)杭州刻本　一冊

370000－1537－0000624　1376

元豐類稿五十卷首一卷　（宋）曾鞏撰　清光
緒十六年(1890)慈利漁浦書院刻本　十冊

370000－1537－0000625　1377

李義山詩集三卷　（唐）李商隱撰　（清）朱鶴
齡箋注　（清）沈厚塽輯評　清同治九年
(1870)廣州倅署刻三色套印本　四冊

370000－1537－0000626　1379

玉茗堂全集四十六卷　（明）湯顯祖撰　清康
熙竹林堂刻本　十六冊

370000－1537－0000627　1380

金忠節公文集八卷　（明）金聲撰　清道光七
年(1827)刻本　四冊

370000－1537－0000628　1381

斜川集六卷　（宋）蘇過撰　斜川集訂誤一卷
（清）吳長元撰　附錄二卷　（清）鮑廷博輯
清乾隆五十三年(1788)趙懷玉亦有生齋刻
本　一冊

370000－1537－0000629　1383

陳檢討集二十卷　（清）陳維崧撰　清康熙刻
本　四冊

370000－1537－0000630　1385

聲調譜一卷後譜一卷續譜一卷附談龍錄
（清）趙執信撰　清乾隆德州盧氏雅雨堂刻本
一冊

370000－1537－0000631　1391

宋元明詩約鈔三百卷首六卷　（清）朱梓

(清)冷昌言輯　清光緒三年(1877)刻本
二冊

370000－1537－0000632　1392

明華西樓處士遺稿一卷群賢餘韻一卷湖橋題
詠一卷　(明)華世楨撰　清嘉慶二十四年
(1819)刻本　一冊

370000－1537－0000633　1393

蟻術詞選四卷　(元)邵亨貞撰　清光緒十八
年(1892)臨桂王氏四印齋刻本　一冊

370000－1537－0000634　1394

宋名家詞　(明)毛晉輯　清刻本　一冊　存
二種四卷(竹坡詞三卷、聖求詞一卷)

370000－1537－0000635　1396

石湖詞一卷補遺一卷　(宋)范成大撰　清木
活字本　一冊

370000－1537－0000636　1397

和石湖詞一卷　(宋)陳三聘撰　清木活字本
一冊

370000－1537－0000637　1399

中唐詩不分卷　(唐)陳通方等撰　明末清初
貞隱堂刻本　一冊

370000－1537－0000638　1400

晚唐詩不分卷　(唐)周樸等撰　明末清初貞
隱堂刻本　一冊

370000－1537－0000639　1402

淮海集四十卷後集六卷長短句三卷　(宋)秦
觀撰　(明)徐渭評　詩餘一卷　(宋)秦觀撰
(明)鄧漢章輯　明末段之錦刻本　八冊

370000－1537－0000640　1404

詩貫十四卷首三卷　(清)張敘撰　清乾隆刻
本　五冊

370000－1537－0000641　1405

東坡樂府三卷　(宋)蘇軾撰　(清)朱祖謀編
清宣統三年(1911)吳興朱祖謀刻本　二冊

370000－1537－0000642　1406

劉須溪先生記鈔八卷　(宋)劉辰翁撰　清康
熙刻本　四冊

370000－1537－0000643　1408

離騷經一卷　(戰國)屈原撰　(清)李光地注
清刻本　一冊

370000－1537－0000644　1409

淮南鴻烈閒詁二卷　(漢)許慎撰　葉德輝輯
清光緒二十一年(1895)長沙葉德輝郎園刻
本　一冊

370000－1537－0000645　1410

唐丞相曲江張文獻公集十二卷　(唐)張九齡
撰　清雍正十三年(1735)張世緯、張世績、張
世綱刻本　四冊

370000－1537－0000646　1411

晉王右軍集二卷　(晉)王羲之撰　明婁東張
溥刻漢魏六朝百三名家集本　二冊

370000－1537－0000647　1412

四憶堂詩集六卷遺稿一卷　(清)侯方域撰
清初刻本　二冊

370000－1537－0000648　1413

鹽鐵論十二卷　(漢)桓寬撰　明萬曆刻本
二冊

370000－1537－0000649　1414

蔡中郎文集十卷　(漢)蔡邕撰　清光緒七年
(1881)吳興陸氏十萬卷樓刻本　二冊

370000－1537－0000650　1415

阮步兵集一卷　(三國魏)阮籍撰　明婁東張
溥刻漢魏六朝百三十名家集本　二冊

370000－1537－0000651　1416

唐人萬首絕句選七卷　(宋)洪邁原本　(清)
王士禎選本　清刻本　二冊

370000－1537－0000652　1417

四聲切韻表一卷　(清)江永撰　清刻本
二冊

370000－1537－0000653　1418

王注莊子二卷　王闓運注　清同治八年
(1869)刻本　二冊

370000－1537－0000654　1419

詩比興箋四卷簡學齋詩存一卷　(清)陳沆撰

清咸豐五年(1855)刻本　三冊

370000－1537－0000655　1420

經字辨體八卷首一卷　(清)邱家煒撰　清道光二十三年(1843)刻本　四冊

370000－1537－0000656　1422

左傳分國紀事本末二十二卷　(明)孫範輯　明崇禎十一年(1638)刻本　四冊

370000－1537－0000657　1424

詩法火傳十六卷　(清)馬上鑯輯　清順治十八年(1661)刻本　四冊

370000－1537－0000658　1425

孝經義疏補九卷首一卷　(清)阮福撰　清道光九年(1829)春喜齋刻本　四冊

370000－1537－0000659　1426

韓詩外傳十卷　(漢)韓嬰撰　(清)趙懷玉校正　序說一卷補逸一卷　(清)趙懷玉輯　清乾隆五十五年(1790)趙氏亦有生齋刻本　四冊

370000－1537－0000660　1427

摭言十五卷　(五代)王定保撰　清乾隆二十一年(1756)盧見曾雅雨堂刻本　二冊

370000－1537－0000661　1429

養一齋詩集八卷　(清)李兆洛撰　清道光二十三年(1843)刻本　二冊

370000－1537－0000662　1436

晉司隸校尉傅玄集三卷　(晉)傅玄撰　葉德輝輯　清光緒二十八年(1902)葉氏觀古堂刻本　一冊

370000－1537－0000663　1441

郎潛紀聞十四卷燕下鄉脞錄十六卷　(清)陳康祺撰　清光緒十年至十一年(1884－1885)刻本　十二冊

370000－1537－0000664　1442

宛陵先生集六十卷拾遺一卷附錄三卷　(宋)梅堯臣撰　明萬曆四年(1576)姜奇方刻清康熙二十六年(1687)梅枝鳳、嘉慶十九年(1814)梅瑛遞修本　八冊

370000－1537－0000665　1443

詩所八卷　(清)李光地注　清雍正刻本　四冊

370000－1537－0000666　1444

鶴山文鈔三十二卷周禮折衷四卷師發雅言一卷　(宋)魏了翁撰　魏了翁宋史儒林傳　清同治十三年(1874)望三益齋刻本　十二冊

370000－1537－0000667　1445

惜抱軒文集十六卷後集十卷　(清)姚鼐撰　清光緒九年(1883)桐城徐氏刻本　四冊

370000－1537－0000668　1447

杜工部集二十卷首一卷　(唐)杜甫撰　清乾隆五十年(1785)玉勾草堂刻本　十冊

370000－1537－0000669　1448

陶淵明全集十卷　(晉)陶潛撰　附陶潛傳一卷　(南朝梁)蕭統撰　陶靖節先生年譜一卷　(宋)吳仁傑編　清刻本　四冊

370000－1537－0000670　1449

陶靖節集八卷　(晉)陶潛撰　(宋)湯漢等箋注　蘇軾和陶詩二卷　(宋)蘇軾撰　附錄一卷　明萬曆四十七年(1619)楊時偉刻合刻忠武靖節二編本　一冊

370000－1537－0000671　1450

羅鄂州小集六卷附錄一卷　(宋)羅願撰　(清)程哲纂　清光緒十九年(1893)黟縣李氏刻本　二冊

370000－1537－0000672　1451

史忠正公集四卷附錄一卷首一卷　(明)史可法撰　清刻畿輔叢書本　二冊

370000－1537－0000673　1452

溫飛卿詩集七卷別集一卷集外詩一卷　(唐)溫庭筠撰　(明)曾益注　(清)顧予咸補注　(清)顧嗣立續注　清康熙三十六年(1697)顧氏秀野草堂刻本　五冊

370000－1537－0000674　1453

復堂類集四集　(清)譚獻撰　清光緒刻本　四冊

370000－1537－0000675　1455

宋元名家詞　（清）江標輯　清光緒二十一年(1895)湖南思賢書局刻本　四冊　存五種五卷(信齋詞一卷、樂齋詞一卷、晦庵詞一卷、竹洲詞一卷、虛齋樂府一卷)

370000－1537－0000676　1456

元詩選六卷補遺一卷　（清）顧奎光選輯　清乾隆十六年(1751)刻本　四冊

370000－1537－0000677　1459

曬書堂筆錄六卷　（清）郝懿行輯　（清）周悅讓編　清刻本　四冊

370000－1537－0000678　1460

述學四卷　（清）汪中撰　清刻本　二冊

370000－1537－0000679　1461

詞品六卷拾遺一卷　（明）楊愼撰　（清）李調元校正　清乾隆綿州李調元刻函海本　四冊

370000－1537－0000680　1462

漢魏六朝百三名家集　（明）張溥輯　清光緒十八年(1892)善化章氏刻本　五冊　存五種五卷(隋煬帝集一卷、庾開府集一卷、吳朝請集一卷、魏特進集一卷、薛司隸集一卷)

370000－1537－0000681　1464

曝書亭集詞註七卷　（清）朱彝尊撰　（清）李富孫註　清刻本　六冊

370000－1537－0000682　1465

陶靖節集八卷總論一卷　（晉）陶潛撰　（宋）湯漢等箋注　明凌濛初刻朱墨套印本　二冊

370000－1537－0000683　1466

樊川詩集四卷別集一卷外集一卷補遺一卷　（唐）杜牧撰　（清）馮集梧注　清嘉慶刻本　四冊

370000－1537－0000684　1467

高常侍集二卷　（唐）高適撰　明萬曆刻本　(配補鈔)　一冊

370000－1537－0000685　1468

楓窗小牘二卷　（宋）袁褧撰　明刻本　一冊

370000－1537－0000686　1469

徐孝穆全集六卷　（南朝陳）徐陵撰　（清）吳兆宜箋注　清揚州藝古堂刻本　三冊

370000－1537－0000687　1471

林和靖詩集四卷拾遺一卷　（宋）林逋撰　清同治十二年(1873)長洲朱氏抱經堂刻本　一冊

370000－1537－0000688　1472

顏習齋先生言行錄二卷闕異錄二卷　（清）鍾錂撰　清光緒五年(1879)刻畿輔叢書本　一冊

370000－1537－0000689　1474

讀書鐙一卷　（清）鄒福保撰　清宣統元年(1909)排印本　一冊

370000－1537－0000690　1477

擬明史樂府一卷　（清）尤侗撰　（清）尤珍注　清康熙刻本　一冊

370000－1537－0000691　1478

安般簃集十卷　（清）袁昶撰　清光緒小漚巢刻本　一冊　存三卷(詩續辛一卷、詩續壬一卷、詩續癸一卷)

370000－1537－0000692　1479

安般簃集十卷于湖小集十一卷　（清）袁昶撰　清光緒小漚巢刻本　一冊　存二卷(詩續壬一卷、詩續癸一卷)

370000－1537－0000693　1481

補綴集三卷　（清）李崐山撰　清光緒四年(1878)刻本　一冊

370000－1537－0000694　1483

續詞選二卷附錄一卷　（清）董毅錄　清刻本　一冊

370000－1537－0000695　1484

胎產護生篇一卷　（清）李長科輯　清光緒十四年(1888)直隸藩署刻本　一冊

370000－1537－0000696　1486

理瀹駢文摘要一卷　（清）吳尚先撰　清光緒三年(1877)吳縣潘敏德堂刻本　二冊

370000－1537－0000697　1487

水心先生別集十六卷　（宋)葉適撰　清同治
九年(1870)刻本　二冊

370000－1537－0000698　1488
詞綜補遺二十卷　（清)陶樑輯　清道光十四
年(1834)刻本　八冊

370000－1537－0000699　1489
太白山人榭葉集五卷南遊草一卷補遺一卷
（清)李柏撰　清光緒刻本　六冊

370000－1537－0000700　1492
沈文忠公集十卷　（清)沈兆霖撰　清同治八
年(1869)刻本　四冊

370000－1537－0000701　1493
養晦堂詩集二卷文集十卷　（清)劉蓉撰　清
光緒三年(1877)思賢講舍刻本　六冊

370000－1537－0000702　1494
粵東三子詩鈔十四卷首一卷　（清)黃玉階編
　清道光二十二年(1842)番禺黃玉階廣州刻
本　四冊

370000－1537－0000703　1500
俞俞齋詩稿初集二卷　（清)史念祖撰　清光
緒十八年(1892)刻本　二冊

370000－1537－0000704　1503
寄蝸殘贅十六卷　（清)葵愚道人撰　清同治
刻本　四冊

370000－1537－0000705　1509
修崑崙證驗一卷　（清)天修子輯撰　清道光
二十七年(1847)刻本　一冊

370000－1537－0000706　1511
竹葉亭雜記八卷　（清)姚元之撰　清光緒十
九年(1893)刻本　二冊

370000－1537－0000707　1512
增訂一夕話新集六卷　（清)咄咄夫原書
(清)嘻嘻子增訂　清乾隆三十八年(1773)文
英堂刻本　二冊

370000－1537－0000708　1514
自號錄一卷　（宋)徐光溥撰　清光緒刻本　一冊

370000－1537－0000709　1515
涼棚夜話四卷續編二卷　（清)方元鵾撰　清
道光三年(1823)刻本　四冊

370000－1537－0000710　1517
證俗文十九卷　（清)郝懿行撰　清光緒十一
年(1885)刻本　六冊

370000－1537－0000711　1518
親屬記二卷　（清)梁章鉅撰　清光緒十二年
(1886)貴陽陳氏刻本　一冊

370000－1537－0000712　1519
稱謂錄三十二卷　（清)梁章鉅撰　清同治三
年至光緒十年(1864－1884)梁恭辰刻本
八冊

370000－1537－0000713　1521
西堂全集六十一卷湘中草六卷　（清)尤侗撰
　清刻本　二十四冊

370000－1537－0000714　1523
翰海十二卷　（明)沈佳允輯　清光緒二年
(1876)申報館排印本　八冊

370000－1537－0000715　1524
影談一卷　（清)管世灝撰　清光緒二年
(1876)申報館排印本　一冊

370000－1537－0000716　1541
勸學篇二卷　（清)張之洞撰　清光緒二十四
年(1898)兩湖書院刻本　一冊

370000－1537－0000717　1543
廣雅堂詩集四卷　（清)張之洞撰　清刻本
四冊

370000－1537－0000718　1545
四益館經學四變記四卷五變記二卷　廖平箋
述　清末成都存古書局刻本　一冊

370000－1537－0000719　1549
諸子詹詹錄二卷　（清)袁樹撰　清光緒二十
年(1894)善化章氏經濟堂刻本　二冊

370000－1537－0000720　1552
尹文子二卷　（□)□□撰　清光緒二十二年
(1896)刻佞漢齋叢書本　一冊

370000－1537－0000721　1553

燕丹子三卷　（清）孫星衍校　**牟子一卷**
（唐）牟融撰　清光緒十一年(1885)孫溪槐廬
家塾刻平津館叢書本　一冊

370000－1537－0000722　1560

三家詩補遺三卷　（清）阮元撰　清光緒二十
四年(1898)長沙葉氏郎園刻本　一冊

370000－1537－0000723　1563

汲塚周書輯要一卷　（清）郝懿行撰　清光緒
八年(1882)東路廳署刻郝氏遺書本　一冊

370000－1537－0000724　1566

黃庭內景經箋註一卷　（清）朱靖旬撰　清光
緒十七年(1891)鄞郡朱靖旬刻本　一冊

370000－1537－0000725　1567

周書斠補四卷　（清）孫詒讓撰　清光緒刻本
　一冊

370000－1537－0000726　1568

覈經筆記一卷　（清）陳倬撰　清刻本　一冊

370000－1537－0000727　1571

黃石公素書三卷　（□）□□撰　清道光十九
年(1839)刻本　一冊

370000－1537－0000728　1572

春秋穀梁傳十二卷附考異一卷　（晉）范甯集
解　清光緒遵義黎庶昌刻本　二冊

370000－1537－0000729　1576

古今偽書考不分卷　（清）姚際恒撰　清光緒
十八年(1892)浙江書局刻本　一冊

370000－1537－0000730　1578

陔餘叢考四十三卷　（清）趙翼撰　清乾隆刻
本　二十冊

370000－1537－0000731　1579

友竹山房詩草七卷補遺一卷首一卷續鈔七卷
附末一卷　（清）蘇履吉撰　清道光十三年
(1833)刻本　八冊

370000－1537－0000732　1582

新論十卷　（南朝齊）劉勰撰　明刻本　一冊

370000－1537－0000733　1589

潛書四卷　（清）唐甄撰　清光緒九年(1883)
中江李氏刻本　四冊

370000－1537－0000734　1590

新斠注地理志十六卷　（清）錢坫撰　清同治
十三年(1874)刻本　八冊

370000－1537－0000735　1595

袁海叟詩集四卷補一卷附後一卷題後一卷
（明）袁凱撰　清光緒十九年(1893)觀自得齋
刻本　二冊

370000－1537－0000736　1596

蕭閒老人明秀集注六卷　（金）蔡松年撰
（金）魏道明注　清光緒二十一年(1895)臨桂
王氏四印齋刻本　一冊

370000－1537－0000737　1600

東齋記事五卷補遺一卷　（宋）范鎮撰　清道
光刻守山閣叢書本　一冊

370000－1537－0000738　1602

漱玉詞一卷　（宋）李清照撰　**斷腸詞一卷**
（宋）朱淑眞撰　清光緒刻本　一冊

370000－1537－0000739　1603

湖山勝槩一卷　（宋）周密撰　明末刻本
一冊

370000－1537－0000740　1605

類編草堂詩餘四卷續編草堂詩餘二卷　（明）
顧從敬輯　清康熙天祿閣刻本　二冊

370000－1537－0000741　1606

樂府雅辭拾遺二卷　（宋）曾慥編　清刻本
一冊

370000－1537－0000742　1607

詞選二卷　（清）張惠言輯　**附續詞選二卷**
（清）董毅輯　**附錄一卷**　（清）鄭善長輯　清
同治六年(1867)刻本　一冊

370000－1537－0000743　1608

宋四家詞選不分卷　（清）周濟輯　清同治十
二年(1873)滂喜齋刻本　一冊

370000－1537－0000744　1609

宋四家詞選不分卷 （清）周濟輯 清光緒三
十四年（1908）排印本 一冊

370000－1537－0000745 1610
眉公見聞錄八卷 （明）陳繼儒撰 明萬曆刻
本 一冊 存三卷（一至三）

370000－1537－0000746 1611
味經齋遺書十五種 （清）莊存與撰 清陽湖
莊氏寶研堂刻本 一冊 存二種八卷（尚書
既見三卷、周官記五卷）

370000－1537－0000747 1612
四書輯釋三十六卷 （元）倪士毅撰 元至正
二年（1342）日新書堂刻本 二冊 存二卷
（大學一卷、中庸一卷）

370000－1537－0000748 1614
授經圖二十卷 （明）朱睦㰅撰 清康熙刻本
二冊

370000－1537－0000749 1617
蒙齋筆談二卷 （宋）葉夢得撰 明刻本
一冊

370000－1537－0000750 1619
新書十卷 （漢）賈誼撰 清光緒元年（1875）
浙江書局刻二十二子本 一冊

370000－1537－0000751 1620
校邠廬抗議一卷 （清）馮桂芬撰 清咸豐十
一年（1861）刻本 墨筆批注 二冊

370000－1537－0000752 1621
鐵橋漫稿八卷 （清）嚴可均撰 清光緒十一
年（1885）長洲蔣氏刻心矩齋叢書本 四冊

370000－1537－0000753 1622
中州樂府一卷 （金）元好問輯 明末毛氏汲
古閣刻本 一冊

370000－1537－0000754 1624
白香詞譜箋四卷 （清）舒夢蘭輯 （清）謝朝
徵箋 清光緒十一年（1885）刻本 二冊

370000－1537－0000755 1626
中說十卷 （隋）王通撰 （宋）阮逸注 明嘉靖
十二年（1533）顧春世德堂刻六子全書本 二冊

370000－1537－0000756 1627
花王閣賸稿一卷 （明）紀坤撰 清咸豐元年
（1851）天雄學署刻本 一冊

370000－1537－0000757 1628
續夷堅志四卷 （金）元好問撰 清嘉慶十三
年（1808）大梁書院刻本 一冊

370000－1537－0000758 1633
詞腴二卷 （清）黃承勳輯 清道光十四年
（1834）刻本 一冊

370000－1537－0000759 1635
才調集十卷 （五代）韋穀輯 清康熙四十三
年（1704）汪氏垂雲堂刻本 四冊

370000－1537－0000760 1636
復初齋文集三十五卷 （清）翁方綱撰 清刻
本 十二冊

370000－1537－0000761 1637
宋孫仲益內簡尺牘十卷首一卷 （宋）孫覿撰
（宋）李祖堯注 清乾隆十二年（1747）蔡焯
等刻本 十冊

370000－1537－0000762 1638
建安七子集二十七卷 （明）楊德周輯 明崇
禎十一年（1638）陳朝輔刻本 八冊

370000－1537－0000763 1639
癸巳類稿十五卷 （清）俞正燮撰 清道光十
三年（1833）求日益齋刻本 五冊

370000－1537－0000764 1640
寶顏堂訂正四夷考八卷 （明）葉向高撰 明
萬曆刻寶顏堂秘笈本 三冊 存四卷（一至
四）

370000－1537－0000765 1641
李義山詩文集箋注附年譜一卷 （唐）李商隱
撰 （清）馮浩編注 清乾隆三十六年（1771）
刻本 佚名朱批 八冊

370000－1537－0000766 1642
吳艸廬先生文集八卷 （元）吳澄撰 清怡蓮
堂刻本 四冊

370000－1537－0000767 1644

徐騎省集三十卷補遺一卷附錄一卷　（宋）徐鉉撰　校勘記一卷　（清）李英元撰　**宋史文苑傳**　清光緒十七年(1891)刻本　六冊

370000－1537－0000768　1645

湘山野錄三卷　（宋）釋文瑩撰　清道光活字印本　三冊

370000－1537－0000769　1646

李義山詩文全集箋注　（唐）李商隱撰　（清）馮浩編注　附年譜一卷　清乾隆四十五年(1780)德聚堂刻本　六冊

370000－1537－0000770　1647

藏雲山房杜律詳解五言律六卷七言律二卷　（唐）杜甫撰　（清）石閭居士評點　清道光八年(1828)刻本　八冊

370000－1537－0000771　1648

東觀奏記三卷　（唐）裴庭裕撰　明萬曆刻本　一冊

370000－1537－0000772　1649

震川先生文集二十卷　（明）歸有光撰　明萬曆二年(1574)歸道傳刻本　四冊

370000－1537－0000773　1650

重刊補註洗冤錄集證六卷　（宋）宋慈撰　（清）王又槐增輯　（清）李觀瀾補輯　（清）阮其新補註　清道光二十四年(1844)刻四色套印本　五冊

370000－1537－0000774　1669

于晦若侍郎書剳一卷　于晦若撰　清于晦若寫本　一冊

370000－1537－0000775　1679

詞選二卷　（清）張惠言輯　附續詞選二卷　（清）董毅輯　附錄一卷　（清）鄭善長輯　清同治六年(1867)刻本　一冊

370000－1537－0000776　1701

李長吉集四卷外集一卷　（唐）李賀撰　（明）黃淳耀　（清）黎簡評點　清光緒刻朱墨套印本　二冊

370000－1537－0000777　1702

李長吉集四卷外集一卷　（唐）李賀撰　（明）黃淳耀　（清）黎簡評點　清光緒刻朱墨套印本　二冊

370000－1537－0000778　1704

石守道先生集二卷　（宋）石介撰　（清）張伯行重訂　清康熙刻本　一冊

370000－1537－0000779　1707

鳳臺祇謁筆記一卷永寧祇謁筆記一卷　（清）董洵撰　清同治刻本　二冊

370000－1537－0000780　1708

珠玉詞鈔一卷　（宋）晏殊撰　清光緒十一年(1885)揚州刻本　一冊

370000－1537－0000781　1709

樵歌三卷　（宋）朱敦儒撰　清光緒二十六年(1900)刻本　一冊

370000－1537－0000782　1715

還冤記一卷　（北齊）顏之推撰　明萬曆刻本　一冊

370000－1537－0000783　1716

有明於越三不朽名賢圖贊不分卷　（明）張岱撰　清光緒十四年(1888)陳錦刻本　一冊

370000－1537－0000784　1720

白石道人歌曲六卷　（宋）姜夔撰　清宣統二年(1910)刻本　一冊

370000－1537－0000785　1721

白石道人詩集二卷集外詩一卷附錄一卷附錄補遺一卷　（宋）姜夔撰　清乾隆知不足齋刻本　一冊

370000－1537－0000786　1722

白石道人歌曲四卷別集一卷　（宋）姜夔撰　白石道人詩詞評論一卷補遺一卷　（清）許增輯　白石道人逸事一卷逸事補遺一卷　清光緒十年(1884)娛園刻本　一冊

370000－1537－0000787　1723

李元賓文集文編三卷外編二卷續編一卷　（唐）李觀撰　清嘉慶二十三年(1818)秦氏石研齋刻本　一冊

370000－1537－0000788　1724

麟角集一卷附錄一卷　（唐）王棨撰　清光緒
十年(1884)福山王氏刻天壤閣叢書本　一冊

370000－1537－0000789　1727

樂章集一卷　（宋）柳永撰　清刻本　一冊

370000－1537－0000790　1728

魏特進集一卷　（北齊）魏收撰　明婁東張溥
刻漢魏六朝百三名家集本　一冊

370000－1537－0000791　1729

中州樂府一卷　（金）元好問輯　清宣統吳氏
雙照樓刻本　一冊

370000－1537－0000792　1731

九僧詩一卷　（宋）□□編　清道光刻本
一冊

370000－1537－0000793　1732

唐中興閒氣集二卷　（清）高仲武輯　清末武
進費氏刻本　三冊

370000－1537－0000794　1733

棠陰比事一卷　（宋）桂萬榮撰　清道光二十
九年(1849)朱緒曾刻本　一冊

370000－1537－0000795　1736

翰林學士集不分卷經籍訪古志一卷日本圖經
一卷　（唐）許敬宗等撰　清光緒十九年
(1893)貴陽陳氏刻本　一冊

370000－1537－0000796　1737

震澤紀聞二卷　（明）王鏊撰　續震澤紀聞一
卷郢事紀略一卷　（明）王禹聲撰　附錄一卷
清刻本　一冊

370000－1537－0000797　1741

日損齋筆記一卷附錄一卷　（元）黃溍撰　清
道光刻守山閣叢書本　一冊

370000－1537－0000798　1745

兩同書二卷讒書五卷　（唐）羅隱撰　清刻本
一冊

370000－1537－0000799　1746

舊聞證誤四卷補遺一卷　（宋）李心傳撰　清
光緒、宣統刻藕香零拾本　一冊

370000－1537－0000800　1748

奉天錄四卷附錄一卷　（唐）趙元一撰　清光
緒十七年(1891)江陰繆荃孫刻本　一冊

370000－1537－0000801　1751

孟東野集十卷　（唐）孟郊撰　明楊鶴刻本
二冊

370000－1537－0000802　1752

陶菴詩集八卷補遺一卷　（明）黃淳耀撰　清
康熙刻本　一冊

370000－1537－0000803　1753

余忠宣公青陽山房集二卷　（元）余闕撰　清
光緒元年(1875)合肥張氏毓秀堂刻本　一冊

370000－1537－0000804　1754

蕭臺公餘詞一卷　（宋）姚述堯撰　清光緒十
二年(1886)錢塘丁氏刻本　一冊

370000－1537－0000805　1756

隆平集二十卷　（宋）曾鞏撰　清康熙四十年
(1701)南豐彭氏刻本　四冊

370000－1537－0000806　1758

李長吉歌詩四卷外集一卷　（唐）李賀撰
（清）王琦匯解　首一卷　（清）王琦輯　清乾
隆寶笏樓刻本　四冊

370000－1537－0000807　1759

李長吉歌詩四卷外集一卷　（唐）李賀撰
（清）王琦匯解　首一卷　（清）王琦輯　清乾
隆寶笏樓刻本　三冊

370000－1537－0000808　1760

協律鈎元四卷外集一卷補遺一卷　（唐）李賀
撰　（清）陳本禮箋注　清嘉慶刻本　二冊

370000－1537－0000809　1761

玉溪生詩意八卷　（唐）李商隱撰　（清）屈復
注　清道光十年(1830)刻本　五冊

370000－1537－0000810　1762

十種唐詩選十七卷　（清）王士禛刪纂　清康
熙二十六年(1687)刻王漁洋遺書本　八冊

370000－1537－0000811　1763

濂洛關閩書十九卷　（清）張伯行輯並注　清

康熙正誼堂刻本　六冊

370000－1537－0000812　1764

精選名儒草堂詩餘三卷　（元）鳳林書院輯
清嘉慶十六年(1811)刻本　三冊

370000－1537－0000813　1765

學林十卷　（宋）王觀國撰　清嘉慶十四年
(1809)湖海樓刻本　五冊

370000－1537－0000814　1766

陽明先生集要十五卷　（明）王守仁撰　（明）
施邦曜輯　**年譜一卷**　明崇禎八年(1635)王
立準刻本　十冊

370000－1537－0000815　1769

陶靖節集十卷　（晉）陶潛撰　明刻本　佚名
批校　四冊

370000－1537－0000816　1770

陶靖節集十卷　（晉）陶潛撰　明天啟刻本
二冊

370000－1537－0000817　1771

李義山詩集三卷　（唐）李商隱撰　清刻本
清吳仰賢批校　三冊

370000－1537－0000818　1772

王荊公唐百家詩選二十卷　（宋）王安石輯
清康熙四十三年(1704)丘犖、丘迴刻本
四冊

370000－1537－0000819　1773

李義山詩集十六卷　（唐）李商隱撰　（清）姚
培謙箋　清乾隆四十年(1775)刻本　二冊

370000－1537－0000820　1774

李義山文集十卷　（唐）李商隱撰　（清）徐樹
穀箋　（清）徐炯注　清康熙四十七年(1708)
徐氏花黎草堂刻本　清佚名、民國馮廷正跋
四冊

370000－1537－0000821　1775

玉溪生詩意八卷　（唐）李商隱撰　（清）屈復
注　清道光十年(1830)刻本　五冊

370000－1537－0000822　1776

花間集四卷　（五代）趙崇祚輯　（明）湯顯祖

評　明刻本　四冊

370000－1537－0000823　1788

靈石山房詩草一卷　（清）貴成撰　清同治刻
本　一冊

370000－1537－0000824　1792

臺學源流七卷　（明）金賁亨撰　清同治八年
(1869)同善會刻本　一冊

370000－1537－0000825　1796

易順鼎奏摺參權奸誤國稿一卷　易順鼎撰
清活字印本　一冊

370000－1537－0000826　1802

和靖尹先生文集十卷　（宋）尹焞撰　清光緒
九年(1883)刻本　二冊

370000－1537－0000827　1804

曝書亭集八十卷　（清）朱彝尊撰　**附錄一卷**
笛漁小稿十卷　（清）朱昆田撰　清康熙五十
三年(1714)朱稻孫刻本　十一冊

370000－1537－0000828　1808

雲左山房詩鈔八卷附三卷　（清）林則徐撰
清光緒十二年(1886)福州林氏刻本　二冊

370000－1537－0000829　1809

武林掌故叢編　（清）丁丙輯　清光緒錢塘丁
氏嘉惠堂刻本　一冊　存二種二卷(小雲棲
放生錄一卷、西湖秋柳詞一卷)

370000－1537－0000830　1811

恩福堂筆記二卷　（清）英和撰　清道光十七
年(1837)刻本　五冊

370000－1537－0000831　1813

孫公談圃三卷　（宋）孫升撰　明刻本　一冊

370000－1537－0000832　1814

陶淵明詩一卷　（晉）陶潛撰　清光緒元年
(1875)刻本　一冊

370000－1537－0000833　1815

義山文集六卷　（唐）李商隱撰　清嘉慶二十
二年(1817)刻本　六冊

370000－1537－0000834　1816

陳忠裕公全集三十集首一卷末一卷兵垣奏議一卷　（明）陳子龍撰　（清）王昶輯　清嘉慶八年（1803）簳山草堂刻本　十二冊

370000－1537－0000835　1818

尊聞居士集八卷附錄一卷　（清）羅有高撰　清光緒八年（1882）長洲彭祖賢刻本　二冊

370000－1537－0000836　1824

杜詩偶評四卷　（清）沈德潛撰　清乾隆十二年（1747）潘承松賦閒草堂刻本　佚名批校　四冊

370000－1537－0000837　1826

曝書亭詞拾遺三卷志異一卷　（清）朱彝尊撰　（清）翁之潤輯錄　清光緒二十二年（1896）常熟翁氏刻本　二冊

370000－1537－0000838　1827

曝書亭詞拾遺三卷志異一卷　（清）朱彝尊撰　（清）翁之潤輯錄　清光緒二十二年（1896）常熟翁氏刻民國十五年（1926）金鉞補修本　一冊

370000－1537－0000839　1839

石堂集十卷石堂近稿一卷　（清）泰山玉撰　金臺隨筆一卷　（清）釋元玉撰　清嘉慶刻本　四冊

370000－1537－0000840　1841

玉壺野史十卷　（宋）釋文瑩撰　清道光錢氏刻守山閣叢書本　一冊

370000－1537－0000841　1842

後山居士詩話一卷　（宋）陳師道撰　明末刻本　四冊

370000－1537－0000842　1843

亦玉堂稿十卷　（明）沈鯉撰　清康熙二十九年（1690）刻本　四冊

370000－1537－0000843　1844

震川先生集三十卷別集十卷附錄一卷　（明）歸有光撰　清康熙十年至十四年（1671－1675）歸莊、歸玠等刻本　二十冊

370000－1537－0000844　1847

刺字集四卷　（□）□□撰　清光緒十二年（1886）京師刻本　一冊

370000－1537－0000845　1848

小山詞鈔一卷　（宋）晏幾道撰　清光緒十一年（1885）揚州刻本　一冊

370000－1537－0000846　1853

煙霞萬古樓詩殘稿一卷　（清）王曇撰　清光緒二十六年（1900）寒松閣刻本　一冊

370000－1537－0000847　1855

細陽小草一卷　（清）王樹中撰　清光緒三十二年（1906）刻本　一冊

370000－1537－0000848　1859

東越文苑傳一卷　（清）陳壽祺撰　清刻本　一冊

370000－1537－0000849　1860

三雁紀遊三種　（清）郭鍾嶽　（清）張盛藻撰　清光緒十四年（1888）刻本　一冊

370000－1537－0000850　1861

嶽雲盦詩存一卷　吳蔭培撰　清宣統二年（1910）刻本　一冊

370000－1537－0000851　1870

西岡詩草四卷　（清）馬瑤林撰　清光緒八年（1882）馬氏養花種菜居刻本　二冊

370000－1537－0000852　1871

棣坨集四卷首一卷外集三卷　（清）朱啟連撰　清光緒二十六年（1900）刻本　二冊

370000－1537－0000853　1876

美人長壽盦詞六卷　程頌萬撰　清光緒二十六年（1900）刻本　二冊　存二卷（一至二）

370000－1537－0000854　1877

美人長壽盦詞六卷　程頌萬撰　清光緒二十六年（1900）刻本　二冊

370000－1537－0000855　1889

蘭山課業松厓詩錄二卷　（清）吳鎮撰　清刻本　二冊

370000－1537－0000856　1890－1

曝餘集一卷 （清）蕭霖撰 清刻本 一冊

370000－1537－0000857 1890－2

靈芬館集 （清）郭麐撰 清刻本 五冊 存三種二十三卷（靈芬館詞六卷、靈芬館詩四集五至十二、靈芬館詩續集九卷）

370000－1537－0000858 1891

蔗塘外集不分卷 （清）查為仁撰 清乾隆刻本 二冊

370000－1537－0000859 1892

飲雪軒詩集四卷 （清）楊泰亨撰 清宣統二年（1910）經畬家塾刻本 一冊

370000－1537－0000860 1895

拜石山房詞鈔四卷 （清）顧翰撰 清光緒十四年（1888）刻本 一冊

370000－1537－0000861 1896

浣花閣續詞草一卷 （清）熊裕棠撰 清同治十一年（1872）刻本 一冊

370000－1537－0000862 1899

約園詞二卷 （清）劉洪年撰 清光緒十年（1884）刻本 一冊

370000－1537－0000863 1907

俞俞齋詩稿二卷 （清）史念祖撰 清光緒十六年（1890）黔南藩署刻本 四冊

370000－1537－0000864 1908

二曲全集二十六卷 （清）李顒撰 清蔣氏小嬝嬛山館刻本 六冊

370000－1537－0000865 1909

出像文昌化書四卷 （□）□□撰 清乾隆十二年（1747）刻本 八冊

370000－1537－0000866 1910

陶淵明詩集注四卷 （晉）陶潛撰 東坡和陶詩一卷 （清）詹夔錫纂輯 清康熙刻本 四冊

370000－1537－0000867 1912

靖節先生集十卷 （晉）陶潛撰 （清）陶澍集注 年譜二卷 清道光二十年（1840）刻本 四冊

370000－1537－0000868 1919

潛庵先生全集五卷 （清）湯斌撰 清同治十二年（1873）刻本 十冊

370000－1537－0000869 1922

埋憂集十卷續集二卷 （清）朱翊清撰 清同治十三年（1874）刻本 四冊

370000－1537－0000870 1923

霧海隨筆十四卷 （清）袁枚撰 （清）胡浚源續增 清嘉慶二十五年（1820）刻本 十冊

370000－1537－0000871 1926

徐僕射集一卷 （南朝陳）徐陵撰 明張溥刻漢魏六朝百三名家集本 二冊

370000－1537－0000872 1927

宋元名家詞不分卷 （清）江標輯 清光緒二十一年（1895）刻本 四冊

370000－1537－0000873 1928

淳化祕閣法帖考正十二卷 （清）王澍撰 清雍正刻本 三冊 存三卷（一至三）

370000－1537－0000874 1931

湛然居士文集十四卷 （元）耶律楚材撰 清光緒二十一年（1895）刻本 四冊

370000－1537－0000875 1933

夢綠草堂詩鈔十二卷 （清）蔡壽祺撰 清咸豐七年（1857）京師刻本 六冊

370000－1537－0000876 1938

聊齋志異遺稿四卷 （清）蒲松齡撰 清光緒四年（1878）聚珍堂刻本 二冊

370000－1537－0000877 1942

兩般秋雨盦隨筆八卷 （清）梁紹壬撰 清道光十七年（1837）錢塘汪氏振綺堂刻本 八冊

370000－1537－0000878 1944

繡像九美圖全傳三十六回 （□）□□撰 清咸豐十年（1860）刻本 六冊

370000－1537－0000879 1945

嘯亭雜錄八卷續錄二卷 （清）昭槤撰 清光緒六年（1880）刻本 十冊

223

370000－1537－0000880　1946

嘯亭雜錄十卷續錄三卷　（清）昭槤撰　清光緒二年（1876）上海申報館排印本　十冊

370000－1537－0000881　1948

小石山房叢書　（清）顧湘輯　清同治十三年（1874）顧氏刻本　十六冊

370000－1537－0000882　1950

中論二卷　（漢）徐幹撰　明萬曆二十年（1592）程榮刊漢魏叢書本　一冊

370000－1537－0000883　1954

詩鐘錄一卷　（清）趙國華輯　清同治九年（1870）刻本　一冊

370000－1537－0000884　1956

十九世紀外交史十七章　（日本）平田久撰（清）張相譯　清光緒二十八年（1902）杭州史學齋刻本　一冊

370000－1537－0000885　1964

泰東之休戚日英聯盟解一卷　（日本）西師意撰　清光緒二十八年（1902）華北譯書局刻本　一冊

370000－1537－0000886　1967

梁簡文帝集十四卷　（南朝梁）簡文帝蕭綱撰　明末刻本　二冊

370000－1537－0000887　1968

梁武帝集八卷　（南朝梁）武帝蕭衍撰　明末刻本　一冊

370000－1537－0000888　1977

江南鄉試硃卷一卷（光緒丙子科）　（清）□□撰　清蘇城沈友林刻本　一冊

370000－1537－0000889　1978

國朝右文掌錄一卷　（清）自有餘齋主人輯　清光緒十四年（1888）刻本　一冊

370000－1537－0000890　1979

陸清獻公莅嘉遺蹟三卷　（清）黃維玉輯　清同治六年（1867）上海道署刻本　一冊

370000－1537－0000891　1983

曼志堂遺稿二卷　（清）曹壽銘撰　清同治九

年（1870）刻本　一冊

370000－1537－0000892　1993

顧爲明鏡室詞稿二卷　（清）江順詒撰　清同治十二年（1873）刻本　二冊

370000－1537－0000893　1994

濯絳宦存槀一卷　（清）劉毓盤撰　清光緒二十七年（1901）刻本　二冊

370000－1537－0000894　1998

晉專宋瓦室類稿五卷　（清）桂坫撰　清光緒二十四年（1898）刻本　一冊

370000－1537－0000895　1999

零錦集詞稿二卷首一卷　（清）袁學瀾撰　清同治蘇州文學山房刻本　二冊

370000－1537－0000896　2002

玉井樵唱正續不分卷　（元）尹廷高撰　清抄本　一冊

370000－1537－0000897　2003

清止閣集十四卷　（清）趙進美撰　清抄本一冊　存二卷（十三至十四）

370000－1537－0000898　2012

重刊校正唐荆川先生文集十二卷外集三卷附錄一卷荆川集補遺五卷　（明）唐順之撰　清光緒三十年（1904）江南書局刻本　十冊

370000－1537－0000899　2013

寶顏堂訂正荆溪林下偶談四卷　（宋）吳子良撰　明萬曆刻寶顏堂續秘笈本　二冊

370000－1537－0000900　2014

宋名臣言行錄七十五卷　（宋）朱熹撰　（宋）□□輯　（清）顧廣圻校　清道光元年（1821）洪氏積學堂刻本　十二冊

370000－1537－0000901　2015

伊川擊壤集二十卷　（宋）邵雍撰　清光緒三十二年（1906）宜秋館刻本　四冊

370000－1537－0000902　2016

盧陵宋丞相信國公文忠烈先生全集十六卷（宋）文天祥撰　（清）文有煥　（清）文從偉輯　清雍正三年（1725）刻本　十二冊

370000－1537－0000903　2017

惜抱軒詩集十卷　（清）姚鼐撰　清嘉慶三年
(1798)刻本　四冊

370000－1537－0000904　2018

顏魯公文集三十卷補遺一卷附錄一卷　（唐）
顏真卿撰　（清）黃本驥編訂　（清）蔣璨校
清道光二十五年(1845)刻本　十二冊

370000－1537－0000905　2020

節孝先生文集三十卷事實一卷語錄一卷附載
一卷　（宋）徐積撰　清宣統三年(1911)山陽
徐氏刻本　六冊

370000－1537－0000906　2021

初唐四傑文集二十一卷　（清）項家達輯　清
光緒五年(1879)淮南書局刻本　四冊

370000－1537－0000907　2023

夢幻居畫學簡明五卷　（清）鄭績撰　清同治
三年(1864)刻本　一冊

370000－1537－0000908　2024

新刊權載之文集五十卷　（唐）權德輿撰　清
嘉慶十一年(1806)刻本　八冊

370000－1537－0000909　2025

紫幢軒詩三十二卷　（清）文昭撰　清康熙、
雍正刻本　二冊　存四冊(松風塵餘集二卷、
在告集一卷、交春集一卷)

370000－1537－0000910　2026

金文雅十六卷作者考一卷　（清）莊仲方編
清光緒十七年(1891)江蘇書局刻本　二冊

370000－1537－0000911　2027

江文通文集十卷　（南朝梁）江淹撰　（明）汪
士賢校　明汪士賢刻漢魏諸名家集本　二冊

370000－1537－0000912　2028

河南先生文集二十七卷附錄一卷　（宋）尹洙
撰　清宣統二年(1910)守政書局刻本　四冊

370000－1537－0000913　2029

江左十五子詩選十五卷　（清）宋犖選輯　清
康熙三十二年(1693)宋氏宛委堂刻本　八冊

370000－1537－0000914　2033

九僧集一卷　（清）達真錄　清刻本　一冊

370000－1537－0000915　2037

草窗韻語六卷　（宋）周密撰　清末影印本
三冊

370000－1537－0000916　2038

韋蘇州詩集二卷　（唐）韋應物撰　清康熙刻
本　四冊

370000－1537－0000917　2039

劉隨州詩集十一卷　（唐）劉長卿撰　清光緒
五年(1879)刻本　二冊

370000－1537－0000918　2040

陶詩集註四卷　（清）詹夔錫纂輯　東坡和陶
詩一卷　（宋）蘇軾撰　清康熙三十三年
(1694)詹氏寶墨堂刻本　一冊

370000－1537－0000919　2041

陶詩三種匯函　（□）□□撰　清光緒元年
(1875)影印本　三冊

370000－1537－0000920　2042

陶靖節詩集四卷　（晉）陶潛撰　清刻本
二冊

370000－1537－0000921　2043

躬恥齋文鈔二十卷　（清）宗稷辰撰　清咸豐
元年(1851)越峴山館刻本　八冊　缺三卷
(十八至二十)

370000－1537－0000922　2044

欒城後集二十四卷　（宋）蘇轍撰　清道光十
二年(1832)眉州三蘇祠刻本　三冊

370000－1537－0000923　2045

南豐詩鈔三卷　（宋）曾鞏撰　清雍正刻本
一冊

370000－1537－0000924　2047

惜抱軒詩集十卷　（清）姚鼐撰　清嘉慶三年
(1798)刻本　二冊

370000－1537－0000925　2048

昌黎先生詩集注十一卷　（唐）韓愈撰　（清）
朱彝尊　（清）何焯評　（清）顧嗣立刪補　年
譜一卷　清康熙三十八年(1699)顧氏秀野艸

堂刻本　六冊

370000－1537－0000926　2049

范文正公集十三卷　（宋）范仲淹撰　明萬曆
刻本　六冊

370000－1537－0000927　2050

洹詞十二卷　（明）崔銑撰　明趙府味經堂刻
清乾隆三十六年(1771)黃邦寧重修本　六冊

370000－1537－0000928　2051

法苑珠林一百卷　（唐）釋道世撰　清道光七
年(1827)刻本　三十二冊

370000－1537－0000929　2052

隨園詩草八卷禪家公案頌一卷　（清）邊連寶
撰　清乾隆四十年(1775)刻本　四冊

370000－1537－0000930　2053

釋輪二卷釋橢一卷　（清）焦循撰　清嘉慶刻
本　一冊

370000－1537－0000931　2054

恪靖侯盾鼻餘瀋不分卷　（清）左宗棠撰　清
光緒八年(1882)排印本　二冊

370000－1537－0000932　2055

秣陵集六卷　（清）陳文述輯　清道光刻本
三冊

370000－1537－0000933　2056

溉堂前集九卷　（清）孫枝蔚撰　清康熙刻本
三冊

370000－1537－0000934　2057

松龕先生全集　（清）徐繼畬撰　清咸豐十年
(1860)刻本　六冊

370000－1537－0000935　2059

潛菴先生遺稿五卷　（清）湯斌撰　清康熙刻
本　四冊

370000－1537－0000936　2060

閒齋琴趣外篇六卷　（宋）晁元禮撰　清影宋
刻朱印本　一冊

370000－1537－0000937　2062

沈歸愚詩文全集七十四卷　（清）沈德潛撰

清乾隆教忠堂遞刻本　八冊　存二十卷（歸
愚文鈔二十卷）

370000－1537－0000938　2063

躬恥齋詩鈔十四卷首一卷後編七卷　（清）宗
稷辰撰　清咸豐九年(1859)刻本　八冊

370000－1537－0000939　2064

戴東原集十二卷覆校札記一卷　（清）戴震撰
（清）段玉裁校札　清乾隆、道光段氏經韻
樓刻本　八冊

370000－1537－0000940　2065

靈芬館全集二十二卷　（清）郭麐撰　清道光
六年(1826)刻本　六冊

370000－1537－0000941　2066

復盦文集二十三卷　曹允源撰　清光緒刻本
六冊

370000－1537－0000942　2067

庸言十二卷　（明）黃佐撰　清康熙刻本
四冊

370000－1537－0000943　2069

石湖居士詩集三十四卷　（宋）范成大撰　清
康熙刻本　六冊

370000－1537－0000944　2070

三魚堂日記十卷　（清）陸隴其撰　清同治九
年(1870)浙江書局刻本　一冊

370000－1537－0000945　2071

三魚堂文集十二卷外集六卷賸言十二卷
（清）陸隴其撰　清同治七年(1868)刻本
六冊

370000－1537－0000946　2072

癸巳類稿十五卷　（清）俞正燮撰　清道光十
六年(1836)求日益齋刻本　八冊

370000－1537－0000947　2073

夢園叢說內篇八卷外篇八卷　（清）方濬頤撰
清光緒元年(1875)刻本　八冊

370000－1537－0000948　2076

禮記十卷　（元）陳澔集說　清嘉慶十年
(1805)刻本　十冊

370000－1537－0000949　2078

士禮居叢書二十種一百九十三卷　（清）黃丕
烈編　清嘉慶、道光黃氏士禮居刻本　八冊
　　存七種一百十五卷（戰國策三十三卷、新刻
劄記三卷，國語二十一卷、劄記一卷，輿地廣
記三十八卷,新刊宣和遺事前集一卷後集一
卷,儀禮十七卷）

370000－1537－0000950　2079

小學集註六卷　（明）陳選集註　清雍正五年
(1727)內府刻本　二冊

370000－1537－0000951　2080

楚辭二卷　（戰國）屈原　（戰國）宋玉
（漢）賈誼等撰　明萬曆四十八年(1620)閔齊
伋刻三色套印本　二冊

370000－1537－0000952　2081

楚辭十七卷　（漢）王逸注　（明）陳深批點
附錄一卷　明凌毓枬刻朱墨套印本　四冊
　　存十二卷(六至十七)

370000－1537－0000953　2082

說文繫傳校錄三十卷　（清）王筠撰　清道光
刻本　六冊

370000－1537－0000954　2083

毛詩吲訂十卷　（清）苗夔撰　清咸豐元年
(1851)壽陽祁寯藻漢磚亭刻苗氏說文四種本
　四冊

370000－1537－0000955　2084

中說十卷　（隋）王通撰　（宋）阮逸注　清光
緒十六年(1890)貴陽陳氏刻本　二冊

370000－1537－0000956　2085

刪微三十六卷　（明）孫毅輯　清嘉慶十五年
(1810)山淵堂活字印本　八冊

370000－1537－0000957　2092

棠湖塤譜一卷　（清）吳潯源撰　清光緒十四
年(1888)刻本　一冊

370000－1537－0000958　2095

文昌雜錄六卷補遺一卷　（宋）龐元英撰
清乾隆二十一年(1756)盧見曾刻雅雨堂叢

書本　二冊

370000－1537－0000959　2096

北夢瑣言二十卷　（宋）孫光憲撰　清乾隆二
十一年(1756)盧見曾刻雅雨堂叢書本　四冊

370000－1537－0000960　2097

昌黎先生詩集注十一卷　（唐）韓愈撰　（清）
朱彝尊　（清）何焯評　（清）顧嗣立刪補　清
光緒九年(1883)廣州翰墨園刻朱墨藍三色套
印本　四冊

370000－1537－0000961　2105

今韻同音五卷　（□）□□撰　清道光十八年
(1838)抄本　四冊　缺一卷(三)

370000－1537－0000962　2106

湯子遺書十卷　（清）湯斌撰　（清）王廷燦輯
　清康熙四十二年(1703)刻本　十冊

370000－1537－0000963　2107

五公山人集十六卷　（清）王餘佑撰　（清）李
興祖編　清康熙三十四年(1695)刻本　四冊

370000－1537－0000964　2111

楊椒山先生全集四卷年譜一卷　（明）楊繼盛
撰　清康熙刻本　四冊

370000－1537－0000965　2116

二曲全集二十六卷四書反身錄八卷　（清）李
顒撰　清蔣氏小娜嬛山館刻光緒二十四年
(1898)湖南荷華池印本　十二冊

370000－1537－0000966　2117

岳忠武王文集八卷首一卷末一卷　（宋）岳飛
撰　清刻本　四冊

370000－1537－0000967　2121

燕窗閒話二卷　（清）鄭守庭撰　清光緒十七
年(1891)刻本　二冊

370000－1537－0000968　2122

午亭文編五十卷　（清）陳廷敬撰　清康熙四
十七年(1708)林佶寫刻本　十二冊

370000－1537－0000969　2123

白沙子全集十卷首一卷末一卷古詩教解二卷
　（明）陳獻章撰　清乾隆三十六年(1771)碧

玉樓刻本　十冊

370000－1537－0000970　2125
白虎通義攷四卷補遺一卷　（清）莊述祖撰
清乾隆四十九年(1784)抱經堂刻本　二冊

370000－1537－0000971　2127
句曲外史貞居先生詩集五卷　（元）張雨撰
清末民初上海涵芬樓影印本　一冊

370000－1537－0000972　2131
人海記二卷　（清）查慎行撰　清光緒七年
(1881)刻本　二冊

370000－1537－0000973　2140
志節編二卷　（清）李棠階輯　清刻本　一冊

370000－1537－0000974　2143
海東逸史十八卷　（清）翁洲老民撰　清光緒
徐幹刻邵武徐氏叢書本　一冊

370000－1537－0000975　2144
拳教析疑說一卷　勞乃宣撰　清光緒刻本
一冊

370000－1537－0000976　2149
熙朝宰輔錄不分卷　（清）潘世恩撰　清光緒
三年(1877)刻本　一冊

370000－1537－0000977　2155
向湖邨舍詩初集十二卷　（清）趙藩撰　清光
緒十四年(1888)長沙刻本　三冊

370000－1537－0000978　2161
知白齋詩草二卷　（清）王樸撰　清光緒八年
(1882)刻本　一冊

370000－1537－0000979　2162
知白齋詩草二卷　（清）王樸撰　清光緒八年
(1882)刻本　一冊

370000－1537－0000980　2167
錫穀堂詩五卷補遺一卷　（清）劉師恕撰　清
同治元年(1862)刻本　二冊

370000－1537－0000981　2168
霜傑齋詩二卷補遺一卷　（清）秦寶璊撰　清
光緒刻本　一冊

370000－1537－0000982　2169
松聲池館詩存四卷　（清）汪璐撰　清光緒十
五年(1889)刻本　一冊

370000－1537－0000983　2170
振綺堂詩存一卷附詞三闋　（清）汪憲撰　清
光緒十五年(1889)刻本　一冊

370000－1537－0000984　2172
雙紅豆閣詞三卷　（清）孫若霖撰　清道光十
七年(1837)刻本　一冊

370000－1537－0000985　2176
庚申外史二卷　（明）權衡編　清道光二十七
年(1847)刻海山仙館叢書本　一冊

370000－1537－0000986　2182
惜道味齋集一卷　（清）姚大榮撰　清宣統三
年(1911)刻本　一冊

370000－1537－0000987　2184
藕絲詞四卷　（清）汪淵撰　清光緒七年
(1881)新安茹古堂刻本　一冊

370000－1537－0000988　2213
石樵詩稿十二卷　（清）嚴允肇撰　清康熙刻
本　二冊

370000－1537－0000989　2214
止足齋詩存三卷感恩家慶一卷　（清）銘安撰
清光緒三十一年(1905)京師刻本　一冊

370000－1537－0000990　2219
慎盦詩鈔二卷　（清）左宗植撰　清光緒元年
(1875)刻本　二冊

370000－1537－0000991　2227
隨息居飲食譜不分卷　（清）王士雄撰　清同
治二年(1863)刻本　一冊

370000－1537－0000992　2228
蔡中郎集六卷補遺一卷　（漢）蔡邕撰　清雍
正刻本　四冊

370000－1537－0000993　2236
會稽王氏銀管錄不分卷　（清）王繼香輯　清
光緒四年(1878)刻本　一冊

370000 – 1537 – 0000994　2237

讀史比事五卷　（清）林燾撰　清光緒四年（1878）刻本　一冊

370000 – 1537 – 0000995　2246

擊鉢吟九集二卷　（清）陳鳴秋等撰　清光緒二十三年（1897）刻本　二冊

370000 – 1537 – 0000996　2259

東堂詞一卷　（宋）毛滂撰　清刻本　一冊

370000 – 1537 – 0000997　2278

飣餖吟十二卷　（清）石贊清撰　（清）黃丙森注　清咸豐八年（1858）刻本　四冊

370000 – 1537 – 0000998　2279

聊齋志異十六卷　（清）蒲松齡撰　（清）王士禎評　清乾隆三十一年（1766）萊陽趙起杲青柯亭刻本　十六冊

370000 – 1537 – 0000999　2280

評註聊齋圖詠十六卷　（清）蒲松齡撰　清刻本　八冊

370000 – 1537 – 0001000　2281

詳註聊齋志異圖詠十六卷　（清）蒲松齡撰（清）呂湛恩註　清光緒上海同文書局石印本　八冊

370000 – 1537 – 0001001　2282

詳註聊齋志異圖詠十六卷首一卷　（清）蒲松齡撰　（清）呂湛恩註　清光緒十二年（1886）上海同文書局石印本　八冊

370000 – 1537 – 0001002　2284

新雕耍家要訣嫖賭機關四卷　（明）沈元甫撰　明德聚堂刻本（配補鈔）　二冊

370000 – 1537 – 0001003　2288

墨壽閣詞鈔一卷續鈔一卷　（清）汪承慶撰　清光緒二十八年（1902）山陽刻本　一冊

370000 – 1537 – 0001004　2289

麇援詞一卷　（清）劉恩黻撰　清光緒三十二年（1906）吳昌綬雙照樓刻本　一冊

370000 – 1537 – 0001005　2290

榆園叢刻　（清）許增輯　清同治、光緒刻本　一冊

370000 – 1537 – 0001006　2293

滄江虹月詞三卷　（清）汪初撰　清嘉慶九年（1804）汪氏振綺堂刻光緒十五年（1889）補刻本　一冊

370000 – 1537 – 0001007　2295

桂留山房詞集一卷　（清）沈學淵撰　清道光二十四年（1844）刻本　一冊

370000 – 1537 – 0001008　2302

董解元西廂記二卷　（元）王實甫撰　明黃嘉惠刻本　二冊

370000 – 1537 – 0001009　2303

邵亭詩鈔六卷　（清）莫友芝撰　清咸豐二年（1852）遵義湘川講舍刻同治五年（1866）江寧三山客舍重修本　二冊

370000 – 1537 – 0001010　2304

鑑止水齋集二十卷　（清）許宗彥撰　清咸豐八年（1858）德清許延毂刻本　六冊

370000 – 1537 – 0001011　2307

拙尊園叢稿六卷　（清）黎庶昌撰　清光緒二十一年（1895）金陵狀元閣刻本　四冊

370000 – 1537 – 0001012　2308

扁善齋文存二卷詩存一卷　（清）鄧嘉緝撰　清光緒二十七年（1901）江甯鄧氏刻本　三冊

370000 – 1537 – 0001013　2311

國朝畿輔詩傳六十卷　（清）陶樑輯　清道光十九年（1839）刻本　十六冊

370000 – 1537 – 0001014　2314

琴簧應和集一卷　（清）方濬師等撰　清光緒刻本　一冊

370000 – 1537 – 0001015　2354

悔餘菴文稿六卷樂府四卷　（清）何栻撰　清同治四年（1865）鳩紅戎幄刻本　五冊

370000 – 1537 – 0001016　2355

飴山詩集二十卷　（清）趙執信撰　清乾隆十七年（1752）因園刻本　四冊

370000－1537－0001017　2360

錢南園先生遺集五卷　（清）錢灃撰　清同治
十一年(1872)刻本　二冊

370000－1537－0001018　2365

桐埜詩集四卷　（清）周起渭撰　清咸豐二年
(1852)世恩堂陳煥煃刻本　二冊

370000－1537－0001019　2368

味梨集　（清）王鵬運撰　清光緒二十一年
(1895)臨桂王鵬運刻本　一冊

370000－1537－0001020　2369

半塘定槁二卷　（清）王鵬運撰　清光緒三十
一年(1905)刻本　一冊

370000－1537－0001021　2370

半塘丁稿一卷戊稿一卷　（清）王鵬運撰　清
刻本　一冊

370000－1537－0001022　2376

玉屑詞三卷　（清）朱寯瀛撰　清光緒二十七
年(1901)大興朱氏刻本　二冊

370000－1537－0001023　2401

文粹一百卷　（宋）姚鉉輯　文粹補遺二十六
卷　清光緒十六年(1890)杭州許氏榆園刻本
二十八冊

370000－1537－0001024　2402

徐氏一家詞五卷　（清）徐琪輯　清光緒三十
四年(1908)徐氏家刻本　三冊

370000－1537－0001025　2406

疏影樓詞四種五卷　（清）姚燮撰　清道光十
三年(1833)刻本　二冊

370000－1537－0001026　2407

巢經巢詩鈔九卷後集一卷　（清）鄭珍撰　清
咸豐四年(1854)刻本　二冊

370000－1537－0001027　2412

埤葉亭詠史詩四卷　（清）來秀撰　清同治埤
葉亭刻本　四冊

370000－1537－0001028　2413

茂陵秋雨詞四卷　（清）王錫振撰　清咸豐九
年(1859)刻本　一冊

370000－1537－0001029　2414

竹眠詞鈔二卷　（清）黃景仁撰　清光緒刻本
一冊

370000－1537－0001030　2420

師鄭堂駢體文存二卷　孫雄撰　清光緒二十
一年(1895)刻本　一冊

370000－1537－0001031　2421

青草堂文約鈔二卷　（清）趙國華撰　清光緒
二十二年(1896)刻本　一冊

370000－1537－0001032　2422

臥雲山館詩存一卷　（清）陳雲章撰　清光緒
十三年(1887)刻本　一冊

370000－1537－0001033　2423

賦梅書屋詩初集六卷　（清）宋廷樑撰　清光
緒十七年(1891)刻本　一冊　存三卷(一至
三)

370000－1537－0001034　2425

秋門詩鈔二卷附錄一卷　（清）余正酉撰　清
道光刻本　一冊

370000－1537－0001035　2426

海樵詩鈔二卷　（清）李滄瀛撰　清光緒十六
年(1890)刻本　一冊

370000－1537－0001036　2427

釣魚篷山館集六卷附錄一卷　（清）劉佳撰
清同治十三年(1874)蘇州刻本　一冊

370000－1537－0001037　2428

張家口至烏里雅蘇台竹枝詞一卷　（清）志銳
撰　清宣統二年(1910)刻本　一冊

370000－1537－0001038　2429

雙藤書屋試帖二卷　（清）何道生撰　清嘉慶
十二年(1807)刻本　一冊

370000－1537－0001039　2430

秋夢盦詞鈔二卷詞續一卷　（清）葉衍蘭撰
清光緒刻本　一冊

370000－1537－0001040　2431

天馬山房詩別錄一卷　（清）汪巽東撰　清光
緒三年(1877)潘祖蔭八喜齋刻本　一冊

370000－1537－0001041　2432
紅蕉館詩鈔六卷　(清)周光緯撰　清刻本　一冊

370000－1537－0001042　2433
吟梅閣集唐二卷　(清)何鈺麟撰　清道光刻本　一冊

370000－1537－0001043　2434
冬心居士吟草一卷　(清)黄春齡撰　清光緒刻本　一冊

370000－1537－0001044　2435
雲谷詩鈔二卷　(明)熊榮撰　清乾隆三十五年(1770)刻本　一冊

370000－1537－0001045　2436
太素齋詞鈔二卷　(清)勒方錡撰　清光緒十年(1884)刻本　一冊

370000－1537－0001046　2441
空青館詞稿三卷　(清)邊浴禮撰　清光緒二十四年(1898)刻本　一冊

370000－1537－0001047　2451
香杜草二集四卷　(清)任昌運撰　清嘉慶刻本　二冊

370000－1537－0001048　2455
擁書堂詩集四卷　(清)張璿華撰　**傳硯堂詩存一卷**　(清)張允垂撰　清光緒刻本　一冊

370000－1537－0001049　2456
復丁老人詩記一卷續一卷　(清)劉炳照撰　清宣統二年(1910)刻本　一冊

370000－1537－0001050　2459
纑塘集一卷　(清)顧貞觀撰　清光緒七年(1881)刻本　一冊

370000－1537－0001051　2460
彈指詞三卷　(清)顧貞觀撰　清光緒四年(1878)枕經葄史齋刻本　一冊

370000－1537－0001052　2462
紅雪詞甲集二卷　(清)馮雲鵬撰　清嘉慶五山馮雲鵬掃紅亭刻本　三冊

370000－1537－0001053　2474
陶廬文集二卷　(清)王樹枏撰　清光緒二十八年(1902)刻本　一冊

370000－1537－0001054　2475
文莫室文稿一卷　(清)王樹枏撰　清光緒刻本　一冊

370000－1537－0001055　2498
比竹餘音四卷　(清)鄭文焯撰　清光緒吳興沈氏刻本　一冊

370000－1537－0001056　2499
冷紅詞四卷　(清)鄭文焯撰　清光緒耦園刻本　一冊

370000－1537－0001057　2500
冷紅詞四卷　(清)鄭文焯撰　清光緒耦園刻本　一冊

370000－1537－0001058　2511
陸稼書先生文集二卷　(清)陸隴其撰　(清)張伯行訂　清康熙四十八年(1709)正誼堂刻本　二冊

370000－1537－0001059　2512
詞餘叢話三卷　(清)楊恩壽撰　清光緒三年(1877)長沙楊氏刻本　三冊

370000－1537－0001060　2516
聽秋館吟稿四卷　(清)朱承鉽撰　清光緒刻本　四冊

370000－1537－0001061　2517
江風集五卷　(清)何栻撰　清咸豐刻本　二冊

370000－1537－0001062　2520
問琴閣詩錄一卷文錄二卷　(清)宋育仁撰　清末刻本　三冊

370000－1537－0001063　2521
朱九江先生集十卷首四卷講學記一卷　(清)朱九江撰　清光緒二十三年(1897)讀書草堂刻本　五冊

370000－1537－0001064　2522
花影吹笙詞鈔二卷　(清)葉英華撰　**小遊仙**

詞一卷　（清）夢禪居士撰　清光緒三年(1877)羊城刻本　一冊

370000－1537－0001065　2524
水流雲在館百哀詩鈔二卷挽聯一卷　（清）周天麟撰　清光緒二十七年(1901)刻本　一冊

370000－1537－0001066　2525
玲瓏簾詞一卷　（清）吳焯撰　清末抄本　一冊

370000－1537－0001067　2526
嶠雅一卷　（明）鄺露撰　清抄本　一冊

370000－1537－0001068　2532
因寄軒文初集十卷二集六卷補遺一卷　（清）管同撰　清光緒五年(1879)刻本　四冊

370000－1537－0001069　2537
憶雲詞四卷　（清）項廷紀撰　清光緒二十五年(1899)思賢書局刻本　一冊

370000－1537－0001070　2538
松溪集一卷　（清）汪梧鳳撰　清同治十二年(1873)金陵歙縣汪氏刻本　一冊

370000－1537－0001071　2539
味雪堂遺集一卷　（清）林賀峒撰　清宣統元年(1909)刻本　一冊

370000－1537－0001072　2540
希古堂文甲集二卷　（清）譚宗浚撰　清光緒十六年(1890)羊城刻本　一冊

370000－1537－0001073　2543
念宛齋詞鈔一卷　（清）左輔撰　清宣統元年(1909)南陵徐乃昌刻本　一冊

370000－1537－0001074　2552
聊齋志異註十六卷　（清）蒲松齡撰　（清）呂湛恩註　清道光五年(1825)姑蘇步月樓刻本　六冊

370000－1537－0001075　2553
方正學先生遜志齋集二十四卷拾補一卷　（明）方孝孺撰　外記一卷年譜一卷　清同治十二年(1873)吳縣孫氏刻本　十六冊

370000－1537－0001076　2554
一鐙精舍甲部藁五卷　（清）何秋濤撰　清刻本　一冊

370000－1537－0001077　2556
滄堪詩草二卷　成多祿撰　清末刻本　一冊

370000－1537－0001078　2557
東圃詩鈔八卷　（清）邵式譜撰　清道光八年(1828)刻本　一冊

370000－1537－0001079　2558
珂雪集五卷二集一卷　（清）曹貞吉撰　清康熙刻本　一冊

370000－1537－0001080　2559
紀文達公遺集文十六卷詩十六卷　（清）紀昀撰　清嘉慶十七年(1812)刻本　十八冊

370000－1537－0001081　2560
小蓬萊傳奇十種　（清）劉清韻撰　清光緒二十六年(1900)上海藻文書局石印本　六冊

370000－1537－0001082　2563
困學紀聞二十卷　（宋）王應麟撰　（清）閻若璩箋　清乾隆三年(1738)馬氏叢書樓刻本　六冊

370000－1537－0001083　2564
訂補坡仙集鈔三十八卷　（宋）蘇軾撰　（明）李贄輯　（明）陳繼儒訂補　明刻本　十二冊

370000－1537－0001084　2565
坡仙集十六卷　（宋）蘇軾撰　（明）李贄評輯　明萬曆二十八年(1600)陳氏繼志齋刻本　十六冊

370000－1537－0001085　2567
古今逸史四十二種一百六十三卷　（明）吳琯編　明吳琯刻本　四冊　存四種(樂府雜錄、吳地記、北邊備對、海內十洲記)

370000－1537－0001086　2570
芥子園畫傳五卷　（清）王槩等輯　清康熙十八年(1679)李漁刻套印本　五冊

370000－1537－0001087　2571
芥子園畫傳二集八卷　（清）王槩等輯　清康

熙四十年(1701)芥子園甥館刻套印本　四冊

370000－1537－0001088　2574

傅徵君霜紅龕詩鈔一卷　（明）傅山撰　**吳徵
君蓮洋詩鈔一卷**　（清）吳雯撰　清乾隆三十
二年(1767)刻本　六冊

370000－1537－0001089　2575

榕壇問叢十八卷　（明）黃石齋撰　清乾隆文
林堂刻本　六冊

370000－1537－0001090　2577

古先君臣圖鑑不分卷　（明）潘巒編　明萬曆
十二年(1584)益藩刻本　四冊

370000－1537－0001091　2584

四書釋地一卷　（清）閻若璩撰　清乾隆王氏
眷西堂刻本　六冊

370000－1537－0001092　2585

黃漳浦全集五十卷　（明）黃道周撰　清刻本
三十二冊

370000－1537－0001093　2587

傅徵君霜紅龕詩鈔一卷　（明）傅山撰　**吳徵
君蓮洋詩鈔一卷**　（清）吳雯撰　清乾隆三十
二年(1767)刻本　二冊

370000－1537－0001094　2589

漢畫獨瞽古後編二卷　（日本）今井元雄輯
清光緒六年(1880)刻本　二冊

370000－1537－0001095　2590

芥子園畫傳第二集　（清）王槩等輯　清康熙
四十年(1701)芥子園甥館刻套印本　四冊

370000－1537－0001096　2592

翁山詩外十八卷　（清）屈大均撰　清康熙刻
本　十二冊

370000－1537－0001097　2593

四雪草堂重訂通俗隋唐演義二十卷一百回
（清）褚人穫撰　清康熙文盛堂刻本　二十冊

370000－1537－0001098　2595

廣東新語二十八卷　（清）屈大均撰　清刻本
十二冊

370000－1537－0001099　2597

歡喜冤家二十四回　題（明）西湖漁隱主人撰
清刻本　慕湘跋　五冊

370000－1537－0001100　2598

雙楳景闇叢書　葉德輝輯　清光緒、宣統葉
氏刻本　一冊　存二種四卷(觀劇絕句三卷、
木皮散人鼓詞一卷)

370000－1537－0001101　2599

六朝文絜四卷　（清）許槤輯並評　清道光五
年(1825)許氏享金寶石齋刻朱墨套印本
二冊

370000－1537－0001102　2600

卅三劍客圖　（明）任渭長畫　清咸豐四年
(1854)刻本　四冊

370000－1537－0001103　2601

香豔叢書　（清）蟲天子輯　清宣統國學扶輪
社排印本　八十冊

370000－1537－0001104　2603

隨園三十六種　（清）袁枚撰　清光緒十八年
(1892)上海圖書集成印書局排印本　五十冊

370000－1537－0001105　2604

欽定三希堂法帖　（□）□□□輯　清末上海文
寶公司影印本　四十冊

370000－1537－0001106　2606

滂喜齋叢書　（清）潘祖蔭輯　清同治、光緒
潘氏京師刻本　二冊　存二種二卷(橋西雜
記一卷、蕙西先生遺稿一卷)

370000－1537－0001107　2608

半巖廬遺集一卷　（清）邵懿辰撰　清光緒三
十四年(1908)刻本　二冊

370000－1537－0001108　2609

蕊笏館詞集六卷　（清）胡延撰　清光緒十三
年(1887)刻本　四冊

370000－1537－0001109　2611

楓南山館遺集七卷末一卷　（清）莊受祺撰
清同治十三年(1874)浙江書局刻本　二冊

370000－1537－0001110　2612

紅茗山房詩存十卷詩餘一卷　（清）嚴烺撰
清嘉慶十九年(1814)刻本　五冊

370000－1537－0001111　2616

甌香館集十二卷補遺詩一卷補遺畫跋一卷附
錄一卷　（清）惲格撰　清光緒七年(1881)刻
本　四冊

370000－1537－0001112　2617

船山詩草二十卷　（清）張問陶撰　清嘉慶二
十年(1815)刻本　六冊

370000－1537－0001113　2618

飴山詩集二十卷　（清）趙執信撰　清乾隆十
七年(1752)因園刻本　十冊

370000－1537－0001114　2620

劉文清公遺集十七卷應制詩集三卷　（清）劉
墉撰　清道光六年(1826)東武劉氏味經書屋
刻本　四冊

370000－1537－0001115　2622

海天琴思錄八卷　（清）林昌彝撰　清同治三
年(1864)刻本　二冊

370000－1537－0001116　2623

思補齋文集四卷　（清）劉星煒撰　清光緒二
十年(1894)武進劉氏刻本　四冊

370000－1537－0001117　2624

郘亭詩鈔六卷　（清）莫友芝撰　清咸豐二年
(1852)遵義湘川講舍刻同治五年(1866)江寧
三山客舍補刻本　一冊

370000－1537－0001118　2628

九梅村詩集二十卷　（清）魏變均撰　清光緒
元年(1875)紅杏山莊刻本　六冊

370000－1537－0001119　2629

兩當軒集二十二卷　（清）黃景仁撰　附錄四
卷考異二卷　清光緒二年(1876)武進黃氏家
塾刻本　八冊

370000－1537－0001120　2630

小倉山房詩集三十七卷　（清）袁枚撰　清嘉
慶刻本　八冊

370000－1537－0001121　2632

甘泉鄉人稿二十四卷餘稿二卷　（清）錢泰吉
撰　年譜一卷四水子遺著一卷邠農偶吟稿一
卷　（清）錢炳森撰　清同治刻本　七冊

370000－1537－0001122　2633

變雅堂遺集文八卷詩十卷附錄二卷　（清）杜
濬撰　清光緒二十年(1894)黃岡沈氏刻本
六冊

370000－1537－0001123　2635

欝華閣遺集四卷　（清）盛昱撰　清光緒三十
一年(1905)刻本　一冊

370000－1537－0001124　2637

萬物炊累室駢文一卷　（清）沈同芳撰　清光
緒木活字印本　一冊

370000－1537－0001125　2652

新刻全像三寶太監西洋記通俗演義二十卷一
百回　（明）羅懋登撰　明三山道人刻本　十
七冊　缺三卷(一、十四、二十)

370000－1537－0001126　2654

新刻劍嘯閣批評西漢演義傳八卷　（明）甄偉
撰　新刻劍嘯閣批評東漢演義傳十卷　（明）
謝詔撰　明末刻本(有補抄)　慕湘跋　八冊

370000－1537－0001127　2655

新刻劍嘯閣批評西漢演義八卷　（明）甄偉撰
　（明）鍾惺評　清同治十一年(1872)善成堂
刻本　十二冊

370000－1537－0001128　2657

四大奇書第一種十九卷首一卷一百二十回
（明）羅貫中撰　（清）毛宗崗　（清）金人瑞
評　清刻本　二十冊

370000－1537－0001129　2659

鐫李卓吾批點殘唐五代史演義傳八卷　（明）
羅貫中撰　（明）李贄評　明末刻本　八冊

370000－1537－0001130　2660

新編批評後七國樂田演義十八回　（清）徐震
撰　清初長春閣刻本(慕湘補抄)　六冊

370000－1537－0001131　2661

新鐫玉茗堂批評按鑑參補出像南宋志傳十卷

題(明)研石山樵訂正　(明)織里畸人校閱
明末刻本　六冊

370000－1537－0001132　2662
新刻劍嘯閣批評西漢演義傳八卷　(明)甄偉
撰　新刻劍嘯閣批評東漢演義傳十卷　(明)
謝詔撰　明末吳門池白水刻本(有補抄)　慕
湘跋　十二冊

370000－1537－0001133　2664
新鐫東西晉演義十二卷　(明)楊爾曾撰　明
末世榮堂刻本　十冊

370000－1537－0001134　2665
東周列國全志二十三卷一百八回　(清)蔡昪
評點　清咸豐四年(1854)刻套印本　十二冊

370000－1537－0001135　2666
南史演義三十二卷　(清)杜綱撰　清乾隆六
十年(1795)刻本　八冊　存三十卷(一至三
十)

370000－1537－0001136　2667
說呼全傳十二卷四十回　(清)半閒居士撰
清乾隆四十四年(1779)金閶書業堂刻本
四冊

370000－1537－0001137　2668
新刻劍嘯閣批評西漢演義傳八卷　(明)甄偉
撰　新刻劍嘯閣批評東漢演義傳十卷　(明)
謝詔撰　明末刻本(有補抄)　慕湘跋　十三
冊　缺二卷(東漢演義傳八至九)

370000－1537－0001138　2669
草木春秋演義五卷三十二回　題(清)雲間子
撰　清初刻本　六冊

370000－1537－0001139　2672
孫龐演義四卷二十回新編批評繡像後七國樂
田演義四卷十八回　(清)徐震撰　清刻本
八冊

370000－1537－0001140　2674
夏商合傳十卷　(明)鍾惺撰　清嘉慶十九年
(1814)稽古堂刻本　八冊

370000－1537－0001141　2676

新刻按鑑編纂開闢衍繹通俗志傳六卷八十回
　(明)周游撰　(明)王黌釋　清道光元年
(1821)刻本　六冊

370000－1537－0001142　2677
飛武全傳四卷三十二回　(清)一笑翁撰　清
嘉慶二十三年(1818)刻本　四冊

370000－1537－0001143　2679
俗話傾談二集二卷　(清)紀棠輯選　清同治
九年(1870)刻本　四冊

370000－1537－0001144　2684
繡像綠野仙蹤全傳八十回　(清)李百川撰
清道光十年(1830)青文堂刻本　十六冊

370000－1537－0001145　2686
紅樓夢評贊不分卷　(清)王希廉撰　清光緒
二年(1876)刻本　四冊

370000－1537－0001146　2689
新刊紅樓夢十六卷一百二十回　(清)曹雪
芹撰　清嘉慶十一年(1806)寶興堂刻本
四冊

370000－1537－0001147　2691
紅樓夢圖詠不分卷　(清)改琦繪　清光緒刻
本　四冊

370000－1537－0001148　2694
紅樓夢說夢不分卷　(□)□□撰　清抄本
一冊

370000－1537－0001149　2698
紅樓夢圖詠不分卷　(清)改琦繪　清光緒刻
本　四冊

370000－1537－0001150　2701
皋鶴堂批評第一奇書金瓶梅一百回　題(明)
蘭陵笑笑生撰　(清)張竹坡批評　清康熙皋
鶴草堂刻本(慕湘補抄)　四十冊

370000－1537－0001151　2702
皋鶴堂批評第一奇書金瓶梅一百回　題(明)
蘭陵笑笑生撰　(清)張竹坡批評　清康熙刻
本(有補抄)　二十四冊

370000－1537－0001152　2705

235

第一奇書野叟曝言二十卷一百五十二回
（清）夏敬渠撰　清光緒七年(1881)毘陵彙珍
樓活字印本　二十冊　缺一卷（二十）

370000－1537－0001153　2707
新鐫古本批評繡像三世報隔簾花影四十八回
（清）四橋居士撰　清刻本　六冊

370000－1537－0001154　2710
新刻京臺公餘勝覽國色天香十卷　（清）吳敬
所輯　清刻本　六冊

370000－1537－0001155　2714
笑林廣記四卷　（清）游戲主人纂輯　清嘉慶
二十一年(1816)刻本　四冊

370000－1537－0001156　2715
歷代輿地沿革險要圖不分卷　楊守敬　饒敦
秩撰　清光緒五年(1879)東湖饒敦秩刻朱墨
套印本　一冊

370000－1537－0001157　2717
日下舊聞四十二卷　（清）朱彝尊撰　補遺四
十二卷　（清）朱昆田撰　清康熙刻本　八冊
存十九卷（二十四至四十二）

370000－1537－0001158　2718
長江圖說十二卷首一卷　（清）馬徵麟撰　清
同治十年(1871)湖北崇文書局刻本　一冊
存一卷（首一卷）

370000－1537－0001159　2724
凝香室鴻雪因緣圖記三集　（清）麟慶撰　清
道光二十七年(1847)揚州刻本　六冊

370000－1537－0001160　2725
御製圓明園詩二卷　（清）高宗弘曆撰　（清）
鄂爾泰等注　清光緒十三年(1887)天津石印
書屋石印本　二冊

370000－1537－0001161　2728
八旗文經五十六卷作者考三卷敘錄一卷
（清）盛昱輯　清光緒二十七年(1901)武昌刻
本　十二冊

370000－1537－0001162　2733
板橋集六卷　（清）鄭燮撰　清清暉書屋刻

本　四冊

370000－1537－0001163　2734
御製圓明園詩二卷　（清）高宗弘曆撰　（清）
鄂爾泰等注　清乾隆十年(1745)武英殿刻朱
墨套印本　二冊

370000－1537－0001164　2735
御製避暑山莊詩二卷　（清）聖祖玄燁撰　清
康熙五十一年(1712)武英殿刻朱墨套印本
二冊

370000－1537－0001165　2741
省堂詩鈔四卷續編一卷　（清）劉宗倫撰　清
嘉慶十五年(1810)刻本　二冊

370000－1537－0001166　2783
吳梅村詞一卷　（清）吳偉業撰　清光緒十六
年(1890)湖北官書處刻本　一冊

370000－1537－0001167　2786
鐵崖先生古樂府十卷補六卷復古詩集六卷麗
則遺音四卷　（元）楊維楨撰　附錄一卷　明
末毛氏汲古閣刻本　四冊

370000－1537－0001168　2789
疆村詞四卷　朱祖謀撰　清光緒三十一年
(1905)刻本　一冊

370000－1537－0001169　2793
新編五代史平話八卷　（□）□□撰　清宣統
三年(1911)毘陵董氏誦芬室刻本　二冊

370000－1537－0001170　2802
牧齋初學集詩註二十卷　（清）錢謙益撰
（清）錢曾箋註　清刻本　六冊

370000－1537－0001171　2809
牧齋初學集詩註二十卷　（清）錢謙益撰
（清）錢曾箋註　清刻本　十二冊

370000－1537－0001172　2810
列女傳十六卷　（漢）劉向撰　（明）汪道昆輯
（明）仇英繪圖　明萬曆刻清乾隆四十四年
(1779)知不足齋印本　十六冊

370000－1537－0001173　2811
牧齋有學集五十一卷　（清）錢謙益撰　清康

熙金匱山房刻本　十冊

370000－1537－0001174　2812
牧齋有學集詩註十四卷　（清）錢謙益撰
（清）錢曾箋註　清刻本　八冊

370000－1537－0001175　2813
梨洲遺著彙刊六十九卷首一卷　（清）黃宗羲
撰　清宣統二年(1910)上海時中書局排印本
二十冊

370000－1537－0001176　2814
南雷文定前集十一卷後集四卷三集三卷
（清）黃宗羲撰　清刻本　八冊

370000－1537－0001177　2815
南雷文定十一卷後集四卷　（清）黃宗羲撰
清康熙刻本　四冊

370000－1537－0001178　2816
黃梨洲先生南雷文約四卷　（清）黃宗羲撰
清乾隆刻本　四冊

370000－1537－0001179　2817
南雷文案十卷外卷一卷續文案吾悔集四卷撰
杖集一卷子劉子行狀二卷南雷詩曆三卷
（清）黃宗羲撰　學箕初稿二卷　（清）黃百家
撰　清康熙西爽堂刻本　四冊

370000－1537－0001180　2818
黃氏續錄五卷首一卷　（清）黃百家輯　清刻
本　四冊

370000－1537－0001181　2820
顧亭林先生詩箋注十七卷校補一卷　（清）顧
炎武撰　清光緒二十三年至二十七年(1897
－1901)徐氏味靜齋刻本　六冊

370000－1537－0001182　2822
亭林遺書　（清）顧炎武撰　清康熙刻本
六冊

370000－1537－0001183　2823
亭林文集六卷餘集一卷　（清）顧炎武撰　清
山隱居刻本　二冊

370000－1537－0001184　2825
日知錄三十二卷　（清）顧炎武撰　清刻

本　十冊

370000－1537－0001185　2826(1)
明儒學案六十二卷師說一卷　（清）黃宗羲撰
清雍正刻本　十六冊

370000－1537－0001186　2826(2)
明儒學案六十二卷師說一卷　（清）黃宗羲撰
清康熙三十二年(1693)直隸故城賈樸紫筠
齋刻本　十六冊

370000－1537－0001187　2827
國朝學案小識十四卷首一卷末一卷　（清）唐
鑑撰　清光緒十年(1884)刻本　十二冊

370000－1537－0001188　2828
東林列傳二十四卷末二卷　（清）陳鼎撰　清
康熙刻本　十冊

370000－1537－0001189　2829
國史賢良傳二卷文苑傳二卷儒林傳二卷循吏
傳一卷　（清）阮元撰　清光緒十三年(1887)
刻本　四冊

370000－1537－0001190　2830
儒林宗派十六卷　（清）萬斯同撰　清宣統三
年(1911)浙江圖書館刻本　二冊

370000－1537－0001191　2831
明季實錄一卷　（清）顧炎武撰　清光緒十四
年(1888)吳縣朱氏槐廬家塾刻槐廬叢書本
一冊

370000－1537－0001192　2832
昌平山水記二卷　（清）顧炎武撰　清刻本
二冊

370000－1537－0001193　2833
山東考古錄一卷　（清）顧炎武撰　清光緒七
年(1881)成都瀹雅齋刻本　一冊

370000－1537－0001194　2834
行朝錄十一卷末一卷　（清）黃宗羲撰　清
光緒會稽徐氏鑄學齋刻紹興先正遺書本
二冊

370000－1537－0001195　2835
萬曆野獲補編二卷　（明）沈德符撰　清抄

本　二冊

370000－1537－0001196　2838

明夷待訪錄一卷　（清）黃宗羲撰　清光緒二
十八年(1902)正文齋刻本　二冊

370000－1537－0001197　2841

元曲選十集一百卷　（明）臧懋循編　**論曲一
卷**　（明）陶宗儀等撰　**元曲論一卷**　明萬曆
刻本　八十冊

370000－1537－0001198　2842

泊如齋重修宣和博古圖錄三十卷　（宋）王黼
等撰　明萬曆十六年(1588)泊如齋刻本　四
十八冊　缺二卷(二十九至三十)

370000－1537－0001199　2843

泊如齋重修宣和博古圖錄三十卷　（宋）王黼
等撰　明萬曆十六年(1588)泊如齋刻本　十
九冊　缺十二卷(一、六、十一、十四至二十、
二十三至二十四)

370000－1537－0001200　2844

鼎峙春秋不分卷　（清）周祥鈺等撰　清抄本
　二十冊

370000－1537－0001201　2846

**納書楹曲譜正集四卷續集四卷外集二卷補遺
四卷納書楹玉茗堂四夢曲譜八卷**　（清）葉堂
撰　清乾隆五十七年至五十九年(1792－
1794)葉氏納書楹刻本　二十二冊

370000－1537－0001202　2847

詞譜四十卷　（清）王奕清等撰　清康熙五十
四年(1715)內府刻朱墨套印本　十二冊

370000－1537－0001203　2848

勸善金科十本二十卷首一卷　（清）張照等撰
　清乾隆內府刻五色套印本　二十一冊

370000－1537－0001204　2849

詞律二十卷　（清）萬樹撰　清康熙二十六年
(1687)萬氏堆絮園刻本　八冊

370000－1537－0001205　2851

鼎峙春秋不分卷　（清）周祥鈺等撰　清內府
朱墨抄本　慕湘跋　存一冊(五)

370000－1537－0001206　2861

嶺表錄異三卷　（唐）劉恂撰　清乾隆武英殿
聚珍版叢書本　二冊

370000－1537－0001207　2863

學史四十八卷　（清）王希廉輯　清光緒二年
(1876)申報館排印本　八冊

370000－1537－0001208　2896

通俗遼宋忠節楊家將全傳不分卷　（□）□□
撰　清咸豐抄本　五冊

370000－1537－0001209　2900

長阪坡子弟書一卷甯武關子弟全書一卷
（□）□□撰　清刻本　二冊

370000－1537－0001210　2902

綠牕女史十四卷　（□）□□撰　明刻本　二
冊　存十四種(女孝經、女誡、刺繡圖、織錦璇
璣圖、女紅餘志、打馬圖、麗姬傳、錦字書、筆
陣圖、墨竹譜、花瑣事、胡笳十八拍、十索、白
頭吟)

370000－1537－0001211　2904

玉茗堂摘評王弇州先生豔異編十二卷　題
（明）王世貞撰　（明）湯顯祖評　明刻朱墨套
印本　五冊

370000－1537－0001212　2905

儒林外史五十六回　（清）吳敬梓撰　清同治
八年(1869)群玉齋活字印本　十四冊

370000－1537－0001213　2906

新刻批評繡像平山冷燕六卷二十四回　（清）
弘曉批點　清靜寄山房刻本　六冊

370000－1537－0001214　2907

醉醒石十五回　題（明）東魯古狂生撰　清初
刻本(配抄補)　八冊

370000－1537－0001215　2908

新鐫批評出相韓湘子三十回　（明）楊爾曾撰
　明天啟刻金陵九如堂印本　六冊

370000－1537－0001216　2909

西遊真詮一百回　（明）吳承恩撰　（清）陳士
斌詮解　清康熙刻本　一冊　存三十八葉

（一冊之一至三十八）

370000－1537－0001217　2910

新刻全像楊家府世代忠勇通俗演義志傳八卷
題(□)秦淮墨客校閱　題(□)煙波釣叟纂
訂　明萬曆刻本　慕湘跋　一冊　存二卷
（一至二）

370000－1537－0001218　2911

雪月梅傳十卷五十回　(清)陳朗撰　(清)董
孟汾評釋　清乾隆刻本　十冊

370000－1537－0001219　2912

新刻按鑑編纂開闢衍繹通俗志傳六卷八十回
(明)周遊撰　明崇禎刻本　慕湘跋　二冊
存二卷（一、六）

370000－1537－0001220　2913

全像演義皇明英烈志傳四卷　(□)□□撰
明書林余應詔刻本　慕湘跋　二冊　存二卷
（三至四）

370000－1537－0001221　2914

新刊京本春秋五霸七雄全像列國志八卷
(明)余邵魚撰　明萬曆書林余文臺刻本　二
冊　存二卷（三至四）

370000－1537－0001222　2920

新鐫全像武穆精忠傳八卷　(明)熊大木撰
清初刻本　一冊　存一卷（一）

370000－1537－0001223　2922

新刻出像京本忠義水滸傳十卷一百十五回
(元)施耐庵撰　清初金陵德聚堂刻本　慕湘
跋　十冊

370000－1537－0001224　2923

結水滸全傳七十卷七十回末一卷結子一回
(清)俞萬春撰　清咸豐刻本　二十四冊

370000－1537－0001225　2924

儒林外史評二卷　題(清)張文虎撰　清光緒
十一年(1885)刻本　四冊

370000－1537－0001226　2926

詩中畫二卷　(清)馬濤繪　清光緒十一年
(1885)影印本　二冊

370000－1537－0001227　2927

西遊原旨讀法二卷　(清)劉一明撰　清嘉慶
刻本　一冊

370000－1537－0001228　2931

毓秀堂畫傳四卷　(清)王墀繪　清光緒九年
(1883)上海點石齋石印本　四冊

370000－1537－0001229　2936

包海公案合編六卷　(清)金陵雲崖主人編
清嘉慶十四年(1809)刻本　六冊

370000－1537－0001230　2942

娛目醒心編十六卷　(清)草亭老人編　(清)
自怡軒主人評　清小酉山房刻本　六冊

370000－1537－0001231　2943

莞爾堂第九才子書斬鬼傳四卷十回　(清)樵
雲山人編次　清道光五年(1825)刻本　二冊

370000－1537－0001232　2944

西湖拾遺四十八卷　(清)陳樹基撰　清嘉慶
十六年(1811)刻本　十六冊

370000－1537－0001233　2945

常言道四卷十六回　(清)落魄道人編　清光
緒元年(1875)刻本　四冊

370000－1537－0001234　2948

鏡花緣二十卷一百回　(清)李汝珍撰　清刻
本　二十冊

370000－1537－0001235　2949

儒林外史五十六回　(清)吳敬梓撰　清嘉慶
二十一年(1816)刻本　八冊

370000－1537－0001236　2950

七十二朝四書人物演義四十卷首一卷　(□)
□□撰　清光緒二十三年(1897)上海十萬卷
樓石印本　八冊　存八卷（一至八）

370000－1537－0001237　2951

北齊書五十卷　(唐)李百藥撰　明萬曆十六
年(1588)南京國子監刻本　八冊

370000－1537－0001238　2953

宋元通鑑一百五十七卷　(明)薛應旂撰　明
嘉靖四十五年(1566)自刻本　二十四冊

370000－1537－0001239　2956

三國志六十五卷　（晉）陳壽撰　（南朝宋）裴松之注　明崇禎十七年（1644）秦川毛氏刻本　一冊

370000－1537－0001240　2957

漢書七十卷　（漢）班固撰　（明）鍾人傑校　明萬曆鍾人傑刻本　二十四冊

370000－1537－0001241　2958

史外八卷　（清）汪有典撰　清同治四年（1865）刻本　八冊

370000－1537－0001242　2959

史記論文一百三十卷　（清）吳見思評點　清康熙二十六年（1687）刻本　二十冊

370000－1537－0001243　2960

史記一百二十卷　（漢）司馬遷撰　（南朝宋）裴駰集解　（唐）司馬貞索隱　（唐）張守節正義　明刻本　十六冊

370000－1537－0001244　2962

筱園詩話二卷　（清）朱庭珍撰　清刻本　二冊

370000－1537－0001245　2963

味靜齋詩存八卷　徐嘉撰　清光緒十三年（1887）刻本　二冊

370000－1537－0001246　2964

陔蘭書屋詩集六卷　（清）潘曾綬撰　清道光刻本　二冊

370000－1537－0001247　2974

譚史志奇八卷　（清）姚崑厓輯　清光緒十四年（1888）姚崑厓五知堂刻本　四冊

370000－1537－0001248　2977

旗亭記二卷　（清）金兆燕撰　清刻本　六冊

370000－1537－0001249　2978

儀顧堂集二十卷　（清）陸心源撰　清光緒刻本　六冊

370000－1537－0001250　2982

老學庵筆記十卷　（宋）陸游撰　清嘉慶刻本　一冊

370000－1537－0001251　2983

續方言二卷　（清）杭世駿撰　清刻本　一冊

370000－1537－0001252　2985

東坡志林五卷　（宋）蘇軾撰　明刻本　一冊

370000－1537－0001253　2991

琳琅秘室叢書　（清）胡珽輯　清光緒十三年（1887）會稽董氏雲瑞樓活字印本　二冊

370000－1537－0001254　2996（1）

篤素堂文集四卷　（清）張英撰　清光緒六年（1880）龐山刻本　一冊

370000－1537－0001255　2996（2）

澄懷園語四卷年譜六卷　（清）張廷玉撰　清光緒六年（1880）龐山刻本　三冊

370000－1537－0001256　2998

劍南詩稿七十一卷　（宋）陸游撰　明末毛氏汲古閣刻本　十冊

370000－1537－0001257　2999

湘綺樓文集八卷詩集八卷　王闓運撰　清光緒二十六年（1900）刻本　八冊

370000－1537－0001258　3005

古均閣遺著　（清）許槤撰　清光緒十四年（1888）刻本　二冊

370000－1537－0001259　3005

古均閣遺著　（清）許槤撰　清光緒十四年（1888）刻本　一冊

370000－1537－0001260　3007

重刊校正笠澤叢書四卷補遺詩一卷續補遺一卷　（唐）陸龜蒙撰　清刻本　二冊

370000－1537－0001261　3010

重刊校正笠澤叢書四卷補遺詩一卷續補遺一卷　（唐）陸龜蒙撰　清顧氏碧筠艸堂刻本　黃裳跋　二冊

370000－1537－0001262　3011

潛邱劄記六卷　（清）閻若璩撰　清乾隆十年（1745）眷西堂刻本　六冊

370000－1537－0001263　3012

絕妙好詞箋七卷 （宋）周密輯 （清）查爲仁
（清）厲鶚箋 清乾隆十五年(1750)查氏澹
宜書屋刻本 二冊

370000－1537－0001264 3014

讀書雜志八十二卷餘編二卷 （清）王念孫撰
清嘉慶刻本 八冊

370000－1537－0001265 3015

絕妙好詞箋七卷 （宋）周密輯 （清）查爲仁
（清）厲鶚箋 清乾隆十五年(1750)查氏澹
宜書屋刻本 四冊

370000－1537－0001266 3016

雙楳景闇叢書 葉德輝輯 清光緒、宣統葉
氏郎園刻本 五冊

370000－1537－0001267 3017

陽山顧氏文房小說四十種五十八卷 （明）顧
元慶編 明正德、嘉靖顧元慶夷白齋刻本
六冊 存二十四種二十八卷(博異志二卷、楊
太真外傳二卷、臥遊録一卷、山家清事一卷、
張太史明道雜志一卷、宜齋野乘一卷、松窗雜
録一卷、次柳氏舊聞一卷、鍾嶸詩品二卷、本
事詩一卷、德隅齋書品一卷、鼎録一卷、古今
注二卷、隋唐嘉話一卷、周秦行紀一卷、南嶽
魏夫人傳一卷、劉賓客嘉話録一卷、嘯旨一
卷、文録一卷、深雪偶談一卷、芥隱筆記一卷、
東坡居士艾子雜說一卷、梅妃傳一卷、虬髯客
傳一卷)

370000－1537－0001268 3019

六朝文絜四卷 （清）許槤評選 （清）朱鈞糸
校 清光緒五年(1879)刻朱墨套印本 二冊

370000－1537－0001269 3021

因樹屋書影十一卷 （清）周亮工撰 清雍正
三年(1725)懷德堂刻本 六冊

370000－1537－0001270 3022

因樹屋書影十卷 （清）周亮工撰 清康熙周
氏賴古堂刻本 六冊

370000－1537－0001271 3023

貫華堂才子書彙稿十八卷 （清）金人瑞撰
清康熙刻風雨樓叢書本 六冊

370000－1537－0001272 3026

嘻談録二卷 （清）小石道人撰 清刻本
二冊

370000－1537－0001273 3031

黑奴籲天録四卷 （美國）斯土活撰 林紓
魏易譯 清光緒二十七年(1901)武林魏氏刻
本 四冊

370000－1537－0001274 3036

定盦文集三卷續集四卷 （清）龔自珍撰 清
同治七年(1868)刻本 三冊

370000－1537－0001275 3039

龔定盦全集十五集佚文一卷 （清）龔自珍撰
清光緒刻本 六冊

370000－1537－0001276 3041

赫胥黎天演論二卷 （英國）赫胥黎撰 嚴復
譯 清光緒二十八年(1902)排印本 一冊

370000－1537－0001277 3046

日本雜事詩二卷 （清）黃遵憲撰 清光緒五
年(1879)天南遯窟排印本 一冊

370000－1537－0001278 3047

天演論二卷 （英國）赫胥黎撰 嚴復譯 清
光緒二十七年(1901)富文書局石印本 一冊

370000－1537－0001279 3060

宋元學案一百卷首一卷 （清）黃宗羲撰
（清）全祖望修定 考略一卷 （清）王梓材等
撰 清光緒刻本 三十六冊

370000－1537－0001280 3061

水經注四十卷 （北魏）酈道元撰 （清）薛福
成校 附補遺一卷附録二卷 清光緒十四年
(1888)薛福成刻本 十二冊

370000－1537－0001281 3062

繹史一百六十卷世系圖一卷年表一卷 （清）
馬驌撰 清刻本 三十六冊

370000－1537－0001282 3064

定盦文集三卷續集四卷文集補五卷 （清）龔
自珍撰 清同治七年(1868)刻本 四冊

370000－1537－0001283 3072

新定九宮大成南北詞宮譜八十一卷首一卷總目三卷闕一卷 （清）周祥鈺等撰 清乾隆十一年(1746)允祿刻朱墨套印本 五十冊

370000－1537－0001284　3073
青囊解惑四卷 （清）汪沆撰 清刻本 一冊

370000－1537－0001285　3075
鍾伯敬批點世說新語補二十卷 （南朝宋）劉義慶撰 明刻本 四冊

370000－1537－0001286　3078
山海經十八卷 （晉）郭璞傳 清乾隆刻本 六冊

370000－1537－0001287　3079
女範編四卷 （明）黃尚文輯 明萬曆刻本 一冊 存一卷(二)

370000－1537－0001288　3082
山海經箋疏十八卷圖讚一卷訂譌一卷敘錄一卷 （晉）郭璞傳 （清）郝懿行箋疏 清嘉慶揚州阮元琅嬛仙館刻本 四冊

370000－1537－0001289　3083
山海經廣注十八卷 （晉）郭璞撰 清乾隆五十一年(1786)金閶書業堂刻本 六冊

370000－1537－0001290　3086
東塾讀書記二十一卷 （清）陳澧撰 清光緒刻本 六冊 缺二卷(十三至十四)

370000－1537－0001291　3087
續呂氏家塾讀詩記三卷 （宋）戴溪撰 清乾隆四十一年(1776)武英殿聚珍本 二冊

370000－1537－0001292　3091
河東先生龍城錄二卷 （唐）柳宗元撰 明萬曆刻本 一冊

370000－1537－0001293　3092
王昌齡集二卷 （唐）王昌齡撰 明嘉靖三十三年(1554)黃氏浮玉山房刻唐詩二十六家本 一冊

370000－1537－0001294　3093
王子年拾遺記十卷 題(前秦)王嘉撰 明萬曆刻本 二冊

370000－1537－0001295　3097
古今書刻二卷 （明）周弘祖集 清光緒三十二年(1906)長沙葉氏觀古堂刻本 二冊

370000－1537－0001296　3098
偶記八卷 （明）鄭仲夔撰 明萬曆刻本 一冊 存四卷(一至四)

370000－1537－0001297　3099
十六國宮詞二卷 （清）周升撰並注 清道光刻本 一冊

370000－1537－0001298　3101
紅樓夢圖詠不分卷 （清）改琦繪 清光緒五年(1879)淮清居士刻本 四冊

370000－1537－0001299　3104
紅樓夢偶說二卷 （清）晶三蘆月草舍居士撰 清光緒二年(1876)簣覆山房刻本 二冊

370000－1537－0001300　3120
紅樓夢廣義二卷紅樓夢戲詠一卷紅樓夢百美合詠一卷 （清）青山山農撰 清光緒二十八年(1902)味青齋刻本 二冊

370000－1537－0001301　3122
增像綠野仙蹤全傳八十回 （清）李百川撰 清光緒二十一年(1895)刻本 八冊

370000－1537－0001302　3128
融堂書解二十卷 （宋）錢時撰 清乾隆武英殿聚珍版叢書本 佚名批校 四冊

370000－1537－0001303　3129
文忠集十六卷 （唐）顏真卿撰 清刻本 二冊

370000－1537－0001304　3131
三家宮詞三卷 （明）毛晉編 明天啟五年(1625)毛氏綠君亭刻本 二冊

370000－1537－0001305　3132
蘇米志林三卷 （明）毛晉輯 明天啟五年(1625)毛氏綠君亭刻本 三冊

370000－1537－0001306　3136
御製嗣統述聖詩二卷 （清）仁宗顒琰撰 清嘉慶內府刻本 二冊

370000－1537－0001307　3140

三教源流搜神大全七卷　（□）□□撰　明刻本　四冊　存四卷（一至四）

370000－1537－0001308　3142

士禮居藏書題跋記六卷　（清）黃丕烈撰　清光緒潘氏滂喜齋刻本　四冊

370000－1537－0001309　3143

新刻出像增補搜神記六卷　（□）□□撰　明萬曆金陵書林唐富春刻本　四冊

370000－1537－0001310　3144

還讀我書室老人自訂年譜二卷　（清）董恂撰　清光緒十八年（1892）甘泉董氏家刻本　二冊

370000－1537－0001311　3145

適齋詩集四卷惕盦年譜一卷　（清）崇實撰　清光緒三年（1877）煥文齋刻本　二冊

370000－1537－0001312　3146

露桐先生年譜前編四卷續編一卷　（清）錢景星　（清）李轍通撰　清嘉慶八年（1803）李氏刻本　六冊

370000－1537－0001313　3159

五代史補五卷　（宋）陶嶽撰　五代史闕文一卷　（宋）王禹偁撰　明末毛氏汲古閣刻本　二冊

370000－1537－0001314　3174

松陵集十卷　（唐）皮日休　（唐）陸龜蒙撰　明末毛氏汲古閣刻寒松堂印本　二冊

370000－1537－0001315　3175

放翁逸稾二卷　（宋）陸游撰　明毛氏汲古閣刻本　一冊

370000－1537－0001316　3176

南唐書十八卷　（宋）陸游撰　音釋一卷　（元）戚光音釋　明末毛氏汲古閣刻陸放翁全集本　四冊

370000－1537－0001317　3181

李文公集十八卷　（唐）李翱撰　明末毛氏汲古閣刻三唐人文集本　四冊

370000－1537－0001318　3182

四如山樓後集一卷嶺南後集二卷　（明）魏浣初撰　明刻本　一冊

370000－1537－0001319　3184

張楊園先生年譜一卷附錄一卷　（清）蘇惇元編　清同治三年（1864）錢塘丁氏刻本　一冊

370000－1537－0001320　3192

香嚴老人壽言一卷　（清）袁昶撰　清光緒袁氏刻漸西村舍彙刊本　一冊

370000－1537－0001321　3194

皇清誥授榮祿大夫江南河道總督庫倫辦事大臣候補四品京堂顯考見亭府君行述一卷　（清）崇實　（清）崇厚撰　清道光刻本　一冊

370000－1537－0001322　3195

陸清獻公年譜一卷　（清）吳光西編　清同治七年（1868）武林薇署刻本　一冊

370000－1537－0001323　3197

倪高士年譜一卷　（清）沈世良撰　清同治四年（1865）南海伍紹棠刻本　一冊

370000－1537－0001324　3198

吳梅村先生年譜四卷　（清）顧師軾編　清光緒三年（1877）刻本　一冊

370000－1537－0001325　3199

孫夏峰先生年譜二卷　（清）湯斌等編　清光緒刻本　一冊

370000－1537－0001326　3203

浮溪集三十二卷　（宋）汪藻撰　清乾隆武英殿聚珍版叢書本　八冊

370000－1537－0001327　3205

漢官舊儀二卷補遺一卷　（漢）衛宏撰　清刻本　一冊

370000－1537－0001328　3206

麟臺故事五卷末一卷　（宋）程俱撰　清刻本　一冊

370000－1537－0001329　3207

朝野類要五卷　（宋）趙升撰　清乾隆武英殿聚珍版叢書本　二冊

370000 – 1537 – 0001330　3208

浩然齋雅談三卷　（宋）周密撰　清乾隆武英殿聚珍版叢書本　一冊

370000 – 1537 – 0001331　3210

嶺表錄異三卷　（唐）劉恂撰　清刻本　一冊

370000 – 1537 – 0001332　3211

鶡冠子三卷　（宋）陸佃解　清乾隆武英殿聚珍版叢書本　二冊

370000 – 1537 – 0001333　3212

三國志辨誤三卷　（□）□□撰　清乾隆武英殿聚珍版叢書本　一冊

370000 – 1537 – 0001334　3213

澗泉日記三卷　（宋）韓淲撰　清刻本　一冊

370000 – 1537 – 0001335　3214

敬齋古今注八卷　（元）李冶撰　清乾隆武英殿聚珍版叢書本　二冊

370000 – 1537 – 0001336　3223

聊齋志異新評十六卷　（清）蒲松齡撰　（清）王士禛評　（清）但明倫新評　清道光二十二年(1842)但氏刻朱墨套印本　十六冊

370000 – 1537 – 0001337　3224

聊齋志異新評十六卷　（清）蒲松齡撰　（清）王士禛評　（清）但明倫新評　清刻朱墨套印本　十六冊

370000 – 1537 – 0001338　3225

批點聊齋志異十六卷　（清）蒲松齡撰　（清）何守奇批　清道光三年(1823)刻本　十六冊

370000 – 1537 – 0001339　3226

聊齋誌異十六卷　（清）蒲松齡撰　清道光十九年(1839)刻本　十六冊

370000 – 1537 – 0001340　3231

甌北詩話十二卷　（清）趙翼撰　清嘉慶刻本　二冊

370000 – 1537 – 0001341　3232

皇朝武功紀盛四卷　（清）趙翼撰　清乾隆、嘉慶湛貽堂刻甌北全集本　一冊

370000 – 1537 – 0001342　3233

養一齋文集二十卷　（清）李兆洛撰　清光緒四年(1878)刻本　十冊

370000 – 1537 – 0001343　4869

李養一先生詩集四卷　（清）李兆洛撰　清光緒八年(1882)江陰刻本　二冊

370000 – 1537 – 0001344　3234

養吉齋叢錄二十六卷餘錄十卷　（清）吳振棫撰　清光緒二十二年(1896)刻本　八冊

370000 – 1537 – 0001345　3235

讀書敏求記四卷　（清）錢曾撰　（清）沈炎校　清乾隆十年(1745)沈尙傑雙桂草堂刻六十年(1795)沈炎耆英堂重修本　佚名批校　四冊

370000 – 1537 – 0001346　3237

人海記二卷　（清）查愼行撰　清光緒七年(1881)刻本　二冊

370000 – 1537 – 0001347　3238

筠石山房詩話鈔六卷　（清）楊霈輯　清道光二十七年(1847)粵東糧道署刻本　六冊

370000 – 1537 – 0001348　3239

札樸十卷　（清）桂馥撰　清光緒九年(1883)長洲蔣氏心矩齋刻本　四冊

370000 – 1537 – 0001349　3241

宋本校刊韓晏合編　（清）吳蕭輯　清道光二十五年(1845)刻本　八冊

370000 – 1537 – 0001350　3242

離騷箋二卷　（清）龔景瀚撰　清光緒三年(1877)湖北崇文書局刻本　一冊

370000 – 1537 – 0001351　3243

書古文訓十六卷　（宋）薛季宣撰　清康熙成德刻通志堂經解本　四冊

370000 – 1537 – 0001352　3244

楚辭十七卷附錄一卷　（漢）王逸章句　清初三樂齋刻本　二冊

370000 – 1537 – 0001353　3245

古文辭類纂七十四卷　（清）姚鼐輯　清道光

合河康氏刻本　六冊

370000－1537－0001354　3246

易筋經二卷　(北魏)達摩祖師撰　清光緒元年(1875)刻本　一冊　存一卷(一)

370000－1537－0001355　3248

誌銘廣例二卷　(清)梁玉繩撰　清光緒四年(1878)會稽章氏刻式訓堂叢書本　一冊

370000－1537－0001356　3251

蜀鑑十卷劄記一卷　(宋)郭允蹈撰　清光緒五年(1879)吳興吳氏詒穀堂刻本　三冊

370000－1537－0001357　3253

秦淮畫舫錄二卷畫舫餘譚一卷三十六春小譜一卷　(清)捧花生撰　清道光六年(1826)刻本　四冊

370000－1537－0001358　3254

吳門畫舫錄二卷　題(清)西溪山人撰　續錄三卷　題(清)箇中生撰　清嘉慶十九年(1814)刻本　四冊

370000－1537－0001359　3256

古唐詩合解十二卷古詩四卷　(清)王堯衢注　清雍正刻本　六冊

370000－1537－0001360　3257

唐詩箋注十卷　(清)黃叔燦輯　清乾隆刻本　五冊

370000－1537－0001361　3258

明詩別裁集十二卷　(清)沈德潛　(清)周準輯　清乾隆四年(1739)刻本　四冊

370000－1537－0001362　3261

飲水詩集一卷詞集一卷　(清)納蘭性德撰　清道光、光緒南海伍氏刻粵雅堂叢書本　三冊

370000－1537－0001363　3264

納蘭詞五卷補遺一卷　(清)納蘭性德撰　清光緒六年(1880)仁和許增娛園刻本　二冊

370000－1537－0001364　3266

風月爭奇三卷　(明)鄧志謨輯　明萬曆、天啟余氏萃慶堂刻本　三冊

370000－1537－0001365　3267

沈蠒漁四種曲八卷　(清)沈起鳳撰　清古香林刻本　十六冊

370000－1537－0001366　3269

六觀樓北曲六種六卷　(清)許鴻磐撰　清道光二十六年(1846)刻本　六冊

370000－1537－0001367　3271

紅樓夢傳奇二卷　(清)仲振奎撰　清同治十二年(1873)刻本　四冊

370000－1537－0001368　3273

紅樓夢散套十六卷　(清)吳鎬撰　(清)黃兆魁譜　清嘉慶蟾波閣刻本　二冊

370000－1537－0001369　3288

天花亂墜八卷　(清)寅半生輯　清光緒二十九年(1903)刻本　八冊

370000－1537－0001370　3289

諧鐸十二卷　(清)沈起鳳撰　清乾隆五十六年(1791)藤花榭刻本　六冊

370000－1537－0001371　3292

諧鐸十二卷　(清)沈起鳳撰　清同治五年(1866)刻本　四冊

370000－1537－0001372　3293

公餘集一卷續編一卷窗課存稿一卷　(清)旺都特那木濟勒撰　清光緒十一年(1885)刻本　五冊

370000－1537－0001373　3294

是程堂集十四卷　(清)屠倬撰　清嘉慶十九年(1814)眞州官舍刻本　四冊

370000－1537－0001374　3295

舊唐書疑義四卷　(清)張道撰　清咸豐刻本　二冊

370000－1537－0001375　3299

塵談拾雅不分卷　(清)劉節卿輯　清同治刻本　存一冊(上)

370000－1537－0001376　3304

弇山畢公年譜一卷　(清)史善長撰　清同治十一年(1872)畢長慶刻本　一冊

370000 – 1537 – 0001377　3305

陶靖節先生年譜一卷　（宋）吳仁傑編　清光
緒二十一年（1895）刻本　一冊

370000 – 1537 – 0001378　3306

東軒吟社畫像十三幅記傳題跋附一卷　（清）
費丹旭繪　（清）黃士珣記　（清）諸可寶傳
清光緒二年（1876）錢塘汪氏振綺堂刻本
一冊

370000 – 1537 – 0001379　3307

閻潛丘先生年譜不分卷　（清）張穆撰　清道
光二十七年（1847）壽陽祁氏刻本　一冊

370000 – 1537 – 0001380　3310

考訂朱子世家一卷　（清）江永撰　清同治六
年（1867）涇縣黃田朱氏刻本　一冊

370000 – 1537 – 0001381　3311

朱子年譜一卷　（清）鄭士範編集　清光緒六
年（1880）鳳翔周氏正誼堂刻本　一冊

370000 – 1537 – 0001382　3312

敝帚齋主人年譜一卷補一卷　（清）徐鼐編
（清）徐承禧等補注　清同治十三年（1874）刻
本　一冊

370000 – 1537 – 0001383　3313

潘文恭公自訂年譜一卷　（清）潘世恩撰　清
同治二年（1863）潘儀鳳刻本　一冊

370000 – 1537 – 0001384　3314

安道公年譜二卷　（清）陳溥撰　清光緒十八
年（1892）太倉繆氏刻本　一冊

370000 – 1537 – 0001385　3316

頤壽老人年譜二卷　（清）錢寶琛　（清）錢鼎
銘　（清）錢鼐銘撰　清同治八年（1869）家刻
本　一冊

370000 – 1537 – 0001386　3318

先恭勤公年譜四卷誄詞一卷　（清）徐彬　（清）
徐桐撰　清咸豐九年（1859）家刻本　二冊

370000 – 1537 – 0001387　3319

洪北江先生年譜一卷附錄一卷　（清）呂培等
編　清光緒三年（1877）刻本　一冊

370000 – 1537 – 0001388　3320

**賜同進士出身直隸州知州直隸任邱縣知縣林
公諱穗年譜一卷**　（清）林綺編　清光緒刻本
一冊

370000 – 1537 – 0001389　3321

魏敏果公年譜一卷　（清）魏象樞述　（清）魏
學誠等錄　清刻本　一冊

370000 – 1537 – 0001390　3331

本朝從祀三先生傳不分卷　（清）羅惇衍編次
清刻本　一冊

370000 – 1537 – 0001391　3336

王志二卷　王闓運撰　（清）陳兆奎輯　清光
緒三十三年（1907）盦陽刻本　一冊

370000 – 1537 – 0001392　3340

薛文清公年譜一卷　（明）楊鶴撰　清康熙刻
本　一冊

370000 – 1537 – 0001393　3344

黃薳圃先生年譜二卷　（清）江標編　清光緒
二十三年（1897）元和江氏長沙使院刻本
二冊

370000 – 1537 – 0001394　3346

雙池先生年譜四卷　（清）余龍光編次　清同
治五年（1866）婺源余氏刻本　二冊

370000 – 1537 – 0001395　3349

方正學先生年譜一卷　（明）盧演等輯　清道
光二十七年（1847）刻本　一冊

370000 – 1537 – 0001396　3350

陸清獻公年譜定本二卷附錄一卷　（清）吳光
酉編　清光緒八年（1882）武進津河廣仁堂刻
本　一冊　存一卷（一）

370000 – 1537 – 0001397　3351

鹿忠節公年譜二卷　（清）陳鋐編　清光緒刻
本　二冊

370000 – 1537 – 0001398　3352

延平四先生年譜四卷　（清）毛念恃撰　清乾
隆十年（1745）瀅陽張坦刻本　二冊

370000 – 1537 – 0001399　3353

羅忠節公年譜二卷 （清）郭嵩燾編 清同治二年(1863)長沙刻本 一冊

370000－1537－0001400 3356

張度西先生年譜一卷 （清）張家榗編 清刻本 一冊

370000－1537－0001401 3362

張忠烈公年譜一卷 （清）趙之謙編 清光緒二十二年(1896)慈溪童廩年刻本 一冊

370000－1537－0001402 3372

孔子編年四卷 （清）狄子奇編 清光緒十三年(1887)浙江書局刻本 一冊

370000－1537－0001403 3374

[王篠泉先生]年譜一卷行狀一卷 （清）王孝箴等述 清光緒木活字印本 一冊

370000－1537－0001404 3376

歸震川先生年譜一卷 （清）孫岱編 清光緒六年(1880)嘉興金氏刻本 一冊

370000－1537－0001405 3379

葉天廖自撰年譜一卷 （明）葉紹袁撰 清光緒三十三年(1907)刻國粹叢書本 一冊

370000－1537－0001406 3381

金石萃編一百六十卷 （清）王昶編 清光緒十九年(1893)上海醉六堂影印本 十八冊

370000－1537－0001407 3382

金石萃編補正四卷 （清）方履籛撰 清光緒二十年(1894)上海醉六堂影印本 四冊

370000－1537－0001408 3383

金石續編二十一卷 （清）陸耀遹纂 清光緒十九年(1893)上海醉六堂影印本 十二冊

370000－1537－0001409 3392

圓天圖說三卷 （清）李明徹撰 清嘉慶二十四年(1819)刻本 二冊

370000－1537－0001410 3393

西堂樂府七卷 （清）尤侗撰 清康熙刻本 四冊

370000－1537－0001411 3396

劉江東家藏善本葬書一卷 （晉）郭璞撰 （元）吳澄刪定 （元）鄭謐注釋 清刻本 一冊

370000－1537－0001412 3397

虔共室遺集一卷 （清）曾彥撰 清光緒十七年(1891)刻本 一冊

370000－1537－0001413 3398

素心閣詩草二卷 （清）鄭蕙撰 清光緒九年(1883)刻本 一冊

370000－1537－0001414 3399

鄉約一卷塞語一卷 （清）尹畊撰 清光緒八年(1882)刻本 一冊

370000－1537－0001415 3400

風憲約一卷獄政一卷 （明）呂坤撰 清光緒十九年(1893)長沙臬署刻本 一冊

370000－1537－0001416 3407

醉怡情八卷 （清）菰蘆釣叟輯 清刻本 八冊

370000－1537－0001417 3408

醉怡情八卷 （清）菰蘆釣叟編輯 清古吳致和堂刻本 十冊

370000－1537－0001418 3421

道原一貫三種六卷 （清）雲巖居士輯 清刻延古齋彙印本 二冊 存一種四卷(萬壽仙書四卷)

370000－1537－0001419 3422

修習止觀坐禪法要二卷 （隋）釋智顗述 清光緒十八年(1892)金陵刻經處刻本 一冊

370000－1537－0001420 3435

吳門百艷圖五卷 鄒弢編 清光緒六年(1880)雪祿軒刻本 一冊

370000－1537－0001421 3438

全唐詩話八卷 題(宋)尤袤撰 （清）孫濤續輯 清乾隆三十九年(1774)清芬堂刻本 四冊 存六卷(一至六)

370000－1537－0001422 3442

國朝閨閣詩鈔不分卷 （清）蔡殿齊編 （清）

甘晉輯傳　清道光二十四年(1844)嫏嬛別館刻本　十冊

370000－1537－0001423　3444

國朝閨秀正始集二十卷附錄一卷補遺一卷題詞一卷續集十卷附錄一卷　(清)惲珠輯　續集補遺一卷　(清)程孟梅輯　紅香館輓詞一卷　(清)妙蓮保輯　清道光紅香館刻本　十冊

370000－1537－0001424　3447

白雨齋詞話八卷詞存一卷詩鈔一卷　(清)陳廷焯撰　清光緒二十年(1894)刻本　四冊

370000－1537－0001425　3450

看詩隨錄□□卷　(清)高靜選　清光緒十九年至二十二年(1893－1896)寧河高氏繼善堂刻本　一冊　存二卷(一至二)

370000－1537－0001426　3459

艷跡編不分卷　(清)孫兆溎撰　清光緒十一年(1885)滬上刻本　二冊

370000－1537－0001427　3461

清綺軒詞選十三卷　(清)夏秉衡選　清宣統二年(1910)刻本　六冊

370000－1537－0001428　3462

蓮坡詩話三卷　(清)查為仁撰　清刻本　二冊

370000－1537－0001429　3463

吳門百艷圖五卷　(清)花下解人撰　(清)司香舊尉評　清光緒六年(1880)雪祿軒刻本　二冊

370000－1537－0001430　3466

亦復如是四卷　(清)青城子撰　清末擷華書局排印本　四冊

370000－1537－0001431　3467

寄閒齋雜志八卷三槎浦櫂歌一卷　(清)朱淞撰　清嘉慶刻本　四冊

370000－1537－0001432　3468

知不足齋紀事□□卷　(清)蕭錫齡撰　清光緒刻本　一冊　存一卷(一)

370000－1537－0001433　3469

武林舊事十卷附錄一卷　(宋)周密輯　清乾隆、道光長塘鮑氏刻本　六冊

370000－1537－0001434　3470

青邱高季迪先生詩集十八卷遺詩一卷　(明)高啟撰　(清)金檀輯注　清刻本　八冊

370000－1537－0001435　3471

小謨觴館詩集注八卷詩續集注二卷詩餘附錄注一卷詩餘續附錄注一卷文集注四卷文續集注二卷　(清)彭兆蓀撰　(清)孫元培　(清)孫長熙注　清光緒二十年(1894)泉唐汪氏刻本　八冊

370000－1537－0001436　3473

高季迪先生大全集十八卷　(明)高啟撰　清光緒十四年(1888)刻本　六冊

370000－1537－0001437　3474

青邱高季迪先生鳧藻集五卷　(明)高啟撰　(清)金檀輯注　清刻本　二冊

370000－1537－0001438　3476

歸盦文槀八卷　(清)葉裕仁撰　清光緒八年(1882)刻本　四冊

370000－1537－0001439　3479

朱子家訓鼓詞二卷　(清)愉山一石翁撰　清光緒六年(1880)刻本　一冊

370000－1537－0001440　3482

慧福樓幸草一卷　(清)俞繡孫撰　繡墨軒詩稿一卷詞稿一卷　(清)俞慶曾撰　清光緒二十三年(1897)刻本　一冊

370000－1537－0001441　3483

繼聲樓帖體詩存二卷　(清)郭仲年撰　清同治十二年(1873)刻本　一冊

370000－1537－0001442　3488

端溪硯史三卷　(清)吳蘭修撰　清道光三十年(1850)南海伍氏粵雅堂刻嶺南遺書本　一冊

370000－1537－0001443　3489

端溪硯史三卷　(清)吳蘭修撰　清道光三十年(1850)南海伍氏粵雅堂刻嶺南遺

書本 二冊

370000－1537－0001444 3490

餐鞠軒詩草一卷 （清）伍淡如撰 清光緒十
四年(1888)刻本 一冊

370000－1537－0001445 3494

秋根書室詩文集十四卷西行紀程二卷西徵集
一卷 （清）孟傳鑄撰 清宣統二年(1910)綠
野堂排印本 八冊

370000－1537－0001446 3498

二十一史彈詞輯註十卷 （明）楊愼撰 （清）
孫德威輯註 清康熙四十年(1701)刻本
二冊

370000－1537－0001447 3499

閨閣十二段錦 （清）任爕亭採輯 清宣統二
年(1910)刻本 一冊

370000－1537－0001448 3502

芸香館遺詩二卷 （清）那遜蘭保撰 清同治
十三年(1874)盛昱寫刻本 二冊

370000－1537－0001449 3504

三秀齋詩鈔二卷 （清）鮑之芬撰 清道光二
十年(1840)刻本 一冊

370000－1537－0001450 3506

甌蠱燃犀錄一卷附錄一卷 （清）燃犀道人撰
清光緒十九年(1893)刻本 一冊

370000－1537－0001451 3507

二如亭群芳譜二十八卷 （明）王象晉輯 明
刻本 一冊 存一部(茶部)

370000－1537－0001452 3508

桑書一卷 （清）□□撰 清同治五年(1866)
福建藩署刻本 一冊

370000－1537－0001453 3509

橘中人語不分卷 （清）賴蘊山輯 清咸豐十
年(1860)刻本 一冊

370000－1537－0001454 3510

紅韻閣遺稿一卷 （清）闞壽坤撰 清光緒五
年(1879)金闓刻本 一冊

370000－1537－0001455 3511

韻香閣詩草一卷 （清）孔祥淑撰 清光緒十
二年(1886)刻本 一冊

370000－1537－0001456 3520

繡餘吟草一卷 （清）汪先贊撰 清道光刻本
一冊

370000－1537－0001457 3528

貞烈編一卷 （清）潘鍾瑞撰 清光緒刻本
一冊

370000－1537－0001458 3529

花簾詞一卷 （清）吳藻撰 清道光十年
(1830)刻本 一冊

370000－1537－0001459 3532

蓮因室詩集二卷詞集一卷 （清）鄭蘭孫撰
清光緒元年(1875)刻本 一冊

370000－1537－0001460 3535

吟秋閣詩鈔一卷 （清）飲霞女士撰 清光緒
元年(1875)刻本 一冊

370000－1537－0001461 3537

翠螺閣詩稾四卷詞稾一卷 （清）凌祉媛撰
清咸豐四年(1854)丁氏延慶堂刻本 一冊

370000－1537－0001462 3538

倚紅樓詩草不分卷 （清）潘淑正撰 清光緒
二十六年(1900)刻本 一冊

370000－1537－0001463 3539

飛素閣遺詩一卷 （清）梁藹撰 清光緒二十
六年(1900)刻本 一冊

370000－1537－0001464 3540

景惠室詩存一卷 （清）易簫撰 清光緒刻本
一冊

370000－1537－0001465 3542

息存室吟稿初集一卷續集一卷 （清）徐杭氏
撰 清道光二十八年(1848)刻本 一冊

370000－1537－0001466 3543

慈暉館詩詞草二卷 （清）阮恩灤撰 瑤花夢
影錄 （清）笙月詞人撰 清咸豐四年(1854)
刻光緒元年(1875)增修本 一冊

370000 – 1537 – 0001467　3544

婦人集注一卷　（清）陳維崧撰　（清）冒褒注
　婦人集補一卷　（清）冒丹書撰　清光緒如
皋冒氏刻冒氏叢書本　一冊

370000 – 1537 – 0001468　3545

暗香樓樂府三種三卷　（清）嘯嵐道人撰　清
光緒十六年（1890）暗香樓刻本　一冊

370000 – 1537 – 0001469　3549

崇餘吟稿一卷　（清）丁蘊琛撰　清同治七年
（1868）刻本　一冊

370000 – 1537 – 0001470　3550

閨閣雜詠不分卷　（清）孫萬春編　清光緒十
九年（1893）刻本　一冊

370000 – 1537 – 0001471　3551

歷朝名媛尺牘二卷　（清）靜寄東軒輯　清刻
朱墨套印本　二冊

370000 – 1537 – 0001472　3558

檇李譜一卷　（清）王逢辰撰　清同治九年
（1870）竹里槐花吟館王氏刻本　一冊

370000 – 1537 – 0001473　3567

淞南夢影録四卷　（清）黃協塤編　清光緒上
海申報館排印本　一冊

370000 – 1537 – 0001474　3579

蘭閨寶録六卷　（清）惲珠輯　清道光十一年
（1831）紅香館刻本　六冊

370000 – 1537 – 0001475　3606

武林掌故叢編　（清）丁丙輯　清光緒錢塘丁
氏嘉惠堂刻本　一冊　存五種六卷（銀瓶徵
一卷、湖山百詠二卷、西湖小史一卷、西湖竹
枝詞一卷、東河櫂歌一卷）

370000 – 1537 – 0001476　3607

墨亭新賦一卷　（清）錢大昕撰　花塢聯吟一
卷　（清）唐仲冕撰　花□聯吟　（清）吳錫麒
撰　清嘉慶六年（1801）刻本　一冊

370000 – 1537 – 0001477　3609

練浦攀轅圖詩一卷　（清）王國佐編録　清道
光刻本　一冊

370000 – 1537 – 0001478　3612

同聲集　（□）□□撰　清道光二十四年
（1844）刻本　一冊

370000 – 1537 – 0001479　3615

仙佛合宗語録不分卷　（明）伍守陽撰　清書
業堂刻本　一冊

370000 – 1537 – 0001480　3618

別下齋叢書二十八種　（清）蔣生沐輯　清道
光十七年（1837）海昌蔣光煦別下齋刻本　一
冊　存五種九卷（瓊花集五卷、七頌堂詞繹一
卷、金粟詞話一卷、初月樓古文緒論一卷、初
月樓論書隨筆一卷）

370000 – 1537 – 0001481　3623

一卷冰雪二卷首一卷　（清）鹿傳先輯　清道
光二十三年（1843）桐溪四教堂刻本　二冊

370000 – 1537 – 0001482　3625

桐溪耆隱集一卷　（清）袁炯輯　清光緒十六
年（1890）刻本　一冊

370000 – 1537 – 0001483　3627

蓮子居詞話四卷　（清）吳衡照輯　清道光十
二年（1832）汪氏刻同治六年（1867）補刻民國
十二年（1923）遞補本　二冊

370000 – 1537 – 0001484　3629

南宋雜事詩七卷　（清）沈嘉轍撰　清同治十
一年（1872）淮南書局刻本　四冊

370000 – 1537 – 0001485　3631

庚寅讌集三編一卷　（清）孫點君編　清末排
印本　一冊

370000 – 1537 – 0001486　3638

重刻增訂菜根談不分卷　（明）洪應明撰　清
道光十三年（1833）紅螺山資福寺天朗了睿刻
本　一冊

370000 – 1537 – 0001487　3649

宮闈百詠四卷　（清）陳其泰輯　清道光二十
五年（1845）海鹽陳氏桐花鳳閣刻本　二冊

370000 – 1537 – 0001488　3650

古今志異六卷　（清）□□撰　清光緒十八年

(1892)問柳書屋刻本　六册

370000－1537－0001489　3654

斯陶説林十二卷　（清）王用臣輯　清光緒十
八年(1892)深澤王氏刻本　六册

370000－1537－0001490　3658

敏求軒述記十六卷　（清）陳世箴輯　清道光
刻本　八册

370000－1537－0001491　3661

墨餘書異八卷　（清）蔣知白撰　清刻本
四册

370000－1537－0001492　3662

試場異聞録五種　（清）呂相蠻輯　清同治九
年(1870)廣東味經堂刻本　十册

370000－1537－0001493　3663

異談隨筆録二十三卷　（清）鄧暠撰　清嘉慶
元年(1796)海陵書屋刻本　八册

370000－1537－0001494　3665

異方便淨土傳燈歸元鏡三祖實録二卷　（清）
釋智達撰　清乾隆四十九年(1784)刻本
二册

370000－1537－0001495　3666

在園雜志四卷　（清）劉廷璣撰　清康熙五十
四年(1715)刻本　二册

370000－1537－0001496　3667

擁雙艷三種六卷　（清）萬樹撰　清康熙萬氏
粲花別墅刻本　六册

370000－1537－0001497　3668

雪韻堂批點燕子箋記二卷　（明）阮大鋮撰
明末刻本　黃裳跋　二册

370000－1537－0001498　3669

重校韓夫人題紅記二卷　（明）王驥德撰　明
陳氏繼志齋刻本　慕湘跋　二册

370000－1537－0001499　3670

琵琶記三卷　（元）高明撰　明萬曆二十五年
(1597)汪光華玩虎軒刻本　慕湘跋　三册

370000－1537－0001500　3671

曲波園傳奇二種　（清）徐士俊撰　清康熙徐
氏曲波園刻本　四册

370000－1537－0001501　3676

研北雜志二卷　（元）陸友仁撰　明刻本
二册

370000－1537－0001502　3685

念昔齋癙言圖纂不分卷　（清）黃雲鵠撰　清
光緒十二年(1886)成都刻本　一册

370000－1537－0001503　3686

冶梅竹譜一卷　（清）王寅撰並繪　清光緒八
年(1882)金陵王氏刻本　一册

370000－1537－0001504　3689

紅樓夢傳奇八卷　（清）陳鍾麟撰　（清）俞思
謙評點　清道光二十六年(1846)長沙刻本
六册

370000－1537－0001505　3691

十二種曲二十四卷　（清）偶塘居士輯　清刻
本　六册　存三種六卷(意中緣傳奇二卷、奈
何天傳奇二卷、比目魚傳奇二卷)

370000－1537－0001506　3693

[釣渭間雜膾]五種　（清）潘炤撰　清嘉慶刻
本　六册

370000－1537－0001507　3694

南陽樂傳奇二卷　（清）夏綸撰　清乾隆十年
(1745)疊翠書堂刻本(有抄配)　二册

370000－1537－0001508　3695

惺齋新曲六種十三卷　（清）夏綸撰　清乾隆
十八年(1753)夏氏世光堂刻本　四册　存二
種四卷(無瑕璧二卷、杏花邨二卷)

370000－1537－0001509　3696

惺齋新曲六種十三卷　（清）夏綸撰　清乾隆
十八年(1753)夏氏世光堂刻本　十二册

370000－1537－0001510　3702

篋衍集十二卷　（清）陳維崧輯　清康熙三十
六年(1697)蔣國祥刻本　四册

370000－1537－0001511　3703

桃花扇傳奇二卷　（清）孔尚任撰　清西園刻

251

本　二冊

370000－1537－0001512　3704

揚州夢二卷　（清）嵇永仁撰　清刻本　二冊

370000－1537－0001513　3706

牧民忠告二卷經進風憲忠告一卷廟堂忠告一卷　（元）張養浩撰　清刻本　二冊

370000－1537－0001514　3708

鏡香園毛聲山評第七才子書十二卷首一卷（元）高明撰　（清）毛宗崗評　清乾隆十一年（1746）張元振刻本　慕湘跋　八冊

370000－1537－0001515　3714

牡丹亭還魂記二卷　（明）湯顯祖撰　清光緒十二年（1886）同文書局石印本　四冊

370000－1537－0001516　3716

繪風亭評第七才子書琵琶記六卷才子琵琶寫情篇一卷釋義一卷　（元）高明撰　清雍正映秀堂刻本　六冊

370000－1537－0001517　3719

比目魚傳奇二卷　（清）李漁撰　清刻本　二冊

370000－1537－0001518　3721

吳吳山三婦合評牡丹亭還魂記二卷　（明）湯顯祖撰　（清）陳同　（清）談則　（清）錢宜評點　**或問一卷**　（清）吳儀一撰　清刻本　二冊

370000－1537－0001519　3722

吳吳山三婦合評牡丹亭還魂記二卷　（明）湯顯祖撰　（清）陳同　（清）談則　（清）錢宜評點　**或問一卷**　（清）吳儀一撰　清刻本　二冊

370000－1537－0001520　3726

補天石傳奇八卷　（清）周樂清撰　清咸豐五年（1855）刻本　四冊

370000－1537－0001521　3731

抱犢山房集六卷續離騷一卷雙報應二卷揚州夢二卷　（清）嵇永仁撰　清雍正刻本　六冊

370000－1537－0001522　3732

三星圓初集二卷二集二卷三集二卷四集二卷　（清）王懋昭撰　清嘉慶十五年（1810）尺木堂刻本　八冊　存二種四卷（三集二卷、四集二卷）

370000－1537－0001523　3733

新鎸樂府清音歌林拾翠二集　（□）□□撰　明萬曆二十七年（1599）金陵奎壁齋刻本　六冊

370000－1537－0001524　3734

寒香亭傳奇四卷　（清）李凱撰　（清）范梧評點　清嘉慶二年（1797）懷古堂刻本　四冊

370000－1537－0001525　3736

乞食圖二卷　（清）錢維喬撰　清乾隆刻本　二冊

370000－1537－0001526　3738

胭脂鴛傳奇二卷十六出　（清）李文瀚撰　（清）周賡盛正譜　（清）張籛評點　清道光二十二年（1842）刻本　二冊

370000－1537－0001527　3739

六如亭二卷　（清）羅浮花農填詞　清道光七年（1827）賜錦樓刻本　二冊

370000－1537－0001528　3740

鴛鴦鏡傳奇一卷　（清）傅玉書撰　清光緒二十一年（1895）刻本　一冊

370000－1537－0001529　3742

擬進呈楊忠湣蚺蛇膽表忠記二卷三十六出（清）丁耀亢撰　清同治十一年（1872）刻本　二冊

370000－1537－0001530　3743

吟風閣四卷　（清）楊潮觀撰　清嘉慶二十五年（1820）刻本　四冊

370000－1537－0001531　3745

碧天霞傳奇二卷　（清）徐昆撰　清乾隆刻本　慕湘跋　二冊

370000－1537－0001532　3748

介山記二卷　（清）宋廷魁撰　清乾隆刻

本　四册

370000－1537－0001533　3749

長命縷二卷　（明）梅鼎祚撰　明末刻本（有抄配）　慕湘跋　二册

370000－1537－0001534　3750

山水鄰新鐫出像四大癡傳奇四卷　（明）李逢時撰　明末刻本　慕湘跋　二册

370000－1537－0001535　3751

雲菴遺詩二卷回春夢二卷　（清）顧森撰　清道光三十年（1850）刻本　四册

370000－1537－0001536　3752

錯中錯二卷三十六出　（清）紀樹森撰　清道光九年（1829）懷清堂刻本　四册

370000－1537－0001537　3753

詠懷堂新編十錯認春燈謎記二卷　（明）阮大鋮撰　明末刻本（慕湘補抄）　慕湘跋　六册

370000－1537－0001538　3754

邯鄲夢二卷　（明）湯顯祖撰　明萬曆繕性齋刻本　慕湘跋　二册

370000－1537－0001539　3756

桃符記一卷　（明）沈璟撰　清抄本　二册

370000－1537－0001540　3757

新編目連救母勸善戲文三卷　（明）鄭之珍撰　明萬曆十年（1582）鄭氏高石山房刻本　四册

370000－1537－0001541　3758

漁邨記二卷十三折　（清）妙有山人撰　清光緒二年（1876）括邨照水堂刻本　二册

370000－1537－0001542　3759

鏡光緣傳奇二卷　（清）徐爔撰　清乾隆刻本　一册

370000－1537－0001543　3760

秋水堂雙翠圓傳奇二卷　（清）夏秉衡撰　清乾隆秋水堂刻本　四册

370000－1537－0001544　3774

粟香隨筆八卷二筆八卷　金武祥撰　清光緒

刻本　八册

370000－1537－0001545　3776

玉簡齋叢書十種二十九卷　羅振玉輯　清宣統二年（1910）羅氏刻本　八册

370000－1537－0001546　3784

東海褰冥氏三十以前舊學四種　（清）譚嗣同撰　清光緒二十三年（1897）金陵刻本　一册

370000－1537－0001547　3787

昌黎先生詩集注十一卷　（唐）韓愈撰　（清）朱彝尊　（清）何焯評　（清）顧嗣立刪補　清道光十六年（1836）膚德堂刻朱墨套印本　六册

370000－1537－0001548　3789

困學日鈔四卷　（清）何焯糸訂　清乾隆刻本　八册

370000－1537－0001549　3790

范忠宣公集二十卷奏議二卷遺文一卷補編一卷附錄一卷　（宋）范純仁撰　清康熙四十六年（1707）范氏歲寒堂刻本　六册　缺二卷（補編一卷、附錄一卷）

370000－1537－0001550　3791

文心雕龍十卷　（南朝梁）劉勰撰　（清）黃叔琳注　（清）紀昀評　清道光十三年（1833）兩廣節署刻朱墨套印本　四册

370000－1537－0001551　3792

王荊文公詩五十卷　（宋）王安石撰　（宋）李壁箋注　清乾隆六年（1741）張宗松清綺齋刻本　八册

370000－1537－0001552　3794

蔡中郎集十卷外紀一卷外集四卷末一卷　（漢）蔡邕撰　清光緒十六年（1890）番禺陶氏愛廬刻本　五册

370000－1537－0001553　3802

蠡遊唱和詩存一卷　（清）江峰青撰　清刻本　一册

370000－1537－0001554　3806

緝雅堂詩話二卷　（清）潘衍桐撰　清光緒十

七年（1891）刻本　一冊

370000 - 1537 - 0001555　3809
杭俗遺風一卷 （清）范祖述撰　清同治六年
（1867）刻本　一冊

370000 - 1537 - 0001556　3815
靈山遺愛錄六卷首一卷 （明）徐謙輯　清宣
統二年（1910）刻本　四冊

370000 - 1537 - 0001557　3818
榕村詩選八卷首一卷 （清）李光地輯　清道
光二年（1822）刻本　二冊

370000 - 1537 - 0001558　3821
洞庭遊草不分卷 （清）沈璟撰　清刻本
一冊

370000 - 1537 - 0001559　3825
白門新柳記一卷 （清）許豫編　清同治十一
年（1872）刻本　一冊

370000 - 1537 - 0001560　3828
海濱酬唱詞一卷 （清）昆池釣徒輯　清光緒
二十四年（1898）蒙自楊文斌香海閣刻本
一冊

370000 - 1537 - 0001561　3835
庚子秋詞二卷 （清）鶩翁等撰　清光緒刻本
二冊

370000 - 1537 - 0001562　3836
振綺類纂四卷 （清）翁天遊　（清）宗觀輯
清康熙刻本　二冊

370000 - 1537 - 0001563　3837
河汾諸老詩集八卷 （元）房祺輯　清乾隆四
十三年（1778）敬翼堂刻本　二冊

370000 - 1537 - 0001564　3840
煙霞萬古樓文集六卷 （清）王曇撰　清道光
二十年（1840）刻本　二冊

370000 - 1537 - 0001565　3860
杜工部集二十卷 （唐）杜甫撰　（清）錢謙益
箋注　**諸家詩話一卷唱酬題詠附錄一卷附錄
一卷** 清康熙六年（1667）季氏靜思堂刻本
清何焯批校　四冊

370000 - 1537 - 0001566　3861
鑒誡錄十卷 （五代）何光遠撰　清嘉慶照曠
閣刻本　二冊

370000 - 1537 - 0001567　3862
語石十卷 葉昌熾輯　清宣統元年（1909）刻
本　四冊

370000 - 1537 - 0001568　3863
杜工部集二十卷 （唐）杜甫撰　（清）錢謙益
箋注　**諸家詩話一卷唱酬題詠附錄一卷附錄
一卷** 清康熙六年（1667）季氏靜思堂刻本
佚名批校　六冊

370000 - 1537 - 0001569　3867
十駕齋養新錄二十卷餘錄三卷 （清）錢大昕
撰　清嘉慶刻本　四冊

370000 - 1537 - 0001570　3868
續夷堅志四卷 （金）元好問撰　清嘉慶大梁
書院刻本　二冊

370000 - 1537 - 0001571　3878
寫心雜劇十八卷 （清）徐爔撰　清乾隆五十
四年（1789）徐氏夢生堂刻本　四冊

370000 - 1537 - 0001572　3879
補天石傳奇八卷 （清）周樂清撰　清道光十
年（1830）靜遠草堂刻十七年（1837）印本
十冊

370000 - 1537 - 0001573　3880
玉獅堂傳奇五種 （清）陳烺撰　清光緒十一
年（1885）武林刻本　五冊

370000 - 1537 - 0001574　3881
玉獅堂後五種傳奇 （清）陳烺撰　清光緒十
七年（1891）刻本　五冊

370000 - 1537 - 0001575　3883
三星圓初集二卷二集二卷 （清）王懋昭撰
清嘉慶十五年（1810）娜嬛書屋刻本　八冊

370000 - 1537 - 0001576　3884
補天石傳奇八卷 （清）周樂清撰　清道光十
年（1830）靜遠草堂刻本　十冊

370000 - 1537 - 0001577　3886

安雅堂詩八卷文集二卷重刻安雅堂文集二卷
安雅堂書啓一卷安雅堂未刻稿八卷入蜀集二
卷二鄉亭詞三卷祭皋陶一卷　（清）宋琬撰
清順治刻乾隆補刻本　　八冊

370000－1537－0001578　3889

餐飱亭集三十二卷後集六卷　（清）祁寯藻撰
　清咸豐刻本　六冊

370000－1537－0001579　3890

雕菰集二十四卷　（清）焦循撰　蜜梅花館詩
錄一卷文錄一卷　（清）焦廷琥撰　清道光四
年（1824）揚州阮氏刻本　六冊

370000－1537－0001580　3895

堯峰文鈔四十卷　（清）汪琬撰　清宣統二年
（1910）排印本　八冊

370000－1537－0001581　3897

遺山先生詩集二十卷　（金）元好問撰　明毛氏
汲古閣刻元人集十種本　清何焯跋　四冊

370000－1537－0001582　3903

論衡三十卷　（漢）王充撰　清光緒元年
（1875）湖北崇文書局刻子書百家本　六冊

370000－1537－0001583　3918

燕京歲時記不分卷　（清）敦崇編　清光緒三
十二年（1906）刻本　一冊

370000－1537－0001584　3923

歷科狀元策不分卷　（清）□□輯　清光緒刻
本　二冊

370000－1537－0001585　3926

絜齋集二十四卷拾遺一卷　（宋）袁燮撰　清
活字印本　八冊

370000－1537－0001586　3929

新刻黃掌綸先生評訂神仙鑑二十二卷　（清）
徐衢撰　清光緒十六年（1890）刻本　二十
四冊

370000－1537－0001587　3932

公是弟子記四卷　（宋）劉敞撰　清刻本
一冊

370000－1537－0001588　3934

恩福堂年譜一卷　（清）英和編　（清）奎照補
編　清道光刻本　一冊

370000－1537－0001589　3936

吳竹如先生年譜一卷　（清）方宗誠編　清光
緒四年（1878）畿輔志局刻本　一冊

370000－1537－0001590　3938

武英殿聚珍版書　（清）高宗弘曆敕輯　清乾
隆武英殿活字印本　二冊　存三種七卷（孫
子算經三卷、海島算經一卷、夏侯陽算經三
卷）

370000－1537－0001591　3939

欽定元承華事略補圖六卷　（元）王惲撰
（清）徐郙等補　清刻本　一冊

370000－1537－0001592　3992

明州阿育王山續志六卷　（清）釋畹荃撰　清
乾隆刻本　一冊

370000－1537－0001593　1326

退思軒詩集六卷補遺一卷　（清）張百熙撰
王式通校　清宣統三年（1911）夏武昌刻本
二冊

370000－1537－0001594　3968

千百年眼十二卷　（明）張燧撰　清光緒二十
九年（1903）成都三鶴山房刻本　六冊

370000－1537－0001595　3969

蕉軒摭錄十二卷　（清）俞夢蕉撰　清道光元
年（1821）刻本　六冊

370000－1537－0001596　3972

神僧傳九卷　（明）成祖朱棣編　清宣統元年
（1909）常州天寧寺刻本　四冊

370000－1537－0001597　3973

高僧傳初集十五卷　（南朝梁）釋慧皎撰　清
光緒十年（1884）刻本　四冊

370000－1537－0001598　3981

耐冷譚十六卷　（清）宋咸熙撰　清道光刻本
　四冊

370000－1537－0001599　3982

記聞類編十四卷　蔡爾康輯　清光緒三年

（1877）上海印書局排印本　六冊

370000－1537－0001600　3985

樽酒詞不分卷　（清）邵廣銓等撰　清嘉慶二十二年（1817）刻本　一冊

370000－1537－0001601　3987

和珠玉詞一卷　（清）張祥齡等撰　清光緒二十年（1894）刻本　一冊

370000－1537－0001602　3993

國朝七家詞選一卷國朝詞續選一卷　（清）孫麟趾輯　（清）張鳴珂續輯　清光緒二十四年（1898）刻本　一冊

370000－1537－0001603　4000

滄江樂府七種　（清）程廷鷺等撰　（清）錢溯耆輯　清咸豐聽邠館刻本　一冊

370000－1537－0001604　4001

河濱詩選十卷　（清）李楷撰　清嘉慶十六年（1811）刻本　八冊

370000－1537－0001605　4003

廿一史彈詞註十卷　（明）楊慎撰　（清）張三異增定　（清）張仲璜註　明史彈詞註一卷（清）張三異撰　（清）張仲璜註　清乾隆刻本　八冊

370000－1537－0001606　4004

花甲閒談十六卷　（清）張維屏撰　清道光刻本　四冊

370000－1537－0001607　4006

聯經四卷　（清）李學禮撰　清刻本　四冊

370000－1537－0001608　4007

耳食錄二編八卷　（清）樂鈞撰　清同治十年（1871）刻本　四冊

370000－1537－0001609　4008

十竹齋書畫譜八卷　（明）胡正言輯　清刻本　十六冊

370000－1537－0001610　4010

明齋小識十二卷　（清）諸聯撰　清刻本　六冊

370000－1537－0001611　4011

姓觿十卷　（明）陳士元撰　清光緒十七年（1891）刻本　四冊

370000－1537－0001612　4014

采菽堂筆記二卷　杜俞撰　清光緒三十三年（1907）姑蘇排印本　一冊

370000－1537－0001613　4015

昭代名人尺牘小傳二十四卷　（清）吳修輯　清光緒七年（1881）刻本　二冊

370000－1537－0001614　4021

餘年閒話四卷　（清）葉良儀撰　清刻本　二冊

370000－1537－0001615　4023

知不足齋叢書　（清）鮑廷博輯　（清）鮑志祖續輯　清乾隆、道光長塘鮑氏刻本　八冊存七種二十六卷（入蜀記六卷、猗覺寮雜記二卷、對牀夜語五卷、歸田詩話三卷、南濠詩話一卷、麓堂詩話一卷、石墨鐫華八卷）

370000－1537－0001616　4025

鐵圍山叢談六卷　（宋）蔡絛撰　清乾隆、道光鮑氏知不足齋刻本　六冊

370000－1537－0001617　4025

鐵圍山叢談六卷　（宋）蔡絛撰　清乾隆、道光鮑氏知不足齋刻本　六冊

370000－1537－0001618　4030

奇情雅趣十二卷　（清）樂宮譜撰　清刻本　四冊

370000－1537－0001619　4031

文章遊戲合編　（清）繆艮選　清道光五年（1825）刻本　十六冊

370000－1537－0001620　4032

鬼董五卷　（宋）沈氏撰　清乾隆四十六年（1781）長塘鮑氏刻知不足齋叢書本　四冊

370000－1537－0001621　4039

古文辭類纂七十四卷　（清）姚鼐輯　清道光合河康氏刻本　十二冊

370000－1537－0001622　4040

欽定國朝詩別裁集三十二卷　（清）沈德潛輯
　清乾隆二十六年(1761)刻本　十二冊

370000－1537－0001623　4042

續古文苑二十卷　（清）孫星衍輯　清嘉慶十
七年(1812)冶城山館刻本　八冊

370000－1537－0001624　4047

想當然耳八卷　（清）鄒鐘撰　清光緒四年
(1878)北京聚珍堂木活字本　四冊

370000－1537－0001625　4048

姑妄聽之四卷　（清）紀昀撰　清乾隆五十八
年(1793)清在園草堂刻本　四冊

370000－1537－0001626　4049

續古文苑二十卷　（清）孫星衍輯　清嘉慶十
七年(1812)冶城山館刻本　十冊

370000－1537－0001627　4053

十國宮詞一百首　（清）吳省蘭撰　清同治十
二年(1873)淮南書局刻本　一冊

370000－1537－0001628　4054

十國宮詞一百首　（清）吳省蘭撰　清同治十
二年(1873)淮南書局刻本　一冊

370000－1537－0001629　4058

全史宮詞二十卷　（清）史夢蘭撰　清咸豐六
年(1856)刻本　四冊

370000－1537－0001630　4060

灤陽消夏錄六卷　（清）紀昀撰　清乾隆五十
五年(1790)刻本　六冊

370000－1537－0001631　4062

明季南略十八卷　（清）計六奇輯　清半松居
士活字本　十二冊

370000－1537－0001632　4063

長安宮詞一卷　（清）胡延撰　清光緒二十八
年(1902)刻本　二冊

370000－1537－0001633　4064

啟禎宮詞二卷　（清）瞿紹基編　清嘉慶十六
年(1811)海隅鐵琴銅劍樓刻本　一冊

370000－1537－0001634　4068

瀛環志畧十卷　（清）徐繼畬撰　清道光二十
八年(1848)刻本　六冊

370000－1537－0001635　4074

獪園十六卷　（明）錢希言撰　清乾隆鮑廷博
刻知不足齋叢書本　八冊

370000－1537－0001636　4077

新增說文韻府羣玉二十卷　（元）陰時夫撰
（元）陰中夫注　明刻本　八冊

370000－1537－0001637　4080

女世說四卷補遺一卷　（清）李清輯　清道光
五年(1825)經義齋刻本　四冊

370000－1537－0001638　4083

大英國誌八卷　（英國）慕維廉譯　清光緒七
年(1881)上海益智書會刻本　二冊

370000－1537－0001639　4088

度曲須知二卷弦索辨訛三卷　（明）沈寵綏撰
　明崇禎十二年(1639)自刻清順治六年
(1649)沈標重修本　四冊

370000－1537－0001640　4098

極樂世界傳奇八卷　（清）觀劇道人撰　（清）
試香女士糸評　清光緒七年(1881)聚珍堂書
坊活字印本　八冊

370000－1537－0001641　4101

元遺山先生全集　（金）元好問撰　清光緒八
年(1882)京都翰文齋書房刻本　十六冊

370000－1537－0001642　4107

蘭英寶卷二卷　（□）□□撰　清光緒十年
(1884)刻本　二冊

370000－1537－0001643　4108

真修寶卷　（□）□□撰　清道光十二年
(1832)刻本　一冊

370000－1537－0001644　4109

妙英寶卷一卷　（□）□□撰　清末瑪瑙經房
刻本　一冊

370000－1537－0001645　4110－1

太華山紫金嶺兩世修行劉香寶卷全集二卷
（清）釋烈正增補　清同治八年(1869)杭城瑪

瑠寺經房刻本　二冊

370000－1537－0001646　4110－2

太華山紫金嶺兩世修行劉香寶卷全集二卷
（清）釋烈正增補　清光緒古杭錢塘門外昭慶寺慧空經房刻本　二冊

370000－1537－0001647　4111

太上祖師三世因由總錄三卷　（□）□□撰
清光緒元年（1875）刻本　一冊

370000－1537－0001648　4113

紉蘭室詩鈔三卷　（清）嚴永華撰　清光緒十七年（1891）刻本　一冊

370000－1537－0001649　4117

花王閣賸稿一卷　（明）紀坤撰　清光緒二十六年（1900）刻知服齋叢書朱印本　一冊

370000－1537－0001650　4120

竹素園詩鈔二卷　（清）陳淑英撰　清同治二年（1863）刻本　一冊

370000－1537－0001651　4124

鸚兒寶卷一卷　（□）□□撰　清光緒七年（1881）常州樂善堂刻本　一冊

370000－1537－0001652　4125

盤珠詞一卷　（清）莊蓮佩撰　清光緒二十六年（1900）刻本　一冊

370000－1537－0001653　4127

香山寶卷二卷　（宋）釋普明撰　清同治十一年（1872）杭城寶善堂刻本　二冊

370000－1537－0001654　4130

張氏三娘賣花寶卷　（□）□□撰　清光緒三十年（1904）祥興齋刻本　一冊

370000－1537－0001655　4131

達摩寶卷　（□）□□撰　清同治二年（1863）刻本　一冊

370000－1537－0001656　4132

詠物詩二卷　（元）謝宗可撰　清乾隆五十六年（1791）刻本　二冊

370000－1537－0001657　4142

葉忠節公遺稿十二卷　（清）葉映榴撰　（清）葉芳輯　清乾隆十年（1745）刻本　四冊

370000－1537－0001658　4143

中興閒氣集二卷　（唐）高仲武輯　明崇禎元年（1628）毛氏汲古閣刻唐人選唐詩本　一冊

370000－1537－0001659　4144

坦菴詞一卷　（宋）趙師使撰　明毛氏汲古閣刻本　一冊

370000－1537－0001660　4145

句曲外史集三卷　（元）張雨撰　明崇禎十一年（1638）毛氏汲古閣刻元人集本　二冊

370000－1537－0001661　4146

花間集四卷　（五代）趙崇祚輯　（明）湯顯祖評　明萬曆刻本　二冊

370000－1537－0001662　4147

月旦堂新鐫繡像列仙傳四卷　（明）洪應明輯　明末吳門種書堂刻本　四冊

370000－1537－0001663　4150

池上草堂筆記六卷　（清）梁恭辰撰　清同治九年（1870）求放心書屋刻本　四冊

370000－1537－0001664　4151

鐵槎山房見聞錄十二卷　（清）于克襄撰　清道光二十九年（1849）文登于氏刻本　六冊

370000－1537－0001665　4153

翼駉稗編八卷　（清）湯用中撰　（清）徐廷華評　清道光二十九年（1849）刻本　八冊

370000－1537－0001666　4156

林蘭香八卷六十四回　（清）隨緣下士撰　清光緒三年（1877）申報館刻本　八冊

370000－1537－0001667　4157

漁磯漫鈔十卷　（清）汪琇瑩　（清）雷琳（清）莫劍光輯　清乾隆五十九年（1794）刻巾箱本　四冊

370000－1537－0001668　4161

四奇合璧四卷　（清）花下解人編　清光緒八年（1882）上海王氏刻本　一冊

370000－1537－0001669　4169

桃花扇傳奇四卷　（清）孔尚任撰　清光緒元
年(1875)蘭雪堂刻三十三年(1907)重修本
五冊

370000－1537－0001670　4171

廣寒梯傳奇二卷三十二出　（清）夏綸撰　清
乾隆十七年(1752)錢唐夏綸世光堂刻本
二冊

370000－1537－0001671　4175

西廂記十六出　（元）王實甫撰　清道光二年
(1822)嘉應吳蘭修桐華閣刻本　四冊

370000－1537－0001672　4177

芝龕記六卷　（清）董榕撰　清光緒十五年
(1889)刻本　六冊

370000－1537－0001673　4179

再來人十六出　（清）楊恩壽撰　清光緒長沙
楊氏刻本　二冊

370000－1537－0001674　4180

芙蓉碣傳奇二卷十四出　（清）張雲驤撰
（清）王以慜評點　清光緒九年(1883)刻本
二冊

370000－1537－0001675　4181

貫華堂第六才子書西廂記八卷　（元）王實甫
撰　（清）金人瑞評　清刻本　十冊

370000－1537－0001676　4182

貫華堂第六才子書八卷　（元）王實甫撰
（清）金人瑞評　清刻本　六冊

370000－1537－0001677　4184

第六才子書八卷　（元）王實甫撰　（清）金人
瑞評　清刻本　六冊

370000－1537－0001678　4186

滄桑艷二卷附錄一卷　丁傳靖填詞　石凌漢
正拍　張士瑛評點　清光緒三十四年(1908)
豹隱廬精刻本　一冊

370000－1537－0001679　4187

鉼笙館修簫譜　（清）舒位撰　清道光十三年
(1833)振綺堂刻本　二冊

370000－1537－0001680　4201

百宋一廛賦一卷　（清）顧廣圻撰　（清）黃丕
烈注　清光緒三年(1877)吳縣潘祖蔭刻朱印
本　一冊

370000－1537－0001681　4202

思適齋集十八卷　（清）顧廣圻撰　清道光二
十九年(1849)姑蘇張杏村刻本　四冊

370000－1537－0001682　4206

日下尊聞錄五卷　（□）□□撰　清咸豐二年
(1852)安和軒刻本　一冊

370000－1537－0001683　4210

南邨詩集四卷　（明）陶宗儀撰　明崇禎十一
年(1638)毛氏汲古閣刻元人集本　一冊

370000－1537－0001684　4212

河南開封府花栩艮願龍圖寶卷全集二卷
（□）□□撰　清光緒杭州西湖經房刻本
二冊

370000－1537－0001685　4215

工師雕斲正式魯班木經匠家鏡三卷首一卷
（明）午榮編　清咸豐十年(1860)刻本　二冊

370000－1537－0001686　4216

新鐫工師雕斫正式魯班木經匠家鏡三卷
（明）午榮編　清道光四年(1824)刻本　二冊

370000－1537－0001687　4223

集異新鈔八卷　（清）李鶴林撰　清乾隆六十
年(1795)桂月樓刻本　五冊

370000－1537－0001688　4235

霓裳續譜八卷萬壽慶典一卷　（清）王廷紹編
清乾隆六十年(1795)集賢堂刻本　六冊
存八卷(霓裳續譜一至七、萬壽慶典一卷)

370000－1537－0001689　4237

霓裳續譜八卷萬壽慶典一卷　（清）王廷紹編
清乾隆六十年(1795)集賢堂刻本　四冊
存八卷(霓裳續譜一至七、萬壽慶典一卷)

370000－1537－0001690　4238

遏雲閣曲譜初集不分卷　（清）王錫純輯　清
光緒十九年(1893)上海著易堂刻本　十二冊

370000 – 1537 – 0001691　4250

一笠菴北詞廣正譜十八卷　（明）徐于室撰
（清）李玄玉更定　清康熙青蓮書屋刻文靜書
院印本　八冊

370000 – 1537 – 0001692　4251

白雪齋選訂樂府吳騷合編四卷衡曲塵譚一卷
　（明）張楚叔　（明）張旭初輯　曲律一卷
（明）魏良輔撰　明崇禎十年（1637）張師齡刻
本（有鈔配）　八冊

370000 – 1537 – 0001693　4253

吳騷二集四卷　（明）張琦　（明）王輝輯　明
萬曆刻本　一冊　存二卷（三至四）

370000 – 1537 – 0001694　4256

紫荊花傳奇二卷　（清）李文瀚撰　清道光二
十二年（1842）刻本　二冊

370000 – 1537 – 0001695　4257

石榴記四卷　（清）黃振填詞　清柴灣村舍刻
本　四冊

370000 – 1537 – 0001696　4259

後緹縈南曲十出　（清）汪宗沂填曲　（清）夏
嘉穀評點　清光緒十一年（1885）泰州夏氏刊
本　一冊

370000 – 1537 – 0001697　4264

茯苓仙不分卷　（清）玉泉樵子填詞　清光緒
九年（1883）碧聲吟館刻本　一冊

370000 – 1537 – 0001698　4265

異聞總錄四卷　（宋）□□撰　清嘉慶元年
（1796）深柳堂刻本　一冊

370000 – 1537 – 0001699　4269

古今奏雅□□卷　（□）□□撰　明刻本　慕
湘跋　四冊　存二卷（三、六）

370000 – 1537 – 0001700　4270

月露音四卷　（明）李鬱爾等輯　明刻本　慕
湘跋　二冊　存一卷（卷三之四十九至九十
九葉）

370000 – 1537 – 0001701　4272

曲錄六卷　王國維撰　清宣統元年（1909）晨

鳳閣刻本　四冊

370000 – 1537 – 0001702　4277

樂律考二卷　（清）徐灝學撰　清光緒十三年
（1887）刻本　一冊

370000 – 1537 – 0001703　4301

紅樓夢傳奇八卷　（清）陳鍾麟撰　清光緒十
六年（1890）刻本　八冊

370000 – 1537 – 0001704　4302

桃谿雪二卷　（清）黃燮清撰　（清）李光溥評
文　清光緒元年（1875）雲鶴仙館刻本　二冊

370000 – 1537 – 0001705　4303

桃谿雪二卷　（清）黃燮清撰　（清）李光溥評
文　清道光二十七年（1847）刻本　一冊

370000 – 1537 – 0001706　4304

茂陵絃二卷　（清）黃燮清撰　清道光十四年
（1834）刻本　一冊

370000 – 1537 – 0001707　4305

虎口餘生傳奇四卷四十四出　（清）遺民外史
撰　清刻本　四冊

370000 – 1537 – 0001708　4306

秣陵春傳奇（雙影記）二卷　（清）吳梅村撰
清振古齋刻本　四冊

370000 – 1537 – 0001709　4307

秣陵春傳奇（雙影記）二卷　（清）吳梅村撰
清刻本　二冊

370000 – 1537 – 0001710　4308

第六才子書八卷　（元）王實甫撰　（清）金人
瑞評　清存仁堂刻巾箱本　十冊

370000 – 1537 – 0001711　4309

西園記二卷　（明）吳炳撰　明末刻本　慕湘
跋　一冊

370000 – 1537 – 0001712　4314

鴛鴦鏡一卷　（清）黃韻珊填詞　清抄本
一冊

370000 – 1537 – 0001713　4316

雙忽雷本事一卷　劉世珩撰　清宣統三年

（1911）寫刻本　一冊

370000 – 1537 – 0001714　4317

祭皋陶一卷　（清）宋琬編　題（清）海上隨緣居士評　清康熙刻本　一冊

370000 – 1537 – 0001715　4323

靈媧石一卷　（清）玉泉樵子填詞　清光緒十一年（1885）碧聲唫館刻本　一冊

370000 – 1537 – 0001716　4324

滄桑艷二卷附錄一卷　丁傳靖填詞　石凌漢正拍　張士瑛評點　清光緒三十四年（1908）豹隱廬精刻本　一冊

370000 – 1537 – 0001717　4335

白羅衫傳奇一卷　（□）□□撰　清抄本一冊

370000 – 1537 – 0001718　4336

煖香樓雜劇一卷　吳梅撰　清光緒三十二年（1906）臨頓路南藝林齋刻本　一冊

370000 – 1537 – 0001719　4339

牡丹亭還魂記二卷　（明）湯顯祖撰　明萬曆刻本　慕湘跋　二冊　存一卷（一）

370000 – 1537 – 0001720　4340

梅花夢二卷　（清）張道填詞　清光緒二十年（1894）刻本　二冊

370000 – 1537 – 0001721　4348

鳳飛樓傳奇二卷二十出　（清）李文瀚填詞（清）錫淳批評　清咸豐四年（1854）味塵軒翻刻本　二冊

370000 – 1537 – 0001722　4349

義貞記二卷　（清）鬱州山人填詞　清光緒五年（1879）文奎堂刻本　二冊

370000 – 1537 – 0001723　4352

樂律考二卷　（清）徐灝學撰　清光緒十三年（1887）刻本　二冊

370000 – 1537 – 0001724　4354

儒酸福傳奇二卷　（清）魏熙元填詞　（清）倪星垣評　（清）汪繩武正譜　清光緒十年（1884）玉玲瓏館刻本　一冊

370000 – 1537 – 0001725　4355

雅趣藏書不分卷　（清）錢書撰　清康熙四十二年（1703）崇文堂刻套印本　四冊

370000 – 1537 – 0001726　4356

花萼吟傳奇二卷　（清）夏綸撰　（清）徐夢元評　清同治十一年（1872）世光堂刻本　二冊

370000 – 1537 – 0001727　4364

姓解三卷　（宋）邵思撰　清光緒遵義黎氏日本東京使署影宋刻本　一冊

370000 – 1537 – 0001728　4366

增像第六才子書五卷首一卷　（元）王實甫撰　（清）金人瑞評　清善成堂刻本　四冊

370000 – 1537 – 0001729　4367

合訂西廂記文機活趣全解八卷首一卷　（清）金人瑞外書　清光緒十三年（1887）上海石印本　四冊

370000 – 1537 – 0001730　4374

廬陵歐陽文忠公全集一百五十三卷附錄五卷　（宋）歐陽修撰　清乾隆十一年（1746）刻五十七年（1792）重修本　二千一百〇四冊

370000 – 1537 – 0001731　4375

隱居通議三十一卷　（元）劉壎撰　清嘉慶六年（1801）刻本　八冊

370000 – 1537 – 0001732　4376

唐陸宣公集二十二卷　（唐）陸贄撰　（清）年羹堯重訂　清雍正元年（1723）年羹堯刻本　六冊

370000 – 1537 – 0001733　4377

渭南文集五十卷　（宋）陸游撰　明末毛氏汲古閣刻本　八冊

370000 – 1537 – 0001734　4380

六如居士全集　（明）唐寅撰　（清）唐仲冕編　清嘉慶六年（1801）長沙唐仲冕刻本　一百〇二冊

370000 – 1537 – 0001735　4381

帝女花二卷　（清）黃燮清撰　清光緒十九年（1893）錢塘臥遊草堂刻本　二冊

370000－1537－0001736　4382

望溪先生全集　（清）方苞撰　清咸豐元年(1851)刻本　十冊

370000－1537－0001737　4383

安陽集五十卷　（宋）韓琦撰　別錄三卷(宋)王巖叟撰　遺事一卷　（宋）强至撰　家傳十卷　清乾隆刻本　十冊

370000－1537－0001738　4384

樊南文集補編十二卷　（唐）李商隱撰　（清）錢振倫箋　（清）錢振常注　清同治五年(1866)望三益齋刻本　四冊

370000－1537－0001739　4385

司馬溫公氏書儀十卷　（宋）司馬光撰　清雍正二年(1724)汪亮刻本　一冊

370000－1537－0001740　4386

諸葛忠武侯文集四卷首一卷附錄二卷故事五卷　（三國蜀)諸葛亮撰　（清)張澍編輯　清光緒三十四年(1908)金谿周氏刻本　三冊

370000－1537－0001741　4390

粵謳不分卷　題(清)招子庸居士輯　清道光八年(1828)廣州登雲閣刻本　一冊

370000－1537－0001742　4413

勸戒近錄六卷六錄六卷七錄六卷八錄六卷九錄六卷　（清）梁恭辰撰　清光緒十四年(1888)刻本　二十冊

370000－1537－0001743　4434

秀英寶卷　（□）□□撰　清光緒十五年(1889)蘇城瑪瑙經房刻本　一冊

370000－1537－0001744　4435

重刻辟邪歸正消災延壽立願寶卷二卷　（□）□□撰　清光緒七年(1881)刻本　一冊

370000－1537－0001745　4437

潘公免災救難寶卷三卷　（□）□□撰　清光緒九年(1883)姑蘇瑪瑙經房刻本　一冊

370000－1537－0001746　4438

惜穀免災寶卷一卷　（□）□□撰　清光緒十三年(1887)蘇州元妙觀刻本　一冊

370000－1537－0001747　4439

金鎖寶卷　（明）葉憲祖撰　清光緒二十六年(1900)刻本　二冊

370000－1537－0001748　4442

諸葛忠武侯故事五卷　（三國蜀)諸葛亮撰　（清)張澍輯　清光緒刻本　三冊　存三卷(三至五)

370000－1537－0001749　5002

嘯園叢書　（清)葛元煦輯　清光緒葛氏嘯園刻本　十二冊　存七種二十一卷(古詩十九首說一卷、古夫于亭雜錄六卷、韻石齋筆談二卷、幽夢影二卷、幽夢續影一卷、黃嫻餘話八卷、南田畫跋一卷)

370000－1537－0001750　0169

古夫于亭雜錄六卷　（清)王士禛撰　清光緒仁和葛元煦刻嘯園叢書本　二冊

370000－1537－0001751　0170

古詩十九首說一卷　（清)朱筠口授　（清)徐昆筆述　清光緒仁和葛元煦刻嘯園叢書本　一冊

370000－1537－0001752　0173

韻石齋筆談二卷　（清)姜紹書撰　清光緒五年(1879)嘯元刻本　一冊

370000－1537－0001753　0174

幽夢影二卷幽夢續影一卷　（清)張心齋撰　清光緒七年(1881)嘯元刻本　三冊

370000－1537－0001754　0176

香研居詞麈五卷　（清)方成培撰　清光緒二年(1876)上海縣署東首目耕齋刻本　二冊

370000－1537－0001755　0463

黃嫻餘話八卷　（清)陳錫路撰　清光緒二年(1876)仁和葛元煦刻嘯園叢書本　二冊

370000－1537－0001756　0689

南田畫跋一卷　（清)惲格撰　清光緒仁和葛元煦嘯園刻嘯園叢書本　一冊

370000－1537－0001757　3994

津逮秘書十五集一百四十六種七百四十八卷

（明）毛晉輯　明崇禎毛氏汲古閣刻本　四十四冊　存二十二種一百十四卷（法書要錄十卷、廣川書跋十卷、畫史一卷、冷齋夜話十卷、五色線一卷、却掃編三卷、劇談錄二卷、瑯嬛記三卷、洛陽伽藍記五卷、洛陽名園記一卷、東坡題跋六卷、姑溪題跋一卷、石門題跋一卷、山谷題跋九卷、水心題跋一卷、容齋題跋二卷、後邨題跋四卷、西山題跋三卷、益公題跋十二卷、桯史十五卷附錄一卷、唐國史補三卷、詩外傳十卷）

370000－1537－0001758　3133
洛陽伽藍記五卷洛陽名園記一卷　（北魏）楊衒之撰　（宋）李格非撰　明崇禎綠君亭刻津逮祕書本　一冊

370000－1537－0001759　3162
水心題跋一卷　（宋）葉適撰　明毛氏汲古閣刻津逮祕書本　一冊

370000－1537－0001760　3163
東坡題跋六卷　（宋）蘇軾撰　**山谷題跋九卷**　（宋）黃庭堅撰　明毛氏汲古閣刻津逮祕書本　一冊

370000－1537－0001761　3164
容齋題跋二卷　（宋）洪邁撰　明毛氏汲古閣刻津逮祕書本　一冊

370000－1537－0001762　3165
西山題跋三卷　（宋）眞德秀輯　明毛氏汲古閣刻津逮祕書本　三冊

370000－1537－0001763　3166
西山題跋三卷　（宋）眞德秀撰　明毛氏汲古閣刻津逮祕書本　三冊

370000－1537－0001764　3167
後村題跋四卷　（宋）劉克莊撰　明毛氏汲古閣刻津逮祕書本　一冊

370000－1537－0001765　3168
後村題跋四卷　（宋）劉克莊撰　明毛氏汲古閣刻津逮祕書本　二冊

370000－1537－0001766　3169

姑溪題跋二卷　（宋）李之儀撰　明毛氏汲古閣刻津逮祕書本　一冊

370000－1537－0001767　3170
石門題跋二卷　（宋）釋德洪撰　明毛氏汲古閣刻津逮祕書本　二冊

370000－1537－0001768　3171
益公題跋十二卷　（宋）周必大撰　明毛氏汲古閣刻津逮祕書本　六冊

370000－1537－0001769　3172
廣川題跋十卷　（宋）董逌撰　明毛氏汲古閣刻津逮祕書本　六冊

370000－1537－0001770　3173
冷齋夜話十卷　（宋）釋惠洪撰　明毛氏汲古閣刻津逮祕書本　二冊

370000－1537－0001771　3177
畫史一卷　（宋）米芾撰　明毛氏汲古閣刻津逮祕書本　一冊

370000－1537－0001772　3178
五色線二卷　（宋）□□撰　（明）毛晉訂　明毛氏汲古閣刻津逮祕書本　一冊

370000－1537－0001773　3179
法書要錄十卷　（唐）張彥遠輯　明毛氏汲古閣刻津逮祕書本　四冊

370000－1537－0001774　3180
却掃編三卷　（宋）徐度撰　**劇談錄二卷**　（唐）康駢述　**瑯嬛記三卷**　（元）伊世珍撰　明毛氏汲古閣刻津逮祕書本　一冊

370000－1537－0001775　3898
桯史十五卷附錄一卷　（宋）岳珂撰　明崇禎毛氏汲古閣刻津逮祕書本　二冊

370000－1537－0001776　3899
唐國史補三卷　（唐）李肇撰　明崇禎毛氏汲古閣刻津逮祕書本　三冊

370000－1537－0001777　3900
詩外傳十卷　（漢）韓嬰撰　明崇禎毛氏汲古閣刻津逮祕書本　二冊

370000－1537－0001778　5000

古逸叢書　（清）黎庶昌輯　清光緒遵義黎氏日本東京使署影刻皮紙印本　十一冊　存七種二十八卷(爾雅三卷、春秋穀梁傳十二卷考異一卷、周易六卷、姓解三卷、天台山記一卷、韻鏡一卷、急就篇一卷）

370000－1537－0001779　0712

春秋穀梁傳十二卷　（晉)范甯集解　（唐)陸德明音義　**附考異一卷**　楊守敬撰　清光緒九年(1883)黎庶昌影宋刻本　二冊

370000－1537－0001780　0736

周易六卷　（宋)程頤傳　**易圖集錄一卷**（宋)朱熹撰　**晦庵先生校正周易繫辭精義二卷**　（宋)呂祖謙輯　清光緒九年(1883)遵義黎庶昌影宋元刻本　三冊

370000－1537－0001781　0917

爾雅三卷　（晉)郭璞注　清光緒黎氏日本東京使署刻本　一冊

370000－1537－0001782　1658

天台山記一卷　（唐)徐靈府撰　清光緒遵義黎氏影印古逸叢書本　一冊

370000－1537－0001783　1659

韻鏡一卷　（□)□□撰　清光緒遵義黎氏影印古逸叢書本　一冊

370000－1537－0001784　2975

急就篇一卷　（漢)史游撰　清光緒黎氏日本東京使署刻古逸叢書本　二冊

370000－1537－0001785　3788

姓解三卷　（宋)邵思撰　清光緒遵義黎氏日本使署影宋刻本　一冊

370000－1537－0001786　0946

竹山詞一卷　（宋)蔣捷撰　**書舟詞一卷**（宋)程垓撰　明毛氏汲古閣刻本　一冊

370000－1537－0001787　0947

酒邊詞二卷　（宋)向子諲撰　**溪堂詞一卷**

樵隱詞一卷　（宋)謝逸　（宋)毛开撰　明毛氏汲古閣刻本　一冊

370000－1537－0001788　0975

麤楦詞一卷　（清)劉恩黻撰　清光緒三十四年(1908)雙照樓刻本　一冊

370000－1537－0001789　0977

味梨集一卷半塘丁稿一卷戊稿一卷　（清)王鵬運撰　清光緒二十一年(1895)刻本　二冊

370000－1537－0001790　0983

怡山館詩鈔二種隴蜀遊草一卷歸雲草一卷（清)朱錫穀撰　清刻本　一冊

370000－1537－0001791　1002

藝風藏書記八卷藝風堂文集八卷　繆荃孫撰　清光緒二十六年(1900)刻本　六冊

370000－1537－0001792　1004

金梁夢月詞二卷懷夢詞一卷　（清)周之琦撰　清道光杭州愛日軒陸貞一仿宋寫刻本　一冊

370000－1537－0001793　1005

第一生修梅花館詞　況周儀撰　清刻本　一冊

370000－1537－0001794　1046

瑞安百詠一卷　（清)黃紹第撰　清末刻本　一冊

370000－1537－0001795　1155

殿撰家戒詩註釋不分卷　（清)金姓撰　（清)昇寅註　清光緒三十二年(1906)刻本　一冊

370000－1537－0001796　1184

曝書亭刪餘詞一卷原稿目一卷校勘記一卷（清)朱彞尊撰　清光緒二十九年(1903)長沙葉氏刻本　一冊

370000－1537－0001797　1326

退思軒詩集六卷補遺一卷　（清)張百熙撰　王式通校　清宣統三年(1911)夏武昌刻本　二冊

山東省煙臺市萊陽市圖書館

古籍普查登記目錄

全國古籍普查登記目錄

國家圖書館出版社
National Library of China Publishing House

370000－1519－0000001　經000001

寄傲山房塾課纂輯御案易經備旨七卷　（清）
鄒聖脈輯　清刻本　二冊　存四卷（二、五至
七）

370000－1519－0000002　經000002

周易四卷　（宋）朱熹本義　清刻本　二冊

370000－1519－0000003　經000003

周易四卷　（宋）朱熹本義　清刻本　四冊

370000－1519－0000004　經000004

新鐫增補周易備旨一見能解六卷　（清）黃淳
耀撰　清刻本　八冊

370000－1519－0000005　經000005

易經八卷卦歌一卷上下篇義一卷　（宋）程頤
傳　清光緒九年（1883）江南書局刻本　八冊

370000－1519－0000006　經000006

新鐫增補周易備旨一見能解六卷　（明）黃淳
耀撰　（清）嚴而寬增補　清永聚堂刻本
六冊

370000－1519－0000007　經000007

易經大全會解四卷　（清）來爾繩纂輯　清光
緒十年（1884）刻本　四冊

370000－1519－0000008　經000008

易經大全會解四卷　（清）來爾繩纂輯　清嘉
慶二十一年（1816）金閶書業堂刻本　四冊

370000－1519－0000009　經000009

御纂周易折中二十二卷首一卷　（清）李光地
撰　清刻本　十冊　存十六卷（一至十、十三
至十八）

370000－1519－0000010　經000010

周易四卷　（宋）朱熹本義　清刻本　四冊

370000－1519－0000011　經000011

周易四卷　（宋）朱熹本義　清刻本　四冊

370000－1519－0000012　經000012

周易十二卷　（宋）朱熹本義　清光緒十七年
（1891）山東書局刻本　三冊

370000－1519－0000013　經000013

周易說畧四卷　（清）張爾岐撰　清刻本
四冊

370000－1519－0000014　經000014

周易四卷　（宋）朱熹本義　清光緒元年
（1875）文盛堂刻本　四冊

370000－1519－0000015　經000015

周易四卷　（宋）朱熹本義　清末刻本　五冊
缺一卷（下經一）

370000－1519－0000016　經000016

周易四卷　（宋）朱熹本義　清刻本　一冊
存三卷（二至四）

370000－1519－0000017　經000018

皇朝五經彙解二百七十卷　（清）抉經心室主
人輯　清光緒十九年（1893）同文書局石印本
一冊　存五卷（一至五）

370000－1519－0000018　經000019

周易四卷　（宋）朱熹本義　清刻本　一冊
存一卷（一）

370000－1519－0000019　經000020

四書文選　（□）□□撰　清刻本　六冊　存
三種（易、書經、詩）

370000－1519－0000020　經000021

周易四卷　（宋）朱熹本義　清嘉慶十四年
（1809）刻本　三冊

370000－1519－0000021　經000022

寄傲山房塾課纂輯書經備旨蔡註捷録七卷
（清）鄒聖脉纂輯　（清）鄒廷猷編次　清末刻
本　三冊

370000－1519－0000022　經000023

書六卷　（宋）蔡沈集傳　清光緒六年（1880）
刻本　四冊

370000－1519－0000023　經000024

尚書今文二十八篇解不分卷　（清）楊鍾泰解
清道光十八年（1838）刻本　四冊

370000－1519－0000024　經000025

尚書考異六卷　（明）梅鷟撰　清光緒十八年
（1892）浙江書局刻本　四冊

370000－1519－0000025　經000026
書經六卷　（宋）蔡沈集傳　清嘉慶七年
(1802)金閶書業堂刻本　四冊

370000－1519－0000026　經000027
書經六卷　（宋）蔡沈集傳　清道光二十六年
(1846)刻本　四冊

370000－1519－0000027　經000028
書六卷　（宋）蔡沈集傳　清光緒三年(1877)
刻本　四冊

370000－1519－0000028　經000029
書經體註大全合叅六卷　（清）錢希祥纂輯
清光緒十四年(1888)刻本　四冊

370000－1519－0000029　經000030
書經體註大全合叅六卷　（清）錢希祥纂輯
清末刻本　四冊

370000－1519－0000030　經000031
書經體註大全合叅六卷　（清）錢希祥纂輯
清嘉慶二十二年(1817)刻本　四冊

370000－1519－0000031　經000032
書經體註大全合叅六卷　（清）錢希祥纂輯
清光緒九年(1883)文盛堂刻本　四冊

370000－1519－0000032　經000033
書經體註大全合叅六卷　（清）錢希祥纂輯
清光緒十四年(1888)成文堂刻本　四冊

370000－1519－0000033　經000034
書經體註大全合叅六卷　（清）錢希祥纂輯
清乾隆四十三年(1778)天德堂刻本　四冊

370000－1519－0000034　經000035
書經體註大全合叅六卷　（清）錢希祥纂輯
清光緒六年(1880)刻本　四冊

370000－1519－0000035　經000037
書經體註大全合叅六卷　（清）錢希祥纂輯
清光緒五年(1879)刻本　四冊

370000－1519－0000036　經000038
書六卷　（宋）蔡沈集傳　清光緒二十八年
(1902)翰文齋刻本　四冊

370000－1519－0000037　經000039
書古微十二卷首一卷　（清）魏源撰　清光緒
四年(1878)淮南書局刻本　四冊

370000－1519－0000038　經000040
書六卷　（宋）蔡沈集傳　清刻本　三冊　存
五卷(二至六)

370000－1519－0000039　經000041
書六卷　（宋）蔡沈集傳　清刻本　二冊　存
三卷(二至四)

370000－1519－0000040　經000042
書經體註大全合叅六卷　（清）錢希祥纂輯
清末刻本　二冊　存三卷(二至四)

370000－1519－0000041　經000043
尚書十三卷　（漢）孔安國傳　清刻本　二冊
存九卷(五至十三)

370000－1519－0000042　經000044
欽定書經傳說彙纂二十一卷首二卷書序一卷
　（清）王鴻緒等纂　清刻本　五冊　存七卷
(三、五至七、九至十一)

370000－1519－0000043　經000046
書經六卷　（宋）蔡沈集傳　清刻本　一冊
存一卷(四)

370000－1519－0000044　經000047
書經精義四卷首一卷末一卷　（清）黃淦撰
清嘉慶刻本　一冊　存三卷(一至二、首一
卷)

370000－1519－0000045　經000048
詩八卷　（宋）朱熹集傳　清光緒十八年
(1892)成文堂刻本　四冊

370000－1519－0000046　經000049
三刻黃維章先生詩經嫏嬛體註八卷　（明）黃
文煥撰　（清）范翔重訂　清刻本　五冊

370000－1519－0000047　經000050
詩八卷　（宋）朱熹集傳　清光緒五年(1879)
成文堂刻本　四冊

370000－1519－0000048　經000051
詩經八卷　（宋）朱熹集傳　清道光十年

(1830)刻本　四册

370000 – 1519 – 0000049　經000053

詩經八卷　（宋）朱熹集傳　清光緒二十年
(1894)刻本　四册

370000 – 1519 – 0000050　經000054

初刻黃維章先生詩經嬝嬛體註八卷　（明）黃
文煥撰　（清）范翔重訂　清光緒十六年
(1890)成文堂刻本　四册

370000 – 1519 – 0000051　經000055

詩經融註大全體要八卷　（清）高朝瓔撰
（清）沈世楷輯　清乾隆五十七年(1792)聚錦
堂刻本　四册

370000 – 1519 – 0000052　經000056

詩經融註大全體要八卷　（清）高朝瓔撰
（清）沈世楷輯　清刻本　四册

370000 – 1519 – 0000053　經000057

詩經融註大全體要八卷　（清）高朝瓔撰
（清）沈世楷輯　清嘉慶二十一年(1816)刻本
四册

370000 – 1519 – 0000054　經000058

詩經融註大全體要八卷　（清）高朝瓔撰
（清）沈世楷輯　清光緒十七年(1891)成文堂
刻本　四册

370000 – 1519 – 0000055　經000059

詩經融註大全體要八卷　（清）高朝瓔撰
（清）沈世楷輯　清光緒二十六年(1900)成文
堂刻本　四册

370000 – 1519 – 0000056　經000060

詩經融註大全體要八卷　（清）高朝瓔撰
（清）沈世楷輯　清光緒二十九年(1903)刻本
四册

370000 – 1519 – 0000057　經000061

御纂詩義折中二十卷　（清）傅恒等撰　清光
緒十六年(1890)善成堂刻本　六册

370000 – 1519 – 0000058　經000062

朱子詩義補正八卷　（清）方苞撰　清刻本
四册

370000 – 1519 – 0000059　經000063

詩經融註大全體要八卷　（清）高朝瓔撰
（清）沈世楷輯　清刻本　三册　存六卷(三
至八)

370000 – 1519 – 0000060　經000064

陳氏毛詩五種　（清）陳奐撰　清長洲陳奐掃
葉山莊刻本　一册　存二種二十篇(毛詩傳
義類十九篇、鄭氏箋攷徵一篇)

370000 – 1519 – 0000061　經000065

詩八卷　（宋）朱熹集傳　清光緒十八年
(1892)成文堂刻本　四册

370000 – 1519 – 0000062　經000066

毛詩註疏二十卷　（漢）毛亨傳　（漢）鄭玄箋
（唐）陸德明音義　（唐）孔穎達疏　清刻本
一册　存三卷(一至三)

370000 – 1519 – 0000063　經000067

詩經八卷　（宋）朱熹集傳　清文富堂刻本
四册

370000 – 1519 – 0000064　經000068

[詩義註釋]□□卷　（清）李文田等撰　清刻
本　一册

370000 – 1519 – 0000065　經000069

詩經八卷　（宋）朱熹集傳　清萊郡□□堂刻
本　二册　存五卷(一至二、六至八)

370000 – 1519 – 0000066　經000070

詩八卷　（宋）朱熹集傳　清成文堂刻本　一
册　存二卷(一至二)

370000 – 1519 – 0000067　經000071

重校古周禮六卷　（明）陳仁錫撰　明末刻本
五册

370000 – 1519 – 0000068　經000073

大戴禮記補注十三卷序錄一卷　（清）孔廣森
撰　清同治十三年(1874)淮南書局刻本
四册

370000 – 1519 – 0000069　經000074

寄傲山房塾課纂輯禮記全文備旨十一卷
（清）鄒聖脈輯　（清）鄒廷猷編　清刻本　四

冊　存七卷(三至六、七至九)

370000－1519－0000070　經000075
井田圖攷二卷　(清)朱克己撰　清光緒十六年(1890)山東書局刻本　二冊

370000－1519－0000071　經000076
禮記十卷　(元)陳澔集說　清文盛堂刻本十冊

370000－1519－0000072　經000077
漱芳軒合纂禮記體註四卷　(清)范翔參訂清成文堂刻本　四冊

370000－1519－0000073　經000078
禮記體註大全四卷　(清)范翔纂　清刻本四冊

370000－1519－0000074　經000079
漱芳軒合纂禮記體註四卷　(清)范翔參訂清成文堂刻本　四冊

370000－1519－0000075　經000080
禮記體註大全四卷　(清)范翔纂　清刻本四冊

370000－1519－0000076　經000081
禮記易讀二卷　(清)志遠堂主人選輯　清光緒三年(1877)刻本　四冊

370000－1519－0000077　經000082
禮記易讀二卷　(清)志遠堂主人選輯　清光緒十八年(1892)成文堂刻本　二冊

370000－1519－0000078　經000084
欽定禮記義疏八十二卷首一卷　(清)允祿等撰　清刻本　三十二冊　存四十四卷(十至三十一、五十二至六十三、七十三至八十二)

370000－1519－0000079　經000085
漱芳軒合纂禮記體註四卷　(清)范翔參訂清寶興堂刻本　四冊

370000－1519－0000080　經000086
漱芳軒合纂禮記體註四卷　(清)范翔參訂清成文堂刻本　二冊　存二卷(一、三)

370000－1519－0000081　經000087

夏小正箋疏四卷　(清)馬徵麐撰　清刻本一冊

370000－1519－0000082　經000088
儀禮鄭注句讀十七卷　(清)張爾岐撰　清同治十一年(1872)山東書局刻十三經讀本附校勘記本　六冊

370000－1519－0000083　經000089
周禮精華六卷　(清)陳龍標輯　清光緒十一年(1885)成文堂刻本　五冊　存五卷(一至四、六)

370000－1519－0000084　經000090
周禮註疏刪翼三十卷　(明)王志長輯　明崇禎十二年(1639)天德堂刻本　二十冊

370000－1519－0000085　經000091
全本禮記體註十卷　(清)范翔訂　(清)徐瑄補輯　清末金閶綠蔭堂刻本　十二冊

370000－1519－0000086　經000092
禮記易讀二卷　(清)志遠堂主人輯　清刻本二冊

370000－1519－0000087　經000093
周禮精義六卷首一卷　(清)陳龍標輯　清嘉慶十六年(1811)刻本　一冊　存三卷(一至二、首一卷)

370000－1519－0000088　經000094
周禮政要二卷　(清)孫詒讓撰　清末排印本一冊　存一卷(二)

370000－1519－0000089　經000095
禮記體註大全四卷　(清)范翔纂　清刻本一冊　存一卷(一)

370000－1519－0000090　經000096
全本禮記體註十卷　(清)范翔訂　(清)徐瑄補輯　清刻本　四冊　存四卷(六至九)

370000－1519－0000091　經000097
禮記十卷　(元)陳澔集說　清末成文信刻本六冊　存六卷(一至二、四、六、八至九)

370000－1519－0000092　經000098
禮記十卷　(元)陳澔集說　清刻本　一冊

存一卷(十)

370000－1519－0000093　經000099

禮記十卷　（元）陳澔集說　清刻本　一冊
存一卷(三)

370000－1519－0000094　經000100

禮記易讀二卷　（清）志遠堂主人輯　清光緒
十五年(1889)刻本　四冊

370000－1519－0000095　經000101

禮記十卷　（元）陳澔集說　清刻本　四冊
存四卷(五至八)

370000－1519－0000096　經000102

儀禮精義二卷　（清）黃淦輯　清刻本　一冊
存一卷(二)

370000－1519－0000097　經000104

春秋公羊傳二十八卷　（漢）何休撰　（唐）陸
德明音義　清同治十一年(1872)山東書局刻
十三經古注本　四冊　存十一卷(一至十一)

370000－1519－0000098　經000105

春秋穀梁傳二十卷　（晉）范甯集解　（唐）陸
德明音義　清同治十一年(1872)山東書局刻
十三經古注本　四冊　存十二卷(一至十二)

370000－1519－0000099　經000106

春秋朔閏至日攷三卷　（清）王韜撰　清光緒
十五年(1889)排印本　三冊

370000－1519－0000100　經000107

春秋左傳五十卷　（晉）杜預注　（宋）林堯叟
補注　（唐）陸德明音義　清刻本　九冊　存
二十六卷(一至二、二十七至五十)

370000－1519－0000101　經000108

東萊博議四卷　（宋）呂祖謙撰　清光緒二十
四年(1898)石印本　一冊　存一卷(一)

370000－1519－0000102　經000109

評點春秋綱目左傳句解彙雋六卷　（清）韓菼
重訂　清光緒二十一年(1895)刻本　六冊

370000－1519－0000103　經000110

太史張天如詳節春秋綱目左傳句解六卷
（清）韓菼重訂　清濰陽成文信刻本　四冊

存四卷(一至四)

370000－1519－0000104　經000111

左繡三十卷首一卷　（清）馮李驊　（清）陸浩
輯　清書業堂刻本　五冊　存九卷(一至三、
十至十一、二十一至二十二、二十八至二十九)

370000－1519－0000105　經000112

左繡三十卷首一卷　（清）馮李驊　（清）陸浩
輯　清乾隆三十六年(1771)刻本　十二冊

370000－1519－0000106　經000113

左繡三十卷首一卷　（清）馮李驊　（清）陸浩
輯　清道光十二年(1832)書業堂刻本　八冊
存十五卷(一至十五)

370000－1519－0000107　經000114

左繡三十卷首一卷　（清）馮李驊　（清）陸浩
輯　清光緒二十二年(1896)刻本　十六冊

370000－1519－0000108　經000115

左繡三十卷首一卷　（清）馮李驊　（清）陸浩
輯　清刻本　八冊　存十六卷(十五至三十)

370000－1519－0000109　經000116

評點春秋左傳綱目句解彙雋六卷　（清）韓菼
重訂　清刻本　四冊　存四卷(二至五)

370000－1519－0000110　經000117

左傳選十四卷　（清）儲欣評選　（清）董南紀
等輯　清姑蘇文富堂刻本　六冊

370000－1519－0000111　經000118

左傳選十四卷　（清）儲欣評選　（清）董南紀
等輯　清道光五年(1825)刻本　八冊

370000－1519－0000112　經000119

左傳選十四卷　（清）儲欣評選　（清）董南紀
等輯　清光緒二年(1876)刻本　六冊

370000－1519－0000113　經000120

左傳易讀六卷　（清）司徒修輯注　清光緒八
年(1882)德盛堂刻本　六冊

370000－1519－0000114　經000121

左傳易讀六卷　（清）司徒修輯注　清光緒十
九年(1893)成文堂刻本　三冊　存三卷(一
至三)

370000－1519－0000115　經000122

左繡三十卷首一卷　（清）馮李驊　（清）陸浩
輯　清刻本　十五冊　存二十八卷（一至二
十、二十三至三十）

370000－1519－0000116　經000123

春秋左傳五十卷　（晉）杜預注　（宋）林堯叟
補注　（唐）陸德明音義　清刻本　十四冊
存四十三卷（一至二、七至四十一、四十五至
五十）

370000－1519－0000117　經000125

御案春秋左傳經解備旨十二卷首一卷　（清）
鄒聖脈纂輯　清刻本　四冊　存八卷（一至
二、六至八、十至十二）

370000－1519－0000118　經000126

左傳選十四卷　（清）儲欣評選　（清）董南紀
等輯　清道光十一年（1831）刻本　五冊　存
十一卷（一至五、九至十四）

370000－1519－0000119　經000127

左傳輯要二卷　（清）趙衡南輯　清抄本
二冊

370000－1519－0000120　經000128

左繡三十卷首一卷　（清）馮李驊　（清）陸浩
輯　清刻本　八冊　存十五卷（十六至三十）

370000－1519－0000121　經000129

左傳易讀六卷　（清）司徒修輯注　清光緒八
年（1882）成文堂刻本　六冊

370000－1519－0000122　經000130

二十四孝弟圖詩合刊不分卷　（清）蕭培元撰
清同治十二年（1873）鮑連元刻本　二冊

370000－1519－0000123　經000131

孝經存解四卷首一卷　（清）趙長庚撰　清光
緒十年（1884）刻本　二冊

370000－1519－0000124　經000132

孝經註疏九卷　（宋）邢昺校　明崇禎毛氏汲
古閣刻十三經註疏本　一冊

370000－1519－0000125　經000133

十三經集字不分卷　（清）李鴻藻集解　清光

緒八年（1882）成文信刻本　一冊

370000－1519－0000126　經000134

皇清經解一百八十種一千四百〇八卷　（清）
阮元輯　清光緒十三年（1887）上海書局石印
本　六十四冊

370000－1519－0000127　經000135

經籍舉要一卷　（清）龍啟瑞撰　清光緒十年
（1884）刻本　一冊

370000－1519－0000128　經000136

經餘必讀八卷　（清）錢樹棠　（清）雷琳
（清）錢樹立同輯　清嘉慶八年（1803）刻本
四冊

370000－1519－0000129　經000137

經韻集字析解二卷　（清）彭良敞集注　清道
光十年（1830）刻本　二冊

370000－1519－0000130　經000138

經傳釋詞十卷　（清）王引之撰　清道光二十
七年（1847）刻本　二冊

370000－1519－0000131　經000139

九經古義十六卷　（清）惠棟撰　清光緒十三
年（1887）吳縣朱氏槐廬家塾刻槐廬叢書本
三冊

370000－1519－0000132　經000140

十三經註疏十三種三百三十三卷　明崇禎十
二年（1639）毛氏汲古閣刻本　八十八冊　存
十種二百〇七卷（周易兼義九卷、尚書註疏二
十卷、毛詩註疏十三至二十、周禮註疏四十二
卷、春秋左傳註疏六十卷、春秋公羊註疏二十
八卷、論語註疏解經二十卷、孝經註疏九卷、
爾雅註疏十一卷）

370000－1519－0000133　經000141

孔叢伯說經五稿三十七卷　（清）孔廣林撰
清光緒十六年（1890）山東書局刻本　七冊

370000－1519－0000134　經000142

五經鴻裁二十二卷　（清）薛時雨撰　清同治
十二年（1873）刻本　二十二冊

370000－1519－0000135　經000143

五經揭要 （清）許寶善編 清光緒十年(1884)刻本 十二冊

370000－1519－0000136 經000144

五經類語六卷 （明）梁宇喬撰 清初致和堂刻本 六冊

370000－1519－0000137 經000145

五經文海五卷 （宋）朱熹注釋 清道光十九年(1839)刻本 五冊

370000－1519－0000138 經000146

五經文通五卷 （□）□□撰 清刻本 十一冊

370000－1519－0000139 經000147

新選經藝備體十七卷 （□）□□撰 清光緒八年(1882)茹古齋刻本 八冊

370000－1519－0000140 經000148

增廣五經備旨不分卷 （清）鄒聖脈纂輯 清光緒十九年(1893)上海蜚英館影印本 十二冊

370000－1519－0000141 經000149

鄭氏佚書二十三種□□卷 （漢）鄭玄撰 （清）袁鈞輯 清光緒十四年(1888)浙江書局刻本 十冊 存十四種(易注九卷、尙書注九卷、尙書中候注一卷、尙書大傳注三卷、尙書五行傳注一卷、尙書略說注一卷、詩譜三卷、三禮目錄一卷、喪服變除一卷、魯禮禘祫義一卷、答臨碩難禮一卷、箴膏肓一卷、釋廢疾一卷、發墨守一卷)

370000－1519－0000142 經000151

宋本十三經注疏附校勘記十三種四百十六卷 （清）阮元撰校勘記 （清）盧宣旬摘錄校勘記 清光緒十三年(1887)脈望仙館石印本 三十三冊

370000－1519－0000143 經000154

重校字典四書十九卷 （宋）朱熹章句 清光緒二十六年(1900)刻本 六冊

370000－1519－0000144 經000155

大文堂合纂四書體註十九卷 （宋）朱熹撰

（清）范翔糸訂 清姑蘇掃葉山房刻本 六冊

370000－1519－0000145 經000156

集虛齋四書口義十卷 （清）方㮤如撰 清乾隆五十三年(1788)刻本 十

370000－1519－0000146 經000157

論語後案二十卷 （清）黃式三撰 清光緒九年(1883)浙江書局刻儆居遺書本 十冊

370000－1519－0000147 經000159

孟子七卷 （宋）朱熹集注 （明）沈雲翔輯評 清金陵狀元閣刻本 三冊

370000－1519－0000148 經000160

孟子七卷 （宋）朱熹集注 （明）沈雲翔輯評 清刻本 三冊

370000－1519－0000149 經000162

欽定四書文□□卷 （清）方苞輯 清刻本 二十三冊

370000－1519－0000150 經000163

四書古註九種羣義彙解 （□）□□撰 清光緒十九年(1893)上海積山書局石印本 十六冊

370000－1519－0000151 經000164

四書合講十九卷 （清）翁復輯 清光緒四年(1878)刻本 三冊 存九卷(大學一卷、中庸一卷、論語一至五、孟子一至二)

370000－1519－0000152 經000165

四書合講十九卷圖考一卷 （清）翁復輯 清光緒十三年(1887)成文堂刻本 六冊 存十九卷(大學一卷、中庸一卷、論語一至九、孟子七卷,圖考一卷)

370000－1519－0000153 經000166

四書章句十九卷 （宋）朱熹撰 清宣統三年(1911)成文堂刻本 十一冊 存十六卷(大學一卷、中庸一卷、論語一至七、孟子七卷)

370000－1519－0000154 經000167

四書類典賦二十四卷 （清）甘紱撰 清乾隆四十一年(1776)刻本 八冊 存十一卷(一至十一)

370000－1519－0000155　　經000168

四書平仄正音不分卷　（清）王澤洼撰　清刻本　四冊

370000－1519－0000156　　經000169

四書人物類典串珠四十卷　（清）臧志仁輯　清刻本　八冊　存十八卷（一至十八）

370000－1519－0000157　　經000170

四書人物類典串珠四十卷　（清）臧志仁輯　清嘉慶十六年（1811）刻本　八冊　存二十卷（一至十一、十四至十八、三十七至四十）

370000－1519－0000158　　經000171

四書人物類典串珠四十卷　（清）臧志仁輯　清光緒六年（1880）刻本　十六冊

370000－1519－0000159　　經000172

四書釋地一卷續一卷又續一卷三續一卷孟子生卒年月考一卷　（清）閻若璩撰　清刻本　四冊

370000－1519－0000160　　經000173

四書疏註撮言大全三十七卷　（清）紀昀鑒定　（清）吳冠山校　清刻本　二十冊

370000－1519－0000161　　經000174

四書題鏡三十六卷總論二十則　（清）汪鯉翔撰　清刻本　十六冊

370000－1519－0000162　　經000175

漱芳軒合纂四書體註四卷　（清）范翔參訂　清刻本　六冊

370000－1519－0000163　　經000176

四書體註合講十九卷　（清）翁復輯　清光緒十四年（1888）刻本　六冊

370000－1519－0000164　　經000177

四書味根錄三十七卷　（清）金澂撰　清光緒二十一年（1895）寶文書局石印本　八冊

370000－1519－0000165　　經000178

四書味根錄三十七卷　（清）金澂撰　清刻本　十二冊　存十四卷（孟子一至十四）

370000－1519－0000166　　經000179

四書正義十九卷　（清）周大璋纂輯　清乾隆

五十九年（1794）四美堂刻本　六冊

370000－1519－0000167　　經000180

四書衷一十九卷　（清）王基昌編輯　清光緒十年（1884）刻本　六冊

370000－1519－0000168　　經000181

四書朱子本義匯參四十三卷首四卷　（清）王步青撰　清敦復堂刻本　二十四冊

370000－1519－0000169　　經000182

四書左國輯要四卷　（清）周龍官輯　清刻本　四冊

370000－1519－0000170　　經000183

新訂四書補註備旨十卷　（明）鄧林撰　（清）杜定基增訂　清光緒五年（1879）刻本　七冊　存九卷（一至九）

370000－1519－0000171　　經000184

新訂四書補註備旨十卷　（明）鄧林撰　（清）杜定基增訂　清刻本　四冊　存五卷（上孟一至三、下孟一，下論二）

370000－1519－0000172　　經000185

制藝淵藪三十二卷目錄一卷續十三卷　（□）□□撰　清光緒刻本　二十四冊

370000－1519－0000173　　集000216

藝香詞鈔四卷　（清）吳綺撰　清刻本　二冊　存三卷（二至四）

370000－1519－0000174　　經000186

增廣新訂四書補註備旨十卷　（明）鄧林撰　（清）杜定基增訂　清光緒十六年（1890）刻本　八冊

370000－1519－0000175　　集000217

增像第六才子書五卷　（元）王實甫撰　（清）金人瑞評　清末影印本　三冊　存三卷（一、三、五）

370000－1519－0000176　　集000221

林蘭香八卷六十四回　（清）隨緣下士撰　清刻本　一冊　存二卷（三至四）

370000－1519－0000177　　經000190

四書合講十九卷　（清）翁復輯　清刻本　二

冊　存七卷(孟子六至七、論語六至十)

370000－1519－0000178　經000191
四書集註十九卷　(宋)朱熹撰　清刻本　九冊　存十卷(孟子一至五、論語一至五)

370000－1519－0000179　經000192
四書體註旁訓十九卷　(清)范翔撰　清刻本　一冊　存二卷(孟子六至七)

370000－1519－0000180　經000193
四書全文三十二章□□卷　(□)□□撰　清咸豐元年(1851)刻本　六冊　存三種(大學上二卷、中庸十三至三十三章、下論二)

370000－1519－0000181　經000198
增訂四書析疑二十三卷　(清)張權時輯　清乾隆四十九年(1784)文盛堂刻本　一冊　存一卷(大學一卷)

370000－1519－0000182　經000199
漱芳軒合纂四書體註十九卷　(清)范翔參訂　清刻本　三冊　存十卷(論語六至十,孟子一至三、六至七)

370000－1519－0000183　經000200
大學衍義四十三卷　(宋)眞德秀撰　清末影印本　一冊　存八卷(十六至二十三)

370000－1519－0000184　經000201
增廣四書典腋十七卷　(□)□□撰　清刻本　一冊　存二卷(八至九)

370000－1519－0000185　經000202
論語十卷　(宋)朱熹集注　(明)沈雲翔輯評　清刻本　二冊

370000－1519－0000186　經000203
增補二論典故最豁集四卷　(清)劉珍輯　清宣統元年(1909)刻本　一冊　存二卷(一至二)

370000－1519－0000187　經000204
四書朱子本義匯參四十三卷首四卷　(清)王步青撰　清刻本　二冊　存二卷(孟子一、六)

370000－1519－0000188　經000205
銅版四書集註十九卷　(宋)朱熹章句　清光

緒二十九年(1903)奎文堂刻本　一冊　存二卷(大學一、中庸一)

370000－1519－0000189　經000206
新訂四書補註備旨十卷　(明)鄧林撰　(清)杜定基增訂　清光緒三十二年(1906)刻本　六冊

370000－1519－0000190　經000207
新註四書白話解說三十六卷　江希張註　清刻本　一冊　存四卷(論語五至八)

370000－1519－0000191　經000208
學庸精解二卷　(□)□□撰　清抄本　二冊

370000－1519－0000192　經000209
酌雅齋四書遵註合講十九卷　(清)翁復輯　清刻本　一冊　存三卷(孟子一至三)

370000－1519－0000193　經000210
紫陽四書十九卷　(宋)朱熹章句　清光緒三十年(1904)成文堂刻本　一冊　存二卷(大學一、中庸一)

370000－1519－0000194　經000211
四書古註九種群義彙解　(□)□□撰　清光緒二十九年(1903)上海茹古齋書局石印本　十冊

370000－1519－0000195　經000212
四書增訂析疑大全□□卷　(清)張權時輯　清刻本　五冊　存七卷(中庸二至四,論語三,上孟一、下孟六至七)

370000－1519－0000196　集000215
藝林珠玉四編□□卷　(□)□□撰　清道光十九年(1839)刻本　四冊　存四卷(孟子十九至二十、二十三至二十四)

370000－1519－0000197　集000212
詩料集錦詳註四卷　(清)伴鶴居士輯釋　清刻本　一冊

370000－1519－0000198　經000214
爾雅郭注義疏二十卷　(清)郝懿行撰　清光緒十四年(1888)上海鴻文書局石印本　四冊

370000－1519－0000199　經000215

爾雅註疏十一卷 （晉）郭璞註 （宋）邢昺疏
清乾隆五十一年(1786)刻本 六冊

370000－1519－0000200 經000216
古今韻略五卷 （清）邵長蘅撰 清刻本
四冊

370000－1519－0000201 經000217
廣雅疏證十卷 （清）王念孫撰 清光緒十九
年(1893)上海鴻文書局石印本 四冊

370000－1519－0000202 經000218
近科館課分韻詩鈔三十卷目錄二卷 王先謙
編 清刻本 十九冊 存二十二卷(一至五、
十至二十六)

370000－1519－0000203 經000218
近科館課分韻詩二集三十卷目錄二卷 王先
謙編 清光緒八年(1882)刻本 十冊 存二
十七卷(四至三十)

370000－1519－0000204 經000219
近科館課分韻詩鈔三十卷目錄二卷 王先謙
編 清光緒刻本 九冊 存二十七卷(四至
三十)

370000－1519－0000205 經000220
經籍纂詁一百〇六卷首一卷 （清）阮元撰
清光緒六年(1880)淮南書局補刻本 四十
八冊

370000－1519－0000206 經000221
康熙字典十二集三十六卷檢字一卷辨似一卷
等韻一卷總目一卷備考一卷補遺一卷 （清）
張玉書等撰 清刻本 三十九冊

370000－1519－0000207 經000222
康熙字典十二集三十六卷檢字一卷辨似一卷
等韻一卷總目一卷備考一卷補遺一卷 （清）
張玉書等撰 清刻本 四十冊

370000－1519－0000208 經000223
六書通十卷 （明）閔齊伋撰 清刻本 三冊
存六卷(五至十)

370000－1519－0000209 經000224
詩韻集成十卷 （清）余照輯 清同治四年

(1865)刻本 四冊

370000－1519－0000210 經000225
詩韻集成十卷 （清）余照輯 清刻本 四冊

370000－1519－0000211 經000226
詩韻集成十卷 （清）余照輯 清光緒六年
(1880)刻本 四冊

370000－1519－0000212 經000227
詩韻集成十卷 （清）余照輯 清光緒六年
(1880)萊州興文堂刻本 四冊

370000－1519－0000213 經000228
詩韻集成十卷 （清）余照輯 清光緒十二年
(1886)上海同文書局石印本 二冊

370000－1519－0000214 經000229
詩韻集成十卷 （清）余照輯 清宣統元年
(1909)成文堂刻本 三冊 存八卷(一至二、
五至十)

370000－1519－0000215 經000230
王氏說文四種八十四卷 （清）王筠撰 清同
治四年(1865)刻本 二十七冊

370000－1519－0000216 集000222
史外三十二卷 （清）汪有典撰 清刻本 四
冊 存十三卷(九至二十一)

370000－1519－0000217 叢000001
番禺陳氏東塾叢書 （清）陳澧撰 清咸豐、
光緒刻本 十冊 存六種三十四卷(漢儒通
義七卷、聲律通考十卷、切韻考六卷、切韻考
外篇三卷、漢書地理志水道圖說七卷、考正德
清胡氏禹貢圖一卷)

370000－1519－0000218 經000232
說文通訓定聲十八卷分部檢韻一卷 （清）朱
駿聲撰 清光緒十九年(1893)上海鴻文書局
石印本 十一冊 存十七卷(說文通訓定聲
一至九、十二至十八,分部檢韻一卷)

370000－1519－0000219 經000233
文字蒙求四卷 （清）王筠撰 清刻本 一冊

370000－1519－0000220 經000234
新增說文韻府羣玉二十卷 （元）陰時夫輯

(元)陰中夫注　清刻本　二十冊

370000－1519－0000221　經000235
許氏說文解字雙聲疊韻譜不分卷　（清）鄧廷
楨撰　清光緒九年(1883)同文書局影印本
一冊

370000－1519－0000222　經000236
字彙四卷　（明）梅膺祚輯　（清）知足子增補
清光緒三十年(1904)刻本　四冊

370000－1519－0000223　經000237
康熙字典十二集三十六卷檢字一卷辨似一卷
等韻一卷總目一卷備考一卷補遺一卷　（清）
張玉書等纂　清刻本　十二冊　存五集(子
上下、丑上下、午中下、申下、酉下)

370000－1519－0000224　經000239
康熙字典十二集三十六卷檢字一卷辨似一卷
等韻一卷總目一卷備考一卷補遺一卷　（清）
張玉書等纂　清刻本　四十冊

370000－1519－0000225　經000240
康熙字典十二集三十六卷檢字一卷辨似一卷
等韻一卷總目一卷備考一卷補遺一卷　（清）
張玉書等纂　清刻本　三十三冊

370000－1519－0000226　經000241
康熙字典十二集三十六卷檢字一卷辨似一卷等
韻一卷總目一卷備考一卷補遺一卷　（清）張
玉書等纂　清刻本　十三冊　存七集(子下、
卯上中、辰下、巳、午中下、未、亥中,備考一卷)

370000－1519－0000227　經000247
羣學肄言□□卷　（英國）斯賓塞爾撰　嚴復
譯　清光緒二十九年(1903)上海文明書局排
印本　一冊　存五卷(一至五)

370000－1519－0000228　經000248
勸學篇二卷　（清）張之洞撰　清光緒二十四
年(1898)影印本　一冊　存一卷(一)

370000－1519－0000229　經000249
字彙十二卷首一卷末一卷　（明）梅膺祚撰
清光緒刻本　十冊　存九卷(子至卯、巳、申、
亥,首一卷,末一卷)

370000－1519－0000230　經000250
子史輯要詩賦題解四卷　（清）胡本淵編輯
清乾隆二十四年(1759)刻本　一冊

370000－1519－0000231　經000252
詩韻含英十八卷　（清）劉文蔚輯　清刻本
三冊　存十四卷(五至十八)

370000－1519－0000232　經000253
詩韻集成十卷　（清）余照輯　清廣東鴻裕堂
刻本　一冊　存二卷(一至二)

370000－1519－0000233　經000254
詩韻全璧五卷　（清）湯文潞輯　清末影印本
四冊　存四卷(二至五)

370000－1519－0000234　經000257
塾課小題分編八集不分卷　（清）王步青評
清刻本　十七冊

370000－1519－0000235　經000265
韻府拾遺一百〇六卷　（清）張廷玉等輯　清
光緒十三年(1887)上海同文書局影印本　九
冊　存一百〇一卷(六至一百〇六)

370000－1519－0000236　經000266
詩韻集成十卷　（清）余照輯　清光緒元年
(1875)潤德堂刻本　四冊

370000－1519－0000237　經000267
詩韻集成十卷　（清）余照輯　清道光二十六
年(1846)刻本　二冊　存五卷(一至二、八至
十)

370000－1519－0000238　史000001
後漢書九十卷　（南朝宋）范曄撰　（唐）李賢
註　**續志三十卷**　（晉）司馬彪撰　**續志註**
(南朝梁)劉昭撰　清光緒十三年(1887)金陵
書局刻本　十六冊

370000－1519－0000239　史000002
五代史七十四卷　（宋）歐陽修撰　（宋）徐無
黨注　清初刻本　四冊　存四十二卷(一至
四十二)

370000－1519－0000240　史000004
讀通鑑論□□卷　（清）王夫之撰　清末影印

本　一冊　存一卷（八）

370000－1519－0000241　史000006
漢書一百卷　（漢）班固撰　（唐）顏師古注
清光緒上海點石齋影印本　三冊　存二十八
卷（十六至十九、二十六至三十、七十二至九
十）

370000－1519－0000242　史000007
後漢書九十卷　（南朝宋）范曄撰　（唐）李賢
註　續志三十卷　（晉）司馬彪撰　註補
（南朝梁）劉昭撰　清光緒九年（1883）點石齋
石印本　三冊　存五十三卷（十七至三十六、
五十八至九十）

370000－1519－0000243　史000011
南史八十卷　（唐）李延壽撰　明崇禎十三年
（1640）毛氏汲古閣刻本　十四冊

370000－1519－0000244　史000012
五代史記七十四卷　（宋）歐陽修撰　（宋）徐
無黨注　明萬曆四年至五年（1576－1577）南
京國子監刻明清遞修本　佚名批校　十三冊

370000－1519－0000245　史000013
隋書八十五卷　（唐）魏徵等撰　明崇禎八年
（1635）毛氏汲古閣刻本　十四冊

370000－1519－0000246　史000014
尺木堂綱鑑易知錄九十二卷明鑑易知錄十五
卷　（清）吳乘權等輯　清光緒十三年（1887）
上海廣百宋齋排印本　十六冊

370000－1519－0000247　史000015
尺木堂綱鑑易知錄九十二卷明鑑易知錄十五
卷　（清）吳乘權等輯　清光緒二十九年
（1903）掃葉山房排印本　十四冊　存九十卷
（綱鑑易知錄一至九十）

370000－1519－0000248　史000016
重訂王鳳洲先生綱鑑會纂四十六卷續宋元二
十三卷　（明）王世貞撰　（明）陳仁錫訂　清
緯文堂刻本　三十四冊　存六十七卷（綱鑑
會纂一至三十三、三十六至四十六,續宋元二
十三卷）

370000－1519－0000249　史000017
讀通鑑論十六卷宋論十五卷　（清）王夫之撰
清光緒三十一年（1905）商務印書館排印本
九冊　存二十九卷（讀通鑑論一至二、五至
十六,宋論十五卷）

370000－1519－0000250　史000018
分類歷代通鑑輯覽六十四卷終一卷　（清）陳
善輯　清光緒二十九年（1903）點石齋書局影
印本　二十四冊

370000－1519－0000251　史000019
史鑑節要便讀六卷　（清）鮑東里撰　清同治
刻本　一冊　存三卷（一至三）

370000－1519－0000252　史000020
重訂王鳳洲先生會纂綱鑑四十六卷　（明）王
世貞撰　清刻本　七冊　存十卷（十七、二十
至二十二、三十二至三十七）

370000－1519－0000253　史000021
御批歷代通鑑輯覽一百二十卷　（清）傅恒等
撰　清光緒三十年（1904）上海圖書集成局排
印本　三十二冊

370000－1519－0000254　史000022
御批歷代通鑑輯覽一百二十卷　（清）傅恒等
撰　清光緒三十年（1904）上海商務印書館排
印本　五冊　存二十五卷（一至五、六十六至
八十、八十六至九十）

370000－1519－0000255　史000023
御批歷代通鑑輯覽一百二十卷　（清）傅恒等
撰　清末排印本　二十冊　存九十八卷（六
至十五、二十一至七十五、八十一至九十五、
一百〇一至一百十八）

370000－1519－0000256　史000024
御撰資治通鑑綱目三編二十卷　（清）張廷玉
等纂　清刻本　五冊

370000－1519－0000257　史000025
御撰資治通鑑綱目三編二十卷　（清）張廷玉
等纂　清晉祁書業堂刻本　六冊　存十八卷
（一至二、五至二十）

370000－1519－0000258　史000027

竹書紀年統箋十二卷前編一卷雜述一卷
（清）徐文靖箋　清光緒三年（1877）浙江書局
刻本　四冊

370000－1519－0000259　史000028

**資治通鑑綱目正編五十九卷前編二十五卷續
通鑑綱目二十七卷五代史補編二卷末一卷**
（宋）朱熹等撰　（明）陳仁錫評閱　清刻本
一百二十冊　存一百十二卷（正編五十九卷、
前編二十五卷、續通鑑綱目二十七卷、末一
卷）

370000－1519－0000260　史000029

資治通鑑綱目正編五十九卷末一卷　（宋）朱
熹等撰　（明）陳仁錫評閱　清刻本　六十四
冊　存四十四卷（一至七、十三至四十二、五
十四至五十九，末一卷）

370000－1519－0000261　史000031

御批歷代通鑑輯覽一百二十卷　（清）傅恒等
撰　清上海掃葉山房影印本　十六冊　存八
十卷（六至五十二、五十七至六十五、七十一
至九十四）

370000－1519－0000262　史000032

御批歷代通鑑輯覽一百二十卷　（清）傅恒等
撰　清上海掃葉山房排印本　十冊　存六十
卷（六十一至一百二十）

370000－1519－0000263　史000034

御批歷代通鑑輯覽一百二十卷　（清）傅恒等
撰　清光緒二十九年（1903）上海廣益書堂影
印本　六冊　存三十二卷（一至十三、二十至
二十四、六十三至六十七、七十二至七十五、
八十五至八十九）

370000－1519－0000264　史000035

續資治通鑑綱目二十七卷　（明）商輅等撰
（明）陳仁錫評　清刻本　二十四冊　存二十
一卷（七至二十七）

370000－1519－0000265　史000038

重訂王鳳洲先生綱鑑會纂四十六卷　（明）王
世貞撰　清刻本　八冊　存十四卷（十四至

十九、二十二至二十三、二十九至三十一、三
十四至三十六）

370000－1519－0000266　史000044

綱鑑全編□□卷　（明）王世貞撰　清刻本
十八冊　存十六卷（五至六、十三至十五、二
十五至二十八、三十、三十四至三十九）

370000－1519－0000267　史000048

御批歷代通鑑輯覽一百二十卷　（清）傅恒等
撰　清光緒排印本　二冊　存七卷（六十一
至六十四、九十四至九十六）

370000－1519－0000268　史000049

尺木堂明鑑易知錄十五卷　（清）吳乘權輯
清光緒二十七年（1901）掃葉山房排印本
二冊

370000－1519－0000269　史000050

御撰資治通鑑綱目三編二十卷末一卷　（清）
張廷玉等纂　清刻本　三冊　存九卷（五至
八、十七至二十、末一卷）

370000－1519－0000270　史000057

清史近世紀要不分卷　（□）□□撰　清抄本
一冊

370000－1519－0000271　史000058

泰西新史攬要二十四卷　（英國）李提摩太譯
蔡爾康述稿　清光緒排印本　四冊　存十
五卷（四至六、十三至二十四）

370000－1519－0000272　史000083

中國歷史教科書七卷　姚祖義編　清光緒三
十一年（1905）商務印書館排印本　一冊　存
四卷（四至七）

370000－1519－0000273　史000084

國語二十一卷　（三國吳）韋昭注　（宋）宋庠
補音　清刻本　六冊

370000－1519－0000274　史000085

國語二十一卷　（三國吳）韋昭注　（宋）宋庠
補音　清乾隆四十八年（1783）武林三餘堂刻
本　五冊

370000－1519－0000275　史000086

戰國策十卷 （宋）鮑彪校注 清武林三餘堂
刻本 六冊

370000－1519－0000276 史000087
直省闈墨十二卷 （清）高毓浤等撰 清光緒
二十九年(1903)通文書局石印本 八冊

370000－1519－0000277 史000094
[光緒]諭摺彙存不分卷 （清）□□輯 清光
緒排印本 一冊

370000－1519－0000278 史000095
曾文正公奏稿三十六卷 （清）曾國藩撰 清
同治、光緒傳忠書局刻曾文正公全集本 十
四冊 存十三卷(一至四、六至七、九、十一至
十三、十五至十七)

370000－1519－0000279 史000096
閣鈔彙編不分卷 （□）□□撰 清末排印本
十一冊

370000－1519－0000280 史000097
荷祿父母誥命 （□）□□撰 清宣統元年
(1909)寫本 一張

370000－1519－0000281 史000098
荷祿夫婦誥命 （□）□□撰 清宣統元年
(1909)寫本 一張

370000－1519－0000282 史000099
程氏家塾讀書分年日程三卷綱領一卷 （元）
程端禮撰 清同治十年(1871)山東尚志堂刻
本 一冊

370000－1519－0000283 史000100
大清搢紳全書(光緒十四年) （□）□□撰
清光緒十四年(1888)刻本 四冊

370000－1519－0000284 史000101
東牟童試錄四刻不分卷 （清）諸鎮輯 清刻
本 一冊

370000－1519－0000285 史000102
校正尚友錄統編二十四卷 （明）廖用賢撰
（明）張伯琮補輯 清光緒二十九年(1903)通
文書局石印本 十六冊 存二十二卷(一至
二十二)

370000－1519－0000286 史000103
歷代名臣言行錄二十四卷 （清）朱桓輯 清
光緒二十八年(1902)上海煥文書局石印本
七冊 存二十一卷(一至十五、十九至二十
四)

370000－1519－0000287 史000105
孔子編年四卷 （清）狄子奇編 清光緒十三
年(1887)浙江書局刻本 一冊

370000－1519－0000288 史000106
歷代名臣言行錄二十四卷 （清）朱桓輯 清
光緒三十年(1904)上海商務印書館排印本
四冊 存十二卷(三至五、十六至二十四)

370000－1519－0000289 史000107
歷代名臣言行錄二十四卷 （清）朱桓輯 清
末影印本 一冊 存四卷(二十一至二十四)

370000－1519－0000290 史000109
增廣尚友錄統編二十二卷 （清）應祖錫輯
清光緒二十八年(1902)鴻寶齋石印本 十
二冊

370000－1519－0000291 史000112
左氏世系事蹟不分卷 （清）左彤九編 清抄
本 一冊

370000－1519－0000292 史000115
[乾隆庚寅科]山東鄉試同年齒錄 （□）□□
撰 清刻本 一冊

370000－1519－0000293 史000116
人譜正篇一卷續編二卷類記增訂六卷 （明）
劉宗周撰 清同治七年(1868)吳興丁氏濟南
刻本 二冊

370000－1519－0000294 史000118
前漢書一百卷 （漢）班固撰 （唐）顏師古注
清光緒十八年(1892)武林竹簡齋石印本
十一冊

370000－1519－0000295 史000120
後漢書九十卷 （南朝宋）范曄撰 （唐）李賢
註 志三十卷考證一卷 （晉）司馬彪撰 註
補 （南朝梁）劉昭撰 清光緒十八年(1892)

竹蘭齋石印本　十一冊

370000－1519－0000296　史000121

孟子編年四卷　（清）狄子奇編　清光緒十三年(1887)浙江書局刻本　一冊

370000－1519－0000297　史000122

廿一史彈詞註十卷　（明）楊愼撰　（清）張三異增定　（清）張仲璜註　明史彈詞註一卷（清）張三異撰　（清）張仲璜註　清刻本　一冊　存二卷(八至九)

370000－1519－0000298　史000123

史鑑節要便讀六卷　（清）鮑東里撰　清刻本四冊

370000－1519－0000299　史000125

史鑑節要便讀六卷　（清）鮑東里撰　清刻本一冊　存三卷(四至六)

370000－1519－0000300　史000129

鑑略四字書一卷　（清）王仕雲撰　清光緒三十二年(1906)刻本　一冊

370000－1519－0000301　史000130

玉歷鈔傳警世不分卷　（□）□□撰　清嘉慶二十年(1815)刻本　一冊

370000－1519－0000302　史000131

[光緒]重刊江甯府志五十六卷校勘記一卷（清）呂燕昭修　（清）姚鼐纂　清光緒六年(1880)刻本　十二冊

370000－1519－0000303　史000132

[乾隆]海陽縣誌八卷　（清）包桂等纂修　清乾隆七年(1742)刻光緒六年(1880)印本　十冊

370000－1519－0000304　史000133

[乾隆]海陽縣續誌十卷　（清）包桂等纂修清光緒六年(1880)清畏堂刻本　十冊

370000－1519－0000305　史000134

時文共賞二卷利試文格四卷　（清）楊海琴（清）徐芸溪鑒定　清刻本　八冊

370000－1519－0000306　史000135

[光緒]泗虹合志十九卷　（清）方瑞蘭修（清）江殿颺（清）許湘甲纂　清光緒十四年

(1888)刻本　三冊　存六卷(六至十、十六)

370000－1519－0000307　史000136

繹志十九卷　（清）胡承諾撰　清同治十一年(1872)浙江書局刻本　八冊

370000－1519－0000308　史000137

瀛環志略十卷　（清）徐繼畬撰　瀛環志略續集四卷末一卷補遺一卷（英國）慕維廉撰清光緒二十四年(1898)掃葉山房石印本八冊

370000－1519－0000309　史000138

中東戰紀本末八卷續編四卷　（美國）林樂知譯撰　清光緒上海廣學會排印本　十一冊存十一卷(中東戰紀本末二至八、續編四卷)

370000－1519－0000310　史000143

地理五訣八卷　（清）趙廷棟撰　清刻本　一冊　存五卷(一至五)

370000－1519－0000311　史000158

瀛環志略十卷　（清）徐繼畬撰　瀛環志略續集四卷末一卷補遺一卷　（英國）慕維廉撰　清光緒二十四年(1898)掃葉山房石印本　八冊

370000－1519－0000312　史000156

瀛環志略十卷　（清）徐繼畬撰　瀛環志略續集四卷末一卷補遺一卷　（英國）慕維廉撰清光緒二十四年(1898)掃葉山房石印本　八冊　存十四卷(瀛環志略十卷,續集一、三至四,補遺一卷)

370000－1519－0000313　史000159

廣輿記二十四卷　（明）陸應陽輯　（清）蔡方炳增輯　清康熙二十五年(1686)寶翰樓刻本八冊

370000－1519－0000314　史000161

宦鄉要則七卷　（清）張鑒瀛輯　清光緒八年(1882)刻本　四冊

370000－1519－0000315　史000162

大清律例會通新纂四十卷　（清）刑部制訂清道光三年(1823)刻本　三十二冊

370000－1519－0000316　史000163

大清律例集註三十三卷　（清）萬維翰輯
（清）胡蓮塘續輯　清乾隆三十四年（1769）刻
本　二十一冊　存二十九卷（一至十一、十四
至二十二、二十五至三十三）

370000－1519－0000317　史000164

例學新編十六卷　（清）楊士驤輯　清光緒三
十二年（1906）上海明薄書局石印本　四冊
存五卷（一至五）

370000－1519－0000318　史000165

大清律例增修統纂集成四十卷　（清）陶駿
（清）陶念霖增修　清光緒三十四年（1908）影
印本　九冊　存十七卷（一、四至五、十一至
二十二、三十四至三十五）

370000－1519－0000319　史000166

新選典制分類集錦正續合編二十八卷　（清）
京都琉璃廠輯　清光緒九年（1883）京都琉璃
廠刻本　十二冊

370000－1519－0000320　史000167

分類經濟時務策論六卷國朝洋務二卷新政策
一卷　（英國）李提摩太撰　（清）仲英輯　清
光緒二十七年（1901）介記書局石印本　四冊

370000－1519－0000321　史000168

皇朝經濟文新編六十一卷　（清）浙東宜今室
編　清末上海宜今室影印本　五冊　存十二
卷（一至十二）

370000－1519－0000322　史000169

九通二千三百十四卷　（清）□□輯　清光緒
二十七年（1901）上海圖書集成局排印本　二
百九十二冊

370000－1519－0000323　史000170

三通考輯要七十六卷　湯壽潛輯　清光緒二
十五年（1899）圖書集成局排印本　三十冊

370000－1519－0000324　史000171

外交報　（清）上海商務印書館編　清光緒三
十三年（1907）上海商務印書館排印本　四冊

370000－1519－0000325　史000192

洗冤錄四卷　（宋）宋慈撰　清刻本　一冊

存一卷（三）

370000－1519－0000326　史000193

政治官報不分卷　（□）□□撰　清光緒三十
四年（1908）排印本　一冊　存一期（光緒三
十四年七月二十一日第貳佰玖拾號）

370000－1519－0000327　史000196

欽定大清會典一百卷　（清）崑岡等纂修　清
光緒二十五年（1899）上海書局石印本　四冊
存七十五卷（一至三十八、六十四至一百）

370000－1519－0000328　史000198

政藝通報不分卷　（□）□□撰　清光緒三十
二年（1906）排印本　一冊　存一期（光緒丙
午九月第十九號）

370000－1519－0000329　史000200

駁案新編三十二卷　（清）全士潮等編　清刻
本　二冊　存五卷（四至五、三十至三十二）

370000－1519－0000330　史000215

增修籌餉事例條款不分卷　（清）戶部編　清
刻本　三冊　存三冊（元一至二、利三）

370000－1519－0000331　史000215

籌餉事例不分卷　（清）戶部編　清刻本　一
冊　存一冊（三）

370000－1519－0000332　史000216

增修籌餉事例條款不分卷　（清）戶部編　清
刻本　二冊

370000－1519－0000333　史000259

欽定四庫全書簡明目錄二十卷　（清）紀昀等
編　清光緒十四年（1888）暢懷書屋排印本
四冊

370000－1519－0000334　史000260

阮文達公書目不分卷　（清）阮元輯　清光緒
十年（1884）刻本　一冊

370000－1519－0000335　史000261

書目答問不分卷　（清）張之洞撰　清光緒排
印本　二冊

370000－1519－0000336　史000263

讀史論署一卷　（清）杜詔撰　（清）初尚齡校

清嘉慶十一年(1806)刻本　一冊

370000－1519－0000337　史000265

古事比五十二卷　(清)方中德輯　清光緒二十九年(1903)上海點石齋影印本　六冊

370000－1519－0000338　史000266

史事論甲編十卷乙編六卷丙編四卷丁編四卷　雷瑨輯　清光緒二十九年(1903)硯耕山莊石印本　六冊　存十卷(甲編十卷)

370000－1519－0000339　史000267

史通通釋二十卷　(清)浦起龍撰　清光緒二十五年(1899)上海寶文書局石印本　八冊

370000－1519－0000340　史000268

史通削繁四卷　(唐)劉知幾撰　(清)浦起龍注　(清)紀昀刪並評　清道光十三年(1833)兩廣節署朱墨套印本　四冊

370000－1519－0000341　子000001

孔子家語十卷　(三國魏)王肅注　清道光二十九年(1849)刻本　五冊

370000－1519－0000342　子000002

儒林宗派十六卷　(清)萬斯同撰　清宣統三年(1911)浙江圖書館刻本　二冊

370000－1519－0000343　子000003

呻吟語六卷　(明)呂坤撰　明萬曆二十一年(1593)刻本　六冊

370000－1519－0000344　子000004

聖學格物通一百卷　(明)湛若水撰　清刻本　十四冊

370000－1519－0000345　子000005

先聖大訓六卷　(宋)楊簡輯注　明萬曆四十三年(1615)雲間張氏刻本　六冊

370000－1519－0000346　子000006

鄉黨圖考十卷　(清)江永撰　清乾隆五十八年(1793)金閶書業堂刻本　六冊

370000－1519－0000347　子000007

小學集註六卷　(宋)朱熹撰　(明)陳選集註　清光緒十五年(1889)山東書局刻本　二冊

370000－1519－0000348　子000008

心遠堂新編小學纂註六卷　(清)高愈輯　清嘉慶二十二年(1817)書業堂刻本　四冊

370000－1519－0000349　子000009

御纂性理精義十二卷　(清)李光地等編　清刻本　六冊

370000－1519－0000350　子000010

太上感應篇贅言錄一卷　(清)于覺世撰　清道光五年(1825)撫松館刻本　一冊

370000－1519－0000351　子000011

小學集註六卷　(明)陳選撰　**忠經一卷**(漢)鄭玄集註　**孝經一卷**　(明)陳選集註　清光緒三十二年(1906)鴻寶齋石印本　四冊

370000－1519－0000352　子000013

性理大全書七十卷　(明)胡廣等撰　明刻本　四冊　存十二卷(五十四至六十二、六十六至六十八)

370000－1519－0000353　子000059

類經三十二卷類經圖翼十一卷附翼四卷　(明)張介賓類注　清嘉慶四年(1799)金閶萃英堂刻本　十七冊

370000－1519－0000354　子000060

醫門法律六卷尚論篇四卷尚論後篇四卷寓意草一卷　(清)俞昌撰　清末石印本　九冊

370000－1519－0000355　子000062

新刻繡像療牛馬經六卷　(明)喻本元　(明)喻本亨撰　清刻本　六冊

370000－1519－0000356　子000063

古吳童氏重校醫宗必讀十卷　(明)李中梓撰　清末上海翔文書局石印本　五冊

370000－1519－0000357　子000064

女科秘方不分卷　(清)黃體端輯　清抄本　一冊

370000－1519－0000358　子000065

藥性易記不分卷　(□)□□撰　清抄本　一冊

370000－1519－0000359　子000066

雜治奇病方不分卷　（□）□□撰　清抄本
一冊

370000－1519－0000360　子000067

脈訣不分卷　（□）□□撰　清抄本　一冊

370000－1519－0000361　子000069

本草求真目錄九卷主治二卷脈理求真三卷
（清）黃宮繡撰　清刻本　一冊

370000－1519－0000362　子000070

闕待新編總會大意二卷　（清）孫能遷撰　清
末排印本　一冊

370000－1519－0000363　子000071

幼科鐵鏡六卷　（清）夏鼎撰　清抄本　一冊

370000－1519－0000364　子000072

古方和陣二卷　（□）□□撰　清抄本　一冊
存一卷（二）

370000－1519－0000365　子000073

四聖懸樞二卷　（清）黃元御撰　清抄本
一冊

370000－1519－0000366　子000074

外科摘要總方不分卷　（□）□□撰　清抄本
二冊

370000－1519－0000367　子000075

本草通元四卷　（清）李中梓撰　清抄本　二
冊　存二卷（三至四）

370000－1519－0000368　子000076

難經本義二卷　（戰國）秦越人撰　（元）滑
壽注　明刻薛氏醫按本　一冊　存一卷
（一）

370000－1519－0000369　子000077

痘科類編釋意三卷　（明）翟良輯　清刻本
一冊　存一卷（三）

370000－1519－0000370　子000083

鍼灸大成十卷　（明）楊繼洲撰　清光緒十二
年（1886）刻本　二冊　存二卷（一、八）

370000－1519－0000371　子000084

中醫診斷不分卷　（□）□□撰　清抄本
一冊

370000－1519－0000372　子000085

增訂童氏本草備要□□卷　（清）汪昂撰　清
末影印本　一冊　存七卷（二至八）

370000－1519－0000373　子000086

增評童氏醫方集解□□卷　（清）汪昂撰　清
末影印本　一冊　存七卷（三至九）

370000－1519－0000374　子000089

張氏醫通十六卷　（清）張璐撰　清抄本
四冊

370000－1519－0000375　子000090

張仲景傷寒論原文淺註六卷　（漢）張仲景撰
（清）陳念祖集註　清末影印本　一冊　存
三卷（一至三）

370000－1519－0000376　子000092

經驗痘疹不求人方論一卷婦人科二卷　（明）
朱棟隆撰　清抄本　三冊

370000－1519－0000377　子000093

蘭臺軌範八卷　（清）徐大椿撰　清刻本　一
冊　存二卷（七至八）

370000－1519－0000378　子000094

新刊外科正宗四卷　（明）陳實功撰　清文光
堂刻本　一冊　存二卷（一至二）

370000－1519－0000379　子000095

景岳全書六十四卷　（明）張介賓撰　清刻本
十一冊　存十八卷（二十八至二十九、三十
八至三十九、四十七、五十一至六十三）

370000－1519－0000380　子000096

卜筮正宗十四卷　（清）王維德輯　清光緒二
十六年（1900）上海書局石印本　四冊

370000－1519－0000381　子000097

卜筮正宗十四卷　（清）王維德輯　清末上海
江東書局石印本　四冊

370000－1519－0000382　子000098

重修名法指掌圖四卷　（清）沈辛田纂　（清）徐灝
重纂　清同治八年（1869）桂林節署刻本　四冊

370000 – 1519 – 0000383　子000099

卜筮正宗十四卷　（清）王維德輯　清道光五年(1825)刻本　二冊　存七卷(一至三、五至八)

370000 – 1519 – 0000384　子000101

新編直指算法統宗十二卷　（清）程大位編　清光緒二十三年(1897)成文堂刻本　二冊　存五卷(一至五)

370000 – 1519 – 0000385　子000103

地理大成平陽全書十五卷　（清）葉泰撰　清末影印本　一冊　存四卷(一至四)

370000 – 1519 – 0000386　子000104

二如亭群芳譜二十八卷　（明）王象晉輯　清毛氏汲古閣刻本　十八冊　存二十一卷(芳踪一卷、歲譜二卷、天譜一卷、木譜二卷、藥譜三卷、花譜四卷、卉譜一卷、果譜二卷、蔬譜二卷、穀譜一卷、茶竹譜一卷、桑麻葛譜一卷)

370000 – 1519 – 0000387　子000105

和會譜不分卷　（□）□□撰　清抄本　一冊

370000 – 1519 – 0000388　子000106

桃花泉奕譜二卷　（清）范世勳撰　清刻本　二冊

370000 – 1519 – 0000389　子000111

四子譜二卷　（清）過文年撰　清刻本　二冊

370000 – 1519 – 0000390　子000113

唐人試帖四卷　（清）毛奇齡選評　清刻本　一冊　存二卷(三至四)

370000 – 1519 – 0000391　子000116

金剛般若波羅蜜經一卷　（後秦）釋鳩摩羅什譯　（明）姚子莊集解　清抄本　一冊

370000 – 1519 – 0000392　子000117

養雲山館試帖四卷　（清）許球撰　（清）王榮緞注　清刻本　二冊　存二卷(二至三)

370000 – 1519 – 0000393　子000118

七嬉二卷　（清）棲雲野客編　清道光十九年(1839)刻本　一冊　存一卷(一)

370000 – 1519 – 0000394　子000121

鵝幻彙編十二卷　（清）唐再豐撰　清末影印本　一冊　存二卷(十一至十二)

370000 – 1519 – 0000395　子000122

[光緒戊戌科會試題名全錄]會試闈墨　（清）譚延闓等撰　清光緒排印本　一冊

370000 – 1519 – 0000396　子000124

未來星宿劫千佛名經□□卷　（□）□□撰　清同治六年(1867)慶寺經房刻本　一冊　存一卷(二)

370000 – 1519 – 0000397　子000126

沂州府普照寺碑　（金）仲汝尚撰並集柳體字　（金）釋覺海立石　清拓本　二冊

370000 – 1519 – 0000398　子000128

皇甫誕碑　（唐）于志寧撰文　（唐）歐陽詢書　清拓本　一冊

370000 – 1519 – 0000399　子000129

精選對聯不分卷　（□）□□撰　清抄本　一冊

370000 – 1519 – 0000400　子000132

佛頂尊勝陀羅尼經一卷　（唐）釋義淨譯　清拓本　一冊

370000 – 1519 – 0000401　子000133

琴言不分卷　（□）□□撰　清抄本　一冊

370000 – 1519 – 0000402　子000134

名賢手札二卷　（清）郭慶藩輯　清光緒十三年(1887)上海鴻文書局石印本　一冊

370000 – 1519 – 0000403　子000135

策學淵萃四十六卷目錄二卷　（□）□□撰　清光緒四年(1878)藤花小舫刻本　二十冊

370000 – 1519 – 0000404　子000136

池北偶談二十六卷　（清）王士禎撰　（清）王廷掄校　清刻本　三冊　存九卷(四至十二)

370000 – 1519 – 0000405　子000137

[光緒壬午科]直省鄉墨□□卷　（□）□□撰　清末影印本　三冊　存九卷(山左一卷、山西一卷、陝西一卷、甘肅一卷、四川一卷、廣東一卷、廣西一卷、雲南一卷、貴州一卷)

370000－1519－0000406　子000138
雲林別墅新輯酬世錦囊書啟合編四集　（清）
鄒景揚輯　清光緒影印本　六冊

370000－1519－0000407　子000139
雲林別墅新輯酬世錦囊書啟合編四集　（清）
鄒景揚輯　清光緒二十六年（1900）鴻寶齋影
印本　四冊

370000－1519－0000408　子000140
雲林別墅新輯酬世錦囊書啟合編四集　（清）
鄒景揚輯　清刻本　七冊　存二集十三卷
（書啟合編初集八卷，家禮集成一至四、七）

370000－1519－0000409　子000141
塾課分編八集　（清）王步青評　（清）王士鼇
編　清乾隆刻本　二十四冊

370000－1519－0000410　子000142
東槎聞見錄四卷　（清）陳家麟撰　清光緒排
印本　四冊

370000－1519－0000411　子000143
讀書錄十一卷續錄十二卷　（明）薛瑄撰　清
刻本　六冊

370000－1519－0000412　子000144
讀書雜志八十二卷餘編二卷　（清）王念孫撰
　清光緒二十年（1894）影印本　八冊　存八
十二卷（讀書雜志八十二卷）

370000－1519－0000413　子000145
二十二子全書　（清）浙江書局輯　清光緒浙
江書局刻本　七十四冊　存十八種二百九十
二卷（晏子春秋七卷、晏子春秋音義二卷、晏
子春秋校勘二卷，孔子集語十七卷，荀子二十
卷、荀子校勘補遺一卷，揚子法言十三卷、附
音義一卷，孫子十家註十三卷、附敘錄一卷、
遺說一卷，管子二十四卷，商君書五卷、附攷
一卷，黃帝內經靈樞一至十二、補註黃帝內經
素問二十四卷、遺篇一卷，墨子十六卷，文中
子中說十卷，尸子二卷、存疑一卷，山海經十
八卷，莊子十卷，列子八卷，文子纘義十二卷，
呂氏春秋二十六卷，淮南子二十一卷，韓非子
二十卷、識誤三卷）

370000－1519－0000414　子000147
理財學四卷　（清）吳汝綸撰　清光緒二十八
年（1902）上海美華書館排印本　一冊

370000－1519－0000415　子000148
六也堂訓蒙草一卷　（清）李岸南撰　清光緒
二十年（1894）掖邑文興成刻本　一冊

370000－1519－0000416　子000149
龍文鞭影初集二卷　（明）蕭良有撰　（明）楊
臣諍增訂　**二集二卷**　（清）李暉吉　（清）徐
瓚輯　清光緒六年（1880）刻本　四冊

370000－1519－0000417　子000150
龍文鞭影初集二卷　（明）蕭良有撰　（明）楊
臣諍增訂　**二集二卷**　（清）李暉吉　（清）徐
瓚輯　清光緒十一年（1885）刻本　四冊

370000－1519－0000418　子000151
龍文鞭影初集二卷　（明）蕭良有撰　（明）楊
臣諍增訂　**二集二卷**　（清）李暉吉　（清）徐
瓚輯　清光緒十三年（1887）刻本　一冊　存
一卷（初集一）

370000－1519－0000419　子000152
龍文鞭影初集二卷　（明）蕭良有撰　（明）楊
臣諍增訂　**二集二卷**　（清）李暉吉　（清）徐
瓚輯　清刻本　二冊　存二卷（二集二卷）

370000－1519－0000420　子000153
旅津摘錦六卷　（清）行方便人撰　清同治七
年（1868）刻本　六冊

370000－1519－0000421　子000154
墨子閒詁十五卷目錄一卷附錄一卷後語二卷
　（清）孫詒讓撰　清光緒三十三年（1907）刻
本　八冊

370000－1519－0000422　子000156
齊魯講學編四卷　（清）尹銘綬輯　清光緒三
十年（1904）木活字印本　六冊

370000－1519－0000423　子000159
潛書二卷　（清）唐甄撰　（清）王聞遠編　**西蜀**
唐圃亭先生行略　（清）王聞遠編　清光緒三十
二年（1906）山東全省官印書局排印本　四冊

370000－1519－0000424　子000160

三字贖罪錄一卷　（□）□□撰　清光緒二十三年(1897)班仙洞刻本　一冊

370000－1519－0000425　子000161

十駕齋養新錄二十卷餘錄三卷　（清）錢大昕撰　清光緒二年(1876)浙江書局刻本　八冊

370000－1519－0000426　子000162

惟心一卷　梁啟超撰　清光緒二十六年(1900)抄本　一冊

370000－1519－0000427　子000163

文料大成四卷　（□）□□撰　清光緒十三年(1887)上海萬珍書局排印本　四冊

370000－1519－0000428　子000164

新增廣廣策府統宗七十九卷　（清）誦芬室主人增補　清末影印本　十五冊　存十九卷（一至四、八至十二、四十一至四十二、四十四、四十六至四十八、五十一至五十四）

370000－1519－0000429　子000165

三字經訓詁一卷　（宋）王應麟撰　（清）王相訓詁　（清）徐士業增補　清光緒十七年(1891)校經山房影印本　一冊

370000－1519－0000430　子000166

策學淵萃四十六卷目錄二卷　（□）□□撰　清刻本　四冊　存十一卷（三、九至十四、二十八、三十九至四十一）

370000－1519－0000431　子000168

困學紀聞註二十卷　（宋）王應麟撰　（清）翁元圻輯註　清道光五年(1825)刻本　七冊　存八卷（十至十三、十五、十八至二十）

370000－1519－0000432　子000169

夢筆生花不分卷　（□）□□撰　清抄本　一冊

370000－1519－0000433　子000172

日知錄集釋三十二卷刊誤二卷續刊誤二卷　（清）顧炎武撰　（清）黃汝成集釋　清光緒二十一年(1895)上海點石齋石印本　四冊　存二十四卷（日知錄集釋一至十一、十八至二十四、三十一至三十二,刊誤二卷,續刊誤二卷）

370000－1519－0000434　子000175

集腋成裘不分卷　（□）□□撰　清抄本　一冊

370000－1519－0000435　子000176

單級擇錄不分卷　（□）□□撰　清抄本　一冊

370000－1519－0000436　子000177

功過格不分卷　（□）□□撰　清抄本　一冊

370000－1519－0000437　子000178

郊社禮辨不分卷　（□）□□撰　清抄本　一冊

370000－1519－0000438　子000179

[坤道訓語錄]不分卷　（□）□□撰　清抄本　二冊

370000－1519－0000439　子000181

關聖帝君覺世格言一卷　（□）□□撰　清刻本　一冊

370000－1519－0000440　子000182

中西策論大成不分卷　（□）□□撰　清末影印本　一冊

370000－1519－0000441　子000183

法筆驚天雷四卷　（□）□□撰　清刻本　一冊

370000－1519－0000442　子000184

新刻法筆驚天雷六卷　（□）□□撰　清宣統元年(1909)上海校經山房石印本　一冊

370000－1519－0000443　子000185

華北譯著編□□卷　（□）□□撰　清末排印本　一冊　存二卷（三十二至三十三）

370000－1519－0000444　子000187

昌言報　（□）□□撰　清光緒二十四年(1898)排印本　二冊　存二期（六至七）

370000－1519－0000445　子000189

感應篇直講一卷　（□）□□撰　清同治十二年(1873)楊尚文堂刻本　一冊

370000－1519－0000446　子000190

廣西梧州南寧釐金例則不分卷　（□）□□撰
清末刻本　一冊

370000－1519－0000447　子000191

明德先生文集二十六卷　（明）呂維祺撰　清
刻本　一冊　存一卷(二十三)

370000－1519－0000448　子000193

太極八卦　（□）□□撰　清抄本　一冊

370000－1519－0000449　子000194

西學大成十二編五十六種　（清）王西清
（清）盧梯青輯　清光緒二十一年(1895)上海
醉六堂影印本　十一冊　存十一種(算學、天
學、地學、史學、萬國公法、兵學、礦學、汽學、
電學、光學、化學)

370000－1519－0000450　子000198

國學萃編　沈宗畸等編　清宣統元年(1909)
國學萃編社排印本　六冊　存六期(八、十
一、十四至十五、十八至十九)

370000－1519－0000451　子000199

說鈴二集五十三種□□卷　（清）吳震方輯
清刻本　八冊　存七種九卷(前集金鰲退食
筆記二卷、扈從西巡日錄一卷、塞北小鈔一
卷、松亭行紀二卷、救文格論一卷,後集見聞
錄一卷、現果隨錄一卷)

370000－1519－0000452　子000200

俗事應酬帖式□□卷　（□）□□撰　清抄本
二冊　存二卷(二、四)

370000－1519－0000453　子000211

增補註釋故事白眉十卷　（清）許以忠輯　清
刻本　二冊　存三卷(四至六)

370000－1519－0000454　子000212

單級教授法四卷　王鳳岐講述　清末煙臺誠
文信書局石印本　一冊　存三卷(一至三)

370000－1519－0000455　子000215

日用雜字不分卷　辛安亭編　清宣統三年
(1911)誠文信刻本　一冊

370000－1519－0000456　子000225

清醒流利不分卷　（□）□□撰　清抄本
一冊

370000－1519－0000457　子000226

雍榮華貴不分卷　（□）□□撰　清抄本
一冊

370000－1519－0000458　子000227

施與親故不分卷　（□）□□撰　清抄本
一冊

370000－1519－0000459　子000228

箴言不分卷　（□）□□撰　清抄本　一冊

370000－1519－0000460　子000229

六書選不分卷　（□）□□撰　清抄本　一冊

370000－1519－0000461　子000230

[癸卯]新民叢報彙編不分卷　（□）□□撰
清末影印本　一冊

370000－1519－0000462　子000231

京報不分卷　（□）□□撰　清光緒木活字印
本　一冊

370000－1519－0000463　子000232

心畧地利□□卷　（清）施永圖等評閱　清刻
本　一冊　存一卷(二)

370000－1519－0000464　子000238

婺學治事文編□□卷　（清）繼良輯　清刻本
一冊　存三卷(三至五)

370000－1519－0000465　子000239

商務官報　（清）农工商部商務官報局編　清
光緒排印本　五冊　存五期(四、十三、二十
三至二十四、二十九)

370000－1519－0000466　子000252

風雅宜人不分卷　（□）□□撰　清抄本
一冊

370000－1519－0000467　子000253

氣清筆健不分卷　（□）□□撰　清抄本
一冊

370000－1519－0000468　子000254

詩經八卷　（宋）朱熹集傳　清刻本　一冊

存二卷（一至二）

370000－1519－0000469　子000256
[時文雜抄]不分卷　（清）張岳西撰　清抄本
　一冊

370000－1519－0000470　子000257
[四書義抄錄]正宗　（宋）王安石　清抄本
　一冊

370000－1519－0000471　子000258
紅白帖式不分卷　（清）萊陽黃氏輯　清抄本
　一冊

370000－1519－0000472　子000259
鑑略四字書一卷　（清）王仕雲撰　清抄本
　一冊

370000－1519－0000473　子000260
元天上帝金科玉律不分卷　（□）□□撰　清
末刻本　一冊

370000－1519－0000474　子000261
時務報　梁啟超等編　清光緒時務報館排印
本　九冊　存九期（十五、十七、二十六至二
十九、三十二、三十六、五十）

370000－1519－0000475　子000262
廣事類賦四十卷　（清）華希閔輯　清乾隆二
十九年（1764）刻本　九冊　存三十六卷（一
至二十二、二十七至四十）

370000－1519－0000476　子000263
錦字箋四卷　（清）黃溰輯　清道光十年
（1830）刻本　四冊

370000－1519－0000477　子000264
錦字箋四卷　（清）黃溰輯　清道光二十六年
（1846）錦雲閣刻本　四冊

370000－1519－0000478　子000265
錦字箋四卷　（清）黃溰輯　清道光三十年
（1850）三益堂刻本　四冊

370000－1519－0000479　子000266
錦字箋四卷　（清）黃溰輯　清光緒六年
（1880）刻本　四冊

370000－1519－0000480　子000267
錦字箋四卷　（清）黃溰輯　清光緒九年
（1883）刻本　四冊

370000－1519－0000481　子000268
類書纂要三十三卷　（清）周魯輯　清刻本
二冊　存四卷（十一至十二、二十五至二十
六）

370000－1519－0000482　子000269
佩文韻府一百〇六卷　（清）張玉書等纂　清
光緒十二年（1886）上海同文書局石印本　四
十八冊　存一百〇三卷（一至六十四、六十六
至八十一、八十四至一百〇六）

370000－1519－0000483　子000270
事類賦三十卷　（宋）吳淑撰並注　清刻本
六冊

370000－1519－0000484　子000271
事類賦三十卷　（宋）吳淑撰並注　清嘉慶四
年（1799）刻本　六冊

370000－1519－0000485　子000272
楹聯叢話十二卷續話四卷　（清）梁章鉅輯
清道光二十年（1840）福州梁氏桂林撫署刻二
十三年（1843）南浦寓齋續刻本　六冊

370000－1519－0000486　子000274
玉海二百卷辭學指南四卷附刻十三種六十一
卷　（宋）王應麟等撰　校補玉海瑣記二卷王
深寧先生年譜一卷　（清）張大昌撰　清光緒
十六年（1890）浙江書局刻本　二十二冊　存
六十一卷（附刻六十一卷）

370000－1519－0000487　子000278
增補事類統編九十三卷首一卷　（清）黃葆真
增輯　清末影印本　十冊　存七十一卷（九
至十二、二十八至九十三，首一卷）

370000－1519－0000488　子000279
增註四書人物類典串珠四卷　（清）臧志仁輯
　清光緒上洋珍藝書局排印本　六冊

370000－1519－0000489　子000280
子史輯要詩賦題解四卷續編四卷　（清）胡本

淵輯　清嘉慶十七年（1812）山淵堂刻本
四冊

370000－1519－0000490　子000282
佩文韻府一百〇六卷　（清）張玉書纂　**韻府**
拾遺一百〇六卷　（清）張廷玉等纂　清掃葉
山房影印本　一百冊

370000－1519－0000491　子000283
山海經十八卷　（晉）郭璞傳　清寶華樓刻本
四冊

370000－1519－0000492　子000284
增像全圖三國演義不分卷一百二十回　（明）
羅貫中撰　（清）金人瑞　（清）毛宗崗評　清
光緒三十二年（1906）上海萃珍書局石印本
七冊　存八十七回（一至二十四、四十一至七
十一、八十九至一百二十）

370000－1519－0000493　子000285
第六才子書八卷　（元）王實甫撰　（清）金人
瑞評　清乾隆五十六年（1791）金閶書業堂刻
本　六冊

370000－1519－0000494　子000286
四大奇書第一種十九卷首一卷一百二十回
（明）羅貫中撰　（清）金人瑞　（清）毛宗崗
評　清光緒三十年（1904）刻本　二十冊

370000－1519－0000495　子000287
秋燈叢話十八卷　（清）王椷撰　清嘉慶十七
年（1812）刻本　八冊

370000－1519－0000496　子000288
四大奇書第一種五十一卷　（明）羅貫中撰
（清）毛宗崗　（清）金人瑞評　清刻本　七冊
　存二十二卷（二十八至四十七、五十至五十
一）

370000－1519－0000497　子000290
增像全圖東周列國志二十七卷一百八回
（清）蔡奡評點　清末上海中新書局排印本
七冊　存十二卷（十六至二十七）

370000－1519－0000498　子000295
增評補像全圖金玉緣十五卷首一卷一百二十

回　（清）曹雪芹撰　（清）高鶚續　清末影印
本　七冊　存六卷（十至十五）

370000－1519－0000499　子000297
新輯繪圖彭公案初集四卷一百回　（清）貪夢
道人撰　清宣統元年（1909）上海鴻章書局石
印本　一冊　存十九回（一至十九）

370000－1519－0000500　子000300
觀音濟度本願眞經二卷　（□）□□撰　清刻
本　一冊

370000－1519－0000501　子000301
毗尼日用切要一卷　（清）釋讀體輯　**沙彌律**
儀要略一卷　（明）釋袾宏輯　清刻本　一冊

370000－1519－0000502　子000302
神訓旁註便讀一卷　（清）陳鴻儒　（清）陳明
章校　清咸豐八年（1858）刻本　一冊

370000－1519－0000503　子000303
萬法歸心錄不分卷　（清）釋祖源撰　清光緒
八年（1882）刻本　一冊

370000－1519－0000504　子000304
瑜伽焰口施食要集一卷　（□）定庵基刪輯
清抄本　一冊

370000－1519－0000505　子000305
瑜伽燄口施食起止規範不分卷　（□）□□撰
　清刻本　一冊

370000－1519－0000506　子000306
瑜伽燄口施食起止規範不分卷　（□）□□撰
　清同治八年（1869）刻本　一冊

370000－1519－0000507　子000307
十二圓覺不分卷　（□）□□撰　清光緒三十
四年（1908）刻本　一冊

370000－1519－0000508　子000308
竹窗隨筆一卷　（明）釋袾宏撰　清光緒二十
四年（1898）金陵刻經處刻本　一冊

370000－1519－0000509　子000310
新約全書不分卷　（□）□□撰　清宣統三年
（1911）排印本　一冊

370000－1519－0000510　子000311

新約全書不分卷　（□）□□撰　清末排印本
　　一冊

370000－1519－0000511　子000314

金丹真傳不分卷　（明）孫汝忠撰　清刻本
　　一冊

370000－1519－0000512　子000315

老子道德經二卷音義一卷　（周）李耳撰
（三國魏）王弼注　（唐）陸德明音義　清光緒
元年（1875）浙江書局刻本　一冊

370000－1519－0000513　子000316

老子章義二卷　（春秋）李耳撰　（清）姚鼐注
　　清同治九年（1870）桐城吳氏刻本　一冊

370000－1519－0000514　子000317

南華真經解內篇七卷外篇十五卷雜篇十一卷
　　（戰國）莊周撰　（清）瞿宣穎解　清康熙寶
旭齋刻本　六冊

370000－1519－0000515　子000318

南華真經旁註五卷　（戰國）莊周撰　（晉）郭
象評　（晉）向秀註　清康熙五十五年（1716）
刻本　六冊

370000－1519－0000516　子000319

悟性窮原不分卷　（清）涵谷子撰　清咸豐二
年（1852）刻本　一冊

370000－1519－0000517　子000320

悟真篇三註三卷　（宋）張伯端撰　（宋）薛道
光等註　**參同契分節解三卷**　（漢）魏伯陽撰
　　（元）陳致虛解　**參同契箋註分節解三卷**
（漢）徐景休撰　（元）陳致虛解　清嘉慶十四
年（1809）聚錦堂刻本　五冊

370000－1519－0000518　子000321

悟真篇四註三卷　（宋）張伯端撰　（宋）薛道
光等註　清道光五年（1825）刻本　三冊

370000－1519－0000519　子000322

莊子南華經內篇一卷雜篇一卷　（戰國）莊周
撰　清刻本　二冊

370000－1519－0000520　子000323

莊子南華真經四卷音義四卷　（唐）陸德明音
義　明閔齊伋刻朱墨套印本　二冊　存二卷
（三至四）

370000－1519－0000521　子000324

莊子因六卷　（戰國）莊周撰　（清）林雲銘評
述　清刻本　六冊

370000－1519－0000522　子000325

**新鐫許真君玉匣記增補諸家選擇日用通書六
卷**　（晉）許遜等撰　清刻本　一冊　存四卷
（三至六）

370000－1519－0000523　子000329

陰騭文圖說不分卷　（清）黃正元輯　清乾隆
刻本　二冊

370000－1519－0000524　子000330

高上玉皇本行集經三卷　（□）□□撰　清光
緒二十一年（1895）刻本　一冊

370000－1519－0000525　子000334

禪門佛事二卷　（□）□□撰　清刻本　一冊

370000－1519－0000526　子000336

古佛應驗明聖經三卷　（□）□□撰　清刻本
　　一冊

370000－1519－0000527　子000337

華嚴寶懺法二卷　（□）□□撰　清光緒二十
年（1894）抄本　一冊　存一卷（二）

370000－1519－0000528　子000338

金母寶訓不分卷　（□）□□撰　清刻本
一冊

370000－1519－0000529　子000341

太陽真經儆世不分卷　（清）趙善嘉錄　清宣
統三年（1911）刻本　一冊

370000－1519－0000530　子000342

呂祖韓仙師弟問答不分卷　（□）□□撰　清
刻本　一冊

370000－1519－0000531　子000343

關帝明聖經一卷　（□）□□撰　清末影印本
　　一冊

370000－1519－0000532　子000344

仙佛合宗語錄不分卷　（明）伍守陽撰　清宣統元年(1909)上海掃葉山房石印本　一冊

370000－1519－0000533　子000345

三昧水懺法不分卷　（唐）釋知玄撰　清抄本　一冊

370000－1519－0000534　子000346

惺悟經不分卷　（□）□□撰　清抄本　一冊

370000－1519－0000535　子000349

諸子彙函二十六卷　（明）歸有光輯　明天啟刻本　二冊　存二卷(十至十一)

370000－1519－0000536　集000001

敬亭集十卷姜貞毅先生自著年譜一卷續編一卷　（明）姜埰撰　清光緒十五年(1889)山東書局刻本　四冊

370000－1519－0000537　集000002

庾子山集十六卷庾子山年譜一卷總釋一卷　(北周)庾信撰　（清）倪璠注　清道光十九年(1839)刻本　十二冊

370000－1519－0000538　集000003

望溪先生全集□□卷　（清）方苞撰　（清）戴鈞衡編　清咸豐元年(1851)戴氏刻本　十六冊

370000－1519－0000539　集000004

韋蘇州集十卷　（唐）韋應物撰　清宣統三年(1911)石印本　六冊

370000－1519－0000540　集000005

李太白文集三十卷附錄三卷　（唐）李白撰　（清）王琦輯注　清乾隆刻本　十六冊

370000－1519－0000541　集000006

昌黎先生集四十卷　（唐）韓愈撰　清同治八年(1869)江蘇書局刻本　四冊　存十三卷(一至四、十三至二十一)

370000－1519－0000542　集000007

述學內篇三卷外篇一卷補遺一卷別錄一卷　(清)汪中撰　校勘記一卷　（清）方濬頤撰　清同治八年(1869)揚州書局刻本　二冊

370000－1519－0000543　集000008

柏梘山房文集十六卷續集一卷詩集十卷續集二卷駢體文二卷　（清）梅曾亮撰　清光緒二十七年(1901)排印本　五冊

370000－1519－0000544　集000009

律賦凌雲集不分卷　（清）饒探春輯　清嘉慶七年(1802)刻本　四冊

370000－1519－0000545　集000010

盛世危言二編四卷　（清）鄭觀應輯　清光緒二十四年(1898)圖書集成局排印本　二冊

370000－1519－0000546　集000011

楊忠湣公全集四卷　（明）楊繼盛撰　（清）章鈺輯　清道光八年(1828)刻本　四冊

370000－1519－0000547　集000012

邊華泉集八卷補遺一卷坿錄一卷集稿六卷　(明)邊貢撰　清康熙四十四年(1705)歷城張氏刻宣統三年(1911)補修本　五冊　存十三卷(邊華泉集八卷、補遺一卷、坿錄一卷、集稿一至三)

370000－1519－0000548　集000013

王陽明先生全集　（明）王守仁撰　清道光六年(1826)刻本　十六冊

370000－1519－0000549　集000014

陶淵明集八卷　（晉）陶潛撰　（宋）湯漢等箋注　（明）張自烈評　總論一卷和陶一卷　(宋)蘇軾撰　律陶一卷　（明）王思任輯　律陶纂一卷　（明）黃槐開輯　明崇禎書林張詒謀刻本　三冊　存六卷(陶淵明集一至五、和陶一卷)

370000－1519－0000550　集000015

溫飛卿詩集七卷別集一卷集外詩一卷　（唐）溫庭筠撰　（明）曾益注　（清）顧予咸補注　（清）顧嗣立續注　清康熙三十六年(1697)顧氏秀野草堂刻本　二冊

370000－1519－0000551　集000016

鬲津草堂詩六卷　（清）田霡撰　清康熙、乾隆刻德州田氏叢書本　二冊

370000－1519－0000552　集000017

晴雲山房文集十七卷補遺二卷詩集三卷補遺
一卷新刻紅椒山房筆記七卷　（清）馮鎮巒撰
　　清道光二十四年（1844）刻本　十二冊

370000－1519－0000553　集000018

孝思錄二卷　（明）沈迅撰　清沈宜春抄本
一冊

370000－1519－0000554　集000019

楚辭評林八卷總評一卷　（宋）朱熹集注
（明）沈雲翔輯評　明崇禎十年（1637）吳郡八
詠樓刻本　六冊

370000－1519－0000555　集000020

湘綺樓詩八卷夜雪集一卷　王闓運撰　清光
緒二十六年（1900）東州講舍刻本　四冊

370000－1519－0000556　集000021

昌黎先生詩集注十一卷　（唐）韓愈撰　（清）
朱彝尊　（清）何焯評　（清）顧嗣立刪補　清
光緒九年（1883）廣州翰墨園刻朱墨藍三色套
印本　四冊

370000－1519－0000557　集000022

有正味齋賦四卷　（清）吳錫麒撰　（清）胡玉
樹編　清道光六年（1826）刻本　四冊

370000－1519－0000558　集000023

國朝律賦偶箋四卷　（清）沈豐岐箋　清刻本
四冊

370000－1519－0000559　集000024

天根詩鈔二卷文鈔四卷文鈔續集一卷　（清）
何家琪撰　清光緒三十二年（1906）大梁封邱
何氏刻本　六冊

370000－1519－0000560　集000025

瑤池金母十二封家書不分卷　（□）□□撰
清宣統元年（1909）吉林善佛堂石印本　一冊

370000－1519－0000561　集000026

八銘堂塾鈔初集四卷　（清）吳懋政輯　（清）
李文山注　清末成文信刻本　五冊

370000－1519－0000562　集000027

律賦蕊珠新編不分卷　（清）蕭應樾等編　清

嘉慶二十四年（1819）刻本　四冊

370000－1519－0000563　集000028

韓集點勘四卷　（清）陳景雲撰　清同治九年
（1870）江蘇書局刻本　一冊

370000－1519－0000564　集000029

寇忠湣公詩集三卷　（宋）寇準撰　清宣統三
年（1911）中華圖書館影印本　二冊

370000－1519－0000565　集000030

歸震川先生尺牘二卷　（明）歸有光撰　清末
影印本　一冊　存一卷（二）

370000－1519－0000566　集000031

補造化軒試帖十八卷　（清）蔡壽祺撰　清光
緒八年（1882）刻本　六冊

370000－1519－0000567　集000032

分韻試帖青雲集合註四卷　（清）楊逢春輯
清光緒十九年（1893）刻本　二冊　存二卷
（一、四）

370000－1519－0000568　集000033

分韻試帖青雲集合註四卷　（清）楊逢春輯
清光緒十四年（1888）刻本　四冊

370000－1519－0000569　集000034

盛世危言十四卷　（清）鄭觀應撰　清光緒二
十四年（1898）石印本　二冊

370000－1519－0000570　集000035

福田集不分卷　（□）□□撰　清刻本　一冊

370000－1519－0000571　集000036

蘇文忠公詩編註集成四十六卷總案四十五卷
（宋）蘇軾撰　（清）王文誥輯　清光緒十四
年（1888）浙江書局刻本　二十四冊

370000－1519－0000572　集000037

寄嶽雲齋試帖詳註四卷　（清）聶銑敏撰　清
嘉慶十六年（1811）刻本　二冊

370000－1519－0000573　集000038

亭皋詩鈔四卷　（清）吳綺撰　清刻本　二冊

370000－1519－0000574　集000039

律賦蕊珠二編二卷　（清）蕭應樾等編　清嘉

慶二十四年(1819)刻本　二冊

370000－1519－0000575　集000040

律賦揀金錄註釋六卷　(清)朱一飛輯　清嘉慶十四年(1809)刻本　六冊

370000－1519－0000576　集000041

望溪先生文偶抄一卷　(清)方苞撰　(清)王兆符　(清)程崟輯　清康熙至嘉慶桐城方氏抗希堂刻抗希堂十六種本　六冊

370000－1519－0000577　集000042

雨亭尺牘八卷　(清)林欽潤撰　清道光二十五年(1845)刻本　七冊　存七卷(一至五、七至八)

370000－1519－0000578　集000043

適軒尺牘八卷　(清)徐菊生撰　清刻本　二冊　存六卷(一至六)

370000－1519－0000579　集000044

庚辰集五卷唐人試律說一卷　(清)紀昀撰　清刻本　六冊

370000－1519－0000580　集000045

試律青雲集四卷　(清)楊逢春輯　(清)沈品三等注　清刻本　一冊　存一卷(四)

370000－1519－0000581　集000213

新刻解學士詩不分卷　(明)解縉撰　清刻本　一冊

370000－1519－0000582　集000051

昌黎先生集四十卷外集十卷遺文一卷　(唐)韓愈撰　清同治八年(1869)江蘇書局刻本　六冊　存三十八卷(昌黎先生集五至十二、二十二至四十,外集十卷,遺文一卷)

370000－1519－0000583　集000052

明德先生文集二十六卷　(明)呂維祺撰　清康熙二年(1663)刻本　十四冊　存二十三卷(二至二十一、二十四至二十六)

370000－1519－0000584　集000053

滄溟先生集三十卷附錄一卷　(明)李攀龍撰　清道光二十七年(1847)李獻方刻本　八冊　存三十卷(一至十四、十六至三十,附錄一卷)

370000－1519－0000585　集000055

積翠山莊吟鈔四卷　(清)柳雲漢輯　清咸豐刻本　二冊　存二卷(一、四)

370000－1519－0000586　集000071

亭林文集六卷餘集一卷詩集五卷　(清)顧炎武撰　清宣統二年(1910)掃葉山房石印本　四冊

370000－1519－0000587　集000079

山谷詩集註二十卷　(宋)黃庭堅撰　(宋)任淵註　**外集詩註十七卷**　(宋)黃庭堅撰　(宋)史容註　**別集詩註二卷**　(宋)黃庭堅撰　(宋)史季溫註　清光緒二十一年至二十五年(1895－1899)陳三立刻本　十六冊

370000－1519－0000588　集000090

盛世危言三編六卷　(清)鄭觀應輯　清光緒二十四年(1898)圖書集成局排印本　二冊

370000－1519－0000589　集000091

蘇東坡詩集注三十二卷　(宋)蘇軾撰　題(宋)呂祖謙分編　題(宋)王十朋纂輯　**年譜一卷**　(宋)王宗稷撰　清康熙三十七年(1698)朱從延文蔚堂刻本　一冊　存三卷(十六至十八)

370000－1519－0000590　叢000003

隨園三十六種　(清)袁枚撰　清光緒三十四年(1908)上海集成圖書公司排印本　四十一冊　存二十二種二百○一卷(小倉山房文集一至十一、十九至三十五;小倉山房外集八卷;小倉山詩集一至十七、二十四至三十、三十六至三十七,補遺二卷;袁太史稿一卷;小倉山尺牘十卷,牘外餘言一卷;隨園詩話十六卷,補遺十卷;隨園隨筆一至二十;新齊諧一至四、十二至二十四;續同人集不分卷;續同人集文類四卷;隨園八十壽言六卷;紅豆村人詩稿十四卷;碧腴齋詩存八卷;南園詩選二卷;筱雲詩集二卷;樓居小草一卷;素文女子遺稿一卷;瑤華閣詩草一卷,詞鈔一卷,補遺一卷;隨園女弟子詩選六卷;飲水詞鈔二卷;七家詞鈔十卷;隨園瑣記二卷)

370000－1519－0000591　集000094

新羅山人集五卷目錄一卷　（清）華嵒撰　清
末杭州古今圖書館德記書局影印本　二冊
存四卷（二至五）

370000－1519－0000592　集000095

飲冰室文集不分卷　梁啟超撰　清宣統元年
（1909）普新瑞記書局石印本　一冊

370000－1519－0000593　集000096

宋蘇文公策論選十二卷　（宋）蘇軾等撰
（明）茅鹿門評　清刻本　二冊　存二卷（宋
蘇文忠公策論選二、宋蘇文定公策論選四）

370000－1519－0000594　集000097

林蕙堂文集續刻六卷　（清）吳綺撰　清刻本
二冊　存四卷（三至六）

370000－1519－0000595　集000098

小題文府不分卷　（□）□□撰　清光緒二十
一年（1895）上海點石齋石印本　八冊

370000－1519－0000596　集000099

塾課分編註釋八集□□卷　（清）王步青評選
（清）于光華註釋　清刻本　六冊　存五卷
（三集十六至二十）

370000－1519－0000597　集000100

新鐫試帖秋香八卷　（□）□□撰　清同治十
二年（1873）京都琉璃廠刻本　四冊

370000－1519－0000598　集000104

衛濟餘編十八卷　（清）王纕堂編　清同治八
年（1869）刻本　五冊　存五卷（一至五）

370000－1519－0000599　集000105

蘿石山房文鈔四卷　（明）左懋第撰　（清）李
清編　清乾隆五年（1740）刻本　四冊

370000－1519－0000600　集000109

左文襄公奏疏初編三十八卷續編七十六卷三
編六卷　（清）左宗棠撰　清末排印本　一冊
存八卷（初編三十一至三十八）

370000－1519－0000601　集000112

梅花屋詩草不分卷　（明）左懋第撰　清刻本
一冊

370000－1519－0000602　集000113

何翰林集二十八卷　（明）何良俊撰　明嘉靖
四十四年（1565）何氏香嚴精舍刻本　四冊

370000－1519－0000603　集000114

古歡堂集三十六卷長河志籍考十卷黔書二卷
年譜一卷　（清）田雯撰　清康熙德州田氏刻
本　十二冊

370000－1519－0000604　集000115

李義山詩集三卷　（唐）李商隱撰　（清）朱鶴
齡箋注　清乾隆五十八年（1793）三多齋刻本
六冊

370000－1519－0000605　集000116

新刊五百家註音辯昌黎先生文集四十卷
（唐）韓愈撰　（宋）魏仲舉輯註　清乾隆四十
九年（1784）刻本　十冊

370000－1519－0000606　集000117

劍南詩鈔六卷　（宋）陸游撰　（清）楊大鶴輯
清康熙二十四年（1685）刻本　五冊

370000－1519－0000607　集000118

左忠貞公剩稿四卷　（明）左懋第撰　（清）左
彤九輯　清乾隆五十八年（1793）刻本　四冊

370000－1519－0000608　集000119

蘿石山房文鈔四卷　（明）左懋第撰　（清）李
清編　清乾隆五年（1740）刻本　四冊

370000－1519－0000609　集000120

杜詩詳註二十五卷首一卷附編二卷　（唐）杜
甫撰　（清）仇兆鰲輯註　清康熙刻本　佚名
批校　二十冊

370000－1519－0000610　集000121

安雅堂全集七種二十卷　（清）宋琬撰　清康
熙五年（1666）刻本　十六冊

370000－1519－0000611　集000122

善卷堂四六十卷　（清）陸繁弨撰　清乾隆三
十五年（1770）刻本　八冊

370000－1519－0000612　集000124

大文堂重訂古文釋義新編八卷　（清）余誠評
注　清刻本　八冊

370000－1519－0000613　集000125

皇朝經世文編一百二十卷　（清）賀長齡輯
清刻本　七十八冊　存一百十八卷（一至一
百十、一百十三至一百二十）

370000－1519－0000614　集000126
古文析義十六卷　（清）林雲銘評注　清嘉慶
六年（1801）刻本　六冊　存十四卷（一至十
四）

370000－1519－0000615　集000127
古唐詩合解十二卷古詩四卷　（清）王堯衢注
　清光緒六年（1880）刻本　八冊

370000－1519－0000616　集000128
御選唐宋詩醇四十七卷目錄二卷　（清）高宗
弘曆選　清刻本　二十四冊

370000－1519－0000617　集000129
重訂古文釋義新編八卷　（清）余誠評注　清
光緒十七年（1891）成文堂刻本　八冊

370000－1519－0000618　集000130
三餘堂古文觀止十二卷　（清）吳乘權　（清）
吳大職選　清嘉慶八年（1803）刻本　六冊

370000－1519－0000619　集000131
唐詩別裁集引典備註二十卷　（清）沈德潛選
　（清）俞汝昌增註　清刻本　十六冊

370000－1519－0000620　集000132
唐人三家集　（清）秦恩復輯　清宣統三年
（1911）影印本　八冊

370000－1519－0000621　集000133
重訂古文釋義新編八卷　（清）余誠評注　清
光緒二十五年（1899）成文堂刻本　八冊

370000－1519－0000622　集000134
瀛奎律髓刊誤四十九卷　（元）方回選　（清）
紀昀批點　清刻本　十二冊

370000－1519－0000623　集000135
宋七家詞選七卷　（清）戈載輯　清宣統三年
（1911）掃葉山房石印本　三冊

370000－1519－0000624　集000136
皇朝經世文新增時務續編四十卷新增洋務續
編八卷　（□）□□撰　題三魚堂主人輯　清

光緒二十三年（1897）上海掃葉山房排印本
五冊　存四十三卷（新增時務續編四十卷、新
增洋務續編一至三）

370000－1519－0000625　集000137
欽定國朝詩別裁集三十二卷　（清）沈德潛輯
　清刻本　十三冊　存二十六卷（一至十八、
二十一至二十二、二十五至三十）

370000－1519－0000626　集000138
古唐詩合解十二卷古詩四卷　（清）王堯衢注
　清光緒刻本　五冊

370000－1519－0000627　集000139
古詩源十四卷　（清）沈德潛選　清刻本
四冊

370000－1519－0000628　集000140
古唐詩合解十二卷古詩四卷　（清）王堯衢注
　清光緒二十四年（1898）刻本　六冊

370000－1519－0000629　集000141
古唐詩合解十二卷古詩四卷　（清）王堯衢注
　清光緒十一年（1885）刻本　七冊

370000－1519－0000630　集000143
古唐詩合解十二卷古詩四卷　（清）王堯衢注
　清刻本　二冊　存七卷（古唐詩十至十二、
古詩四卷）

370000－1519－0000631　集000145
古唐詩合解十二卷古詩四卷　（清）王堯衢注
　清刻本　二冊　存六卷（古唐詩一至六）

370000－1519－0000632　集000146
古唐詩合解十二卷古詩四卷　（清）王堯衢注
　清道光六年（1826）刻本　七冊　存十卷
（古唐詩一至四、七至十二）

370000－1519－0000633　集000147
重訂古文釋義新編八卷　（清）余誠評注　清
光緒二十九年（1903）成和堂刻本　四冊　存
四卷（一、三至四、八）

370000－1519－0000634　集000148
重訂古文釋義新編八卷　（清）余誠評注　清
光緒十七年（1891）成文堂刻本　十五冊

370000－1519－0000635　集000149

重訂古文釋義新編八卷　（清）余誠評注　清刻本　四冊　存四卷(三、五至七)

370000－1519－0000636　集000152

古文眉詮七十九卷　（清）浦起龍輯　清刻本　十二冊　存三十七卷(四十三至七十九)

370000－1519－0000637　集000154

王荆石先生批評韓文十卷　（唐）韓愈撰　（明）王錫爵評　明刻本　二冊　存二卷(二、七)

370000－1519－0000638　集000155

古文辭類纂七十四卷　（清）姚鼐輯　**續古文辭類纂三十四卷**　王先謙輯　清光緒十八年(1892)掃葉山房刻本　二十冊

370000－1519－0000639　集000156

駢體文鈔三十一卷　（清）李兆洛輯　清道光合河康氏刻同治六年(1867)婁江徐氏補刻光緒三十四年(1908)蘇州振新書社印本　五冊　存二十一卷(一至二十一)

370000－1519－0000640　集000157

唐詩別裁集引典備註二十卷　（清）沈德潛輯　（清）俞汝昌增註　清末影印本　四冊　存十一卷(四至五、九至十七)

370000－1519－0000641　集000158

壯悔堂文集十卷四憶堂詩集六卷　（清）侯方域撰　清光緒四年(1878)刻本　八冊

370000－1519－0000642　集000159

唐宋八家文讀本三十卷　（清）沈德潛評選　清刻本　八冊　存十四卷(一至六、十一至十五、二十四至二十五、三十)

370000－1519－0000643　集000163

古文析義十四卷　（清）林雲銘評注　清乾隆五十年(1785)書業堂刻本　七冊　存十二卷(一至五、八至十四)

370000－1519－0000644　集000164

駢體文鈔三十一卷　（清）李兆洛輯　清刻本　三冊　存十卷(二十二至三十一)

370000－1519－0000645　集000165

文選六十卷　（南朝梁）蕭統撰　清乾隆海錄軒刻朱墨套印本　六冊　存三十一卷(三十至六十)

370000－1519－0000646　集000167

古文析義十六卷　（清）林雲銘評注　清刻本　七冊　存七卷(二、六至七、九、十二至十三、十五)

370000－1519－0000647　集000169

皇朝經世文新增續編一百二十卷　（清）葛士濬輯　清光緒二十三年(1897)掃葉山房影印本　十七冊　存七十七卷(一至七、十二至十七、三十一至四十七、六十九至一百十五)

370000－1519－0000648　集000170

賦鈔六卷劄記一卷　（清）張惠言輯　清光緒二十三年(1897)江蘇書局刻本　五冊

370000－1519－0000649　集000173

國朝歷科發蒙小品不分卷　（清）唐帷懋評選　清嘉慶二十二年(1817)刻本　四冊

370000－1519－0000650　集000174

皇朝經世文編一百二十卷　（清）賀長齡輯　清排印本　七冊　存三十六卷(二十六至三十、五十九至八十九)

370000－1519－0000651　集000175

批點七家詩合註七卷　（清）張熙宇輯評　清光緒十二年(1886)刻本　七冊　存六卷(一至三、五至七)

370000－1519－0000652　集000176

重訂文選集評十五卷首一卷末一卷　（南朝梁）蕭統選　（清）于光華編　清刻本　五冊　存五卷(五至八、十二)

370000－1519－0000653　集000181

增補重訂千家詩註解四卷　（元）謝枋得撰　（清）王相註　清刻本　一冊　存二卷(三至四)

370000－1519－0000654　集000182

唐詩三百首補註八卷　（清）孫洙輯　（清）陳

婉俊補註　清刻本　一冊　存二卷(七至八)

370000－1519－0000655　集000183
國朝律賦新機初集一卷二集一卷續集一卷
(清)孫理評輯　(清)胡金杖　(清)胡玉樹
箋注　清刻本　三冊

370000－1519－0000656　集000184
詳註七家詩選七卷　(清)張熙宇評　(清)張
昶註釋　清刻本　二冊　存二卷(一至二)

370000－1519－0000657　集000185
江左校士錄二卷　(清)黃體芳輯　清光緒三
十年(1904)上海書局石印本　一冊　存一卷
(一)

370000－1519－0000658　集000186
分韻試帖青雲集合註四卷　(清)楊逢春輯
清光緒十四年(1888)成文堂刻本　四冊

370000－1519－0000659　集000187
希範堂集四卷　(明)張允掄撰　清抄本　三
冊　存三卷(一、三至四)

370000－1519－0000660　集000188
新鐫五言千家詩會義直解二卷　(清)王相選
注　(清)任福祐重輯　清宣統三年(1911)刻
本　一冊

370000－1519－0000661　集000189
新鐫五言千家詩會義直解二卷　(清)王相選
注　(清)任福祐重輯　清光緒二十三年
(1897)刻本　一冊

370000－1519－0000662　集000191

選註六朝唐賦不分卷　(清)馬傳庚選註　清
光緒十八年(1892)刻本　二冊

370000－1519－0000663　集000193
文章軌範七卷　(元)謝枋得選　明末三畏堂
映旭齋刻本　二冊

370000－1519－0000664　集000194
十種唐詩選不分卷　(清)王士禎刪纂　清刻
本　十冊

370000－1519－0000665　集000195
明詩別裁集十二卷　(清)沈德潛　(清)周準
輯　清乾隆四年(1739)刻本　七冊

370000－1519－0000666　集000197
陳氏毛詩五種　(清)陳奐撰　清光緒刻本
十一冊　存三種三十五卷(詩毛氏傳疏三十
卷、釋毛詩音四卷、毛詩說一卷)

370000－1519－0000667　集000198
批點七家詩合註七卷　(清)張熙宇輯評　清
光緒九年(1883)刻本　七冊

370000－1519－0000668　集000200
先賢詩鈔不分卷　(□)□□撰　清抄本
一冊

370000－1519－0000669　集000203
批點七家詩合註七卷　(清)張熙宇輯評　清
光緒十八年(1892)刻本　七冊

370000－1519－0000670　集000206
所見詩曲襍集□□卷　(□)□□撰　清抄本
二冊

山東省煙臺市棲霞市圖書館古籍普查登記目錄

全國古籍普查登記目錄

國家圖書館出版社

National Library of China Publishing House

370000－1528－0000001　000001

古唐詩合解十二卷古詩四卷　（清）王堯衢注
　清光緒七年（1881）刻本　六冊

370000－1528－0000002　000002

古唐詩合解十二卷古詩四卷　（清）王堯衢注
　清光緒二十四年（1898）成文信刻本　六冊

370000－1528－0000003　000003

欽定學政全書八十六卷　（清）童璜等纂修
清嘉慶十七年（1812）刻本　佚名批注　一冊
　存二卷（四十二至四十三）

370000－1528－0000004　000004

左繡三十卷首一卷　（清）馮李驊　（清）陸浩
輯　清光緒二十五年（1899）刻本　十五冊
　存二十八卷（一至二十八）

370000－1528－0000005　000005

易經體注會解合參四卷　（清）來爾繩纂輯
清道光二十五年（1845）姑蘇文富堂刻本
四冊

370000－1528－0000006　000006

山左古文鈔八卷　（清）李景嶧　（清）劉鴻翱
輯　清刻本　八冊

370000－1528－0000007　000007

孟子集註大全十四卷　（宋）朱熹集註　（清）
陸隴其纂輯　清刻本　一冊　存一卷（一）

370000－1528－0000008　000008

書經體註大全合叅六卷　（清）錢希祥纂輯
清光緒二十五年（1899）成文信刻本　四冊

370000－1528－0000009　000009

漢安徵信錄一卷　（清）徐灼撰　清咸豐十一
年（1861）刻魚虎彙刻三種本　一冊

370000－1528－0000010　000010

東萊先生左氏博議二十五卷　（宋）呂祖謙撰
　虛字註釋備考六卷　（清）張文炳點定　清
光緒十四年（1888）雲陽義秀書屋刻本　六冊

370000－1528－0000011　000011

禮記易讀二卷　題（清）志遠堂主人纂輯　清
光緒四年（1878）刻本　二冊

370000－1528－0000012　000012

易經體註大全會解四卷　（清）來爾繩纂輯
　清光緒十年（1884）成文堂刻本　二冊

370000－1528－0000013　000013

合纂四書彙通二十七卷　（清）李載禮輯　清
刻本　五冊　存十三卷（四至六、九至十、十
四至十九、二十四至二十五）

370000－1528－0000014　000014

初刻黃維章先生詩經娜嬛體註八卷　（明）黃
文煥撰　（清）范翔重訂　清道光五年（1825）
刻本　四冊

370000－1528－0000015　000015

左繡三十卷首一卷　（清）馮李驊　（清）陸浩
輯　清刻本　八冊　存十五卷（十六至三十）

370000－1528－0000016　000016

詩經融註大全體要八卷　（清）高朝瓔撰
（清）沈世楷輯　清光緒九年（1883）文盛堂刻
本　佚名批註　四冊

370000－1528－0000017　000017

增補四書精繡圖像人物備考十二卷　（明）薛
應旂撰　（明）陳仁錫增訂　清嘉慶元年
（1796）二南堂刻本　八冊

370000－1528－0000018　000018

書經六卷　（宋）蔡沈集傳　清同治十三年
（1874）掃葉山房刻本　四冊

370000－1528－0000019　000019

欽定書經傳說彙纂二十一卷首二卷書序一卷
　（清）王鴻緒等纂　清刻本　十一冊　存十
四卷（九至二十一、書序一卷）

370000－1528－0000020　000020

書六卷　（宋）蔡沈集傳　清光緒十八年
（1892）成文信記刻本　四冊

370000－1528－0000021　000021

詩經融註大全體要八卷　（清）高朝瓔撰
（清）沈世楷輯　清光緒三年（1877）三盛堂記
刻本　佚名批註　四冊

370000－1528－0000022　000022

詩八卷　（宋）朱熹集傳　清光緒三十二年
（1906）成文信記刻本　四冊

370000－1528－0000023　000023
經典釋文三十卷　（唐）陸德明撰　清同治福
建刻武英殿聚珍版叢書本　八冊　存十五卷
（一至十五）

370000－1528－0000024　000024
清漢對音字式一卷　（□）□□撰　清同治福
建刻武英殿聚珍版叢書本　一冊

370000－1528－0000025　000025
圖畫四書白話解二十卷　（清）施崇恩撰　清
光緒三十四年（1908）上海彪蒙書室石印本
十四冊

370000－1528－0000026　000026
春秋說略十二卷春秋比二卷　（清）郝懿行撰
　清光緒七年（1881）刻本　四冊

370000－1528－0000027　000027
小學集註六卷　（明）陳選集註　清刻本
四冊

370000－1528－0000028　000028
欽定禮記義疏八十二卷首一卷　（清）允祿等
撰　清刻本　十冊　存十一卷（三十六至四
十六）

370000－1528－0000029　000029
禮記體註大全四卷　（清）范翔纂　清刻本
四冊

370000－1528－0000030　000030
文廟賢儒景行錄六卷　（清）周家楣輯　（清）
鄭沂補輯　清光緒刻本　一冊　存一卷（五）

370000－1528－0000031　000031
四書正義十九卷　（清）周大璋纂輯　清刻本
　二冊　存四卷（四至七）

370000－1528－0000032　000032
書六卷　（宋）蔡沈集傳　清刻本　二冊　存
三卷（四至六）

370000－1528－0000033　000033
孟子七卷　（宋）朱熹集注　清刻本　二冊

存四卷（四至七）

370000－1528－0000034　000034
而菴說唐詩二十二卷首一卷　（清）徐增撰
清崇德堂刻本（有抄配）　佚名批注　六冊

370000－1528－0000035　000035
易經大全會解四卷　（清）來爾繩纂輯　清光
緒十年（1884）刻本　四冊

370000－1528－0000036　000036
四書經註集證十九卷　（清）吳昌宗撰　清刻
本　八冊　存八卷（中庸一卷、孟子七卷）

370000－1528－0000037　000037
易經大全會解四卷　（清）來爾繩纂輯　清同
治十年（1871）崇德堂刻本　二冊

370000－1528－0000038　000038
書六卷　（宋）蔡沈集傳　清光緒二十六年
（1900）刻本　四冊

370000－1528－0000039　000039
全本禮記體註十卷　（清）范翔訂　（清）徐瑄
補輯　清刻本　一冊　存一卷（十）

370000－1528－0000040　000040
周易廣義六卷　（清）潘元懋輯　清刻本
九冊

370000－1528－0000041　000041
二鄉亭詞三卷　（清）宋琬撰　清康熙刻本
一冊

370000－1528－0000042　000042
禮記十卷　（元）陳澔集說　清慎詒堂刻本
一冊　存一卷（九）

370000－1528－0000043　000043
孟子七卷　（宋）朱熹集注　清刻本　一冊
存三卷（一至三）

370000－1528－0000044　000044
孟子七卷　（宋）朱熹集注　清刻本（有抄配）
　三冊　存五卷（一至三、六至七）

370000－1528－0000045　000045
三刻黃維章先生詩經嬝嬝體註八卷　（明）黃

文煥撰　（清）范翔重訂　清敦化堂刻本
四冊

370000－1528－0000046　000046
五經類編二十八卷　（清）周世樟編　清刻本
　佚名批注　四冊　存九卷（九至十一、十六
至十七、二十一至二十四）

370000－1528－0000047　000047
雅安書屋文集二卷　（清）汪燊撰　清道光二
十四年（1844）刻本　一冊　存一卷（二）

370000－1528－0000048　000048
易經體註大全會解四卷　（清）來爾繩纂輯
清刻本　三冊

370000－1528－0000049　000049
古唐詩合解十二卷古詩四卷　（清）王堯衢注
　清光緒十一年（1885）刻本　五冊

370000－1528－0000050　000050
孟子七卷　（宋）朱熹集注　清刻本　一冊
存三卷（一至三）

370000－1528－0000051　000051
春秋左傳註疏六十卷　（晉）杜預註　（唐）陸
德明音義　（唐）孔穎達疏　清刻本　十三冊
　存三十九卷（一至三十九）

370000－1528－0000052　000052
吳園周易解九卷附錄一卷　（宋）張根撰　清
刻本　二冊　存六卷（四至九）

370000－1528－0000053　000053
四書正義十九卷　（清）周大璋纂輯　清刻本
　三冊　存十卷（孟子五卷、論語五卷）

370000－1528－0000054　000054
安陽集五十卷　（宋）韓琦撰　別錄三卷
（宋）王巖叟撰　遺事一卷　（宋）強至撰　家
傳十卷　清乾隆四年（1739）陳錫輅刻三十五
年（1770）黃邦寧重修本　十冊

370000－1528－0000055　000055
春秋經傳集解三十卷　（晉）杜預撰　（唐）陸
德明音義　清刻本　七冊　存十三卷（一至
十三）

370000－1528－0000056　000056
左傳翼三十八卷　（清）周大璋輯評　清刻本
　六冊　存十四卷（二十五至三十八）

370000－1528－0000057　000057
欽定正嘉四書文欽定啟禎四書文欽定本朝四
書文　（清）方苞輯　清刻本　四冊　存六卷
（正嘉四書文上、下論，啟禎四書文上、下論，
本朝四書文上、下論）

370000－1528－0000058　000058
書經體註大全合參六卷　（清）錢希祥纂輯
清光緒二十五年（1899）成文信刻本　四冊

370000－1528－0000059　000059
蘇文忠公詩集五十卷目錄二卷　（宋）蘇軾撰
　（清）紀昀評點　清同治八年（1869）韞玉山
房刻朱墨套印本　九冊　存三十七卷（六至
十、十六至二十五、三十一至五十，目錄二卷）

370000－1528－0000060　000060
華陽集四十卷　（宋）王珪撰　清刻本　四冊
　存十七卷（一至九、二十五至二十九、三十
四至三十六）

370000－1528－0000061　000061
書經體註大全合叅六卷　（清）錢希祥纂輯
清刻本　四冊

370000－1528－0000062　000062
同館試律彙鈔二十四卷　（清）法式善等輯
清刻本　十冊

370000－1528－0000063　000063
小題三集行機二卷　（清）王步青評　清刻本
　一冊　存一卷（二）

370000－1528－0000064　000064
覺生詩續鈔四卷自訂年譜一卷　（清）鮑桂星
撰　清刻本　一冊　存一卷（二）

370000－1528－0000065　000065
蘿石山房文鈔四卷首一卷　（明）左懋第撰
清乾隆四十六年（1781）刻本　二冊　存二卷
（三至四）

370000－1528－0000066　000066

詩經體註圖考大全八卷　（清）高朝瓔撰
（清）沈世楷輯　清刻本　四冊

370000－1528－0000067　000067

周易四卷　（宋）朱熹本義　清道光二十一年
(1841)刻本　二冊

370000－1528－0000068　000068

庚辰集五卷唐人試律說一卷　（清）紀昀輯
清刻本　一冊　存一卷(三)

370000－1528－0000069　000069

御製詩二集九十卷目錄十二卷　（清）高宗弘
曆撰　清刻本　七冊　存二十四卷(一至十
二、十七至二十,目錄三至十)

370000－1528－0000070　000070

抱山草堂遺稿詩一卷文一卷　（清）楊寶彝撰
清光緒二年(1876)吳門刻本　一冊

370000－1528－0000071　000071

農政全書六十卷　（明）徐光啟撰　清道光十
八年(1838)刻本　四冊　存十五卷(三至七、
十二至二十一)

370000－1528－0000072　000072

潛研堂文集五十卷　（清）錢大昕撰　清嘉慶
十一年(1806)刻本　八冊

370000－1528－0000073　000073

籌濟編三十二卷首一卷　（清）楊景仁輯　清
刻本　三冊　存十五卷(二至十、二十二至二
十七)

370000－1528－0000074　000074

萬國公報　（清）萬國公報館編　清光緒三十
一年(1905)上海美華書館排印本　二十二冊
存二十二卷(一百二十二、一百二十五至一
百二十七、一百三十、一百三十二、一百三十
四至一百三十六、一百三十八、一百四十七、
一百四十九、一百五十四、一百九十四至一百
九十六、一百九十八至二百、二百〇二至二百
〇四)

370000－1528－0000075　000075

字彙十二卷首一卷末一卷　（明）梅膺祚撰

清刻本　六冊　存八卷(六至十二、末一卷)

370000－1528－0000076　000076

唐人試律說一卷　（清）紀昀撰　清刻本
一冊

370000－1528－0000077　000077

庚辰集五卷唐人試律說一卷　（清）紀昀輯
清刻本　六冊

370000－1528－0000078　000078

五子近思錄十四卷　（宋）朱熹　（宋）呂祖謙
輯　（清）汪佑訂補　清敦化堂刻本　六冊

370000－1528－0000079　000079

林文忠公政書三集三十七卷　（清）林則徐撰
清末刻本　十五冊　缺二卷(兩廣奏稿三
至四)

370000－1528－0000080　000080

正誼堂全書四百五十卷　（清）張伯行輯
（清）楊浚重輯　清同治五年(1866)福州正誼
書院刻八年至九年(1869－1870)續刻本　六
十一冊　存一百六十一卷(朱子集十八卷、李
延平先生文集四卷、黃逸齋先生文集六卷、陳
克齋先生文集五卷、方正學先生文集七卷、真
西山先生集八卷、熊勿軒先生文集六卷、魏莊
渠先生集二卷、羅整菴先生存稿二卷、陳剩夫
先生集四卷、張陽和文選三卷、湯潛菴先生集
二卷、陸稼書先生文集二卷、道統錄二卷附錄
一卷、二程語錄十八卷、朱子語類輯略八卷、
濂洛關閩書十九卷、近思錄十四卷、廣近思錄
十四卷、吳朝宗先生聞過齋集四卷、張橫渠先
生文集十二卷)

370000－1528－0000081　000081

松風閣詩鈔二十六卷　（清）彭蘊章撰　清同
治刻本　九冊

370000－1528－0000082　000082

中復堂五種　（清）姚瑩撰　清同治刻本　四
冊　存十二卷(東溟奏稿四卷,東槎紀略五
卷,康輶紀行一至二、十六)

370000－1528－0000083　000083

五代史七十四卷　（宋）歐陽修撰　（宋）徐無

黨注　清同治十一年(1872)湖北崇文書局刻本　八冊

370000－1528－0000084　000084

澄衷蒙學堂字課圖說四卷檢字一卷類字一卷
（清）澄衷蒙學堂輯　清光緒澄衷學堂石印本　七冊

370000－1528－0000085　000085

子史精華一百六十卷　（清）允祿　（清）吳襄等纂　清刻本　八冊　存四十卷(四十一至六十五、七十一至八十五)

370000－1528－0000086　000086

新訂四書補註備旨十卷　（清）鄧林撰　（清）杜定基增訂　清刻本　八冊

370000－1528－0000087　000087

經餘必讀八卷　（清）錢樹棠　（清）雷琳（清）錢樹立同輯　清道光五年(1825)刻本　四冊

370000－1528－0000088　000088

律例館校正洗冤錄四卷　（宋）宋慈撰　清刻本　四冊

370000－1528－0000089　000089

南澗甲乙稿二十二卷　（宋）韓元吉撰　清刻本　二冊　存七卷(一至七)

370000－1528－0000090　000090

顏氏家訓二卷　（北齊）顏之推撰　清光緒元年(1875)湖北崇文書局刻本　一冊

370000－1528－0000091　000091

道德眞經註四卷　（元）吳澄撰　清光緒元年(1875)湖北崇文書局刻本　一冊

370000－1528－0000092　000092

新鐫五言千家詩會義直解二卷　（清）王相選注　（清）任福祐重輯　清末刻本　一冊

370000－1528－0000093　000093

繡像東漢演義二卷一百二十六回　（明）謝詔撰　清光緒三十一年(1905)圖書集成局影印本　二冊

370000－1528－0000094　000094

繡像西漢演義四卷一百回　（明）甄偉撰　清光緒三十一年(1905)圖書集成局影印本　四冊

370000－1528－0000095　000095

時藝階八卷　（清）路德輯　清道光刻本　四冊

370000－1528－0000096　000096

重訂文選集評十五卷首一卷末一卷　（清）于光華編　清光緒十五年(1889)刻本　五冊　存五卷(八至十一、十三)

370000－1528－0000097　000097

韻略滙通二卷　（明）蘭芳編次　清光緒十四年(1888)刻本　一冊

370000－1528－0000098　000098

沈文肅公政書七卷首一卷　（清）沈葆楨撰　清光緒七年(1881)精一閣排印本　一冊　存一卷(首一卷)

370000－1528－0000099　000099

史論正鵠初集四卷二集四卷三集八卷　（清）王樹敏評點　清光緒二十七年(1901)上海久敬齋石印本　四冊　存八卷(初集四卷、二集四卷)

370000－1528－0000100　000100

文選考異十卷　（清）胡克家撰　清末江寧劉氏刻本　二冊

370000－1528－0000101　000101

古文雅正十四卷　（清）蔡世遠選評　清光緒二十二年(1896)上海圖書集成印書局排印本　四冊

370000－1528－0000102　000102

塾課文鈔不分卷　（清）于光華編　清刻本　六冊　存四集(一集上、三集上、五集上下、七集上)

370000－1528－0000103　000103

第一才子書六十卷首一卷一百二十回　（明）羅貫中撰　（清）金人瑞　（清）毛宗崗評　清光緒三十四年(1908)上海時中書局排印本

八冊　存二十八卷(一至二十八)

370000－1528－0000104　000104

說鈴□□卷　(清)吳震方輯　清末刻本　七
冊　存七卷(湖壖雜記一卷、天香樓偶得一
卷、奉使俄羅斯日記一卷、尊鄉贅筆三、現果
隨錄一卷、述異記三、嶺南雜記一卷)

370000－1528－0000105　000105

三蘇策論十二卷　(清)張紹齡編　清光緒二
十七年(1901)點石齋書局影印本　佚名批注
四冊

370000－1528－0000106　000106

飲冰室文集不分卷　梁啟超撰　清光緒石印
本　十冊

370000－1528－0000107　000107

瀛海探驪集八卷　(清)朱埏之輯　清浙江三
益堂刻本　七冊　存七卷(一至二、四至八)

370000－1528－0000108　000108

加批輯註東萊博義四卷　(宋)呂祖謙撰　清
光緒石印本　四冊

370000－1528－0000109　000109

鄉黨考據不分卷　(□)□□撰　清抄本　佚
名批注　一冊、

370000－1528－0000110　000110

書經六卷　(宋)蔡沈集傳　清文聚堂刻本
四冊

370000－1528－0000111　000111

蘇老泉文集四卷　(宋)蘇洵撰　清末會文堂
書局排印本　一冊　存二卷(一至二)

370000－1528－0000112　000112

四書人物類典串珠四十卷　(清)臧志仁輯
清光緒九年(1883)刻本　十二冊

370000－1528－0000113　000113

書經六卷　(宋)蔡沈集傳　清刻本　四冊

370000－1528－0000114　000114

康熙字典十二集三十六卷檢字一卷辨似一卷
等韻一卷總目一卷備考一卷補遺一卷　(清)
張玉書等纂　清刻本　三十一冊　存十集

(寅至亥)

370000－1528－0000115　000115

四書五經義策論正續合編不分卷　(清)林迪
臣鑒定　清宣統三年(1911)江左書林石印本
七冊

370000－1528－0000116　000116

說文解字句讀三十卷　(清)王筠撰　清刻本
六冊　存十四卷(三至十六)

370000－1528－0000117　000117

四書味根錄三十七卷首二卷　(清)金澂撰
清刻本　九冊　存二十一卷(論語八至十六，
孟子一至六、九至十四)

370000－1528－0000118　000118

五經揭要　(清)許寶善編　清刻本　十冊
存二十二卷(詩經四卷、春秋六卷、書經六卷、
禮記六卷)

370000－1528－0000119　000119

四書味根錄三十七卷首二卷　(清)金澂撰
清末刻本　四冊　存十四卷(孟子十四卷)

370000－1528－0000120　000120

詩韻含英十八卷　(清)劉文蔚輯　清刻本
四冊

370000－1528－0000121　000121

仿宋刻阮本十三經註疏十三種四百十六卷
(清)阮元撰　(清)盧宣旬摘錄　清袖海山房
石印本　七冊　存四種一百十四卷(周禮四
十二卷、禮記四十三卷、論語二十卷、孝經九
卷)

370000－1528－0000122　000122

四書味根錄三十七卷首二卷　(清)金澂撰
清刻本　九冊　存十六卷(孟子十四卷、中庸
一至二)

370000－1528－0000123　000123

四書題鏡三十六卷　(清)汪鯉翔撰　清刻本
六冊　存六卷(下論一卷，上孟二卷、下孟
三卷)

370000－1528－0000124　000124

告子集注□□卷　（宋）朱熹集注　清世業堂刻本　一冊　存二卷（孟子六至七）

370000－1528－0000125　000125

三蘇策論十二卷　（清）張紹齡輯　清光緒二十七年（1901）鴻寶書局石印本　六冊

370000－1528－0000126　000126

四書說約三十三卷　（明）鹿善繼撰　清刻本　二冊　存十七卷（上論一至十、孟子一至七）

370000－1528－0000127　000127

康熙字典十二集三十六卷檢字一卷辨似一卷等韻一卷總目一卷備考一卷補遺一卷　（清）張玉書等纂　清刻本　二十四冊　存十一集（子下、丑上中、寅上中、卯上中、辰中、巳上下、未中下、申上中、酉中下、戌中下、亥上中）

370000－1528－0000128　000128

翰海十二卷　（明）沈佳胤輯　清光緒二年（1876）申報館排印本　八冊

370000－1528－0000129　000129

初刻黃維章先生詩經嫏嬛體註八卷　（明）黃文煥撰　（清）范翔重訂　清道光五年（1825）刻本　四冊

370000－1528－0000130　000130

林文忠公遺集　（清）林則徐撰　清光緒三年（1877）林氏刻本　一冊　存三卷（滇軺紀程一卷、荷戈紀程一卷、政書蒐遺一卷）

370000－1528－0000131　000131

增訂格物入門七卷首一卷　（美國）丁韙良撰　清光緒十五年（1889）同文館排印本　六冊　存六卷（一、三至七）

370000－1528－0000132　000132

萊陽宋宗玉先生栢園社宦稿一卷　（明）宋琮撰　清嘉慶元年（1796）刻本　一冊

370000－1528－0000133　000133

易經大全會解四卷　（清）來爾繩纂輯　清嘉慶二十二年（1817）金閶書業堂刻本　二冊

370000－1528－0000134　000134

書經體註大全合纂六卷　（清）錢希祥纂輯　清嘉慶二十一年（1816）刻本　佚名批校　三冊　存四卷（一、四至六）

370000－1528－0000135　000135

四書衷義錄十九卷　（清）洪繼運輯　清嘉慶十五年（1810）致和堂刻本　六冊

370000－1528－0000136　000136

時事新編初集六卷　（清）陳耀卿輯　清光緒二十一年（1895）排印本　六冊

370000－1528－0000137　000137

霆軍紀略十六卷　（清）陳昌撰　清光緒八年（1882）申報館排印本　一冊　存二卷（十二至十三）

370000－1528－0000138　000138

廣廣事類賦三十二卷　（清）吳世旃撰　清同文堂刻本　八冊

370000－1528－0000139　000139

詩韻集成十卷　（清）余照輯　清末排印本　二冊　存五卷（三至七）

370000－1528－0000140　000140

[光緒]甲辰恩科會試闈墨一卷　（清）譚廷闓等撰並評　清光緒三十一年（1905）崇實書局石印本　一冊

370000－1528－0000141　000141

皇朝經世文編一百二十卷　（清）賀長齡輯　清光緒十二年（1886）思補樓石印本　二十九冊　存六十卷（二十二至四十、四十三至四十六、六十八至九十四、九十七至九十八、一百〇一至一百〇四、一百十三、一百十六、一百十九至一百二十）

370000－1528－0000142　000142

新增智囊補二十八卷　（明）馮夢龍輯　清刻本　十冊　存十二卷（一至十二）

370000－1528－0000143　000143

使俄日記八卷　（清）王之春撰　清光緒二十一年（1895）石印本　二冊　存二卷（六至七）

370000－1528－0000144　000144

大清律例會通新纂四十卷 （清）刑部制訂
清末刻本 六冊 存十卷（三十至三十九）

370000－1528－0000145 000145

策學淵萃四十六卷目錄二卷 （□）□□輯
清末刻本 十冊 存二十七卷（二十至四十六）

370000－1528－0000146 000146

大清律例四十七卷 （清）三泰等撰 清末刻本 三冊 存二十卷（五至九、二十五至三十九）

370000－1528－0000147 000147

歷代名臣言行錄二十四卷 （清）朱桓輯 清光緒二十九年（1903）京都博文齋石印本 八冊

370000－1528－0000148 000148

[同治甲子科]山東鄉試第陸房門姓氏一卷
[同治甲子科]山東鄉試硃卷一卷 （清）□□撰 清同治刻本 一冊

370000－1528－0000149 000149

牧令書輯要十卷 （清）徐棟輯 （清）丁日昌重編 清同治十二年（1873）羊城書局刻本 十冊

370000－1528－0000150 000150

羅經解定七卷附羅經問答一卷 （清）胡國楨撰 清刻本 一冊 存四卷（一至四）

370000－1528－0000151 000151

水經注四十卷 （北魏）酈道元撰 清刻本 十二冊 存六卷（十八至二十三）

370000－1528－0000152 000152

太上感應篇註證合編八卷 （□）□□撰 清道光二十三年（1843）刻本 五冊 存四卷（一、五、七至八）

370000－1528－0000153 000153

大清律例彙輯便覽四十卷附督捕則例二卷
（清）三泰等輯 清末刻本 二冊 存三卷（十九至二十、二十四）

370000－1528－0000154 000154

李先生文稿不分卷 （□）□□撰 清抄本 一冊

370000－1528－0000155 000155

御選明臣奏議四十卷 （清）高宗弘曆選 清刻本 一冊 存二卷（三十至三十一）

370000－1528－0000156 000156

皇朝經世文新編二十一卷 （清）麥仲華輯 清光緒上海大同譯書局石印本 四冊 存二卷（一、三）

370000－1528－0000157 000157

新輯山東地理問答十六卷 （清）馬銘方撰 清末影印本 二冊

370000－1528－0000158 000158

楊椒山先生垂範集不分卷 （清）章淵輯 清咸豐二年（1852）會稽章氏刻本 一冊

370000－1528－0000159 000159

欽定學堂章程彙錄不分卷 （清）張百熙編 清宣統元年（1909）上海時中書局排印本 五冊

370000－1528－0000160 000160

齊魯講學編四卷 （清）尹銘綬輯 清刻本 佚名批注 二冊 存二卷（二、四）

370000－1528－0000161 000161

濟貧利鄉編經驗良方六卷 （清）孫侗編 清末石印本 一冊 存二卷（三至四）

370000－1528－0000162 000162

孝賢文一卷新刻正字名賢集一卷 （□）□□撰 清末萊州文德堂刻本 一冊

370000－1528－0000163 000163

欽定四庫全書考證一百卷 （清）王太岳等輯 清道光刻本 五冊 存五卷（三十四至三十六、三十八、七十二）

370000－1528－0000164 000164

京師譯學館規章不分卷 （清）京師譯學館編 清光緒三十一年（1905）京師學務處官書局排印本 一冊

370000－1528－0000165 000165

左恪靖伯奏稿三十八卷 （清）左宗棠撰 清同治七年（1868）黔中羅大春刻本 十七冊 存十七卷（二十一至三十二、三十四至三十八）

370000－1528－0000166 000166
禪門佛事二卷 （□）□□撰 清刻本 一冊

370000－1528－0000167 000167
藥會圖十回 （□）□□撰 清抄本 一冊

370000－1528－0000168 000168
本草綱目五十二卷首一卷附圖二卷 （明）李時珍撰 清刻本 八冊 存十四卷（十一至十二、十四至十五、十八、三十九至四十二、四十五至四十七,附圖二卷）

370000－1528－0000169 000169
[古詩雜抄]一卷 （□）□□撰 清抄本 佚名批注 一冊

370000－1528－0000170 000170
見菴陳稿不分卷 （□）□□撰 清抄本 一冊

370000－1528－0000171 000171
周衷愷先生稿不分卷 （清）周毓真撰 清抄本 一冊

370000－1528－0000172 000172
明文弋二集 （清）汪琬評選 清康熙刻本 五冊

370000－1528－0000173 000173
歷科殿試策不分卷 （□）□□輯 清末刻朱墨套印本 一冊

370000－1528－0000174 000174
前漢書一百卷 （漢）班固撰 （唐）顏師古注 清刻本 十一冊 存二十五卷（六至八、十三至十五、十七、二十一至二十四、二十九至三十、六十九至七十一、七十四至七十五、七十九至八十二、九十五至九十六、九十九）

370000－1528－0000175 000175
後漢書九十卷 （南朝宋）范曄撰 （唐）李賢注 志三十卷 （晉）司馬彪撰 （南朝梁）劉昭注 清刻本 九冊 存三十四卷（九至十、二十三至二十九、四十二至四十五、四十九至五十二、六十至六十三、九十六至九十九、一百〇四至一百〇六、一百〇九至一百十一、一百十八至一百二十）

370000－1528－0000176 000176
御批歷代通鑑輯覽一百二十卷 （清）傅恒等撰 清光緒三十年（1904）上海通元書局石印本 四十四冊 存六十卷（三十三至六十二、九十一至一百二十）

370000－1528－0000177 000177
三國志六十五卷 （晉）陳壽撰 （南朝宋）裴松之注 清刻本 六冊 存三十一卷（蜀志一至十五,吳志一至十一、十六至二十）

370000－1528－0000178 000178
御批歷代通鑑輯覽一百二十卷 （清）傅恒等撰 清光緒石印本 四冊 存十五卷（二十三至二十六、八十五至八十七、九十七至一百、一百〇五至一百〇八）

370000－1528－0000179 000179
御批歷代通鑑輯覽一百二十卷 （清）傅恒等撰 清末影印本 十一冊 存五十五卷（十一至十五、二十一至二十五、三十六至四十、五十六至七十五、八十一至八十五、九十一至九十五、一百十一至一百二十）

370000－1528－0000180 000180
十三經註疏附校勘記 （清）阮元撰 （清）盧宣旬摘錄 清光緒十三年（1887）上海點石齋石印本 十六冊 存四十八卷（周易兼義一至四,尚書註疏一至四,毛詩註疏一至三、七至八,周禮註疏五至六,禮記註疏一至十二,爾雅註疏一至二,論語註疏經解一至四,孝經註疏一至二,春秋公羊註疏一至四,春秋左傳註疏四至十二）

370000－1528－0000181 000181
宜稼堂叢書 （清）郁松年編 清道光上海郁氏刻本 三十一冊 存一百四十一卷（續後漢書四十二卷義例一卷音義四卷札記一卷,續後漢書一至八十四、八十六至九十、札記四卷）

370000－1528－0000182　000182

周書五十卷　（唐）令狐德棻等撰　清同治十三年（1874）金陵書局刻本　四冊

370000－1528－0000183　000183

舊五代史一百五十卷　（宋）薛居正等撰　清刻本　三冊　存四十一卷（十一至三十四、一百〇四至一百二十）

370000－1528－0000184　000184

五代史七十四卷　（宋）歐陽修撰　（宋）徐無黨注　清刻本　三冊　存五十卷（二十五至七十四）

370000－1528－0000185　000185

資治通鑑綱目正編五十九卷前編二十五卷續編二十七卷五代史補編二卷　（宋）朱熹等撰　（明）陳仁錫評閱　清嘉慶九年（1804）姑蘇聚文堂刻資治通鑑綱目四編合刻本　七十七冊　存六十五卷（正編一至十、十二至二十二、二十四、二十六至三十七、四十一至五十二,前編一至六、二十一至二十五,續通鑑綱目十至十七）

370000－1528－0000186　000186

資治通鑑綱目正編五十九卷前編二十五卷續編二十七卷五代史補編二卷　（宋）朱熹等撰　（明）陳仁錫評閱　清刻本　八十二冊　存六十卷（正編一至十七、二十至三十四、三十六至四十一、四十三至五十、五十二,前編十三至二十五）

370000－1528－0000187　000187

隋書八十五卷　（唐）魏徵等撰　清同治十年（1871）淮南書局刻本　六冊　存四十八卷（一至六、十三至十七、二十三至四十九、七十六至八十五）

370000－1528－0000188　000188

晉書一百三十卷　（唐）房玄齡等撰　附音義三卷　（唐）何超撰　清同治十年（1871）金陵書局刻本　十一冊　存八十七卷（一至十、十五至三十九、七十九至一百三十）

370000－1528－0000189　000189

明史紀事本末八十卷　（清）谷應泰撰　清刻本　六冊　存四十三卷（一至四十三）

370000－1528－0000190　000190

甲子會紀五卷　（明）薛應旂撰　（明）陳仁錫評　明陳仁錫刻本　四冊

370000－1528－0000191　000191

國朝先正事略六十卷　（清）李元度撰　清刻本　十冊　存三十卷（十二至十三、二十至二十一、二十五至二十八、三十二至三十五、四十三至六十）

370000－1528－0000192　000192

振新金鑑三卷　（英國）克禮孟撰　（英國）季理斐鑑定　清光緒二十九年（1903）上海商務印書館石印本　二冊　存二卷（一至二）

370000－1528－0000193　000193

地學歌略一卷　（清）葉瀚　（清）葉瀾撰　清刻本　二冊

370000－1528－0000194　000194

國朝名人小簡二卷　吳曾祺輯　清宣統元年（1909）上海商務印書館排印本　二冊

370000－1528－0000195　000195

漢書一百卷　（漢）班固撰　（唐）顏師古注　清刻本　佚名批注　六冊　存六十四卷（三十七至一百）

370000－1528－0000196　000196

戰國策十卷　（宋）鮑彪校注　（元）吳師道重校　清武林三餘堂刻本　八冊

370000－1528－0000197　000197

廿四史菁華錄七十六卷　（清）汪慶生撰　清光緒二十九年（1903）上海奎章書局石印本　十二冊

370000－1528－0000198　000198

歷代名臣言行錄二十四卷　（清）朱桓輯　清光緒二十八年（1902）自强學齋石印本　一冊　存三卷（一至三）

370000－1528－0000199　000199

隨園詩話十六卷補遺十卷　（清）袁枚撰　清

刻本　六冊

370000－1528－0000200　000200

史論正鵠初集四卷二集四卷三集八卷四集八卷　（清）王樹敏評點　清光緒二十七年(1901)上海久敬齋石印本　二十四冊

370000－1528－0000201　000201

十國春秋一百十四卷　（清）吳任臣撰　清康熙刻本　十二冊

370000－1528－0000202　000202

賦海大觀三十二卷　（清）沈祖燕編　清末石印本　八冊　存十卷(八至九、十一至十二、二十二至二十五、二十八至二十九)

370000－1528－0000203　000203

資治新書十四卷首一卷二集二十卷　（清）李漁輯　清刻本　一冊　存二卷(二集十五至十六)

370000－1528－0000204　000204

新增註釋目耕齋初刻不分卷二刻不分卷小題三刻　（清）徐楷原註　（清）沈叔眉選（清）黃貽相註釋　清末石印本　六冊

370000－1528－0000205　000205

御批歷代通鑑輯覽一百二十卷　（清）傅恒等撰　清同治十一年(1872)湖北崇文書局刻本　二十二冊　存四十七卷(一至二十一、九十五至一百二十)

370000－1528－0000206　000206

大清搢紳全書不分卷　（□）□□撰　清光緒十九年(1893)京都琉璃廠榮錄堂刻本　四冊

370000－1528－0000207　000207

前漢書一百卷　（漢）班固撰　（唐）顏師古注　清同治八年(1869)金陵書局刻本　二冊　存十三卷(十六至十八、四十五至五十四)

370000－1528－0000208　000208

周易四卷　（宋）朱熹本義　清同治七年(1868)文煥堂刻本　二冊

370000－1528－0000209　000209

詩韻含英十八卷　（明）劉文蔚輯　清刻本

一冊　存十卷(九至十八)

370000－1528－0000210　000210

水經注四十卷　（北魏）酈道元撰　清刻本十二冊　存十九卷(一至十九)

370000－1528－0000211　000211

萬國公報　（清）萬國公報館編　清光緒三十一年(1905)上海美華書館排印本　二冊　存四月(一九零五年二至三月、八至九月)

370000－1528－0000212　000212

周易四卷　（宋）朱熹本義　清刻本　一冊存三卷(二至四)

370000－1528－0000213　000213

新編楊曾地理家傳心法捷訣一貫堪輿八卷（明）唐世友撰　清刻本　一冊　存一卷(四)

370000－1528－0000214　000214

唐書二百二十五卷　（宋）歐陽修　（宋）宋祁等撰　清刻本　八冊　存五十六卷(一百〇一至一百五十六)

370000－1528－0000215　000215

唐宋八大家類選十四卷　（清）儲欣評選　清光緒二十八年(1902)慶文堂刻本　十二冊存八卷(一至八)

370000－1528－0000216　000216

漱芳軒合纂禮記體註四卷　（清）范翔參訂清道光二十五年(1845)刻本　三冊

370000－1528－0000217　000217

兼濟堂纂刻梅勿菴先生曆算全書　（清）梅文鼎撰　清雍正魏荔彤刻咸豐九年(1859)梅體萱補刻本　佚名批注　二十四冊　存五十一卷(三角法舉要五卷、勾股闡微四卷、弧三角舉要五卷、環中黍尺六卷、揆日候星紀要一卷、歲周地度合攷一卷、冬至攷一卷、諸方節氣加時日軌高度表一卷、五星紀要一卷、火星本法一卷、七政細草補註一卷、仰儀簡儀二銘補註一卷、曆學駢枝四卷、授時平立定三差詳說一卷、曆學答問一卷、古算衍略一卷、籌算七卷、度算釋例二卷、方程論六卷、少廣拾遺一卷)

370000－1528－0000218　000218

字彙十二集　（明）梅膺祚音釋　清光緒刻本
十四冊

370000－1528－0000219　000219

註釋典制文琳五集　（□）□□撰　清嘉慶刻
本　十一冊　存三集(二至三、五)

370000－1528－0000220　000220

左繡三十卷首一卷　（清）馮李驊　（清）陸浩
輯　清刻本　三冊　存十六卷(五至九、十五
至十九、二十五至三十)

370000－1528－0000221　000221

五經類編二十八卷　（清）周世樟編　清刻本
（有抄配）　四冊　存十九卷(六至十六、二十
一至二十八)

370000－1528－0000222　000222

法學通論十三章　（□）□□撰　清宣統二年
(1910)大公石印館石印本　一冊

370000－1528－0000223　000223

[光緒]棲霞縣續志十卷圖一卷　（清）黃麗中
（清）于如川等纂修　清光緒五年(1879)刻
本　七冊　存九卷(一至九)

370000－1528－0000224　000224

[山東福山]王氏家譜十七卷　（清）王兆琛等
重修　清道光二十六年(1846)刻本　三冊
存十三卷(一至十、十四至十六)

370000－1528－0000225　000225

詩賦駢字類珠八卷　（清）蕭燉輯　清嘉慶十
九年(1814)刻本　二冊

370000－1528－0000226　000226

詩韻集成十卷　（清）余照輯　清道光十六年
(1836)刻本　二冊

370000－1528－0000227　000227

則學堂存稿不分卷　（清）劉揚廷撰　清道光
二十九年(1849)刻本　二冊

370000－1528－0000228　000228

論語二卷　（□）□□撰　清抄本　二冊

370000－1528－0000229　000229

爾雅正義二十卷　（清）邵晉涵撰　爾雅釋文
三卷　（唐）陸德明撰　清乾隆五十三年
(1788)面水層軒刻本　四冊

370000－1528－0000230　000230

詩八卷　（宋）朱熹集傳　清刻本　二冊　存
五卷(四至八)

370000－1528－0000231　000231

論語十卷　（宋）朱熹集注　清刻本　二冊

370000－1528－0000232　000232

論語十卷　（宋）朱熹集注　清刻本　一冊
存五卷(六至十)

370000－1528－0000233　000233

論語十卷　（宋）朱熹集注　清刻本　一冊
存五卷(六至十)

370000－1528－0000234　000234

周易四卷　（宋）朱熹本義　清金谷園刻本
三冊

370000－1528－0000235　000235

五經算術二卷　（北周）甄鸞撰　（唐）李淳風
等注　清刻本　二冊

370000－1528－0000236　000236

河間試律矩四卷　（清）紀昀撰　（清）林昌彝
注　清世德堂刻本　一冊

370000－1528－0000237　000237

[讀小戴禮記劄記]二卷　（清）單為鏓撰　清
同治刻本　一冊

370000－1528－0000238　000208

大學述義不分卷　（清）單為鏓撰　清同治刻
本　一冊

370000－1528－0000239　000239

[讀春秋三傳劄記]二卷　（清）單為鏓撰　清
同治刻本　一冊　存一卷(二)

370000－1528－0000240　000240

讀經劄記不分卷　（清）單為鏓撰　清刻本
四冊

370000－1528－0000241　000241

山東鄉試硃卷同治壬申恩科併辛酉正科不分
卷 （□）□□撰 清同治刻本 二冊

370000－1528－0000242　000242
惜分軒手集一卷 （清）鞠振鐸撰 清道光十
二年(1832)刻本 一冊

370000－1528－0000243　000243
太微仙君純陽呂祖師功過格一卷 （清）康壽
崇增補 清道光刻本 一冊

370000－1528－0000244　000244
大清同治十四年歲次乙亥時憲書不分卷
(清)欽天監編 清刻朱墨套印本 一冊

370000－1528－0000245　000245
大清道光七年歲次丁亥時憲書不分卷 （清）
欽天監編 清刻本 一冊

370000－1528－0000246　000246
大清道光十七年歲次丁酉時憲書不分卷
(清)欽天監編 清刻本 一冊

370000－1528－0000247　000247
大清同治六年歲次丁卯時憲書不分卷 （清）
欽天監編 清刻本 一冊

370000－1528－0000248　000248
浙江魁卷不分卷 （清）□□撰 （清）蔣祥墀
再定 清嘉慶刻本 一冊

370000－1528－0000249　000249
本朝歷科小題玉朗不分卷 （清）張靜評選
清乾隆十九年(1754)致和堂刻本 一冊

370000－1528－0000250　000250
千字文一卷敦厚堂草一卷燕邸手抄一卷
(清)汪由敦書 清乾隆棲霞劉曰義抄本
一冊

370000－1528－0000251　000251
學庸不分卷 （□)□□撰 清抄本 一冊

370000－1528－0000252　000252
劉子政餘抄不分卷 （清）劉大紳輯 清乾隆
劉大紳抄本 清嘉慶九年(1804)劉曰義跋
一冊

370000－1528－0000253　000253
告子□□卷 （□)□□撰 清抄本 一冊
存一卷(六)

370000－1528－0000254　000254
怡我性情不分卷 （□)□□撰 清抄本
一冊

370000－1528－0000255　000255
時文讀本不分卷 （□)□□撰 清抄本
一冊

370000－1528－0000256　000256
騰蛟起鳳不分卷 （□)□□撰 清抄本
一冊

370000－1528－0000257　000257
書經六卷 （宋）蔡沈集傳 清刻本 一冊
存二卷(五至六)

370000－1528－0000258　000258
初刻黃維章先生詩經嫏嬛體註八卷 （明）黃
文煥撰 （清）范翔重訂 清乾隆四十五年
(1780)鴛湖博古堂刻本 一冊 存二卷(一
至二)

370000－1528－0000259　000259
映雪四書不分卷 （宋）朱熹撰 清乾隆五十
四年(1789)金閶書業堂刻本 一冊

370000－1528－0000260　000260
新訂四書補註備旨十卷 （明）鄧林撰 （清）
杜定基增訂 清刻本 一冊 存一卷(四)

370000－1528－0000261　000261
新鐫合參全旨四書近言正解□□卷 （清）吳
荃纂輯 清刻本 一冊 存一卷(二)

370000－1528－0000262　000262
尚書離句六卷 （清）錢在培輯注 清刻本
二冊 存四卷(一至四)

370000－1528－0000263　000263
全本禮記體註十卷 （清）范翔訂 （清）徐瑄
補輯 清刻本 五冊 存五卷(六至十)

370000－1528－0000264　000264
四書人物類典串珠四十卷 （清）臧志仁輯

清刻本　四冊　存十四卷(四至六、二十三至
三十三)

370000－1528－0000265　000265
孟子十四卷　(宋)朱熹集注　清刻本　二冊
存五卷(一至三、六至七)

370000－1528－0000266　000266
增補四書精繡圖像人物備考十二卷　(明)薛
應旂撰　(明)陳仁錫增訂　清刻本　五冊
存八卷(四至七、九至十二)

370000－1528－0000267　000267
布政司衙門刊頒條例不分卷　(清)布政司衙
門編　清刻本　三冊　存三種(布政司衙門
刊頒五十七年奉到一切條例、布政司衙門刊
頒五十八年奉到一切條例、布政司衙門刊頒
乾隆六十年奉到一切條例)

370000－1528－0000268　000268
張百川先生塾課註釋不分卷　(清)張江撰
(清)周汝調編　(清)陳觀民註　清世德堂刻
本　二冊

370000－1528－0000269　000269
字彙十二卷　(明)梅膺祚撰　清刻本　一冊

370000－1528－0000270　000270
有懷堂增訂全稿□□卷　(清)韓葵撰　清刻
本　一冊　存二卷(二至三)

370000－1528－0000271　000271
**正譌圖像三字經一卷正字千字文一卷增定百
家姓一卷**　(□)□□撰　清同治刻本　一冊

370000－1528－0000272　000272
增補百家姓不分卷　(□)□□撰　清光緒五
年(1879)文興堂刻本　一冊

370000－1528－0000273　000273
詩經娜嬛體註大全八卷　(明)黃文煥撰
(清)范翔參訂　清刻本　一冊

370000－1528－0000274　000274
句股割圜記三卷　(清)戴震撰　清乾隆微波
榭刻本　佚名批注　一冊

370000－1528－0000275　000275

癸卯科直省鄉墨大觀不分卷　(□)□□撰
清刻本　一冊

370000－1528－0000276　000276
周禮經傳撮要三卷　(清)潘潤章撰　清毛氏
汲古閣刻本　一冊　存一卷(一)

370000－1528－0000277　000277
抗希堂十六種　(清)方苞撰　清康熙、嘉慶
桐城方氏抗希堂刻本　六冊　存六卷(喪禮
或問一卷、春秋直解一至二、左傳義法舉要一
卷、刪定荀子一卷、刪定管子一卷)

370000－1528－0000278　000278
曆學疑問三卷　(清)梅文鼎撰　清刻本　一
冊　存二卷(二至三)

370000－1528－0000279　000279
註釋考卷脫穎集□□卷　(□)□□撰　清刻
本　佚名批註　一冊　存一卷(三)

370000－1528－0000280　000280
詩樣一卷　(□)□□撰　清刻本　一冊

370000－1528－0000281　000281
洗冤錄四卷　(宋)宋慈撰　清刻本　一冊
存一卷(二)

370000－1528－0000282　000282
[光緒]靖州鄉土志四卷　金蓉鏡纂修　清光
緒三十四年(1908)刻本　一冊　存二卷(一
至二)

370000－1528－0000283　000283
大清光緒十九年歲次癸巳時憲書不分卷
(清)欽天監編　清光緒刻朱墨套印本　一冊

370000－1528－0000284　000284
本朝歷科小題玉朗不分卷　(清)張諍評選
清刻本　一冊

370000－1528－0000285　000285
論語十卷　(宋)朱熹集注　清刻本　一冊
存五卷(一至五)

370000－1528－0000286　000286
國語二十一卷　(三國吳)韋昭注　清刻本
一冊　存二卷(一至二)

370000 – 1528 – 0000287　000287

周髀算經二卷　（漢）趙爽注　（北周）甄鸞重述　明刻本　佚名批注　一冊　存一卷(一)

370000 – 1528 – 0000288　000288

續資治通鑑二百二十卷　（清）畢沅撰　清刻本　四十八冊　存一百六十三卷(一至一百十、一百三十八至一百九十)

370000 – 1528 – 0000289　000289

通鑑紀事本末二百三十九卷　（宋）袁樞編次　（明）張溥論正　清刻本　四十五冊　存二百二十三卷(九至一百五十六、一百六十五至二百三十九)

370000 – 1528 – 0000290　000290

資治通鑑二百九十四卷　（宋）司馬光撰（元）胡三省音注　**通鑑釋文辯誤十二卷**（元）胡三省撰　清嘉慶二十一年(1816)鄱陽胡氏刻本　一百十六冊　缺十二卷(資治通鑑三十三至三十五、二百四十六至二百五十一,通鑑釋文辯誤九至十二)

370000 – 1528 – 0000291　000291

二十四史　（□）□□編　清刻本　一百○二冊　存六百三十五卷(漢書二十六至六十三；後漢書二十二、二十六、三十下、七十四下、七十九上、八十二上、八十七、志一、六、十四、二十三；魏書八至三十一、四十三至六十八、七十八、八十九、一百○五至一百○七、一百十一；北齊書三十八至五十；南史一至十、三十四至六十九、七十五至八十；北史六至二十三、三十五至四十、五十二至六十四、七十二至七十九、八十八至一百；新唐書一至三、十一至二十、五十一至六十、七十三、七十六至九十二、一百○三至一百二十二、一百五十六至一百八十八、二百十五至二百二十五；宋史四至十三、二十四至三十九、四十八至六十、七十七至一百六十、一百六十九至一百七十四、一百八十二至一百九十五、二百十至二百十三、二百十七至二百二十七、二百四十九至二百五十六、二百七十四至二百八十一、二百九十七至三百○四、三百二十二至三百五十六、三百六十六至四百二十二、四百三十一至

四百四十五、四百五十七至四百六十九)

370000 – 1528 – 0000292　000292

二十四史　（□）□□編　清同治、光緒五省官書局刻本　三百十七冊　存一千二百九十二卷(史記十八至一百三十；漢書一至二十八、三十一至一百；後漢書一至一百○七；宋書一至二十六、六十二至一百；陳書一至四；北史七十一至一百；舊唐書二百卷；唐書一至一百、一百五十七至二百○一、二百二十至二百二十五,釋音二十五卷；宋史一至一百五十四、一百七十七至二百○九、二百七十六至二百八十六、三百○九至四百九十六；遼史一至四十三、四十七至一百十六)

370000 – 1528 – 0000293　000293

續資治通鑑綱目二十七卷　（明）商輅等撰（明）陳仁錫評　清刻本　三十四冊

370000 – 1528 – 0000294　000294

康熙字典十二集三十六卷檢字一卷辨似一卷等韻一卷總目一卷備考一卷補遺一卷　（清）張玉書等纂　清道光七年(1827)刻本　三十八冊　缺二集(巳下、申中)

370000 – 1528 – 0000295　000295

東坡先生全集七十五卷　（宋）蘇軾撰　明刻本　七冊　存十九卷(二十二至三十五、五十二至五十四、六十八至六十九)

370000 – 1528 – 0000296　000296

太平清話二卷　（明）陳繼儒撰　明崇禎刻眉公十種藏書本　一冊

370000 – 1528 – 0000297　000297

楚辭集註八卷辯證二卷後語八卷　（宋）朱熹撰　（明）蔣之翹補輯並評校　**附覽二卷總評一卷**　（明）蔣之翹輯　明天啟六年(1626)蔣之翹刻本　五冊

370000 – 1528 – 0000298　000298

明文奇賞四十卷　（明）陳仁錫輯　明天啟三年(1623)刻本　二十冊

370000 – 1528 – 0000299　000299

尚書註疏二十卷　（漢）孔安國傳　（唐）孔穎

達疏　清刻本　八冊

370000－1528－0000300　000300
周禮註疏四十二卷　（漢）鄭玄註　（唐）賈公
彥疏　清刻本　十六冊

370000－1528－0000301　000301
禮記註疏六十三卷　（漢）鄭玄註　（唐）孔穎
達疏　清刻本　十九冊　存六十卷（一至三
十八、四十二至六十三）

370000－1528－0000302　000302
儀禮註疏十七卷　（漢）鄭玄註　（唐）賈公彥
疏　清刻本　十冊

370000－1528－0000303　000303
宋元通鑑一百五十七卷　（明）薛應旂撰　明
天啟六年（1626）長洲陳仁錫刻本　六十冊
存一百五十卷（一至一百十、一百十八至一百
五十七）

370000－1528－0000304　000304
宋史紀事本末一百〇九卷　（明）馮琦撰
（明）陳邦瞻增訂　（明）張溥論正　明末張溥
刻本　十二冊

370000－1528－0000305　000305
水經注四十卷　（北魏）酈道元撰　清刻本
九冊　存二十三卷（十八至四十）

370000－1528－0000306　000306
西湖遊覽志餘二十六卷　（明）田汝成撰　明
萬曆四十七年（1619）商維濬刻本　五冊

370000－1528－0000307　000307
續資治通鑑綱目二十七卷　（明）商輅等撰
（明）陳仁錫評　清姑蘇聚文堂刻本　二十四
冊　存二十二卷（一至二、四至七、九至十二、
十四至十八、二十至二十四、二十六至二十
七）

370000－1528－0000308　000308
東巡金石錄八卷　（清）崔應階撰　清乾隆刻
本　二冊

370000－1528－0000309　000309
山谷内集詩註二十卷　（宋）黃庭堅撰　（宋）

任淵注　外集詩注十七卷　（宋）黃庭堅撰
（宋）史容注　別集詩注二卷　（宋）黃庭堅撰
　（宋）史季溫注　清刻本　四冊　存十二卷
（外集詩注八至十七、別集詩注二卷）

370000－1528－0000310　000310
後山詩注十二卷　（宋）陳師道撰　清刻本
四冊

370000－1528－0000311　000311
唐人試律說一卷　（清）紀昀撰　清刻本
一冊

370000－1528－0000312　000312
攻媿集一百十二卷　（宋）樓鑰撰　清刻本
二十二冊　存五十五卷（十三至十八、三十至
三十三、六十五至七十六、八十至一百十二）

370000－1528－0000313　000313
四書題鏡三十六卷總論二十則　（清）汪鯉翔
撰　清乾隆九年（1744）刻本　八冊　存八卷
（一至八、總論二十則）

370000－1528－0000314　000314
學林十卷　（宋）王觀國撰　清刻本　八冊

370000－1528－0000315　000315
禮記十卷　（元）陳澔集說　清刻本（有抄配）
　九冊　存九卷（二至十）

370000－1528－0000316　000316
玉谿生詩箋註三卷樊南文集箋註八卷　（唐）
李商隱撰　（清）馮浩箋註　首一卷　清乾隆
四十五年（1780）馮浩刻本　二冊　存四卷
（樊南文集箋註一至四）

370000－1528－0000317　000317
春秋經傳集解三十卷　（晉）杜預撰　（唐）陸
德明音義　春秋名號歸一圖二卷　（五代）馮
繼先撰　春秋年表一卷　（宋）岳珂刊補　清
刻本　八冊　存三十二卷（春秋經傳集解三
十卷、春秋名號歸一圖二卷）

370000－1528－0000318　000318
白香山詩長慶集二十卷後集十七卷別集一卷
補遺二卷　（唐）白居易撰　（清）汪立名編訂

白香山年譜舊本一卷　（宋）陳振孫撰　白香山年譜一卷　（清）汪立名撰　清康熙四十二年(1703)一隅草堂刻本　七冊　存二十六卷(長慶集十四至十九、後集十七卷、別集一卷、補遺二卷)

370000－1528－0000319　000319

御纂春秋直解十二卷　（清）傅恒等撰　清刻本　四冊　存六卷(一至二、九至十二)

370000－1528－0000320　000320

秋燈叢話十八卷　（清）王椷撰　清刻本　六冊

370000－1528－0000321　000321

周易函書約存十八卷約注十八卷別集十六卷　（清）胡煦撰　清乾隆胡氏葆璞堂刻本　六冊　存十六卷(別集十六卷)

370000－1528－0000322　000322

尚書離句六卷　（清）錢在培輯注　清刻本　四冊

370000－1528－0000323　000323

唐陸宣公集二十二卷　（唐）陸贄撰　（清）年羹堯重訂　清刻本　三冊　存九卷(一至六、十七至十九)

370000－1528－0000324　000324

書經體註大全合參六卷　（清）錢希祥纂輯　清乾隆十九年(1754)刻本　四冊

370000－1528－0000325　000325

御纂詩義折中二十卷　（清）傅恒等撰　清刻本　六冊

370000－1528－0000326　000326

同館試律續鈔十二卷　（清）法式善編　清乾隆五十四年(1789)刻本　九冊

370000－1528－0000327　000327

同館試律補鈔二卷　（清）法式善編　清乾隆五十四年(1789)刻本　一冊

370000－1528－0000328　000328

漱芳軒合纂禮記體註四卷　（清）范翔參訂　清桐石山房刻本　四冊

370000－1528－0000329　000329

大清律例四十七卷　（清）赫敏等纂修　清乾隆六十年(1795)刻本　二十冊

370000－1528－0000330　000330

康熙字典十二集三十六卷檢字一卷辨似一卷等韻一卷總目一卷備考一卷補遺一卷　（清）張玉書等纂　清刻本　十七冊　存六集(子至丑、申、酉上下、戌下、亥上中)

370000－1528－0000331　000331

閩中摭聞十二卷　（清）陳雲程撰　清乾隆刻本　二冊　存十卷(一至十)

370000－1528－0000332　000332

御纂醫宗金鑑九十卷　（清）吳謙等編纂　清乾隆刻本　十冊　存十三卷(十五至十六、十九、五十七、六十三至六十四、六十八至六十九、七十二至七十五、七十八)

370000－1528－0000333　000333

古文辭類纂七十四卷　（清）姚鼐輯　清道光合河康氏刻本　十二冊　存十四卷(一至十四)

370000－1528－0000334　000334

救偏瑣言十卷附備用良方一卷　（清）費啟泰撰　清康熙二十七年(1688)費氏惠迪堂刻本　一冊　存一卷(六)

370000－1528－0000335　000335

三字經不分卷　（宋）王應麟撰　清光緒二十八年(1902)煙臺成文信刻本　一冊

370000－1528－0000336　000336

天文歌略一卷　（清）葉瀾撰　清末上海朱氏煥文書局石印本　二冊

370000－1528－0000337　000337

迴瀾紀要二卷安瀾紀要二卷　（清）徐端撰　清刻本　二冊　存一卷(安瀾紀要一)

370000－1528－0000338　000338

大廣益會玉篇三十卷　（南朝梁）顧野王撰　（唐）孫強增字　（宋）陳彭年等重修　清康熙吳郡張氏刻澤存堂五種本　一冊　存三卷(一至三)

370000－1528－0000339　000339
二十四史　（□）□□編　清刻本　三百十
七冊

370000－1528－0000340　000340
史記評林一百三十卷　（明）淩稚隆撰　清雍
正十年(1732)光遠堂刻本　二十二冊　存一
百十二卷(一、七至十二、二十二至四十五、五
十至一百三十)

370000－1528－0000341　000341
明史三百三十二卷目錄四卷　（清）張廷玉等
撰　清刻本　十四冊　存一百○三卷(五十
六至六十二、七十一至七十六、八十三至九十
一、一百四十一至一百五十、一百七十九至一
百九十八、二百十二至二百十九、二百三十四
至二百四十一、二百六十二至二百八十三、三
百○九至三百十四、三百二十至三百二十六)

370000－1528－0000342　000342
廣輿記二十四卷　（明）陸應陽輯　（清）蔡方
炳增輯　清乾隆九年(1744)四美堂刻本　一
冊　存一卷(一)

370000－1528－0000343　000343
明史稿三百十卷目錄三卷　（清）王鴻緒撰
清敬慎堂刻本　六十冊　存二百○五卷(本
紀一至十九、志一至六十二、列傳十三至一百
三十六)

370000－1528－0000344　000344

醫方擇要續集不分卷　（清）文祥撰　清抄本
佚名批注　一冊

370000－1528－0000345　000345
絕代語釋別國方言不分卷　（漢）揚雄撰
（晉）郭璞注　清抄本　一冊

370000－1528－0000346　000346
黃庭内景經二卷外景經一卷　（明）李一元注
清抄本　一冊

370000－1528－0000347　000347
大唐創業起居注三卷　（唐）溫大雅撰　乾淳
起居注一卷　（宋）周密撰　御塞行程一卷
（宋）趙彦衛撰　熙豐日曆一卷　（宋）王明清
撰　清抄本　二冊

370000－1528－0000348　000348
各省漕幫糧舡志不分卷　（□）□□撰　清嘉
慶四年(1799)抄本　一冊

370000－1528－0000349　000349
臺灣府噶瑪蘭廳志八卷　（清）薩廉修　（清）
陳淑均纂　（清）董正官續修　（清）李祺生續
纂　清咸豐二年(1852)刻本　八冊

370000－1528－0000350　000350
盤山志十卷首一卷補遺四卷　（清）釋智朴纂
（清）王士禛校　清康熙三十年(1691)刻同
治十一年(1872)印本　一冊　存四卷(補遺
四卷)

山東省煙臺市蓬萊市圖書館
古籍普查登記目錄

全國古籍普查登記目錄

國家圖書館出版社
National Library of China Publishing House

370000－4513－0000001　子2

行素草堂金古叢書　（清）朱記榮輯　清光緒三年至十七年（1877－1891）吳縣朱記榮槐廬刻本　十冊

370000－4513－0000002　子1.1

碑版文廣例十卷　（清）王芑孫輯　清道光二十一年（1841）刻本　四冊

370000－4513－0000003　子1.2

金石三例三種　（清）盧見曾輯　清光緒四年（1878）南海馮氏讀有用書齋刻本　四冊

370000－4513－0000004　子5

濟南農學試驗場丙午年報告三卷　（清）濟南農學試驗場三山林業試驗場編　清光緒三十四年（1908）濟南大公石印館石印本　一冊

370000－4513－0000005　子6

［諸子律賦集］二卷　（□）□□撰　清刻本　六冊

370000－4513－0000006　子8

洞主仙師白喉治法忌表抉微一卷附文昌帝君戒淫寶訓　（清）耐修子撰　清光緒二十五年（1899）石印本　一冊

370000－4513－0000007　子10

名賢手札不分卷　（清）郭慶藩輯　清光緒十年（1884）郭氏岵瞻堂刻本　一冊　存四種（曾威毅伯手札、李蕭毅伯手札、左恪靖侯手札、彭大司馬手札）

370000－4513－0000008　子11

欽定星命萬年書不分卷　（□）□□撰　清光緒六年（1880）刻本　一冊

370000－4513－0000009　子28

小試新學準繩初編四卷　（清）求是齋輯　清光緒二十七年（1901）江左書林石印本　四冊

370000－4513－0000010　子32.1

齊魯講學編四卷　（清）尹銘綬輯　清光緒三十年（1904）石印本　四冊

370000－4513－0000011　子37

塾課小題正鵠初集不分卷二集二卷三集三卷　（清）李元度輯　清光緒十二年（1886）文會成刻本　八冊

370000－4513－0000012　子38

皇朝政典撏要八卷　（日本）增田貢撰　（清）毛淦補編　清光緒二十八年（1902）上海中西譯書會石印本　一冊　存六卷（一至六）

370000－4513－0000013　子3

芥子園畫傳初集六卷二集九卷三集六卷　（清）王槩等輯　清末石印本　一冊　存一卷（初集三）

370000－4513－0000014　子43

歷代地理沿革圖　（清）六嚴撰　（清）馬徵麟增輯　清同治十年（1871）刻朱墨套印本　一冊

370000－4513－0000015　子43－1

顏氏家訓二卷　（北齊）顏之推撰　清同治十年（1871）刻朱墨套印本　四冊

370000－4513－0000016　子32.2

齊魯講學編四卷　（清）尹銘綬輯　清末排印本　四冊

370000－4513－0000017　子46

那特硜政治學二卷　（德國）那特硜撰　（清）戢翼翬　（清）王慕陶譯　清光緒二十八年（1902）商務印書館排印本　一冊　存一卷（二）

370000－4513－0000018　子47

世補齋醫書六種三十三卷　（清）陸懋修撰　清光緒十年（1884）刻本　十冊　存三十二卷（世補齋醫書十六卷、世補齋不謝方一卷、傷寒論陽明病釋四卷、內經運氣病釋九卷、內經運氣表一卷、內經難字音義一卷）

370000－4513－0000019　子48

二十二子全書　（清）浙江書局輯　清光緒浙江書局刻本　六十六冊

370000－4513－0000020　子50

圖註八十一難經辨真四卷　（戰國）秦越人撰　（明）張世賢註　清刻本　二冊

370000－4513－0000021　子51
地理大成十九卷　（清）葉泰撰　清刻本
八冊

370000－4513－0000022　子52
西清古鑑四十卷錢錄十六卷　（清）梁詩正
（清）蔣溥等纂　清光緒十四年（1888）上海鴻
文書局石印本　二十四冊

370000－4513－0000023　子53
大清律例四十七卷　（清）吳達海等纂　清乾
隆刻本　十五冊　存三十五卷（四、六至十
七、二十至三十四、四十至四十一、四十三至
四十七）

370000－4513－0000024　子54
第五才子書七十五卷七十回　（元）施耐庵撰
（清）金人瑞刪評　清刻本　二十三冊　存
七十二卷（一至七十二）

370000－4513－0000025　子55
蠶桑萃編十五卷首一卷　（清）衛杰編　清光
緒二十六年（1900）浙江書局刻本　八冊

370000－4513－0000026　子56
神州國光集六集　（清）神州國光社編　清光
緒三十四年至宣統元年（1908－1909）神州國
光社國學保存會影印本　六冊

370000－4513－0000027　子57
淮南子二十一卷　（漢）劉安撰　（漢）高誘注
（清）莊逵吉校　清刻本　五冊　缺三卷
（一至三）

370000－4513－0000028　子58
欽定恊紀辨方書三十六卷　（清）允祿等纂
清刻本　十五冊

370000－4513－0000029　子60
寄傲山房塾課新增幼學故事瓊林四卷首一卷
（清）程允升撰　（清）鄒聖脈增補　清刻本
四冊

370000－4513－0000030　子61
忠烈俠義傳一百二十回　（清）石玉崑撰　清
末木活字印本　十六冊　存八十一回（五至

三十五、六十一至九十、一百〇一至一百二
十）

370000－4513－0000031　子67
琅琊碑　（唐）柳公權書　清拓本　一冊

370000－4513－0000032　子68
廣陵李君碑銘　（唐）顏真卿書　清拓本
一冊

370000－4513－0000033　子70
千字文一卷　（唐）褚遂良書　清拓本　一冊

370000－4513－0000034　子71
大唐三藏聖教序　（晉）王羲之書　（唐）釋懷
仁集字　清拓本　一冊

370000－4513－0000035　子62
繡像漢宋奇書六十卷　（清）金人瑞批點　清
刻本　二十冊　存二十卷（一至二十）

370000－4513－0000036　子73
歷代碑帖大觀　（□）□□輯　清宣統二年
（1910）影印本　九冊　存九種（宋拓李秀碑、
宋拓皇甫君碑、宋拓史晨前碑、宋拓龍藏寺
碑、明拓史晨後碑、明拓孔□碑、明拓乙瑛碑、
原拓劉熊碑、清河子貞□石門頌）

370000－4513－0000037　子76
子史精華一百六十卷　（清）允祿　（清）吳襄
等纂　清刻本　五十冊

370000－4513－0000038　子78
圖註脈訣辨眞四卷　（晉）王叔和撰　（明）張
世賢註　清刻本　二冊

370000－4513－0000039　集1
亭林先生遺書彙輯　（清）顧炎武撰　（清）朱
記榮　（清）席威輯　清光緒十四年（1888）朱
氏校經山房彙印本　二十四冊　存十九卷
（左傳杜解補正三卷、九經誤字一卷、五經同
異三卷、韻補正二卷、聖安紀事二卷、明季實
錄一卷、石經攷一卷、亭林文集六卷）

370000－4513－0000040　集2
范忠宣公集二十卷　（宋）范純仁撰　清宣統
二年（1910）刻本　八冊

370000－4513－0000041　集3

思適齋集十八卷　（清）顧廣圻撰　清道光二
十九年(1849)蘇州文學山房刻本　八冊

370000－4513－0000042　集4

宋范文正忠宣二公全集　（宋）范仲淹　（宋）
范純仁撰　（清）鄒福保輯　清宣統二年
(1910)刻本　十六冊

370000－4513－0000043　集5

惜抱軒全集　（清）姚鼐撰　清刻本　十六冊

370000－4513－0000044　集5

惜抱軒全集　（清）姚鼐撰　清同治五年
(1866)省心閣刻本　十冊

370000－4513－0000045　集6

道鄉公文集四十卷補遺一卷附錄一卷　（宋）
鄒浩撰　清光緒十一年(1885)蘇州寶華山房
刻鄒幼畊重修本　十二冊

370000－4513－0000046　集8

王臨川全集一百卷目錄二卷　（宋）王安石撰
　清光緒九年(1883)溧陽繆氏小京山館刻本
二十冊

370000－4513－0000047　集9

柏梘山房文集十六卷續集一卷詩集十卷續集
二卷駢體文二卷　（清）梅曾亮撰　清咸豐六
年(1856)刻本　八冊　缺二卷(續集一、駢體
文二卷)

370000－4513－0000048　集10

山谷詩集注二十卷　（宋）黃庭堅撰　（宋）任
淵注　外集詩註十七卷　（宋）黃庭堅撰
（宋）史容注　別集詩註二卷　（宋）黃庭堅撰
　（宋）史季溫注　清光緒二十一年至二十五
年(1895－1899)陳三立刻本　二十冊

370000－4513－0000049　集11

天一閣書目四卷　（清）范懋柱等撰　天一閣
碑目一卷　（清）范懋敏撰　清嘉慶十三年
(1808)揚州阮氏文選樓刻本　二十四冊

370000－4513－0000050　集12

漁洋山人古詩選三十二卷　（清）王士禎選

惜抱軒今體詩選十八卷　（清）姚鼐編　清同
治五年(1866)金陵書局刻本　十冊

370000－4513－0000051　集23

王子安集十六卷附錄一卷　（唐）王勃撰　清
刻本　六冊

370000－4513－0000052　集39

金元明八大家文選五十三卷　（清）李祖陶輯
　清道光二十五年(1845)刻本　二十冊

370000－4513－0000053　集41

陳檢討集二十卷　（清）陳維崧撰　清康熙刻
本　八冊

370000－4513－0000054　集43

皇清文穎一百卷首二十四卷目錄六卷　（清）
張廷玉等輯　清乾隆十二年(1747)武英殿刻
本　五十六冊

370000－4513－0000055　集44

國朝文錄八十二卷　（清）姚椿輯　清道光十
九年(1839)瑞州府鳳儀書院刻本　三十冊

370000－4513－0000056　集45

國朝文錄續編六十九卷　（清）李祖陶輯　清
同治七年(1868)敖陽李氏刻本　二十五冊

370000－4513－0000057　集46

西清續鑑甲編二十卷附錄一卷　（清）高宗弘
曆敕編　清宣統三年(1911)上海商務印書舘
影印本　二十一冊

370000－4513－0000058　集47

農政全書六十卷　（明）徐光啟撰　清道光二
十三年(1843)滬上曙海樓刻本　十二冊

370000－4513－0000059　集49

青雲集分韻試帖詳註四卷　（清）楊逢春輯
清道光二十四年(1844)寶仁堂刻本　四冊

370000－4513－0000060　集51

酉陽雜俎二十卷續集十卷　（唐）段成式撰
清刻本　五冊　存二十六卷(酉陽雜俎五至
二十、續集十卷)

370000－4513－0000061　集52

古唐詩合解十二卷古詩四卷　（清）王堯衢注

清道光元年(1821)山淵堂刻本　六冊　存
十二卷(古唐詩合解一至二、五至六、九至十
二,古詩四卷)

370000－4513－0000062　集53
納書楹曲譜正集四卷續集四卷外集二卷補遺
四卷納書楹玉茗堂四夢曲譜八卷　(清)葉堂
撰　清乾隆五十七年至五十九年(1792－
1794)葉氏納書楹刻本　二冊　存十卷(正集
四卷、續集四卷、外集二卷)

370000－4513－0000063　集54
明詩紀事十籤一百八十七卷　(清)陳田輯
清光緒三十二年至宣統三年(1906－1911)貴
陽陳氏聽詩齋刻本　三十九冊　缺二籤二十
卷(壬籤一至十、癸籤一至十)

370000－4513－0000064　集55
困學紀聞二十卷　(宋)王應麟撰　(清)閻若
璩校　清同治九年(1870)揚州書局刻本
四冊

370000－4513－0000065　集56(1)
大廣益會玉篇三十卷　(南朝梁)顧野王撰
(唐)孫強增字　(宋)陳彭年等重修　清道光
三十年(1850)新化鄧顯鶴東山精舍刻本
三冊

370000－4513－0000066　集56(2)
大宋重修廣韻五卷　(宋)陳彭年等修　清道
光三十年(1850)新化鄧顯鶴東山精舍刻本
五冊

370000－4513－0000067　集57
文選六十卷　(南朝梁)蕭統輯　(唐)李善等
注　考異十卷　(清)胡克家撰　清同治八年
(1869)湖北崇文書局刻本　二十冊

370000－4513－0000068　集58
詩學含英十四卷　(清)劉文蔚輯　清刻本
一冊　存三卷(十二至十四)

370000－4513－0000069　集69
硃批增註七家詩選七卷　(清)張熙宇輯評
清光緒十二年(1886)上海江左書林刻朱墨套
印本　四冊

370000－4513－0000070　集70
皇朝經世文編一百二十卷　(清)賀長齡輯
清光緒上海掃葉山房石印本　十二冊　存六
十二卷(二十七至五十五、八十八至一百二
十)

370000－4513－0000071　集71
皇朝經世文新增續編一百二十卷　(清)葛士
濬輯　清光緒上海掃葉山房石印本　十五冊
存五十三卷(四十五至七十七、一百〇一至
一百二十)

370000－4513－0000072　集72
批點七家詩合註七卷　(清)張熙宇輯評　清
光緒十年(1884)刻本　四冊

370000－4513－0000073　集73
目耕齋讀本不分卷目耕齋二刻不分卷小題偶
編不分卷　(清)徐楷評注　(清)沈叔眉選
清末李光明莊刻本　六冊

370000－4513－0000074　集74
船山詩草二十卷　(清)張問陶撰　清宣統二
年(1910)掃葉山房石印本　六冊

370000－4513－0000075　集75
重訂文選集評十五卷首一卷末一卷　(清)于
光華編　清光緒十五年(1889)善成堂刻本
十六冊

370000－4513－0000076　集77
十八家詩鈔二十八卷　(清)曾國藩纂　清末
排印本　九冊　存十二卷(十七至二十八)

370000－4513－0000077　集79
甌北詩鈔二十卷　(清)趙翼撰　清宣統三年
(1911)掃葉山房石印本　八冊

370000－4513－0000078　集80
唐四家詩集　(清)胡鳳丹輯　清宣統三年
(1911)掃葉山房石印本　五冊

370000－4513－0000079　集81
東萊博議四卷　(宋)呂祖謙撰　增補虛字註
釋一卷　(清)馮泰松撰　清光緒七年(1881)
鳳城官舍刻本　四冊

370000 – 4513 – 0000080　集 82

淞濱瑣話十二卷　（清）王韜撰　清宣統三年
(1911)上海著易堂石印本　六冊

370000 – 4513 – 0000081　集 85

古泉匯首集四卷元集十四卷亨集十四卷利集
十八卷貞集十四卷　（清）李佐賢輯　清同治
三年(1864)李氏石泉書屋刻本　十四冊

370000 – 4513 – 0000082　集 88

詞選二卷附錄一卷　（清）張惠言輯　續詞選
二卷　（清）董毅輯　附錄一卷　（清）鄭善長
輯　清刻本　四冊

370000 – 4513 – 0000083　集 89

古唐詩合解十二卷古詩四卷　（清）王堯衢注
　清光緒二年(1876)掃葉山房刻本　六冊
存十二卷(古唐詩合解十二卷)

370000 – 4513 – 0000084　集 90

御選唐宋詩醇四十七卷目錄二卷　（清）高宗
弘曆選　清刻本　六冊　存十二卷(十二至
二十三)

370000 – 4513 – 0000085　集 92

增補重訂千家詩註解二卷　（清）任來吉選
（清）王相註　清刻本　一冊

370000 – 4513 – 0000086　集 93

詩韻集成十卷　（清）余照輯　清刻本　二冊
存五卷(三至七)

370000 – 4513 – 0000087　集 94

鐵橋漫稿八卷　（清）嚴可均撰　清光緒十一
年(1885)長洲蔣氏刻本　四冊

370000 – 4513 – 0000088　集 96

梁氏筆記三種　（清）梁章鉅撰　清宣統三年
(1911)上海掃葉山房石印本　六冊　存二十
一卷(歸田瑣記一至八、浪跡叢譚四至十一、
浪跡續談一至五)

370000 – 4513 – 0000089　集 97

桐陰論畫二卷附錄一卷二編二卷　（清）秦祖
永撰　清同治三年至光緒八年(1864 – 1882)
梁溪秦氏刻朱墨套印本　二冊

370000 – 4513 – 0000090　叢 1

楹書隅錄五卷續編四卷　（清）楊紹和撰　清
光緒二十年至宣統三年(1894 – 1911)武進董
康補刻本　八冊

370000 – 4513 – 0000091　叢 2

平津館叢書十集四十三種二百五十四卷
（清）孫星衍輯　清光緒十一年(1885)吳縣朱
氏槐廬家塾刻本　五十冊

370000 – 4513 – 0000092　叢 3

重校拜經樓叢書十種　（清）吳騫輯　清光緒
二十年(1894)校經堂刻本　十冊

370000 – 4513 – 0000093　叢 4

槐廬叢書　（清）朱記榮輯　清光緒十三年至
十五年(1887 – 1889)吳縣朱氏槐廬家塾刻本
　一百二十五冊

370000 – 4513 – 0000094　叢 9

校經山房叢書　（清）朱記榮輯　清光緒三十
年(1904)孫谿槐廬家塾刻本　三十三冊

370000 – 4513 – 0000095　叢 11

湖海樓叢書十二種　（清）陳春輯　清刻本
三十二冊　缺一種一卷(會稽三賦一卷)

370000 – 4513 – 0000096　叢 12

花雨樓叢鈔　（清）張壽榮輯　清光緒蛟川張
氏刻本　三十七冊

370000 – 4513 – 0000097　叢 16

欽定四庫全書總目二百卷首四卷　（清）紀昀
等編　清刻本　四十二冊　存七十八卷(十
九至三十六、一百〇四至一百四十四、一百八
十二至二百)

370000 – 4513 – 0000098　叢 17

唐代叢書十二集　（清）陳世熙輯　清宣統三
年(1911)上海天寶書局石印本　六冊

370000 – 4513 – 0000099　叢 18

平陽全書十五卷　（清）葉泰輯　清文光堂刻
本　八冊

370000 – 4513 – 0000100　叢 19

御定歷代賦彙正集一百四十卷外集二十卷逸

325

句二卷補遺二十二卷目錄二卷 （清）陳元龍
纂輯　清刻本　六十五冊

370000－4513－0000101　叢22
海山仙館叢書 （清）潘仕成輯　清海山仙館
刻本　一百二十七冊

370000－4513－0000102　叢23
知不足齋叢書 （清）鮑廷博輯 （清）鮑志祖
續輯　清乾隆、道光長塘鮑氏刻本　二百四
十冊

370000－4513－0000103　叢25
玉函山房輯佚書目耕帖三十一卷 （清）馬國
翰撰　清同治十年(1871)濟南皇華館書局補
刻本　八十二冊

370000－4513－0000104　史1
湘軍志十六卷 王闓運撰　清光緒十二年
(1886)成都墨香書屋刻本　四冊

370000－4513－0000105　史2
[光緒]蓬萊縣續志十四卷 （清）鄭錫鴻
（清）江瑞來修 （清）王爾植等纂　清光緒八
年(1882)刻本　四冊　存四卷(十一至十四)

370000－4513－0000106　史3
淳于氏家譜不分卷 （清）淳于信重修　清乾
隆二十一年(1756)刻本　一冊

370000－4513－0000107　史4
湘軍志十六卷 王闓運撰　清光緒十二年
(1886)成都墨香書屋刻本　四冊

370000－4513－0000108　史6
[光緒]增修登州府志六十九卷首一卷 （清）
方汝翼等修 （清）周悅讓等纂　清光緒七年
(1881)刻本　二十三冊

370000－4513－0000109　史9
御批歷代通鑑輯覽一百二十卷 （清）傅恒等
撰　清刻朱墨套印本　二十九冊　存六十六
卷(十五至十六、十九至三十二、三十五至三
十六、五十三至五十四、七十五至一百二十)

370000－4513－0000110　史10
御批歷代通鑑輯覽一百二十卷 （清）傅恒等

撰　清末上海掃葉山房石印本　十冊　存六
十卷(六十一至一百二十)

370000－4513－0000111　史11
御批歷代通鑑輯覽一百二十卷 （清）傅恒等
撰　清末排印本　十二冊　存六十卷(十六
至三十、三十六至四十、五十一至七十五、一
百〇六至一百二十)

370000－4513－0000112　史12
御批歷代通鑑輯覽一百二十卷 （清）傅恒等
撰　清末石印本　六冊　存二十八卷(三十
三至六十)

370000－4513－0000113　史13
御批歷代通鑑輯覽一百二十卷 （清）傅恒等
撰　清同治十年(1871)浙江書局刻朱墨套印
本　四十八冊

370000－4513－0000114　史14
重訂王鳳洲先生綱鑑會纂四十六卷 （明）王
世貞撰　清刻本　十五冊　存二十四卷(十
六至二十二、二十四至二十七、二十九至四十
一)

370000－4513－0000115　史15
中東戰紀本末八卷續編四卷文學興國策二卷
（美國）林樂知譯撰　清光緒二十三年
(1897)上海圖書集成局排印本　十三冊

370000－4513－0000116　史16
繪圖評點女儷外史八卷一百回 （清）呂熊撰
清宣統元年(1909)上海章福記石印本
八冊

370000－4513－0000117　史17(1)
御撰資治通鑑綱目三編二十卷 （清）張廷玉
等纂　清刻本　六冊

370000－4513－0000118　史17(2)
御撰資治通鑑綱目三編二十卷 （清）張廷玉
等纂　清光緒九年(1883)汝東寶仁堂刻本
八冊

370000－4513－0000119　史18
御撰資治通鑑綱目三編四十卷 （清）張廷玉

等纂　清光緒二十五年(1899)上海鴻寶齋石印本　六冊　存三十一卷(一至三十一)

370000－4513－0000120　史19
廿四史分類言行錄四十二卷　(清)錢大昕輯　清光緒二十八年(1902)上海書局石印本　八冊

370000－4513－0000121　史21
明季稗史彙編十六種二十七卷　(清)留雲居士輯　清光緒二十二年(1896)上海圖書集成印書局排印本　六冊

370000－4513－0000122　史22
綱鑑會纂三十九卷首一卷　(明)王世貞撰　清光緒二十五年(1899)掃葉山房排印本　十八冊

370000－4513－0000123　史23
袁王綱鑑合編三十九卷首一卷　(明)袁黃　(明)王世貞編　**御撰明紀綱目二十卷**　清光緒三十年(1904)上海圖書集成印書局石印本　二十冊

370000－4513－0000124　史24
讀史方輿紀要一百三十卷輿圖要覽四卷　(清)顧祖禹輯　清光緒二十五年(1899)慎記書莊石印本　三十一冊　缺四卷(輿圖要覽四卷)

370000－4513－0000125　史25
訓蒙史略詳註不分卷　(清)左喬林輯　清光緒二十五年(1899)刻本　一冊

370000－4513－0000126　史26
史記選六卷　(清)儲欣評選　清刻本　四冊

370000－4513－0000127　史27
李氏五種合刊　(清)李兆洛撰　清光緒十四年(1888)掃葉山房刻本　九冊　存二十卷(歷代地理原編二十卷)

370000－4513－0000128　史28
類腋四部五十五卷地部補遺三卷　(清)姚培謙　(清)張卿雲　(清)張隆孫輯　清刻本　五冊　存十三卷(地部一至十三)

370000－4513－0000129　史29
史論五種十一卷　(清)李祖陶撰　清同治十年(1871)刻本　一冊

370000－4513－0000130　史30
尺木堂綱鑑易知錄九十二卷　(清)吳乘權等輯　清松盛堂刻本　三十六冊　存七十七卷(一至二十五、二十九至三十九、五十二至九十二)

370000－4513－0000131　史31
尺木堂綱鑑易知錄九十二卷　(清)吳乘權等輯　清光緒二十五年(1899)上海鴻寶齋石印本　七冊　缺三卷(十八至二十)

370000－4513－0000132　史32
尺木堂綱鑑易知錄九十二卷　(清)吳乘權等輯　清末石印本　二十五冊　存七十九卷(五至三十七、四十七至九十二)

370000－4513－0000133　史34
史事論甲編十卷乙編六卷丙編四卷戊編十卷　雷瑨輯　清光緒二十九年(1903)硯耕山莊石印本　八冊　存十六卷(甲編十卷、乙編六卷)

370000－4513－0000134　史35
湘軍記二十卷　王闓運撰　清光緒十五年(1889)江南書局刻本　六冊　存十一卷(一至十一)

370000－4513－0000135　史36
二十四史　(□)□□編　清光緒二十八年(1902)武林竹簡齋石印本　一百九十三冊

370000－4513－0000136　史40
資治通鑑二百九十四卷目錄三十卷　(宋)司馬光撰　清同治八年(1869)江蘇書局刻本　一百十冊

370000－4513－0000137　史41
續資治通鑑二百二十卷　(清)畢沅撰　清同治八年(1869)江蘇書局補刻本　六十冊

370000－4513－0000138　史42
紀元編三卷末一卷　(清)李兆洛撰　(清)六承如訂　清刻本　二冊　存二卷(一至二)

370000－4513－0000139　史43

歷代地理沿革圖一卷　（清）馬徵麟訂正　清同治十年(1871)刻朱墨套印本　一冊

370000－4513－0000140　史44

平叛記二卷　（清）毛霦撰　清康熙五十五年(1716)東萊毛氏刻乾隆印本　二冊

370000－4513－0000141　史45

東都事略一百三十卷　（宋）王稱撰　清光緒九年(1883)淮南書局刻本　八冊

370000－4513－0000142　史46

汲冢周書十卷　（晉）孔晁注　清刻本　一冊　存五卷(六至十)

370000－4513－0000143　史47

增補事類統編九十三卷　（清）黃葆真增輯　清刻本　十七冊　缺三十三卷(一至三十一、五十至五十一)

370000－4513－0000144　史48

讀史鏡古編三十二卷　（清）潘世恩輯　清同治十三年(1874)冶城飛霞閣刻本　六冊

370000－4513－0000145　史49

淵鑑類函四百五十卷目錄四卷　（清）張英（清）王士禎等撰　清刻本　一百四十冊

370000－4513－0000146　史53

御撰資治通鑑綱目三編二十卷　（清）張廷玉等纂　清光緒二十五年(1899)掃葉山房排印本　二冊

370000－4513－0000147　史54

國朝名臣言行錄三十卷首一卷　（清）董壽輯　清光緒二十九年(1903)上海順城書局石印本　八冊

370000－4513－0000148　經1

詩八卷　（宋）朱熹集傳　清光緒十八年(1892)成文信刻本　三冊　存四卷(一至二、五至六)

370000－4513－0000149　經2

左繡三十卷首一卷　（清）馮李驊（清）陸浩輯　清刻本　七冊　存七卷(十六至二十、二十九至三十)

370000－4513－0000150　經3

五禮通考二百六十二卷首四卷總目二卷　（清）秦蕙田撰　清刻本　七十九冊　存二百三十卷(一至八十、八十四至二百〇五、二百三十五至二百六十二)

370000－4513－0000151　經4

讀禮通考一百二十卷　（清）徐乾學輯　清乾隆刻本　十冊　存三十九卷(一至三十九)

370000－4513－0000152　000005

韻府約編二十四卷　（清）鄧愷輯　清嘉慶二十二年(1817)懋德堂刻本　十八冊　存十八卷(一至十八)

370000－4513－0000153　000006

佩文韻府一百〇六卷　（清）張玉書等纂　清刻本　七十一冊　存八十卷(一至二十一、二十六至七十六、九十九至一百〇六)

370000－4513－0000154　000009

廣雅疏證十卷　（清）王念孫撰　**博雅音十卷**　（隋）曹憲撰　清光緒五年(1879)淮南書局刻本　八冊

370000－4513－0000155　000010

三禮通釋二百八十卷首一卷目錄四卷　（清）林昌彝撰　清同治三年(1864)廣州刻本　四十八冊

370000－4513－0000156　000011

經義考三百卷　（清）朱彝尊撰　**目錄二卷**（清）盧見曾編　清光緒二十三年(1897)浙江書局刻本　五十冊　存三百卷(一至二百九十八、目錄二卷)

370000－4513－0000157　000012

重刊宋本十三經註疏附校勘記　清同治十年(1871)廣東書局刻本　一百二十冊

370000－4513－0000158　000013

新訂四書補註備旨十卷　（明）鄧林撰　（清）杜定基增訂　清光緒二十年(1894)刻本　七冊

370000－4513－0000159　000014

札樸十卷　（清）桂馥撰　清光緒九年（1883）長洲蔣氏心矩齋刻本　八冊

370000－4513－0000160　000015

三讓堂禮記體註大全十卷　（清）徐旦輯（清）徐瑄補輯　清刻本　九冊　存九卷（一至九）

370000－4513－0000161　000016

詩經融註大全體要八卷　（清）高朝瓔撰（清）沈世楷輯　清光緒十七年（1891）成文信刻本　四冊

370000－4513－0000162　000003

詩經體註大全體要八卷　（清）高朝瓔撰（清）沈世楷輯　清光緒十七年（1891）刻本四冊

370000－4513－0000163　000018

書經體註大全合叅六卷　（清）錢希祥纂輯　清善成堂刻本　四冊

370000－4513－0000164　000017

書六卷　（宋）蔡沈集傳　清刻本　四冊

370000－4513－0000165　000019

書六卷　（宋）蔡沈集傳　清光緒三年（1877）刻本　四冊

370000－4513－0000166　000020

周禮節訓六卷　（清）黃叔琳撰　（清）姚培謙重訂　清光緒十二年（1886）蘇州掃葉山房刻本　二冊

370000－4513－0000167　000021

易經大全會解四卷　（清）來爾繩纂輯　清致和堂刻本　四冊

370000－4513－0000168　000022

周易四卷　（宋）朱熹本義　清同治八年（1869）姑蘇掃葉山房刻本　三冊

370000－4513－0000169　000023

孟子七卷　（宋）朱熹集注　清刻本　一冊　存三卷（一至三）

370000－4513－0000170　000024

春秋胡傳三十卷　（宋）胡安國撰　清刻本

二冊　存十卷（二十一至三十）

370000－4513－0000171　000026

古文辭類纂三編二十八卷　（清）黎庶昌輯　清光緒二十六年（1900）晉省書業昌石印本　七冊　存二十五卷（一至二十五）

370000－4513－0000172　000027

古文辭類纂七十五卷　（清）姚鼐輯　校勘記一卷　（清）李承淵撰　附錄一卷　清光緒二十七年（1901）滁州李氏求要堂刻本　十二冊

370000－4513－0000173　000028

續古文辭類纂二十八卷　（清）黎庶昌輯　清光緒二十一年（1895）金陵狀元閣刻本　十二冊

370000－4513－0000174　000029

漱芳軒合纂禮記體註四卷　（清）范翔參訂　清刻本　一冊　存一卷（四）

370000－4513－0000175　000030

左繡三十卷首一卷　（清）馮李驊　（清）陸浩輯　清刻本　二冊　存三卷（一、八至九）

370000－4513－0000176　000032

左繡三十卷首一卷　（清）馮李驊　（清）陸浩輯　清刻本　六冊　存十一卷（一、六至十五）

370000－4513－0000177　000033

春秋左傳五十卷　（晉）杜預注　（宋）林堯叟補注　（唐）陸德明音義　清刻本　八冊　存二十四卷（二十七至五十）

370000－4513－0000178　000034

左繡三十卷首一卷　（清）馮李驊　（清）陸浩輯　清嘉慶十三年（1808）敬書堂刻本　八冊　存十五卷（一至十五）

370000－4513－0000179　000035

左繡三十卷首一卷　（清）馮李驊　（清）陸浩輯　清嘉慶七年（1802）金陵致和堂刻本　八冊　存十五卷（一至十五）

370000－4513－0000180　000037

五經類典囊括六十四卷　（清）周祐輯　清光

緒影印本　四冊

370000－4513－0000181　000036

五經合纂大成四十四卷　清末石印本　二冊
存四卷(詩經一至二、七至八)

370000－4513－0000182　000038

九經九種　（明）秦鑨訂正　清刻本　十二冊

370000－4513－0000183　000041

重校字典四書十九卷　（宋）朱熹章句　清光
緒二十六年(1900)刻本　六冊

370000－4513－0000184　000043

孫溪朱氏經學叢書初編十三種　（清）朱記榮
輯　清光緒十二年至十三年(1886－1887)吳
縣朱氏槐廬刻本　十二冊

370000－4513－0000185　000045

銅版四書合講十九卷　（清）翁復撰　清光緒
四年(1878)三餘堂刻本　六冊

370000－4513－0000186　000046

漱芳軒合纂禮記體註四卷　（清）范翔參訂
清金閶會友堂刻本　四冊　存三卷(一至三)

370000－4513－0000187　000047

漱芳軒四書體註十九卷　（清）范翔參訂　清
道光二十五年(1845)刻本　五冊　存十三卷
(大學一卷、中庸一卷、孟子七卷、論語六至
九)

370000－4513－0000188　000048

四書會要錄三十卷　（清）黃瑞訂　清康熙五
十九年(1720)述善堂刻本　二十二冊

370000－4513－0000189　000049

**康熙字典十二集三十六卷檢字一卷辨似一卷
等韻一卷總目一卷備考一卷補遺一卷**　（清）
張玉書等纂　清光緒十八年(1892)上海文選
書局石印本　六冊

370000－4513－0000190　000051

**康熙字典十二集三十六卷檢字一卷辨似一卷
等韻一卷總目一卷備考一卷補遺一卷**　（清）
張玉書等纂　清刻本　三十冊　存八集(子
至丑、午至亥)

370000－4513－0000191　000052

**康熙字典十二集三十六卷檢字一卷辨似一卷
等韻一卷總目一卷備考一卷補遺一卷**　（清）
張玉書等纂　清末上海章福記石印本　二冊
存一集(子)

370000－4513－0000192　000054

四書義經正篇二卷首一卷　（清）三魚書屋輯
清光緒二十七年(1901)掃葉山房石印本
四冊

370000－4513－0000193　000057

佩文韻府一百〇六卷　（清）張玉書等纂　清
末石印本　一冊　存二卷(八十三至八十四)

370000－4513－0000194　000060

爾雅註疏十卷　（晉）郭璞註　（宋）邢昺疏
清光緒八年(1882)崇德書院刻本　三冊　存
八卷(一至八)

370000－4513－0000195　000061

詩韻合璧五卷　（清）湯文潞輯　清末排印本
五冊

370000－4513－0000196　000062

新訂四書補註備旨十卷　（明）鄧林撰　（清）
杜定基增訂　清光緒十八年(1892)掃葉山房
刻本　六冊　存七卷(大學一卷,中庸一卷,
孟子一至二、四,上論一至二)

370000－4513－0000197　000063

周禮六卷　（清）黃叔琳撰　清刻本　二冊

370000－4513－0000198　000064

小學纂註六卷　（清）高愈撰　清光緒二十八
年(1902)煙臺成文信記刻本　四冊

370000－4513－0000199　000065

重刊宋本十三經注疏附校勘記　（清）阮元撰
（清）盧宣旬摘錄　清嘉慶二十年(1815)南
昌府學刻本　四冊　存二種六十八卷(論語
注疏解經二十卷附校勘記二十卷、孟子注疏
解經十四卷附校勘記十四卷)

370000－4513－0000200　000067

五禮通考二百六十二卷首四卷總目二卷

（清）秦蕙田撰　清刻本　十册　存三十卷
（八十一至八十三、二百〇六至二百十五、二
百十八至二百三十四）

370000－4513－0000201　000068
增訂四書析疑二十三卷　（清）張權時輯　清
乾隆四十九年(1784)文盛堂刻本　十四册
存十七卷(大學一至二、中庸三至四、論語一
至十、孟子三至五)

370000－4513－0000202　000069
禮記十卷　（元)陳澔集說　清成文信刻本
八册　存八卷(一、四至十)

370000－4513－0000203　000070
四書疏註撮言大全三十七卷　（宋）朱熹集註
　（清)紀昀鑒定　清刻本　十五册　存二十
卷(大學一卷,中庸一至二,論語六至七、十一
至十五,孟子三至六、九至十四)

370000－4513－0000204　000071
四書會解二十七卷　（清)綦灃輯　清末刻本
　一册　存一卷(孟子十)

370000－4513－0000205　000072
禮記十卷　（元)陳澔集說　清刻本　一册
存一卷(四)

370000－4513－0000206　000073
周易四卷　（宋)朱熹本義　清光緒六年
(1880)刻本　二册

370000－4513－0000207　000074
忠經一卷孝經一卷　（清)王相箋注　清光緒
二十四年(1898)成文信刻本　一册

370000－4513－0000208　000075
四書朱子本義匯參四十三卷首四卷　（清）王
步青撰　清刻本　六册　存十二卷(論語一
至十二)

370000－4513－0000209　000076
陳氏毛詩五種　（清)陳奐撰　清光緒九年
(1883)徐氏刻本　十二册　存三種三十五卷
(詩毛氏傳疏三十卷、釋毛詩音四卷、毛詩傳
義類一卷)

山東省煙臺市海陽市圖書館古籍普查登記目録

全國古籍普查登記目録

國家圖書館出版社
National Library of China Publishing House

370000－4514－0000001　經 001

御纂周易折中二十二卷首一卷　（清）李光地
等撰　清同治六年(1867)刻本　十冊

370000－4514－0000002　經 002

御纂周易折中二十二卷首一卷　（清）李光地
等撰　清光緒十四年(1888)江南書局刻本
九冊　存二十卷(一至十七、二十一至二十
二,首一卷)

370000－4514－0000003　經 003

欽定書經傳說彙纂二十一卷首二卷書序一卷
　（清）王鴻緒等纂　清光緒十四年(1888)江
南書局刻本　十二冊

370000－4514－0000004　經 004

書經精華六卷　（清）薛嘉穎輯　清光緒十一
年(1885)刻本　四冊

370000－4514－0000005　經 005

初刻黃維章先生詩經嬝嬝體註八卷　（明）黃
文煥撰　（清）范翔重訂　清光緒十六年
(1890)成文堂刻本　四冊

370000－4514－0000006　經 006

詩經融註大全體要八卷　（清）高朝瓔撰
（清）沈世楷輯　清光緒二十九年(1903)刻本
　四冊

370000－4514－0000007　經 007

欽定周官義疏四十八卷首一卷　（清）鄂爾泰
等撰　清光緒十四年(1888)江南書局刻本
二十三冊　存四十六卷(一至三十七、四十至
四十八)

370000－4514－0000008　經 008

周禮精華六卷首一卷　（清）陳龍標輯　清刻
本　六冊

370000－4514－0000009　經 009

周禮精華六卷首一卷　（清）陳龍標輯　清光
緒十一年(1885)成文堂刻本　六冊

370000－4514－0000010　經 010

欽定儀禮義疏四十八卷首二卷　（清）允祿等
撰　清光緒十四年(1888)江南書局刻本　二

十八冊　存四十六卷(一至四十二、四十五至
四十八)

370000－4514－0000011　經 011

欽定禮記義疏八十二卷首一卷　（清）鄂爾泰
等撰　清光緒十四年(1888)江南書局刻本
三十二冊

370000－4514－0000012　經 012

左繡三十卷首一卷　（清）馮李驊　（清）陸浩
輯　清光緒二十二年(1896)刻本　十六冊

370000－4514－0000013　經 013

監本附音春秋穀梁注疏二十卷　（晉）范甯集
解　（唐）陸德明音義　（唐）楊士勛疏　校勘
記二十卷　（清）阮元撰　（清）盧宣旬摘錄
清嘉慶二十年(1815)南昌府學刻本　四冊

370000－4514－0000014　經 014

監本附音釋春秋公羊注疏二十八卷　（漢）何
休撰　（唐）陸德明音義　校勘記二十八卷
（清）阮元撰　（清）盧宣旬摘錄　清嘉慶二十
年(1815)刻本　四冊　存十五卷(十四至二
十八)

370000－4514－0000015　經 015

東萊先生左氏博議二十五卷　（宋）呂祖謙撰
　（清）瞿世瑛校刊　清道光刻本　三冊　存
十四卷(三至十一、十六至二十)

370000－4514－0000016　經 016

欽定春秋傳說彙纂三十八卷首二卷　（清）王
掞等撰　清光緒十四年(1888)江南書局刻本
　二十冊

370000－4514－0000017　經 017

太史張天如詳節春秋綱目左傳句解六卷
（清）韓炎重訂　清濰陽成文信刻本　六冊

370000－4514－0000018　經 018

銅板四書遵註合講十九卷　（清）翁復撰　清
光緒十三年(1887)成文堂刻本　五冊

370000－4514－0000019　經 019

四書會解二十七卷　（清）綦澧輯　清嘉慶五
年(1800)刻本　十一冊

370000－4514－0000020　經020

四書人物類典串珠四十卷　（清）臧志仁輯
清嘉慶十六年(1811)刻本　七冊　存十四卷
（一至十四）

370000－4514－0000021　經021

四書人物類典串珠四十卷　（清）臧志仁輯
清末刻本　六冊　存二十二卷（十九至四十）

370000－4514－0000022　經022

增訂四書析疑大全二十卷　（清）張權時增訂
　清刻本　十冊　存十卷（大學一卷、孟子四
卷、下論六至十）

370000－4514－0000023　經023

四書章句便蒙十七卷　（宋）朱熹集注　清道
光二十二年(1842)寶恕堂刻本　七冊　存十
二卷（大學一卷、中庸一卷、論語一至十）

370000－4514－0000024　經024

四書衷一十九卷　（清）王基昌編輯　清光緒
十年(1884)刻本　六冊

370000－4514－0000025　經025

新刻四書五經義　（宋）王安石等編　清光緒
二十四年(1898)煙台成文信刻本　二冊

370000－4514－0000026　經026

銅板四書集註十九卷　（宋）朱熹章句　清刻
本　六冊

370000－4514－0000027　經027

爾雅三卷　（晉）郭璞注　（唐）陸德明音義
清光緒九年(1883)湘西經濟書局刻本　四冊

370000－4514－0000028　經028

**康熙字典十二集三十六卷檢字一卷辨似一卷
等韻一卷總目一卷備考一卷補遺一卷**　（清）
張玉書等纂　清道光七年(1827)刻本　六冊
　存二集（午至未）

370000－4514－0000029　經029

詩韻集成十卷　（清）余照輯　清同治五年
(1866)刻本　二冊

370000－4514－0000030　經030

詩韻集成十卷　（清）余照輯　清宣統元年

(1909)成文堂刻本　四冊

370000－4514－0000031　史001

後漢書一百二十卷　（南朝宋）范曄撰　（唐）
李賢注　清光緒二十年(1894)刻本　三十一
冊　存一百十七卷（一至一百十七）

370000－4514－0000032　史002

前漢書一百卷　（漢）班固撰　（唐）顏師古注
　清刻本　五冊　存十九卷（三十一至三十
四、三十五至三十九、六十五至七十四）

370000－4514－0000033　史003

漢書一百卷　（漢）班固撰　（唐）顏師古注
清光緒十三年(1887)金陵書局刻本　十七冊
　存九十七卷（一至三十五、三十九至一百）

370000－4514－0000034　史004

三國志六十五卷　（晉）陳壽撰　（南朝宋）裴
松之注　清光緒十三年(1887)江南書局刻本
　八冊

370000－4514－0000035　史005

史記一百三十卷　（漢）司馬遷撰　（南朝宋）
裴駰集解　清光緒四年(1878)金陵書局刻本
　十六冊

370000－4514－0000036　史006

**尺木堂綱鑑易知錄九十二卷明鑑易知錄十五
卷**　（清）吳乘權等輯　清光緒三十一年
(1905)上海商務印書館排印本　十二冊　存
九十四卷（綱鑑易知錄一至十、十七至三十
五、四十三至九十二,明鑑易知錄十五卷）

370000－4514－0000037　史007

尺木堂綱鑑易知錄九十二卷　（清）吳乘權等
輯　**御選資治通鑑綱目三編二十卷**　（清）張
廷玉等輯　清光緒八年(1882)掃葉山房刻本
　四十冊

370000－4514－0000038　史008

東華錄三十二卷　（清）蔣良騏撰　清刻本
四冊　存十二卷（四至六、十二至十四、二十
五至三十）

370000－4514－0000039　史009

東華錄四百二十五卷　王先謙等編　清光緒
上海圖書集成印書局排印本　三十六冊　存
二百二十六卷(天聰一至十一,崇德二至八,
天命一至四,順治一至三十六,康熙四十六至
一百十,雍正五至二十一,乾隆六至四十九、
一百〇四至一百十六,嘉慶一至二十九)

370000 – 4514 – 0000040　史010
御批歷代通鑑輯覽一百二十卷　(清)傅恒等
撰　清刻朱墨套印本　十四冊　存二十八卷
(六十一至八十八)

370000 – 4514 – 0000041　史011
御批歷代通鑑輯覽一百二十卷　(清)傅恒等
撰　清刻朱墨套印本　二十二冊　存四十六
卷(七十五至一百二十)

370000 – 4514 – 0000042　史012
御批歷代通鑑輯覽一百二十卷　(清)傅恒等
撰　清刻朱墨套印本　十七冊　存三十四卷
(三十六至四十三、四十六至五十一、九十三
至九十五、一百〇四至一百二十)

370000 – 4514 – 0000043　史013
御批歷代通鑑輯覽一百二十卷　(清)傅恒等
撰　清光緒三十年(1904)上海經藝書局影印
本　十六冊　存七十七卷(一至五、十三至二
十八、三十九至四十三、五十八至六十六、七
十二至一百十三)

370000 – 4514 – 0000044　史014
資治通鑑二百九十四卷通鑑釋文辯誤十二卷
　(宋)司馬光撰　(元)胡三省音注　清刻本
七十八冊　存二百三十二卷(通鑑四至十
五、十九至二十七、三十一至七十一、七十五
至七十八、八十二至一百二十七、一百三十二
至一百五十、一百五十八至一百八十六、一百
九十一至二百〇九、二百十三至二百二十四、
二百二十七至二百三十二、二百四十二至二
百四十四、二百四十八至二百六十、二百六十
三至二百六十五、二百六十九至二百七十六、
二百八十八至二百九十二,辯誤十至十二)

370000 – 4514 – 0000045　史015
資治通鑑二百九十四卷通鑑釋文辯誤十二卷

(宋)司馬光撰　(元)胡三省音注　清刻本
三十五冊　存一百十卷(通鑑四十八至六
十五、六十九至八十四、一百九十四至二百十
一、二百四十八至二百九十四,辯誤十二卷)

370000 – 4514 – 0000046　史016
大清通禮品官士庶人喪禮傳二卷　(清)劉人
熙撰　清光緒十一年(1885)刻本　二冊

370000 – 4514 – 0000047　史017
廿一史約編八卷首一卷　(清)鄭元慶撰　清
東昌書業德刻本　八冊

370000 – 4514 – 0000048　史018
[山東海陽]趙氏族譜不分卷　(清)趙宴海等
纂　清抄本　七冊

370000 – 4514 – 0000049　史019
宋史菁華錄十卷　(清)納蘭常安選評　清光
緒二十六年(1900)上海書局石印本　四冊

370000 – 4514 – 0000050　史020
[光緒]海陽縣續志十卷首一卷　(清)王敬勳
修　(清)李爾梅等纂　清光緒六年(1880)刻
本　六冊

370000 – 4514 – 0000051　史021
大清律例彙輯便覽四十卷督捕則例附纂二卷
五軍道里表一卷三流道里表一卷　(清)刑部
制訂　(清)湖北讞局匯輯　清同治十一年
(1872)湖北讞局刻本　二十六冊　存三十七
卷(大清律例彙輯便覽八至四十、督捕則例二
卷、五軍道里表一卷、三流道里表一卷)

370000 – 4514 – 0000052　史022
水經注四十卷　(北魏)酈道元撰　清刻本
十一冊　存二十三卷(二至十一、二十至二十
三、二十六至二十七、三十一至三十三、三十
七至四十)

370000 – 4514 – 0000053　史023
五洲圖考不分卷　(清)龔柴　(清)許彬撰
清光緒二十八年(1902)上海徐家匯印書館排
印本　四冊

370000 – 4514 – 0000054　史024

時務分類與國策八卷　（清）李鳳儀輯　清光緒二十三年(1897)上海書局石印本　八冊　存六卷（一上、二中下、三中下、四上、五至六）

370000 – 4514 – 0000055　史 025

文廟思源錄攷不分卷　（清）麻兆慶撰　清光緒二十年(1894)燕平書院刻本　二冊

370000 – 4514 – 0000056　史 026

金石萃編一百六十卷　（清）王昶編　清嘉慶十年(1805)刻本　四十二冊　存一百十六卷（一、六至十一、十五至八十八、一百二十六至一百六十）

370000 – 4514 – 0000057　子 001

近思錄十四卷　（宋）朱熹　（宋）呂祖謙輯（清）江永集注　清咸豐三年(1853)刻本　四冊

370000 – 4514 – 0000058　子 002

近思錄集註十四卷考訂朱子世家一卷　（清）江永撰　近思錄校勘記一卷　（清）王炳錄　清同治八年(1869)江蘇書局刻本　四冊

370000 – 4514 – 0000059　子 003

農政全書六十卷　（明）徐光啟撰　清刻本　五冊　存十三卷（十三至十五、四十一至四十五、五十二至五十六）

370000 – 4514 – 0000060　子 004

本草從新十八卷　（清）吳儀洛撰　清光緒十二年(1886)刻本　二冊　存六卷（草部一至二、四至七）

370000 – 4514 – 0000061　子 005

本草綱目五十二卷首一卷圖三卷　（明）李時珍撰　清刻本　十一冊　存十三卷（一至四、八至十一、二十二至二十三、四十四至四十六）

370000 – 4514 – 0000062　子 006

本草綱目五十二卷首一卷圖三卷　（明）李時珍撰　清宣統元年(1909)鴻寶齋石印本　六冊　存二十卷（六至九、十五至十六、二十六至三十、四十二至五十）

370000 – 4514 – 0000063　子 008

東醫寶鑑二十三卷　（朝鮮）許浚等撰　清刻本　二冊　存二卷（内景篇三上、雜病篇二上）

370000 – 4514 – 0000064　子 009

二如亭群芳譜三十卷首十三卷　（明）王象晉輯　清刻本　一冊　存二卷（藥譜一、首一卷）

370000 – 4514 – 0000065　子 010

金匱要畧淺註十卷　（清）陳念祖撰　清刻本　一冊　存三卷（三至五）

370000 – 4514 – 0000066　子 011

景岳全書六十四卷　（明）張介賓撰　清刻本　一冊　存一卷（四十七）

370000 – 4514 – 0000067　子 012

食物本草會纂十二卷　（清）沈李龍纂輯　清刻本　一冊　存二卷（八至九）

370000 – 4514 – 0000068　子 013

外科正宗十二卷　（清）沈李龍撰　（清）徐大椿評　清咸豐刻本　一冊　存二卷（三至四）

370000 – 4514 – 0000069　子 014

新刊增補萬病回春原本八卷　（明）龔廷賢編　（清）周亮登校　清刻本　三冊　存三卷（六至八）

370000 – 4514 – 0000070　子 015

新刊良朋彙集五卷　（清）孫偉輯　清道光四年(1824)姑蘇崇德書院刻本　六冊

370000 – 4514 – 0000071　子 016

黃帝内經素問註證發微九卷　（明）馬蒔註　清刻本　五冊　存五卷（一至五）

370000 – 4514 – 0000072　子 017

痧症全書三卷　（清）王凱輯　清同治元年(1862)海山仙館刻本　一冊

370000 – 4514 – 0000073　子 018

推拿廣意三卷　（清）熊應雄輯　（清）陳世凱重訂　清刻本　一冊　存一卷（一）

370000 – 4514 – 0000074　子 019

續刻驗方新編八卷　（清）戴緒安選注　清光
緒十七年（1891）刻本　十冊

370000－4514－0000075　子020
醫方集解三卷　（清）汪昂撰　清刻本　二冊
存一卷（二）

370000－4514－0000076　子021
醫林指月十二種　（清）王琦編　清光緒二十
二年（1896）上海圖書集成印書局排印本
八冊

370000－4514－0000077　子022
醫學心悟六卷　（清）程國彭撰　清刻本　二
冊　存二卷（二至三）

370000－4514－0000078　子023
御纂醫宗金鑑九十卷首一卷　（清）吳謙等
編纂　清刻本　三十六冊　存六十八卷（二
至四、七至十一、十七至四十八、六十三至九
十）

370000－4514－0000079　子024
御纂醫宗金鑑九十卷首一卷　（清）吳謙等編
纂　清刻本　十六冊　存二十三卷（二十二
至四十三、五十六）

370000－4514－0000080　子025
增訂本草備要四卷　（清）汪昂撰　清光緒七
年（1881）掃葉山房刻本　一冊　存一卷（一）

370000－4514－0000081　子026
針灸大成十卷　（明）楊繼洲撰　清刻本　一
冊　存一卷（五）

370000－4514－0000082　子027
歷代畫史彙傳七十二卷首一卷附錄二卷目錄
三卷引證書目一卷　（清）彭蘊璨輯　清同治
十三年（1874）三楚畊餘堂邱氏刻本　十六冊
　存四十卷（歷代畫史彙傳十八至三十三、五
十四至七十二，附錄二卷，目錄三卷）

370000－4514－0000083　子028
日知錄集釋三十二卷刊誤二卷續刊誤二卷
（清）黃汝成撰　清同治十一年（1872）湖北崇
文書局刻本　十二冊　存二十九卷（日知錄

集釋一至二十三、三十一至三十二，刊誤二
卷，續刊誤二卷）

370000－4514－0000084　子029
聊齋志異新評十六卷　（清）蒲松齡撰　（清）
王士禎評　（清）但明倫新評　清刻朱墨套印
本　七冊　存七卷（九至十、十二至十六）

370000－4514－0000085　子030
佛說大乘通玄法華真經五卷　清末排印本
一冊　存四卷（一至四）

370000－4514－0000086　子031
丹桂籍四卷首一卷末一卷　（明）顏正輯注
清道光刻本　六冊

370000－4514－0000087　子032
歷代畫史彙傳二十四卷　（清）彭蘊璨輯　清
刻本　五冊　存十五卷（二至十六）

370000－4514－0000088　子033
御刻三希堂石渠寶笈法帖釋文□□卷　（清）
梁詩正等編　（清）陳焯釋文　清末石印本
二十二冊　存二十一卷（一至四、七至八、十
一、十四至二十五、三十、三十二）

370000－4514－0000089　子034
重修東海神廟碑記　（清）翟云升書　清拓本
　一冊

370000－4514－0000090　子035
唐故容州都督兼御史中丞本管經略使元君表
墓碑銘并序　（唐）顏真卿書並撰　清拓本
一冊

370000－4514－0000091　子036
城隍廟碑　（清）鄭燮撰並正書　（清）司徒文
膏鐫　清拓本　一冊

370000－4514－0000092　子037
般若波羅密多心經　（唐）鄭莊書　清拓本
一冊

370000－4514－0000093　子038
玄秘塔碑　（唐）裴休撰文　（唐）柳公權書
清拓本　一冊

370000－4514－0000094　子039

淳化閣帖十二卷　清拓本　一冊　存一卷
（二）

370000－4514－0000095　集001
重訂文選集評十五卷首一卷末一卷　（清）于
光華編　清同治九年（1870）刻本　八冊　存
八卷（一至七、首一卷）

370000－4514－0000096　集002
分韻試帖青雲集合註四卷　（清）楊逢春輯
清光緒十四年（1888）成文堂刻本　四冊

370000－4514－0000097　集003
舊雨草堂時文不分卷　（清）陳康祺撰　清刻
本　四冊

370000－4514－0000098　集004
曬書堂文集十二卷外集二卷筆記二卷　（清）
郝懿行撰　清光緒十年（1884）刻本　八冊

370000－4514－0000099　集005
庾子山集十六卷　（北周）庾信撰　（清）倪璠
注　清光緒十六年（1890）刻本　十二冊

370000－4514－0000100　集006
古唐詩合解十二卷古詩四卷　（清）王堯衢注
　清光緒元年（1875）同文堂刻本　八冊

370000－4514－0000101　集007
古唐詩合解十二卷古詩四卷　（清）王堯衢注
　清刻本　三冊　存八卷（五至十二）

370000－4514－0000102　集008
古唐詩合解十二卷古詩四卷　（清）王堯衢注
　清光緒九年（1883）文盛堂刻本　五冊　存
十二卷（古唐詩合解十二卷）

370000－4514－0000103　集009
古文分編集評初集二卷二集二卷三集八卷首
一卷四集三卷首一卷　（清）于光華編　清刻
本　十六冊　存十五卷（初集下，二集上下，
三集八卷，四集三卷、首一卷）

370000－4514－0000104　集010
古文淵鑒六十四卷　（清）徐乾學等編注　清
刻本　五冊　存十卷（五十一至六十）

370000－4514－0000105　集011

皇朝經世文編一百二十卷　（清）賀長齡輯
清光緒二十二年至二十三年（1896－1897）上
海掃葉山房石印本　八冊　存三十七卷（一
至二、二十至二十四、七十四至九十八、一百
〇六至一百十）

370000－4514－0000106　集012
皇朝經世文編一百二十卷　（清）賀長齡輯
清光緒十二年（1886）思補樓石印本　二十八
冊　存五十九卷（九至十、十九至二十、二十
二至二十八、三十一至三十三、三十九至四
十、四十三至四十五、四十七至五十二、六十
六至六十七、七十至七十一、七十四至七十
九、八十三至八十五、九十七至九十八、一百
〇五至一百二十）

370000－4514－0000107　集013
栖雲閣詩十六卷拾遺三卷文集十五卷　（清）
高珩撰　清乾隆三年至四十四年（1738－
1779）高肇豐刻本　一冊　存五卷（栖雲閣詩
三至七）

370000－4514－0000108　集014
三蘇策論十二卷　（清）張紹齡輯　清光緒二
十七年（1901）煥文書局石印本　六冊

370000－4514－0000109　集015
重訂文選集評十五卷首一卷末一卷　（清）于
光華編　清咸豐十年（1860）刻本　八冊　存
八卷（一至七、首一卷）

370000－4514－0000110　集016
批點七家詩合註七卷　（清）張熙宇輯評　清
光緒十二年（1886）刻本　八冊

370000－4514－0000111　集017
四大奇書第一種十九卷一百二十回　（明）羅
貫中撰　（清）毛宗崗　（清）金人瑞評　清末
刻本　十冊　存十卷（十至十九）

370000－4514－0000112　集018
繪圖增像第五才子書水滸全傳八卷七十回
（元）施耐庵撰　（清）金人瑞評釋　清光緒十
三年（1887）上海廣百宋齋石印本　九冊　存
五十回（一至六、十三至五十六）

370000－4514－0000113　　集019
批點七家詩合註七卷　（清）張熙宇輯評　清
光緒六年(1880)刻本　　八冊

370000－4514－0000114　　類叢001
重訂廣事類賦四十卷　（清）華希閔輯　清刻
本　　二冊　存十二卷(二十九至四十)

370000－4514－0000115　　類叢002
重訂事類賦三十卷　（宋）吳淑撰並注　清刻
本　　六冊

370000－4514－0000116　　類叢003
萬國分類時務大成四十卷首一卷　（清）錢豐
選輯　清光緒石印本　　六冊　存八卷(二十
一至二十五、二十七至二十九)

370000－4514－0000117　　類叢004
增補事類統編九十三卷首一卷　（清）黃葆真
增輯　清道光二十六年(1846)黃氏敦好堂刻
本　　三十九冊　存七十四卷(一至四、八至
九、十八至五十、五十三至六十七、七十至七
十一、七十四至七十六、七十九至九十三)

370000－4514－0000118　　類叢005
子史精華一百六十卷　（清）允祿　（清）吳襄
等纂　清光緒十二年(1886)石印本　　八冊

370000－4514－0000119　　經031
皇清經解一千四百〇八卷　（清）阮元輯　清
道光九年(1829)廣東學海堂刻咸豐十一年
(1861)補刻本　　九十七冊　存三百〇八卷
(一至三十、二百六十四至二百六十六、二百
七十一至二百八十一、二百八十八至二百九
十五、四百二十八至四百四十五、四百九十一
至五百二十三、五百三十二至五百三十七、五
百四十至五百四十七、五百五十五至六百四
十九、六百五十一至六百八十四、一千〇五十
六至一千〇九十八、一千一百九十五至一千
一百九十六、一千二百〇一至一千二百十七)

370000－4514－0000120　　善001
御纂詩義折中二十卷　（清）傅恒等撰　清刻
本　　五冊　存十卷(一至十)

370000－4514－0000121　　善002

370000－4514－0000122
春秋公羊傳十二卷　（戰國）公羊高撰　（明）
閔齊伋攷　明天啟元年(1621)刻本　　四冊

370000－4514－0000122　　善003
春秋穀梁傳十二卷　（晉）范甯集解　（唐）陸
德明音義　明天啟元年(1621)刻本　　四冊

370000－4514－0000123　　善004
左繡三十卷首一卷　（清）馮李驊　（清）陸浩
輯　清華川書屋刻本　　七冊　存十三卷(五
至六、十至十一、十四至十七、二十二至二十
三、二十六至二十八)

370000－4514－0000124　　善005
春秋經傳集解三十卷　（晉）杜預撰　**春秋名
號歸一圖二卷**　（五代）馮繼先撰　**春秋年表
一卷**　（宋）岳珂刊補　清同治三年(1864)南
海鄘九我堂刻本　　九冊　存十六卷(九至十
二、十五至二十六)

370000－4514－0000125　　善006
增補四書精繡圖像人物備攷十二卷　（明）薛
應旂撰　（明）陳仁錫增訂　清郁文堂刻本
八冊

370000－4514－0000126　　善007
增補四書精繡圖像人物備攷十二卷　（明）薛
應旂撰　（明）陳仁錫增訂　清乾隆五十一年
(1786)刻本　　八冊

370000－4514－0000127　　善008
**康熙字典十二集三十六卷檢字一卷辨似一卷
等韻一卷總目一卷備考一卷補遺一卷**　（清）
張玉書等纂　清刻本　　二十冊　存十六卷
(子至寅、申上下、戌、亥上中,備考一卷,等韻
一卷)

370000－4514－0000128　　善009
**康熙字典十二集三十六卷檢字一卷辨似一卷
等韻一卷總目一卷備考一卷補遺一卷**　（清）
張玉書等纂　清刻本　　六冊　存二集(申至
酉)

370000－4514－0000129　　善010
史記一百三十卷　（漢）司馬遷撰　（南朝宋）
裴駰集解　明崇禎刻本　　十二冊

370000－4514－0000130　善011

資治通鑑綱目五十九卷 （宋）朱熹撰　明翻刻成化九年(1473)內府本　三十冊

370000－4514－0000131　善012

續資治通鑑綱目二十七卷 （明）商輅等撰（明）陳仁錫評　清刻本　十九冊　存十九卷（一至九、十八至二十七）

370000－4514－0000132　善013

資治通鑑綱目五十九卷 （宋）朱熹撰　（明）陳仁錫評閱　清刻本　六十一冊　存五十四卷（一至十五、十七至二十一、二十三至二十六、二十八至四十六、四十九至五十九）

370000－4514－0000133　善014

國語二十一卷 （三國吳）韋昭注　（宋）宋庠補音　清乾隆二十七年(1762)刻本　四冊

370000－4514－0000134　善015

戰國策三十三卷 （漢）高誘注　清乾隆二十一年(1756)盧見曾雅雨堂刻本　六冊

370000－4514－0000135　善016

戰國策三十三卷 （漢）高誘注　清刻本　八冊　存十卷(一至十)

370000－4514－0000136　善017

[乾隆]海陽縣誌八卷 （清）包桂等纂修　清乾隆七年(1742)刻本　三冊　存五卷（四至八）

370000－4514－0000137　善018

揚州畫舫錄十八卷 （清）李斗撰　清乾隆六十年(1795)自然盦刻同治十一年(1872)印本　四冊

370000－4514－0000138　善019

重鐫本草醫方合編 （清）汪昂編　清刻本　六冊　存十四卷（醫方集解三卷、增訂本草備要十一卷）

370000－4514－0000139　善020

南華發覆八卷 （戰國）莊周撰　（明）釋性通注　明末文秀堂刻本　六冊

370000－4514－0000140　善021

南華真經解三卷 （清）宣穎撰　清啟元堂刻本　六冊

370000－4514－0000141　善022

兵鏡備考十三卷或問二卷 （清）鄧廷羅輯　清刻本　七冊　存七卷（備考九至十三、或問二卷）

370000－4514－0000142　善023

讀杜心解六卷首二卷 （清）浦起龍撰　清雍正二年至三年(1724－1725)浦氏寧我齋刻靜寄東軒重修本　十一冊

370000－4514－0000143　善024

文選六十卷 （南朝梁）蕭統輯　（唐）李善等注　清乾隆三十七年(1772)葉樹藩海錄軒刻朱墨套印本　十二冊

370000－4514－0000144　善025

增註八銘塾鈔初集六卷 （清）吳懋政輯　清成文信刻本　五冊

370000－4514－0000145　善026

重訂七種古文選五十卷 （清）儲欣輯評　清乾隆三十八年(1773)刻本　四冊　存十一卷（戰國策選一至二、公羊傳選一至二、國語選四至八、穀梁傳選一至二）

魯東大學圖書館
古籍普查登記目錄

全國古籍普查登記目錄

國家圖書館出版社
National Library of China Publishing House

歌詩編第二

吳絲蜀桐張高秋空凝雲頹不流

愁李憑中國彈箜篌崑山玉碎鳳凰叫芙蓉泣露香

蘭笑十二門前融冷光二十三絲動紫皇女媧鍊石

補天處石破天驚逗秋雨夢入神山教神嫗老魚跳

波瘦蛟舞吳質不眠倚桂樹露腳斜飛濕寒兔

殘絲曲

垂楊葉老鶯喃兒殘絲欲斷黃蜂歸綠鬢少年金釵

370000－4547－0000001　經1

皇清經解一千四百〇八卷　（清）阮元輯　清道光九年（1829）廣東學海堂刻咸豐補刻本　三百六十二冊

370000－4547－0000002　經2

皇清經解續編一千四百三十卷　王先謙輯　清光緒十四年（1888）南菁書院刻本　二百四十冊

370000－4547－0000003　史17

尚友錄二十二卷　（明）廖用賢編纂　（清）張伯琮補輯　清刻本　二十二冊

370000－4547－0000004　史20

南唐書合刻四十八卷　（清）蔣國祥等輯　清三餘書屋刻同治十三年（1874）補刻本　六冊

370000－4547－0000005　史23

晉略六十五卷序目一卷　（清）周濟撰　清道光十九年（1839）味儁齋刻本　十冊

370000－4547－0000006　史24

元史紀事本末二十七卷　（明）陳邦瞻編輯（明）張溥論證　清光緒十三年（1887）廣雅書局刻本　三冊

370000－4547－0000007　史35

廿二史言行略四十二卷　（清）過元旼輯　清嘉慶十五年（1810）刻本　八冊

370000－4547－0000008　史39

宋名臣言行錄七十五卷　（宋）朱熹撰　（宋）李幼武續纂　清道光洪氏歙績學堂刻同治七年（1868）臨川桂氏重修本　十二冊

370000－4547－0000009　史56

文獻通考三百四十八卷　（元）馬端臨撰　清光緒二十二年（1896）浙江書局刻本　一百五十冊

370000－4547－0000010　史57

皇朝文獻通考三百卷　（清）嵇璜等纂　清光緒八年（1882）浙江書局刻本　一百四十冊

370000－4547－0000011　史58

通志二百卷　（宋）鄭樵撰　清光緒二十二年（1896）浙江書局刻本　一百三十八冊

370000－4547－0000012　史83

庸書內篇二卷外篇二卷續富國策四卷　（清）陳熾撰　清光緒刻本　三冊　存一卷（續富國策三）

370000－4547－0000013　史84

前後漢紀六十卷　（漢）荀悅　（晉）袁宏撰　清光緒三年（1877）三餘書屋刻本　十六冊

370000－4547－0000014　史85

求闕齋弟子記三十三卷　（清）王定安撰　清光緒二年（1876）刻本　十六冊

370000－4547－0000015　史97

讀左傳法不分卷　（清）馬貞榆撰　清刻朱印本　七冊

370000－4547－0000016　史98

春秋世族譜二卷　（清）陳厚耀撰　清光緒二十五年（1899）兩湖書院政學堂刻朱印本　一冊

370000－4547－0000017　史95

山海經十八卷　（晉）郭璞傳　清刻本　三冊

370000－4547－0000018　史100

皇朝通志一百二十六卷　（清）嵇璜等纂　清光緒二十七年（1901）上海圖書集成局石印本　十二冊

370000－4547－0000019　史104

五洲各國政治考八卷　（清）錢恂輯　清光緒二十七年（1901）石印本　六冊

370000－4547－0000020　史105

金石萃編一百六十卷　（清）王昶編　清刻本　七十二冊

370000－4547－0000021　史106

讀史方輿紀要一百三十卷方輿全圖總說五卷　（清）顧祖禹撰　清光緒二十七年（1901）上海圖書集成局排印本　三十二冊

370000－4547－0000022　史110

通鑑紀事本末二百三十九卷　（宋）袁樞編次（明）張溥論正　清同治十二年（1873）江西

書局刻本　八十冊

370000－4547－0000023　子 26

法苑珠林一百卷　（唐）釋道世撰　清道光七年（1827）虞山蔣氏燕園刻本　三十二冊

370000－4547－0000024　子 28

義門讀書記五十八卷　（清）何焯撰　（清）蔣維鈞編　清刻本　十四冊

370000－4547－0000025　子 29

墨子閒詁十五卷目錄一卷附錄一卷後語二卷　（清）孫詒讓撰　清刻本　八冊

370000－4547－0000026　子 30

南華真經旁註五卷　（戰國）莊周撰　（晉）郭象評　（晉）向秀註　清康熙五十五年（1716）刻本　五冊

370000－4547－0000027　子 39

管子二十四卷　（春秋）管仲撰　（唐）房玄齡注　清嘉慶九年（1804）刻本　十冊

370000－4547－0000028　集 62

八代詩選二十卷　王闓運輯　清光緒十六年（1890）江蘇書局刻本　八冊

370000－4547－0000029　集 63

五家宮詞　（明）毛晉輯　清光緒五年（1879）受經堂刻本　二冊

370000－4547－0000030　集 66

小檀欒室彙刻閨秀詞十集　徐乃昌輯　清光緒二十四年（1898）南陵徐乃昌刻本　二十冊

370000－4547－0000031　集 76

唐人小說六種　葉德輝輯　清宣統三年（1911）長沙葉德輝觀古堂刻本　二冊

370000－4547－0000032　集 78

元遺山先生全集　（金）元好問撰　清光緒八年（1882）京都翰文齋刻本　十六冊　存五十四卷（元遺山先生集四十卷附錄一卷補載一卷、元遺山先生新樂府四卷、續夷堅志四卷、元遺山先生年譜二卷、元遺山先生年譜一卷、元遺山先生年譜一卷）

370000－4547－0000033　集 80

杜詩詳註二十五卷首一卷附編二卷　（唐）杜甫撰　（清）仇兆鰲輯註　清刻本　二十八冊

370000－4547－0000034　集 38

詞學全書　（清）查培繼輯　清致和堂刻本　八冊　存十七卷（古韻通略一卷、古今詞論一卷、填詞名解四卷、填詞圖譜六卷續集三卷、詞韻二卷）

370000－4547－0000035　子 53

莊子因六卷　（戰國）莊周撰　（清）林雲銘評述　清刻本　六冊

370000－4547－0000036　集 25

元豐類稿五十卷首一卷　（宋）曾鞏撰　清康熙四十九年（1710）刻本　八冊

370000－4547－0000037　子 20

玉海纂二十二卷　（宋）王應麟輯　（明）劉鴻訓纂　（明）劉鴻采　（明）劉孔中編次　清順治四年（1647）王允明刻本　十六冊　缺二卷（二十一至二十二）

370000－4547－0000038　子 2

容齋五筆　（宋）洪邁撰　明刻本　十六冊

370000－4547－0000039　集 67

國朝山左詩鈔六十卷　（清）盧見曾撰　清乾隆二十三年（1758）盧氏雅雨堂刻後印本　二十冊

370000－4547－0000040　子 16

玉海二百卷辭學指南四卷詩攷一卷詩地理攷六卷漢藝文志攷證十卷通鑑地理通釋十四卷漢制攷四卷踐阼篇集解一卷周易鄭康成注一卷姓氏急就篇二卷急就篇補注四卷周書王會補注一卷小學紺珠十卷六經天文篇二卷通鑑答問五卷　（宋）王應麟撰　元至元六年（1340）慶元路儒學刻元明清遞修本　一百九十八冊

370000－4547－0000041　史 3

明史藁三百十卷目錄三卷　（清）王鴻緒撰　清康熙刻本　六十四冊

370000－4547－0000042　史 4

元書一百〇二卷首一卷　曾廉撰　清宣統三
年(1911)刻本　二十冊

370000－4547－0000043　史 8
十國春秋一百十六卷　(清)吳任臣撰　清嘉
慶昭文周氏刻本　十四冊

370000－4547－0000044　史 11
明紀六十卷　(清)陳鶴纂　(清)陳克家參訂
　清同治十年(1871)江蘇書局刻本　二十冊

370000－4547－0000045　史 59
欽定續通志六百四十卷　(清)嵇璜等撰　清
光緒十二年(1886)浙江書局刻本　二百冊
缺三卷(五百〇五至五百〇七)

370000－4547－0000046　史 60
欽定續文獻通考二百五十卷　(清)嵇璜等撰
　清光緒十三年(1887)浙江書局刻本　一百
二十冊

370000－4547－0000047　史 61
欽定續通典一百五十卷　(清)嵇璜等撰　清
光緒十二年(1886)浙江書局刻本　四十冊

370000－4547－0000048　史 62
皇朝通典一百卷　(清)嵇璜等纂　清光緒八
年(1882)浙江書局刻本　四十冊

370000－4547－0000049　史 63
皇朝通志一百二十六卷　(清)嵇璜等纂　清
光緒八年(1882)浙江書局刻本　四十冊

370000－4547－0000050　史 64
欽定通典二百卷　(唐)杜佑撰　清光緒二十
二年(1896)浙江書局刻本　五十冊

370000－4547－0000051　子 3
日知錄集釋三十二卷刊誤二卷續刊誤二卷
(清)顧炎武撰　(清)黃汝成集釋　清道光十
四年(1834)刻本　十二冊

370000－4547－0000052　集 37
玉茗堂全集四十四卷　(明)湯顯祖撰　清刻
本　三十二冊

370000－4547－0000053　集 39
鹿洲全集八種附行述一卷　(清)藍鼎元撰

清雍正十年(1732)刻本　二十四冊　存四十
二卷(鹿洲初集二十卷、鹿洲公案二卷、東征
集六卷、平臺紀略一卷、修史試筆二卷、棉陽
學準五卷、女學六卷)

370000－4547－0000054　集 47
寓香園金釵傳　(清)朱守芳撰　清刻本　一
冊　存十七葉(一至十七)

370000－4547－0000055　集 26
三蘇全集　(清)弓翊清等編　清道光十二年
(1832)刻本　七十二冊

370000－4547－0000056　集 49
李笠翁一家言十六卷　(清)李漁撰　清末上
海會文堂書局影印本　十一冊

370000－4547－0000057　集 53
歷代詩話　(清)何文煥輯　清末影印本　十
六冊

370000－4547－0000058　集 54
繪像結水滸全傳八卷末一卷七十回　(清)俞
萬春撰　清光緒二十二年(1896)煥文書局影
印本　八冊

370000－4547－0000059　集 55
聊齋志異新評十六卷　(清)蒲松齡撰　(清)
王士禎評　(清)但明倫新評　(清)呂湛恩注
　清光緒十三年(1887)上海掃葉山房刻本
十六冊

370000－4547－0000060　集 82
昭明文選六十卷　(南朝梁)蕭統撰　(唐)李
善注　清同治八年(1869)金陵書局刻本
十冊

370000－4547－0000061　集 139
增像全圖東周列國志二十七卷　(清)蔡昇評
點　清光緒三十四年(1908)商務印館影印本
　八冊

370000－4547－0000062　集 141
增像西湖緣真蹟圖詠四卷　(清)陳遇乾原稿
　(清)陳士奇　(清)俞秀山評定　(清)浦
左退居野人校訂　清光緒九年(1893)上海石

印書局石印本 四冊

蘇州保息局補刻本　十六冊

370000－4547－0000085　經 57

春秋左傳註疏六十卷　（晉）杜預註　（唐）陸
德明音義　（唐）孔穎達疏　明崇禎毛氏汲古
閣刻本　十二冊

370000－4547－0000086　經 59

四書集注正蒙十九卷音義辨一卷　（宋）朱熹
撰　清光緒十四年（1888）八旗官學刻本
六冊

370000－4547－0000087　史 67

資治通鑑綱目正編五十九卷前編二十五卷續
編二十七卷末一卷　（宋）朱熹等撰　（明）陳
仁錫評閱　清刻本　一百二十冊

370000－4547－0000088　史 68

綏寇紀畧十二卷補遺三卷　（清）吳偉業撰
清嘉慶九年（1804）虞山張海鵬照曠閣刻本
八冊

370000－4547－0000089　史 69

五代史記七十四卷　（宋）歐陽修撰　（宋）徐
無黨注　清宣統三年（1911）貴池劉氏影宋刻
本　十二冊

370000－4547－0000090　史 70

歷代畫史彙傳七十二卷首一卷附錄二卷目錄
三卷引證書目一卷　（清）彭蘊璨輯　清刻本
二十四冊

370000－4547－0000091　史 71

欽定大清會典一百卷　（清）崑岡等纂修　清
刻本　二十四冊

370000－4547－0000092　史 72

天下郡國利病書一百二十卷　（清）顧炎武輯
清光緒二十七年（1901）圖書集成局排印本
二十八冊

370000－4547－0000093　子 13

九通分類總纂二百四十卷　（清）汪鍾霖編
清光緒二十八年（1902）上海文瀾書局石印本
八十冊

370000－4547－0000094　子 41

玉芝堂談薈三十六卷首一卷　（明）徐應秋輯
清刻本　三十二冊

370000－4547－0000095　子 49

讀書雜志八十二卷餘編二卷　（清）王念孫撰
清同治九年（1870）金陵書局刻本　二十
四冊

370000－4547－0000096　子 50

札樸十卷　（清）桂馥撰　清光緒九年（1883）
長洲蔣氏心矩齋刻本　五冊

370000－4547－0000097　子 51

日知錄集釋三十二卷刊誤二卷續刊誤二卷
（清）顧炎武撰　（清）黃汝成集釋　清同治十
一年（1872）湖北崇文書局刻本　十六冊

370000－4547－0000098　子 52

管子二十四卷　（春秋）管仲撰　（唐）房玄齡
注　清光緒二年（1876）浙江書局刻本　六冊

370000－4547－0000099　子 56

繪圖上海雜記十卷　（清）藜牀臥讀生輯　清
光緒三十一年（1905）上海文寶書局石印本
五冊

370000－4547－0000100　子 60

困學紀聞注二十卷　（宋）王應麟撰　（清）翁
元圻輯注　清道光五年（1825）刻本　十六冊

370000－4547－0000101　子 64

淵鑑類函四百五十卷　（清）張英　（清）王士
禎等撰　清光緒二十一年（1895）上海點石齋
影印本　十冊

370000－4547－0000102　子 65－1

海上遊戲圖說四卷　題（清）游戲主人輯　清
光緒二十四年（1898）影印本　四冊

370000－4547－0000103　子 65－2

繪圖海上奇書大觀四卷　題（清）霧里客輯
清光緒二十一年（1895）上海書局石印本
二冊

370000－4547－0000104　子 65－3

海上冶游俻覽二卷　題（清）惜花主人戲編
清末影印本　二冊

370000－4547－0000105　子66－1

四夢彙譚四卷　（清）吳紹箕輯　清光緒五年（1879）申報館排印本　四冊

370000－4547－0000106　集195

陶靖節先生詩四卷　（晉）陶潛撰　清乾隆五十一年（1786）海昌吳氏刻本　一冊

370000－4547－0000107　集205

文館詞林殘十四卷　（唐）許敬宗等輯　清光緒十年（1884）遵義黎氏日本東京使署刻古逸叢書本　五冊

370000－4547－0000108　經40

禮記十卷　（元）陳澔集說　**校刊記一卷**（清）丁寶楨撰　清同治十一年（1872）山東書局刻十三經讀本民國十四年（1925）重印本　十冊

山東省煙臺市萊州市圖書館

古籍普查登記目錄

全國古籍普查登記目錄

國家圖書館出版社
National Library of China Publishing House

370000 – 4512 – 0000001　000001

[乾隆]掖縣志八卷首一卷　（清）張思勉修
（清）于始瞻纂　清乾隆二十三年（1758）刻光
緒十九年（1893）印本　一冊　存二卷（一、首
一卷）

370000 – 4512 – 0000002　000002

重訂路史全本四十七卷　（宋）羅泌撰　（宋）
羅苹注　清乾隆元年（1736）刻　二十四冊

370000 – 4512 – 0000003　000003

泊如齋重修宣和博古圖錄三十卷　　（宋）王黼
等撰　明萬曆十六年（1588）泊如齋刻本　五
冊　存九卷（一至二、十八至二十三、二十七）

370000 – 4512 – 0000004　000005

十竹齋畫譜八種　（明）胡正言輯　清刻朱墨
套印本　九冊　存六種（竹譜、梅譜、翎毛譜、
石譜、蘭譜、墨華譜）

370000 – 4512 – 0000005　000006

唐宋八大家文鈔十二卷　（明）茅坤評　明末
刻本　二冊　存四卷（一至四）

370000 – 4512 – 0000006　000007

平叛記二卷　（清）毛霦撰　清康熙五十五年
（1716）東萊毛氏刻本　清張稚松批校　二冊

370000 – 4512 – 0000007　000009

玉海二百卷辭學指南四卷附刻十三種　　（宋）
王應麟撰　清嘉慶十一年（1806）江寧藩庫刻
本　一百二十冊

370000 – 4512 – 0000008　000010

在家律要廣集十三卷　（清）陳熙輯　清刻本
四冊

370000 – 4512 – 0000009　000011

草字便覽摘要不分卷　（清）黃思永編　清光
緒八年（1882）刻本　二冊

370000 – 4512 – 0000010　000012

蓼懷堂琴譜不分卷　（清）雲志高撰　清刻本
三冊　存三冊（一、三至四）

370000 – 4512 – 0000011　000013

錦字箋四卷　（清）黃㴻輯　清道光十年

（1830）刻本　四冊

370000 – 4512 – 0000012　000014

分韻試帖青雲集合註四卷　（清）楊逢春輯
清光緒二十三年（1897）刻本　佚名批註
四冊

370000 – 4512 – 0000013　000015

識小錄十二卷　（清）毛贄輯　清抄本　五冊

370000 – 4512 – 0000014　000016

校正尚友錄二十二卷　（明）廖用賢輯　清末
石印本　五冊

370000 – 4512 – 0000015　000017

校正尚友錄二十二卷續集二十二卷　（明）廖
用賢輯　（清）張伯琮補輯　清光緒二十四年
（1898）上海鴻寶齋石印本　十五冊　缺四卷
（續集一至四）

370000 – 4512 – 0000016　000019

策府統宗六十五卷　（清）劉昌齡輯　清光緒
二十四年（1898）耕餘書屋石印本　二十冊

370000 – 4512 – 0000017　000020

古唐詩合解十二卷古詩四卷　（清）王堯衢注
清光緒五年（1879）上海掃葉山房刻本
八冊

370000 – 4512 – 0000018　000021

四書合纂大成不分卷　（清）沈祖燕輯　清光
緒二十九年（1903）上海鴻寶齋石印本　十
二冊

370000 – 4512 – 0000019　000022

文選六十卷　（南朝梁）蕭統輯　（唐）李善等
注　清光緒二十四年（1898）上海古香閣影印
本　六冊

370000 – 4512 – 0000020　000023

四大奇書第一種十九卷一百二十回　（明）羅
貫中撰　（清）金人瑞評　（清）毛宗崗評　清
末刻本　十一冊　存十一卷（一至十一）

370000 – 4512 – 0000021　000024

御批歷代通鑑輯覽一百二十卷　（清）傅恒等
撰　清末石印本　二冊　存十二卷（一百〇

九至一百二十)

370000－4512－0000022　000025

御案易經備旨七卷　(清)鄒聖脈撰　清光緒六年(1880)刻本　六冊

370000－4512－0000023　000027

駁案新編三十二卷續編七卷　(清)全士潮撰　清末刻本　三冊　存四卷(三、六至七、十二)

370000－4512－0000024　000028

註釋唐詩三百首不分卷　題(清)蘅塘退士編　清末刻本　一冊

370000－4512－0000025　000029

增刪卜易十二卷首一卷　題(清)野鶴老人撰　(清)李文輝增刪　清末刻本　八冊

370000－4512－0000026　000030

道生堂小題制藝不分卷　(清)鍾聲撰　清光緒六年(1880)刻本　四冊

370000－4512－0000027　000031

龍門綱鑑正編二十卷潘氏總論一卷　(清)蔣先庚輯　清刻本　十六冊　存十六卷(正編五至二十)

370000－4512－0000028　000032

前七國□□卷　(□)□□撰　清末刻本　四冊　存四卷(二至五)

370000－4512－0000029　000033

四書人物類典串珠四十卷　(清)臧志仁輯　清光緒刻本　八冊

370000－4512－0000030　000034

國朝先正事略六十卷　(清)李元度輯　清光緒二十五年(1899)石印本　八冊

370000－4512－0000031　000035

國朝先正事略續編四卷　朱孔彰輯　清光緒二十六年(1900)石印本　四冊

370000－4512－0000032　000036

詩料英華十四卷　(清)劉豹君撰　清聚錦堂刻本　四冊

370000－4512－0000033　000037

傳家必讀不分卷　(清)王正朋輯　清光緒三十四年(1908)刻本　一冊

370000－4512－0000034　000038

三字經註解備要二卷　(宋)王應麟撰　(清)賀興思註　清光緒二十三年(1897)刻本　一冊

370000－4512－0000035　000039

四書合講十九卷　(清)翁復輯　清末著易堂排印本　六冊

370000－4512－0000036　000040

周易四卷　(宋)朱熹本義　清光緒二十八年(1902)煙臺成文信記刻本　二冊

370000－4512－0000037　000042

新訂四書補註備旨十卷　(明)鄧林撰　(清)杜定基增訂　清光緒五年(1879)刻本　五冊

370000－4512－0000038　000043

禮記十卷　(元)陳澔集說　清光緒二年(1876)刻本　十冊

370000－4512－0000039　000044

孔氏家語十卷　(三國魏)王肅注　清光緒六年(1880)刻本　二冊

370000－4512－0000040　000046

書經體註大全合纂六卷　(清)錢希祥纂輯　清光緒二十七年(1901)刻本　四冊

370000－4512－0000041　000047

古唐詩合解十二卷古詩四卷　(清)王堯衢注　清光緒十三年(1887)刻本　四冊

370000－4512－0000042　000048

鍼灸大成十卷　(明)楊繼洲撰　(清)李月桂重訂　清宣統元年(1909)刻本　十冊

370000－4512－0000043　000049

大文堂重訂古文釋義新編八卷　(清)余誠評註　清刻本　四冊

370000－4512－0000044　000050

書經體註大全合纂六卷　(清)錢希祥纂輯　清同治七年(1868)刻本　四冊

370000－4512－0000045　000055

四書味根錄三十七卷　（清）金澂撰　清同治六年(1867)刻本　十六冊

370000－4512－0000046　000056

性命圭旨四卷　題(明)尹真人秘授　清刻本　四冊

370000－4512－0000047　000058

增補事類統編九十三卷首一卷　（清）黃葆真增輯　清光緒十四年(1888)上海積山書局石印本　八冊　存六十四卷(一至二十二、二十八至三十四、五十一至八十四,首一卷)

370000－4512－0000048　000059

詩經體註大全合纂八卷　（清）高朝瓔撰（清）沈世楷輯　清末刻本　四冊

370000－4512－0000049　000061

三國志六十五卷　（晉）陳壽撰　（南朝宋）裴松之注　清抄本　五冊　存五卷(一至五)

370000－4512－0000050　000062

新鑴五言千家詩會義直解二卷　（清）王相選注　（清）任福祐重輯　清光緒十六年(1890)藝林堂刻本　六冊

370000－4512－0000051　000063

山海經十八卷　（晉）郭璞傳　清刻本　四冊

370000－4512－0000052　000065

易經體註會解合參四卷　（清）范翔登訂　清道光二十五年(1845)文富堂刻本　四冊

370000－4512－0000053　000066

尺木堂綱鑑易知錄九十二卷明鑑易知錄十五卷　（清）吳乘權等輯　清光緒二十七年(1901)上海商務印書館排印本　八冊　存五十三卷(綱鑑易知錄一至五十三)

370000－4512－0000054　000067

左繡三十卷首一卷　（清）馮李驊　（清）陸浩輯　清光緒二十二年(1896)成文堂刻本　十六冊

370000－4512－0000055　000068

東周列國全志三十二卷一百八回　（清）蔡界

評點　清光緒二十五年(1899)上海久敬齋石印本　七冊　存七卷(一至五、七至八)

370000－4512－0000056　000069

康熙字典十二集三十六卷檢字一卷辨似一卷等韻一卷總目一卷備考一卷補遺一卷　（清）張玉書等纂　清刻本　三十二冊　存十集(子至酉)

370000－4512－0000057　000070

康熙字典十二集三十六卷檢字一卷辨似一卷等韻一卷總目一卷備考一卷補遺一卷　（清）張玉書等纂　清道光七年(1827)刻本　二十七冊

370000－4512－0000058　000071

吉金所見錄十六卷首一卷末一卷　（清）初尚齡纂輯　清嘉慶二十四年(1819)萊陽初氏古香書屋刻本　四冊

370000－4512－0000059　000072

亦政堂重修宣和博古圖錄三十卷　（宋）王黼等撰　**亦政堂重修考古圖十卷**　（宋）呂大臨撰　**亦政堂重修考古玉圖二卷**　（元）朱德潤撰　清乾隆十七年(1752)刻本　十八冊　存二十四卷(宣和博古圖錄四至十七、二十一至三十)

370000－4512－0000060　000073

亦政堂重修宣和博古圖錄三十卷　（宋）王黼等撰　**亦政堂重修考古圖十卷**　（宋）呂大臨撰　**亦政堂重修考古玉圖二卷**　（元）朱德潤撰　清刻本　二十冊

370000－4512－0000061　000074

亦政堂重修考古圖十卷　（宋）呂大臨撰（元）羅更翁考訂　清乾隆十七年(1752)亦政堂刻本　五冊

370000－4512－0000062　000075

增補字彙十二卷　（明）梅膺祚撰　清康熙十四年(1675)梅墅石渠閣刻本　六冊　缺二卷(二、四)

370000－4512－0000063　000076

史畧八十七卷　（清）朱塾輯　清光緒二十四

年(1898)蜚英館石印本　十四冊

370000－4512－0000064　000077

增壹阿含經五十卷　（前秦）釋曇摩難提譯
清光緒十二年(1886)江北刻經處刻本　十一
冊　存四十五卷(六至五十)

370000－4512－0000065　000078

康熙字典十二集三十六卷檢字一卷辨似一卷
等韻一卷總目一卷備考一卷補遺一卷　（清）
張玉書等纂　清光緒二十九年(1903)石印本
六冊

370000－4512－0000066　000079

左繡三十卷首一卷　（清）馮李驊　（清）陸浩
輯　清金閶步月樓刻本　十六冊

370000－4512－0000067　000080

清涼山誌十卷　（明）釋鎮澄修　（清）釋阿王
老藏重修　清乾隆刻本　四冊

370000－4512－0000068　000081

山東鹽法志二十二卷附編十卷　（清）崇福修
（清）宋湘等纂　清嘉慶十四年(1809)刻本
二十三冊

370000－4512－0000069　000082

日知錄集釋三十二卷刊誤二卷續刊誤二卷
(清)黃汝成撰　清光緒二十一年(1895)石印
本　六冊　存二十一卷(日知錄集釋一至十
五、十七至二十二)

370000－4512－0000070　000083

荊南萃古編一卷續一卷　（清）周懋琦　（清）
劉瀚輯　清光緒二十二年(1896)鴻寶署齋刻
本　一冊

370000－4512－0000071　000084

文字偏旁舉略一卷　（清）姚文田輯　清咸豐
九年(1859)刻本　一冊

370000－4512－0000072　000086

[乾隆]萊州府志十六卷首一卷　（清）嚴有禧
纂修　（清）張桐續纂修　清乾隆五年(1740)
刻本　一冊　存一卷(十三)

370000－4512－0000073　000087

佛說都鬥立天後會收元寶卷一卷　（□）□□
撰　清抄本　一冊

370000－4512－0000074　000088

新增說文韻府羣玉二十卷　（元）陰時夫撰
(元)陰中夫注　清刻本　一冊　存一卷(七)

370000－4512－0000075　000090

周易四卷　（宋）朱熹本義　清末刻本　佚名
批注　二冊　存二卷(一至二)

370000－4512－0000076　000091

青雲集分韻試帖詳註四卷　（清）楊逢春輯
清道光二十六年(1846)聚珍堂刻本　四冊

370000－4512－0000077　000092

桃花扇傳奇四卷　（清）孔尚任撰　清西園刻
本　佚名批注　四冊

370000－4512－0000078　000093

施案奇聞八卷九十七回　（清）□□撰　清末
刻本　一冊　存二卷(七至八)

370000－4512－0000079　000094

六壬际斯四卷　（清）葉梅亭輯　清末文新堂
刻本　二冊

370000－4512－0000080　000095

六壬指南五卷　（清）陳公獻　（清）莊廣之撰
清文德堂刻本　三冊

370000－4512－0000081　000096

五山老人講論八章　（□）□□撰　清光緒三
年(1877)刻本　一冊

370000－4512－0000082　000097

新刻萬法歸宗請仙演算法五卷　（□）□□撰
清光緒三十三年(1907)上海書局石印本
一冊

370000－4512－0000083　000099

詩經彙纂四卷　（□）□□撰　清抄本　四冊

370000－4512－0000084　000100

鐵網珊瑚初集二集三集　（清）沈鏡堂輯　清
光緒八年(1882)萊州泰和裕刻本　一冊

370000－4512－0000085　000101

韻字鑑四卷　（清）翟云升撰　清道光二十二年(1842)刻本　四冊

370000－4512－0000086　000102

說文解字十五卷　（漢）許慎撰　（宋）徐鉉校定　清刻本　十二冊

370000－4512－0000087　000103

元文類七十卷目錄三卷　（元）蘇天爵輯　清刻本　五冊　存三十五卷(七至十五、二十六至五十一)

370000－4512－0000088　000104

批點七家詩合註七卷　（清）張熙宇輯評　清光緒十二年(1886)刻本　七冊

370000－4512－0000089　000105

御批歷代通鑑輯覽一百二十卷　（清）傅恒等撰　清末排印本　三十九冊

370000－4512－0000090　000106

御批歷代通鑑輯覽一百二十卷　（清）傅恒等撰　清光緒二十四年(1898)上海圖書集成局排印本　二十冊

370000－4512－0000091　000107

增圖小俠五義傳六卷　（□）□□撰　清光緒二十四年(1898)三槐書屋排印本　五冊

370000－4512－0000092　000108

增補詩經衍義體註大全合參十八卷　（清）范翔評選　清刻本　四冊

370000－4512－0000093　000109

古文觀止十二卷　（清）吳乘權　（清）吳大職輯並評　清光緒三十年(1904)益友堂刻本六冊　存六卷(一至六)

370000－4512－0000094　000110

古唐詩合解十二卷古詩四卷　（清）王堯衢注　清光緒二年(1876)掃葉山房刻本　八冊

370000－4512－0000095　000111

春秋經傳集解三十卷　（晉）杜預撰　（宋）林堯叟注　清光緒二十二年(1896)成文堂刻本十六冊

370000－4512－0000096　000112

禮記十卷　（元）陳澔集說　清光緒四年(1878)刻本　十冊

370000－4512－0000097　000113

四書衷一十九卷　（清）王基昌編輯　清同治七年(1868)蘇州綠潤堂刻本　六冊

370000－4512－0000098　000114

禮記體註大全合參四卷　（清）范翔纂　清末刻本　四冊

370000－4512－0000099　000115

國語二十一卷　（三國吳）韋昭注　（宋）宋庠補音　清乾隆二十七年(1762)刻本　四冊

370000－4512－0000100　000117

周禮精華六卷　（清）陳龍標輯　清光緒六年(1880)刻本　六冊

370000－4512－0000101　000119

掖縣全志四種十八卷首二卷　（清）魏起鵬等輯　清乾隆、光緒刻光緒十九年(1893)印本十六冊

370000－4512－0000102　000121

[雍正]山東通志三十六卷首一卷　（清）岳濬　（清）法敏修　（清）杜詔　（清）顧瀛纂　清乾隆元年(1736)刻道光十七年(1837)補修本　十二冊　存十二卷(一至十一、首一卷)

370000－4512－0000103　000122

掖縣全誌□□卷　（□）□□撰　清刻本三冊

370000－4512－0000104　000123

芥子園畫傳六卷　（清）王槩等輯　清宣統元年(1909)上海章福記石印本　四冊

370000－4512－0000105　000124

二十四史　（□）□□編　清刻本　一百八十八冊　存二十二種三千〇四十五卷(前漢書一百卷、後漢書一百二十卷、舊五代史一百五十卷、新五代史七十四卷、晉書一百三十卷音義二卷、宋書一百卷、南齊書五十九卷、梁書五十六卷、陳書三十六卷、魏書一百十四卷、北齊書五十卷、周書五十卷、隋書八十五卷、

357

南史八十卷、北史一百卷、舊唐書二百卷、唐書二百二十五卷釋音二十五卷、宋史四百九十六卷、遼史一百十六卷、金史一百三十五卷、元史二百十卷、明史三百三十二卷）

370000－4512－0000106　000125

東華錄五百九十四卷　王先謙等編　清光緒十七年（1891）排印本　一百十一冊

370000－4512－0000107　000126

欽定二十四史　清刻本　一百十四冊　存十種一千二百八十八卷（欽定三國志二十卷，欽定前漢書六十五至一百，欽定後漢書六十六至七十四、一百〇五至一百二十，欽定晉書一百三十卷，欽定宋書一百卷，欽定南齊書十至十四，欽定唐書二百二十五卷釋音二十五卷，欽定舊五代史一百五十卷目錄二卷，欽定五代史七十四卷，欽定宋史四百九十六卷）

山東省煙臺市龍口市圖書館
古籍普查登記目錄

全國古籍普查登記目錄

國家圖書館出版社
National Library of China Publishing House

370000－4511－0000001　經1

詩經體註圖考大全八卷　（清）高朝瓔撰
（清）沈世楷輯　清光緒十七年(1891)刻本
四冊

370000－4511－0000002　經2

欽定啟禎四書文不分卷　（明）方苞選評　清
光緒二年(1876)崇文書局刻本　四冊

370000－4511－0000003　經5

皇清經解一百九十卷　（清）阮元輯　清光緒
十一年(1885)上海點石齋石印本　二十四冊

370000－4511－0000004　經6

康熙字典十二集三十六卷檢字一卷辨似一卷
等韻一卷總目一卷備考一卷補遺一卷　（清）
張玉書等纂　清末石印本　四十冊

370000－4511－0000005　經7

禮記體註大全合叅四卷　（清）范翔纂　清掃
葉山房刻本　四冊

370000－4511－0000006　經8

漱芳軒合纂禮記體註四卷　（清）范翔參訂
清光緒十年(1884)刻本　五冊　存二卷(一、
四)

370000－4511－0000007　經9

禮記十卷　（元）陳澔集說　清光緒二十四年
(1898)膠西成文堂刻本　十冊

370000－4511－0000008　經10

文昌孝經注一卷　（清）王德瑛撰　清光緒十
四年(1888)刻本　一冊

370000－4511－0000009　經11

四書朱子本義匯參四十三卷首四卷　（清）王
步青輯　清刻本　二冊　存七卷(論語十四
至十五、十七,孟子一至四)

370000－4511－0000010　經13

左繡三十卷首一卷　（清）馮李驊　（清）陸浩
輯　清同治十三年(1874)刻本　十冊

370000－4511－0000011　經14

詩八卷　（宋）朱熹集傳　清刻本　二冊　存
四卷(一至四)

370000－4511－0000012　經15

周易四卷　（宋）朱熹本義　清刻本　二冊

370000－4511－0000013　經16

論語十卷　（宋）朱熹集注　清刻本　一冊
存五卷(一至五)

370000－4511－0000014　經17

書經六卷　（宋）蔡沈集傳　清刻本　二冊
存二卷(二至三)

370000－4511－0000015　經18

四書會解二十七卷　（清）綦澧輯　清刻本
三冊　存四卷(二至五)

370000－4511－0000016　經19

新訂四書補註備旨十卷　（明）鄧林撰　（清）
杜定基增訂　清刻本　五冊

370000－4511－0000017　經20

說文解字十五卷　（漢）許慎撰　（宋）徐鉉校
定　清末影印本　三冊　存四卷(九至十二)

370000－4511－0000018　經24

經文五萬選不分卷　孫廷翰輯　清光緒影印
本　三十三冊

370000－4511－0000019　經25

經籍籑詁一百〇六卷補遺一百〇六卷　（清）
阮元撰　清末影印本　二冊　存十二卷(經
籍籑詁五至九、二十三至二十九)

370000－4511－0000020　經26

四書講義切近錄三十八卷　（清）楊大受輯
清刻本　二冊　存三卷(論語九至十、中庸
三)

370000－4511－0000021　經27

寄傲山房塾課纂輯御案易經備旨七卷　（清）
鄒聖脈輯　清刻本　四冊　存四卷(二至四、
六)

370000－4511－0000022　經28

新鑴增註周易備旨一見能解六卷　（清）黃淳
耀撰　（清）嚴而寬增補　清刻本　二冊　存
二卷(一至二)

370000－4511－0000023　史1

御批歷代通鑑輯覽一百二十卷　（清）傅恒等撰　清光緒二十八年（1902）上海掃葉山房影印本　十冊　存六十卷（一至六十）

370000－4511－0000024　史2
太平寰宇記二百卷　（宋）樂史撰　清光緒八年（1882）金陵書局刻本　五十冊

370000－4511－0000025　史3
［同治］黃縣志十四卷首一卷末一卷　（清）尹繼美纂修　清同治十年（1871）刻本　四冊

370000－4511－0000026　史5
［光緒］增修登州府志六十九卷首一卷　（清）方汝翼等修　（清）周悅讓等纂　清光緒七年（1881）刻本　二十四冊

370000－4511－0000027　史9
歷朝綱鑑會纂三十九卷首一卷　（明）王世貞撰　清光緒二十五年（1899）上海掃葉山房排印本　十八冊

370000－4511－0000028　史10
重定金石契不分卷　（清）張燕昌輯　清光緒二十二年（1896）貴池劉世珩聚學軒刻本　四冊

370000－4511－0000029　史12
西清古鑑四十卷錢錄十六卷　（清）梁詩正（清）蔣溥等纂　清光緒銅版印本　二十四冊

370000－4511－0000030　史17
盛京通志四十八卷目錄一卷圖一卷　（清）呂耀曾等修　（清）魏樞等纂　清乾隆元年（1736）刻本　二十冊　存四十四卷（三至十、十三至四十八）

370000－4511－0000031　史18
凝香室鴻雪因緣圖記一集二卷二集二卷三集二卷　（清）麟慶撰　清末影印本　四冊

370000－4511－0000032　史19
資治通鑑綱目正編五十九卷前編二十五卷續編二十七卷五代史補編二卷　（宋）朱熹等撰　（明）陳仁錫評閱　清刻本　五冊　存六卷（正編四至九）

370000－4511－0000033　史22
大清律例四十七卷　（清）三泰等撰　清刻本　一冊　存一冊

370000－4511－0000034　史23
增廣尚友錄統編二十二卷　（清）應祖錫輯　清光緒二十八年（1902）鴻寶齋石印本　十冊　存一冊

370000－4511－0000035　子4
錦字箋四卷　（清）黃澐輯　清刻本　四冊

370000－4511－0000036　子5
救劫回生四卷　（□）□□輯　清光緒二十年（1894）刻本　四冊　存三卷（一、三至四）

370000－4511－0000037　子6
欽定三希堂法帖正集續集　（清）□□輯　清宣統二年（1910）影印本　三十六冊

370000－4511－0000038　子9
乾坤寶鏡八集□□卷　（□）□□輯　清刻本　四冊　存五卷（三至六、八）

370000－4511－0000039　子15
孫真人千金方衍義三十卷　（清）張璐撰　清掃葉山房刻本　二冊　存二卷（十、十三）

370000－4511－0000040　子16
經餘必讀八卷續編八卷　（清）錢樹棠（清）雷琳　（清）錢樹立同輯　清刻本　五冊　存十卷（經餘必讀三至八、續編五至八）

370000－4511－0000041　子18
大學衍義四十三卷　（宋）真德秀撰　清抄本　四冊　存四卷（二、四、七至八）

370000－4511－0000042　子19
陰騭文說證彙纂八卷　（清）□□撰　清刻本　一冊　存一卷（三）

370000－4511－0000043　子20
日知錄集釋三十二卷刊誤二卷續刊誤二卷　（清）黃汝成撰　清光緒十二年（1886）點石齋刻本　三冊　存二十六卷（日知錄集釋一至二十六）

370000－4511－0000044　子23

宣講拾遺六卷首一卷　（清）冷德馨　（清）莊
跋偃輯　清刻本　五冊　缺一卷（四）

370000－4511－0000045　子25
耶穌教問答　（□）倪戈氏撰　清光緒三十三
年(1907)煙臺墨林書館排印本　一冊

370000－4511－0000046　子27
覺世新新集八卷　（清）蓮城公善社編　清刻
本　一冊　存一卷（四）

370000－4511－0000047　子28
宣講拾遺六卷首一卷　（清）冷德馨　（清）莊
跋偃輯　清末民初上海宏大善書局石印本
一冊　存一卷（一）

370000－4511－0000048　子29
寄傲山房塾課新增幼學故事瓊林四卷首一卷
（清）程允升撰　（清）鄒聖脈增補　清刻本
三冊　存三卷（二至四）

370000－4511－0000049　子30
孔子家語十卷　（三國魏）王肅注　清刻本
二冊

370000－4511－0000050　子32
增像全圖東周列國志二十七卷一百八回
(清)蔡昇評點　清末影印本　一冊　存一卷
（十八）

370000－4511－0000051　子33
金剛般若波羅密經一卷　（後秦）釋鳩摩羅什
譯　（明）姚子莊集解　清刻本　一冊

370000－4511－0000052　子38
地藏菩薩本願經三卷　（唐）釋實叉難陀譯
清刻本　一冊

370000－4511－0000053　子40
摩訶般若波羅密多心經一卷　（清）朱珪撰
清刻本　一冊

370000－4511－0000054　集2
全唐詩九百卷目錄十二卷　（清）曹寅　（清）
彭定求等輯　清刻本　一百二十冊　缺二冊
（第一函一、第九函一）

370000－4511－0000055　集3
古文觀止十二卷　（清）吳乘權　（清）吳大職
輯並評　清光緒二十四年(1898)刻本　六冊

370000－4511－0000056　集6
才調集十卷　（五代）韋縠輯　清刻本　五冊
缺二卷（七至八）

370000－4511－0000057　集12
護國佑民伏魔寶卷二卷　（□）□□撰　清刻
本　二冊

山東省煙臺市博物館古籍普查登記目録

全國古籍普查登記目録

國家圖書館出版社
National Library of China Publishing House

370000－1583－0000001　41

說文解字十五卷　（漢）許慎撰　（宋）徐鉉校定　清初毛氏汲古閣刻本　十三冊　缺二卷（十二、十五）

370000－1583－0000002　51

音學五書三十八卷　（清）顧炎武撰　清康熙六年（1667）張弨符山堂刻後印本　二十冊

370000－1583－0000003　81

綱鑑正史約三十六卷　（明）顧錫疇編纂　明崇禎三年（1630）顧氏家刻本　十六冊

370000－1583－0000004　350

齊乘六卷附釋音一卷考證六卷　（元）于欽纂修　清乾隆四十六年（1781）胡德琳、周嘉猷刻本　四冊

370000－1583－0000005　394

東坡先生志林十二卷　（宋）蘇軾撰　明末刻本　二冊

370000－1583－0000006　204

二如亭群芳譜二十八卷　（明）王象晉輯　清初刻本　二十八冊

370000－1583－0000007　632

繪風亭評第七才子書琵琶記六卷才子琵琶寫情篇一卷釋義一卷　（元）高明撰　清雍正映秀堂刻本　六冊

370000－1583－0000008　631

納書楹牡丹亭全譜二卷　（清）葉堂訂譜（清）王文治參訂　清乾隆五十七年（1792）刻本　二冊

370000－1583－0000009　117

張陸二先生批評戰國策抄四卷　（明）王篆撰　明萬曆刻本　四冊

370000－1583－0000010　125

新鐫全補標題音註歷朝捷錄四卷　（明）顧充撰　（明）顧憲成音釋　新刻全補標題音註元朝捷錄四卷　（明）湯賓尹輯　新鐫增補評林音註國朝捷錄四卷　（明）鄭以偉撰　明刻本　四冊

370000－1583－0000011　238

淮安詩城八卷　（清）丘象隨訂　清康熙刻本　四冊

370000－1583－0000012　636

五知齋琴譜八卷　（清）徐祺撰　（清）周魯封彙纂　清乾隆十一年（1746）刻本　六冊

370000－1583－0000013　634

悱齋新曲六種十三卷　（清）夏綸撰　（清）徐夢元評　清乾隆十八年（1753）夏氏世光堂刻本　十冊　存五種十一卷（無瑕璧傳奇二卷、杏花村傳奇二卷、瑞筠圖傳奇二卷、廣寒梯傳奇二卷補一卷、南陽樂傳奇二卷）

370000－1583－0000014　171

韓子迀評二十卷附錄一卷　（明）門無子撰　明萬曆刻本　四冊

370000－1583－0000015　88

平叛記二卷　（清）毛霦撰　清康熙五十五年（1716）東萊毛氏刻本　一冊　存一卷（二）

370000－1583－0000016　59

晉書一百三十卷　（唐）房玄齡等撰　明末刻本　二冊　存十六卷（十二至十八、三十五至四十三）

370000－1583－0000017　182

說苑二十卷新序十卷　（漢）劉向撰　明末何允中刻廣漢魏叢書本　六冊

370000－1583－0000018　181

御纂性理精義十二卷　（清）李光地等編　清康熙五十六年（1717）内府刻本　五冊

370000－1583－0000019　39

日講四書解義二十六卷　（清）喇沙里　（清）陳廷敬撰　清刻本　二十冊

370000－1583－0000020　57

史記評林一百三十卷　（明）凌稚隆輯　明萬曆二年至四年（1574－1576）凌稚隆刻本　四十冊

370000－1583－0000021　52

史記一百三十卷首一卷　（漢）司馬遷撰

（南朝宋）裴駰集解　（唐）司馬貞索隱
（宋）張守節正義　明崇禎索位堂刻本　清慕
子荷批校　二十四冊

370000－1583－0000022　245

納書楹曲譜正集四卷續集四卷外集二卷補遺
四卷納書楹玉茗堂四夢曲譜八卷　（清）葉堂
撰　清乾隆五十七年至五十九年（1792－
1794）葉氏納書楹刻本　十二冊

370000－1583－0000023　246

詞律二十卷　（清）萬樹撰　清刻本　十二冊

370000－1583－0000024　222

西漢文鑑二十一卷東漢文鑑二十卷　（宋）陳
鑑編　明刻本　二十冊

370000－1583－0000025　221

七言詩歌行鈔十五卷　（清）王士禎選　（清）
聞人倓箋　清乾隆三十一年（1766）聞人倓刻
本　八冊

370000－1583－0000026　251

讀杜心解六卷首二卷　（清）浦起龍撰　清雍
正二年至三年（1724－1725）浦氏寧我齋刻本
四冊

370000－1583－0000027　245B

養素堂文集八卷　（清）王鷟撰　清乾隆、嘉
慶刻本　五冊

370000－1583－0000028　253

杜工部集二十卷首一卷　（唐）杜甫撰　（明）
王世貞　（明）王慎中　（清）王士禎　（清）
邵長蘅　（清）宋犖校　清道光十四年（1834）
芸葉盒刻六色套印本　八冊

370000－1583－0000029　254

杜詩詳註二十五卷首一卷附編二卷　（唐）杜
甫撰　（清）仇兆鰲輯註　清康熙刻本　十
四冊

370000－1583－0000030　224

漢魏六朝百三名家集　（明）張溥輯　明末刻
本　一百二十冊

370000－1583－0000031　286

宗伯集八十一卷　（明）馮琦撰　明萬曆三十
五年（1607）康氏刻本　十四冊　存四十二卷
（一至三、二十二至四十五、六十四至七十五、
七十九至八十一）

370000－1583－0000032　282

穀城山館詩集二十卷文集四十二卷　（明）于
慎行撰　明萬曆刻本　一冊　存四卷（詩集
一至四）

370000－1583－0000033　268

東坡全集一百十五卷目錄七卷　（宋）蘇軾撰
年譜一卷　（宋）王宗稷撰　明刻本　十六
冊　存八十一卷（三十五至一百十五）

370000－1583－0000034　338

安雅堂詩八卷文集二卷重刻安雅堂文集二卷
安雅堂書啓一卷安雅堂未刻稿八卷入蜀集二
卷二鄉亭詞三卷祭皋陶一卷　（清）宋琬撰
清康熙、乾隆刻本　十六冊

370000－1583－0000035　339

安雅堂詩八卷文集二卷重刻安雅堂文集二卷
安雅堂書啓一卷安雅堂未刻稿八卷入蜀集二
卷二鄉亭詞三卷祭皋陶一卷　（清）宋琬撰
清康熙、乾隆刻本　七冊　缺十二卷（安雅堂
書啓一卷、安雅堂未刻稿八卷、入蜀集二卷、
祭皋陶一卷）

370000－1583－0000036　633

笠翁傳奇十種二十卷　（清）李漁編次　清康
熙刻本　十冊　存五種十卷（鳳求凰傳奇二
卷、風箏誤傳奇二卷、憐香伴傳奇二卷、奈何
天傳奇二卷、慎鸞交傳奇二卷）

370000－1583－0000037　180A

性理大全書七十卷　（明）胡廣等撰　明萬曆
二十五年（1597）吳勉學師古齋刻清初印本
二十四冊

370000－1583－0000038　180B

性理大全書七十卷　（明）胡廣等撰　明萬曆
二十五年（1597）吳勉學師古齋刻清初印本
三十二冊

370000－1583－0000039　116

歷代史纂左編一百四十二卷 （明）唐順之輯
明嘉靖四十年(1561)胡宗憲刻本　二十一
冊　存二十五卷（十三、十七、四十五、五十
九、六十、七十、七十六、八十八、九十一至九
十二、九十五至九十六、九十九至一百、一百
○四、一百○八至一百○九、一百十八至一百
十九、一百二十一、一百二十三、一百三十至
一百三十一、一百三十四至一百三十五）

370000－1583－0000040　196

鍥旁註事類捷錄十五卷 （明）鄧志謨撰　清
初書林聚升堂刻本　六冊

370000－1583－0000041　195

初學記三十卷 （唐）徐堅等撰　明嘉靖十年
(1531)錫山安國桂坡館刻本　一冊　存一卷
（一）

370000－1583－0000042　62

北史一百卷 （唐）李延壽撰　清乾隆四年
(1739)武英殿刻本　六冊　存二十一卷（一
至二十一）

370000－1583－0000043　622

金石餘興 （□）□□輯　清拓本　一冊

370000－1583－0000044　237

御選宋金元明四朝詩三百○二卷 （清）張豫
章等纂　清康熙四十八年(1709)内府刻本
一百五十六冊

370000－1583－0000045　142

續高士傳二卷廉吏傳三卷 （明）張允掄撰
稿本　十一冊

山東省煙臺市牟平區博物館

古籍普查登記目錄

全國古籍普查登記目錄

國家圖書館出版社
National Library of China Publishing House

370000－7584－0000001　000001

史記一百三十卷　（漢）司馬遷撰　（南朝宋）裴駰集解　（唐）司馬貞索隱　（唐）張守節正義　清光緒四年（1878）金陵書局刻本　十六冊

370000－7584－0000002　000002

漢書一百二十卷　（漢）班固撰　（唐）顏師古注　清光緒十三年（1887）金陵書局刻本　十六冊

370000－7584－0000003　000003

後漢書九十卷　（南朝宋）范曄撰　（唐）李賢注　志三十卷　（晉）司馬彪撰　（南朝梁）劉昭注　清光緒十三年（1887）金陵書局刻本　十六冊　存一百○七卷（後漢書一至八十九、志十三至三十）

370000－7584－0000004　000004

尺木堂綱鑑易知錄九十二卷明鑑易知錄十五卷　（清）吳乘權等輯　清光緒三十年（1904）上海圖書集成印書局排印本　八冊　存八十六卷（綱鑑易知錄一至八十六）

370000－7584－0000005　000005

綱鑑會通明紀十六卷　（清）陳志襄輯　清書業德刻本　八冊

370000－7584－0000006　000006

策學備纂三十二卷　（清）吳頴炎輯　清光緒十九年（1893）上海點石齋石印本　三十一冊

370000－7584－0000007　000007

大清律例刑案統纂集成四十卷督捕則例二卷　（清）姚雨薌纂輯　（清）胡仰山增修　清道光二十九年（1849）刻本　二十四冊

370000－7584－0000008　000008

金石索十二卷首一卷　（清）馮雲鵬　（清）馮雲鵷輯　清光緒三十二年（1906）上海文新局石印本　二十一冊

370000－7584－0000009　000009

歷代畫史彙傳七十二卷首一卷附錄二卷目錄三卷引證書目一卷　（清）彭蘊璨輯　清光緒五年（1879）京都善成堂書鋪刻本　十二冊　存三十五卷（歷代畫史彙傳一至三十五）

370000－7584－0000010　000010

蘭言詩鈔四卷　（清）李瑞輯　（清）穆騰額注釋　清光緒十二年（1886）刻本　四冊

370000－7584－0000011　000011

江邨銷夏錄三卷　（清）高士奇撰　清刻本　二冊　存二卷（一至二）

370000－7584－0000012　000012

隨園詩話十六卷補遺八卷　（清）袁枚撰　清嘉慶元年（1796）刻本　七冊　存二十二卷（隨園詩話三至十六、補遺八卷）

370000－7584－0000013　0000014

寄傲山房塾課新增幼學故事瓊林四卷首一卷　（清）程允升撰　（清）鄒聖脈增補　清光緒二十一年（1895）刻本　四冊

370000－7584－0000014　0000015

小題文府不分卷　（清）梁章鉅撰　清光緒二十一年（1895）上海久敬齋影印本　三十一冊

370000－7584－0000015　0000016

新刊合併官板音義評註淵海子平五卷　（宋）徐升輯　（明）楊淙增校　清刻本　二冊

370000－7584－0000016　0000017

易經備旨一見能解六卷上下篇義一卷圖一卷筮儀一卷　（清）黃淯耀撰　（清）嚴而寬增補　清光緒三十二年（1906）澹雅書局刻本　六冊

370000－7584－0000017　0000018

詩韻集成十卷　（清）余照輯　清光緒六年（1880）萊州泰和裕刻本　四冊　存四卷（一至四）

煙臺職業學院圖書館古籍普查登記目録

全國古籍普查登記目録

國家圖書館出版社
National Library of China Publishing House

370000－1552－0000001　　2

春秋綱目左傳句解六卷　（清）韓菼重訂　清光緒善成堂刻本　六冊

370000－1552－0000002　　3

詩韻合璧五卷　（清）湯文潞輯　清光緒十二年(1886)上洋公興書局排印本　五冊

370000－1552－0000003　　4

說文解字句讀三十卷　（清）王筠撰　清刻本　三十冊

370000－1552－0000004　　5

來復堂毛詩讀本二卷　（清）丁大椿撰　清抄本　三冊

370000－1552－0000005　　6

漢書一百卷首一卷附漢書補註　（漢）班固撰　（唐）顏師古註　王先謙補註　清光緒二十六年(1900)長沙王氏虛受堂刻本　八冊

370000－1552－0000006　　7

二十四史　（□）□□編　清光緒十年(1884)上海同文書局影印本　八百二十冊

370000－1552－0000007　　9

劉少傅手啟不分卷　（明）劉正宗書　清初寫本　四冊

370000－1552－0000008　　11

孫過庭書譜　（唐）孫過庭書　清拓本　七冊

370000－1552－0000009　　12

孫過庭書譜　（唐）孫過庭書　清拓本　二冊

370000－1552－0000010　　24

文選六十卷　（南朝梁）蕭統輯　（唐）李善等注　**考異十卷**　（清）胡克家撰　清宣統三年(1911)上海會文堂書局石印本　十六冊

370000－1552－0000011　　25

三宋人集　（清）方功惠輯　清光緒七年(1881)方氏刻本　五冊

370000－1552－0000012　　26

顧亭林先生遺書十種二十七卷　（清）顧炎武撰　清刻本　八冊

山東省煙臺市招遠市圖書館古籍普查登記目錄

全國古籍普查登記目錄

國家圖書館出版社
National Library of China Publishing House

370000－1534－0000001　000001

傷寒說意十卷首一卷　（清）黃元御撰　清末排印本　一冊

370000－1534－0000002　000002

徐靈胎醫書三十二種　（清）徐大椿撰　清末刻本　十二冊

370000－1534－0000003　000004

玉楸藥解八卷　（清）黃元御撰　清末排印本　一冊

370000－1534－0000004　000005

孫真人千金方衍義三十卷　（唐）孫思邈撰（清）張璐衍義　清掃葉山房刻本　二十四冊

370000－1534－0000005　000006

四聖懸樞五卷　（清）黃元御撰　清末排印本　一冊

370000－1534－0000006　000007

四聖心源十卷　（清）黃元御撰　清光緒二十六年(1900)排印本　一冊

370000－1534－0000007　000008

長沙藥解四卷　（清）黃元御撰　清光緒二十年(1894)上海圖書集成局排印本　一冊

370000－1534－0000008　000009

素靈微蘊四卷　（清）黃元御撰　清光緒二十年(1894)上海圖書集成局排印本　一冊

370000－1534－0000009　000010

金匱懸解二十二卷　（清）黃元御撰　清末排印本　四冊

370000－1534－0000010　000011

傷寒懸解十四卷首一卷末一卷　（清）黃元御撰　清末排印本　二冊

370000－1534－0000011　000012

黃氏醫書八種　（清）黃元御撰　清光緒排印本　十二冊　存八十卷(四聖心源十卷、四聖懸樞五卷、玉楸藥解八卷、金匱懸解二十二卷、傷寒懸解十四卷首一卷末一卷、長沙藥解四卷、傷寒說意十卷首一卷、素靈微蘊四卷)

山東省煙臺市福山區圖書館古籍普查登記目錄

全國古籍普查登記目錄

國家圖書館出版社
National Library of China Publishing House

370000 - 4509 - 0000001　1

皇清經解一千四百卷　(清)阮元輯　清道光
九年(1829)廣東學海堂刻本　三十二冊

370000 - 4509 - 0000002　2

資治通鑑綱目正編五十九卷前編二十五卷續
編二十七卷　(宋)朱熹等撰　(明)陳仁錫評
閱　清刻本　二十八冊　存三十三卷(正編
七至三十,續通鑑綱目十、十二至十五、十七
至二十)

370000 - 4509 - 0000003　3

綱鑑易知錄九十二卷明鑑易知錄十五卷
(清)吳乘權等輯　清刻本　三十二冊

370000 - 4509 - 0000004　4

歷代名臣言行錄二十四卷　(清)朱桓輯　清
光緒十一年(1885)刻本　三十二冊

370000 - 4509 - 0000005　5

重刊宋本十三經註疏附校勘記　(清)阮元撰
　(清)盧宣旬摘錄　清道光六年(1826)刻本
　三十二冊　存三種一百七十四卷(周易兼
義九卷附音義一卷註疏校勘記九卷釋文校勘
記一卷、孟子註疏解經十四卷附校勘記十四
卷、禮記註疏六十三卷附校勘記六十三卷)

370000 - 4509 - 0000006　6

增補事類統編九十三卷首一卷　(清)黃葆真
增輯　清道光二十九年(1849)丹陽黃氏敦好
堂刻本　三十九冊

370000 - 4509 - 0000007　7

五經備旨不分卷　(清)鄒聖脈輯　清刻本
十八冊

山東省煙臺市海陽市博物館古籍普查登記目錄

全國古籍普查登記目錄

國家圖書館出版社
National Library of China Publishing House

370000－7569－0000001　B1

明史三百三十二卷目錄四卷　（清）張廷玉等撰　清刻本　一百〇八冊　存三百二十四卷（一至十五、二十至九十二、九十八至一百四十九、一百五十二至二百四十九、二百五十一至三百三十二,目錄四卷）

370000－7569－0000002　B2

廣事類賦四十卷　（清）華希閔輯　清刻本十冊

370000－7569－0000003　B5

古唐詩合解十二卷古詩四卷　（清）王堯衢注　清光緒十一年(1885)刻本　六冊

370000－7569－0000004　B6

蘭言詩鈔四卷　（清）李瑞輯　（清）穆騰額注釋　清光緒十二年(1886)刻本　四冊

370000－7569－0000005　B7

策論約編二卷　（清）楊昌光等輯　清光緒二十七年(1901)刻本　六冊

山東省煙臺市牟平區圖書館

古籍普查登記目錄

全國古籍普查登記目錄

國家圖書館出版社
National Library of China Publishing House

370000－4510－0000001　000001

漢書一百卷　（漢）班固撰　（唐）顏師古注

清光緒二十九年(1903)上海點石齋石印本

八冊

370000－4510－0000002　000002

史記一百三十卷　（漢）司馬遷撰　（南朝宋）

裴駰集解　（唐）司馬貞索隱　（唐）張守節正

義　清光緒二十八年(1902)史學會社石印本

六冊　存九十卷(一至九十)

370000－4510－0000003　000003

螢照堂明代法書石刻十卷　（清）車萬育輯

清拓本　一冊　存一卷(九)

370000－4510－0000004　000005

舊唐書二百卷　（五代）劉昫撰　清末影印本

六冊　存九十三卷(九十八至一百九十)

《山東省煙臺圖書館古籍普查登記目録》
書名筆畫字頭索引

十一畫

十二畫

400

401

二畫

三畫

四畫

五畫

411

413

六畫

八畫

九畫

十畫

十一畫

十二畫

十三畫

445

十四畫

十六畫

十七畫

十八畫

《山東省煙臺市慕湘藏書館古籍普查登記目録》
書名筆畫字頭索引

六畫

七畫

十一畫

十三畫

463

《山東省煙臺市慕湘藏書館古籍普查登記目錄》
書名筆畫索引

五畫

六畫

十畫

481

十一畫

十三畫

十四畫

十五畫

十七畫

十八畫

《山東省煙臺市萊陽市圖書館古籍普查登記目錄》
書名筆畫字頭索引

《山東省煙臺市萊陽市圖書館古籍普查登記目錄》
書名筆畫索引

501

五畫

六畫

七畫

十畫

十一畫

十五畫

十六畫

十七畫

十八畫

十九畫

二十畫

二十一畫

二十二畫

二十四畫

《山東省煙臺市棲霞市圖書館古籍普查登記目錄》
書名筆畫字頭索引

513

《山東省煙臺市棲霞市圖書館古籍普查登記目錄》
書名筆畫索引

《山東省煙臺市蓬萊市圖書館古籍普查登記目錄》
書名筆畫字頭索引

《山東省煙臺市蓬萊市圖書館古籍普查登記目錄》
書名筆畫索引

《山東省煙臺市海陽市圖書館古籍普查登記目録》
書名筆畫字頭索引

《山東省煙臺市海陽市圖書館古籍普查登記目録》
書名筆畫索引

《魯東大學圖書館古籍普查登記目錄》
書名筆畫字頭索引

《魯東大學圖書館古籍普查登記目錄》
書名筆畫索引

《山東省煙臺市萊州市圖書館古籍普查登記目録》
書名筆畫字頭索引

《山東省煙臺市萊州市圖書館古籍普查登記目錄》
書名筆畫索引

《山東省煙臺市龍口市圖書館古籍普查登記目録》
書名筆畫字頭索引

《山東省煙臺市龍口市圖書館古籍普查登記目錄》
書名筆畫索引

十四畫

十五畫

十六畫

十七畫

二十畫

《山東省煙臺市博物館古籍普查登記目録》
書名筆畫字頭索引

551

《山東省煙臺市博物館古籍普查登記目錄》
書名筆畫索引

《山東省煙臺市牟平區博物館古籍普查登記目録》
書名筆畫字頭索引

《山東省煙臺市牟平區博物館古籍普查登記目錄》
書名筆畫索引

557

《煙臺職業學院圖書館古籍普查登記目錄》
書名筆畫字頭索引

《煙臺職業學院圖書館古籍普查登記目錄》
書名筆畫索引

《山東省煙臺市招遠市圖書館古籍普查登記目録》
書名筆畫字頭索引

《山東省煙臺市招遠市圖書館古籍普查登記目錄》
書名筆畫索引

《山東省煙臺市福山區圖書館古籍普查登記目錄》
書名筆畫字頭索引

《山東省煙臺市福山區圖書館古籍普查登記目錄》
書名筆畫索引

《山東省煙臺市海陽市博物館古籍普查登記目録》
書名筆畫字頭索引

《山東省煙臺市海陽市博物館古籍普查登記目録》
書名筆畫索引

《山東省煙臺市牟平區圖書館古籍普查登記目録》
書名筆畫字頭索引

《山東省煙臺市牟平區圖書館古籍普查登記目録》 書名筆畫索引